Die Beispielanwendung dmsBase sowie das eBook und weitere Features wie das Forum zum Buch und zur Anwendung finden Sie unter www.access-entwicklerbuch.de/praxis

Dort registrieren Sie sich mit Ihrer E-Mail-Adresse und der folgenden Nummer für Ihren individuellen Zugang:

UELY-SEFA-GSDH

Access 2007
Das Praxisbuch für Entwickler

| PROGRAMMER'S | CHOICE |

Die Wahl für professionelle Programmierer und Softwareentwickler. Anerkannte Experten wie z.B. Bjarne Stroustrup, der Erfinder von C++, liefern umfassendes Fachwissen zu allen wichtigen Programmiersprachen und den neuesten Technologien, aber auch Tipps aus der Praxis.
Die Reihe von Profis für Profis!

Hier eine Auswahl:

Excel 2007 programmieren

Michael Kofler, Ralf Nebelo
928 Seiten
€ 49,95 [D], € 51,40 [A]
ISBN 978-3-8273-2567-9

Excel für Profis - Ihr Einstieg in die VBA-Programmierung für Excel 2007. Das Buch gibt einen Überblick über die unter Excel verfügbaren Objektbibliotheken und hilft Ihnen, auch fortgeschrittene Aufgaben mühelos zu meistern. Sie lernen die erforderlichen Werkzeuge kennen und erhalten das notwendige Know-how für den erfolgreichen Einsatz. Ein eigenes Kapitel ist den Visual Tools for Office gewidmet, mit denen sich etwa das Anpassen der Multifunktionsleiste, die Programmierung von individuellen Aufgabenbereichen oder die Abfrage von Web Services realisieren lassen.

Access 2007 - Das Grundlagenbuch für Entwickler

André Minhorst
1040 Seiten
€ 59,95 [D], € 61,70 [A]
ISBN 978-3-8273-2460-3

André Minhorst stellt in seinem neuen Buch nicht nur die Techniken von Access 2007 vor, sondern zeigt auch, wie man damit und mit den vorhandenen Mitteln das Optimum für professionelle Datenbankanwendungen herausholt. Gleichzeitig lernt der Programmierer die Entwicklungsumgebung genau kennen und erfährt darüber hinaus, wie er diese selbstständig anpassen und erweitern kann. Und nicht zuletzt ist dieses Grundlagenbuch die optimale Ergänzung zum vorliegenden »Access 2007 – Das Praxisbuch für Entwickler«.

André Minhorst
Sascha Trowitzsch

Access 2007
Das Praxisbuch für
Entwickler

ADDISON-WESLEY

An imprint of Pearson Education

München • Boston • San Francisco • Harlow, England
Don Mills, Ontario • Sydney • Mexico City
Madrid • Amsterdam

Bibliografische Information Der Deutschen Bibliothek

Die Deutsche Bibliothek verzeichnet diese Publikation in der Deutschen Nationalbibliografie;
detaillierte bibliografische Daten sind im Internet über <http://dnb.ddb.de> abrufbar.

Die Informationen in diesem Produkt werden ohne Rücksicht auf einen
eventuellen Patentschutz veröffentlicht.
Warennamen werden ohne Gewährleistung der freien Verwendbarkeit benutzt.
Bei der Zusammenstellung von Abbildungen und Texten wurde mit größter
Sorgfalt vorgegangen.
Trotzdem können Fehler nicht vollständig ausgeschlossen werden.
Verlag, Herausgeber und Autoren können für fehlerhafte Angaben
und deren Folgen weder eine juristische Verantwortung noch
irgendeine Haftung übernehmen.
Für Verbesserungsvorschläge und Hinweise auf Fehler sind Verlag
und Herausgeber dankbar.

Alle Rechte vorbehalten, auch die der fotomechanischen Wiedergabe und der
Speicherung in elektronischen Medien.
Die gewerbliche Nutzung der in diesem Produkt gezeigten Modelle und Arbeiten
ist nicht zulässig.

Fast alle Hardware- und Softwarebezeichnungen und weitere Stichworte und sonstige Angaben,
die in diesem Buch verwendet werden, sind als eingetragene Marken geschützt.
Da es nicht möglich ist, in allen Fällen zeitnah zu ermitteln, ob ein Markenschutz besteht,
wird das ®-Symbol in diesem Buch nicht verwendet.

Umwelthinweis:
Dieses Produkt wurde auf chlorfrei gebleichtem Papier gedruckt. Um Rohstoffe zu sparen, haben
wir auf Folienverpackung verzichtet.

10 9 8 7 6 5 4 3 2 1

10 09 08

ISBN 978-3-8273-2459-7

© 2008 by Addison-Wesley Verlag,
ein Imprint der Pearson Education Deutschland GmbH,
Martin-Kollar-Straße 10-12, D-81829 München/Germany
Alle Rechte vorbehalten
Lektorat: Sylvia Hasselbach, shasselbach@pearson.de
Fachlektorat: Günther Kramer, webmaster@access-paradies.de
Herstellung: Martha Kürzl-Harrison, mkuerzl@pearson.de
Korrektorat: Rita Klingenstein
Coverkonzeption und -gestaltung: Marco Lindenbeck, webwo GmbH, mlindenbeck@webwo.de
Satz: Redaktionsbüro André Minhorst, info@access-im-unternehmen.de
Druck und Verarbeitung: Kösel, Krugzell (www.KoeselBuch.de)
Printed in Germany

Soulmates never die. (A.M.)

Rulaman stieg aus der Tiefe. (S.T.)

Inhalt

Vorwort 17

1 Ein neues Projekt 23
   1.1 Checkliste 27
   1.2 Der erste Termin 34
   1.3 Hausaufgaben 39
      1.3.1 Dokumentenmanagement – was ist das? 39
      1.3.2 Datenmodell 41
      1.3.3 Werkzeug für den Entwurf des Datenmodells 41
      1.3.4 Grundlegende Ideen zum DMS-Datenmodell 41
      1.3.5 Benutzeroberfläche 43
      1.3.6 Abläufe 46
      1.3.7 Wie heißt das Baby? 46
   1.4 Der zweite Termin 46
   1.5 Diskussion des ersten Entwurfs des Datenmodells 50
      1.5.1 Dateien in der Datenbank speichern 51
      1.5.2 Jede Version speichern 52
      1.5.3 Verzeichnisstruktur 53
      1.5.4 Berechtigungen 55
      1.5.5 Abschluss der Datenmodell-Diskussion 59
      1.5.6 Planung der Benutzeroberfläche 59
      1.5.7 Hauptformular der Anwendung 61
      1.5.8 Dokumenteigenschaften 62
      1.5.9 Anzeige von Dokumenten 63
      1.5.10 Suchfunktion 64
      1.5.11 Anlegen und Einchecken neuer Dokumente 64
   1.6 Geldfragen 65

2 Der Weg zum Auftrag 69
   2.1 Das Konzept 69
   2.2 Lasten- und Pflichtenheft 72
   2.3 Pflichtenheft versus Prototyping 72
      2.3.1 Pflichtenheft-Projekte 72
      2.3.2 Prototyping-Projekte 75
   2.4 Iteratives Design 76
      2.4.1 Papier-Prototyping 78
      2.4.2 Einfaches und interaktives Papier-Prototyping 79
      2.4.3 Software-Prototyping 81
      2.4.4 Ziel des Prototypings 81

Inhalt

2.5		Geschäftsprozesse	81
	2.5.1	Benutzer-Geschäftsprozesse	82
	2.5.2	Administrative Geschäftsprozesse	83
2.6		Datenschutz	83
2.7		Kostenschätzung	85
	2.7.1	Pauschal oder nach Aufwand?	86
	2.7.2	Honorierung der Vorbereitungsphase	87
	2.7.3	Kostenschätzung im Detail	88
2.8		Projektstart	94

3 Datenmodell 103

3.1		Namenskonvention	105
3.2		Im Mittelpunkt: Die Dokumente	105
	3.2.1	Daten der Tabelle tblDokumente	107
	3.2.2	Daten der Tabelle tblDokumentversionen	108
	3.2.3	Tabelle zum Speichern der Dokumentdateien	109
3.3		Metainformationen zu den Dokumenten	109
	3.3.1	Dokumentarten	110
	3.3.2	Bilddateien	110
	3.3.3	Status von Dokumenten	111
	3.3.4	Volltextindex über die Dokumente	111
	3.3.5	Indizieren der Dokumenteninhalte	112
	3.3.6	Querverweise zwischen Dokumenten	113
	3.3.7	Benutzerdefinierte Attribute	114
	3.3.8	Autoren verwalten	115
	3.3.9	Dokumentkategorien	117
	3.3.10	Stichwörter für Dokumente	118
3.4		Abbilden der hierarchischen Struktur der Dokumente	119
	3.4.1	Das Berechtigungssystem	121
	3.4.2	Zugriffsberechtigungen auf Objekte	126
	3.4.3	Lesende Zugriffe sichern und Komfort erhöhen	128
3.5		Anwendungsspezifische Tabellen	129
	3.5.1	Ribbons und Kontextmenüs	129
	3.5.2	Fehlerbehandlung	131
	3.5.3	Hilfetexte	131
	3.5.4	Optionen	132
	3.5.5	Suchfunktion	132
	3.5.6	Meldungen	133
	3.5.7	Anwendungsfarben	133
	3.5.8	Effekte der Bildbearbeitung	134
	3.5.9	Dateitypen	135

4 Ribbons und Kontextmenüs 137

4.1		Ribbon im Schnelldurchgang	138
	4.1.1	Definition per XML	138

		4.1.2	Einsatz von Callback-Funktionen	139

- 4.2 Programmierhilfen? 140
- 4.3 Benennung 142
- 4.4 Ribbons in Formularen 143
- 4.5 Ribbons der Beispieldatenbank 144
- 4.6 Das Hauptribbon RibbonDMS 145
  - 4.6.1 Grundgerüst 146
  - 4.6.2 Ribbon-Schaltflächen 148
  - 4.6.3 Menüs im Ribbon 149
  - 4.6.4 Programmierung der Ribbon-Funktionen 150
  - 4.6.5 Bilder laden 152
- 4.7 Das Schließen-Ribbon RibbonCloseOnly 153
- 4.8 Interaktive Ribbons – Beispiel RibbonDocTree 154
  - 4.8.1 Interaktion mit dem Ribbon 155
  - 4.8.2 Status-Callback-Funktionen 158
- 4.9 Das Ribbon der Bildbearbeitung: RibbonPix 165
  - 4.9.1 Markieren-Modus ein- und ausschalten per Umschaltfläche 165
  - 4.9.2 Steuerelemente gruppieren 166
  - 4.9.3 Schaltfläche und Menü in einem: SplitButtons 166
  - 4.9.4 Callback-Funktion zum Füllen dynamischer Menüs 167
- 4.10 Dokumente bearbeiten: RibbonDocs 170
- 4.11 Ribbon per Mausklick ein- und ausblenden 170
- 4.12 Kontextmenüs in Access 2007 174
  - 4.12.1 Kontextmenüs mit VBA anlegen 174
  - 4.12.2 Kontextmenüs in älterer Access-Version anlegen und importieren 179
  - 4.12.3 Kontextmenüs aufrufen 180

5 Benutzer und Berechtigungen verwalten 185

- 5.1 Benutzer verwalten 185
  - 5.1.1 Formular öffnen 187
  - 5.1.2 Form_Open: Berechtigungen prüfen 188
  - 5.1.3 Beim Laden: Anpassen von Formular und Steuerelementen 189
  - 5.1.4 Steuerelemente zentrieren 190
  - 5.1.5 Mitarbeitername im Formularkopf 190
  - 5.1.6 Anmeldename und Passwort 191
  - 5.1.7 Benutzergruppen 193
  - 5.1.8 Bild im Mitarbeiterdatensatz speichern 194
- 5.2 Objektberechtigungen verwalten 197
  - 5.2.1 Tabellen des Objektberechtigungssystems 199
  - 5.2.2 Schnellauswahl einer Benutzergruppe 199
  - 5.2.3 Unterformular zur Anzeige der Benutzer 199
  - 5.2.4 Unterformular zur Anzeige der Berechtigungen 200
  - 5.2.5 Wechseln der Anzeige von Benutzer- und Gruppenberechtigungen 200
- 5.3 Objektberechtigungen prüfen 203

		5.3.1	Objektberechtigungen ermitteln	203
		5.3.2	Formular vor schreibendem Zugriff schützen	205
	5.4	Dokumentberechtigungen verwalten		207
		5.4.1	Tabellen des Dokumentberechtigungssystems	207
		5.4.2	Formular zum Verwalten von	
		5.4.3	Dokumentberechtigungen	207
		5.4.4	Steuerelemente des Formulars	209
		5.4.5	Das Unterformular zur Anzeige von Benutzern und Benutzergruppen	209
		5.4.6	Festlegen weiterer Optionen	211
		5.4.7	Schaltfläche zum Festlegen der Berechtigungen	211
		5.4.8	Das TreeView-Steuerelement zur Anzeige der Verzeichnisse und Dokumente	212
		5.4.9	Dokumentberechtigungen zuweisen	220
		5.4.10	Markierung vererben	222
	5.5	Dokumentberechtigungen prüfen		223
	5.6	Anmeldung an die Datenbank		226

6 Dokumente verwalten — 231

	6.1	Funktionen des Formulars frmDocMain		232
		6.1.1	Verzeichnisse verwalten	232
		6.1.2	Dokumente verwalten	234
	6.2	Der Dokumentbaum		242
	6.3	Weitere Techniken im Dokumentbaum		253
		6.3.1	Verzeichnis anlegen	253
		6.3.2	Verzeichnis löschen	256
		6.3.3	Dokument einchecken	257
		6.3.4	Dokument löschen	264
		6.3.5	Dokument umbenennen	265
		6.3.6	Dokument auschecken	265
		6.3.7	Öffnungsvorgänge dokumentieren	272
		6.3.8	Letzte Version öffnen	273
		6.3.9	In externer Anwendung öffnen	274
		6.3.10	Dokument kopieren, ausschneiden und einfügen	274
	6.4	Das Explorer-Steuerelement		281

7 Dokumente anzeigen — 291

	7.1	Funktion zum Öffnen eines Dokuments		295
		7.1.1	Dokument in externer Anwendung öffnen	297
		7.1.2	Öffnungsvorgang dokumentieren	298
		7.1.3	Dokument in integrierter Anwendung öffnen	298
	7.2	Multimedia-Dateien		301
		7.2.1	Öffnen des Formulars	303
		7.2.2	Dokument anzeigen	304
		7.2.3	Neue Datei abspielen	307

	7.2.4	Einstellen der Steuerelementgröße	311
	7.2.5	Eigenschaften eines Dokuments im Ribbon anzeigen	312
	7.2.6	Dokument auf der Festplatte speichern	314
	7.2.7	Dokument als E-Mail versenden	315
7.3	PDF-Dokumente		316
	7.3.1	Drucken eines PDF-Dokuments	318
	7.3.2	Volltext extrahieren	319
	7.3.3	Volltext aus PDF-Dokumenten extrahieren	320
	7.3.4	Extrahierten Text speichern	322
	7.3.5	Gespeicherte Volltexte indizieren	322
7.4	Snapshot-Dateien		323
7.5	Textdokumente		325
	7.5.1	Text anzeigen	326
	7.5.2	Externe Textdatei laden	327
	7.5.3	Neue Textdatei erstellen	328
	7.5.4	Speichern eines Textdokuments	329
	7.5.5	Speichern unter...	331
	7.5.6	Textdatei drucken	331
	7.5.7	Text als Mail versenden	332
7.6	Office-Dokumente		334
	7.6.1	Formular frmDocsMain öffnen	336
	7.6.2	Dokumente im DSOFramer öffnen	337
	7.6.3	DSOFramer-Dokument speichern	342
	7.6.4	Volltext aus Office-Dokumenten extrahieren	342
	7.6.5	Neues Office-Dokument erstellen	347
	7.6.6	Office-Dokumente per E-Mail versenden	347
	7.6.7	Drucken eines Office-Dokuments	348
	7.6.8	Ribbon der Host-Anwendung ein- und ausblender.	348
7.7	Bilddokumente		348
	7.7.1	Scannen	349
	7.7.2	Scanvorgang vom Hauptmenü aus starten	350
	7.7.3	Der Scan-Dialog	351
	7.7.4	Einchecken, speichern und Co.	356
	7.7.5	Volltext über OCR aus Bild-Dokumenten extrahieren	357
7.8	Übersichtsformular		359
	7.8.1	Formular öffnen	361
	7.8.2	Verzeichnisbaum füllen	363
	7.8.3	Symbole in ImageList laden	363
	7.8.4	Dokumente im ListView-Steuerelement anzeigen	363
	7.8.5	Filter aktivieren	366

8 Formulartechniken 367

8.1	Kombinationsfeldeinträge bearbeiten		367
	8.1.1	Aufbau des Formulars	369
	8.1.2	Aufruf des Formulars	370

Inhalt

	8.1.3	Schließen des Formulars und Übergeben des neuen Wertes	372
	8.1.4	Fehlerbehandlung	373
8.2	Benutzerdefinierte Meldungsfenster		374
8.3	Benutzerdefinierte Meldungen		381
8.4	Benutzerdefinierte Navigationsschaltflächen		385
	8.4.1	Integration des Navigationsformulars	386
	8.4.2	Basisfunktionen des Navigationsformulars	389
	8.4.3	Zusätzliche Funktionen: Schnelles Vor- und Zurückblättern	390
	8.4.4	Navigationsformular steuern	391
	8.4.5	Ereignisse des Navigationsformulars nutzen	394
8.5	Anwendungsinterner Farbdialog		395
8.6	Schließen aller Formulare außer dem aktuellen		399
8.7	Steuerelemente im Formular zentrieren		399
8.8	Optionen-Dialog		403
	8.8.1	Register im alternativen Style	404
	8.8.2	Optionen einlesen	406
	8.8.3	Optionen ändern	406
8.9	Fortschrittsanzeige		407
	8.9.1	Beispiel	408
	8.9.2	Formularcode	408
8.10	Formular-Splitter		411
8.11	Formularlayout zur Laufzeit anpassen		413

9 VBA-Techniken   421

9.1	Vereinfachte Recordset-Erstellung		421
9.2	Vereinfachtes Ausführen von Aktionsabfragen		424
9.3	Vereinfachtes Ausführen von Parameterabfragen		424
9.4	Zuletzt hinzugefügte ID ermitteln		425
9.5	Schnelle DLookup-Variante		425
9.6	Datum für SQL-Abfragen ermitteln		426
9.7	Temporäre Variablen		426
	9.7.1	TempVars schreiben und lesen	427
	9.7.2	TempVars dauerhaft speichern	427
	9.7.3	Farbauswahldialog aufrufen	432
9.8	Dateifunktionen		433
	9.8.1	Pfad extrahieren	433
	9.8.2	Dateiname extrahieren	433
	9.8.3	Dateiendung ermitteln	434
	9.8.4	Aktueller Anwendungspfad	434
	9.8.5	Temporäres Verzeichnis der Anwendung	435
	9.8.6	Datei öffnen-Dialog	435
	9.8.7	Datei speichern-Dialog	436
	9.8.8	Datei in den Papierkorb verschieben	436
	9.8.9	Datei mit passender Anwendung öffnen	437

9.9		E-Mail-Adressen prüfen	438
9.10		Einheiten konvertieren	440
9.11		Fenster in den Vordergrund	441
9.12		VBA-Editor geöffnet?	442
9.13		Bessere UBound-Funktion	442
9.14		Vista-feste SendKeys-Anweisung	443
9.15		Byte-Arrays und Strings komprimieren	443
9.16		Bildschirmauflösung ermitteln	443
9.17		Zeichenketten ver- und entschlüsseln	444
9.18		Existenz von Dateien prüfen	445
9.19		Dokumenttyp ermitteln	445
9.20		Timer ohne Formular	446
9.21		Formulare mit Transparenz	447
9.22		mdlBLOBs2007	448
	9.22.1	Datei in Anlagefeld speichern	448
	9.22.2	Datei aus Anlagefeld wiederherstellen	450
	9.22.3	Anlage in Byte-Array umwandeln	451
	9.22.4	dmsBase-interne Anlagen auslesen	451
9.23		Bilder einlesen	451
9.24		OGL2007	453
	9.24.1	Überblick über die Funktionen	453
	9.24.2	Prinzip	454
	9.24.3	Verwendung	456
	9.24.4	Code-Beispiele	457

10 Metadaten, Volltextindex und Suchfunktion — 463

10.1		Dokumenteigenschaften	463
	10.1.1	Das Eigenschaften-Formular frmDocProperties	466
	10.1.2	Versionen ein- und ausblenden	469
	10.1.3	Unterformulare des Eigenschaften-Formulars	469
10.2		Volltexte erfassen und indizieren	475
	10.2.1	Volltexte erfassen	475
	10.2.2	Volltexte und indizierte Wörter speichern	476
	10.2.3	Volltexte indizieren	477
	10.2.4	Dokumente in den Volltextindex überführen	480
10.3		Suchfunktion	481
	10.3.1	Ablauf der Suche	482
	10.3.2	Dokumente nach Dateiname suchen	486
	10.3.3	Suchen mit LIKE	490
	10.3.4	Nach Dokumenten mit bestimmter Wertung suchen	491
	10.3.5	Nach Status suchen	492
	10.3.6	Nach Dokumentart suchen	495
	10.3.7	Zwischenbilanz	495
	10.3.8	Nach Kategorien suchen	497
	10.3.9	Volltext durchsuchen	501
	10.3.10	Ergebnis anzeigen	507

    10.3.11 Suchkriterien zurücksetzen 507
    10.3.12 Suchkriterien speichern 509
    10.3.13 ... und wieder aufrufen 511

11 Testgetriebene Entwicklung 513

 11.1 Testgetriebene Entwicklung einer VBA-Funktion 515
    11.1.1 Optimieren und vereinfachen 518
    11.1.2 Zwischenfazit 519
    11.1.3 Voraussetzungen 520
 11.2 Testframework 522
    11.2.1 accessUnit installieren 523
    11.2.2 Aufbau von Unit-Tests unter accessUnit 525
    11.2.3 Testnamen 529
 11.3 Testgetrieben entwickeln 529
    11.3.1 Testgetriebene Entwicklung eines Formulars 529
    11.3.2 Beispiel: Lookup-Formular 530
    11.3.3 Testfälle 530
    11.3.4 Der erste Formular-Test 532
    11.3.5 Besonderheiten beim testgetriebenen Entwickeln von Formularen 548
 11.4 Testdaten 549
    11.4.1 Anlegen von Testdaten 549
    11.4.2 Löschen von Testdaten 551
    11.4.3 Aufruf der Methoden zum Löschen und Anlegen der Testdaten 552
 11.5 Lookup-Formular flexibel gestalten 552
 11.6 Testgetriebene Entwicklung und dmsBase 553

12 Fehlerbehandlung 555

 12.1 Fehlerbehandlung hinzufügen 558
 12.2 Fehlerbehandlungsroutine 560
 12.3 Fehlerbehandlung unter der Access-Runtime-Version 568

13 E-Mails versenden 569

 13.1 Mail senden, schnelle Variante 570
 13.2 Mail senden, ausführliche Variante 570
 13.3 Attachments 571
 13.4 Wurde die Mail gesendet? 572
 13.5 Das Innenleben der Klasse clsSendMail 572
    13.5.1 Initialisierung 572
    13.5.2 E-Mail-Ereignisse 574
 13.6 Fortschrittsanzeige 576
 13.7 Log schreiben 577
 13.8 Attachments hinzufügen 578
 13.9 Benutzeroberfläche zum Versenden von E-Mails 579
 13.10 Outlook und SMTP SendMail CS unter einem Hut 581

14 Dokumentation und Onlinehilfe — 591

- 14.1 Dokumentation — 593
  - 14.1.1 Inhalt der Dokumentation — 593
  - 14.1.2 Inhaltsverzeichnis und Index — 594
- 14.2 Onlinehilfe — 594
  - 14.2.1 Das richtige Werkzeug — 595
  - 14.2.2 Alternative Werkzeuge — 596
  - 14.2.3 Help-Projekt erstellen — 596
  - 14.2.4 Hilfethemen festlegen — 599
  - 14.2.5 Hilfe anzeigen — 601
  - 14.2.6 Hilfe mit F1 aufrufen — 602
  - 14.2.7 Hilfe mit der Hilfe-Schaltfläche des Ribbons aufrufen — 604
  - 14.2.8 Hilfe für Steuerelemente — 605
  - 14.2.9 Weitere Hilfe-Angebote — 607

15 Bibliotheken und Komponenten in VBA — 609

- 15.1 Fluch und Segen von VBA — 611
- 15.2 Access und/oder Visual Basic For Applications — 612
- 15.3 Fachchinesisch — 614
  - 15.3.1 Was ist ein Verweis und was zeigt der Verweise-Dialog? — 614
  - 15.3.2 Was macht VBA mit einem Verweis? — 615
  - 15.3.3 Was ist eine Komponente? — 616
  - 15.3.4 Was ist eine Type Library? — 616
  - 15.3.5 Was ist OLE? — 617
  - 15.3.6 Was ist COM? — 618
  - 15.3.7 Was ist ActiveX? — 619
  - 15.3.8 Was ist eine ActiveX-Bibliothek? — 619
  - 15.3.9 Was ist ein ActiveX-Steuerelement? — 619
  - 15.3.10 Was ist der Unterschied zwischen einer DLL und einer ActiveX-DLL? — 620
  - 15.3.11 Was ist ein OLE-Server, was ein OLE-Client? — 620
  - 15.3.12 Was ist Marshalling? — 621
  - 15.3.13 Was sind GUIDs, CLSIDs und ProgIDs? — 621
  - 15.3.14 Warum muss eine ActiveX-Komponente registriert werden? — 623
  - 15.3.15 Was ist ein Interface? — 624
- 15.4 Wozu überhaupt Verweise? — 625
- 15.5 Verweisprobleme — 627
- 15.6 dmsBase-Fremdkomponenten — 630
  - 15.6.1 mossSOFT dbstrings Library — 631
  - 15.6.2 SMTP SendMail CS — 631
  - 15.6.3 mossSOFT ShellExplorer V1.0b — 632
  - 15.6.4 DSO ActiveX Document Framer Control — 633
  - 15.6.5 KeyHelp 1.0 — 633
  - 15.6.6 Microsoft Windows Common Controls 6.0 (SP6) — 634
  - 15.6.7 Microsoft Windows Image Acquisition Library v2.0 — 635

	15.6.8	SAWZipNG 1.0 Type Library	635
	15.6.9	Zlib	636
	15.6.10	pdftotext	637
	15.6.11	Snapshot Viewer Control	637
	15.6.12	Microsoft Forms 2.0 Object Library	638
	15.6.13	Microsoft Office Document Imaging 12.0 Type Library	639
	15.6.14	Win32 Type Library	640
	15.6.15	Edanmo's OLE interfaces & functions	641
	15.6.16	Windows Media Player	642
	15.6.17	ActiveMovie control type library	642
	15.6.18	Adobe Acrobat 8.0 Browser Control Type Library 1.0	643
	15.6.19	Microsoft Internet Controls	644
	15.6.20	Microsoft Scripting Runtime	644
	15.6.21	OGL	645

16 Installation, Wartung und mehr — 647

	16.1	Installation	648
		16.1.1 Der falsche Weg	648
		16.1.2 Voraussetzungen	648
		16.1.3 Die Runtime-Version von Access 2007	649
		16.1.4 Setup	651
		16.1.5 dmsBase-Setup	653
		16.1.6 Die Developer Extensions	660
		16.1.7 Installation testen	661
		16.1.8 Der Ernstfall	661
	16.2	Wartung	663
		16.2.1 Updates verteilen	663
	16.3	Tipps und Tricks	667
		16.3.1 Datenbank korrupt	667
		16.3.2 Datenbank einfach sichern	668
		16.3.3 Entwicklungs- und Laufzeitmodus	670
		16.3.4 Reverse Debugging	671
	16.4	Ausblick	673

Index — **675**

Vorwort

PERSONEN

André Minhorst, *Access-Entwickler, Buchautor, Redakteur, Webmaster*
Sascha Trowitzsch, *Entwickler, Microsoft MVP Office Access anno 2007, Buchautor*
Sylvia Hasselbach, *Lektorin bei Addison-Wesley*

ERSTER AUFTRITT

Die Szene: Duisburg-Meiderich, ein kleines Büro in einem Altbau. Minhorst sitzt an seinem Schreibtisch und schaut einige Access-Bücher an. Er greift zum Telefon, um Trowitzsch anzurufen.

Trowitzsch. (*Sieht Minhorsts Nummer auf dem Display*) Ah, hallo, hier Berlin!

Minhorst. Moin! Na, wie sieht's aus?

Trowitzsch. Ach, geht so. Muss noch einiges für Bicycle machen. Wieder einige Änderungen wegen neuer Ausführungsvorschriften und so.

Minhorst. Hast du dir die neuen Access-Bücher angesehen, zu denen ich dir den Link geschickt habe?

Trowitzsch. Ja, kurz. Ich habe ein bisschen in den Inhaltsverzeichnissen gestöbert. Das reichte – immer das Gleiche, halt.

Minhorst. Jepp, sehe ich genau so. Wird Zeit, dass wir mal was Neues machen.

Trowitzsch. Wie – wir?

Minhorst. Ja, ich finde, wir sollten mal zusammen ein Buch schreiben. Immer nur Fachlektorat ist doch für dich auch langweilig, oder nicht?

Trowitzsch. Naja, geht so ... an was hast du denn gedacht? Also, auf so ein 08/15-Anfängerbuch habe ich keine Lust. Sollte schon ein wenig praxisbezogener sein ...

Minhorst. Genau das habe ich im Kopf. Es steht doch überall das Gleiche drin – mal mehr, mal weniger gut beschrieben, mal für Einsteiger, mal für etwas Fortgeschrittene. Aber sag mir mal, was derjenige, der wirklich vor dem Programmieren einer Anwendung für einen Kunden steht, damit anfangen soll – der kennt das doch hoffentlich schon alles.

Trowitzsch. Sehe ich genau so. Es fehlen einfach eine Menge Dinge in den Büchern ... obwohl meistens wohl auch der Platz nicht reicht, um wirklich interessante Themen für echte Entwickler anzureißen. Jedenfalls: Das, was in Access-Foren gefragt wird, wird in Büchern häufig nicht beantwortet.

Minhorst. Genau das ist das Problem. Siehst du ja am Access 2007 Entwickler-Grundlagenbuch – mehr als 1.000 Seiten, und ich musste trotzdem einiges rausschmeißen.

Trowitzsch. Du hast Recht. Grundlagen und Praxiswissen in einem Buch – das ist wohl kaum tragbar. Im wahrsten Sinne des Wortes ... (*Lacht*)

Minhorst. Also, was wäre der pragmatischste Ansatz, um einem angehenden Access-Entwickler nahezubringen, was beim Entwickeln einer Software wichtig ist? Wie könnte man so etwas machen?

Trowitzsch. Na, man beschreibt einfach die Entwicklung einer kompletten Anwendung – mit allem Drum und Dran. Das wäre doch mal was – oder nicht?

Minhorst. Genau das schwebt mir auch vor. Wir sind also im Geschäft! Jetzt brauchen wir nur noch eine Anwendung und einen Kunden ...

Es folgt eine längere Diskussion, welche Anwendung man in einem solchen Buch beschreiben könnte. Es gibt eine Menge Vorschläge, aber letztlich scheint es auf ein kleines Dokumentenverwaltungssystem hinauszulaufen ...

Trowitzsch. Ich glaube, das ist die richtig Wahl. Wir hätten eine Benutzerverwaltung drin, die ja in Access 2007 mit dem Berechtigungssystem wegfällt, wir könnten eine Reihe ausgefeilter Formulare in die Anwendung einbauen, Automation von Office-Anwendungen beschreiben, Verweise thematisieren ...

Minhorst. ... und wir könnten jede Menge Komponenten einbauen, die sonst in keinem Buch beschrieben werden.

Trowitzsch. Geil! Da habe ich Lust drauf.

Minhorst. Okay, ich rufe mal Sylvia an und frage, was sie darüber denkt.

ZWEITER AUFTRITT

Die Szene: Wie zuvor. Diesmal ruft Minhorst seine Lektorin bei Addison-Wesley, Sylvia Hasselbach, an.

H a s s e l b a c h . Hasselbach.
M i n h o r s t . Hi Sylvia, hier ist André! Wie geht's denn?
H a s s e l b a c h . Ganz gut. Viel zu tun im Moment. Und selbst?
M i n h o r s t . Prima! Du, ich habe da eine sehr interessante Idee. Sascha Trowitzsch – Du weißt schon, der Fachlektor meiner Bücher – und ich haben die Tage mal über ein etwas anderes Access-Buch gesprochen.
H a s s e l b a c h . Aha! Und, wie sieht das genau aus?
M i n h o r s t . Also: Dass in all den Access-Büchern eigentlich immer mehr oder weniger das Gleiche steht, habe ich ja schon mal erwähnt. Wir wollen diesen Pfad verlassen, und zwar in eine praxisbezogenere Richtung. Wir wollen die Entwicklung einer kompletten Software mit Access beschreiben – mit allem Drum und Dran, also angefangen beim ersten Gespräch mit dem Kunden, über die Konzeption und die Datenmodellierung, Kostenschätzung, Pflichtenheft bis hin zu Alternativen und so weiter. Das wäre der erste Teil. Dann kommt ein großer technischer Teil, der die Anwendung selbst beschreibt, die aus den Anforderungen des Kunden entstanden ist – und schließlich noch die Installation beim Kunden.
H a s s e l b a c h . Na gut, vom Thema her hört sich das zumindest ausgefallen an. Aber wie sieht es mit der Zielgruppe aus – Du weißt schon, wir müssen auch einige Exemplare des Buchs verkaufen ...
M i n h o r s t . Das ist ja der Clou: Die Zielgruppe ist riesig! Das Buch hilft jedem Access-Entwickler weiter, der ein Projekt für einen Kunden durchführen möchte, und auch denen, die etwas für ihre eigene Firma oder für sich selbst programmieren, denn es enthält mit der Beispielanwendung ein exzellentes Beispiel für eine Access-Datenbank. Klar, ein Einsteiger muss schon recht ambitioniert sein, um sich in die Techniken einzuarbeiten – aber wir wollen auf keinen Fall bei Adam und Eva anfangen, sondern setzen schon einiges an Grundlagen voraus.
H a s s e l b a c h . Das hört sich doch schon gut an. Wäre das dann nicht so etwas wie ein zweiter Teil zu deinem Grundlagenbuch für Entwickler?
M i n h o r s t . Genau das ist die Idee. Wer das Grundlagenbuch durchgearbeitet hat, sollte auch mit dem – nennen wir es mal Praxisbuch – klarkommen.
H a s s e l b a c h . Okay. Ich stelle das gern auf der nächsten Redaktionskonferenz vor – könnte gut sein, dass es funktioniert, ich finde die Idee jedenfalls prima.
M i n h o r s t . Klasse. Ich habe da schon ein kleines Konzept vorbereitet, das ich dir gern mal zusenden kann – das sollte die Sache erleichtern: Es ent-

hält einige Elemente, die auch das fertige Buch bieten soll. Zum Beispiel wollen wir die Besprechungen mit dem Auftraggeber in Dialogform präsentieren, um dem Buch ein wenig Leben einzuhauchen – und auch für die Listings haben wir uns was ausgedacht: Anstatt sie mit endlosen Beschreibungen zu kommentieren oder die Kommentare wie üblich in die Listings einzubauen, wollen wir Bemerkungen einfügen, die wie von Hand geschrieben aussehen. Aber das kannst du dir dann gleich in Ruhe ansehen ...

H a s s e l b a c h . Ein Konzept wäre natürlich gut – ich bin schon gespannt!

M i n h o r s t . Okay, dann schicke ich das jetzt los. Gib mal Bescheid, wie es dir gefällt!

H a s s e l b a c h . Mache ich. Bis dann!

Daraus, dass Sie das fertige Buch nun in den Händen halten, können Sie schließen, dass der Verlag einer Veröffentlichung zugestimmt hat – das war übrigens Mitte 2006. Die folgenden gut 18 Monate vergingen wie im Flug. Das Buch war eine echte Herausforderung: Die beiden Autoren teilten sich nicht, wie sonst üblich, die Kapitel auf und warfen das Ergebnis dann zusammen, sondern übernahmen zunächst die Rollen von Auftraggeber (Minhorst) und Entwickler (Trowitzsch). Mit der Zeit entstanden daraus die ersten fertigen Kapitel, die hin und wieder verworfen wurden, weil sich die Anforderungen an die Anwendung änderten – wie im richtigen Leben ... Schließlich hatte die Anwendung einen Status erreicht, mit dem Auftraggeber und Entwickler zufrieden waren, und der Großteil des Buchs – der technische Teil – konnte fertig gestellt werden. Schließlich kamen noch weitere Experten ins Spiel: Rita Klingenstein sorgte dafür, dass Rechtschreibfehler und sprachliche Ungereimtheiten verschwanden (zuverlässig wie eh und je!), und Günther Kramer stieß neu zum Team und übernahm die Rolle des Fachlektors. Schließlich sorgte Sylvia Hasselbach als Lektorin mit sanftem Druck dafür, dass dieses Buch jetzt schon und nicht erst in einigen Jahren erscheint, und auch Martha Kürzl-Harrison trug zum Gelingen bei, indem sie den Autoren die künstlerischen Freiheiten ließ, um dieses Buch zu etwas ganz Besonderem zu machen.

DRITTER AUFTRITT

Die Szene: Minhorst telefoniert wie jeden Morgen in seinem Büro mit Trowitzsch.

T r o w i t z s c h . Ich bin echt urlaubsreif!

M i n h o r s t . Ich auch.

T r o w i t z s c h . Dabei müssen wir uns langsam Gedanken über Access 14 machen, hehe ... hab' schon die ersten Gerüchte vernommen ... haste auch schon gehört?

M i n h o r s t . Langsam, jetzt sind erstmal die Leser dran.

T r o w i t z s c h . Gut, dass du das ansprichst: Hast du die aktuelle Version von *dmsBase* schon hochgeladen?

Minhorst. Ja. Steht unter *http://www.access-entwicklerbuch.de/praxis* bereit. Genau genommen muss sich der Leser da aber erst noch anmelden – mit seiner E-Mail-Adresse und dem Code, der ganz vorne im Buch steht.

Trowitzsch. Na, prima. Hoffentlich kommt das Buch gut an.

Minhorst. Ja, mal sehen, wie die Reaktion ist. Wir haben ja extra das *dmsBase*-Support-Forum eingerichtet – dort können die Leser automatisch teilnehmen, wenn sie sich für den Download der Beispieldatenbank und des E-Books angemeldet haben.

Trowitzsch. Okay. Und, meinst du wirklich, dass die Leser da auch mit uns über *dmsBase* diskutieren werden?

Minhorst. Warum nicht? Wo bekommt man denn sonst so etwas geboten? Also ich würde das machen, wenn ich Fragen oder Ideen hätte ...

1 Ein neues Projekt

Ein neues Projekt ist immer auch eine neue Herausforderung für den Softwareentwickler. Dabei spielt es keine Rolle, ob er selbständig ist oder als angestellter Softwareentwickler arbeitet.

Wer als Entwickler gleichzeitig den Kontakt zum Kunden abdeckt, hat dabei Vor- und Nachteile: Einerseits hat er alles in der Hand, andererseits aber auch eine ganze Reihe verschiedenartiger Aufgaben, die sich manchmal nur schwer miteinander vereinbaren lassen. Na gut, vielleicht greifen die Rädchen doch ein wenig besser ineinander, als wenn der Kontakt zum Kunden über Dritte wie etwa einen Projektmanager abgewickelt wird.

Projektmanager neigen nämlich gern dazu, dem Kunden mehr zu versprechen, als die Entwickler halten können, nur um den Auftrag (und die Provision) zu kassieren.

Da schaut man sich doch als Entwickler lieber selbst an, für wen man was unter welchen Umständen entwickelt, und lässt lieber mal die Finger von einem Auftrag, der eher was für Leute wäre, die Vater und Mutter erschlagen haben.

Naja, in manchen Fällen kann man es sich nicht aussuchen – lieber ein unangenehmes Projekt als gar kein Geld. Die Protagonisten der Geschichte dieses Buchs, die immer wieder durch dramatische Dialoge für Abwechslung in der ansonsten trockenen Materie sorgen, haben Glück – sie dürfen eine komplett neue Anwendung erstellen und brauchen keine Rücksicht auf Altlasten zu nehmen. Aber lesen Sie doch selbst ...

ANDRÉ MINHORST, SASCHA TROWITZSCH

dmsBase

EINE SOFTWAREENTWICKLUNG IN VIER AUFZÜGEN

PERSONEN

Mossami, Access-Entwickler
Amisoft, Bruder des Mossami
Hartmut von Willviel, Geschäftsführer von Willviel-Media
Ede Pfau, EDV-Leiter
Sven Sekurus, Datensicherheitsbeauftragter
Thomas Schmidt, Mitarbeiter von Willviel-Media
Klaus Müller, ebenfalls Mitarbeiter von Willviel-Media

PROLOG

ERSTER AUFTRITT

Die Szene: Ein kleines Büro unweit der Stadtgrenze von Aschersleben. Zahlreiche Monitore flimmern im verrauchten Raum, Kabelwirrwarr überzieht die Auslegeware. Mossami starrt grübelnd und reglos auf eine Website mit Spezifikationen zu Microsoft Access 2007. Sein Bruder Amisoft kriecht unter dem Arbeitstisch umher und sucht das Ende eines USB-Kabels. Es ist Freitagnachmittag, 15:25 Uhr.

Mossami. ... ich versteh das nicht!
Amisoft. Nee, das ist vom Drucker, ... oder ..., ach daaa! (*Es klingelt das Telefon.*)
Mossami. (*Räuspert sich*) Mossami, guten Tag!
Von Willviel. (*Übertrieben eloquent*) Ja, Tag, Herr Mossami. Von Willviel hier. Ähh, Sie wurden mir von der Firma Alleshaben empfohlen. Sie machen doch in Datenbanken?
Mossami. Das ist richtig.
Von Willviel. Also, wir brauchten, denke ich, eine Datenbank. Wie soll ich Ihnen das beschreiben ... Im Moment geht einiges drunter und drüber, wir kommen mit unserem, äh, Informationsmanagement nicht mehr klar. Unsere Mitarbeiter finden ihre Dokumente nicht mehr, also, die

sind auf dem Server, und irgendwie ist das ein bisschen durcheinander. Wahrscheinlich ist es am besten, wenn wir die Informationen alle in einer Datenbank haben. Damit dann mehr Übersicht ist.

Mossami. Hm, ja, das kann sein. Um was für Dokumente handelt es sich denn? Oder, darf ich fragen, in welcher Branche Sie tätig sind?

Von Willviel. Wir sind eine mittelgroße Werbeagentur und bedienen in erster Linie Kunden aus den Bereichen Technik, Maschinenbau. Ja, Dokumente, zum Beispiel Word, auch Excel. Und Webseiten. Und dann setzen wir auch in Indesign. Ach ja, PDF ist auch noch dabei. (*Überlegt ...*) Das mit Bildern und Grafiken ist auch noch wichtig, die sind überall verstreut. Das sind so die Sachen, denke ich. Sie können ja mal auf unsere Seiten unter www.willviel-media.com schauen.

Mossami. willvielmediacom?

Von Willviel. Ja, willviel-minus-media-Punkt-com.

Mossami. Gut, und wie viele Mitarbeiter haben Sie so?

Von Willviel. Im Moment sind es 16 und dann noch einige Honorarmitarbeiter, Fotografen, technische Berater, technische Zeichner. Wir sind ja noch jung am Markt – seit 2004 – und wenn es weiterhin gut läuft, dann vergrößert sich das wahrscheinlich. Hätten Sie denn überhaupt Kapazitäten frei?

Mossami. Im Prinzip schon. (*Zögert*) Kommt halt drauf an, wie umfangreich das wird. Ich kann mir das noch nicht so konkret vorstellen, was Sie nun genau brauchen. Wir müssten da noch ein paar Informationen mehr haben. Sie wollen all die Dokumente und Informationen, die Sie jetzt als Dateien in Ihrem Netzwerk haben, also in einer Datenbank untergebracht sehen, darin verwalten, sodass die Mitarbeiter über eine Anwendung direkt mit diesen Dokumenten arbeiten können?

Von Willviel. (*Erfreut*) Genau, so stellen wir uns das vor! Sie haben's erfasst! Nur noch ein Programm. Das wäre das Beste. Wenn das geht ...?

Mossami. Na, (*verdreht die Augen*) das wird wahrscheinlich nicht so ganz einfach. Möglich ist viel, machbar auch, aber ... kommt drauf an! Ist alles eine Frage des Aufwands.

Von Willviel. Aber Sie könnten sich das vorstellen?

Mossami. Grundsätzlich schon. Man müsste das eingehender besprechen.

Von Willviel. Ja, dann machen wir doch gleich einen Termin fest, wenn es Ihnen recht ist. Aber so eine Hausnummer für den Kostenrahmen können Sie noch nicht nennen, oder?

Mossami. (*Lacht*) Nee, tut mir leid, das ist zu diesem Zeitpunkt noch völlig unmöglich. Das muss zunächst eingehend geplant werden. Im Moment können wir über den Entwicklungsaufwand ja noch gar nichts sagen. Das wird auch noch einige Zeit dauern, bis wir ausreichend Fakten und Informationen zusammen haben und erst dann lässt sich über den Aufwand sprechen.

Von Willviel. Ja, das dachte ich mir schon. Wir müssen halt nur darauf achten, dass es nicht zu teuer wird ...

Mossami. Wir arbeiten schnell und preiswert.

Von Willviel. Gut, dann will ich mal Outlook befragen ... Am Montag geht nicht ... Dienstag habe ich Projektsitzung ... Mittwoch! Wie wäre es mit Mittwoch um 13 Uhr?

Mossami. Moment, bitte ... (*nach unten geneigt, flüsternd*) Ami, haste Mittwoch um 13 Uhr schon was?

Amisoft. Mittwoch ... nö, fällt mir nichts ein.

Mossami. Herr Willviel? Es sieht gut aus. Mittwoch würde uns passen. Werden wir uns dann mit Ihnen treffen, oder sind dann auch noch andere Mitarbeiter zugegen? Das wäre sinnvoll. Vor allem Ihr Systemadministrator sollte auch dabei sein, damit wir über die technischen Voraussetzungen reden können.

Von Willviel. Ich denke, das lässt sich einrichten. Ich werde Rücksprache mit ihm halten. Ist im Moment außer Haus. Wenn ich mich nicht mehr bei Ihnen melde, dann bleibt es dabei, ja?

Mossami. Ist abgemacht! Sagen Sie mir bitte noch Ihre Adresse?

Von Willviel. Stimmt! Die Adresse können Sie auch auf unserer Webseite sehen. Sie können im zweiten Hof parken. Wir sind auf der dritten Etage. Sie können uns nicht verfehlen.

Mossami. Na gut, dann sehen wir uns am Mittwoch.

Von Willviel. Prima! Wenn Sie noch was haben, dann rufen Sie mich an. E-Mail steht auch auf der Webseite. Dann freue ich mich! Wiedersehen, Herr Mossami. (*Legt auf*)

Mossami. Auf Wiedersehen, Herr ...

Amisoft. Wer war das denn?

Mossami. willviel-media.com. Neuer Auftrag vielleicht.

So oder ähnlich beginnen Access-Projekte bei Selbständigen und Freiberuflern, und auch bei angestellten Programmierern, die im Auftrag ihrer Firma Datenbankanwendungen mit Access programmieren, sieht es nicht viel anders aus – mit der kleinen Ausnahme vielleicht, dass dort nicht der Entwickler, sondern der Geschäftsführer oder ein Projektleiter mit dem ersten Kontakt beglückt wird. Nun geht es ans Werk: Der Termin steht, in Kürze findet das erste Treffen mit dem potenziellen neuen Auftraggeber statt.

Welche Vorbereitungen sind nun zu treffen?

Das hängt davon ab, wie viel der Auftraggeber beim ersten telefonischen Kontakt bereits verraten hat. Im Normalfall wird dies nicht viel sein und keinen Anlass für allzu große

Geschäftigkeit bieten. Nicht schaden kann es, sich vorab einmal über den Auftraggeber zu erkundigen – seine Webseite sollte ausreichend Informationen liefern. Vielleicht gibt es auch den einen oder anderen Kollegen, der schon für das Unternehmen gearbeitet hat und aus dem Nähkästchen plaudern kann – interessant sind hier beispielsweise Informationen über die Zuverlässigkeit und die Zahlungsmoral des Kunden.

Was die umgekehrte Situation angeht, können Sie sich einigermaßen sicher fühlen: Nur wenige nehmen die Dienste von jemandem in Anspruch, nur weil auf seiner Webseite steht, dass er die besten Datenbanken baut und großartige Referenzen vorweisen kann. In den meisten Fällen hat Sie jemand empfohlen – aber das werden Sie beim ersten Treffen schon selbst herausfinden.

Auf jeden Fall sollten Sie eine Checkliste vorbereiten, um erstens einen Leitfaden für das Gespräch zu haben, zweitens alle notwendigen Informationen notieren zu können und drittens gut vorbereitet dazustehen.

1.1 Checkliste

Bevor Sie die einzelnen Punkte kennen lernen, die Sie mit der Checkliste abarbeiten sollen, noch ein paar Formalitäten: Überlegen Sie sich vorher, wie Sie die Informationen aufnehmen möchten – was damit gemeint ist, erfahren Sie weiter unten unter der Zwischenüberschrift »Wer schreibt, der bleibt«.

Eine weitere Entscheidung, die Sie treffen müssen, betrifft das vorherige Bereitstellen der Checkliste für die Teilnehmer auf Seiten des Auftraggebers. Prinzipiell kann dies nur Vorteile bringen: Erstens sparen Sie eine Menge Zeit während des Gesprächs, weil der Auftraggeber gegebenenfalls schon vorab Rücksprache mit den zuständigen Mitarbeitern halten kann, zweitens verhilft diese Checkliste schon vorher zu ganz konkreten Vorstellungen und technischen Angaben.

Wenn Sie bereits eine solche Checkliste besitzen, werden Sie sicher festgestellt haben, dass sich diese hier und da immer noch optimieren lässt. Allerdings stürzt man sich meist erstmal auf das neue Projekt, anstatt die Checkliste zu überarbeiten.

Vor dem nächsten Einsatz sollten Sie dies aber unbedingt nachholen und auch Fragen aufschreiben, die – soweit dazu schon Informationen vorliegen – das aktuelle Projekt betreffen. Zunächst werfen Sie jedoch einen Blick auf die Checkliste, welche die beiden Protagonisten zum ersten Termin mitgenommen haben.

Vor der Pflicht kommt die Kür

Üblicherweise stellt der Auftraggeber nach der gegenseitigen Vorstellung erst einmal dar, welche Geschäfte sein Unternehmen betreibt und erläutert Ursache und

Anlass für den anstehenden Auftrag. Ursache ist fast immer, dass die bisherige Art der Durchführung der betroffenen Geschäftsprozesse mangelhaft ist: entweder, weil die dabei verwendeten Werkzeuge veraltet sind, weil die Prozesse selbst an neue Gegebenheiten angepasst werden müssen oder einfach eine neue Generation von Mitarbeitern herangewachsen ist, die eine höhere Affinität mit computerunterstützten oder -gesteuerten Workflows aufweist. Genauso gibt es verschiedene Anlässe. Häufig kommt es bei der Expansion eines noch jungen Unternehmens zu einem Punkt, an dem die nicht selten evolutionär entstandenen und improvisierten Geschäftsstrukturen dem Auftragsvolumen nicht mehr gerecht werden oder in eine Sackgasse führen. Legendär: Die Mitarbeiter schlagen sich etwa mit einem nicht mehr überschaubaren Wust von Excel-Dateien herum, an denen gemeinsam gearbeitet wird, wobei die Übersicht aber weitgehend verloren gegangen ist. Oft geht es auch ums Geld: Das Unternehmen erkennt dann meist, dass eine einmalige Investition etwa in eine neue Software zur Optimierung von Geschäftsprozessen sich in Form geringeren Aufwands für die Mitarbeiter und damit geringerer Kosten niederschlägt. Vielleicht spielt auch ein Wechsel des Betriebssystems beziehungsweise der Betriebssystemversion oder ein neues Office-Paket eine Rolle. All dies werden Sie vermutlich erfahren, bevor Sie überhaupt dazu kommen, Ihre Checkliste auszupacken. Früher oder später werden Sie das Gespräch dann aber in geordnete Bahnen lenken.

Eine gute Gelegenheit für den Übergang bieten etwa die Schilderungen des Auftraggebers, was nicht oder nicht gut genug funktioniert und somit nach Anschaffung einer neuen Software schreit. Die folgenden Punkte können dabei als Leitfaden dienen:

- Welchen Geschäftsbereich soll die Datenbankanwendung genau abbilden? Ist es nur ein geschlossener Bereich oder sind mehrere Geschäftsbereiche in die Aufgaben involviert, die die Anwendung unterstützen soll? Ein Beispiel für eine bereichsübergreifende Anwendung wäre etwa eine Bestellverwaltung, mit der am einen Ende die Mitarbeiter des Bestellservice arbeiten und die am anderen Ende vom Wareneingang mit den aktuellen Beständen gefüttert wird.

- Sollen die Bereiche in der Anwendung entsprechend modular verarbeitet werden oder integriert? Soll es also etwa unterschiedliche Anwendungen für Bestellservice und Lager geben, die auf einer gemeinsamen Datenbasis aufsetzen?

- Welche Abläufe sollen durch die zu erstellende Software unterstützt oder komplett durchgeführt werden? Wo liegen die Probleme in der jetzigen Durchführung dieser Abläufe?

- Wie ist der chronologische Ablauf eines Geschäftsprozesses und wie sieht der logische Ablauf aus – wird der Prozess immer geradlinig abgearbeitet oder gibt es Bedingungen und Verzweigungen? Hinterfragungen dieser Art offenbaren häufig Schwachstellen im Workflow. Bei größeren Softwareprojekten ist es nicht unüblich, dass die Konzipierung einer Datenbank nicht zu 100% an die Geschäftsstrukturen angepasst wird, sondern im Gegenteil auch die Geschäftsstrukturen dem Softwarekonzept. Wagen Sie ruhig einmal, den Unternehmensberater zu spielen, wenn dies angeraten erscheint!

- Welche Rollen nehmen die Mitarbeiter ein, die an den Abläufen beteiligt sind? Welche Aufgaben kennzeichnen diese?
- Welche Objekte sind in diesen Vorgängen von Bedeutung? Dies können körperliche Objekte wie Mitarbeiter, Artikel, Fahrzeuge, Standorte, Dokumente oder Kunden sein, aber auch körperlose wie Bestellungen, Bestelldetails, Mahnungen oder Termine.
- Wie stehen die Objekte statisch miteinander in Beziehung? Lassen sich Objekte in Untereinheiten aufteilen? Welche Detaildaten sind also aufzunehmen?
- Wie stehen die Objekte dynamisch miteinander in Beziehung und wie fügen sich diese in die Abläufe ein?
- Wie lässt sich ein Workflow in relationalen Einheiten darstellen?
- Welche Beziehungen oder Interferenzen gibt es zwischen einzelnen Geschäftsabläufen? Lässt sich ein ER- oder Ablaufdiagramm daraus erstellen? Sinnvoll ist es etwa, wenn man mit dem Auftraggeber zusammen am Tisch Zeichnungen anfertigt, in denen die wichtigsten Geschäftsobjekte notiert und mit Pfeilen zueinander in Beziehung gebracht werden. Die Pfeile können dabei sowohl die Richtung einer Objektbeziehung wie auch die Chronologie von Abläufen verdeutlichen. Wichtiges Ergebnis eines solchen Plots ist für beide Seiten, eine möglichst plastische Vorstellung von der Geschäftsstruktur zu erhalten – das Auge isst mit. Denn die Struktur ist selbst dem Auftraggeber keinesfalls immer ganz klar.
- Was davon ist wirklich notwendig? Wo kann gestrichen, wo abgespeckt werden? Wo liegt für die Anwender der Fokus, wo liegt er für die Geschäftsleitung? Wie kann man sich auf einen Kompromiss einigen – dem Auftraggeber schwebt eine nebulöse eierlegende Wollmilchsau vor, der Entwickler will sich auf das Wesentliche konzentrieren?

Anhand der Informationen aus diesen Punkten werden Sie vermutlich selbst erkennen können, wo und wie sich Potenziale für den Einsatz der geplanten Software herausarbeiten lassen.

Die folgenden Punkte der Checkliste sollten Sie dennoch zunächst zur Diskussion stellen:

- Wie stellt der Auftraggeber sich die Verbesserung der zuvor ermittelten Abläufe durch die Software vor? Hat er bereits Datenstrukturen, Abläufe oder gar konkrete Elemente der Benutzeroberfläche vor Augen?
- Welche Vorteile erwartet der Auftraggeber von der Software? Eine Kosten- oder Zeitersparnis? Oder würde die Anwendung sogar zusätzliche Möglichkeiten liefern,

die aktuell überhaupt nicht realisierbar sind? Meist sind diese Varianten ohnehin eng miteinander verknüpft.

Aufwandschätzung

Nachdem Sie nun aufgenommen haben, welche Punkte der Auftraggeber verbessern und welche Mittel er gegebenenfalls einsetzen möchte, klopfen Sie den Rahmen für Ihre zu erbringenden Leistungen ab:

- Welcher Zeitrahmen besteht? Schwebt dem Auftraggeber, koste es, was es wolle, eine Deadline vor, oder ist er in erster Linie an Qualität interessiert, auch wenn das eine Überschreitung des angedachten Zeitrahmens zur Folge haben kann?

- Wie sieht der angepeilte Kostenrahmen aus? Wie flexibel ist der Auftraggeber in diesem Punkt? Dies ist vor allem im Hinblick auf den Ablauf des Projekts wichtig: Beharrt er auf einer festen Obergrenze, sollten Sie nachfolgend sehr genau festlegen, was er für sein Geld erwarten darf, aber vor allem auch, was nicht.

- Kennt der Auftraggeber übliche Vorgehensweisen bei der Softwareentwicklung wie etwa das Prototyping oder die Erstellung von Software auf Basis eines Pflichtenhefts? Falls nein, sollten Sie ihn darüber aufklären und die jeweiligen Vor- und Nachteile auflisten. Weitere Informationen hierzu finden Sie in 2.2, »Lasten- und Pflichtenheft« und 2.3, »Pflichtenheft vs. Prototyping«.

- Sollten der Kostenrahmen und der damit zu begleichende Aufwand stark differieren, stellen Sie die möglichen Strategien vor. So könnten Sie beispielsweise zunächst bestimmte Daten und Vorgänge in der Anwendung abbilden und diese entsprechend modular aufbauen, oder eine Komplettlösung anstreben, die weniger wichtige Funktionen zunächst außen vor lässt.

Technische Gegebenheiten und Voraussetzungen

Wichtig für den Entwicklungsprozess ist natürlich die beim Kunden verwendete Hard- und Software: Erstens, weil Sie unter einer ähnlichen Konfiguration testen sollten, zweitens, weil eventuelle Neuanschaffungen sich auf den Gesamtpreis auswirken.

- Wie sehen die Hardware- und Softwaregegebenheiten aus? Welche Anforderungen müssen erfüllt sein? Welche Möglichkeiten für Testinstallationen gibt es? Welche Berechtigungen werden von der IT-Stelle dem Entwicklerteam eingeräumt?

- Welche zusätzliche Software ist möglicherweise zu erwerben (Access-Runtimes, Fremdkomponenten, SQL-Server, Office-Produkte,…)?

- Welche Hardware ist eventuell zusätzlich einzurichten (Server, Netzwerk, Drucker, Breitbandzugang für Filialen,…)?

▸ Hat die Datenbank Umstrukturierungen im Geschäftsbereich zur Folge (etwa Einpflegen der Daten durch nur einen oder wenige Mitarbeiter; andere werden folglich zu Gunsten anderer Aufgaben entlastet)?

Architektur

Anwendungen lassen sich als Einzelplatzanwendung oder für den Mehrbenutzerbetrieb auslegen. Gegebenenfalls sollen die enthaltenen Daten über verschiedenartige Frontends wie eines oder mehrere Access-Frontends oder eine Weboberfläche zu erreichen sein.

Die daraus resultierende Architektur hängt von folgenden Faktoren ab:

▸ Wie viele Mitarbeiter arbeiten mit der Anwendung? Sollen alle Mitarbeiter die gleichen Bereiche der Anwendung verwenden oder gibt es verschiedene Benutzergruppen wie etwa Administratoren und Sachbearbeiter?

▸ Von wo aus arbeiten die Benutzer mit der Anwendung? Greifen alle über das lokale Netzwerk zu oder auch von außerhalb? Sollen Benutzer gegebenenfalls Informationen über das Internet abrufen können?

▸ Wie viele Nutzer werden gleichzeitig mit der Anwendung arbeiten? Ist eine Anbindung von externen Mitarbeitern notwendig (zum Beispiel Filialen, mobile Mitarbeiter, international)? Wie kann die Anbindung aussehen (VPN, Replikation, FTP, Webbrowser, Terminalserver)?

Dateneingabe

Sowohl die vorhandenen und zu importierenden als auch die im laufenden Betrieb anfallenden Daten sind zu berücksichtigen:

▸ Wie hoch ist das zu erwartende Datenvolumen?

▸ Datenimport: Existieren bereits Daten (Excel, anderes DBMS et cetera), die in die neue Datenbank übernommen werden müssen/sollen? Wenn ja, in welchem Umfang?

▸ Welche Daten geben die Benutzer ein oder fügen sie zur Datenbank hinzu, oder anders: Welches sind die Quellen für die einzugebenden Daten?

Datenverarbeitung

▸ Wie sieht das Maskenlayout aus? Hier können etwa Benutzeroberflächen bestehender Anwendungen diskutiert werden. Dabei ist vor allem auch die bestehende EDV-Qualifikation der Mitarbeiter ein wichtiger Gesichtspunkt: Erfahrungsgemäß stellen Benutzer, die bereits mit verschiedenartiger Software gut klarkommen, weniger Anforderungen an die Oberfläche als weitgehend unbedarfte. Der Aufwand für eine

Oberflächenentwicklung mit allen Schikanen, die auch den absoluten Einsteiger miteinbezieht, kann um Größenordnungen höher liegen.

Datenausgabe

Das Format und die Art der auszugebenden Daten steht oft schon fest, weil der Kunde diese ja auch zuvor irgendwie ausgegeben haben muss.

- Welche Ausgaben sind gewünscht und in welcher Form (Berichte, Listen, Statistiken, Diagramme, Controlling-Reports, Excel-Export, Word-Export, PDF, Druck, Fax, E-Mail ...)?
- Gibt es Beispiele für die aktuelle Datenausgabe (Papier, PDF, sonstiges Format)?

Sprache

Gegebenenfalls arbeiten auch fremdsprachige Mitarbeiter mit der Anwendung, unter Umständen soll diese auch grundsätzlich eine andere Sprache als Deutsch liefern. Daher müssen Sie Folgendes klären:

- In welcher Sprache sollen Benutzeroberfläche und gegebenenfalls Onlinehilfe und Benutzerhandbuch ausgeführt sein?
- Ist die Anwendung ein- oder mehrsprachig auszulegen und, falls Mehrsprachigkeit gewünscht ist, in welchen Sprachen?

Projektverlauf

Ein Projekt kann je nach Umfang mehrere Monate oder gar Jahre benötigen. An kaum einem Projekt arbeiten die Entwickler durchgehend. Dies liegt meist an schlechter Kommunikation, fehlenden Informationen oder gar am temporären Fehlen eines Ansprechpartners. Um hier gute Voraussetzungen zu schaffen, sollten Sie die folgenden Fragen klären:

- Wer sind die Ansprechpartner während der Entwicklung? Wie weit werden Bereiche wie Geschäftsleitung, Personalrat, Sachbearbeiter oder Fachpersonal einbezogen und zu welchen Terminen?
- Gibt es einen universellen Ansprechpartner, der sich möglichst in allen Bereichen auskennt oder der zumindest die während der Entwicklung benötigten Informationen beschaffen kann?
- Wie sieht die Kommunikation mit dem Auftraggeber aus und welche Voraussetzungen stellt sie (E-Mail, ICQ & Co, Post, Webseiten, Telefon, Fax ...)? Können somit möglicherweise Vor-Ort-Termine vermieden werden, um Kosten und Zeit zu sparen?

- Wie viele Vor-Ort-Termine werden beim geschätzten Entwicklungsaufwand für das Prototyping oder die Erstellung eines Pflichtenhefts nötig sein? Legen Sie nach Möglichkeit sofort eine Reihe von Terminen fest!

Schulung, Dokumentation und Onlinehilfe

Der Personenkreis seitens des Auftraggebers, der in die Entwicklung der Anwendung involviert ist, wird sicher keine Schulung mehr benötigen, um die fertige Anwendung zu bedienen. In den meisten Fällen sind jedoch nicht alle Personen, die einmal mit der Anwendung arbeiten sollen, in den Entwicklungsprozess eingebunden, sodass diese nach Fertigstellung erst einmal auf ein völlig neues und unbekanntes Stück Software stoßen.

Damit die zukünftigen Benutzer nicht nur die Funktionen der Anwendung kennen lernen, sondern auch erkennen, welche Vorteile sie ihnen und dem Unternehmen bringt, sollten Sie Vorbereitungen treffen, um die Benutzer optimal auf die Anwendung einzustellen.

In diesem Zusammenhang klären Sie im Vorfeld die folgenden Fragen:

- Wie hoch sind die Skills der Anwender in Bezug auf Windows, Office, Excel, Datenbanken et cetera einzuschätzen? Die Antwort auf diese Frage ergibt Hinweise darauf, wie viel Wert Sie auf Unterstützung wie Onlinehilfe, Benutzerhandbuch oder in die Anwendung eingebaute Hilfestellungen legen müssen.

- Fordert der Auftraggeber explizit die Erstellung einer Onlinehilfe oder eines Benutzerhandbuchs (ein bei Entwicklern unbeliebtes Thema ...)? Bei entsprechend ergonomischer Auslegung könnte man auf beides verzichten, manch ein Auftraggeber spart hier auch gern Geld. Auch ist eine Inhouse-Schulung mit mehreren Terminen meist der weniger aufwändige und effizientere Weg gegenüber einem Handbuch oder einer Onlinehilfe.

- Welche Pläne hat der Auftraggeber bezüglich der Weiterentwicklung und Wartung der Software? Üblicherweise sollten die Entwickler damit beauftragt werden, da diese die Anwendung kennen und sich nicht einarbeiten müssen. Gegebenenfalls möchte sich der Auftraggeber dies aber offenhalten oder gar eigene Entwickler mit der Pflege betrauen, sobald das eigentliche Projekt abgeschlossen ist. Von diesen Punkten hängt es ab, ob eine technische Dokumentation erforderlich ist und ob der Code kommentiert und frei zugänglich sein muss. Eine weitere Frage ist: Muss der Quellcode auch für Englischsprachige verständlich sein?

Datenschutzbestimmungen

Die Verarbeitung personenbezogener Daten erfordert in der Regel das Hinzuziehen eines Datenschutzbeauftragten. Bei öffentlichen Stellen wie Behörden ist dies immer der

Fall, bei Firmen erst dann, wenn zehn oder mehr Personen die Daten verarbeiten. Im vorliegenden Fall sollen Personendaten in Zusammenhang mit den mit der Anwendung verwalteten Dokumenten gespeichert werden, um beispielsweise eine Historie der Zugriffe auf ein Dokument zu erstellen. Andererseits greifen auch Sie als Entwickler auf die Dokumente und Personendaten des Unternehmens zu. Dazu sollten Sie sich mit folgenden Punkten auseinandersetzen:

- Wie sehen die Datenschutzbestimmungen aus? Welche Sicherheitsmaßnahmen sind zu ergreifen? Wie lange müssen Daten vorgehalten werden, wann sollen sie gelöscht werden? Müssen Daten verschlüsselt werden?
- In welchem Umfang darf der Entwickler Daten des Unternehmens einsehen?
- Ist eine schriftliche Vereinbarung zur Vertraulichkeit nötig?
- Wie sieht das Berechtigungssystem der Datenbank aus? Wer darf was einsehen, verändern, pflegen?

Wartung

Nach Fertigstellung des Projekts fallen gegebenenfalls Wartungstätigkeiten an.

- Soll der Entwickler der Anwendung diese übernehmen oder geschieht dies durch eigene Mitarbeiter?
- Soll Fernwartung möglich sein? Wie sieht ein möglicher Update-Mechanismus aus?
- Soll für die Zeit nach der Fertigstellung des Projekts ein pauschaler zeitbezogener Wartungsvertrag vereinbart werden oder sollen die Entwickler solche Dienstleistungen eher von Fall zu Fall durchführen?

1.2 Der erste Termin

Mit dieser Checkliste in der Hand können Sie ganz entspannt zum ersten Termin schreiten. Sie werden zumindest nicht für Langeweile sorgen und keinesfalls den Eindruck erwecken, Sie seien unvorbereitet. Teilnehmen werden neben Ihnen in der Regel die wichtigsten Personen aus dem Unternehmen, etwa der Geschäftsführer/Abteilungsleiter und/oder der EDV-Leiter. Beide sind für Sie nicht die wesentlichen Personen, zumindest nicht, was die Entwicklung angeht: Da sind die Benutzer und somit die Kenner der zu unterstützenden Geschäftsprozesse interessanter. Der Termin selbst wird selbstverständlich in dem größten Konferenzraum stattfinden, den die Firma zu bieten hat – man will schließlich repräsentieren! Dort gibt es die obligatorischen belegten Brötchen/Plätzchen und Getränke (niemals mangelt es an Kaffee!). Steigen wir doch gleich in das Gespräch ein:

ZWEITER AUFZUG

ERSTER AUFTRITT

Die Szene: Mossami und Amisoft auf dem Weg zum ersten Treffen beim neuen Auftraggeber Willviel-Media. Mossami drückt die Zigarette aus und schiebt sich einen Kaugummi in den Mund. Amisoft dreht das Autofenster wieder hoch.

A m i s o f t . Hast Du alles zusammen?

M o s s a m i . Jo, alles im Griff; von Willviel wird sowieso erstmal erzählen, was seine Firma so treibt. Und wenn nicht, fragen wir halt danach. Der Rest erledigt sich dann schon von selbst – mal sehen, ob wir diesmal den Fragenkatalog durchkriegen.

A m i s o f t . Genau. So hat das letztes Mal ja auch geklappt. Und diesmal haben wir ja zusätzlich noch einige Beispielanwendungen dabei, mit denen wir das eine oder andere demonstrieren können. Jetzt nimm doch endlich den Kaugummi raus! Mann, Mann, Mann!

M o s s a m i . (*Parkt den Wagen ein*) Wir sind da. Vergiss die Unterlagen nicht schon wieder!

ZWEITER AUFTRITT

Ein kleiner Konferenzraum in einem über zwei Etagen verteilten Büro in einem Haus nahe der Innenstadt. Kaffee, Erfrischungsgetränke und Häppchen stehen bereit, Mossami und Amisoft sowie Hartmut von Willviel und Ede Pfau, der EDV-Administrator von Willviel-Media nehmen nach der Begrüßung Platz. Der Gastgeber ergreift das Wort.

v o n W i l l v i e l . Also, tja, da wir ja nun schon wissen, dass Sie sich mit Datenbanken beschäftigen, erzähle ich direkt mal von uns – also was wir so treiben.

v o n W i l l v i e l . *(Zehn Minuten später)* ... und das Problem ist, dass unsere Dateien auf dem Server, auf den Desktoprechnern und auch noch auf Laptops verteilt sind und natürlich noch der ganze Papierkram ... also wir haben einfach keine richtige Struktur und keine ordentliche Dateiablage. Und weil die Mitarbeiter nicht regelmäßig die Projekte auf dem Server speichern, wissen wir noch nicht einmal, was wir da überhaupt auf den teuren Bändern sichern – nicht, dass ich jetzt den Mitarbeitern einen Vorwurf mache, ich weiß ja manchmal selbst nicht, wo ich welche Daten speichern soll. Und das Allerschlimmste ist diese Versionsgeschichte – stellen Sie sich das mal so vor: Ein Mitarbeiter bearbeitet ein Webprojekt. Das läuft auch einigermaßen, der Kunde will noch einige Änderungen, der Mitarbeiter beginnt mit dem Einarbeiten und dann läuft da plötzlich irgendwas nicht mehr, aber wir haben dann auch nicht mehr die alte Version vorliegen, weil die überschrieben wurde. Können Sie das überhaupt nachvollziehen?

A m i s o f t . (*Wechselt einen vielsagenden Blick mit Mossami*): Sicher können wir das verstehen. Das ist in vielen Unternehmen so. Und je größer das Unternehmen wird, desto mehr Wildwuchs ist da. Da wundert man sich manchmal, dass die überhaupt noch ihre Tastatur finden.

v o n W i l l v i e l . Ah, gut. Na, so groß sind wir ja nun nicht. Also, was denken Sie – bekommen Sie das in den Griff? Und was kostet mich das Ganze dann?

M o s s a m i . Diese Frage haben wir erwartet – wenn sich jemand so einen Softwareentwickler ins Haus holt, will er am liebsten direkt konkrete Zahlen hören. Das kommt aber ganz darauf an! Dafür fehlt noch eine Menge Informationen, ganz davon abgesehen, dass wir noch gar nicht wissen, ob unser Steckenpferd Access das richtige Werkzeug für die Lösung ihrer Probleme ist. Aber das finden wir in diesem und den folgenden Terminen sicher heraus.

A m i s o f t . Wir brauchen nämlich sicher erst mal drei Termine, bevor wir genau wissen, was Sie brauchen, welche Informationen wir dazu benötigen und wie viel das dann überhaupt kostet. Heute klären wir erstmal grundsätzlich, was bei Ihnen im Argen liegt, ob wir dem mit einer Access-Anwendung beikommen und wie die sonstigen Voraussetzungen aussehen.

v o n W i l l v i e l . Na, dann legen Sie mal los. Wie ich sehe, haben Sie einen ganzen Packen Papier zum Notieren mitgebracht ...

Wer schreibt, der bleibt

Bevor Sie mit Ihren Fragen loslegen, müssen Sie sich überlegen, wie Sie den Berg an Informationen, mit dem der Auftraggeber Sie hoffentlich überhäufen wird, festhalten.

Die Gedächtnis-Variante liefert üblicherweise nur bedingt ausreichende Kapazität, die überdies sehr flüchtig ist – wenn Sie nicht direkt nach dem Termin die wichtigsten Informationen zu Papier bringen, müssen Sie sich eventuell später die Blöße geben, bereits besprochene Themen erneut abzufragen. Also sorgen Sie besser bereits während des ersten Treffens dafür, alle Informationen aufzuzeichnen.

Dafür gibt es verschiedene Möglichkeiten:

▶ Papier und Bleistift sind eine gute Wahl, wenn es um das grafische Erfassen von Zusammenhängen geht. Das Aufzeichnen eines Datenmodells, der schematischen Darstellung der Benutzeroberfläche oder sonstiger Informationen funktioniert mit diesem Werkzeug einfach am besten.

- Die Textverarbeitung auf dem mitgebrachten mobilen Rechner ist eine gute Alternative, wenn es viel mitzuschreiben gibt. Die meisten Entwickler können vermutlich schneller mit der Tastatur arbeiten, als Texte mit dem Stift auf Papier zu bannen. Andererseits stört das Tippen möglicherweise die Konzentration.

- Ein Diktiergerät ist die Lösung für alle, die nichts vergessen möchten: Sie können es theoretisch die ganze Besprechung lang laufen lassen und haben noch dazu den Vorteil, dass Sie Ihren Redefluss und auch den der anderen Teilnehmer disziplinieren: Schließlich wird nur derjenige vernünftig aufgenommen, der das Diktiergerät beim Sprechen in der Hand hält, wodurch die anderen Teilnehmer sich möglicherweise zur Zurückhaltung bewegen lassen. Der Nachteil ist, dass dies für viele Personen ungewohnt ist und gegebenenfalls zur Ablehnung dieses Verfahrens führt.

Kreative Phase

In der Folge gehen die Entwickler die Punkte der Checkliste mit dem Auftraggeber durch. Dabei muss man sich nicht akribisch an Reihenfolge und Umfang der Liste halten, die ja in erster Linie eine Gedächtnisstütze für zu erläuternde Fragen darstellt. Auch die Details sind an dieser Stelle weniger interessant, sondern ein ganz anderer Punkt: Wie lässt sich mit Access etwas schaffen, das dem Auftraggeber dabei hilft, seine aktuellen Probleme zu beseitigen? Schauen Sie sich dazu erst einmal die grobe Zusammenfassung der Probleme an, die sich im Verlauf des Gesprächs zwischen den Entwicklern und dem Kunden ergeben haben:

- Im Unternehmen gibt es massenweise Dateien verschiedenster Formate wie die gängigen Office-Dokumente, PDF, Grafikdateien, Bilddateien wie JPG, GIF und PNG und, nicht zu vergessen, die im Papierformat vorliegenden Dokumente wie Rechnungen, Buchungsbelege, Verträge et cetera.

- Die Dateien sind über das ganze Firmennetzwerk verteilt.

- Dateien befinden sich auch auf Rechnern, die Mitarbeiter mit nach Hause nehmen.

- Es besteht keine Möglichkeit, auch nur die projektbezogenen Dateien zu sichern.

- Es gibt keine Versionsverwaltung, ältere Projektstände können nicht wiederhergestellt werden.

- Die Mitarbeiter finden Dateien, selbst wenn diese auf dem Server liegen, nicht.

- Jeder Mitarbeiter pflegt seine eigene Ablagestruktur, durch welche die jeweils anderen Mitarbeiter nicht durchblicken.

- Arbeitsabläufe funktionieren schlecht. Arbeiten mehrere Leute an einem Projekt, von denen einer dem anderen zuarbeiten sollte, geht Zeit verloren, weil die Fertigstellung von Dateien nicht kommuniziert wird.

▶ Die Anwendungen liefern uneinheitliche Möglichkeiten, Metadaten zu den Dokumenten einzugeben. Dadurch kann man nur jeweils innerhalb einer Anwendung nach Dateien mit bestimmten Kriterien suchen, aber nicht anwendungsübergreifend (zum Beispiel: »Suche alle Dokumente, die zum Projekt xy gehören und in den letzten beiden Tagen geändert wurden.«).

Die Antwort auf diese Probleme ist einfach: Die Firma braucht ein Dokumentenverwaltungssystem. Der Markt gibt da eine ganze Menge her, wobei die Software selbst meist recht günstig ist, aber die individuellen Anpassungen sich im Portemonnaie bemerkbar machen: Der Support, den teilweise nicht einmal die Hersteller, sondern externe Dienstleister durchführen, schlägt mit ordentlichen Stundensätzen zu Buche. Trotzdem stellt sich die Frage, warum man eine solche Software mit Access erstellt? Grundsätzlich gibt es darauf folgende Antworten:

▶ Access kann prinzipiell alle Arten von Anwendungen für Rich Clients abbilden. Teilweise reicht die Leistung der integrierten Jet-Engine (ab Access 2007 ACE) zwar nicht aus, aber Access arbeitet anstandslos mit skalierbaren SQL-Servern wie MS SQL Server oder MySQL zusammen.

▶ Genau so, wie der Benutzer professionelle DMS-Systeme anpassen lassen kann, lässt sich auch eine passende Access-Anwendung gestalten. Mit dem Vorteil, dass die Freiheitsgrade von A bis Z reichen, und dem Nachteil, dass wirklich die komplette Funktionalität nachgebaut werden muss.

▶ Die Autoren dieses Buches möchten dem Leser eine Lösung bieten, die noch in keinem anderen Buch als Beispiel hergehalten hat. Adress-, Projekt- und Artikelverwaltungen kennen Leser von Access-Büchern nun bereits.

▶ Access 2007 bietet Erweiterungen speziell für das Speichern von Dateien und Bildern (BLOBs), die nach einem Praxiseinsatz schreien.

▶ Die Entwicklung mit Access verläuft im Vergleich zu ausgewachsenen Entwicklungssystemen wie Visual Studio .NET unschlagbar schnell und damit kostengünstig.

Fazit des ersten Termins

Bei einigem Smalltalk ging der erste Termin schnell zu Ende, lieferte aber wichtige Informationen: Mit Ede Pfau, dem EDV-Leiter der Firma, haben die Entwickler einen ständigen Ansprechpartner zugeteilt bekommen, der nicht nur die EDV-Infrastruktur und die vorhandene Software kennt, sondern auch einigermaßen in die Arbeitsabläufe des Unternehmens involviert ist, weil er gelegentlich bei Web-Projekten einspringt.

Bis zum nächsten Termin soll der Auftraggeber nun zunächst weitere Informationen zusammenstellen:

- Welche Vorgänge sind nicht optimiert und sollen in die Anwendung einbezogen werden?
- Wie sehen diese Vorgänge aus?
- Welche Dokumente sind davon betroffen?
- Wo befinden sich diese Dokumente?
- Welche Informationen sollen zu diesen Dokumenten gespeichert werden? Attribute, Kategorien? Zuordnung zu Projekten?
- Welche Mitarbeiter bieten sich an, als Tester für erste Entwürfe der Benutzeroberfläche zu fungieren?

Auch die Entwickler nehmen einige Hausaufgaben mit: Dokumentenmanagement mit Access ist sicher kein klassischer Einsatzbereich für dieses Datenbankmanagementsystem und es gibt einige Fragen bezüglich der Machbarkeit zu beantworten. Außerdem wollen sie dem Auftraggeber beim zweiten Treffen gleich einige Ideen präsentieren, denn dies ist die beste Basis, um die Interessen des Auftraggebers abzuklopfen.

Außerdem müssen die Entwickler natürlich die vor dem zweiten Termin vom Auftraggeber zugesandten Informationen auswerten.

1.3 Hausaufgaben

In Anbetracht eines drohenden neuen und auch noch interessant erscheinenden Auftrags schiebt man erstmal alles andere beiseite und macht sich Gedanken – und so ist es auch bei den beiden Protagonisten der Geschichte dieses Buchs.

1.3.1 Dokumentenmanagement – was ist das?

Nach dem ersten Meeting haben Amisoft und Mossami sich erstmal eine Reihe von DMS-Systemen angesehen und die für den Kunden interessanten Funktionen ermittelt. DMS-Systeme liefern in der Regel folgende Eigenschaften:

- DMS speichern Dokumente in einer Datenbank, zum Beispiel im MS SQL Server oder in einer Oracle-Datenbank. Tatsächlich sind hier natürlich auch andere SQL-Server einsetzbar, und auch die Access-eigene Jet-Engine beziehungsweise die ACE eignet sich in einem bestimmten Rahmen.
- DMS ordnen die Dokumente in eine vom Anwender vorzugebende Ablagestruktur ein, die nicht der Struktur des Dateisystems entsprechen muss. Diese Struktur ist rein virtuell, die Dokumente selbst werden meist in ein und derselben Tabelle des DMS gespeichert.

- DMS bieten die Möglichkeit, Dokumente zum Speichern ein- und zum Bearbeiten wieder auszuchecken. Dabei bedeutet Einchecken, dass eine im Dateisystem vorhandene Datei im DMS gespeichert wird, gleichzeitig aber im Dateisystem verbleibt. Das Auschecken ist der umgekehrte Vorgang: Er ermöglicht das Speichern eines Dokuments aus dem DMS im Dateisystem, um es beispielsweise zu bearbeiten.

- DMS erlauben die Versionierung von Dokumenten. Dabei werden wie in einer Codeverwaltung wie etwa *Visual Source Safe*, *CVS* oder *Subversion* verschiedene Versionen eines Dokuments gespeichert, von denen der Benutzer jede Version bei Bedarf auschecken kann.

- DMS ermöglichen das Hinzufügen zusätzlicher Metadaten zu einem Dokument.

- Passend dazu erlauben sie, dass der Benutzer nicht nur über die Standardeigenschaften, sondern auch über die hinzugefügten Metadaten nach Dokumenten suchen kann.

- Der Anwender kann Dokumente des DMS nicht nur einmal, sondern mehrmals in die selbst definierte Ablagestruktur aufnehmen. Damit lassen sich beispielsweise Dokumente wie DIN-Normen in die DMS-Ordner verschiedener Projekte einordnen, ohne dass diese mehrfach vorhanden sein müssen.

- Oft kommen DMS mit mehr oder weniger ausgeprägter Unterstützung von Geschäftsprozessen. Damit kann man etwa festlegen, dass ein Dokument von Mitarbeiter A erstellt, von Mitarbeiter B freigegeben und dann automatisch per E-Mail an den Kunden gesendet wird.

Es gibt verschiedene Arten von Dokumentenmanagement-Systemen. Diese unterscheiden sich vor allem in der Art der Integration in den täglichen Ablauf: Die meisten Produkte integrieren sich in bestehende Anwendungen wie Office-Programme und eine Reihe weiterer wie etwa CAD-Anwendungen.

Das geschieht in der Form, dass diese beispielsweise die Dateimenüs der Anwendungen um Einträge zum Speichern der aktuellen Datei im DMS oder zum Öffnen einer Datei aus dem DMS erweitern. Für die Bearbeitung in Programmen, für die das DMS keine Erweiterungen bereitstellt, checkt man die Dateien aus dem DMS aus; das heißt, dass man die Benutzeroberfläche des DMS öffnet, dort in einer explorerartigen Struktur die gewünschte Datei markiert und sie im Dateisystem speichert.

Von dort aus kann man sie dann mit der gewünschten Anwendung bearbeiten und anschließend wieder in das DMS-System einchecken.

In vielen Fällen lassen sich die Dokumente in der DMS-Benutzeroberfläche aus der Verzeichnisstruktur auswählen und per Doppelklick in der Zielanwendung öffnen, wobei das Dokument in der Regel in einem temporären Ordner im Dateisystem gespeichert wird, bevor die Anwendung darauf zugreift.

Andere DMS-Systeme integrieren sich nahtlos in das Betriebssystem: Sie speichern ihre Daten zwar auch in einer Datenbank und bieten die üblichen DMS-Funktionen, aber sie bringen keine Benutzeroberfläche mit und zeigen die hierarchische Anordnung der Daten in Form eines Netzlaufwerks im Windows Explorer an. Und wie das bei einem Netzlaufwerk üblich ist, kann man auch direkt von beliebigen Anwendungen aus auf die enthaltenen Dateien zugreifen und diese auch einfach per Doppelklick starten.

Für die Entwickler ist schnell klar, dass dies eine interessante Herausforderung wird: Amisoft ist schon öfter mit dem Thema Dokumentenmanagement in Berührung gekommen und Mossami Spezialist für das Speichern und Wiederherstellen von Dateien in Datenbanktabellen.

1.3.2 Datenmodell

Wenn Ihnen das Entwickeln von Datenbankanwendungen einmal in Fleisch und Blut übergegangen ist, dann beginnen Sie schon während des ersten Gesprächs beim Kunden, im Kopf die Tabellen der Datenbank zusammenzubauen.

1.3.3 Werkzeug für den Entwurf des Datenmodells

Die ersten Ideen für das Datenmodell visualisieren Sie zu Beginn am besten noch gar nicht in Form von Access-Tabellen, sondern zunächst mit einer passenden Anwendung wie etwa Microsoft Visio. Vielleicht möchten Sie auch einfach ein paar Blatt Papier vollmalen, um die ersten Ideen festzuhalten. Komfortabler ist hier allerdings der Einsatz einer Software, denn nachträgliche Änderungen lassen sich hier leichter bewerkstelligen. Wer kein Visio oder ein ähnliches Programm zur Verfügung hat, kann den Entwurf sicher auch direkt in Access modellieren, allerdings bietet Visio wesentlich bessere Möglichkeiten für die Ausgabe. So fehlt unter Access völlig die Möglichkeit, etwa die Datentypen der Felder einzublenden oder die Beziehungslinien zwischen zwei Tabellen um bestehende Objekte herumzuleiten, anstatt sie einfach darunter herlaufen zu lassen.

1.3.4 Grundlegende Ideen zum DMS-Datenmodell

Naturgemäß ist im ersten Treffen noch nicht viel geschehen, was ein Datenmodell angeht. Zwischen dem ersten und zweiten Termin finden dennoch einige Überlegungen dazu statt, die sich auch in einem ersten Entwurf niederschlagen, der jedoch eher dem Aufwerfen von Fragen denn ihrer Beantwortung dient.

Was einen solchen Datenentwurf angeht, gibt es zwei Ausgangspositionen:

- ▶ Der Auftraggeber hat die Aufgaben, für die die neue Software gedacht ist, zuvor ebenfalls mit einer Datenbankanwendung oder, was sehr oft der Fall ist, mit Excel erledigt. In dem Fall kennt der Auftraggeber zumindest schon einmal die Vorversion und damit verbunden die verwendete Datenstruktur. Das kann Vor- und Nachteile haben. Einerseits kann der Auftraggeber Ihnen dann zumindest einiges über die hinter der Struktur stehenden Ideen sagen, andererseits hat er möglicherweise bereits eine gewisse Beratungsresistenz aufgebaut, die es zu überwinden gilt.

▶ Die Anwendung soll in einem Aufgabenbereich helfen, der zuvor noch komplett ohne oder mit einer völlig anders gearteten EDV-Unterstützung erledigt wurde. Das ist hier der Fall und bringt ebenfalls Vor- und Nachteile mit sich: Die Entwickler müssen das komplette Datenmodell neu konzipieren, was einerseits ein Vorteil ist, weil man nicht erst alte Zöpfe abschneiden muss, andererseits kann man immer mal wieder auf einen Anwendungsfall treffen, zu dem es wenig oder gar kein Referenzmaterial gibt.

Hier folgt eine Übersicht der Annahmen und Fragen, die im zweiten Termin zur Sprache kommen sollen:

▶ Im Mittelpunkt steht das Dokument, und es ist klar, dass die Anwendung sicher eine Tabelle zum Speichern von Informationen über Dokumente enthalten wird. Unklar ist hingegen, ob der Auftraggeber alle Dokumente in der Datenbank speichern oder diese nur darüber verwalten möchte.

▶ Soll die Datenbank verschiedene Versionen eines Dokuments speichern beziehungsweise verwalten? Davon hinge ab, ob die Dokumentinformationen gegebenenfalls in zwei Dokumenttabellen aufgeteilt werden: eine mit den Eigenschaften, die alle Versionen des Dokuments gemein haben, und eine mit den versionsspezifischen Daten.

▶ DMS-Systeme ordnen die enthaltenen Dokumente in eine Hierarchie ein. Möglicherweise besitzt der Kunde eine Projektverwaltung mit einer Projekttabelle, die als oberste Ebene dieser Hierarchie verwendet werden kann. Immerhin gehören wohl alle Dokumente zu irgendeinem Projekt, und wenn es auch ein internes ist. Alternativ könnte der Kunde die Hierarchie völlig frei gestalten.

▶ Sollen die Dokumente nur jeweils einmal oder mehrmals in der Dokumenthierarchie erscheinen oder soll der Benutzer auch eigene »Akten« aus bestehenden Dokumenten zusammenstellen können? Davon hinge ab, ob ein Dokument über eine 1:n-Beziehung direkt einem Verzeichnis zugeordnet werden kann oder ob dies über eine m:n-Beziehung geschieht.

▶ Soll es ein Berechtigungssystem für den Zugriff auf die Dokumente und/oder Verzeichnisse geben? In diesem Fall müsste man entsprechende Tabellen für Benutzer/Benutzergruppen einrichten. Dies wäre ohnehin sinnvoll, wenn man in der Historie eines Dokuments auch Informationen darüber speichern möchte, wer die jeweilige Version erstellt hat.

▷ Aus den vom Auftraggeber zwischen den Terminen zugesandten Informationen zu den vorhandenen Dokumenten und den gewünschten Dokumenteigenschaften sowie eigenen Ideen sind folgende Attribute entstanden, die in der einen oder anderen Form in Tabellen erfasst werden müssten:
  - Autor
  - Kategorie (zusätzliche Kategorie zu den Verzeichnissen)
  - Stichwörter (vom Benutzer vergeben)
  - Dokumentart (Dokumentation, Vertrag, Anschreiben, ...)
  - Status (etwa für Workflows: in Bearbeitung, genehmigt, versendet, ...)
  - Attribute (benutzerdefinierte Attribute)
  - Text (Inhalt des Dokuments)

▷ enthaltene Wörter (über den Inhalt indizierte Wörter)
  - Querverweise (nach dem Motto: »Wer dieses Buch gekauft hat, interessierte sich auch für jenes ...«)

Die Diskussion dieser Möglichkeiten beim zweiten Termin wird bereits ein wesentlich klareres Bild des Datenmodells liefern; wichtig ist hier, die Anforderungen des Kunden so weit wie möglich herauszufinden.

1.3.5 Benutzeroberfläche

Auch bezüglich der Benutzeroberfläche sollten Sie sich für den zweiten Termin schon einmal ein paar Ideen zurechtlegen und skizzieren. Dies kann natürlich direkt in Access erfolgen, aber auch auf dem Papier geschehen.

Wie könnte nun die Benutzeroberfläche eines DMS auf Access-Basis aussehen? Vermutlich würde es ein Hauptformular geben, das einen Überblick über die enthaltenen Dokumente liefert und weitere Funktionen wie etwa die Suche offeriert.

Hierarchische Darstellung

Die Dokumente und die Verzeichnisse, in denen sie sich befinden, können Sie prinzipiell nur in einem TreeView-Steuerelement darstellen. Dieses würde einen großen Teil des Formulars ausmachen. Je nachdem, ob der Kunde Projekte aus der Tabelle einer eigenen Anwendung in das DMS einbringen möchte, stehen die Projekte oder anderenfalls selbst definierte Einträge in der ersten Ebene der Hierarchie (siehe folgende Abbildung).

Dokumenteigenschaften

Wenn Sie links im Hauptformular das TreeView-Steuerelement mit der Dokumenthierarchie unterbringen, ist auf der rechten Seite vermutlich noch eine Menge Platz.

Platz, den Sie nicht ungenutzt lassen: Hier bietet sich die Anzeige der Eigenschaften des aktuell im DMS-TreeView ausgewählten Dokuments an.

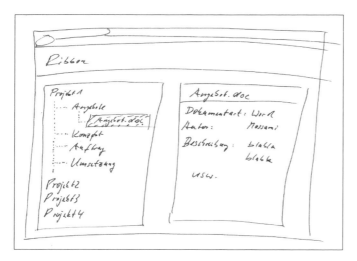

Abbildung 1.1: Erster Entwurf des Hauptformulars des DMS

Ein- und Auschecken

Die wichtigste Funktion des DMS ist das Ein- und Auschecken, denn sonst könnten die Benutzer keine Dateien vom Dateisystem im DMS speichern und umgekehrt. Wie soll dies im Formular realisiert werden? Soll es eine Funktion geben, die wie bei herkömmlichen Systemen zur Dokumentenverwaltung Dokumente auf Doppelklick scheinbar direkt in der Zielanwendung öffnet? Oder soll der Benutzer jegliche Dokumente immer erst in das Dateisystem kopieren, bevor er diese mit den auf seinem Rechner vorhandenen Anwendungen öffnen kann?

Eine Idee wäre, ein spezielles Steuerelement in ein weiteres Formular des DMS zu integrieren, das Dokumente verschiedener Anwendungen anzeigen kann. Die beiden Entwickler haben bereits einmal etwas Ähnliches mit dem *Webbrowser*-Steuerelement durchgeführt, allerdings nur, um PDF-Dokumente anzuzeigen. Hier wäre die Frage zu klären, ob es alternative Möglichkeiten gibt, um eventuell sogar komplette Anwendungen innerhalb eines Access-Formulars zu öffnen und die Dokumente direkt im DMS zu bearbeiten.

In einigen Fällen muss aber definitiv das komplette Dokument in das Dateisystem ausgecheckt werden können – dann nämlich, wenn es verknüpfte Dateien wie etwa Grafikdateien enthält. Gegebenenfalls checkt man dann direkt das komplette Verzeichnis der DMS-Hierarchie aus.

Wie aber legt man fest, wohin ein Dokument oder gar ein ganzer Zweig ausgecheckt wird, und woher weiß eine eingecheckte Datei, wo im DMS-Verzeichnis ihr neuer Platz ist? Diese Frage verschieben wir einfach auf später, wenn der zweite Termin gelaufen ist.

Integration mal anders

In jedem Falle schweifen die bisherigen Pläne von der Philosophie der oben erwähnten DMS-Systeme ab, die sich komplett in das Betriebssystem integrieren. Es läuft eher in die andere Richtung, sodass sich das DMS nicht in das Betriebssystem und die anderen Anwendungen integriert, sondern die übrigen Programme in das DMS. Das Problem dabei ist natürlich, dass die Benutzer nicht den üblicherweise verwendeten Windows Explorer, sondern das neue DMS in den Mittelpunkt sämtlicher Dateioperationen stellen müssen. Dokumente sollen sie nun entweder direkt aus dem DMS öffnen oder in das Dateisystem auschecken, um von anderen Anwendungen darauf zuzugreifen.

Suchfunktion

Eine weitere sehr wichtige Funktion eines DMS ist die Suchfunktion. Sie könnte vom Hauptformular oder vom Menü aus zu öffnen sein und als eigenes Formular realisiert werden, aber gegebenenfalls auch im Hauptformular selbst Platz finden: nämlich an Stelle des Bereichs mit den Dokumenteigenschaften. Gegebenenfalls ließen sich die beiden Bereiche per *ToggleButton* im Menü ein- und ausblenden.

Die Suchfunktion selbst soll sich über alle Attribute der enthaltenen Dokumente erstrecken: Dokumentname, Erstellungsdatum, Beschreibung, Dokumentart, Anwendung, Status, Vollindex, Stichwörter, Autor, Kategorie sowie benutzerdefinierte Attribute.

Das Suchergebnis zeigt am Besten direkt das TreeView-Steuerelement im Hauptformular an, indem es alle Ebenen aufklappt, die ein passendes Dokument enthalten, und dieses anzeigt. Dies ist übrigens eine Funktion, die viele beim Windows Explorer vermissen: Die Anzeige der Hierarchie und der enthaltenen Dateien in einem einzigen Bereich.

Versionierung

Ein wichtiges Thema dürfte auch die Versionierung sein. Das gilt nicht nur speziell für die Branche des Kunden, sondern allgemein. Oftmals stellt man fest, dass man sich beim Programmieren, Designen oder auch beim Zusammenstellen eines Vertrags oder Angebots verrannt hat und lieber bei einem alten Versionsstand wieder ansetzen möchte.

Aber dies funktioniert dann selbstverständlich nicht mehr, weil die vorherige Version nicht mehr vorhanden ist.

Das DMS soll daher eine Funktion mitbringen, die es erlaubt, bei jedem Einchecken einer Datei festzulegen, wie sich die Versionsnummer des Dokuments ändert. Oft verwendet man eine Versionsbezeichnung wie 2.1.3.1234, die folgende Elemente enthält:

```
<Hauptversionsnummer><Nebenversionsnummer><Revisionsnummer><Buildnummer>
```

Das bedeutet natürlich nicht, dass jeder nichtige Zwischenstand gespeichert wird: Dies könnte etwa nur dann geschehen, wenn ein Benutzer ein Dokument vom Dateisystem in das DMS eincheckt oder wenn der Benutzer dies ausdrücklich wünscht. Interessant wäre vor allem eine Möglichkeit, auf jeden Fall eine neue Version anzulegen, wenn ein anderer Benutzer als derjenige, der die letzte Änderung vorgenommen hat, eine geänderte Fassung der Datei eincheckt. Auf diese Weise sorgt man zumindest dafür, dass kein Versionsstand durch Änderungen verschiedener Benutzer verloren geht.

1.3.6 Abläufe

Hartmut von Willviel und seine Mitarbeiter haben neben den Informationen über die in der Firma vorhandenen Dokumente und die gewünschten Attribute auch noch einige Hinweise auf die in der Firma in Zusammenhang mit Dokumenten ablaufenden Vorgänge zusammengetragen, die sich auf die Entwicklung des DMS auswirken könnten. Diese enthalten wir Ihnen jedoch an dieser Stelle vor und kümmern uns beim zweiten Termin etwas ausführlicher darum.

1.3.7 Wie heißt das Baby?

Alle Anwendungen haben üblicherweise einen Namen. Solange das zu erstellende DMS noch keinen Namen hat, wird es vermutlich von jedem unterschiedlich benannt, zumindest aber von Kunden- und Entwicklerseite aus. Geben Sie dem Baby also einen Namen, damit jeder weiß, wovon die Rede ist. In diesem Fall lautet der Name ganz einfach *dmsBase*.

1.4 Der zweite Termin

Nachdem der erste Termin die aktuellen Gegebenheiten zu Tage gebracht hat, die beim Kunden dazu geführt haben, die Organisation seiner Dokumente und bestimmter Abläufe mit Hilfe einer Software zu optimieren, geht es beim zweiten Termin erstmals um Ideen und Lösungen.

Die Entwickler tragen dabei zunächst vor, was das System aus ihrer Sicht für Aufgaben erledigen sollte, was im Wesentlichen den obigen Ausführungen zum Thema DMS entspricht. Hartmut von Willviel und sein EDV-Leiter hören sich erstmal alles an, danach kommt der erste Entwurf des Datenmodells auf den Tisch, an dem man sich langhangelt, um die vorhandenen Datenstrukturen sowie neu zu schaffende Elemente zu ermitteln.

Parallel entsteht – so viel vorweg – eine wahre Konzipier-Orgie, bei der eine Menge mit Entwürfen des Datenmodells und der Benutzeroberfläche gefüllte Papierbögen zusammenkommt.

ZWEITER AUFTRITT

Die Szene: Konferenzraum der Firma Willviel-Media.
Amisoft. Mossami. von Willviel. Ede Pfau.

A m i s o f t . So, die Herren, wir haben in der Zwischenzeit Ihre Unterlagen und die Erkenntnisse des ersten Treffens ausgewertet und einige Ideen zu unserem konkreten Fall entwickelt. Ich schlage vor, dass wir uns einfach mal den ersten Entwurf des Datenmodells vornehmen und uns durch die Tabellen hangeln.

v o n W i l l v i e l . Na, prima. Dann legen Sie doch einfach einmal los – wir sind schon sehr gespannt!

M o s s a m i . Wie ja schon im ersten Treffen deutlich wurde, dreht sich alles um Ihre Dokumente. Klar ist, dass wir zu jedem Dokument Informationen speichern. Dementsprechend steht in unserem Entwurf auch die Dokument-Tabelle im Mittelpunkt (*legt den Entwurf aus der folgenden Abbildung in die Mitte*).

Von W i l l v i e l . Äh, aber wir haben ja nicht nur Excel-Tabellen!

M o s s a m i . Nee, ja klar, mit Tabellen meinen wir die Tabellen in der Datenbank. In einer Datenbank sind alle Informationen in Tabellen untergebracht, die miteinander in Beziehung stehen. Auch die Dokumentdateien selbst, denken wir, können in der Datenbank in einer Tabelle gespeichert werden statt nur im Explorer. Und die Informationen zu den Dokumenten in der Datenbank stehen dann wieder in anderen Tabellen, ... das sind diese Kästchen hier ... und die sind mit anderen Kästchen mit Linien verbunden, die eine Beziehung anzeigen sollen.

v o n W i l l v i e l . Uuuuih! Das sieht ja ziemlich wild aus. Na, dann versuchen Sie mir das mal zu erklären ... Ach, möchten Sie einen Kaffee?

M o s s a m i . Ja, das wäre jetzt genau das Richtige!

A m i s o f t . Nein, danke, für mich erst mal nicht.

M o s s a m i . Nun, wie schon erwähnt: Die Tabelle mit den Dokumenten steht im Mittelpunkt. Auf den ersten Blick fällt nicht auf, dass man eine ganze Menge Informationen zu jedem Dokument speichern kann, weil nur wenige Felder in der Tabelle selbst enthalten sind. Die meisten Daten verbergen sich in verbundenen Tabellen – zum Beispiel Kategorien, Stichwörter, Dokumentarten und so weiter.

A m i s o f t. Genau genommen bleibt kaum noch etwas übrig, wenn Sie die ganzen in verknüpften Tabellen gelagerten Dokumenteigenschaften ausblenden. Da wären dann noch die Tabellen, mit denen Sie Dokumente vorhandenen Projekten zuweisen können, und einige zur Festlegung der Berechtigungen.

E d e P f a u. Ich kenne mich auch ein bisschen mit Datenbanken aus – hab' früher mit dBase gearbeitet und jetzt fällt hin und wieder was mit MySQL an. Ich habe da direkt mal eine Frage: Wie funktioniert das nochmal mit den Dokumenten konkret? Werden die in der Datenbank nur erfasst oder sollen die dort auch richtig gespeichert werden? Kann ich mir überhaupt nicht vorstellen ... (*ratlos*).

M o s s a m i. Gute Frage. Also wir haben diesen ersten Entwurf erstmal so ausgelegt, dass die Dokumente im Dateisystem bleiben und nur erfasst werden, um zusätzliche Daten zu den Dokumenten zu speichern und damit bessere Suchmöglichkeiten zu bieten.

E d e P f a u. Gut, da müssen wir in der Tat genauer drüber reden. Mir persönlich hat Ihr Vortrag über Dokumentenmanagementsysteme gut gefallen, vor allem die Möglichkeit, einfach alle Dateien in der Datenbank zu speichern ...

A m i s o f t. Ja, da haben wir auch drüber nachgedacht und dies ist auch einer der Punkte, die wir hier heute klären sollten. Wir können uns durchaus vorstellen, dass sich dies mit Access und einem Backend wie dem SQL Server oder MySQL gut realisieren lässt. Die Datenbank würde dann zwar doch sehr groß werden, allerdings haben Sie dann – wenn die Mitarbeiter mitziehen – auch alle wichtigen Dokumente an einem Ort und können diese auch einfach sichern.

v o n W i l l v i e l. Um die Mitarbeiter machen Sie sich mal keine Sorgen, denen bringe ich schon bei, wohin sie ihre Dateien speichern! (*Lacht hämisch*)

M o s s a m i. Da sprechen Sie einen ganz wichtigen Punkt an, Herr von Willviel: Wir müssen die Anwendung unbedingt so konzipieren, dass sich die Mitarbeiter sofort wohl damit fühlen und gerne damit arbeiten. Es gibt allzu viele Beispiele von Anwendungen, die nach einem Monat keiner mehr angerührt hat – egal, ob der Chef das durchsetzen wollte oder nicht.

v o n W i l l v i e l. Jaja, ich werde den Kollegen das schon auf angenehme, aber unmissverständliche Weise klarmachen, wie sie mit der Anwendung umgehen müssen ...

M o s s a m i. Nein, es geht um etwas ganz anderes. Wir müssen dafür sorgen, dass die Anwendung Akzeptanz bei den Mitarbeitern findet – die müssen erkennen, dass ihnen das DMS weiterhilft und Vorteile bringt.

Ein neues Projekt

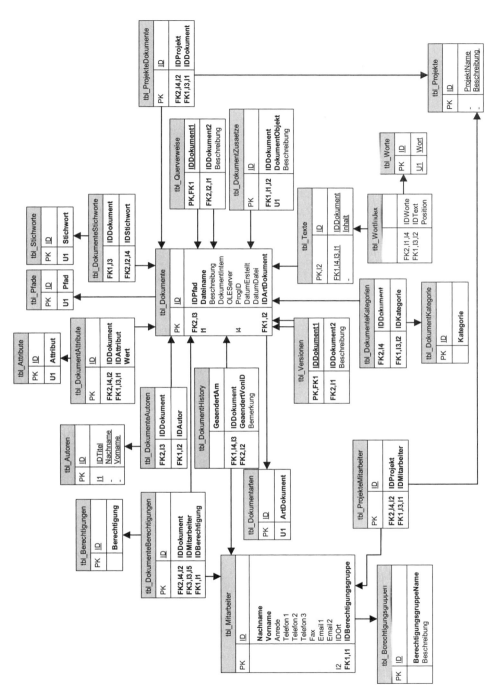

Abbildung 1.2: Der erste Entwurf des Datenmodells, mit Microsoft Visio erstellt

Amisoft. Und ein ganz wichtiger Punkt ist, dass wir die Mitarbeiter direkt bei der Entwicklung mit einbeziehen sollten. So lernen sie die Anwendung von Grund auf kennen. Außerdem können sie dann auch mit guten Vorschlägen oder Kritik weiterhelfen.

von Willviel. (*Etwas verunsichert*) Wie jetzt? Entwickeln Sie nun die Anwendung oder meine Mitarbeiter? Sie wissen aber doch, was Sie da tun, oder?

Mossami. Natürlich. Die Anwender mit in die Entwicklung einzubeziehen, ist sehr wichtig. Wir gehen darauf aber später noch mal ein, wenn wir uns über die genaue Vorgehensweise unterhalten. Zunächst sollten wir den fachlichen Entwurf des Datenmodells durchbekommen und uns Gedanken um die Benutzeroberfläche machen.

Ede Pfau. Na, dann mal los. Ich habe da nämlich noch ein paar Fragen zu diesem Dingsda ... Datenmodell?

1.5 Diskussion des ersten Entwurfs des Datenmodells

An dieser Stelle klinken wir uns aus dem Gespräch aus und kommen zu den Resultaten der Diskussion über das Datenmodell. Grundlage dafür war die Version aus der obigen Abbildung, die unsere Entwickler zu Beginn des Termins ausgedruckt und vorgestellt haben.

Die Entwickler wollten bei diesem Treffen vor allem die folgenden Punkte besprechen:

▶ Sollen Dokumente nur erfasst werden und im Dateisystem verbleiben beziehungsweise dort in eine geordnete Struktur auf dem Server überführt werden oder sollen die Dateien mit den übrigen Dokumentversionen in der Datenbank gespeichert werden?

▶ Wie geht man mit überarbeiteten Dokumenten um? Sollen diese einfach in der neuen Fassung unter Angabe des Bearbeiters über der alten Version gespeichert werden oder braucht die Firma ein richtiges Versionierungssystem, das alle Versionen sichert?

▶ Wenn die Dateien in der Datenbank gespeichert werden, wie soll dann die Verzeichnisstruktur aussehen, in die der Benutzer die Dokumente einordnet?

▶ Soll es ein Berechtigungssystem geben oder reicht es aus, wenn die Anwendung nachhält, wer welche Änderungen getätigt hat?

▶ Sollen alle Benutzer gleichermaßen auf die Anwendung zugreifen können oder soll diese Bereiche enthalten, die nur bestimmte Personen wie etwa der Administrator oder der Geschäftsführer sehen dürfen?

Ein neues Projekt

Die Antworten auf diese Fragen schlagen sich sofort in einer Diskussion der resultierenden Änderungen im ersten Entwurf des Datenmodells nieder. Während des Termins notieren die Entwickler alle notwendigen Anpassungen direkt auf Papier und im Ausdruck des Datenmodells.

1.5.1 Dateien in der Datenbank speichern

Bei *Willviel-Media* herrscht ein regelrechter Wildwuchs, was die Speicherorte von Dateien angeht: Einige Dateien landen tatsächlich, wie geplant, in den passenden Projektverzeichnissen auf dem Server, die meisten aber liegen entweder auf den lokalen Festplatten der Desktop-Rechner oder sind sogar auf den Laptops der Mitarbeiter unterwegs – und außerdem gibt es ja noch eine ganze Reihe Dokumente im Papierformat.

An eine komplette Sicherung der Dateien ist nicht zu denken. Der EDV-Leiter von *Willviel-Media* schlägt daher vor, die Dateien unbedingt mit den übrigen Dokumentdaten in der Datenbank zu speichern.

Die Änderungen am Datenmodell halten sich in Grenzen: Es ist lediglich ein neues Feld für das Speichern der Dateien erforderlich. Der Einfachheit halber soll dies zunächst ein OLE-Feld sein; damit haben die Entwickler gute Erfahrungen gemacht. Es gibt zwar unter Access 2007 auch noch den neuen Datentyp *Anlage* (*Attachment*), aber den Umgang damit wollen die Entwickler zunächst ausgiebig testen.

Außerdem kann das Feld *IDPfad* (Sie sehen: Im Rohentwurf verlassen auch erfahrene Entwickler mal den Pfad der Namenskonvention ...) und die damit verbundene Tabelle *tblPfade* wegfallen – wofür braucht man schon eine Pfadangabe, wenn die Datei in der Datenbank gespeichert wird?

Die Änderungen wurden wie in der folgenden Abbildung notiert.

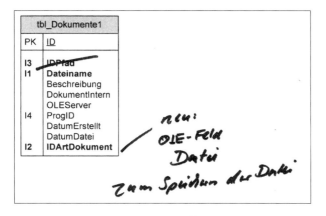

Abbildung 1.3: Notation geringer Änderungen am Datenmodell

1.5.2 Jede Version speichern

Beim Auftraggeber passiert es bisweilen, dass Mitarbeiter einen Entwurf etwa einer Webseite überarbeiten und später feststellen, dass die Änderungen in die falsche Richtung gingen. Natürlich gab es nur eine Arbeitskopie, und die hat der Mitarbeiter mit jeder Änderung wieder überschrieben.

Damit das auf keinen Fall wieder geschieht, sollen die Mitarbeiter demnächst bei jedem wichtigen neuen Schritt im Laufe eines Entwurfs einen Zwischenstand speichern können, auf den sie gegebenenfalls später wieder zurückgreifen können. Das soll natürlich nicht derart geschehen, dass die Mitarbeiter zum passenden Zeitpunkt eine Kopie der Datei(en) im gleichen oder einem anderen Verzeichnis anlegen, denn dies würde früher oder später zu einem noch größeren Chaos führen.

Stattdessen soll das Dokumentenmanagementsystem beim »Einchecken« einer Datei (das ist der Vorgang, bei dem der Benutzer eine Datei entweder zum ersten Male im DMS speichert oder eine neue Version einer bereits vorhandenen Datei in das System überführt) eine neue Kopie des Dokuments speichern. In Teilen war dies schon im ersten Entwurf des Datenmodells vorgesehen – dort sorgte eine Verknüpfungstabelle für eine reflexive m:n-Beziehung zwischen den Datensätzen der Tabelle *tblDokumente*. Dies war allerdings ein Schnellschuss, den die in der folgenden Abbildung dargestellte Fassung ausbügelte.

Die Teilnehmer des Termins waren sich schnell einig, dass ein Dokument einige Eigenschaften aufweist, die für alle Versionen eines Dokuments gleich sind. Die übrigen kommen, gemeinsam mit den Versionsangaben und dem OLE-Feld zum Speichern der Datei, in eine separate Tabelle namens *tblVersionen*. Verschiedene Versionen eines Dokuments kann die Anwendung nun in dieser Tabelle speichern und den Bezug zu den übrigen Dokumentdaten über das Fremdschlüsselfeld *DokumentID* herstellen.

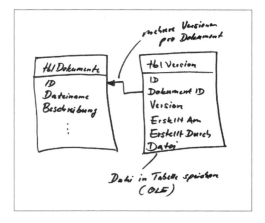

Abbildung 1.4: Aufteilung der Dokumentetabellen in Dokumente und Versionen

1.5.3 Verzeichnisstruktur

Eine einfache Ablage der Dokumente in den Tabellen *tblDokumente* und *tblVersionen* hilft insofern noch nicht viel weiter, als dass noch eine hierarchische Struktur wie etwa im Dateisystem fehlt.

Zwar ließ sich ein Dokument im ersten Datenmodellentwurf in eine oder mehrere Kategorien einordnen, aber eine einzige Ebene war definitiv zu wenig. Dokumente sollten sich, da waren sich die Auftraggeber einig, zumindest dem Projekt und einem oder mehreren »Verzeichnissen« unterordnen lassen. Im Prinzip sollte das also wie im Windows Explorer aussehen, nur dass nicht Laufwerke, sondern Projekte die Basis liefern (siehe folgende Abbildung).

Interessant war die Frage, woher diese Projekte kommen: Access bietet nun einmal die Möglichkeit, Tabellen aus externen Datenbanken zu verknüpfen, und so könnte man, wenn der Auftraggeber eine Anwendung für das Projektmanagement verwendet, die eine passende Tabelle liefert, die Projekte direkt dieser Tabelle entnehmen. Zunächst entschied man sich allerdings, die Projekte in einer internen Tabelle namens *tblProjekte* zu speichern, was sich wenig später aber bereits als zu wenig detailliert erwies.

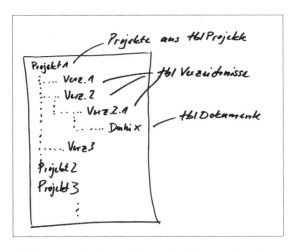

Abbildung 1.5: Hierarchische Struktur aus Projekten, Verzeichnissen und Dokumenten

Das Thema war allerdings noch längst nicht ausdiskutiert: Sollen Dateien auch direkt Projekten untergeordnet werden können? Die Antwort ist: Ja. Nur, wie legt man dies im Datenmodell fest? Die Antwort hierauf sollte kein Thema für diesen Termin sein: Details zur Realisierung von Kundenwünschen im Datenmodell muss man nicht direkt vor Ort klären – zumal Menschen, wie der Geschäftsführer von Willviel, zu dessen Metier die Datenmodellierung sicher nicht gehört, nur unnötig verwirrt würden.

Viel wichtiger ist die Bestätigung weiterer Annahmen: Ein Dokument soll man einem Projekt, aber auch einem Verzeichnis unterordnen können. Soll das beides gleichzeitig möglich sein?

Oder sollen die Benutzer ein Dokument gar mehreren Projekten direkt und/oder mehreren Verzeichnissen unterordnen können? Wenn es nach der Windows Explorer-Affinität ginge, hieße die Antwort: Nein. Eine Datei kann man dort nur einem Laufwerk oder einem Verzeichnis zuordnen – es sei denn, man erstellt eine Verknüpfung auf die Datei.

Eine Dokumentenverwaltung bietet aber gleichwohl mehr Möglichkeiten und Anreize: Wie wäre es denn, wenn man Dokumente wie beispielsweise DIN-Normen gleichzeitig mehreren Projekten zuweisen könnte, weil diese auch in einem anderen Zusammenhang interessant sind?

Man brauchte nicht mehr, wie früher, das Verzeichnis mit den Normen zu kennen, sondern könnte diese einfach mit dem jeweiligen Projekt verknüpfen und darüber aufrufen.

Diese zusätzliche Funktion bringt das Datenmodell natürlich ins Rollen – immerhin enthielt die erste Fassung mangels Informationen noch gar keine Tabellen zum Abbilden einer hierarchischen Struktur. Das Zuweisen von Dokumenten zu beliebigen Projekten und umgekehrt ließe sich noch einfach darstellen, wie die folgende Abbildung zeigt. Allerdings lässt sich so nur eine einzige Hierarchieebene abbilden.

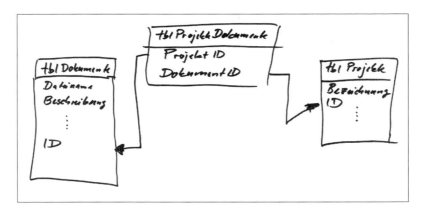

Abbildung 1.6: Verknüpfung von Projekten und Dokumenten

Es fehlen noch Verzeichnisse, die man zwischen Projekte und Dokumente schieben kann. Und die soll man auch noch untereinander verschachteln können. Die nächste Abbildung ergänzt die vorherige Abbildung um die fehlenden Elemente: Dort kann man sowohl jedem Dokument beliebige Projekte zuordnen als auch eines oder mehrere Verzeichnisse dazwischenschalten.

Ein neues Projekt

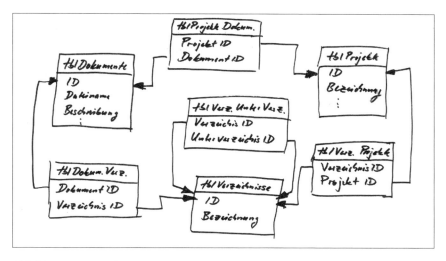

Abbildung 1.7: Die komplette Abbildung von Dokumenten in Verzeichnissen und Projekten

1.5.4 Berechtigungen

Ein weiteres Kernthema der Besprechung sind die Zugriffsrechte auf die in der Datenbank gespeicherten Dokumente. Wer darf Dokumente lesen? Wer darf sie ändern? Laut Auftraggeber sollten eigentlich nur die jeweiligen Projektbeteiligten die Daten eines Projekts einsehen können, was sich aber im Laufe der Jahre gänzlich erledigt hat – seither kann jeder Benutzer quasi auf alle Projekte zugreifen. Lediglich Buchhaltungs- und personenbezogene Daten sind von den Benutzern abgeschottet. Die Einführung des DMS wäre also eine gute Gelegenheit, ein Berechtigungssystem zu implementieren.

Dabei gibt es einige zentrale Fragen zu beantworten, die alle miteinander verknüpft sind:

▷ Soll die Vergabe von Berechtigungen auf Dokument-, Verzeichnis- oder Projektebene erfolgen?

▷ Sollen die Benutzer in Benutzergruppen eingeteilt werden?

▷ Falls Benutzergruppen gebildet werden: Werden Berechtigungen auf Benutzer- oder Benutzergruppenebene oder gar kombiniert vergeben?

▷ Welche Berechtigungsstufen gibt es überhaupt?

Dokumentberechtigungen

Eine Vergabe von Berechtigungen auf verschiedenen Ebenen (Dokument, Verzeichnis, Projekt) würde nach sich ziehen, dass man sich entscheiden muss, welche Berechtigungen im Falle mehrfacher Vergabe auf unterschiedlichen Ebenen Priorität haben, und dies auch programmtechnisch realisieren muss. Einfacher scheint es zu sein, Berechtigungen auf Dokumentebene festzulegen, aber in der Benutzeroberfläche zu erlauben, Zugriffsrechte en bloc zu vergeben. Das könnte dann etwa so aussehen wie in den Setup-Programmen für Microsoft-Produkte: Dort wählt man entweder direkt untergeordnete Optionen aus oder man legt die Installationsoptionen für einen ganzen Zweig fest:

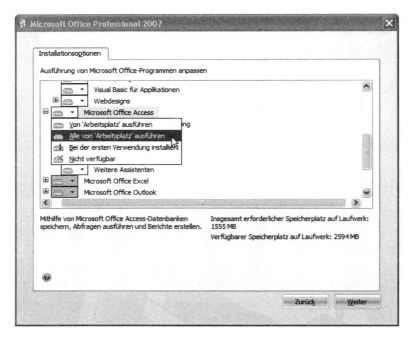

Abbildung 1.8: Auswählen von Installationsoptionen für Microsoft Office 2007

Benutzer/Benutzergruppen

Über das denkbare Zusammenfassen von Benutzern in Benutzergruppen und die dadurch mögliche Vereinfachung beim Festlegen von Berechtigungen waren sich alle Beteiligten schnell einig: Benutzergruppen sollten auf jeden Fall her.

Allein die Frage der Priorität hielt etwas auf: Wie ist zu verfahren, wenn ein Benutzer höhere individuelle Berechtigungen für den Zugriff auf ein Objekt hat als seine Benutzergruppe? Das Gleiche gilt natürlich, wenn der Benutzer mehreren Gruppen angehört, die verschiedene Zugriffsrechte an einem Objekt besitzen. Schließlich siegte die Logik: Natürlich gelten die höchsten Rechte! Sprich: Wenn ein Benutzer individuelle Rechte zum Schreiben eines Dokuments besitzt und Gruppenrechte zum Lesen, dann hat er insgesamt Schreibrechte.

Die Zuordnung der Benutzer zu den Benutzergruppen soll per m:n-Beziehung erfolgen, das heißt, dass jeder Benutzer beliebigen Benutzergruppen zugeordnet werden kann:

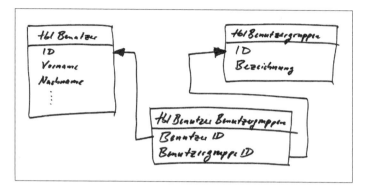

Abbildung 1.9: Zuordnung von Benutzern zu einer oder mehreren Benutzergruppen

Berechtigungsstufen

Für Dokumente gibt es nicht allzu viele Möglichkeiten, was die Berechtigungsstufen anbelangt: Entweder der Benutzer darf gar nicht darauf zugreifen oder er darf das Dokument lesen, es schreibend bearbeiten oder löschen.

Nun ist es aber so, dass im DMS grundsätzlich eine neue Version erstellt wird, wenn ein Benutzer eine geänderte Fassung speichert – ein Differenzverfahren wie in professionellen Versionsmanagementprogrammen wäre für alle denkbaren Dokumenttypen zu aufwändig. Daher wäre es gar nicht so schlimm, wenn jemand unbefugt eine Änderung vornimmt – die Vorgängerversion wäre ja ohnehin noch verfügbar. Dennoch sollte das Anlegen neuer Versionen im Rahmen bleiben und nur nach gravierenden Änderungen beziehungsweise vor dem Feierabend erfolgen, damit gegebenenfalls andere Benutzer auf die aktuellste Version zugreifen können.

Die Berechtigung zum Löschen soll nur äußerst sparsam vergeben werden. Prinzipiell sollen aus dem DMS gar keine Dokumente gelöscht werden; wenn aber ein Projekt beendet ist, ist ein Entfernen der Dokumentversionen vor der finalen Version sinnvoll. Zuvor sollte man gegebenenfalls das komplette Projekt mit allen Versionen sichern.

Zugriffsverwaltung zusammengefasst

Die Berechtigungen von Benutzern und Benutzergruppen an den einzelnen Dokumenten sollen in zwei m:n:o-Verknüpfungstabellen gespeichert werden. Die erste verknüpft Benutzer, Zugriffsarten und Dokumente, die zweite Benutzergruppen, Zugriffsarten und Dokumente:

Kapitel 1

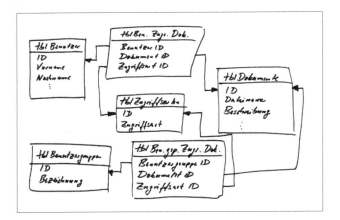

Abbildung 1.10: Die Berechtigungen der Benutzer und Benutzergruppen werden in zwei verschiedenen Tabellen gespeichert.

Darstellung der Zugriffsberechtigungen

Hartmut von Willviel hatte noch gewisse Probleme, sich vorzustellen, wie die Berechtigungen nun für die einzelnen Kombinationen aus Benutzern, Benutzergruppen und Dokumenten festgelegt werden sollen – vor allem im Hinblick darauf, wie man die Berechtigungen auf mehrere Dokumente gleichzeitig einstellen soll. Die folgende Abbildung zeigt, wie die Entwickler dem Geschäftsführer die Vorgehensweise verdeutlichen: In dem Element der Benutzeroberfläche, das für die Verwaltung der Zugriffsrechte verantwortlich ist, gibt es zwei Bereiche – einen für die Benutzer beziehungsweise Benutzergruppen und einen für die Dokumente inklusive ihrer Einordnung in die Hierarchie. Dazwischen gibt es eine Optionsgruppe, die die aktuelle Berechtigung für die Kombination aus Benutzer/Benutzergruppe und Projekt/Verzeichnis/Dokument darstellt. Durch Ändern der dortigen Auswahl und einen Klick auf eine Schaltfläche sollen die neuen Zugriffsrechte zugewiesen werden.

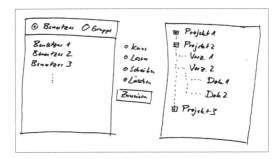

Abbildung 1.11: Erster Entwurf der Benutzeroberfläche zum Verwalten der Zugriffsrechte

1.5.5 Abschluss der Datenmodell-Diskussion

Die Besprechung des Datenmodells war somit beendet – der Rest des ersten Entwurfs konnte so bleiben und Entwickler sowie Auftraggeber hatten zunächst keine offenen Fragen mehr.

1.5.6 Planung der Benutzeroberfläche

Nach einigen Stunden Beratung über das Datenmodell war es Zeit für eine Pause; von Willviel lud die Beteiligten in eine nahe gelegene Gaststätte ein, wo man das Projekt ein wenig ruhen ließ und sich über Gott und die Welt unterhielt.

Nach einem Capucchino und ein, zwei Zigaretten ging es auf zum zweiten Teil – zur Diskussion möglicher Elemente der Benutzeroberfläche und somit zu dem Teil, der für den Kunden richtig interessant ist.

DRITTER AUFTRITT

Konferenzraum der Firma Willviel-Media. Die Vorigen.

M o s s a m i . Mit dem ersten Teil unseres heutigen Treffens können wir meiner Meinung nach schon sehr zufrieden sein. Das Datenmodell macht schon jetzt einen recht schlüssigen Eindruck. Sie können uns hier wohl nur noch mit nachträglichen Ideen aus dem Gleichgewicht bringen – aber die gibt es erfahrungsgemäß immer.

E d e   P f a u . Ach, ich bin recht zuversichtlich, dass wir fürs Erste alles haben. Aber machen wir doch einfach weiter. Womit legen wir los?

M o s s a m i . Wir versuchen jetzt, zusammen einen ersten Entwurf der einzelnen Elemente der Benutzeroberfläche zu erstellen – also wie das Programm dann wirklich aussehen wird, wie man es bedient, wie man damit arbeitet und so weiter. Hier konnten wir einfach noch nicht so viel Vorarbeit wie beim Datenmodell leisten, weil dieses ja Grundlage für die Benutzeroberfläche ist. Wir werden also heute eine Menge diskutieren und zeichnen, und mein Kollege und ich werten alles, was wir heute provisorisch aufnehmen, bis zum nächsten Treffen aus.

v o n   W i l l v i e l . Also, was mich am meisten interessiert, ist dieses Ein- und Auschecken. Die Dokumente sind da ja nun wohl in der Datenbank. Wie kommen meine Mitarbeiter denn nun da heran und wo befinden sich die Dateien, wenn sie diese bearbeiten?

M o s s a m i . Der erste Ansatz, den wir uns dazu überlegt haben, ist der: Wenn ein Benutzer eine Datei in das DMS einchecken, also anlegen will, soll es dafür einen Eintrag im Kontextmenü geben – beispielsweise »Einchecken«.

Ede Pfau. Und was passiert dann, wenn ich für eine bestimmte Datei auf diesen Knopf drücke? Wie lege ich fest, in welchem Projekt oder Verzeichnis die Datei angelegt werden soll?

Mossami. Das ist das Problem des ersten Ansatzes. Es muss auf jeden Fall ein passender Dialog dafür geöffnet werden, der die Auswahl des Zielverzeichnisses im DMS ermöglicht.

Amisoft. Und so sind wir dann auch auf den zweiten Entwurf gekommen. Wir haben gedacht, wenn der Benutzer sowieso das DMS starten muss, um ein Dokument hinzuzufügen – was ja übrigens auch nötig ist, wenn er eines auschecken oder öffnen möchte –, können wir auch gleich den Windows Explorer in die Anwendung integrieren.

von Willviel. Also ich verstehe gar nichts mehr. Erst wollen Sie die Anwendung in den Windows Explorer integrieren, jetzt umgekehrt – ist der Windows Explorer nicht das Ding zum Surfen?

Ede Pfau. Nein, nein, das verwechselst du jetzt mit dem Internet Explorer. Der Windows Explorer ist das Programm, mit dem du in den Verzeichnissen deiner Festplatte navigierst und von dort Dateien öffnest.

Amisoft. Genau. Und den könnte man eventuell in unsere Anwendung integrieren, damit der Benutzer Dateien von der hierarchischen Struktur des DMS auf die im Windows Explorer abgebildete Struktur seiner lokalen Festplatte auschecken kann und umgekehrt. Ich zeichne das am besten mal auf ... (*skizziert schnell ein Formular mit einigen Steuerelementen*).

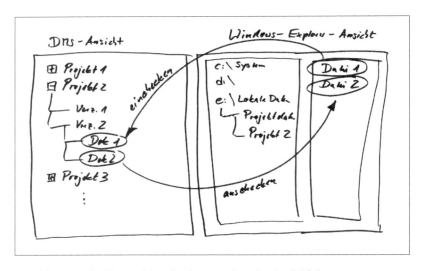

Abbildung 1.12: Ein- und Auschecken von Dateien im DMS-System

Amisoft. So, hier kann man nun Dokumente aus dem DMS in den Explorer ziehen und so eine Kopie der Datei erzeugen und umgekehrt.

E d e   P f a u . Gut. Das bedeutet aber nun auch, dass ich eine Datei – äääh, ein Dokument – immer in den Explorer ziehen muss, damit ich es bearbeiten kann? Ist das nicht ein wenig umständlich?

M o s s a m i . Nicht unbedingt. Ich habe im Vorfeld ein wenig mit Steuerelementen experimentiert, mit denen man Dokumente direkt innerhalb eines Access-Formulars anzeigen kann. Das geht zum Beispiel in einigen Fällen mit dem so genannten Webbrowser-Steuerelement, aber noch viel besser gefällt mir ein anderes Element, das optimal auf diesen Fall ausgelegt ist.

E d e   P f a u . Der Benutzer braucht also im Prinzip nur noch das Dokument in der Verzeichnisstruktur vom DMS anzuklicken und das wird dann irgendwie direkt angezeigt?

M o s s a m i . Genau so ist es. Sogar die Menüs der externen Anwendung werden dann innerhab der Anwendung eingeblendet. Gegebenenfalls bekommen wir es sogar hin, dass die Dateien gar nicht erst auf der Festplatte gespeichert werden müssen, um sie zu bearbeiten.

V o n   W i l l v i e l . Gut, versteh ich im Detail alles nicht, aber Du, Ede …? Ach, schon gleich 14 Uhr. Sorry, ich habe jetzt einen Termin. Dann … besprechen Sie sich weiter mit Herrn Pfau? Ich sag schon mal tschüss!

A m i s o f t . Aber denken Sie bitte dran, dass wir beim nächsten Treffen vielleicht auch einen weiteren Ihrer Mitarbeiter miteinbeziehen? Wäre schön, wenn wir da noch ein paar Anregungen aus anderer Sicht bekämen. Würde Sie ja auch entlasten.

v o n   W i l l v i e l . (*Schon in der Tür*) Ja, klar, wir telefonieren!

E d e   P f a u . Wo waren wir stehen geblieben?

Der Rest dieses Treffens würde in Dialogform noch etliche Seiten füllen, weil viel diskutiert, aber auch vieles erklärt werden muss. Daher finden Sie an dieser Stelle lediglich das Extrakt der Planung der Benutzeroberfläche.

1.5.7 Hauptformular der Anwendung

Das Hauptformular ist der Ausgangspunkt vieler Aktionen, die mit *dmsBase* durchgeführt werden können. Alle übrigen Funktionen sollten über ein benutzerdefiniertes Ribbon erreichbar sein – dazu später mehr. Die folgende Abbildung zeigt den Entwurf des Hauptformulars aus der Besprechung. Im Mittelpunkt stehen die beiden hierarchischen Strukturen des DMS-Baums und des Windows Explorers. Dieser soll auf irgendeine Art und Weise in das Formular integriert werden – wie, ist an dieser Stelle noch nicht klar. Die beiden Steuerelemente sollen nebeneinander angezeigt werden, um das einfache Ein- und Auschecken von Dokumenten durch Hin- und Herziehen der Dateieinträge zu ermöglichen. Ein Doppelklick auf einen der Einträge des DMS-Baums oder die Auswahl des zu öffnenden Eintrags und anschließendes Betätigen einer speziellen Ribbon-Schaltfläche sollen ein Dokument öffnen, soweit dies innerhalb der Anwendung möglich ist.

Erste Experimente im Vorfeld haben ergeben, dass dies zumindest mit Office-Dokumenten wie Word-, Excel- und PowerPoint-Dateien über das *DSOFramer*-Steuerelement funktioniert. HTML- und sonstige Webdateien kann das *Webbrowser*-Control anzeigen, PDF-Dokumente das passende Acrobat-Steuerelement, für Multimedia-Dateien wie Video-, Audio- und Midi-Dateien gibt es ein eingebettetes MediaPlayer-Steuerelement und schließlich schwebt den Entwicklern für Bilddateien der Einsatz eines bereits in der Entwicklung befindlichen Bildbearbeitungs-Steuerelements vor. Weitere Dokumentenformate sollen und müssen derzeit nicht mit *dmsBase* verwaltet werden.

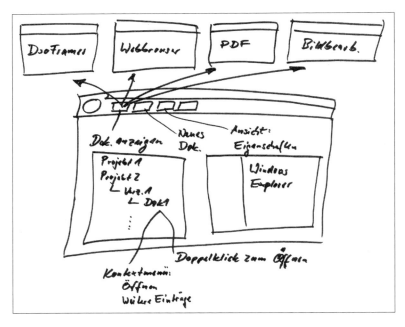

Abbildung 1.13: Das Hauptformular mit einigen Funktionen

1.5.8 Dokumenteigenschaften

Wenn man schon mehr als die üblichen Attribute zu den Dokumenten speichert, dann soll man sie auch auf einfache Weise einsehen können. Wenn man im Windows Explorer etwa schnell mal nachschauen möchte, welche Verzeichnisse eines Laufwerks die größten Speicherplatzfresser sind, steht einem eine Menge Arbeit bevor: Diese Angabe findet sich nämlich nur im Eigenschaften-Dialog, und den muss man für jedes Verzeichnis und auch jede Datei einzeln aufrufen (für Dateien zeigt der Explorer diese Information jedoch auch in der Detailliste an). Dies soll in *dmsBase* anders sein: Der Benutzer soll statt der Explorer-Übersicht eine Eigenschaften-Ansicht einblenden können, die jeweils die Eigenschaften des im DMS-Baum markierten Dokuments anzeigt.

Auf diese Weise kann der Benutzer auch mal schnell durch einige Dokumente klicken und bekommt immer sofort die Eigenschaften des aktuellen Dokuments angezeigt (siehe folgende Abbildung).

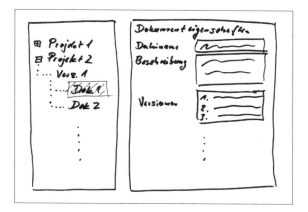

Abbildung 1.14: Anzeige der Eigenschaften eines Dokuments

1.5.9 Anzeige von Dokumenten

Die Anzeige von verschiedenen Dokumentformaten lässt sich technisch wohl kaum in einem einzigen Formular bewerkstelligen. Es soll in *dmsBase* zwar optisch so aussehen, als gäbe es nur eine Maske zur Dokumentansicht. Für die Anzeige von Dokumenten sind aber verschiedene Formulare vorgesehen, die das zum anzuzeigenden Dokument passende Steuerelement enthalten:

- Office-Dokumente wie Word, Excel, PowerPoint: Modifiziertes *DSOFramer*-Steuerelement von Microsoft

- Webbasierte Dokumente: Zweckentfremdetes *KeyHelp*-Steuerelement aus der Bibliothek *keyhelp.ocx* für HTML-Hilfen

- PDF-Dokumente: Adobe PDF Reader-Steuerelement

- Bilddateien: Image-Steuerelement der MSForms-Bibliothek, gegebenenfalls erweitert durch selbst programmierte Bildbearbeitungsfunktionen

- Multimediadateien wie MP3, MID, WAV, AVI oder MPG: Windows Media Player-Steuerelement

- Snapshot-Dateien: SnapshotViewer-Steuerelement

> **keyhelp.ocx statt Webbrowser-Steuerelement**
>
> Üblicherweise verwendet man zur Anzeige von Webdokumenten in Access-Formularen das *Webbrowser*-Control. Leider bringt dieses einige Nachteile mit sich, die etwa mit dem dynamischen Anpassen an Größenänderungen des Formulars zusammenhängen. Mit dem *Keyhelp Embedded Window* des *keyhelp.ocx* passiert dies nicht, es lässt sich problemlos an einer oder mehreren Seiten des Formulars verankern.

Der Clou an der Dokumentanzeige für Office-Dokumente soll sein, dass diese ohne den Umweg des Speicherns der Dokumente im Dateisystem erfolgt – die Dateien sollen also direkt aus dem Access-Feld im jeweiligen Formular angezeigt und bearbeitet werden können. Andererseits ist ganz klar, dass die auch sonst beim Öffnen von Dateien erzeugten temporären Dateien dabei nicht wegfallen können.

1.5.10 Suchfunktion

Eine der wichtigsten Funktionen von *dmsBase* ist die Suchfunktion. Sie soll all die zusätzlichen Attribute und auch eine Volltextsuche einschließen. Die Suchfunktion kam beim Termin allerdings nur kurz zur Sprache – die Entwickler zeigen eine Reihe bereits implementierter Suchfunktionen in anderen Anwendungen und man kam überein, einen Suchbereich analog zum Eigenschaftenfenster neben dem DMS-Baum anzuzeigen. Die Suche selbst soll einige Möglichkeiten zur Volltextsuche bieten und so etwa den Volltext eines Dokuments und seine Beschreibung erschließen.

Alle anderen Eigenschaften sind ohnehin in verknüpften Tabellen gespeichert, sodass der Benutzer die Suchbegriffe ganz einfach per Kombinationsfeld aus den vorhandenen Einträgen auswählen kann.

1.5.11 Anlegen und Einchecken neuer Dokumente

Ein DMS macht nur wenig Sinn, wenn die Benutzer die Attribute der Dokumente nicht pflegen beziehungsweise diese gar nicht erst eingeben. Daher könnte beim Anlegen oder Einchecken neuer Dokumente ein Dialog erscheinen, der die Eigenschaften abfragt.

Zum Zeitpunkt des zweiten Treffens gab es noch keine Entscheidung, ob dieser Dialog direkt beim Anlegen des Dokuments eingeblendet wird oder ob der Benutzer die Möglichkeit haben soll, die Eigenschaften später festzulegen.

Spezialfall Papierdokumente

Natürlich soll *dmsBase* auch eingescannte Dokumente verwalten. Dazu ist eine eigene Scan-Funktion vorgesehen, die auch noch den Volltext des Dokuments via OCR einliest.

Auch dieses Thema wurde zunächst ausgeklammert, weil die Funktionen prinzipiell mit den Dialogen der dazu verwendeten Komponenten auskommen.

1.6 Geldfragen

Zum Ende des zweiten Termins – auch Herr von Willviel traf zwischenzeitlich wieder ein –, als das Datenmodell so weit feststand und auch die Benutzeroberfläche erste Formen angenommen hatte, kam noch einmal das unvermeidliche Thema Kosten auf den Tisch.

VIERTER AUFTRITT

Konferenzraum der Firma Willviel-Media. Die Vorigen.

A m i s o f t . So, die Herren, wenn keiner mehr Fragen oder Wünsche hat, sollten wir den heutigen Termin beenden. Immerhin haben wir unser Pensum erfüllt und ich glaube, dass wir bis zum nächsten Treffen schon ein ganz tragbares Konzept zusammenbekommen.

v o n W i l l v i e l . Äääh ... ja. Ich glaube auch, dass wir hier ein sehr schönes Programm erhalten – vor allem, weil selbst ich als Kaufmann mittlerweile alles verstanden habe *(lacht)*. So schnell kommen Sie mir aber nicht davon: Wir haben ja immer noch nicht über das liebe Geld gesprochen. Wir hätten doch zumindest gern eine Hausnummer, damit wir wissen, ob wir überhaupt zusammenkommen.

M o s s a m i . Klar, auf dieses Thema wären wir auch zu sprechen gekommen. Allerdings erst beim nächsten Termin oder, falls Sie es gar nicht mehr aushalten, zumindest bis wir die heute erstellten Unterlagen gesichtet und das Konzept fertig gestellt haben.

v o n W i l l v i e l . Jaja, aber wenigstens eine Richtung haben Sie doch wohl im Kopf?

M o s s a m i . Nun, genau genommen fehlt uns noch eine sehr wichtige Information.

v o n W i l l v i e l . Und?

A m i s o f t . Es gibt da nämlich zwei Möglichkeiten, wie wir das Projekt durchführen. Wir können auf die herkömmliche Weise vorgehen und ein Pflichtenheft schreiben, das dann als Grundlage für die zu erstellende Anwendung und auch für den Aufwand dient. Die Vorteile sind, dass Sie so von vornherein genau wissen, wie die Anwendung später aussieht, und auch einen genauen Kostenrahmen haben.

v o n W i l l v i e l . Das hört sich doch erstmal gut an. Was sind die Nachteile? Und wie sieht die Alternative aus?

A m i s o f t . Der Nachteil ist, dass Ihnen die Anwendung nachher nicht gefallen könnte und dass Überarbeitungen nötig werden. Die fangen dann unter Umständen an der Basis, also beim Datenmodell, an und erfordern umfassende Änderungen aller darauf aufbauenden Komponenten. Außerdem bedeutet Pflichtenheft, dass jede Kleinigkeit, jedes Detail der Anwendung genau festgeschrieben werden muss, um ein verbindliches Angebot erstellen und berechnen zu können. Und das setzt wiederum voraus, das wir noch viele, viele Besprechungstermine mit Ihnen brauchen, damit ein wasserdichtes Konzept steht, bevor überhaupt mit der konkreten Entwicklung unsererseits begonnen werden kann.

v o n   W i l l v i e l . Oje! Gut, das ist verständlich. Fehlt noch die Alternative.

M o s s a m i . Die Alternative nennt sich Prototyping. Sie basiert darauf, dass es eben kein von Beginn an festgezurrtes Konzept gibt, sondern dass man Schritt für Schritt Teile der Anwendung entwickelt, diese mit Mitarbeitern testet und damit immer weiter verbessert. Dadurch wissen wir viel früher, wo wir am gewünschten Funktionsumfang und vor allem an den Benutzern vorbeientwickeln.

v o n   W i l l v i e l . Und wo liegen hier die Nachteile? Und vor allem: Wie berechnet sich hier der Preis?

M o s s a m i . Nachteile gibt es schon – zum Beispiel, dass wir Ihnen hier und jetzt noch keinen Preis nennen können (*lacht*) ... und dass der Zeitrahmen für die Entwicklung derzeit noch schwer einzuschätzen ist. Wir machen das einfach so: Wir fassen noch einmal die Vor- und Nachteile von Pflichtenheft und Prototyping zusammen und nennen Ihnen für beide den finanziellen Aufwand. Das machen wir aber erst beim nächsten Treffen, denn unsere Köpfe sind für heute genug ans Arbeiten gekommen.

v o n   W i l l v i e l . Nun denn, dann verbleiben wir erstmal so. Wann treffen wir uns das nächste Mal – reichen zwei Wochen aus?

A m i s o f t . Klar, zwei Wochen sollten reichen. Momentan ist ja Urlaubszeit, da stehen nicht so viele andere Termine an.

Damit endet dieser Termin und Mossami und Amisoft fahren frohgemut nach Hause – wohl wissend, dass dies ein wirklich interessantes Projekt werden könnte – allerdings auch mit einer ordentlichen Herausforderung im Gepäck.

FÜNFTER AUFTRITT

Büro von Mossami und Amisoft. Mossami und Amisoft.

A m i s o f t . Puuh, das war wirklich anstrengend – wenn du sonst den ganzen Tag nur programmierst und Artikel schreibst ...

M o s s a m i . Absolut. Aber ist ja auch klar – du kannst eben nicht wie am eigenen Schreibtisch mal eben eine rauchen, Kaffee holen oder eine Runde

Ein neues Projekt

surfen oder Mails lesen. Zwei Mal drei bis vier Stunden am Stück Konzentration aufbringen ist nicht ohne.

A m i s o f t . Immerhin glaube ich, dass unser Konzept und die Ideen von heute gut angekommen sind. Ich bin gespannt, wie das nach unserem Angebot aussieht.

M o s s a m i . Ja, ich auch. Wir sollten aber vor allem sehen, dass wir das ganze per Prototyping durchziehen. Dafür würde ich auch auf Kohle verzichten – Prototyping macht einfach viel mehr Spaß als dieses ganze typisch deutsche Pflichtenheft-Zeugs. Scheint keine arme Firma zu sein..

A m i s o f t . Denke ich auch. So, arbeiten wir noch was? Vielleicht die Unterlagen ergänzen?

M o s s a m i . Gut, können wir machen. Noch kann ich mich an alle Einzelheiten erinnern – wer weiß, wie das morgen aussieht ...

A m i s o f t . Ich glaube, ich hole trotzdem schon mal die Flasche Perlwein aus dem Kühlschrank!

2 Der Weg zum Auftrag

Im Rahmen der bisherigen Termine haben Mossami und Amisoft bereits grundlegende Informationen über das zu erstellende Produkt erhalten. Der geneigte Leser wird sich zu diesem Zeitpunkt fragen, ob und wie denn der von den beiden Softwareentwicklern bisher geleistete Aufwand überhaupt bezahlt wird und welche Forderungen man generell in der Anbahnungsphase geltend machen sollte.

Dies erfahren Sie in den folgenden Abschnitten, so wie auch den weiteren Verlauf bis zur Beauftragung des Projekts und zur Startphase. In den folgenden Kapiteln steigen wir dann in die Datenmodellierung und die technischen Feinheiten der Dokumentenverwaltung ein.

2.1 Das Konzept

Die ersten beiden Termine mit dem Auftraggeber sollten genügend Material liefern, um ein Konzept zu erstellen, auf dessen Basis sich der Aufwand annähernd abschätzen lässt. Der Auftraggeber wird nämlich definitiv beim nächsten Treffen Zahlen sehen wollen, was ja beim zweiten Termin schon angekündigt wurde.

Das Konzept hat drei wichtige Komponenten zum Inhalt: den Entwurf des Datenmodells, den Entwurf der Benutzeroberfläche sowie eine Zusammenstellung der Abläufe, bei denen die Anwendung den Benutzer unterstützen soll. Letzteres macht in diesem Fall im Vorfeld eher weniger Sinn, weil die Anwendung ja Vorgänge unterstützen soll, die sich zuvor zu wesentlichen Teilen im analogen

Bereich abspielten – Dokumente, Rechnungen, Verträge und viele andere Dokumente, die mit der Dokumentverwaltung erfasst werden sollen, liegen ja nur in Papierform und auf diverse Ordner verteilt vor.

Die konkreten Arbeitsabläufe werden also eher während der Entwicklung auf der Basis von Prototypen zusammen mit den Mitarbeitern erfasst. Die anderen beiden Komponenten, also die ersten Entwürfe des Datenmodells und der geplanten Benutzeroberfläche, stellen Sie im dritten Termin vor, der nichts anderem dient, als die Anforderungen auf Basis dieser Konzepte festzulegen und daraus den Aufwand für die Entwicklung der Software abzuleiten.

Änderungen am Konzept sollten sich nur noch in der Prototyping-Phase ergeben, in der Sie iterativ den Umgang der Benutzer mit der Software aufnehmen und in Optimierungen einfließen lassen. Dabei entsteht sicher die eine oder andere Erweiterung, deren Durchführung Sie je nach Aufwand mit dem Auftraggeber abstimmen müssen – dazu später mehr.

Zu einer Prototyping-Phase muss es allerdings erst einmal kommen – immerhin ist dies die eher unübliche Methode, um Software zu entwickeln. Daher erfahren Sie in den folgenden Abschnitten, was Prototyping genau ist, wie es sich von der Entwicklung nach einem Pflichtenheft unterscheidet und welche Vor- und Nachteile sich ergeben.

Im Rahmen dieses Kapitels erfolgt auch das dritte Treffen unserer Entwickler mit den Mitarbeitern der Firma *Willviel-Media*. Ein großer Teil dieses Treffens dreht sich um die Besprechung des Konzepts, das die Entwickler aus den Erkenntnissen des zweiten Treffens abgeleitet haben – und es geht – zur großen Freude des Auftraggebers – auch endlich um das Thema Geld.

ZWEITER AUFZUG

ERSTER AUFTRITT

Konferenzraum der Firma Willviel-Media. Mossami. Amisoft. von Willviel. Pfau.

von Willviel. Morgen zusammen! Nun, wie sieht unser Plan für heute aus?

Mossami. Morgen! Also: Wir waren natürlich in der Zwischenzeit nicht untätig und haben einiges Material erzeugt. Erstmal wäre da das Datenmodell, das all die Annahmen enthält, die wir bei unserem letzten Treffen gemacht haben, plus einige zusätzliche Elemente, die uns noch eingefallen sind. Das Datenmodell gehen wir zuerst durch, wobei wir hier im Prinzip nur noch Ja und Amen zu den einzelnen Tabellen und Beziehungen sagen müssen. Im Großen und Ganzen sollte also alles stehen – aber sicher ist sicher.

Amisoft. Genau. Und dann kommt der bei weitem größere Teil: Der Entwurf der Benutzeroberfläche. Wobei wir gleich sagen müssen: Es gibt zwar nicht so viele Elemente, aber durch die sehr speziellen Anforderungen eines DMS steckt überall eine Menge Know-how und eine Menge neuer Techniken drin.

von Willviel. Das hört sich ja gut an! Und danach sagen Sie mir, was das Ganze kostet, und dann sehen wir uns wieder, wenn Sie das Produkt fertig haben, richtig? (*Grinst über beide Ohren*)

Amisoft. Weit gefehlt, Herr von Willviel. Bevor wir über Geld sprechen, müssen zwei Bedingungen erfüllt sein: Erstens nehmen Sie und Herr Pfau unseren ersten Entwurf der Benutzeroberfläche sowie das Datenmodell so ab, wie sie sind – klar, kleine Änderungen werden sich im Laufe des heutigen Tages ergeben –, und zweitens werden wir Ihnen erzählen, was Prototyping ist und wie es sich vom Pflichtenheft unterscheidet. Und wenn Sie uns dann sagen, wie wir vorgehen sollen, reden wir über Dollars.

Mossami. Und es gibt noch einen ganz wichtigen Punkt: Wir werden uns nach dem heutigen Tag sicher nicht verabschieden und in ein paar Wochen mit der fertigen Anwendung wiederkommen. Das würde nämlich bedeuten, dass Sie sich nach unseren späteren Ausführungen für die Projektdurchführung mittels Pflichtenheft entscheiden – und um einen der größten Nachteile davon vorwegzunehmen: Projekte, die streng nach dem zu Beginn geschriebenen Pflichtenheft durchgeführt wurden, haben noch in den wenigsten Fällen erfolgreiche Produkte hervorgebracht.

von Willviel. Aha? Nun, was macht denn dann dieses Prototyping erfolgreicher?

Mossami. Ä-äääähm ... vielleicht bleiben wir doch in der geplanten Reihenfolge und gehen erst das Datenmodell und den Oberflächenentwurf durch, oder? Wir wollen uns doch noch was Interessantes für den Schluss aufbewahren. (*Lächelt in die Runde*)

von Willviel. Na gut, dann wollen wir mal!

Was nun folgt, würde den Rahmen dieses Kapitels locker sprengen – deshalb haben wir es in die folgenden Kapitel ausgelagert. Dort finden Sie genau genommen auch nicht die Version der Benutzeroberfläche, die unsere Entwickler tatsächlich für dieses Treffen vorbereitet haben, sondern die endgültige Fassung – wir möchten nicht zu viel Platz dieses Buchs für die einzelnen Iterationen auf dem Weg zur perfekten Benutzeroberfläche hergeben. Da gibt es doch wesentlich interessantere Dinge – wie zum Beispiel unsere Vorstellung von dem, was sich im Allgemeinen »Prototyping« nennt. Die Version der Benutzeroberfläche und damit auch die Übersicht der enthaltenen Funktionen haben die Entwickler allerdings in einer ganz anderen Form geliefert – und zwar als Papier-Prototyp. Was das ist, erfahren Sie weiter hinten in diesem Kapitel.

2.2 Lasten- und Pflichtenheft

Üblicherweise erfolgt die Entwicklung von Software auf Basis von Lasten- und Pflichtenheft. Davon sollten die meisten von Ihnen bereits gehört haben – ansonsten finden Sie im Internet ausreichend Informationen dazu. Einen guten Einstieg bietet etwa Wikipedia (http://www.wikipedia.de) unter dem Suchbegriff *Pflichtenheft*. Dort wird auch ein Autor erwähnt, der ein Standardwerk zum Thema Softwareentwicklung geschrieben hat: Helmut Balzert. Dieser Suchbegriff führt – ebenfalls bei Wikipedia – zu einer Liste seiner Werke, von denen der erste Band des Lehrbuchs der Software-Technik detaillierte Informationen zu Lasten- und Pflichtenheften enthält. Im Zusammenhang mit dem Vorhaben unserer Entwickler sind vor allem die Vor- und Nachteile von Pflichtenheften im Vergleich mit dem Prototyping interessant, die unsere Akteure weiter unten, zum Schluss des dritten Termins, besprechen.

2.3 Pflichtenheft versus Prototyping

Was ist eigentlich Prototyping? Schauen wir uns doch zunächst das passende Substantiv an – den Prototyp. Wikipedia schreibt darüber ungefähr Folgendes (Stichwort *Prototyp*):

»In der Technik stellt ein Prototyp (v. griech.: πρωτος protos = der erste) ein für die jeweiligen Zwecke funktionsfähiges, oft aber auch vereinfachtes Versuchsmodell eines geplanten Produktes oder Bauteils dar. Es kann dabei nur rein äußerlich oder auch technisch dem Endprodukt entsprechen. [...]«

Diese Definition liefert schon einen guten Ansatz für die Erklärung des Begriffs Prototyping: Prototyping ist eine Technik in der Softwareentwicklung, die ausgehend von einem ersten Entwurf und dessen Umsetzung in iterativen Schritten unter Einbindung der zukünftigen Benutzer schließlich zur fertigen Anwendung führt. Dies impliziert natürlich auch einige Unwägbarkeiten, denn allein der Begriff »iterativ« birgt üblicherweise keine genaue Anzahl von Schritten in sich, und dementsprechend variiert auch der dazu nötige Aufwand. Und davon lassen sich unmittelbar die zeitliche und die finanzielle Komponente ableiten – beides Größen, die ein Auftraggeber üblicherweise kennen möchte, bevor er den Zuschlag für ein Projekt gibt.

2.3.1 Pflichtenheft-Projekte

Die Frage ist nur, ob zeitliche und finanzielle Unwägbarkeiten in der Planungsphase in Anbetracht einer gut funktionierenden Lösung so sehr ins Gewicht fallen, wie es zunächst den Anschein hat. Schauen wir uns die Vorgehensweise beim Pflichtenheft an: Dort gibt es erstmal ein Lastenheft, das unabhängig von der geplanten Vorgehensweise zur Behebung erst einmal die Situation beim Auftraggeber erfasst, die überhaupt zur

Anberaumung des Projekts geführt haben. Daraus und aus weiteren Informationen leiten Entwickler und Auftraggeber dann das Pflichtenheft ab – ein Dokument, das die organisatorischen und technischen Vorgaben zur Durchführung und zum fertigen Produkt enthält. Dabei orientiert sich der Begriff »technisch« durchaus an der Oberfläche, denn die Beschreibung der technischen Vorgaben beschränkt sich in der Regel auf die Benutzerschnittstelle und vernachlässigt die dahinterstehende Technik. Mit welchen Werkzeugen das Produkt erstellt werden soll, ist hingegen sehr genau definiert – genau wie auch der Zeitpunkt der Fertigstellung. Projekte auf Pflichtenheft-Basis sind also die perfekte Lösung – oder etwa nicht?

Mit diesem Pflichtenheft zieht sich der Entwickler, überspitzt gesagt, für einige Wochen oder Monate ins stille Kämmerlein zurück und stellt das gewünschte Produkt fertig. Je größer das Produkt ist, desto mehr Meilensteine sorgen dafür, dass das Projekt vorankommt und der Auftraggeber Fortschritte sieht.

Bei vielen Projekten auf Basis von Pflichtenheften tritt jedoch nach Fertigstellung Ernüchterung ein: Die Benutzer kommen mit der Anwendung nicht zurecht, weil man sie einfach zu keiner Zeit des Entwicklungsprozesses ausreichend einbezogen hat. Funktionen und Benutzeroberfläche entsprechen je nach Projektdauer möglicherweise nicht mehr dem Stand der Technik, und auch die Beschreibung der zu im- und exportierenden Daten hat sich verändert. Sprich: Es ist erhebliche Nacharbeit erforderlich, die nicht eingeplanten Zeitaufwand bedeutet und Geld kostet – was zu Lasten des Auftraggebers geht, da die Software ja wie gewünscht auf Basis des Pflichtenhefts erstellt wurde.

Das ist natürlich ein Extremfall: Die meisten Projekte auf Pflichtenheft-Basis sind schon halbe Prototyping-Projekte, weil der Auftraggeber zumindest während der Fertigstellung mit den Entwicklern in Verbindung steht – allein weil diese immer wieder Fragen haben dürften, die das Pflichtenheft nicht beantwortet. Solche Fragen lösen in der Regel Überlegungen beim Auftraggeber aus, die oft zu zusätzlichen Features führen. Dann gibt es zwei Möglichkeiten: Entweder ist der Entwickler knallhart und verewigt die gewünschten Änderungen in einer Erweiterung des Pflichtenhefts – natürlich nebst Anpassung des Auftragsvolumens – oder er sagt: Ach komm, das mache ich noch für den gleichen Preis, ist ja nicht viel. Nach weiteren Änderungwünschen dürfte jedoch auch dieses Fass überlaufen und das Konzept des Pflichtenhefts komplett über Bord geflogen sein.

Typische Probleme bei der Pflichtenheft-Variante sind also Folgende:

▹ Das Pflichtenheft legt das Aussehen der Anwendung zu einem Zeitpunkt fest, zu dem sich die Beteiligten noch nicht ausreichend über die Anforderungen und Möglichkeiten, die sich aus der neuen Lösung ergeben könnten, im Klaren sind. Das Lastenheft ist zu Beginn oft nur eine fixe Idee des Auftraggebers. Im Verlauf eines Projekts stellt sich häufig heraus, dass die betrieblichen Abläufe selbst suboptimal sind; warum sollte man Software an schlechten Workflow anpassen? Deshalb ist Softwareentwicklung nicht selten auch Unternehmensberatung oder setzt diese voraus.

▶ Wenn die Entwickler nicht dumm sind, dann fordern Sie vom Auftraggeber die notwendige Menge Material und Strukturangaben, die wirklich für die Erstellung eines Pflichtenhefts erforderlich ist. Diese steht aber normalerweise zunächst nicht sofort zur Verfügung und muss bei größeren Projekten in zahllosen Terminen in Projektgruppen erarbeitet werden. Dafür sind vom Auftraggeber entsprechende personelle Ressourcen freizustellen, was meist ein großes, wenn nicht unüberwindbares Handicap darstellt.

▶ Bei der Erstellung eines Pflichtenhefts legen oftmals nicht die Personen die Kriterien fest, die später mit der Anwendung arbeiten müssen, sondern die, die auf Grund ihrer Position oder ihres vermeintlichen Know-hows dazu berufen werden oder sich dazu berufen fühlen.

▶ Die zu erstellende Anwendung wird im schlimmsten Fall »aus einem Guss« erstellt und erfährt während des Entwicklungsprozesses keine Optimierungen und Anpassungen.

▶ Daraus resultieren leider Anwendungen, die sich mangels Akzeptanz seitens der Benutzer kurzfristig als Abschreibung erweisen (die folgende Abbildung enthält den zugegebenermaßen pessimistisch eingeschätzten Ablauf eines Pflichtenheft-Projekts, den die Entwickler unserer Beispielanwendung dem Auftraggeber skizzierten).

Abbildung 2.1: Verlauf eines Pflichtenheft-Projekts, pessimistische Variante

Sie merken an dieser Stelle: Wenn Sie selbst gewisse Vorlieben bezüglich einer Vorgehensweise haben und davon überzeugt sind, dass diese am Ende des Projekts ein besseres Ergebnis liefert, sollten Sie den Auftraggeber unbedingt von dieser Vorgehensweise überzeugen – auch wenn Sie sich dabei einer gewissen Überredungskunst bedienen müssen.

> **Pflichtenhefte – ein ergiebiges Thema**
>
> Mit wachsendem Umfang steigt die Wahrscheinlichkeit, dass der Auftraggeber die Entwicklung der Software auf Basis eines Pflichtenhefts wünscht. Das Pflichtenheft wird in der Regel durch den Auftragnehmer – hier meist der Entwickler – erstellt und durch den Auftraggeber bestätigt. Es dient auch als Basis für ein durch den Auftraggeber zu bestätigendes Angebot.
>
> Es wäre leicht, das halbe Buch mit Informationen über das Pflichtenheft zu füllen, aber damit müssten zu viele andere interessante Dinge herausfallen: Daher verweisen wir auf passende Quellen im Internet, wobei http://de.wikipedia.org/wiki/Pflichtenheft ein guter Start ist – der dort beschriebene Aufbau eines Pflichtenhefts stammt übrigens aus einem Standardwerk im Bereich der Softwareentwicklung, dem *Lehrbuch der Softwaretechnik* von Helmut Balzert (ISBN 978-3827400 420).
>
> Letztlich ist ein Pflichtenheft ein Dokument, dass die Anforderungen an die zu erstellende Software beschreibt und in den meisten Fällen auch als Grundlage für die Kostenschätzung dienen dürfte.

2.3.2 Prototyping-Projekte

Das Prototyping hat einen komplett anderen Ansatz als die Projektdurchführung mit einem Pflichtenheft. Auch hierzu haben unsere Entwickler ein Ablaufschema skizziert und dem Auftraggeber vorgelegt (siehe folgende Abbildung).

Ähnlichkeit zwischen Pflichtenheft und Prototyping sind allenfalls zu Beginn zu erkennen: In beiden Fällen steht zunächst eine Phase, in der die grundlegenden Funktionen einer Anwendung zu ermitteln sind.

Diese liefert beim Prototyping allerdings ein ganz anderes Ergebnis, nämlich kein Pflichtenheft, sondern einen ersten Entwurf. Dieser vermittelt nicht unbedingt eine Vorstellung davon, wie die Benutzeroberfläche der Anwendung später aussehen wird, sondern ist eher eine Möglichkeit, die Funktionen statt mit einer schriftlichen Beschreibung in einer dem gewünschten Produkt wesentlich näheren Form zu abstrahieren und beiden Parteien einen guten Eindruck davon zu vermitteln, was die Anwendung denn nun können soll.

Natürlich kann die hier beschriebene Benutzeroberfläche auch schon genau die Richtung treffen, die schlussendlich beim fertigen Produkt herauskommt, aber das ist eher unwahrscheinlich.

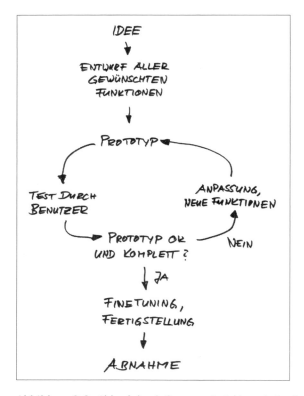

Abbildung 2.2: Ablauf der Softwareentwicklung beim Prototyping

2.4 Iteratives Design

Access bietet sich auf Grund seiner Eigenschaft als Vorreiter der Entwicklungsumgebungen für das Rapid Application Development von Datenbankanwendungen für das Prototyping geradezu an. Ist das Datenmodell einmal vorhanden, kann man blitzschnell mit den vorhandenen Assistenten, die mit Access 2007 noch einmal verbessert wurden, Formulare erstellen. Selbst die Darstellung mit per 1:n-Beziehung verknüpften Daten funktioniert quasi mit einigen Mausklicks und ein wenig Drag and Drop, und wer bereits über ein einigermaßen ansehnliches Arsenal bestehender Anwendungen und Beispieldatenbanken verfügt, der kann aus vorhandenem Material auch in kurzer Zeit diffizilere Anwendungen zusammenbauen.

Klar: Es gibt natürlich Formulare, die komplizierter gestrickt sind oder hinter deren Steuerelementen sich aufwändige Routinen verbergen (Beispiele dafür liefert die Beispieldatenbank zu diesem Buch zur Genüge). Im Großen und Ganzen aber kann man schnell etwas Lauffähiges produzieren, was dem Prototyping sehr zuträglich ist.

Wie oben erwähnt, ist Prototyping ein iterativer Prozess. Das bedeutet, dass Sie einen Prototyp entwickeln, der eine oder mehrere Funktionen bietet, die Sie zusammen mit einem oder mehreren Probanden – vermutlich mit Mitarbeitern, die die Anwendung demnächst bedienen sollen – ansehen und testen.

Das Feedback, das Sie dabei gewinnen, werten Sie aus und lassen es in den nächsten Prototyp einfließen, der gleichzeitig, sofern dieser noch nicht komplett ist, um weitere Funktionen erweitert werden kann. Das ist ein wichtiger Punkt: Der erste Prototyp muss nicht direkt alle Funktionen der geplanten Anwendung aufweisen, aber er sollte zumindest einen Bereich so abdecken, dass die Probanden ohne Hindernisse und ständige Fehlermeldungen einen Teil der damit auszuführenden Tätigkeiten testen können.

Das Ergebnis einer jeden Iteration ist die Definition der Anforderungen für den nächsten Prototyp, was im Übrigen auch für den initialen Schritt, nämlich die Erstellung des Konzepts gilt: Dieses ist nämlich die Anforderung für den ersten Prototyp.

> **Mit dem Benutzer entwickeln**
>
> Einer der Hauptgaranten für den Erfolg einer per Prototyping erstellten Anwendung ist, dass Sie die Anwender in den Entwicklungsprozess einbeziehen. Dies geschieht, indem Sie ihm die einzelnen Prototypen zeigen und ihn damit arbeiten lassen. Der Benutzer ist dabei das Versuchskaninchen, dem Sie nicht nur über die Schulter schauen, sondern von dem Sie sich anschließend auch schildern lassen, wie sich die Software anfühlt. Welche Probleme gab es? Kann er seine Aufgaben damit schnell ausführen? Hat er Ideen, wie man die Benutzeroberfläche ergonomischer gestalten kann, um die Arbeit damit noch weiter zu vereinfachen? Vielleicht würden die Benutzer die Benutzeroberfläche ja auch völlig anders gestalten? All dies sollten Sie berücksichtigen; selbst Ergonomie-Experten werden kaum voraussagen können, wie bestimmte Nutzer mit einer Anwendung umgehen. Und schließlich ersparen Sie sich so eine lange Testphase, die intern bei einer Pflichtenheftentwicklung anfallen würde: Die Anwender fungieren als Betatester und machen Sie regelmäßig auch auf technische Fehler aufmerksam.

Durchführung des Tests eines Prototyps

Wie wird nun so ein Test durchgeführt? Zunächst gilt es, eine angemessene Umgebung zu finden – was sehr leicht ist, denn hierbei handelt es sich um den Arbeitsplatz des zukünftigen Benutzers. Auf diese Weise kann der Benutzer am besten prüfen, ob er die Arbeitsabläufe, die er zukünftig mit Hilfe der neuen Anwendung durchführen soll, mit dem Prototyp angemessen erledigen kann.

Das ist natürlich mal mehr, mal weniger aufwändig: In unserem Fall sollte die Datenbank möglichst schon einige Beispieldaten enthalten. Da dies nicht der Fall ist, macht man aus der Not eine Tugend: Man lässt die Benutzer einfach erstmal ein paar Dokumente ins DMS einchecken, damit sie sich an das Handling gewöhnen. Alternativ kann man natürlich auch gemeinsam mit dem EDV-Leiter einige Testdaten generieren.

2.4.1 Papier-Prototyping

Auch wenn Access eine Rapid Development-Entwicklungsumgebung ist: Manchmal ist es vielleicht doch zu umständlich, einen Prototyp erst zu programmieren und dann festzustellen, dass man ihn komplett verwirft. Das kann gerade in frühen Phasen des Entwicklungsprozesses passieren. Stellen Sie sich einmal vor, die Entwickler hätten zum dritten Termin, der die überarbeiteten Entwürfe als Vorgabe für die zu entwickelnde Anwendung bestätigen sollte, schon einen funktionsfähigen Prototyp mitgebracht, aber dann hätte sich herausgestellt, dass der größte Teil davon wegen einiger Fehlannahmen obsolet ist – es wäre eine Menge Arbeit umsonst gewesen.

Darum haben Mossami und Amisoft auch, wie bereits weiter vorne erwähnt wurde, mit Papier-Prototypen gearbeitet. Diese sind keinesfalls mit Screenshots der fertigen Benutzeroberfläche vergleichbar: Allenfalls der leeren Rahmen der Benutzeroberfläche kommt hier zum Einsatz. Alles andere ist – soweit dies bei Papier möglich ist – hoch interaktiv und bietet sehr effiziente Möglichkeiten, Anforderungen an einen Prototyp zu definieren und diese gleichzeitig am Prototyp zu applizieren.

Da wir schon wissen, dass die Anwendung mit Access 2007 erstellt wird, können wir sehr schön einen Screenshot eines Access-Fensters machen, mit einer Bildbearbeitung die nicht für die geplante Anwendung benötigten Elemente entfernen und einen oder mehrere Ausdrucke davon erstellen – fertig ist die Grundlage für den Papierprototyp.

»Was ist daran nun interaktiv?«, mag sich der geneigte Leser denken. Auf den ersten Blick ist die Frage berechtigt: Wenn Sie mit dem Finger auf den Office-Button klicken, passiert schließlich nicht besonders viel. Und auch das Aufmalen von Ribbon-Einträgen, Formularen und Steuerelementen trägt nicht gerade zu besonderer Dynamik bei.

Zubehör für das Papier-Prototyping

Aber es gibt ja auch noch ganz andere Möglichkeiten! Was Sie brauchen, sind Post-Its und leicht ablösbare Aufkleber verschiedenster Formate und Farben, eine Reihe Stifte, mit denen Sie das Hauptfenster und die Post-Its und Aufkleber beschriften können, Scheren und gegebenenfalls doppelseitige Klebestreifen, von denen die eine Seite gut ablösbar ist, um weitere im Vorfeld ausgedruckte Elemente auf die Benutzeroberfläche zu kleben.

Zeitpunkt für Papier-Prototyping

Wie Sie sich vorstellen können, findet diese Art des Prototypings in den frühen Stadien des Entwicklungsprozesses statt – aber auch nicht zu früh. Zu einem Zeitpunkt wie dem zweiten Termin, als es gerade einmal darum ging, Ideen für das mögliche Aussehen der

Benutzeroberfläche zu sammeln, reichten einige Blatt Papier sowie ein Stift gut aus. Wenn man jedoch anfängt, vor den Augen des Auftraggebers seine Sammlung von Access-Ausdrucken, Post-Its, Scheren und Klebern herauszuholen, fragt sich dieser zu Recht, ob er es mit ernsthaften Programmierern oder mit Hobby-Kindergärtnern zu tun hat.

Deshalb packen Sie erst nach dem Sammeln der Informationen über den grundlegenden Aufbau der Benutzeroberfläche und der Funktionen der Anwendung im stillen Kämmerlein die Bastelutensilien aus und bereiten für die folgende Session alles so weit vor, dass Sie beim Termin selbst Schere und Kleber nur noch für Anpassungsarbeiten herauskramen müssen.

Vorteile des Papier-Prototypings

Warum also sollen Sie nun einen Papier-Prototyp an Stelle einer Anwendung mit Formularen ohne Funktionalität bauen – abgesehen davon, dass man vielleicht zu viel Arbeit in den »digitalen« Prototyp steckt, die möglicherweise vergeblich ist?

Dafür gibt es gleich mehrere Gründe:

- Sie brauchen sich beim Erstellen keine, aber auch gar keine Gedanken über technische Hintergründe zu machen – zum Beispiel, ob der Prototyp reibungslos auf dem System des Kunden funktioniert.

- Jeder kann damit arbeiten. Einen Papier-Prototyp können selbst technisch völlig unbeschlagene Personen anpassen und ausprobieren.

- Einen Papier-Prototyp können Sie ganz einfach dem Auftraggeber und seinen Mitarbeitern überlassen, damit diese sich in Ruhe damit auseinandersetzen und sich darüber austauschen können, ohne dass Sie dabei sein müssen.

- Durch die leichte Anpassbarkeit des Papier-Prototyps kann man mehrere Iterationen in einer Sitzung durchführen, weil man die neuen Anforderungen direkt am Prototyp umsetzen kann.

- Ein Papier-Prototyp kann auch eine Hilfe sein, wenn Benutzer selbständig die Probleme und Nachteile einer bestehenden Anwendung herausstellen und Alternativvorschläge machen wollen.

2.4.2 Einfaches und interaktives Papier-Prototyping

Papier-Prototyping lässt sich auf verschiedene Arten einsetzen. Die einfachere und beispielsweise für die Präsentation der Benutzeroberfläche beim dritten Termin verwendete Methode wird in diesem Buch als »einfaches« Prototyping bezeichnet. Hier wird nur die »ruhende« Anwendung dargestellt. Durch das Aneinanderreihen mehrerer Papier-Prototypen lassen sich natürlich auch Interaktionen darstellen.

Einfache Papier-Prototypen

Einfache Papier-Prototypen dienen in erster Linie dazu, den Beteiligten einen Eindruck von der geplanten Benutzeroberfläche zu vermitteln und die Funktionselemente darzustellen, und sind daher für frühe Stufen des Entwicklungsprozesses geeignet – Stufen, in denen man sich noch nicht mit den Benutzern zusammensetzt und detailliert die Funktionen der Anwendung durchspielt. Sie bestehen lediglich aus einem Ausdruck oder einer Zeichnung der verschiedenen Elemente der Benutzeroberfläche, eventuell garniert mit einigen Pfeilen, die Abhängigkeiten oder Abläufe symbolisieren.

Interaktive Papier-Prototypen

Im Gegensatz zu einfachen Papier-Prototypen sollen die interaktiven Papier-Prototypen entsprechend ihrem Namen ein wenig Interaktion ermöglichen und somit Gelegenheit bieten, dem zukünftigen Benutzer einen Eindruck von der geplanten Funktionalität der einzelnen Elemente der Benutzeroberfläche zu vermitteln.

Der Vorteil interaktiver Papier-Prototypen, die aus einem Blatt mit der leeren Benutzeroberfläche und aufgeklebten oder -gelegten Steuerelementen bestehen, liegt darin, dass man grundlegende Annahmen für die Anordnung der Steuerelemente treffen und diese direkt im Prototyp umsetzen kann. Das kann man natürlich auch in einem Software-Prototyp, also einer Anwendung, die beispielsweise nur die Elemente der Benutzeroberfläche, aber keine echten Funktionen enthält.

Wenn Sie direkt mit den zukünftigen Benutzern zusammensitzen und die Anwendungsoberfläche gestalten möchten, ist das mit Papier doch einfacher: Sie brauchen zum Beispiel nicht immer zwischen Entwurf und Formularansicht zu wechseln. Ein Zwischending wäre eine Software, die das Zeichnen von Benutzeroberflächen erlaubt. Dies ist beispielsweise mit Visio möglich.

Auch hier könnten Entwickler und Benutzer sich zusammensetzen und gemeinsam den Entwurf der Benutzeroberfläche planen. Der Vorteil hier wäre, dass man Dokumente mit verschiedenen Alternativen verwenden kann – das Kopieren eines Standes und das Weiterentwickeln in verschiedenen Richtungen würde wesentlich weniger Aufwand erfordern, als dies mit einem Papier-Prototyp der Fall ist.

Nachteil ist allerdings, dass die notwendige Software wie zum Beispiel Visio vermutlich nur auf dem Rechner des Entwicklers vorhanden ist und die zukünftigen Benutzer sich nicht in einer ruhigen Minute einmal selbst hinsetzen und ihre Vorstellungen vom Aufbau der Benutzerschnittstelle skizzieren können.

Beim Papier-Prototyp ginge das einfacher: Ein Blatt würde dort einem Fenster der Anwendung entsprechen, und die Steuerelemente würden durch passend zurechtgeschnittene Post-Its repräsentiert.

2.4.3 Software-Prototyping

Beim Software-Prototyping kommt bereits die auch im späteren Verlauf eingesetzte Entwicklungsumgebung zum Einsatz.

Damit werden im frühen Stadium mit möglichst wenig Aufwand Prototypen der geplanten Software erstellt, wobei sich dies vorrangig auf die Benutzeroberfläche bezieht.

Möglichst wenig Aufwand bedeutet, dass die Formulare wohl schon die notwendigen Steuerelemente enthalten und – soweit möglich – ruhig auch schon ein paar Daten anzeigen sollen.

Auch einfache Operationen, wie etwa das Betätigen von Schaltflächen zum Öffnen von Formularen mit weiterführenden Elementen, können durchaus schon eingebaut werden.

2.4.4 Ziel des Prototypings

Prototyping soll hauptsächlich als Werkzeug dienen, die in den ersten Besprechungen ermittelten Anforderungen in ein Modell umzuwandeln und diese durch den Auftraggeber und die zukünftigen Benutzer bestätigen zu lassen.

Dahinter steckt das Ziel, keinen unnötigen Aufwand in die Programmierung einer kompletten Anwendung – oder zumindest eines Teils davon – zu investieren, die anschließend nicht zum Einsatz kommt, weil sie nicht den tatsächlichen Arbeitsabläufen entspricht und deshalb von den Mitarbeitern nicht angenommen wird.

Ein weiteres Ziel, das eng mit dem soeben genannten zusammenhängt, ist die Aufnahme der Geschäftsprozesse, also der Abläufe, in welche die Software eingreifen und die sie unterstützen soll.

2.5 Geschäftsprozesse

Unter Geschäftsprozessen verstehen wir im Rahmen dieses Buches Vorgänge, die wiederholt durch die Mitarbeiter durchgeführt werden und durch die Dokumentverwaltung unterstützt werden sollen.

An Geschäftsprozessen sind ein oder mehrere Mitarbeiter beteiligt, die verschiedene Rollen übernehmen können. Bei der geplanten Dokumentverwaltung gibt es allerdings eine saubere Trennung, was die Rollen und deren Geschäftsprozesse angeht: Die beiden Rollen *Benutzer* und *Administratoren* kommen sich nämlich in keinem Fall in die Quere.

Dementsprechend können wir die Geschäftsprozesse in den folgenden Abschnitten auch sauber auf diese beiden Rollen aufteilen.

2.5.1 Benutzer-Geschäftsprozesse

Die Anwendung soll den Benutzer bei der Durchführung der folgenden Geschäftsprozesse unterstützen:

- Ein neues Dokument wird auf Basis eines Dokuments im Papierformat erstellt und gleichzeitig in der Dokumentverwaltung gespeichert.
- Ein bestehendes Dokument soll vom Dateisystem in die Dokumentverwaltung überführt werden.
- Ein Dokument soll direkt innerhalb der Dokumentverwaltung angelegt werden.
- Ein Benutzer sucht ein Dokument.
- Ein Benutzer liest ein Dokument.
- Ein Benutzer ändert ein Dokument.
- Ein Benutzer löscht ein Dokument.
- Ein Benutzer legt einen Ordner an.
- Ein Benutzer löscht einen Ordner.
- Ein Benutzer fasst mehrere Dokumente in einem Ordner zusammen.
- Ein Benutzer versendet ein Dokument per E-Mail.
- Ein Benutzer extrahiert ein Dokument ins Dateisystem.

Die Software soll diese Prozesse, die bis dato auf im ganzen Unternehmen verstreuten Dokumenten beruhen, konzentrieren und organisieren. Das bedeutet zunächst, dass Dokumente im Papierformat wie Rechnungen, Verträge, Aufträge oder Angebote, Korrespondenz im digitalen Format wie E-Mails, sonstige Informationen wie etwa Telefonnotizen und bereits im digitalen Format vorliegende Dokumente etwa der verschiedenen Office-Anwendungen, im PDF- oder im Textformat in die Dokumentenverwaltung überführt werden sollen. Dies soll für vorhandene wie auch für neu anfallende Dokumente geschehen, wobei an vorhandenen Dokumenten sicher zunächst jene, die sich auf aktuelle Projekte beziehen, berücksichtigt werden sollten.

Die Erfassung der Dokumente ist also ein Geschäftsprozess: Dieser wurde bisher so durchgeführt, dass Dokumente in Papierform im entsprechenden Aktenordner abgeheftet oder Dokumente im digitalen Format am jeweils präferierten Ort untergebracht wurden – Dokumente auf der lokalen Festplatte oder auf dem Server, E-Mails in den jeweiligen E-Mail-Ordnern et cetera.

Die Suche nach Dokumenten als weiterer Geschäftsprozess wird durch die Speicherung aller Dokumente in einer Datenbank und durch die zusätzlich mögliche Eingabe beinahe beliebiger Metadaten natürlich perfekt unterstützt: Wenn die Mitarbeiter tatsächlich konstant die anfallenden Dokumente in der Datenbank erfassen, sollte das Auffinden eines Dokuments wesentlich schneller gehen als zuvor.

Die übrigen Aufgaben – das Lesen, Bearbeiten, Löschen oder Zusammenfassen von Dokumenten in einem Verzeichnis – sind so einfach, dass sie hier vermutlich nicht weiter erläutert werden müssen.

Im Vergleich zur Arbeit ohne datenbankgestützte Dokumentverwaltung kommen allerdings auch zusätzliche Aufgaben auf die Anwender zu:

- Eingabe von Metadaten zu den Dokumenten
- Festlegen der Berechtigungen von Dokumenten, um etwa anderen Mitarbeitern den Zugriff auf eigene Dokumente freizugeben oder zu versagen

2.5.2 Administrative Geschäftsprozesse

Es gibt in der Dokumentverwaltung verschiedene Benutzergruppen, die vom Kunden beliebig festgelegt werden können. Es muss jedoch eine Benutzergruppe für die Rolle *Administrator* vorhanden sein, der ein oder mehrere Mitarbeiter angehören müssen.

Administratoren sind für die folgenden Geschäftsprozesse verantwortlich:

- Anlegen von Benutzern
- Anlegen von Benutzergruppen
- Zuweisen von Benutzern zu Benutzergruppen
- Zuweisen von Berechtigungen auf Datenbankobjekte
- Zuweisen von Berechtigungen auf Dokumente

2.6 Datenschutz

Wenn eine neue Software geplant ist, tritt unter bestimmten Voraussetzungen der Datenschutzbeauftragte auf den Plan.

Dies ist der Fall, wenn das Unternehmen personenbezogene Daten automatisiert verarbeitet und mehr als vier Personen mit dieser Tätigkeit beschäftigt sind.

Dies ist bei der Werbeagentur *Willviel-Media* zwar nicht der Fall, aber damit kommt sie um den Datenschutzbeauftragten dennoch nicht herum.

Denn *Willviel-Media* versendet einen Newsletter an Kunden und Interessenten, die sich unter anderem über die Internetseite für diesen Newsletter angemeldet haben. Und weil die Verarbeitung dieser Daten automatisiert geschieht – sowohl bezogen auf die Erfassung als auch die Nutzung der Daten in Form des Versendens des Newsletters – hat Hartmut von Willviel seinen Mitarbeiter Sekurus zum Datenschutzbeauftragten bestellt und ihm dazu sogar die eine oder andere Fortbildung spendiert.

> **Weitere Informationen zum Datenschutz**
>
> Einen guten Einstieg für detaillierte Informationen zum Thema *Datenschutz* und *Datenschutzbeauftragter* liefert *www.wikipedia.de* unter den genannten Stichwörtern. Den Text des Bundesdatenschutzgesetzes finden Sie unter *http://bundesrecht.juris.de/bdsg_1990/*. Interessant sind dort die Abschnitte *Beauftragter für den Datenschutz* (*http://bundesrecht.juris.de/bdsg_1990/__4f.html*) und *Aufgaben des Beauftragten für den Datenschutz* (*http://bundesrecht.juris.de/bdsg_1990/__4g.html*).

ZWEITER AUFTRITT

*<p style="text-align:center">Konferenzraum der Firma Willviel-Media. Mossami.
Amisoft. von Willviel. Sekurus.</p>*

von Willviel. Meine Herren, ich darf Ihnen Herrn Sekurus vorstellen? Er ist der Datensicherheitsbeauftragte in unserer Firma. Hauptsächlich beschäftigt er sich mit unserer Buchhaltung – das passt ja auch gut zusammen, nicht, Sekurus? (*Lacht hämisch*)

Sekurus. Nun ja, äääh, da haben Sie wohl recht. Und Sie sind die Herren Mossami und Amisoft, habe ich das richtig im Kopf?

Mossami. Genau. Wir werden ein Dokumentenmanagementsystem für Ihr Unternehmen programmieren.

Sekurus. Gut. Na, dann erzählen Sie doch mal: Welche Daten werden denn in diesem System – es ist doch eine Datenbank – gespeichert?

Amisoft. Grundsätzlich speichert das System Dokumente aller Art. Es soll dafür sorgen, dass alle Dokumente, auch die im Papierformat, künftig digital vorliegen.

Sekurus. Ja, ich habe im Vorfeld mal nachgelesen, was so ein DMS macht. Wie sieht es mit Benutzerdaten aus? Muss man sich an das System anmelden, bevor man auf die Daten zugreifen kann?

Amisoft. Genau so ist es. Wir speichern grundlegende Daten der Benutzer, wobei an persönlichen Daten lediglich der Name vorgehalten wird. Privatadressen, Telefonnummern und dergleichen sind tabu, es werden aber noch die unternehmensinternen Telefonnummern und Mailadressen gespeichert.

Sekurus. Und wie sieht es mit Daten aus, die das Anstellungsverhältnis betreffen? Es sollen ja auch Verträge und Korrespondenz verwaltet werden, soweit ich das verstanden habe. Mir wäre wichtig, dass wir auf jeden Fall ausschließen können, dass Mitarbeiter A erfährt, was Mitarbeiter B verdient.

von Willviel. Da machen Sie sich mal keine Sorgen, Sekurus, das habe ich alles schon gut durchgeplant: Diese Unterlagen bleiben dort, wo sie sind – in meinem Aktenschrank. In das neue Programm lesen wir nur Kundenkorrespondenz ein.

Mossami. Und wenn ich noch was ergänzen darf: Die Kundenkorrespondenz wird auch nicht jedem Mitarbeiter zugänglich sein, sondern maximal der Chefetage und dem jeweils betreuenden Mitarbeiter.

Sekurus. Das hört sich ja alles ganz prima an! Wie genau wird denn in der Anwendung sichergestellt, dass nur bestimmte Personen an Dokumente herankommen?

Es folgt ein längerer Monolog von Mossami, der das Berechtigungssystem programmiert hat und alle Feinheiten kennt. Das Schlusswort bleibt jedoch Sekurus vorbehalten.

Sekurus. Also gut, meine Herren: Ich kann soweit grünes Licht geben, vorausgesetzt, alles hier Besprochene wird eingehalten. Ich würde mir dann gern nach Fertigstellung noch einmal alles genau ansehen.

von Willviel. Jaja, Sekurus, machen wir, aber alles zu seiner Zeit. Meine Herren – wir sind durch für heute?

Amisoft. Ja, das sollte alles gewesen sein. Wir treffen uns dann in einer Woche zur Begutachtung des ersten Prototyps?

von Willviel. Genau! Also: Bis dann!

2.7 Kostenschätzung

Softwareentwicklung mit Access macht meistens Spaß, die Arbeit mit Kunden auch.

Dabei sind Access-Entwickler überwiegend Einzeltäter und dürfen sich daher nicht nur um das Konzept, die Datenmodellierung und die Entwicklung selbst kümmern, sondern müssen auch noch die wirtschaftliche Seite abdecken, das heißt die Brötchen verdienen.

Die Schätzung der Kosten ist – da nur einmal je Projekt anfallend – immer wieder eine neue Herausforderung.

Die interessanteste Frage bei der Kalkulation des Aufwands für die Entwicklung einer Software sieht für den Entwickler und für den Auftraggeber ähnlich aus – mit unterschiedlichen Vorzeichen. Grundsätzlich sollten sich die Kosten für die Entwicklung der Software zwischen zwei Grenzen bewegen:

▸ Die untere Grenze ist der Betrag, den der Softwareentwickler benötigt, um seine während der Entwicklung anfallenden Unkosten und den Aufwand zu decken: also seine Arbeitskraft, anzuschaffende Hard- und Software, Fahrtkosten und gegebenenfalls Übernachtungskosten.

▸ Die obere Grenze ist durch das Budget des Auftraggebers bestimmt: Dieser wird sich in der Regel vorher überlegen, was die neue Software ihm bringen soll und was ihm dies wert ist.

Während die oben genannte untere Grenze keine Abweichungen nach unten zulassen sollte (Sie können sich schließlich nicht von Luft und Liebe ernähren), ist das Budget des Auftraggebers eher flexibel: und zwar schon dadurch, dass sich während der Aufnahme der Anforderungen neue Ideen durchsetzen, die den Umfang der zu entwickelnden Anwendung steigern.

Das Dumme ist, dass Sie als Entwickler selten vor der Kostenschätzung erfahren, welches Budget der Auftraggeber für das Projekt eingeplant hat, und wenn, müssen Sie es ihm aufwändig »aus der Nase ziehen«. Als Entwickler sollten Sie deshalb versuchen, mit Ihrer Kostenschätzung möglichst nah an das vom Auftraggeber eingeplante Budget heranzukommen. Ansonsten freut sich dieser über den geringen Preis und den eingesparten Betrag.

Da Sie aber das Budget nicht kennen, müssen Sie pokern, wobei Ihre aktuelle Auslastung und Ihr Interesse an dem vakanten Projekt den Risikofaktor bestimmen. Sie sind gut ausgelastet? Prima! Wenn es aus diesem Grunde kein Problem für Sie ist, den Zuschlag nicht zu erhalten, können Sie in die Vollen gehen. Das Gleiche gilt, wenn das Projekt nicht wirklich interessant für Sie ist und das Honorar eher Schmerzensgeld werden wird: Verlangen Sie dann möglichst viel davon!

Ganz anders sieht es aus, wenn Ihre Auslastung gerade gegen Null geht und weitere Projekte nicht in Sichtweite sind: Dann sollten Sie natürlich etwas passiver kalkulieren und versuchen, sicher den Zuschlag zu erhalten. Ähnlich sieht es aus, wenn das Projekt wirklich interessant für Sie ist: Das kann zum Beispiel der Fall sein, wenn es sich um einen guten Auftraggeber handelt, von dem mit hoher Wahrscheinlichkeit Folgeaufträge zu erwarten sind, wenn Sie das Projekt schnell durchziehen können, weil Sie schon einmal ein ähnliches Projekt hatten und grundlegende Techniken weiterverwenden können, oder wenn das Projekt einfach viel Spaß zu versprechen scheint.

2.7.1 Pauschal oder nach Aufwand?

Wenn man sich im Internet nach den Angeboten von Programmierern und speziell von Access-Programmierern umschaut, sieht man oft, dass diese ihre Leistungen »pauschal« oder »nach Aufwand« anbieten. In der Tat werden wohl die meisten Produkte »pauschal« abgerechnet. Das hat zwei Gründe: Erstens will der Auftraggeber nicht nur wissen, was er am Ende des Projekts in den Händen hält, sondern auch, was das Ganze kostet. Zweitens will auch der Entwickler wissen, was nach Ablauf des Projekts für ihn herausspringt.

Die Abrechnung »nach Aufwand« bezieht sich wohl eher auf kleinere Projekte oder Anpassungen an bestehende Anwendungen – im Extremfall wohl nach dem Motto: »Hallo, unsere Anwendung funktioniert seit heute morgen nicht mehr und der Entwickler ist nicht verfügbar – können Sie vielleicht vorbeikommen und das so schnell wie möglich beheben? Geld spielt keine Rolle!« Hier macht der Entwickler einen Hausbesuch, der dringend ist, und er hat gar keine Chance, herauszufinden, wie lange er braucht und wie teuer es für den Auftraggeber wird. Also gilt hier: »Machen Sie mal, wir bezahlen Sie nach Aufwand.«

In anderen Fällen möchte ein Unternehmen vielleicht eine neue Funktion in seine Access-Anwendung integrieren: Auch hier wird es vermutlich zu aufwändig sein, erst den genauen Umfang zu ermitteln, daher heißt es dann: »Setzen Sie sich mal hin und programmieren Sie uns diese und jene Funktion hinzu.« Und als Absicherung folgt dann vielleicht noch folgender Satz: »Mit x Stunden kommen Sie aber aus, oder?« – »Ja, haut schon hin ...«

2.7.2 Honorierung der Vorbereitungsphase

Für Softwareentwickler, die ja nicht nur während des Entwurfs und der Erstellung der Software Zeit investieren, sondern auch schon in der im ersten Kapitel beschriebenen Phase je nach Projektgröße mehrere Tage Arbeit investieren, stellt sich die Frage, wie man diese Arbeiten berechnen soll.

Dies hängt von verschiedenen Faktoren ab: Zum Beispiel davon, wie sicher man ist, dass man den Zuschlag für ein Projekt erhält. Hat man schon mehrere Projekte für den gleichen Auftraggeber zu seiner Zufriedenheit durchgeführt, kann man bei einer Anfrage wohl damit rechnen, auch den Auftrag zu erhalten – immerhin kostet die Vorbereitung eines Projekts auch den Auftraggeber Zeit und somit Geld, und wenn man hier mit bewährten und bekannten Kräften zusammenarbeiten kann, geht manches leichter und schneller von der Hand.

Ein weiterer Faktor ist die eigene Auslastung. Wer den Aufträgen nicht hinterherlaufen muss, kann durchaus offensiv in die Anbahnungsphase eines Projekts einsteigen und von vornherein festlegen, dass er jede Stunde – egal, ob für Besprechungen, Konzept- oder Angebotserstellung – bezahlt haben möchte.

Ist man im Gegensatz dazu eher weniger gut ausgelastet oder möchte man das Projekt vielleicht sehr gern durchführen, weil die Aufgabe reizvoll ist, kommt man dem Auftraggeber vielleicht entgegen und erstellt das grobe Konzept und das Angebot zunächst kostenlos.

Fest steht auf jeden Fall, dass Sie auch in der Anbahnungsphase eines Projekts essen und trinken sowie Miete, Strom und Heizung bezahlen, also entsprechend Geld verdienen müssen. Daher werden Sie den entstandenen Aufwand in die Kosten für das komplette Projekt integrieren, wenn Sie den Auftrag erhalten haben. Wenn nicht, sollten Sie die nicht honorierte Arbeitszeit einfach abschreiben – genauso wie es geschieht, wenn Sie mal stunden- oder tagelang über einem Problem gebrütet und dann anschließend festgestellt haben, dass Sie dies auch in wesentlich weniger Zeit hätten erledigen können.

2.7.3 Kostenschätzung im Detail

Das Erstellen von Kostenvoranschlägen oder schriftlichen Angeboten ist bei den meisten Entwicklern eher weniger beliebt. Der Grund ist, dass dies für viele einfach kein Heimspiel ist: Sie möchten Software und Datenmodelle entwerfen oder programmieren und sonstigem Schriftkram aus dem Wege gehen. Dabei dürfte gerade unter den Access-Entwicklern der Anteil der Freiberufler und allein arbeitenden Selbstständigen sehr hoch sein, gerade weil Access für Alleinunterhalter viel eher geschaffen ist als für die Entwicklung in größeren Teams – die ziehen vermutlich eher andere Entwicklungsplattformen vor. Wie auch immer: Wer als freischaffender Künstler durch die Lande zieht und Access-Projekte durchführen will, muss früher oder später Farbe bekennen und dem Kunden ein paar Zahlen präsentieren. Und die wollen aus den oben genannten Gründen gut durchdacht sein.

Nun geht es den meisten Kunden zwar zunächst um die Endsumme für diese Anwendung, aber viele möchten auch wissen, wie sich diese Summe zusammensetzt, sprich: Eine genaue Aufstellung inklusive Aufwand für die einzelnen Tätigkeiten ist gewünscht. Das sollte Sie nicht aus der Fassung bringen und bevor Sie sich auf Ihren oder den Erfahrungsschatz von Kollegen verlassen und einfach mal eine Zahl nennen, sollten Sie auch für sich selbst sehr genau überlegen, was alles an Aufwand in einer solchen Anwendung steckt und wieviel Zeit Sie in die einzelnen Komponenten investieren.

Typischerweise enthalten Kostenschätzungen oder Angebote nicht nur eine Endsumme, sondern auch die Angabe einzelner Positionen samt der Angabe der voraussichtlichen Dauer und der Kosten pro Zeiteinheit. Und da liegt der Hase im Pfeffer: Es kommt nämlich nicht nur darauf an, welche Endsumme unter dem Angebot steht, sondern auch, welchen Stundensatz Sie verlangen.

Seien Sie hier nicht unnötig stolz und geben an, dass Sie kaum Zeit für die einzelnen Komponenten benötigten, aber dafür einen horrenden Stundensatz von – sagen wir – EUR 100,- verlangen: Der Auftraggeber könnte denken, Sie seien überqualifiziert, und sich einen von den Jungs holen, die ihre Dienste im Internet für EUR 30,- pro Stunde anbieten.

Machen Sie aber auch keinen allzu billigen Eindruck und verlangen nur EUR 25,- und geben dafür die doppelte Zeit an, die Sie eigentlich brauchen – wer nichts kostet, bringt auch nichts, könnte der Auftraggeber denken.

Sie sollten sich vielmehr zunächst einen Überblick verschaffen, was Programmierer in Ihrer Region oder in Ihrem Bundesland für einen durchschnittlichen Stundensatz verlangen. Dann schauen Sie sich Ihren Auftraggeber und dessen Branche an – ein Vier-Mann-Handwerksunternehmen, dessen Mitarbeiter im Schnitt EUR 15,- in der Stunde verdienen, wird vermutlich recht sparsam reagieren, wenn ein Programmierfuzzi kommt und das Fünffache verlangt. Bei größeren Unternehmen können Sie dagegen mit einem hohen Stundensatz vermutlich eher hochqualitative Leistung signalisieren. Und, was der wichtigste Punkt ist: Sie müssen sich natürlich entsprechend verkaufen, einen kompetenten und vor allen Dingen zuverlässigen Eindruck machen, nicht zu allem Ja und Amen sagen und Ihre Meinung kundtun, wenn der Auftraggeber sich mit seinen Wünschen aus Ihrer Sicht auf unwegsames Gelände begibt, und ruhig Ihre Referenzen präsentieren, sofern Sie welche haben. Ein fertiges Projekt als Demonstration kommt immer gut an.

Nebenkosten

Sehr wichtig ist, dass Sie vor lauter Programmier-Lust die Nebenkosten nicht vergessen. Sie müssen erstens all das, was Sie programmieren, ausgiebig testen, und das kostet Zeit und somit Geld. Zweitens kommt während eines Projekts eine Menge zeitlicher Aufwand für Kommunikation und Projektmanagement zusammen – all dies sollten Sie in einer Kostenschätzung berücksichtigen, um nicht nur sich selbst vor unrentablen Projekten zu schützen, sondern auch, um dem Auftraggeber eine gewisse Seriosität zu vermitteln.

Kostenschätzungsbeispiel

Natürlich kommen Sie, wenn Sie gerade Ihr erstes Projekt starten, mit diesen Praxis-Vorschlägen auch nicht viel weiter, wenn Sie nicht mal ein Beispiel sehen. Daher haben wir einmal eine Kostenschätzung für die geplante Dokumentverwaltung *dmsBase* in Excel erstellt und abgedruckt. Die Excel-Datei finden Sie ebenso wie die Beispielanwendung unter *http://www.access-entwicklerbuch.de/praxis* zum Download.

Entscheidung für Prototyping oder Pflichtenheft?

Nachdem Auftraggeber und die Entwickler den aktuellen Stand des Konzepts abgesegnet haben, geht es noch um zwei Dinge: Erstens um die Vorgehensweise bei der Durchführung des Projekts (Pflichtenheft oder Prototyping) und um das daraus resultierende Angebot.

Kapitel 2

Kostenschätzung dmsBase			Einheiten	Summen
Ermittlung der Anforderungen				
Erfassen der bisherigen Arbeitsabläufe typischer Mitarbeiterrollen (Vor-Ort-Analyse;)			7	
Ableiten der Use-Cases aus den bisherigen Arbeitsabläufen und den neuen Anforderungen			18	
Ermitteln der Importschnittstellen (Dokumenttypen)			4	
Herleiten des Datenmodells			14	
Ermitteln des Layouts der Benutzeroberfläche			8	
Summe Anforderungsermittlung				51,00
Produktdaten				
Tabellen				
Datenmodell: Erzeugen der Tabellen und Indizes sowie der Verknüpfungen			5	
Importieren der bestehenden Daten: erfolgt durch Auftraggeber			0	
Summe Produktdaten				5,00
Rahmenapplikation				
Anlegen allgemeinen applikationsspezifischen VBA-Codes für Steuerungszwecke, Navigation, Automation, Schnittstellen, Funktionalität, etc.			26	
Summe Rahmenapplikation				26,00
Menüs				
Erstellen einer Menüstruktur für den ergonomischen Zugriff auf alle Anwendungsfunktionen; Bildbearbeitung			12	
Test Menüs	Anteil Menüs	20%	2,4	
Summe Menüs				14,40
Formulare				
Übersichten				
Formular zur Verwaltung der Dokumente mit Explorer-Steuerelement und Dokumentbaum			24	
Formular mit Übersicht der Verzeichnisse als Baum und der Dokumente in einer Liste inklusive grundlegender Filterfunktionen			6	
Dokumente				
Formular zur Anzeige von Office-Dokumenten			16	
Formular zur Anzeige von Bilddokumenten			20	
Formular zur Anzeige von PDF-Dokumenten			6	
Formular zur Anzeige von Snapshot-Dokumenten			5	
Formular zur Anzeige von Textdokumenten			3	
Formular zur Anzeige von Webdokumenten			6	
Formular zur Anzeige von Multimedia-Dokumenten			3	
Formular zur Anzeige der Eigenschaften von Dokumenten			6	
Benutzer/Berechtigungen				
Formular zur Erfassung/Anzeige von Mitarbeitern			5	
Formular zur Verwaltung der Berechtigungen für Objekte			6	
Formular zur Verwaltung der Berechtigungen für Dokumente			8	
Suche				
Formular mit Suchfunktion und Anzeige der gefundenen Dokumente			14	
Erfassung von Dokumenten im Papierformat				
Scanfunktion zum direkten Einlesen von Papierdokumenten			6	
Texterfassung/Indizierung				
Funktionen zur Erfassung der Volltexte folgender Dokumenttypen: Word, Excel, Powerpoint, Visio, Text, Bilder, PDF, Snapshot			16	
Sonstige				
Formular zur Regelung von Anwendungseinstellungen			8	
Zwischensumme Formulare			158	
Test der Benutzeroberfläche	Anteil Bereich Menüs/Formulare	0,25	39,5	
Summe Formulare				197,50

Abbildung 2.3: Auszug aus der Kostenschätzung im Excel-Format, Teil 1

Ausgabe/Export/Import			
Import			
Funktionen zum Importieren von Dokumenten in die Datenbank		20	
Export			
Funktionen zum Exportieren von Dokumenten aus der Datenbank ins Dateisystem		26	
Mailversand			
Funktion für den Versand von E-Mails mit in der Datenbank gespeicherten Dokumenten		8	
Zwischensumme Ausgabe/Export/Import		54	
Test Ausgabe/Export/Import	Anteil Bereich Ausgabe/Export/Import	0,2	10,8
Summe Ausgabe/Export/Import			64,80
Mehrsprachigkeit			
Auslegung von Menüs, Formularen, Berichten, Meldungen und Exporten für Mehrsprachigkeit		4	
Test Mehrsprachigkeit	30%	1,2	
Summe Mehrsprachigkeit			5,20
Benutzerverwaltung			
Funktionen zur Verwaltung von Benutzern und Berechtigungen auf Datenbankobjekte und Dokumente; Anmeldedialog; Prüfung der Berechtigungen vor dem Öffnen von Formularen und Dokumenten		10	
Logging der Zugriffe der Benutzer auf die Dokumente		4	
Summe Benutzerverwaltung			14,00
Testphase, Installation und Wartung			
Begleitung einer 10-tägigen Testphase (Telefonsupport, Vorort-Termine, Besprechungen)		12	
Erstellen eines Setups der Anwendung		5	
Kurzbeschreibung des Installationsvorgangs (Rechner + Server)		3	
Bereitstellung der Anwendung vor Ort (nur Standort Aschersleben); Überprüfen der Funktion auf allen Rechnern; Arrangieren von Sicherheitsvorkehrungen wie Backups etc.		15	
3-monatiger Support nach Einführung; Nachbesserung		20	
Summe Installation, Wartung			55,00
Einführung/Schulung/Dokumentation/Onlinehilfe			
Einführung		4	
Dokumentation		10	
Onlinehilfe		14	
Schulung		6	
Summe Einführung/Schulung/Dokumentation/Onlinehilfe			34,00
Zwischensumme Projekt			466,90
Projektmanagement	Anteil der Gesamtsumme:	0,12	56,03
Gesamtstundenzahl			522,93
Kosten/Einheit	netto		55,00
Gesamtpreis Netto			28761,04
Umsatzsteuer		0,19	5464,60
Gesamtpreis Brutto			34225,64

Abbildung 2.4: Auszug aus der Kostenschätzung im Excel-Format, Teil 2

DRITTER AUFTRITT

Konferenzraum der Firma Willviel-Media. Mossami.
Amisoft. von Willviel. Ede Pfau.

Mossami und Amisoft haben die Nachteile von Pflichtenheften erläutert und beginnen nun mit den Gründen, die für Prototyping sprechen.

M o s s a m i . ... So läuft das also bei der Entwicklung auf Basis eines Pflichtenhefts ab. Gibt's vielleicht Fragen dazu?

v o n   W i l l v i e l . Nein, Fragen nicht, aber ich muss sagen: Sie sprechen mir aus der Seele. Ich fühlte mich schon immer durch Pflichtenhefte in meiner Kreativität eingeschränkt – aber wenn man nichts anderes kennt ... Aber fahren Sie doch fort und erzählen Sie, wie das mit dem Prototyping genau funktioniert. Am Ende denken wir auch noch um und werden zu richtigen Prototypen, was? (*Lacht dreckig*)

A m i s o f t . Klar, je nach Projekttyp ist das auf jeden Fall eine Überlegung wert. Also, was die Vorgehensweise beim Prototyping angeht: Wir stecken eigentlich schon mittendrin. Wir haben gemeinsam das Datenmodell entwickelt, was eine gewisse Sicherheit gibt, denn darauf werden und sollten die folgenden Schritte eigentlich nur noch peripheren Einfluss haben – kleine Änderungen ergeben sich da schon mal. Und darauf aufbauend haben wir die Elemente der Benutzeroberfläche so entworfen, dass sich zumindest die geplanten Funktionen damit abbilden lassen.

M o s s a m i . Das macht übrigens auch viel mehr Spaß – ich meine, die Funktionen in Form fertig skizzierter Entwürfe festzuhalten, anstatt jede Funktion haarklein in einer ellenlangen Liste zu erfassen.

v o n   W i l l v i e l . Gut. Jetzt wissen wir aber auf jeden Fall schon mal, was die Anwendung können soll und wie sie aussehen könnte – aber ich habe noch keine Vorstellung, was das alles kostet.

M o s s a m i . Stimmt. Jetzt ist definitiv der Zeitpunkt gekommen, um Farbe zu bekennen. Da es keine wesentlichen Änderungen mehr an dem Entwurf gegeben hat, den wir mitgebracht haben, sage ich Ihnen erst einmal, was die Erstellung mit Pflichtenheft kosten würde: nämlich circa 30.000 Euro. Da sind aber dann noch keine Kosten für eventuelle nachträgliche Änderungen enthalten.

v o n   W i l l v i e l . Okay. Und was kostet mich der Spaß ohne Pflichtenheft? Müsste doch dann billiger sein, oder? Wenn doch das Pflichtenheft wegfällt ... (*lacht unsicher*)

M o s s a m i . Genau. Aber auch nur, wenn dieser Entwurf exakt so durchgeführt werden kann, wie wir ihn jetzt geplant haben. Das heißt, wir bauen jetzt einen Prototyp auf Basis des Entwurfs, stellen den Benutzern die Anwendung vor und testen sie durch, und es gibt keinerlei Änderungswünsche mehr. In dem Fall kommen Sie mit 28.000 Euro weg.

v o n   W i l l v i e l . Prima. Dann werde ich meine Mitarbeiter mal entsprechend präparieren ... ich glaube auch sowieso, dass wir schon nahe an der fertigen Lösung dran sind.

A m i s o f t . Genau das ist ja – entschuldigen Sie, dass ich so direkt bin – der Grund, warum viele Pflichtenheft-Projekte in Katastrophen münden.

Weil diejenigen, die das Pflichtenheft konzipieren, nicht diejenigen sind, die anschließend mit der Software arbeiten müssen.

von Willviel. Ah ja ... (*schaut verlegen drein*) Na gut. Und was kostet mich das Ganze, wenn die Mitarbeiter noch Sonderwünsche haben?

Amisoft. Da müssen wir jetzt unterscheiden: Sonderwünsche sind Dinge, die wir definitiv neu konzipieren und auch extra abwickeln würden – gerne auch parallel zu diesem Projekt, damit alles direkt Hand in Hand arbeitet. Der Mehraufwand gegenüber dem minimalen Aufwand entsteht aber dadurch, dass der erste Prototyp noch nicht exakt auf die Bedürfnisse der Benutzer abgestimmt ist. Und je mehr Iterationen wir benötigen, desto teurer wird es dann. Wir planen für dieses Projekt maximal 36.000 Euro ein.

Ede Pfau. Was mir jetzt gerade nicht klar ist, ähm ... ist: Was meinen Sie den mit »noch nicht auf die Bedürfnisse der Benutzer abgestimmt«? Sowas wie die Beschriftungen, die kurzsichtige Mitarbeiter vielleicht schlecht lesen können – oder was?

Mossami. Klar, sowas gehört auch dazu – wir zählen das aber eher zur Kategorie Finetuning. Wir reden hier von Faktoren, die wir in diesem Stadium einfach noch nicht absehen können, weil eben noch keiner mit dem Prototyp gearbeitet hat: Beispielsweise wissen wir nicht, wo wir bestimmte Funktionen unterbringen – ob im Ribbon, in Schaltflächen oder gar im Kontextmenü – weil wir gar keine Ahnung haben, wie Ihre Mitarbeiter mit der Anwendung umgehen. Wir wissen auch noch nicht, auf welche Art und Weise die Benutzer nach Dokumenten suchen, und können daher erst mal nur von unseren Gewohnheiten und Erfahrungen ausgehen, wenn wir den Suchen-Dialog entwerfen. Und wir wissen auch nicht, wie diszipliniert die Anwender die Eigenschaften der eingecheckten Dokumente ausfüllen und ob wir gegebenenfalls Funktionen einbauen müssen, die das einfordern.

von Willviel. Jaja, treten Sie den Jungs ruhig ein wenig in den Hintern! Hast du jetzt verstanden, warum wir ein paar Prototypen in die Runden schmeißen müssen, Ede? Wir kriegen hier ein ganz maßgeschneidertes Produkt für unsere Leute!

Amisoft. Nun, das ist auch der Vorteil gegenüber einem fertigen DMS-Produkt, das gegebenenfalls noch für Ihre Bedürfnisse angepasst wird. Nicht, dass die sich nicht auch angesehen hätten, wie die Leute mit ihrem Produkt arbeiten – aber das hier wird dann wohl schon eine Stufe individueller.

von Willviel. Prima. Aber 36.000 für Prototyping gegenüber 30.000 beim Pflichtenheft ist schon eine Hausnummer. Ich schätze, Sie werden noch ein paar Argumente liefern müssen, damit ich anbeiße.

Amisoft. Klar, kein Problem: Wie bereits erwähnt, haben Sie dann eine Anwendung, an der die Benutzer mitgewirkt haben und die keine Nachbesserung mehr benötigt, weil wir an der Praxis vorbei entwickelt hätten. Das zweite Argument schlägt in die gleiche Kerbe: Dadurch, dass die Benutzer mitgewirkt haben, kennen sie das Programm auch schon. Das heißt, Sie sparen erstens das Geld für die Schulungen, die sonst nötig wären, und zweitens auch noch Zeit, denn die Benutzer können direkt nach Fertigstellung einsteigen.

von Willviel. Das hört sich logisch an. Okay, wenn ich mir vorstelle, was wir hier momentan für einen Dokumenten-Sauhaufen haben und welche Zeit wir einsparen würden, wenn das alles ordentlich abgelegt wäre ... also gut, nehmen Sie das als mündliche Zusage.

Mossami. Gut. Ich schlage vor, wir schreiben dann ein Angebot, in dem wir das Konzept und sonstige Informationen unterbringen, und Sie brauchen uns dann nur noch einen kurzen Auftrag auf Basis des Angebots zukommen zu lassen. Und was eventuelle zusätzliche Funktionen angeht, werden wir genauso unkompliziert ein kurzes Konzept erstellen, das Sie dann nur noch abzusegnen brauchen.

von Willviel. Na, dann mal los! (*Die Teilnehmer verabschieden sich und die Runde löst sich auf*)

2.8 Projektstart

Nachdem Mossami und Amisoft den Auftrag in der Tasche haben, wird natürlich erstmal gefeiert – aber nicht, ohne die weitere Vorgehensweise zu besprechen – natürlich in ihrer Lieblingspizzeria.

DRITTER AUFZUG

ERSTER AUFTRITT

Eine Pizzeria im Zentrum von Aschersleben. Mossami und Amisoft sprechen über das neue Projekt und feiern standesgemäß.

Amisoft. Luigi! Bringst du uns eine Flasche Spumante? Und Pizza, wie üblich!

Luigi. Flasche Sekt, kein Problem! Und einmal große Thunfisch-Pepperoni-Knoblauch doppelt Käse und eine kleine Spinaci? Vielleicht eine Vorspeise oder einen Salat?

Mossami. Nein, keine Vorspeise. Aber zur Feier des Tages gönne ich mir auch mal eine große Pizza!

A m i s o f t . Mann, das Projekt wird der Hammer. Hast du dir mal überlegt, was wir da an Techniken reinbauen können? Das wird mal eine richtig interessante Datenbank.

M o s s a m i . Ja. Ich habe das Formular zur Anzeige von Bilddateien schon vor Augen. Das wird ein Spaß!

A m i s o f t . Wir müssen aber noch mit Willviel klären, wie es mit Meilensteinen und Kohle zwischendurch aussieht.

M o s s a m i . Au ja, das haben wir heute völlig vergessen. So gute Laune, wie der heute hatte, bekommt er wahrscheinlich so schnell nicht wieder ...

A m i s o f t . Ach, egal. Hauptsache, wir haben das Projekt. Im Moment habe ich nämlich eher den Eindruck, dass den Leuten das Geld nicht so locker in der Tasche sitzt.

M o s s a m i . Ja, stimmt. Wir sollten einen Deal mit Willviel machen, dass wir die Anwendung nachher als Produkt verkaufen können – wenn er eine Beteiligung bekommt, ist er sicher einverstanden. Wenn ich mir überlege, was man abgesehen von den bisher geplanten Funktionen noch alles einbauen könnte ...

A m i s o f t . Aber vergiss nicht, dass wir wohl einige Komponenten einsetzen werden, die als Open Source unter GPL stehen. Und dann muss auch die Datenbank offenen Code haben!

L u i g i . Hier Jungs, euer Sekt. Was gibt es denn zu feiern?

M o s s a m i . Oh, Luigi, ein großes Projekt. Vielleicht kaufen wir bald den Laden hier. *(Alle lachen)*

Nach der kleinen Feier treffen sich die Entwickler in den folgenden Tagen, um möglichst schnell Prototypen der wichtigsten Formulare zu bauen – das sind in diesem Fall vor allem die Formulare, die das Verwalten der Dokumente betreffen. Sie haben abgemacht, schon in zwei Wochen mit ersten Ergebnissen zu *Willviel-Media* zu kommen und diese Ede Pfau und einigen ausgewählten Mitarbeitern vorzustellen. Im Mittelpunkt steht dabei das Formular, das Sie später in Kapitel 6 als *frmDocsMain* kennen lernen werden. Es zeigt in der fertigen Version zwei Bereiche an, von denen der eine den Nachbau des Windows Explorers mit dem Dateisystem und der andere die in der Dokumentverwaltung abgebildete Verzeichnis- und Dokumentstruktur abbildet. Um das Ergebnis vorwegzunehmen und das Verständnis des folgenden Dialogs zu erleichtern, finden Sie auf der folgenden Seite einen Screenshot des Formulars.

ZWEITER AUFTRITT

Konferenzraum von Willviel-Media. Mossami, Amisoft, Ede Pfau und die beiden Mitarbeiter Klaus Müller und Thomas Schmidt.

Mossami baut Laptop und Beamer auf und beginnt mit der Demonstration der Funktionen des Formulars zur Dokumentverwaltung.

Kapitel 2

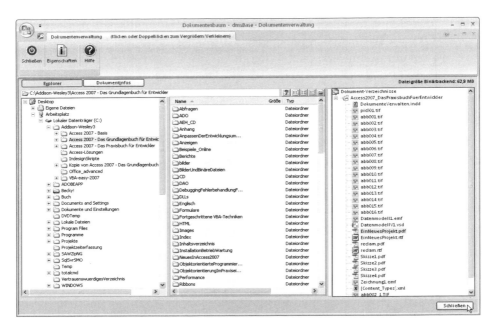

Abbildung 2.5: Das Formular zur Verwaltung der Dokumente

M o s s a m i . So, meine Herren, was Sie hier vor sich sehen, ist eines der beiden Hauptelemente der Anwendung. Sein Schwerpunkt liegt auf dem Verwalten von Dokumenten – also Anlegen und Löschen von Verzeichnissen, Hinzufügen von Dokumenten aus dem Dateisystem und Einstellen der Attribute der Dokumente.

A m i s o f t . Ganz wichtig ist dabei die Unterscheidung zwischen Dokumentenverwaltung und Dateisystem: Das, was Sie bisher tagtäglich im Windows Explorer oder in den Öffnen- und Speichern-Dialogen sehen, ist das Dateisystem von Windows. Die Dokumentenverwaltung hat ein ähnlich aufgebautes System aus Verzeichnissen und Dokumenten – mit dem Unterschied, dass diese die Dokumente repräsentieren, die in der Datenbank gespeichert sind.

M o s s a m i . Und genau diese beiden Elemente sehen Sie auch in diesem Teil der Anwendung: Links den üblichen Windows Explorer, mit dem Sie ja gewöhnlich arbeiten, und rechts die in der Dokumentenverwaltung vorhandenen Verzeichnisse und Dokumente.

M ü l l e r . Und wofür ist dort der Windows Explorer enthalten? Wir sollen doch nur mit den Dokumenten arbeiten, die in der Dokumentenverwaltung enthalten sind, wenn ich das richtig verstanden habe.

M o s s a m i . Nun, ich erwähnte ja zu Beginn, dass es zwei Hauptelemente in der Dokumentverwaltung gibt – die wir übrigens auch *dmsBase* nennen können, das ist nämlich der Name, den wir uns für diese Software ausgedacht haben. Das eine ist dieses hier, und das erlaubt nicht nur das Öffnen von Dokumenten, um diese zu bearbeiten oder einfach nur einzusehen, sondern auch das Verwalten, also das Hinzufügen von Dokumenten, die bisher nur im Dateisystem existieren. Wenn Sie nur auf Dokumente zugreifen wollen, die ohnehin schon in *dmsBase* enthalten sind, dann können Sie das andere Werkzeug benutzen, das wir aber gleich erst vorstellen wollen.

A m i s o f t. Mit dem Formular, das Sie hier sehen, organisieren Sie also eher die Inhalte der Dokumentenverwaltung – äääh, *dmsBase* – und bereiten diese auf die weitere Arbeit vor. Dazu gehört beispielsweise, dass Sie eine geeignete Verzeichnisstruktur erzeugen, die wir im Wesentlichen schon mit Herrn Pfau durchgesprochen haben. Demnach soll die oberste Verzeichnisebene die Namen der Projekte enthalten und darunter die einzelnen Kategorien wie Angebote, Verträge, Korrespondenz und so weiter. Und in diese Verzeichnisse checken Sie dann die Dokumente ein, die bisher im Dateisystem lagen.

M o s s a m i. Einchecken und Auschecken sind übrigens Fachausdrücke aus der Welt der Dokumentenverwaltung: Einchecken bedeutet, dass Sie ein Dokument aus dem Dateisystem nach *dmsBase* überführen, und Auschecken, dass Sie dieses Dokument im Dateisystem wiederherstellen.

A m i s o f t. Das Auschecken ist aber in den meisten Fällen gar nicht mehr nötig, weil Sie die Dokumente innerhalb von *dmsBase* bearbeiten können. Anwendungen wie Word oder Excel werden dann einfach so in *dmsBase* integriert, dass Sie die Dokumente gar nicht jedesmal auschecken müssen – damit gibt es also keine unnötigen Arbeitsschritte.

S c h m i d t. Sollen denn da alle Dateien rein? Das ist ja eine ganze Menge, wenn ich mir vorstelle, wie viele HTML- und Bilddateien so ein Webprojekt beispielsweise enthält ...

P f a u. Nein, für die technische Umsetzung der Dokumente arbeiten wir weiter wie gewohnt. Die Dokumentenverwaltung soll nur für richtige Dokumente verwendet werden, wie sie nun Amisoft eben nannte – also Korrespondenz, Verträge, Angebote et cetera. Das Zeug, das sonst in unseren Ordnern abgelegt wird und somit immer schlecht zu finden ist.

M ü l l e r. Das sind doch alles Papierdokumente. Sollen die dann eingescannt werden? Und was hilft das, da kann man dann doch trotzdem nicht vernünftig nach suchen?

M o s s a m i. Wir schweifen damit zwar jetzt ein wenig vom Thema ab, aber trotzdem eine kurze Erläuterung dazu: Die Dokumente werden eingescannt, das ist schon ganz richtig – und zwar mit einer eingebauten Scan-Funktion, sodass Sie auch hierfür *dmsBase* nicht verlassen müssen. Der

Clou ist, dass auch noch eine Funktion integriert ist, die den Text aus eingescannten oder sonstigen Bilddateien extrahiert und indiziert, sodass Sie ohne Probleme danach suchen können.

S c h m i d t . Wow! Das ist ja wirklich praktisch.

A m i s o f t . Ja, wir sind auch schon fast fertig mit diesen Funktionen. Beim nächsten Treffen werden wir die zusammen mit den Formularen zum Bearbeiten der verschiedenen Dokumenttypen vorstellen. Aber erstmal schauen wir uns jetzt das Formular zur Verwaltung der Dokumente an ...

Mossami und Amisoft zeigen den Mitarbeitern von Willviel-Media alle Funktionen dieses Formulars. Anschließend folgt direkt das Formular, das die Übersicht der Verzeichnisse und Dokumente von dmsBase enthält – mehr Informationen dazu in 7.8, »Übersichtsformular«. Nach der praktischen Vorführung geben Mossami und Amisoft den Mitarbeitern noch Hausaufgaben mit auf den Weg.

M o s s a m i . So, das war alles, was Sie zum Aufnehmen von Dokumenten in *dmsBase* wissen müssen. Wir haben nun eine Bitte: Was wir Ihnen heute gezeigt haben, ist noch längst nicht fertig – da fehlt noch eine Menge Feinschliff. Und dabei ist Ihre Mithilfe gefragt: Da Sie ja später mit dieser Anwendung arbeiten müssen, sollen Sie sich noch einmal in Ruhe mit den bisherigen Modulen auseinandersetzen und uns mitteilen, wo etwas nicht richtig rundläuft oder wo Sie sich eine Verbesserung vorstellen können. Wir möchten nämlich auf jeden Fall, dass die Anwendung auf Ihre Bedürfnisse zugeschnitten ist – und dafür können wir nur sorgen, wenn Sie uns dabei unterstützen.

P f a u . Also meine Herren: Wir installieren Ihnen gleich die Software auf Ihren Rechner, und dann pflegen Sie einfach mal ein paar Dokumente dort ein – inklusive Eigenschaften. Und denken Sie dran: Wenn die Software einmal fertig ist, gibt es keine Gelegenheit mehr, noch Änderungen vorzunehmen.

Die Entwickler verabschieden sich und sind gespannt, wie das Feedback der Mitarbeiter von Willviel-Media ausfallen wird.

Feedback

Die Mitarbeiter von *Willviel-Media* sollten nach spätestens zwei Wochen Feedback zu den bereits funktionierenden Modulen von *dmsBase* liefern. Dies ist bislang ausgeblieben, weshalb Mossami telefonisch bei Hartmut von Willviel anfragt, wie der Stand ist und wann man mit Informationen rechnen kann.

von Willviel ist erwartungsgemäß erstaunt, weil er dachte, seine Mitarbeiter hätten sich längst gemeldet, entschuldigt diese aber gleichzeitig mit dem aktuell hohen Arbeitsaufkommen in der Firma und versichert Mossami, dass er seine Mitarbeiter nachdrücklich an die Gelegenheit erinnern wird, selbst an der Gestaltung der Anwendung mitzuwirken.

Zwei Tage später ruft dann Thomas Schmidt, einer der Mitarbeiter, bei Mossami und Amisoft an.

DRITTER AUFTRITT

Mossami sitzt über dem Formular zur Anzeige von Bilddateien. Sein Kopf raucht, weil er seit mehreren Stunden mit diversen API-Funktionen experimentiert. Das Telefon klingelt.

M o s s a m i . *(Genervt)* Mossami, ja bitte?
S c h m i d t . Ja, hier ist Thomas Schmidt von *Willviel-Media*, ich wollte von unseren Erfahrungen mit *dmsBase* berichten – oder störe ich gerade?
M o s s a m i . Nein, nein – ich brauche sowieso mal eine kurze Pause. Ich hole mir einen Kaffee und rufe Sie gleich zurück, in Ordnung?
S c h m i d t . Ja, geht klar, bis gleich! Die Durchwahl ist übrigens 105.

Wenige Minuten später ...

S c h m i d t . Die Firma *Willviel-Media*, Schmidt!
M o s s a m i . Ja, hier ist Mossami. Und, wie ist es gelaufen? Gab es Probleme, haben Sie Verbesserungsvorschläge?
S c h m i d t . Also, generell hat erstmal alles funktioniert – wir haben mal die grundlegende Verzeichnisstruktur angelegt inklusive Unterverzeichnissen und dann einige Dokumente von der Festplatte ins System bugsiert.
M o s s a m i . Das hört sich ja erstmal gut an.
S c h m i d t . Uns sind aber eine Menge Ideen gekommen, wie man das Ganze noch verbessern kann.
M o s s a m i . Gut. Ich habe Zettel und Stift bereitliegen, dann legen Sie mal los!
S c h m i d t . Das Erste betrifft das Auschecken. Die Dokumente werden ja genau dorthin wieder ausgecheckt, von wo sie auch eingecheckt wurden – also beispielsweise auf ein Verzeichnis in Laufwerk C. In manchen Fällen hat das geklappt, aber wenn ich beispielsweise was von Laufwerk D eingecheckt habe – das ist bei mir eine normale Partition – und mein Kollege Müller die Datei auschecken wollte, gab es einen Fehler. Die Nummer weiß ich nicht mehr genau, ich glaube, es war etwas mit »Dateiname falsch« oder so.
M o s s a m i . Oh ja, das haben wir gar nicht berücksichtigt: Vermutlich hat der Kollege unter diesem Laufwerksbuchstaben sein CD-Laufwerk oder ein DVD-Laufwerk liegen – dann knallt es natürlich, weil da erstens viel-

leicht gerade gar kein Datenträger drinliegt und dieser auch gar nicht beschrieben werden kann. Gut, da müssen wir noch eine passende Fehlerbehandlung einbauen.

S c h m i d t. Genau genommen haben wir uns da was anderes überlegt: Ist es vielleicht möglich, dass man die Datei immer dorthin ausceckt, wo der jeweilige Benutzer diese zuletzt geöffnet hatte? Und, wenn dann jemand darauf zugreift, der sie noch gar nicht geöffnet hat, dass dann dieser Dialog erscheint, in dem man das Zielverzeichnis auswählen kann?

M o s s a m i. Das ist in der Tat eine gute Idee. Obwohl uns das bestimmt das Datenmodell durcheinanderbringt ... aber gut, das hört sich wirklich sehr sinnvoll an. Was ist Ihnen sonst noch aufgefallen?

S c h m i d t. Wir haben zu vielen Dokumenten einige Eigenschaften in diesem Dialog eingegeben, den man über das Kontextmenü aufrufen kann. Dabei war es ein wenig unpraktisch, dass man die Eigenschaften beim Bearbeiten einer Reihe von Dateien immer erst wieder schließen, die nächste Datei markieren und den Dialog dann wieder öffnen musste. Vor allem, wenn man einfach mal durch die Eigenschaften blättern wollte, um diese zu betrachten, war das sehr nervig.

M o s s a m i. Das schreibe ich mir einfach mal auf ... *(schreibt und spricht leise mit)* Ei-gen-schaf-ten ansehen für viele Do-ku-men-te un-praktisch ... okay! Mal sehen, ob wir den Eigenschaftsdialog so einstellen können, dass er stehen bleibt und einfach die angezeigten Eigenschaften aktualisiert, wenn man auf ein anderes Dokument im Dokumentbaum klickt.

S c h m i d t. Und noch eine Sache, die das Formular noch ein wenig abrunden würde: Man kann ja Dateien einchecken, indem man sie aus dem Explorer von links nach rechts in die Verzeichnisse zieht.

M o s s a m i. Genau.

S c h m i d t. Andersrum funktioniert das aber nicht, oder?

M o s s a m i. Nein, stimmt – das haben wir bisher noch nicht implementiert. Würden Sie das als hilfreich ansehen? Das dürfte nicht so schwer zu realisieren sein.

S c h m i d t. Es wäre schon viel praktischer, als immer über das Kontextmenü den Pfad zum Auschecken auszuwählen. Einfach im linken Baum das Zielverzeichnis sichtbar machen und die Dokumente dorthin per Drag and Drop auszuchecken wäre schon sehr praktisch.

M o s s a m i. Okay, machen wir.

S c h m i d t. Und einen Fehler haben wir noch gefunden: Das Einchecken durch Ziehen von Dateien von links nach rechts funktioniert super. Nur bei Dateien von Netzlaufwerken – also solchen, die fest mit Laufwerksbuchstaben eingebunden sind – funktioniert dies nicht.

M o s s a m i. Das haben wir noch gar nicht ausprobiert, aber das holen wir gleich nach. Ich bin sicher, dass wir hier eine Lösung finden.

Schmidt. Das war es auch schon – ansonsten hat alles funktioniert. Wir sind schon sehr gespannt auf die anderen Module – vor allem auf die Suche. Immerhin haben wir schon eine Menge Eigenschaften eingetragen und sind gespannt, ob man die Dokumente darüber leicht findet.

Mossami. Genau da sitzen wir gerade noch dran, es läuft aber schon ganz gut. Vielleicht können Sie uns Ihre Backend-Datenbank zukommen lassen, dann hätten wir direkt ein paar reale Daten zum Testen – vorausgesetzt natürlich, dort sind keine wichtigen Dokumente enthalten. Wir können zur Sicherheit auch gerne eine Verschwiegenheitserklärung unterzeichnen, wenn Willviel das möchte.

Schmidt. Kein Problem, kläre ich mit dem Chef ab. Also, dann bis zu Ihrem nächsten Besuch!

Mossami. Genau! Also vielen Dank erstmal, und bis dann!

Sie werden verstanden haben, was wir Ihnen mit diesem Dialog nahebringen wollten: Fragen Sie die Anwender Ihrer Software, was sie davon halten, wie sie damit umgehen, welche Besonderheiten oder Fehler dabei aufgefallen sind. Keiner wird Ihre Software besser testen können als die zukünftigen Anwender – und keiner wird besser beurteilen können, an welchen Stellen es noch hakt.

Und nun: Steigen Sie ein in die Beschreibung der Anwendung und der Techniken, die dahinterstecken. Wenn Sie die Anwendung parallel ausprobieren möchten, laden Sie diese von *http://www.access-entwicklerbuch.de/praxis* herunter und installieren Sie sie nach den Anweisungen im letzten Kapitel dieses Buchs.

3 Datenmodell

Das Datenmodell ist der Teil einer Access-Anwendung oder von Anwendungen, die auf Datenbanken basieren, dessen reine Erstellung am wenigsten Zeit benötigt, aber mit dem Sie sich die meiste zusätzliche Arbeit aufhalsen können.

Genau genommen bereitet die Definition des Datenmodells so gut wie keine Arbeit mehr, wenn Sie die Anforderungen des Kunden sowie die in der Datenbank zu speichernden Informationen sorgfältig erfasst haben – daher ist die Aufnahme der Anforderungen eigentlich das Vorspiel zur Erstellung des Datenmodells.

Was genau aber bedeutet es, ein Datenmodell zu erstellen? Technisch gesehen legen Sie dabei in Ihrer Access-Datenbank Tabellen, Tabellenfelder, Schlüssel und Beziehungen an. Dummerweise beschränken sich viele Access-Entwickler auf diesen technischen Teil und bauen erst einmal alle denkbaren Informationen in die Felder verschiedener Tabellen ein, erstellen auf dieser Basis ihre Formulare und Berichte und stellen dann in Foren und im Usenet Fragen wie die folgende:

»Ich habe eine Tabelle mit Fahrzeugen und deren Zusatzausstattung. Für jede Zusatzausstattung habe ich natürlich ein eigenes Feld in der Tabelle *tblFahrzeuge* angelegt. In einem speziellen Suchformular kann der Benutzer die Fahrzeuge nach den vorhandenen Ausstattungsmerkmalen filtern, wobei ich für jede Ausstattung ein Kontrollkästchen in das Formular eingebaut habe.

Dummerweise fallen dem Kunden immer neue Ausstattungsmerkmale ein, die ich in die Tabelle, das Formular und auch in die Berichtsausgabe mit den Suchergebnissen einbauen muss. Wie kann ich das besser regeln?«

Normalerweise müsste man hier antworten: »Ganz einfach: Du hättest vielleicht vorher mal ein Buch lesen sollen, das sich mit Datenmodellierung beschäftigt, und noch dazu ein wenig mehr Gehirnschmalz investieren sollen.«

Der Fragesteller hat nämlich zwei entscheidende Fehler gemacht: Erstens hat er zig Felder in die Haupttabelle seiner Applikation eingebaut, von denen er jeweils nur einen Teil benötigt, und zweitens hat er sein Datenmodell durch das fixe Festlegen der hier vorhandenen Eigenschaften – der Fahrzeugausstattungen – völlig unflexibel gemacht.

Die kleinste Änderung, nämlich das Hinzufügen, Löschen oder Ändern eines Ausstattungsmerkmals, wirkt sich nicht nur auf das Datenmodell, sondern auch auf alle darauf aufbauenden Schichten wie Abfragen, Formulare, Berichte und VBA-Routinen aus.

Um dies zu verdeutlichen: Ebenso hätte dieser Access-Entwickler eine Bestellverwaltung programmieren können, deren Bestellungen-Tabelle neben den üblichen Bestelldaten wie dem Kunden, dem Bestelldatum oder dem Lieferdatum noch jeweils ein Feld für jeden Artikel hinzufügen können, den der Händler anbietet. In diese Felder kann die Anwendung dann je Bestellung die Anzahl des jeweiligen Artikels eintragen. Neue Artikel? Weggefallene Artikel? Kein Problem! Eine kleine Änderung am Datenmodell, an den darüber liegenden Abfragen, Formularen, Berichten und Modulen, und alles läuft wieder. Dieser Programmierer ist schlau, denn er bekommt so mit jeder Änderung des Artikelstamms einen Auftrag zum Überarbeiten der Datenbank. Irgendwann bekommt der Auftraggeber dann aber vielleicht mit, dass seine Mitbewerber ihren Artikelstamm ganz allein ändern können und dabei gar keine Überarbeitung der kompletten Datenbank notwendig ist, und setzt unseren »Access-Spezialisten« vor die Tür.

Letzteres war natürlich ein Extrembeispiel, das so hoffentlich noch nicht eingetreten ist, aber der obige Fall mit den Fahrzeugen und Ausstattungen ist in einer ähnlichen Konstellation bereits mindestens einmal aufgetreten. Die richtige Vorgehensweise wäre natürlich der Aufbau einer m:n-Beziehung, wobei die Fahrzeuge und die Ausstattungsmerkmale in eigenen Tabellen gespeichert und einander über eine Verknüpfungstabelle zugeordnet werden. Auf diese Weise kann der Anwender beliebige Ausstattungsmerkmale hinzufügen und mit den Fahrzeugen verknüpfen, wobei natürlich auch die darauf aufbauenden Elemente entsprechend ausgelegt sein müssen.

> **Mehr zum Thema Datenmodellierung**
>
> Beispiele für gängige Datenmodelle finden Sie etwa im Buch *Access 2007 – Das Grundlagenbuch für Entwickler* (Addison-Wesley, ISBN 978-3-8273-2460-3). Dort finden Sie auch die Grundlagen zur Datenmodellierung in ausführlicher Form.

In diesem Kapitel erfahren Sie, wie das Datenmodell der Beispielanwendung *dmsBase* aussieht und lernen dabei einiges über die Datenmodellierung. Die hier vorgestellte Fassung des Datenmodells ist die für die aktuellen Anforderungen endgültige, das heißt, dass auf Basis dieses Datenmodells die Benutzeroberfläche entwickelt wird. Die Richtigkeit des Datenmodells wurde ja beim letzten Termin mit *Willviel-Media* geprüft, wobei noch die eine oder andere Änderung aufgenommen wurde.

3.1 Namenskonvention

Die Benennung der Tabellen und Felder der Beispieldatenbank erfolgt nach bestimmten Regeln. Tabellennamen beginnen grundsätzlich mit dem Präfix *tbl*. Dies dient allein der Abgrenzung zu Abfragen, die mit *qry* beginnen. Warum abgrenzen? Tabellen und Abfragen können durchaus gleichartige Daten liefern und würden dann ohne Verwendung eines Präfix möglicherweise gleich heißen – was Access allerdings nicht zulässt und mit einer entsprechenden Meldung quittiert.

Der auf das Präfix folgende Bestandteil des Namens einer Tabelle ist ein Substantiv, das sich aus dem Tabelleninhalt ableitet und im Plural steht (*tblDokumente, tblAnreden*). Ausnahmen sind Tabellen, die als Verknüpfungstabelle zur Herstellung einer m:n-Beziehung dienen. Diese Tabellen enthalten hinter dem Präfix die in den Namen der beiden verknüpften Tabellen enthaltenen Substantive (*tblDokumenteKategorien, tblProjekteMitarbeiter*) oder, wenn möglich, einen aussagekräftigeren Namen (*tblObjektberechtigungen* als Verknüpfungstabelle von *tblBenutzergruppenObjekte* und *tblDatenbankobjekte*).

Das Primärschlüsselfeld heißt immer *ID*. Alle Tabellen – auch Verknüpfungstabellen zur Realisierung von m:n-Beziehungen – besitzen einen solchen Primärschlüssel.

Fremdschlüsselfelder zur Herstellung einer 1:n-Beziehung enthalten das im Namen der fremden Tabelle enthaltene Substantiv im Singular gefolgt von dem Präfix *ID*. Das Fremdschlüsselfeld in *tblDokumente* zur Verknüpfung mit *tblDokumentarten* heißt somit *DokumentartID*. Das Gleiche gilt übrigens auch für die Fremdschlüsselfelder in den Verknüpfungstabellen zur Herstellung von m:n-Beziehungen.

3.2 Im Mittelpunkt: Die Dokumente

Es ist eine gute Idee, die Entwicklung des Datenmodells mit dem wichtigsten oder den wichtigsten in der Datenbank zu speichernden Elementen zu beginnen. In diesem Fall sind dies Informationen zu Dokumenten und die Dokumente selbst. Dazu ist zunächst einmal interessant, was denn nun überhaupt ein Dokument ist – vor allem in Zusammenhang mit dem Wort Versionierung, denn *dmsBase* soll ja bei Bedarf mehrere Versionen eines Dokuments speichern. Davon abgesehen spricht man in der EDV-Welt eher von Dateien, egal, ob es sich nun um eine Word-, Excel- oder sonstige Office-Datei oder um andere Dateitypen wie Bilder, Audio- oder Videodateien handelt. Was macht eine Datei nun zum Dokument – ein Begriff, der ja meist in Verbindung mit Papier gehandelt wird?

Vielleicht hilft für den Rest dieses Buchs die folgende Abgrenzung: Dateien sind alle physikalischen Einheiten, die über das Dateisystem des Computers zugänglich sind. Dokumente sind Dateien, die zusammen mit Metadaten in einem DMS gespeichert sind. Genau genommen ist die Datei dabei nur ein Teil des Dokuments, wenn auch dank des Inhalts und – in den meisten Fällen – der integrierten äußeren Form ein recht gewichtiger.

Das Ganze passt so auch prima zur Nomenklatur im Datenmodell: Ein Dokument wird dort nämlich auch in einer Tabelle namens *tblDokumente* gespeichert. Zumindest theoretisch. Denn ein Dokument kann ja, wie oben erwähnt, auch in mehreren Versionen vorhanden sein.

Entspricht es deshalb mehreren Dokumenten und müssen Sie deshalb mehrere Datensätze in einer Dokumenttabelle anlegen? Hier greifen die Regeln der relationalen Datenmodellierung: Immerhin gibt es eine ganze Reihe von Eigenschaften, die für alle Versionen eines Dokuments gleich bleiben. Dazu gehören etwa der Autor, eine Beschreibung, Stichwörter oder der Dateiname.

Würden sich diese Eigenschaften ändern, könnte man wohl tatsächlich von einem neuen Dokument sprechen und einen passenden neuen Datensatz dafür anlegen. Wenn man also nun ein Dokument anhand dieser Eigenschaften charakterisiert, kann man diese Daten wohl guten Gewissens in eine Tabelle namens *tblDokumente* schreiben. Wohin aber mit den übrigen Informationen, vor allem aber mit der Datei selbst? Diese soll immerhin auch in der Datenbank gespeichert werden, um sie zentral verfügbar zu machen und auch in die Sicherung des DMS zu integrieren.

Diese Frage beantworten selbst Access-Einsteiger leicht, denn wenn man jedem Dokument beliebig viele Dokumentversionen zuordnen kann, brauchen Sie eine 1:n-Beziehung. Die passende Tabelle heißt *tblVersionen* und enthält ein Feld namens *DokumentID*, über das sie mit der Tabelle *tblDokumente* verknüpft ist.

War das schon alles, was die Dokumente angeht? Nein: Denn auch, wenn anscheinend schon klar ist, dass die eigentlichen Dateien innerhalb der Tabelle *tblVersionen* gespeichert werden, ist das nicht so. Das hängt allerdings weniger mit Vorlieben oder Restriktionen bei der Datenmodellierung zusammen, sondern mit praktischen Aspekten: Die Dateien selbst werden nämlich in einer weiteren Tabelle gespeichert.

Warum das? Nun: Access 2007 liefert die Möglichkeit, Dateien über eingebaute Mechanismen in den Feldern einer Tabelle zu speichern. Der Datentyp dieser Felder heißt Anlage. Access komprimiert die meisten dort eingefügten Datentypen, aber nicht alle. Zudem scheint die Verwendung von Anlagefeldern beim Speichern größerer Dateien sehr speicherintensiv zu sein. Daher verwenden die Entwickler von *dmsBase* eine Tabelle, in der sie Dateien ganz einfach als Binärstrom, der gegebenenfalls zuvor noch komprimiert wird, im guten alten OLE-Feld speichern. Anlagefelder kommen hingegen in der Frontenddatenbank als Container für kleinere Dateien zum Einsatz – etwa als Reservoir für Bild- und Symboldateien.

Bevor Sie nun den Überblick verlieren, wird es Zeit für eine kleine Darstellung, die Sie in der folgenden Abbildung finden. Die Tabelle *tblDokumente* enthält die Basisinformationen zum Dokument, die Tabelle *tblDokumentVersionen* kann einen oder mehrere mit einem bestimmten Datensatz der Tabelle *tblDokumente* verknüpfte Datensätze enthalten. Die Tabelle *tblDokumentBinärdateien* ist per 1:1-Beziehung mit der Tabelle *tblDokumentversionen* verknüpft und steuert die eigentlichen Dateien bei.

Selbstverständlich beinhalten diese Tabellen nicht alle Informationen, die das *dmsBase* in Zusammenhang mit einem Dokument speichern kann. Die übrigen Daten befinden sich in weiteren, verknüpften Tabellen und werden in den folgenden Abschnitten vorgestellt.

> **Datenmodell im Überblick**
>
> Das komplette Datenmodell finden Sie im PDF-Format auf der Buch-CD unter *Datenmodell.pdf* oder auf der Internetseite zum Buch unter *www.access-entwicklerbuch.de/praxis*. Leider kann es wegen seiner Größe nicht komplett im Buch abgedruckt werden. Wir haben es auf das DIN-A4-Format zusammengeschrumpft, sodass Sie es ausdrucken und für die Arbeit mit dem Buch und der Beispielanwendung neben die Tastatur legen können.

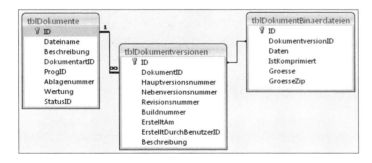

Abbildung 3.1: Die grundlegenden Tabellen zur Verwaltung von Dokumenten und ihre Versionen

3.2.1 Daten der Tabelle tblDokumente

Die Felder der Tabelle *tblDokumente* beschreibt die folgende Tabelle:

Feldname	Datentyp	Beschreibung
ID	Long	Primärschlüssel der Tabelle
Dateiname	Text (Feldgröße: 255)	Dateiname ohne Pfad
Beschreibung	Memo	Freier Beschreibungstext
DokumentartID	Long	Bezug zu Nachschlagetabelle tblDokumentarten
ProgID	Text (Feldgröße: 255)	Optional COM-Klasse (z. B. »Excel.Sheet.8«)
Ablagenummer	Text (Feldgröße: 255)	Betriebsinterne Ablagenummer
Wertung	Integer	Priorität/Bewertung des Dokuments
StatusID	Long	Bearbeitungsstatus; Fremdschlüsselfeld zur Verknüpfung mit der Tabelle tblStatus

Tabelle 3.1: Die Felder der Tabelle tblDokumente

3.2.2 Daten der Tabelle tblDokumentversionen

Die Tabelle *tblDokumentversionen* enthält die versionsspezifischen Daten der unterschiedlichen Versionen eines Dokuments. Hier wird für jede neue Version eines Dokuments ein neuer Datensatz angelegt. Zusätzlich speichert man auch das Dokument erneut in der Datenbank ab – und zwar in der Tabelle *tblDokumentBinaerdateien,* die im nächsten Abschnitt beschrieben wird.

Feldname	Datentyp	Beschreibung
ID	Autowert, Long	Primärschlüssel der Tabelle
DokumentID	Long	Fremdschlüsselfeld zum Festlegen des Eintrags der Tabelle tblDokumente, zu der diese Version gehört
Hauptversionsnummer	Integer	Wird erhöht, wenn ein Programm komplett überarbeitet wird (w.x.y.zzzz)
Nebenversionsnummer	Integer	Wird erhöht, wenn dem Programm Funktionen hinzugefügt werden (w.x.y.zzzz)
Revisionsnummer	Integer	Wird erhöht, wenn Fehler behoben wurden (w.x.y.zzzz)
Buildnummer	Integer	Könnte sich bei Dokumenten auf die einzelnen Speichervorgänge mit geringfügigen Änderungen beziehen (w.x.y.zzzz)
ErstelltAm	Date	Gibt das Erstellungsdatum an
ErstelltDurch-BenutzerID	Long	Fremdschlüsselfeld zur Auswahl des Mitarbeiters aus der Tabelle tblMitarbeiter, der die neue Version erstellt hat
Beschreibung	Memo	Beschreibung dieser Version des Dokuments

Tabelle 3.2: Felder der Tabelle tblDokumentversionen

3.2.3 Tabelle zum Speichern der Dokumentdateien

Die Tabelle *tblDokumentBinaerdateien* speichert die Dokumente als Binärstrom in einem OLE-Feld. Gegebenenfalls werden diese Daten noch komprimiert, was im Feld *IstKomprimiert* in Form eines *Ja/Nein*-Wertes vermerkt wird. Schließlich fassen die beiden Felder *Groesse* und *GroesseZip* die Original- und die gepackte Größe.

Ganz besonders wichtig ist, dass diese Tabelle sich in einem separaten Backend befindet, um den vollen Platz von zwei Gigabyte für das Speichern von Dokumenten bereitzustellen und diesen Platz nicht mit den Metadaten teilen zu müssen. Dies bringt allerdings einen Nachteil mit sich: Sie können für die Beziehung von Tabellen zweier verschiedener Backends keine referentielle Integrität festlegen.

Auswirkungen hat dies vor allem auf die dadurch mögliche Löschweitergabe, die normalerweise dafür sorgen sollte, dass ein mit einem Datensatz der Tabelle *tblDokumentversionen* verknüpfter Datensatz der Tabelle *tblDokumentBinaer* genau dann gelöscht wird, wenn der Benutzer die Dokumentversion löscht. Dies muss man nun per Code nachbilden, um nicht unnötig viele Dokumentleichen in der Tabelle *tblDokumentBinaer* mitzuschleppen.

Das geschieht in der Routine *CloseVars* des Moduls *mdlMain*, die beim Schließen der Anwendung über die entsprechende Ribbon-Schaltfläche ausgelöst wird (siehe dokumentierten Quellcode in der Beispieldatenbank).

Feldname	Datentyp	Beschreibung
ID	Long	Primärschlüsselfeld der Tabelle
DokumentversionID	Long	Fremdschlüsselfeld zum Festlegen des Dokuments (indirekt) und der Version
Daten	OLE-Feld	Speichert die Datei als Binärstrom
IstKomprimiert	Ja/Nein	Gibt an, ob die Datei komprimiert wurde
Groesse	Long	Dateigröße der Binärdaten
GroesseZip	Long	Komprimierte Dateigröße der Binärdaten

Tabelle 3.3: Felder der Tabelle tblDokumentBinaerdateien

3.3 Metainformationen zu den Dokumenten

Wie bereits erwähnt, liefern einige weitere Tabellen eine ganze Menge zusätzlicher Möglichkeiten zum Speichern von Metadaten zu den in der Tabelle *tblDokumente* gespeicherten Dokumenten. Dabei handelt es sich teilweise um Tabellen, die einfache Lookup-Daten für die Tabelle *tblDokumente* liefern, andere sind per m:n-Beziehung mit dieser Tabelle verknüpft.

Hinweise auf die per 1:n-Beziehung verknüpften Tabellen finden Sie in Abbildung 3.1: Jedes Feld, das aus einer Bezeichnung mit angehängter *ID* besteht, verweist auf eine weitere Tabelle.

3.3.1 Dokumentarten

Die Tabelle *tblDokumentarten* enthält alle mit *dmsBase* verwalteten Dokumentarten. Unter Dokumentart versteht man dabei den anwendungsbezogenen Typ, wie etwa Word-Dokument, Excel-Tabelle oder PDF-Dokument, zu dem gegebenenfalls mehrere Dateiendungen gehören können. Die Tabelle ist wie in der folgenden Darstellung aufgebaut.

Feldname	Datentyp	Beschreibung
ID	Autowert, Long	Primärschlüssel der Tabelle
Dokumentart	Text (Feldgröße: 255)	Enthält die in der Tabelle *tblDokumente* referenzierten Dokumentarten
BildID	Long	Bezug zu einem Anlage-Datensatz in der Tabelle *tbl_Anlagen*
Anzeigeformular	Text (Feldgröße: 255)	Formular in *dmsBase*, mit dem der Dokumenttyp angezeigt werden kann

Tabelle 3.4: Felder der Tabelle tblDokumentarten

3.3.2 Bilddateien

Die Tabelle *tbl_Anlagen* speichert vor allem Bilddateien, die in den *TreeView*-, *ListView*- und sonstigen Steuerelementen eingesetzt werden.

Feldname	Datentyp	Beschreibung
ID	Long	Primärschlüssel der Tabelle
NameBild	Text (Feldgröße: 64)	Bezeichnung der Datei
BildObjekt	Anlage	Anlagefeld mit dem oder den Binärinhalt(en)

Tabelle 3.5: Felder der Tabelle tbl_Anlagen

> **Lokale Tabelle: tbl_Anlagen**
>
> Die Tabelle *tbl_Anlagen* ist eine von mehreren Tabellen, die lokal im Frontend gespeichert werden. Der Grund ist, dass sich die enthaltenen Daten quasi nie ändern (es handelt sich im Wesentlichen um Bilddateien zur optischen Aufbereitung der grafischen Oberfläche, etwa des Ribbons). Der Performance tut es aber sicher gut, wenn diese sehr oft benötigten Elemente nicht jedesmal vom Backend und damit über das Netzwerk geholt werden müssen. Es gibt noch einige weitere lokale Tabellen, die am Ende dieses Kapitels beschrieben werden.

3.3.3 Status von Dokumenten

Die Tabelle *tblStatus* enthält die Einträge, die man für das Fremdschlüsselfeld *StatusID* der Tabelle *tblDokumente* auswählen kann. Die Tabelle enthält die möglichen Status für ein Dokument. Diese können beispielsweise »In Bearbeitung«, »Freigegeben« oder »Versendet« heißen.

Der Kunde kann hier beliebige Status festlegen. Derzeit ist aber noch keine konkrete Anwendung vorgesehen, die mehr als eine Festlegung des Status vorsieht – möglich wäre etwa, eine Art Workflow-Management zu implementieren, das die Reihenfolge festlegt, für die die Mitarbeiter entsprechende Status einstellen können.

Feldname	Datentyp	Beschreibung
ID	Long	Primärschlüssel der Tabelle
Status	Text (Feldgröße: 255)	Legt den Status eines Dokuments fest. Kann in Zusammenhang mit Workflow-Management verwendet werden.

Tabelle 3.6: Felder der Tabelle tblStatus

3.3.4 Volltextindex über die Dokumente

Das DMS-System soll nicht nur die Suche nach den angegebenen Attributen der Dokumente ermöglichen, sondern auch eine Volltextsuche erlauben. Hierzu ist einiger Aufwand erforderlich: *dmsBase* muss dafür die verschiedenen Dokumenttypen auf ihren Inhalt hin untersuchen und diesen auslesen.

Das gilt zumindest für die Dokumente, bei denen dies möglich ist und Sinn macht (dies sind in jedem Fall Word-, PDF- oder Textdokumente, man kann aber auch etwa Excel-Dateien oder auch Quelltexte von Programmierprojekten integrieren). Der einfachste Part hierbei ist noch das Anlegen der benötigten Tabellen, die die folgende Abbildung im Zusammenhang zeigt.

Die Tabelle *tblInhalte* ist dabei über eine 1:1-Beziehung mit der Tabelle *tblDokumentVersionen* verknüpft. Eine 1:1-Beziehung deshalb, weil es zu jeder Dokumentversion nur einen Volltext gibt. Theoretisch könnte man den Volltext auch nach Seiten aufnehmen und den Inhalt je einer Seite in einem einzelnen, mit der Tabelle *tblDokumentVersionen* verknüpften Datensatz speichern und somit bei einer Suche direkt die richtige Seite als Fundstelle ausweisen, aber diese Variante soll hier außen vor bleiben.

Die Tabelle *tblInhalte* und deren Felder zeigt die folgende Tabelle. Prinzipiell könnten Sie das Feld *Inhalt* auch in die Tabelle *tblDokumentVersionen* aufnehmen und würden damit die zusätzliche Tabelle und die 1:1-Beziehung sparen. Das Feld *Inhalt* dürfte aber, wenn die Benutzer auch Multimediadateien et cetera in der Dokumentenverwaltung speichern, nur nicht immer Verwendung finden und wird daher zu Recht ausquartiert.

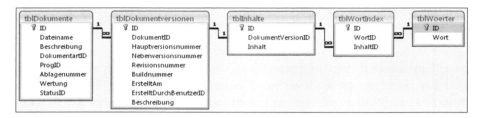

Abbildung 3.2: Die an der Verwaltung der Volltexte und des Index beteiligten Tabellen im Beziehungen-Fenster

Feldname	Datentyp	Beschreibung
ID	Long	Primärschlüsselfeld der Tabelle
DokumentVersionID	Long	Fremdschlüsselfeld zum Herstellen der 1:1-Beziehung zur Tabelle *tblDokumentVersionen*
Inhalt	Memo	Memofeld, das den kompletten Text einer Dokumentversion im Plain-Format aufnehmen soll

Tabelle 3.7: Felder der Tabelle tblInhalte

3.3.5 Indizieren der Dokumenteninhalte

Die Tabelle *tblWoerter* speichert alle im Dokumentinhalt enthaltenen Wörter. Der Grund ist, dass die Anwendung durchaus auch als Einzelplatzanwendung eingesetzt werden soll und dabei die Jet-Engine beziehungsweise die ACE mit einem Access-Backend zum Einsatz kommt. Diese Kombination bietet allerdings nicht den Luxus der Indizierung von Memofeldern, wie ein SQL Server. Dies wäre aber dringende Voraussetzung für eine Volltextsuche über die kompletten Dokumenteninhalte. Also bauen Sie sich Ihren Volltext einfach selbst, indem Sie die Wörter aus den Inhalten extrahieren, diese in eine separate Tabelle packen und anschließend eine Beziehung zwischen den Dokumenteninhalten und den indizierten Wörtern herstellen. Die folgende Auflistung zeigt zunächst die Felder der Tabelle zum Speichern der Wörter.

Feldname	Datentyp	Beschreibung
ID	Long	Primärschlüsselfeld der Tabelle
Wort	Text (Feldgröße: 60)	Speichert jedes vorkommende Wort von Dokumenten mit Textinhalten

Tabelle 3.8: Felder der Tabelle tblWoerter

Die Beziehung selbst ist eine m:n-Beziehung, die über die Tabelle *tblWortindex* hergestellt wird. Anfängern könnte hier der Fehler unterlaufen, dass sie die indizierten Wörter in einer Tabelle speichern, die ein Fremdschlüsselfeld zur direkten Zuordnung zum Inhalt beziehungsweise Herkunftsdokument enthält.

Das ist theoretisch möglich, allerdings müsste dann tatsächlich jedes Wort jedes Textdokuments in der Tabelle *tblWoerter* gespeichert werden – auch wenn es mehrmals in einem oder mehreren Dokumenten auftaucht. Bei Verwendung einer m:n-Beziehung brauchen Sie jedes Wort nur einmal in der Tabelle *tblWoerter* zu speichern, können es aber über die Verknüpfungstabelle den jeweiligen Dokumentdatensätzen zuordnen. Die Verknüpfungstabelle sieht schließlich wie folgt aus:

Feldname	Datentyp	Beschreibung
ID	Long	Primärschlüsselfeld der Tabelle
WortID	Long	Fremdschlüsselfeld zur Herstellung einer Beziehung mit der Tabelle *tblWoerter*
InhaltID	Long	Fremdschlüsselfeld zur Herstellung einer Beziehung mit der Tabelle *tblInhalte*

Tabelle 3.9: Felder der Tabelle tblWortIndex

3.3.6 Querverweise zwischen Dokumenten

An manchen Stellen kann es hilfreich sein, von einem Dokument auf andere Dokumente zu verweisen – etwa, um wichtige Ergänzungen zu kennzeichnen. Dies geschieht in der Form, wie es folgende Abbildung zeigt.

Die Tabelle *tblDokumente* ist dabei über eine m:n-Beziehung mit sich selbst verknüpft. Um dies im Beziehungen-Fenster abzubilden, müssen Sie diese Tabelle ein zweites Mal in das Beziehungen-Fenster ziehen.

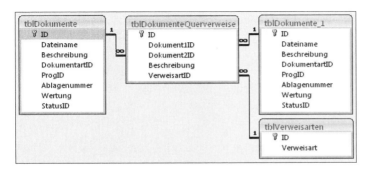

Abbildung 3.3: Realisierung von Querverweisen zwischen Dokumenten im Datenmodell

Kapitel 3

Die Verknüpfungstabelle zum Herstellen der reflexiven Beziehung enthält neben den beiden Fremdschlüsselfeldern ein weiteres Feld mit einer Beschreibung, warum das verknüpfte Dokument noch interessant für den Benutzer sein könnte, sowie ein weiteres Fremdschlüsselfeld namens *VerweisartID*.

Feldname	Datentyp	Beschreibung
ID	Long	Primärschlüsselfeld der Tabelle
Dokument1ID	Long	Fremdschlüsselfeld zur Herstellung der Beziehung mit dem ersten Dokument des Querverweises
Dokument2ID	Long	Fremdschlüsselfeld zur Herstellung der Beziehung mit dem zweiten Dokument des Querverweises
Beschreibung	Text (Feldgröße: 255)	Beschreibung, warum das angegebene Dokument in Beziehung mit dem erstgenannten Dokument steht
VerweisartID	Long	Fremdschlüsselfeld zur Auswahl eines Eintrags der Tabelle *tblVerweisarten*

Tabelle 3.10: Felder der Tabelle tblDokumenteQuerverweise

Die Tabelle *tblVerweisarten* schließlich enthält Verweisarten, die der Anwender selbst festlegen kann. Beispiele wären »Filialdokument«, »Zusatzinfo« oder Ähnliches.

Feldname	Datentyp	Beschreibung
ID	Long	Primärschlüsselfeld der Tabelle
Verweisart	Text (Feldgröße: 255)	Art eines Querverweises

Tabelle 3.11: Felder der Tabelle tblVerweisarten

3.3.7 Benutzerdefinierte Attribute

Neben den vorhandenen direkt in der Tabelle *tblDokumente* und in den verknüpften Tabellen enthaltenen Dokumenteigenschaften soll der Kunde auch eigene Kriterien eingeben können. Für diese soll allerdings kein Eingriff in das Datenmodell notwendig sein, sondern nur ein Eintrag in eine Tabelle. Somit stellen Sie sicher, dass der Kunde die Möglichkeiten seiner Anwendung auch selbst erweitern kann und dazu nicht jedes Mal auf den Support des Herstellers angewiesen ist – dies bedeutet zwar zunächst Mehraufwand, rentiert sich jedoch später.

Die Attribute dazu legt der Kunde über ein entsprechendes Formular in einer ganz einfachen Tabelle namens *tblAttribute* an, die lediglich die beiden Felder aus folgender Tabelle enthält.

Datenmodell

Feldname	Datentyp	Beschreibung
ID	Long	Primärschlüsselfeld der Tabelle
Attribut	Text (Feldgröße: 255)	Zusätzliche, benutzerdefinierte Attribute zur Charakterisierung von Dokumenten

Tabelle 3.12: Felder der Tabelle tblAttribute

Die Zuweisung eines Attributs und eines passenden Werts an ein Dokument erfolgt wiederum über eine Verknüpfungstabelle, wie folgende Abbildung zeigt. Diese enthält zusätzlich das Feld *Wert*, um der Kombination aus Dokument und Attribut einen Wert zuzuordnen.

Die Verknüpfungstabelle ist wie folgt aufgebaut:

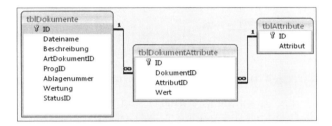

Abbildung 3.4: Abbildung zusätzlicher, flexibel einstellbarer Attribute

Feldname	Datentyp	Beschreibung
ID	Long	Primärschlüsselfeld der Tabelle
DokumentID	Long	Fremdschlüsselfeld zum Festlegen des Dokuments
AttributID	Long	Fremdschlüsselfeld zum Festlegen des Attributs
Wert	Text (Feldgröße: 255)	Wert für die angegebene Kombination aus Dokument und Attribut

Tabelle 3.13: Felder der Tabelle tblDokumentAttribute

3.3.8 Autoren verwalten

In manchen Fällen kann es sinnvoll sein, den Autor eines Dokuments zu speichern. Diese Eigenschaft ist aber sicher nur für einen Teil der Dokumente sinnvoll – etwa, wenn Sie den Inhalt einer Internetseite in einem Dokument speichern und den Autor in die Datenbank aufnehmen möchten.

Für Dokumente, die innerhalb der Firma erstellt werden, ist ja auch noch die Ersteller-Eigenschaft einer jeden Version vorhanden.

Kapitel 3

Der Ansatz aus der folgenden Abbildung, die Autoren per m:n-Beziehung zu verwalten, ist aus zwei Gründen vorteilhaft: Erstens kann es ohnehin mehr als einen Autor geben und zweitens haben Dokumente vermutlich meist keinen Autor in diesem Sinne, sodass einfach kein Datensatz in den anhängenden Tabellen angelegt und somit Platz gespart wird.

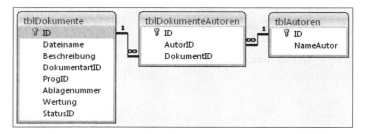

Abbildung 3.5: Verwaltung von Autoren per m:n-Beziehung

Die Autoren selbst speichert eine Tabelle namens *tblAutoren* (siehe folgende Tabelle), die lediglich ein Feld zur Angabe des kompletten Namens des Autors enthält.

Weitere Detaillierungen etwa durch die Aufteilung in Vorname und Nachname haben wir uns an dieser Stelle gespart, und auch ein eventueller Titel im Namen des Autors findet leicht im Feld *NameAutor* Platz.

Feldname	Datentyp	Beschreibung
ID	Long	Primärschlüsselfeld der Tabelle
NameAutor	Text (Feldgröße: 255)	Name des Autors

Tabelle 3.14: Felder der Tabelle tblAutoren

Die Tabelle, die Dokumente und Autoren verknüpft, heißt *tblDokumenteAutoren* und ist eine reine Verknüpfungstabelle.

Dementsprechend setzt sich der Primärschlüssel aus den beiden enthaltenen Feldern zusammen.

Feldname	Datentyp	Beschreibung
ID	Long	Primärschlüsselfeld der Tabelle
AutorID	Long	Fremdschlüsselfeld zur Festlegung des Autors
DokumentID	Long	Fremdschlüsselfeld zur Festlegung des Dokuments

Tabelle 3.15: Felder der Tabelle tblDokumenteAutoren

3.3.9 Dokumentkategorien

Neben den Dokumentarten wie Word-Dokument oder Excel-Tabelle gibt es auch inhaltliche Aspekte, die in Form einer Kategorie eine weitere Suchmöglichkeit eröffnen sollen.

Mögliche Auswahlmöglichkeiten wären etwa Vertrag, Auftrag, Rechnung et cetera, weitere Einträge finden Sie in der Beispieldatenbank.

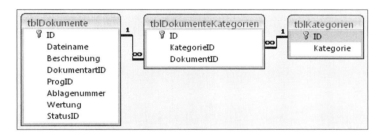

Abbildung 3.6: Die Tabellen zur Angabe von Kategorien für Dokumente

Die Tabelle *tblKategorien* enthält dabei die Kategorien, die der Benutzer in einem entsprechen Formular bearbeiten kann.

Die Zuordnung der Kategorien zu den einzelnen Dokumenten erfolgt über die Verknüpfungstabelle *tblDokumenteKategorien*.

Sie enthält neben dem Primärschlüsselfeld nur die beiden Fremdschlüsselfelder, die gleichzeitig als zusammengesetzter eindeutiger Schlüssel der Tabelle dienen.

Feldname	Datentyp	Beschreibung
ID	Long	Primärschlüsselfeld der Tabelle
Kategorie	Text (Feldgröße: 255)	Kategorien für Dokumente, etwa Vertrag, Auftrag, Rechnung ...

Tabelle 3.16: Felder der Tabelle tblKategorien

Feldname	Datentyp	Beschreibung
ID	Long	Primärschlüsselfeld der Tabelle
KategorieID	Long	Fremdschlüsselfeld zum Festlegen einer Kategorie aus *tblKategorien*
DokumentID	Long	Fremdschlüsselfeld zum Festlegen eines Dokuments aus *tblDokumente*

Tabelle 3.17: Felder der Tabelle tblDokumenteKategorien

3.3.10 Stichwörter für Dokumente

Ähnlich wie Keywords in HTML-Dateien sind die Stichwörter für Dokumente gedacht. Sie können beliebige Stichwörter eingeben und diese mit den jeweiligen Dokumenten vergeben. Hier kommt wiederum eine m:n-Beziehung zum Zuge, damit jedes Stichwort nur einmal in der Datenbank gespeichert werden muss, aber dennoch jedem Dokument zugeordnet werden kann. Im Zusammenhang sieht das nun wie in folgender Abbildung aus.

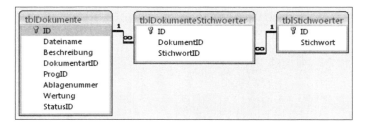

Abbildung 3.7: Mit diesen Tabellen weisen Sie den einzelnen Dokumenten die in der Tabelle tblStichwoerter enthaltenen Stichwörter zu.

Die Tabelle *tblStichwoerter* sammelt die Stichwörter zu allen Dokumenten und stellt diese zur Auswahl bereit. Das Feld *Stichwort* ist als eindeutiges Feld deklariert, damit jedes Stichwort nur einmal in der Tabelle vorkommen kann.

Feldname	Datentyp	Beschreibung
ID	Long	Primärschlüsselfeld der Tabelle
Stichwort	Text (Feldgröße: 50)	Stichwörter zu Dokumenten, eindeutiger Index

Tabelle 3.18: Felder der Tabelle tblStichwoerter

Fehlt noch die Tabelle, die Dokumente und Stichwörter miteinander verheiratet: Die Tabelle *tblDokumenteStichwoerter* besteht wiederum lediglich aus zwei Fremdschlüsselfeldern, die zusammengesetzt den Primärschlüssel der Tabelle ergeben.

Feldname	Datentyp	Beschreibung
ID	Long	Primärschlüsselfeld
DokumentID	Long	Fremdschlüsselfeld zur Festlegung des Eintrags aus der Tabelle tblDokumente
StichwortID	Long	Fremdschlüsselfeld zur Festlegung des Eintrags aus der Tabelle tblStichwoerter

Tabelle 3.19: Felder der Tabelle tblDokumenteStichwoerter

3.4 Abbilden der hierarchischen Struktur der Dokumente

Kommen wir zu den anspruchsvolleren Teilen des Datenmodells – zum Beispiel zu den Tabellen, die die hierarchische Struktur der Dokumente abbilden sollen. Die enthaltenen Dokumente sollen nicht einfach nur in der Datenbank gespeichert und über ihre Metadaten auffindbar sein, sondern auch noch in eine Verzeichnisstruktur eingearbeitet werden können, wobei die Benutzer diese Struktur weitgehend selbst festlegen können.

Wenn man Projekte in *dmsBase* abbilden möchte, kann man dies ganz einfach durch eine geeignete Verzeichnisstruktur erledigen: Dazu legt man einfach in der obersten Ebene ausschließlich Projektverzeichnisse an. Der Flexibilität sind aber kaum Grenzen gesetzt: So könnte man die Dokumente auch mitarbeiterbezogen speichern und in der obersten Ebene ein Verzeichnis je Mitarbeiter anlegen.

Die Frage ist: Was passiert mit Dokumenten, die nicht zu einem Projekt gehören? Ganz einfach: Die gibt es nicht. Jedes Dokument, das eine Speicherung in *dmsBase* wert ist, hat auch eine Motivation, die in einem Projekt begründet liegt – egal, ob es sich dabei um ein externes oder internes Projekt handelt. Also legen Sie einfach ein passendes Projektverzeichnis an – und wenn dieses auch *Sonstiges* heißt. Für die Verzeichnisse und Dokumente sollen folgende Regeln gelten:

▶ Jedes Verzeichnis der obersten Ebene, in diesem Falle als Projektebene interpretiert, kann eines oder mehrere Verzeichnisse enthalten.

▶ Jedes Verzeichnis kann wiederum beliebig viele Verzeichnisse enthalten, das gilt auch für untergeordnete Verzeichnisse.

▶ Die Dokumente können beliebigen Verzeichnissen zugeordnet sein.

Was sich so leicht liest, sieht im Datenmodell schon etwas komplizierter aus, wie folgende Abbildung zeigt. Die Tabellen *tblVerzeichnisseDokumente* und *tblVerzeichnisse* sorgen dafür, dass der Benutzer jedes Dokument beliebigen Verzeichnissen zuordnen kann und umgekehrt.

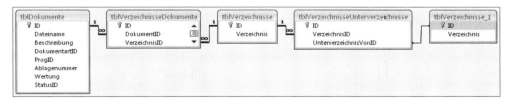

Abbildung 3.8: Diese Tabellen sind an der Abbildung der Dokumente auf Verzeichnisse und Unterverzeichnisse beteiligt.

Feldname	Datentyp	Beschreibung
ID	Long	Primärschlüsselfeld der Tabelle
DokumentID	Long	Fremdschlüsselfeld zum Festlegen eines Eintrags der Tabelle *tblDokumente*
VerzeichnisID	Long	Fremdschlüsselfeld zum Festlegen eines Eintrags der Tabelle *tblVerzeichnisse*

Tabelle 3.20: Felder der Tabelle tblVerzeichnisseDokumente

Feldname	Datentyp	Beschreibung
ID	Long	Primärschlüsselfeld der Tabelle
Verzeichnis	Text (Feldgröße: 255)	Name des Verzeichnisses

Tabelle 3.21: Felder der Tabelle tblVerzeichnisse

Auch das ist ja noch ganz einfach, aber jetzt kommt eine reflexive m:n-Beziehung hinzu, die dafür sorgt, dass Sie jedes Verzeichnis wiederum anderen Verzeichnissen unterordnen können.

Dazu brauchen Sie nur eine zusätzliche Tabelle, nämlich die Verknüpfungstabelle *tblVerzeichnisseUnterverzeichnisse*.

Feldname	Datentyp	Beschreibung
ID	Long	Primärschlüsselfeld der Tabelle
VerzeichnisID	Long	Erstes Fremdschlüsselfeld zum Festlegen eines Eintrags der Tabelle *tblVerzeichnisse*
UnterverzeichnisVonID	Long	Zweites Fremdschlüsselfeld zum Festlegen eines Eintrags der Tabelle *tblVerzeichnisse*

Tabelle 3.22: Felder der Tabelle tblVerzeichnisseUnterverzeichnisse

Diese Tabelle verknüpft die Tabelle *tblVerzeichnisse* mit sich selbst, was im Beziehungen-Fenster durch das wiederholte Einblenden dieser Tabelle visualisiert wird.

Die Beziehung zwischen den Tabellen ist als Outer Join definiert, was eine Vorarbeit im Hinblick auf das Erstellen von Abfragen auf Basis dieser Tabelle bedeutet.

Die Outer Join-Verknüpfung kommt etwa dann zum Tragen, wenn Sie eine Abfrage erstellen, die alle Verzeichnisse und die vorhandenen Unterverzeichnisse ausgeben soll, aber auch solche Verzeichnisse, die kein Unterverzeichnis aufweisen.

Wie dies genau funktioniert, erfahren Sie in der Beschreibung des TreeView-Steuerelements zum Anzeigen der hierarchischen Struktur aus Verzeichnissen, Unterverzeichnissen und Dokumenten (6.2, »Der Dokumentbaum«).

Damit ist die Darstellung der Beziehungen zwischen Verzeichnissen und Dokumenten komplett – aber seien Sie gewarnt: Die Abbildung in Formularen und im Code wird noch etwas komplizierter.

3.4.1 Das Berechtigungssystem

Einer der wesentlichen Punkte bei einer Anwendung, die von mehr als einem Benutzer eingesetzt wird, ist ein Berechtigungssystem oder zumindest ein System, das festhält, welcher Benutzer welche Änderungen durchgeführt hat. In einem DMS ist dies dreifach wichtig:

▶ Das System soll dokumentieren, welcher Benutzer welche Änderungen an Dokumenten durchgeführt beziehungsweise neue Versionen erstellt hat.

▶ Das System soll das Zuweisen von Berechtigungen für den Zugriff auf einzelne Dokumente erlauben.

▶ Das System soll das Zuweisen von Berechtigungen für den Zugriff auf die Objekte der Datenbank, also etwa Formulare, erlauben.

Benutzerverwaltung

Grundlage für den Einsatz eines Berechtigungssystems ist eine Benutzerverwaltung. Dazu ist nur eine einzige Tabelle erforderlich, zu der gegebenenfalls die eine oder andere Lookup-Tabelle stößt. Wie das in der Beispielanwendung *dmsBase* aussieht, zeigt die folgende Abbildung. Die Tabelle *tblBenutzer* enthält einige Benutzerdaten, von denen die meisten in Zusammenhang mit dieser Anwendung wohl eher zur Kontaktaufnahme notwendig sind, um mit dem Ersteller eines neuen Dokuments oder zumindest einer neuen Version Kontakt aufzunehmen. Dazu gehören auch die in den Lookup-Feldern gespeicherten Daten.

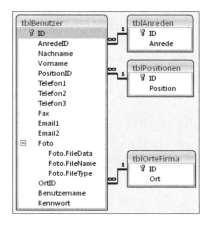

Abbildung 3.9: Die Benutzertabelle und die damit verknüpften Lookup-Tabellen

Wirklich interessant sind das Feld *ID*, über das der Benutzer mit Dokumenten/Dokumentversionen sowie den Tabellen zur Verwaltung der Zugriffsrechte verknüpft wird, und die beiden Felder *Benutzername* und *Kennwort*, die der Benutzer zur Anmeldung und Identifizierung an der Anwendung verwendet.

Feldname	Datentyp	Beschreibung
ID	Long	Primärschlüsselfeld der Tabelle
AnredeID	Long	Fremdschlüsselfeld zum Festlegen einer Anrede aus der Tabelle *tblAnreden*
Nachname	Text (Feldgröße: 50)	Nachname des Benutzers
Vorname	Text (Feldgröße: 50)	Vorname des Benutzers
PositionID	Long	Fremdschlüsselfeld zum Festlegen einer Position aus der Tabelle *tblPositionen*
Telefon1	Text (Feldgröße: 20)	Erste Telefonnummer
Telefon2	Text (Feldgröße: 20)	Zweite Telefonnummer
Telefon3	Text (Feldgröße: 20)	Dritte Telefonnummer
Fax	Text (Feldgröße: 20)	Faxnummer
Email1	Text (Feldgröße: 255)	Erste E-Mail-Adresse
Email2	Text (Feldgröße: 255)	Zweite E-Mail-Adresse
Foto	Anlage	Anlage-Feld zum Speichern eines Fotos des Benutzers
OrtID	Long	Fremdschlüsselfeld zum Festlegen eines Ortes innerhalb der Firma
Benutzername	Text (Feldgröße: 24)	Information für das Anmelden an *dmsBase*; eindeutig indiziert
Kennwort	Text (Feldgröße: 24)	Information für das Anmelden an *dmsBase*

Tabelle 3.23: Felder der Tabelle tblBenutzer

Die Beschreibung der Nachschlagetabellen *tblAnreden*, *tblPositionen* und *tblOrteFirma* sparen wir an dieser Stelle aus Platzgründen aus – sie bestehen lediglich aus dem Primärschlüsselfeld *ID* und der jeweiligen Bezeichnung.

Benutzergruppen

Um eine komfortablere Zuordnung von Berechtigungen zu ermöglichen, macht der Einsatz von Benutzergruppen Sinn. Diesen können Sie die Benutzer beliebig zuordnen.

Der Vorteil der Verwendung von Benutzergruppen zusätzlich zu einzelnen Benutzern ist, dass Sie Gruppen mit Standardberechtigungen für Dokumente und/oder Objekte anlegen können, deren Berechtigungen Sie nur einmal festzulegen brauchen, und dann beliebigen Benutzern zuordnen, indem Sie einfach den Benutzer zur Benutzergruppe hinzufügen. Der Benutzer erbt dann sozusagen die Berechtigungen der Gruppe, der er angehört.

Die Benutzergruppen werden in einer Tabelle mit folgendem Aufbau verwaltet:

Feldname	Datentyp	Beschreibung
ID	Long	Primärschlüsselfeld der Tabelle
Benutzergruppe	Text (Feldgröße: 255)	Bezeichnung der Benutzergruppe
Beschreibung	Text (Feldgröße: 255)	Beschreibung der Benutzergruppe

Tabelle 3.24: Felder der Tabelle tblBenutzergruppen

Natürlich benötigen Sie noch eine Verknüpfungstabelle zur Realisierung der m:n-Beziehung zwischen Benutzern und Benutzergruppen. Diese sieht so aus:

Feldname	Datentyp	Beschreibung
ID	Long	Primärschlüsselfeld der Tabelle
BenutzerID	Long	Fremdschlüsselfeld zur Herstellung der Beziehung mit der Tabelle *tblBenutzer*
BenutzergruppeID	Long	Fremdschlüsselfeld zur Herstellung der Beziehung mit der Tabelle *tblBenutzergruppen*

Tabelle 3.25: Felder der Tabelle tblBenutzerBenutzergruppen

Verwaltung der Zugriffsberechtigungen auf Dokumente

Die Erstellung der Tabellen zur Verwaltung der Zugriffsberechtigungen erfordert einige Vorüberlegungen. Die hier vorliegende Variante basiert auf den folgenden Annahmen:

▶ Jeder Benutzer kann einer oder mehreren Benutzergruppen zugeordnet werden.

▶ Es lassen sich Berechtigungen für jede Kombination aus Benutzer und Dokument sowie auch aus Benutzergruppe und Dokument festlegen.

▶ Es gibt keine »additiven« Berechtigungen, sondern nur aufeinander aufbauende. Die unterste Stufe hieße dann etwa »keine Berechtigungen«, dann kämen die »Leseberechtigung« und die »Schreibberechtigung« und schließlich die »Löschberechtigung«, wobei Letztere beispielsweise auch das Lesen und das Schreiben von Dokumenten erlaubt.

Herausgekommen ist das Modell aus folgender Abbildung (siehe nächste Seite). Wenn man dies in kleine Häppchen aufteilt, wird es wesentlich überschaubarer. Der einfachste Teil ist der obere: Dort sorgt die Verknüpfungstabelle *tblBenutzerBenutzergruppen* durch das Herstellen einer m:n-Beziehung dafür, dass Sie jedem Benutzer beliebige Benutzergruppen zuordnen können.

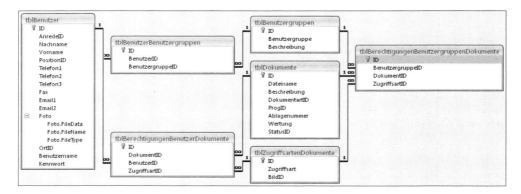

Abbildung 3.10: Das Datenmodell des Berechtigungssystems für Dokumente

Der zweite Teil umfasst die Tabellen *tblBenutzer*, *tblBerechtigungenBenutzerDokumente*, *tblBerechtigungen* und *tblDokumente*.

Die Tabelle *tblBerechtigungenBenutzerDokumente* stellt dabei prinzipiell eine m:n:o-Beziehung zwischen den übrigen drei Tabellen her und sorgt so dafür, dass man beliebige Kombinationen aus Benutzer, Dokument und Berechtigung herstellen kann.

Und hier kommt der Knackpunkt: Je nachdem, ob das Berechtigungssystem additive oder exklusive Rechte je Kombination aus Benutzer und Dokument liefern soll, legt man einen zusammengesetzten, eindeutigen Schlüssel aus den vorhandenen Fremdschlüsseln fest.

Im Falle der additiven Vergabe (das heißt, dass etwa Lesen, Schreiben und Löschen separate Berechtigungen sind) muss der zusammengesetzte eindeutige Schlüssel aus allen drei Feldern bestehen, bei der exklusiven Vergabe (Schreiben impliziert Lesen, Löschen impliziert Lesen und Schreiben) umfasst der zusammengesetzte Schlüssel nur die beiden Felder *BenutzerID* und *DokumentID*.

Somit kann das System nur eine Berechtigung für die Kombination aus Benutzer und Dokument enthalten, im anderen Fall jede Kombination aus Benutzer, Dokument und Berechtigung je einmal.

Der dritte und letzte Teil dieses Datenmodellausschnitts stimmt mit dem vorherigen Ausschnitt mit einer Ausnahme überein – nämlich dass hier keine Berechtigungen für Benutzer, sondern für Benutzergruppen festgelegt werden.

Die Tabelle *tblBerechtigungenBenutzerDokumente* enthält die Felder aus folgender Zusammenstellung. Da die Tabelle *tblBerechtigungenBenutzergruppenDokumente* genau so aufgebaut ist, wird sie hier aus Platzgründen nicht abgebildet.

Feldname	Datentyp	Beschreibung
ID	Long	Primärschlüsselfeld der Tabelle
DokumentID	Long	Fremdschlüsselfeld zur Auswahl eines Dokuments aus der Tabelle *tblDokumente*, erster Teil eines zusammengesetzten eindeutigen Schlüssels
BenutzerID	Long	Fremdschlüsselfeld zur Auswahl eines Benutzers aus der Tabelle *tblBenutzer*, zweiter Teil eines zusammengesetzten eindeutigen Schlüssels
ZugriffsartID	Long	Fremdschlüsselfeld zur Auswahl einer Zugriffsart aus der Tabelle *tblZugriffsartenDokumente*

Tabelle 3.26: Felder der Tabelle tblBerechtigungenBenutzerDokumente

Die Zugriffsarten für die Dokumente speichert die Tabelle *tblZugriffsartenDokumente*.

Feldname	Datentyp	Beschreibung
ID	Long	Primärschlüsselfeld der Tabelle
Zugriffsart	Text (Feldgröße: 255)	Bezeichnung der Zugriffsart (Keine, Lesen, Schreiben, Löschen)
BildID	Long	Fremdschlüsselfeld zum Festlegen eines Eintrags der Tabelle *tbl_Anlagen*, um ein Symbol für die Anzeige der Berechtigungsarten anzugeben

Tabelle 3.27: Felder der Tabelle tblZugriffsartenDokumente

Da die Anwendung auch die Vergabe von Dokumentberechtigungen je Benutzergruppe erlauben soll, müssen auch die Tabellen *tblBenutzergruppen* und *tblDokumente* durch eine passende Tabelle miteinander verknüpft werden. Dies erledigt die Tabelle mit den folgenden Feldern:

Feldname	Datentyp	Beschreibung
ID	Long	Primärschlüsselfeld der Tabelle
DokumentID	Long	Fremdschlüsselfeld zur Tabelle *tblDokumente*
BenutzergruppeID	Long	Fremdschlüsselfeld zur Tabelle *tblBenutzergruppen*
ZugriffsartID	Long	Fremdschlüsselfeld zum Festlegen einer Zugriffsart aus der Lookup-Tabelle *tblZugriffsartenDokumente*

Tabelle 3.28: Felder der Tabelle tblBerechtigungenBenutzergruppenDokumente

> **Berechtigungen auf Verzeichnisebene**
>
> Bisher gibt es nur Berechtigungen, die den Zugriff von Benutzern oder Benutzergruppen auf einzelne Dokumente regeln. Was aber ist mit kompletten Verzeichnissen? Wäre es nicht wichtig, auch Tabellen anzulegen, mit denen man die Berechtigungen für Benutzer oder Benutzergruppen auf diesen übergeordneten Strukturen festlegen kann, anstatt dies für jedes Dokument separat zu tun? Nun: So sehr sich Komplexität hinter einer ergonomischen Benutzeroberfläche verbergen lässt, so sehr haben die Entwickler doch daran zu knabbern und desto mehr Fehlerquellen verstecken sich darin. Also belassen wir es bei diesem recht einfachen Datenmodell und wälzen den Mehraufwand, komplette Verzeichnisse mit Berechtigungen zu versehen, auf die Anwendungslogik beziehungsweise die Benutzeroberfläche ab: So soll der Benutzer zwar mit einem Klick auf das passende Häkchen neben dem gewünschten Verzeichnis alle enthaltenen Daten mit einer Berechtigung versehen können, die Anwendung wird trotzdem nur Berechtigungen für Kombinationen aus Benutzern/Benutzergruppen und Dokumenten festhalten. Ansonsten würde das Vorhandensein unterschiedlicher Berechtigungen innerhalb der Hierarchie eher zu Problemen als Vorteilen führen.

3.4.2 Zugriffsberechtigungen auf Objekte

Neben den Dokumentberechtigungen müssen Sie auch die Zugriffsberechtigungen für die Objekte der Datenbank verwalten. Dies geschieht nicht in einer derart umfassenden Form, wie es das bis Access 2003 vorhandene Benutzersicherheitssystem von Access erlaubte, sondern bezieht sich nur auf die »sichtbaren« Elemente.

Das Benutzersicherheitssystem von Access, das allerdings nicht wirklich sicher war, gestattete die Zuordnung von Berechtigungen zu allen Datenbankobjekten von der Tabelle über die Abfrage bis hin zu Formularen, Berichten, Makros und Modulen.

Da ein DMS wie *dmsBase* in vielen Fällen die kritische Datenmenge einer Jet/ACE-Datenbank von zwei Gigabyte überschreiten dürfte, wird es mit hoher Wahrscheinlichkeit seine Daten in einem SQL-Server speichern.

Dieser bietet seinerseits ausreichende Möglichkeiten, die Tabellen und die darin gespeicherten Daten zu schützen, sodass sich die Zugriffberechtigungen für die Anwendung selbst getrost auf die sonstigen Objekte konzentrieren können.

Und dies kommt prinzipiell nur für die Formulare und Berichte zum Tragen: Da der Navigationsbereich der Anwendung ausgeblendet ist und die Formulare und Berichte nur per Ribbon oder von anderen Formularen aus geöffnet werden können, lassen sich die Funktionen, die den Zugriff der einzelnen Benutzer regeln, leicht in die Anwendungslogik integrieren. Wie das funktioniert, erfahren Sie an anderer Stelle – hier finden Sie die Tabellen zum Speichern der einzelnen Berechtigungen.

Das komplette System sieht bis auf die Tabellennamen und die Tatsache, dass hier keine Berechtigungen für Dokumente, sondern Objekte vergeben werden, prinzipiell wie das zuvor beschriebene aus:

Datenmodell

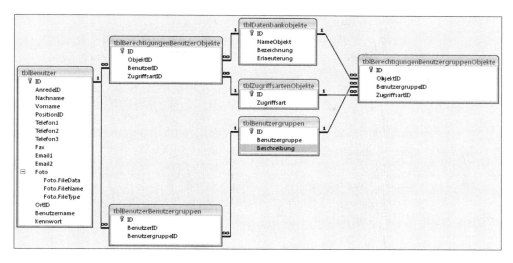

Abbildung 3.11: Das Berechtigungssystem für Datenbankobjekte

Den entscheidenden Unterschied macht also die Tabelle *tblDatenbankobjekte* aus, deren Felder die folgende Auflistung näher beschreibt.

Feldname	Datentyp	Beschreibung
ID	Long	Primärschlüsselfeld der Tabelle
NameObjekt	Text (Feldgröße: 64)	Realer Name eines Objekts der Datenbank (Formular, Bericht, Funktion …)
Bezeichnung	Text (Feldgröße: 255)	Angezeigte Bezeichnung für das Objekt
Erlaeuterung	Text (Feldgröße: 255)	Beschreibung zum Element

Tabelle 3.29: Felder der Tabelle tblDatenbankobjekte

Die übrigen Tabellen, die zur Verwaltung der Zugriffsrechte auf Objekte benötigt werden, sehen wie folgt aus:

Feldname	Datentyp	Beschreibung
ID	Long	Primärschlüsselfeld der Tabelle
ObjektID	Long	Bezug zur Nachschlagetabelle *tblDatenbankobjekte*
BenutzergruppeID	Long	Bezug zur Tabelle *tblBenutzer*
ZugriffsartID	Long	Fremdschlüsselfeld zum Festlegen einer Zugriffsart aus der Lookup-Tabelle *tblZugriffsartenObjekte*

Tabelle 3.30: Felder der Tabelle tblBerechtigungenBenutzergruppenObjekte

Feldname	Datentyp	Beschreibung
ID	Long	Primärschlüsselfeld der Tabelle
ObjektID	Long	Fremdschlüsselfeld zur Tabelle tblDatenbankobjekte
BenutzerID	Long	Fremdschlüsselfeld zur Tabelle tblBenutzer
ZugriffsartID	Long	Fremdschlüsselfeld zur Tabelle tblZugriffsartenObjekte

Tabelle 3.31: Felder der Tabelle tblBerechtigungenBenutzerObjekte

Feldname	Datentyp	Beschreibung
ID	Long	Primärschlüsselfeld der Tabelle
Zugriffsart	Text (Feldgröße: 255)	Bezeichnung der Zugriffsart

Tabelle 3.32: Felder der Tabelle tblZugriffsartenObjekte

3.4.3 Lesende Zugriffe sichern und Komfort erhöhen

Schreibende Zugriffe auf die Dokumente erfasst die Dokumentverwaltung ganz einfach, indem sie eine neue Dokumentversion anlegt und die passenden Daten wie Ersteller und Datum in die Tabelle *tblDokumentversionen* schreibt. Doch was ist mit lesenden Zugriffen – müssen diese auch protokolliert werden und wenn ja, wie? Prinzipiell ist keine Protokollierung notwendig, da ja schreibende Zugriffe, wie soeben erwähnt, ohnehin separat behandelt werden und das Berechtigungssystem sicherstellt, dass niemand Dokumente öffnet, die er nicht einsehen darf. Einen Zweck hat das Mitschreiben der lesenden Zugriffe aber doch – zumindest, wenn der Benutzer dazu das Dokument auscheckt und es damit an einem bestimmten Platz seiner lokalen Festplatte speichert: *dmsBase* kann sich so merken, an welche Stelle ein Benutzer ein Dokument zum Betrachten ausgecheckt hat und diesen Vorgang beim nächsten Mal deutlich vereinfachen. Die passende Tabelle *tblOeffnungsvorgaenge* sieht wie folgt aus:

Feldname	Datentyp	Beschreibung
ID	Long	Primärschlüsselfeld der Tabelle
DokumentID	Long	Fremdschlüsselfeld zum Festlegen eines Datensatzes der Tabelle tblDokumente
GeoeffnetAm	Date	Zeitpunkt des Öffnens
GeoeffnetDurchBenutzerID	Long	Fremdschlüsselfeld zum Festlegen eines Eintrags der Tabelle tblBenutzer
Verzeichnis	Text (Feldgröße: 255)	Verzeichnis, in dem das Dokument gespeichert wurde.

Tabelle 3.33: Felder der Tabelle tblOeffnungsvorgaenge

3.5 Anwendungsspezifische Tabellen

Neben den Tabellen mit Geschäftsdaten gibt es auch einige, die Informationen über die Anwendung selbst speichern, wie etwa Einstellungen, den Aufbau des Ribbons und der Kontextmenüs oder der Dateitypen. Diese stellen die folgenden Abschnitte kurz vor. All diesen Tabellen ist gemein, dass sie in der lokalen Datenbank, also dem Frontend, gespeichert sind. Diese Tabellen erkennen Sie nicht nur am entsprechenden Symbol im Navigationsbereich, sondern auch am Tabellennamen: Dieser beginnt nicht mit *tbl*, sondern mit *tbl_*. Die einzige Ausnahme ist die Tabelle *USysRibbons*, die Access beim Start erkennen muss, damit es die enthaltenen Definitionen einlesen kann.

3.5.1 Ribbons und Kontextmenüs

Die folgenden Tabellen speichern Informationen über Ribbons und Kontextmenüs, die zur Laufzeit durch passende Routinen eingelesen werden. Weitere Informationen zu diesem Thema finden Sie in Kapitel 4, »Ribbons und Kontextmenüs«.

Ribbons

Den Start macht die Tabelle *USysRibbons*, die einen Primärschlüssel, den Namen der jeweiligen Ribbon-Definition sowie die XML-Definition selbst enthält.

Feldname	Datentyp	Beschreibung
ID	Long	Primärschlüsselfeld der Tabelle
RibbonName	Text (Feldgröße: 255)	Bezeichnung des Ribbons, die auch in den Access-Optionen auftaucht
RibbonXML	Memo	XML-Definition des Ribbons

Tabelle 3.34: Felder der Tabelle USysRibbons

Jedes Ribbon enthält eines oder mehrere Steuerelemente. Die folgende Tabelle liefert einige Standardeigenschaften für diese Elemente, wie etwa die *Enabled*-, *Visible*- und die *Pressed*-Eigenschaft. Diese Tabelle wird zur Laufzeit ausgelesen und die Steuerelemente werden passend ausgelegt.

Feldname	Datentyp	Beschreibung
ID	Long	Primärschlüsselfeld der Tabelle
Ribbon	Text (Feldgröße: 255)	Name des Ribbons

Tabelle 3.35: Felder der Tabelle tbl_RibbonCommands

Feldname	Datentyp	Beschreibung
Cmd	Text (Feldgröße: 255)	Name des Steuerelements
ValueEnabled	Ja/Nein	Ist das Steuerelement aktiviert?
ValueVisible	Ja/Nein	Ist das Steuerelement sichtbar?
ValuePressed	Ja/Nein	Ist das Steuerelement gedrückt (wichtig für das toggleButton-Steuerelement)

Tabelle 3.35: Felder der Tabelle tbl_RibbonCommands (Fortsetzung)

Kontextmenüs

Die Tabelle *tbl_Commandbars* enthält die Namen aller in der Anwendung verwendeten Kontextmenüs:

Feldname	Datentyp	Beschreibung
ID	Long	Primärschlüsselfeld der Tabelle
CommandbarName	Text (Feldgröße: 255)	Bezeichnung der Kontextmenüleiste

Tabelle 3.36: Felder der Tabelle tbl_Commandbars

Diese Kontextmenüs enthalten Steuerelemente, die dynamisch per VBA zusammengesetzt werden.

Dabei verwendet die passende Routine die in der folgenden Detailtabelle gespeicherten Informationen zu den einzelnen Steuerelementen (siehe 4.12, »Kontextmenüs in Access 2007«):

Feldname	Datentyp	Beschreibung
ID	Long	Primärschlüsselfeld der Tabelle
CommandbarID	Long	Fremdschlüsselfeld zur Tabelle *tbl_Commandbars*
Pos	Long	Position des Steuerelements
Caption	Text (Feldgröße: 255)	Beschriftung
Action	Text (Feldgröße: 255)	Aufgerufene Funktion, verknüpft mit *tbl_CommandbarControlIDs*, kann Funktionsnamen enthalten oder auch eine ID der verknüpften Tabelle mit den eingebauten Access-Funktionen
Enabled	Ja/Nein	Ist das Steuerelement aktiviert/deaktiviert?
Separator	Ja/Nein	Trennzeichen vor diesem Befehl einfügen?
BildID	Long	ID eines Symbols aus der Tabelle *tbl_Anlagen*

Tabelle 3.37: Felder der Tabelle tbl_CommandbarControls

Die von der oben beschriebenen Tabelle über das Feld *Action* verknüpfte Tabelle *tbl_CommandBarControlIDs* enthält alle Access-Menübefehle inklusive *ID* und Bezeichnung.

Feldname	Datentyp	Beschreibung
Id	Long	Primärschlüssel der Tabelle und Menübefehl-ID
Caption	Text (Feldgröße: 255)	Bezeichnung der Menüfunktion zur angegebenen ID

Tabelle 3.38: Felder der Tabelle tbl_CommandbarControlIDs

3.5.2 Fehlerbehandlung

Die Anwendung enthält selbstverständlich eine umfassende Fehlerbehandlung, die aufgetretene Fehler im Optimalfall direkt an die Hersteller der Software schickt. Zumindest aber speichert sie alle Fehler inklusive detaillierter Informationen in der Tabelle *tbl_Errors*. Die Tabelle enthält die folgenden Felder:

Feldname	Datentyp	Beschreibung
ID	Long	Primärschlüsselfeld der Tabelle
ErrDate	Date	Zeitpunkt des Fehlers
ErrLevel	Long	Fehlerschwere
Machine	Text (Feldgröße: 255)	Rechnername
LoginUser	Text (Feldgröße: 255)	Aktueller Datenbankbenutzer
ErrNumber	Long	Fehlernummer
ErrDescription	Text (Feldgröße: 255)	Fehlerbeschreibung
ErrLine	Long	Zeile, in der der Fehler auftrat
NameObject	Text (Feldgröße: 255)	Modul, in dem der Fehler auftrat
NameProcedure	Text (Feldgröße: 255)	Prozedur, in der der Fehler auftrat
Sent	Ja/Nein	Zeiger, ob die Fehlermeldung bereits an den Hersteller gesendet wurde

Tabelle 3.39: Felder der Tabelle tbl_Errors

Weitere Informationen zur Fehlerbehandlung finden Sie in Kapitel 12, »Fehlerbehandlung«.

3.5.3 Hilfetexte

Die Tabelle *tbl_Helptexte* speichert die Texte, die in Zusammenhang mit dem neben manchen Steuerelementen befindlichen Fragezeichen-Symbol angezeigt werden können.

Feldname	Datentyp	Beschreibung
ID	Long	Primärschlüsselfeld der Tabelle
Bezeichnung	Text (Feldgröße: 255)	Bezeichnung des Hilfetextes
HelpText	Memo	Hilfetext
FontName	Text (Feldgröße: 255)	Schriftart
FontSize	Long	Schriftgröße
IstFett	Ja/Nein	Schrift breit?
IstKursiv	Ja/Nein	Schrift kursiv?
ForeColor	Long	Schriftfarbe
BackColor	Long	Hintergrundfarbe

Tabelle 3.40: Felder der Tabelle tbl_Helptexte

3.5.4 Optionen

Die meisten Einstellungen der Datenbank stammen aus dieser Tabelle oder aus einer externen Konfigurationsdatei.

Sie werden zur Laufzeit in die *TempVars*-Auflistung geschrieben, um einen schnellen Zugriff zu gewährleisten.

Feldname	Datentyp	Beschreibung
ID	Long	Primärschlüsselfeld der Tabelle
varname	Text (Feldgröße: 64)	Name der Variablen
varvalue	Memo	Wert der Variablen

Tabelle 3.41: Felder der Tabelle tbl_tempvars

3.5.5 Suchfunktion

Die Suchfunktion verwendet zwei Tabellen, um Daten temporär zwischenzuspeichern:

Die Tabelle *tbl_SearchResult* hält die während der Zwischenschritte einer Suche gefundenen Dokumentdatensätze fest, und die Tabelle *tbl_Suchkriterien* merkt sich bei Bedarf die Kriterien der aktuellen Suchabfrage.

Feldname	Datentyp	Beschreibung
ID	Long	Primärschlüsselfeld der Tabelle
DocID	Long	ID des gefundenen Dokuments
VersID	Long	ID der gefundenen Dokumentversion

Tabelle 3.42: Felder der Tabelle tbl_SearchResult

Feldname	Datentyp	Beschreibung
ID	Long	Primärschlüsselfeld der Tabelle
ControlName	Text (Feldgröße: 64)	Name des Steuerelements
ControlValues	Text (Feldgröße: 255)	Aktueller Wert des Steuerelements
ControlTags	Text (Feldgröße: 255)	Inhalt der Tag-Eigenschaft

Tabelle 3.43: Felder der Tabelle tbl_SuchKriterien

3.5.6 Meldungen

Neben einer benutzerdefinierten *MsgBox*-Funktion bietet *dmsBase* ein einfaches Meldungsfenster zur Anzeige von Hinweisen in bestimmten Situationen an.

Die darin verwendeten Meldungen werden in der Tabelle *tbl_SysMessages* gespeichert:

Feldname	Datentyp	Beschreibung
ID	Long	Primärschlüsselfeld der Tabelle
Language	Long	Sprache
Message	Text (Feldgröße: 255)	Meldungstext
FontName	Text (Feldgröße: 255)	Schriftart
FontBold	Ja/Nein	Schrift breit?
FontSize	Integer	Schriftgröße
BackColor	Text (Feldgröße: 255)	Hintergrundfarbe

Tabelle 3.44: Felder der Tabelle tbl_SysMessages

3.5.7 Anwendungsfarben

Die einzelnen Bereiche der Anwendung sind mit bestimmten Farben für Hintergrund und teilweise auch Schrift ausgestattet. Diese Farben kann der Benutzer für sein Frontend individuell einstellen. Die ausgewählten Farben werden in der Tabelle *tbl_SysColors* gespeichert. Für weitere Informationen siehe Abschnitt 8.5, »Anwendungsinterner Farbdialog«.

Feldname	Datentyp	Beschreibung
ID	Long	Primärschlüsselfeld der Tabelle
Bezeichnung	Text (Feldgröße: 255)	Bezeichnung der Farbe
Farbwert	Long	Farbe
Beschreibung	Text (Feldgröße: 255)	Beschreibung/Zweck der Farbangabe

Tabelle 3.45: Felder der Tabelle tbl_SysColors

3.5.8 Effekte der Bildbearbeitung

Das Bildbearbeitungsformular blendet ein Ribbon ein, das ein Menü zur Auswahl von Effekten enthält, die sich auf die aktuell angezeigte Bilddatei anwenden lassen. Diese Effekte sind in der Tabelle *tbl_Controller* enthalten, die unter anderem als Grundlage für das Füllen des Menüs zur Laufzeit dient.

Feldname	Datentyp	Beschreibung
ID	Long	Primärschlüsselfeld der Tabelle
EffektName	Text (Feldgröße: 255)	Angezeigter Name des Bildeffekts im Ribbon-Button
Funktionsname	Text (Feldgröße: 255)	Funktion, die im Bildbearbeitungsmodul *clsOGL2007* für den Effekt ausgeführt werden soll
Beschreibung	Memo	Im Steuerungsformular für die Effektparameter wird die Beschreibung des Effekts in einem Label angezeigt.
RibbonCmdID	Text (Feldgröße: 255)	Name des Steuerelements im Ribbon
DynMenu	Text (Feldgröße: 255)	ControlId des Menuelements im Ribbon, unter dem dieser Effekt gruppiert ist
CanSelect	Ja/Nein	Wert, der festlegt, ob sich der Effekt auch nur auf einen markierten Bereich des Bildes anwenden lässt

Tabelle 3.46: Felder der Tabelle tbl_Controller

Jeder dieser Effekte besitzt einen Dialog, der die genauen Einstellungen zulässt. Um nicht für die Einstellung jedes einzelnen Effekts ein eigenes Formular zu erstellen, gibt es ein einziges, gut konfigurierbares Formular. Dieses enthält einen Satz vorgegebener Steuerelemente, die je nach dem gewählten Effekt eingestellt werden: durch Ein- und Ausblenden, Anpassen der Beschriftung et cetera. Die notwendigen Einstellungen zu jedem Effekt liefert die Tabelle *tbl_ControllerParams*.

Feldname	Datentyp	Beschreibung
IDController	Long	Primärschlüsselfeld der Tabelle
ParameterName	Text (Feldgröße: 255)	Name des Parameters
ParameterNr	Long	Nummer des Parameters
ParameterCaption	Text (Feldgröße: 255)	Beschriftung
Min	Double	Mindestwert des Parameters
Max	Double	Maximalwert des Parameters
Vorgabe	Text (Feldgröße: 255)	Vorgabewert des Parameters

Tabelle 3.47: Felder der Tabelle tbl_ControllerParams

Datenmodell

Feldname	Datentyp	Beschreibung
ShowSlider	Ja/Nein	Soll für den Parameter ein Slider-Steuerelement angezeigt werden?
ShowUpDown	Ja/Nein	Soll für den Parameter ein UpDown-Steuerelement angezeigt werden?
ShowValue	Ja/Nein	Soll für den Parameter ein Wert angezeigt werden?
ShowCheckbox	Ja/Nein	Soll für den Parameter eine Checkbox angezeigt werden?
ShowDropdown	Ja/Nein	Soll für den Parameter eine Combobox angezeigt werden?
ShowButton	Ja/Nein	Soll für den Parameter eine Schaltfläche angezeigt werden?
DropdownSQL	Memo	Falls Combobox angezeigt wird, steht hier die Datenquelle in einem SQL-Ausdruck.
sWert	Memo	Für das Einfügen von Schriftzügen ins Bild kann hier der Text eingegeben werden.

Tabelle 3.47: Felder der Tabelle tbl_ControllerParams (Fortsetzung)

3.5.9 Dateitypen

dmsBase stellt für die einzelnen Dateitypen verschiedene Funktionen bereit, die vom jeweiligen Dateityp abhängen. Die Tabelle *tbl_Filetypes* speichert die notwendigen Informationen, damit beispielsweise die Ribbon-Elemente der Dokument-Ribbons (siehe Kapitel 4, »Ribbons und Kontextmenüs«) in Abhängigkeit vom angezeigten Dokument aktiviert oder deaktiviert werden können. Sie ist über das Feld *DokumentartID* mit der Tabelle *tblDokumentarten* verknüpft. Der wesentliche Unterschied zwischen diesen beiden Tabellen ist, dass die Einträge von *tblDokumentarten* jeweils einen oder mehrere Einträge aus *tbl_FileTypes* betreffen, da *tbl_Filetypes* sich auf die Dateiendungen bezieht – und jede Dokumentart kann durchaus in Varianten mit verschiedenen Dateiendungen auftauchen (etwa Word-Dokument: bis Word 2003 lautet die Endung *.doc*, ab Word 2007 heißt sie *.docx*).

Feldname	Datentyp	Beschreibung
ID	Long	Primärschlüsselfeld der Tabelle
Extension	Text (Feldgröße: 255)	Dateierweiterung
CanPrint	Ja/Nein	Kann gedruckt werden
CanPreview	Ja/Nein	Kann in der Vorschau angezeigt werden
CanSave	Ja/Nein	Kann in *dmsBase* gespeichert werden

Tabelle 3.48: Felder der Tabelle tbl_FileTypes

Feldname	Datentyp	Beschreibung
CanSaveAs	Ja/Nein	Kann im Dateisystem gespeichert werden
CanNew	Ja/Nein	Kann neu angelegt werden
CanEdit	Ja/Nein	Kann bearbeitet werden
CanMail	Ja/Nein	Kann als E-Mail-Anhang versendet werden
CanExtractText	Ja/Nein	Volltext kann extrahiert werden
CanToggleToolbar	Ja/Nein	Anwendungsinterne Menüleiste kann ein- und ausgeblendet werden
InMemory	Ja/Nein	Kann direkt im Speicher bearbeitet werden
DokumentartID	Long	Fremdschlüsselfeld zur Tabelle *tblDokumentarten*
Compress	Ja/Nein	Kann komprimiert werden

Tabelle 3.48: Felder der Tabelle tbl_FileTypes (Fortsetzung)

4 Ribbons und Kontextmenüs

Office 2007 liefert in großen Teilen völlig neue Elemente zur Benutzerführung per Menü. Was früher über die Menüleiste, Symbolleisten und Kontextmenüs geschah, ist heute größtenteils Aufgabe der Multifunktionsleiste – im Folgenden kurz Ribbon genannt: Es ersetzt die Menü- und Symbolleisten, allein die Kontextmenüs aus älteren Office-Versionen bleiben erhalten. Wer eine Anwendung mit Menüelementen von einer älteren Access-Version nach Access 2007 konvertieren will, muss sich mit einem völlig neuen Paradigma vertraut machen. Wir gehen an dieser Stelle davon aus, dass Sie sich bereits mit dem Thema auseinandergesetzt haben. Falls nicht, empfehlen wir die Lektüre des kostenlos bereitstehenden Kapitels zum Thema Ribbons aus »Access 2007 – Das Grundlagenbuch für Entwickler«, das Sie unter *http://www.access-entwickler-buch.de/2007* herunterladen können.

Früher war die Erstellung von Menüs insofern einfacher, als dies über die Benutzeroberfläche geschehen konnte – wenn man keine benutzerdefinierten Funktionen damit aufrufen wollte, brauchte man nicht eine einzige Zeile Code dafür zu schreiben.

Das Ribbon hingegen wird komplett per XML definiert. Grundlegende Informationen finden Sie im oben genannten Buchkapitel, die nachfolgenden Abschnitte zeigen komplette, auf eine Anwendung zugeschnittene Ribbon-Definitionen. Dabei steht weniger der Aufbau komplexer Ribbons im Vordergrund, als das Zusammenspiel des Ribbons mit den übrigen Elementen der Benutzeroberfläche und der Einsatz mehrerer Ribbons in einer einzigen Anwendung.

Ein weiterer wichtiger Punkt, der Umsteigern von älteren Access-Versionen Kopfzerbrechen bereiten dürfte, sind die Kontextmenüs.

Diese sehen in Access 2007 prinzipiell wie früher aus, allerdings fehlt – wie auch für Menü- und Symbolleisten – die grafische Schnittstelle zum Anlegen der Kontextmenüs.

So bleiben nur zwei Möglichkeiten: Entweder man erstellt die Kontextmenüs mit einer älteren Access-Version und konvertiert die passende Datenbank in das Access 2007-Format oder importiert wahlweise die Menüleisten aus dieser, oder aber man programmiert die Kontextmenüleisten komplett per VBA, was eine Menge Aufwand bedeutet – letztere Lösung lernen Sie ebenfalls in diesem Kapitel kennen.

4.1 Ribbon im Schnelldurchgang

Für alle, die noch nicht mit dem Ribbon gearbeitet haben und sich das oben genannte 60-Seiten-Kapitel nicht zumuten möchten, folgt hier eine kurze Zusammenfassung, die das Verständnis der folgenden Abschnitte erleichtert. Anschließend lernen Sie die in *dmsBase* vorhandenen Ribbons und ihre Funktionsweise kennen.

4.1.1 Definition per XML

Das Aussehen des Ribbons sowie die Funktionen, die durch die einzelnen Steuerelemente ausgelöst werden, legt ein XML-Dokument fest – mit einem Beispiel hierzu steigen Sie weiter unten ein.

An dieser Stelle ist wichtig, wie Sie Access mitteilen, dass es die im XML-Dokument gespeicherten Informationen in Form geeigneter Anpassungen umsetzt. Prinzipiell gibt es dabei zwei Vorgehensweisen: Einmal die statische, in der die XML-Definition fest in einer Tabelle gespeichert wird, und zum anderen eine dynamische, bei der die Definition komplett über VBA und eine String-Variable geladen wird.

Da letztere Methode den Umgang mit dem Ribbon noch komplexer macht, als dies ohnehin schon der Fall ist, entscheiden wir uns zunächst für das statische Anlegen in einer Tabelle. Dazu sind nur wenige Schritte notwendig:

▷ Sie erstellen eine Tabelle namens *USysRibbons* mit den drei Feldern *ID* (Autowert), *RibbonName* (Text; eindeutig indiziert) und *RibbonXML* (Memo). Diese Feldnamen sind von Access 2007 vorgegeben und dürfen nicht geändert werden.

▷ Speichern Sie die benötigten Ribbon-Definitionen in Textform im Feld *RibbonXML* und vergeben Sie im Feld *RibbonName* eine Bezeichnung für das Ribbon.

▷ Sie können mehrere Ribbons definieren: Jeder Datensatz der Tabelle *USysRibbons* stellt ein eigenes Ribbon dar.

▶ Schließen Sie die aktuelle Anwendung und öffnen Sie diese erneut. Wenn Sie nun die Access-Optionen öffnen, finden Sie die Bezeichnung des neuen Eintrags unter *Aktuelle Datenbank|Multifunktionsleisten- und Symbolleistenoptionen|Name der Multifunktionsleiste*. Hier können Sie die Ribbon-Definitionen festlegen, die Access beim Starten der Datenbank ausführen soll. Die Einstellung wirkt sich jeweils erst beim nächsten Öffnen der Anwendung aus.

▶ Sie können auch für jedes Formular und für jeden Bericht unter deren Eigenschaft *Name der Multifunktionsleiste* eine Ribbon-Definition festlegen. Diese wird beim Öffnen des jeweiligen Objekts berücksichtigt.

▶ Für alle benutzerdefinierten Ribbon-Definitionen gilt: Sie wirken sich auf das aktuell vorhandene Ribbon aus. Wenn Sie also nicht mit dem Attribut *startFromScratch=True* alle vorhandenen Elemente ausblenden, passt Access die vorhandene Konfiguration entsprechend der Definition an. So lassen sich neue Tabs hinter die bestehenden Tabs oder auch dazwischen einsortieren; das Gleiche gilt für Gruppen und Steuerelemente.

4.1.2 Einsatz von Callback-Funktionen

Mit den *CommandBars* älterer Access-Versionen war die Interaktion zwischen Menüs und sonstigen Elementen der Benutzeroberfläche recht einfach: Die meisten Steuerelemente enthielten eine Eigenschaft namens *OnAction*, der man einfach eine VBA-Funktion zuweisen konnte.

Die einzelnen Menü- und Symbolleisten waren über das Objektmodell erreichbar, ihre Eigenschaften wie etwa die Sichtbarkeit konnte man bequem per VBA einstellen, und auch das dynamische Hinzufügen oder Entfernen von Elementen zur Laufzeit war kein Problem.

Das Ribbon ist in dieser Beziehung quasi eine Einbahnstraße: Sie können seine Elemente nicht direkt referenzieren und somit auch nicht deren Attribute einstellen – es gibt kein Ribbon-Objektmodell.

Der einzige Weg, das Ribbon oder seine Elemente zur Laufzeit anzupassen, liegt darin, einen »Aktualisierungsvorgang« des Ribbons oder eines seiner Steuerelemente einzuleiten, woraufhin dieses seine Callback-Funktionen erneut ausführt – mehr dazu weiter unten.

Bei den Callback-Funktionen handelt es sich um VBA-Funktionen mit einer bestimmten Syntax, die Sie von *http://www.access-im-unternehmen.de/433.0.html* als PDF-Dokument downloaden können.

Diese Callback-Funktionen sind teilweise echte Funktionen, die Werte zurückgeben, andere sind im eigentlichen Sinne ganz normale VBA-Sub-Routinen, die etwa beim Klicken auf eine Ribbon-Schaltfläche ausgelöst werden.

4.2 Programmierhilfen?

Nachdem bekannt wurde, dass zur Anpassung des Ribbons XML notwendig ist, wurden die Rufe nach einem grafischen Editor für die Zusammenstellung der passenden Elemente laut. Schnell fanden sich die ersten Entwickler, die mehr oder weniger nützliche Tools anboten, die beim Erstellen der Ribbon-Definitionen helfen sollten – siehe auch im Kasten »Wenn's etwas komfortabler sein darf«. Wer den Aufwand scheut, selbst einen XML-Editor zu starten und den notwendigen XML-Code zusammenzuklicken (was mit der XSD-Datei und einem modernen XML-Editor kein Problem ist), sollte aber nicht mehr als eine kleine Arbeitsersparnis erwarten: Letzten Endes werden Ihnen selbst gut gemachte Tools nicht die Denkarbeit abnehmen, die für die Erstellung von mehreren unterschiedlichen Ribbons in einer einzigen Anwendung, die noch dazu nicht nur die übrigen Elemente wie etwa Formulare steuern, sondern andersherum auch von Formularen initiierte Statusänderungen erfahren können, notwendig ist.

Nach unserer Erfahrung ist für das erstmalige Anlegen einer Ribbon-XML-Definition ein Editor mit IntelliSense-Funktion, wie etwa der in Visual Studio enthaltene, die richtige Lösung. Weitere Änderungen nimmt man, je nach Erfahrung, direkt in der Datenbank vor, wo die XML-Definitionen in der Tabelle *USysRibbons* gespeichert sind.

Da ein ordentlicher Access-Entwickler aber nun einmal nicht direkt in Tabellen arbeitet, bauen Sie sich schnell ein kleines Formular auf Basis der Tabelle *USysRibbons*, das jeweils einen Datensatz in der Ansicht *Einzelnes Formular* anzeigt. Zum Erstellen eines solchen Formulars reicht das Markieren der Tabelle *USysRibbons* und das anschließende Betätigen des Ribbon-Eintrags *Erstellen|Formular*. Mit ein wenig Nacharbeit lassen sich die Ribbon-Definitionen prima direkt in der Datenbank anpassen, wie die folgende Abbildung zeigt.

> **Wenn's etwas komfortabler sein darf ...**
>
> Wer keine Lust hat, sich mit XML herumzuschlagen, oder wer sich einfach die Arbeit etwas erleichtern möchte, ist mit dem RibbonCreator von Gunter Avenius gut beraten. Das Tool kostet zwar ein paar Euro Unkostenbeitrag, aber die holt man durch die eingesparte Zeit schnell wieder herein. Es erlaubt das Zusammenstellen von Ribbons per grafischer Benutzeroberfläche und ist aktuell als Work-In-Progress unter *http://www.ribboncreator.de/index.php?Ribbon_Creator* erhältlich.

Das Formular nimmt Ihnen noch weitere Arbeit ab: Üblicherweise legt man für die zu entwickelnde Anwendung eine eigene Ribbon-Definition fest, die alle in Access eingebauten Ribbon-Elemente ausblendet (*startFromScratch=true*).

Das Dumme dabei ist, dass man, wenn man dieses Ribbon als Startribbon für die Anwendung festgelegt hat, ja eigentlich nicht mehr auf die eingebauten Ribbon-

Ribbons und Kontextmenüs

Elemente zugreifen kann – zumindest nicht, wenn man die Anwendung nicht bei gedrückter Umschalttaste öffnet. Umgekehrt sieht man die selbst definierten Ribbons nicht, wenn die Umschalttaste beim Start der Datenbank gedrückt wird. Trotzdem möchte man natürlich hin und wieder das selbst definierte Anwendungsribbon vor sich sehen, um beispielsweise etwas zu testen – und zwar, ohne dauernd Access abwechselnd mit und ohne gedrückte Umschalttaste zu öffnen.

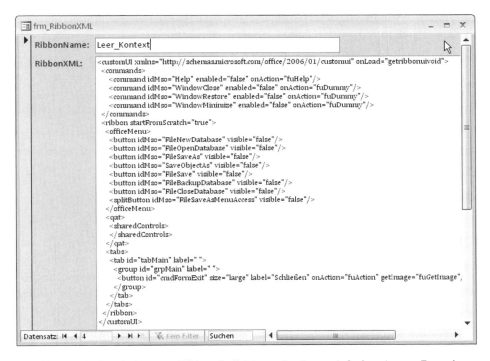

Abbildung 4.1: Bearbeiten von Ribbon-Definitionen in einem einfachen Access-Formular

Sie können sich das Anwendungsribbon aber durch einen ganz simplen Trick anzeigen lassen, ohne dass dieses in den Datenbankoptionen als Standardribbon festgelegt ist: Dazu tragen Sie seinen Namen einfach in die Eigenschaft *Name der Multifunktionsleiste* eines einfachen Formulars ein – beispielsweise des oben vorgestellten Formulars *frm_RibbonXML*. Access zeigt das Anwendungsribbon immer dann an, wenn auch dieses Formular geöffnet ist.

Ein Nachteil bleibt allerdings: Wenn Sie Änderungen an der Ribbon-Definition vornehmen, müssen Sie die Datenbank trotzdem schließen und wieder öffnen, damit diese wirksam werden. Und das geht am schnellsten über den Office-Menü-Eintrag *Verwalten|Datenbank komprimieren und reparieren*, den Sie auch einfach in die Schnellzugriffsleiste integrieren können. Und wenn Sie einmal gleichzeitig die XML-Definition und das Ribbon selbst ansehen möchten, gehen Sie noch einen Schritt weiter und integrieren die folgende Ereignisprozedur in das Formular zum Anzeigen der Ribbon-Definitionen:

```
Private Sub Form_Current()
    DoCmd.Maximize
    Me.RibbonName = Me!RibbonName
End Sub
```

Dieses Ereignis wird jeweils beim Wechseln des Datensatzes ausgelöst und zeigt das Ribbon zur aktuellen Ribbon-Definition an, weil ein Formular auch zur Laufzeit sein Ribbon problemlos wechseln kann.

4.3 Benennung

Genau wie unter VBA sollten Sie innerhalb der XML-Dateien eine Benennungskonvention verfolgen, die – wie üblich – ganz Ihren eigenen Vorstellungen entsprechen darf, aber eben konsistent sein sollte.

Die vorliegende Lösung verwendet die folgenden Regeln:

- Namen von Ribbon-Elementen beginnen mit einem führenden Präfix. Die Präfixe richten sich, soweit möglich, nach den Namen der passenden Access-Steuerelemente – ein *button*-Element beginnt also mit *cmd* (für *CommandButton*) und nicht etwa mit *btn*.

- Jedes neue Wort innerhalb des Namens wird großgeschrieben. Beachten Sie, dass in XML zwischen Groß- und Kleinschreibung unterschieden wird. Ein Button *cmdFileDialog* ist ein anderer als der Button *cmdFiledialog*!

- Es gibt keine Sonderzeichen innerhalb der Namen, sondern nur Buchstaben und Zahlen.

- Die Callback-Funktionen beginnen mit dem Präfix *fu*, gefolgt vom Namen des Callback-Attributs. Die Callback-Funktion für das Attribut *getVisible* heißt somit *fuGetVisible*.

- Sollte es mehrere Callback-Funktion für den gleichen Attributtyp geben, hängt man zusätzlich einen weiteren Ausdruck an. Dafür gibt es zwei Möglichkeiten: Entweder die Callback-Funktionen ist speziell für ein Steuerelement ausgelegt, dann fügt man den Steuerelementnamen an. Anderenfalls kann es sein, dass es mehrere Callback-Funktionen gibt, die wiederum durch mehrere Steuerelemente aufgerufen werden – dann hängt man einen Ausdruck an, der die Gemeinsamkeit angemessen zum Ausdruck bringt.

- Steuerelementnamen sollen, um Missverständnisse zu vermeiden, anwendungsweit eindeutig sein. Sie sollten also vorsichtshalber nicht zwei verschiedene Steuerelemente in verschiedenen Ribbons gleich benennen. Einer Schaltfläche, die eigentlich *cmdFileDialog* heißen soll, könnten Sie in dem einen Ribbon etwa *cmdFileDialogDokumente* nennen und im anderen *cmdFileDialogReports*.

> **Tipp zur Benennung von Ribbon-Steuerelementen**
>
> Es gibt allerdings noch eine weitere Möglichkeit, später zwei gleichnamige Ribbon-Steuerelemente in den Callback-Funktionen zu unterscheiden: Sie können in den einzelnen Elementdefinitionen jeweils das Attribut *Tag* festlegen. Da ein *IRibbonControl*-Objekt, welches grundsätzlich den Callback-Funktionen als Parameter übergeben wird, ebenfalls eine *Tag*-Eigenschaft aufweist, kann diese in der Funktion wie im folgenden Beispiel ausgewertet werden:
>
> Erstes Ribbon:
> ```
> <button id="cmdFileDialog" label="Datei öffnen..." tag="Ribbon1"
> onAction="fuTest"/>
> ```
> Zweites Ribbon:
> ```
> <button id="cmdFileDialog" label="Datei öffnen..." tag="Ribbon1"
> onAction="fuTest"/>
> ```
> Callback-Funktion:
> ```
> Function fuTest(ctl As IRibbonControl)
>     Select Case ctl.Tag
>         Case "Ribbon1"
>         Case "Ribbon2"
>         ...
>     End Select
> End Function
> ```

4.4 Ribbons in Formularen

Sie können für Formulare eigene Ribbon-Definitionen festlegen, die beim Anzeigen des jeweiligen Formulars aktiviert werden. Dazu stellen Sie einfach die Eigenschaft *Name der Multifunktionsleiste* des Formulars entsprechend ein.

Dabei müssen Sie jedoch einen ganz wichtigen Punkt beachten: Die Einstellung gilt nicht automatisch für Unterformulare! Wenn Sie also ein Formular öffnen, dem Sie zuvor eine Ribbon-Definition zugewiesen haben, zeigt es dies auch ordnungsgemäß an.

Wenn dieses Formular jedoch ein Unterformular enthält und der Benutzer den Fokus auf dieses Unterformular verschiebt, wird wieder das Standard-Ribbon für diese Anwendung angezeigt. Das heißt, dass Sie entweder manuell das gleiche Ribbon für das Unterformular festlegen oder sich mit einer kleinen VBA-Routine behelfen.

Kapitel 4

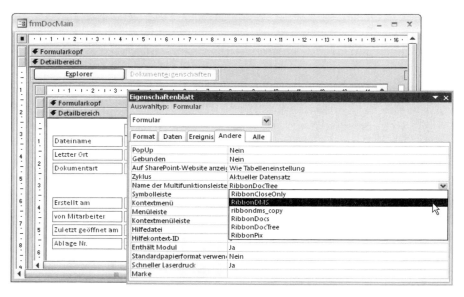

Abbildung 4.2: Auswahl einer Ribbon-Definition für ein Formular

Diese soll beim Öffnen des Unterformulars ausgeführt werden und weist lediglich der *RibbonName*-Eigenschaft den Wert der passenden Eigenschaft des übergeordneten Formulars zu:

```
Private Sub Form_Open(Cancel As Integer)
    On Error Resume Next
    Me.RibbonName = Me.Parent.RibbonName
End Sub
```

4.5 Ribbons der Beispieldatenbank

Die Beispieldatenbank *dmsBase* hat eine Haupt-Ribbon-Definition, die direkt beim Anwendungsstart eingesetzt wird, und einige weitere Ribbon-Definitionen, die in Zusammenhang mit den jeweils angezeigten Formularen aufgerufen werden. Zur besseren Übersicht finden Sie nachfolgend die Namen der Formulare und der passenden Ribbon-Definitionen in der Tabelle *USysRibbons*:

- Hauptribbon (wird direkt beim Start der Anwendung angezeigt und ist in den Access-Optionen zu finden unter *Aktuelle Datenbank|Multifunktionsleisten- und Symbolleistenoptionen|Name der Multifunktionsleiste*): *RibbonDMS*

- Formulare *frmBerechtigungenDocs, frmUser, frmOptions, frmBerechtigungen, frmUebersicht, frmDokumentsuche*: *RibbonCloseOnly*

- Formular *frmDocsPix*: *RibbonPix*
- Formulare *frmDocsText*, *frmDocsWeb*, *frmDocsMultimedia*, *frmDocsPDF*, *frmHelp*, *frmDocsSnapshot*: *RibbonDocs*
- Formular *frmDocMain*: *RibbonDocTree*
- Formular *frmUebersicht*: *RibbonUebersicht*
- Berichte: *RibbonReport*

4.6 Das Hauptribbon RibbonDMS

Das Ribbon, das den Benutzer beim Start der Anwendung erwartet, sieht so wie in der folgenden Abbildung aus. Es dient dazu, die einzelnen Teile der Anwendung aufzurufen – zum Beispiel die Verwaltung der Dokumente oder die Suchfunktion.

Nur in einem Fall ist dazu mehr als ein normales *button*-Element notwendig – nämlich für die beiden Arten von Berechtigungen, die in einem Menü untergebracht sind.

Abbildung 4.3: Das Hauptribbon der Anwendung

Ribbons wie dieses dürften unter Access 2007 in vielen Anwendungen vorkommen: Es ist eigentlich relativ einfach gestrickt, weil es fast ausschließlich handelsübliche Schaltflächen und zur besseren Unterteilung noch Trennstriche verwendet.

Im Hintergrund kommen jedoch einige Techniken zum Einsatz, ohne die sich mehrere verschiedene Ribbon-Definitionen, wie sie in dieser Anwendung benötigt werden, nicht gleichzeitig handhaben ließen.

Die folgenden Abschnitte beschreiben die Definition des Ribbons aus obiger Abbildung sowie die benötigten zugehörigen Callback-Funktionen.

4.6.1 Grundgerüst

Das Grundgerüst einer jeden Ribbon-Definition sieht wie im folgenden Listing aus, die Pünktchen (...) deuten auf weitere Elemente hin, die im Anschluss besprochen werden – allerdings kommen viele Ribbon-Definitionen auch ohne den nachfolgend enthaltenen *commands*-Teil aus:

```
<customUI xmlns="http://schemas.microsoft.com/office/2006/01/customui"
  onLoad="fuOnLoadRibbonDMS">
  <commands>
    ...
  </commands>
  <ribbon startFromScratch="true">
    <officeMenu>
      ...
    </officeMenu>
    <tabs>
      ...
    </tabs>
  </ribbon>
</customUI>
```

Den äußeren Rahmen legt das *customUI*-Element fest. Dem sind zwei weitere Elemente direkt untergeordnet: Das *commands*-Element schließt Anpassungen eingebauter Bestandteile des Ribbons ein, das *ribbon*-Element erfasst die Definition eigener Elemente wie Tabs, Gruppen und Steuerelemente sowie weitere Anpassungen eingebauter Steuerelemente. Für das hier verwendete *customUI*-Element ist bereits mit *onLoad* eine Callback-Funktion definiert, die im Anschluss an die einzelnen Elemente der Definition des Hauptribbons folgt.

Betrachten Sie zunächst den *commands*-Bereich. Wie erwähnt, legen Sie hier Anpassungen eingebauter Steuerelemente fest, wobei der Umfang der Änderungen stark eingeschränkt ist. Diese eingebauten Elemente lassen sich nicht entfernen. Sie können lediglich das Attribut *enabled* einstellen oder für *getEnabled* und *onAction* passende Callback-Funktionen angeben. In diesem Fall soll die Hilfe-Schaltfläche am rechten oberen Rand des Ribbons deaktiviert werden, damit der Benutzer lediglich die im Haupt-Tab des Ribbons angezeigte Hilfe-Schaltfläche betätigen kann. Außerdem sollen die Schließen-, Maximieren- und Wiederherstellen-Schaltflächen stillgelegt werden. Damit ist es nicht mehr möglich, Formulare oder Berichte über diese Schaltflächen zu schließen oder in der Größe zu verändern, wenn sie maximiert geöffnet wurden.

```
<commands>
  <command idMso="Help" enabled="false" onAction="fuHelp"/>
  <command idMso="WindowClose" enabled="false"/>
```

```
    <command idMso="WindowRestore" enabled="false"/>
    <command idMso="WindowMinimize" enabled="false"/>
</commands>
```

Abbildung 4.4: Über das *commands*-Element deaktivierte Standardsteuerelemente des Ribbons

Der wesentliche Teil der Anpassungen findet unterhalb des *ribbon*-Elements statt. Dieses Element besitzt ein einziges Attribut, mit dem es die Anzeige aller vorhandenen Elemente unterbinden kann. Sie brauchen dieses Attribut nur auf den Wert *true* einzustellen:

```
<ribbon startFromScratch="true">
```

Bevor es an die eigentlichen Ribbon-Tabs geht, soll auch das Office-Menü noch ein wenig ausgedünnt werden. Dieses zeigt trotz *startFromScratch="true"* noch immer einige Einträge an, die Sie aber im *officeMenu*-Bereich ausblenden können. Die folgende Abbildung zeigt, wie das Office-Menü nach der Behandlung mit den folgenden Zeilen aussieht:

```
<officeMenu>
    <button idMso="FileNewDatabase" visible="false"/>
    <button idMso="FileOpenDatabase" visible="false"/>
    <button idMso="FileSaveAs" visible="false"/>
    <button idMso="SaveObjectAs" visible="false"/>
    <button idMso="FileSave" visible="false"/>
    <button idMso="FileBackupDatabase" visible="false"/>
    <button idMso="FileCloseDatabase" visible="false"/>
    <splitButton idMso="FileSaveAsMenuAccess" visible="false"/>
</officeMenu>
```

Deaktiviert Einträge des Office-Menüs.

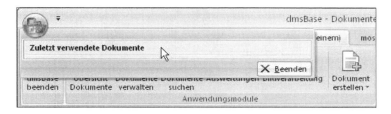

Abbildung 4.5: Das ausgedünnte Office-Menü

Kapitel 4

Der Satz *Zuletzt verwendete Dokumente* lässt sich leider nicht aus dem Office-Menü entfernen.

> **idMso und Steuerelementtyp ermitteln**
>
> Für die Anpassung von Ribbon-Elementen brauchen Sie einige Informationen, die Access nicht ganz so bereitwillig herausgibt. Dabei handelt es sich um die eindeutige Bezeichnung des Elements — die *idMso* — und den Steuerelementtyp. Die *idMso* erhalten Sie, wenn Sie in den Access-Optionen zur Registerseite *Anpassen* wechseln und den Mauszeiger auf dem gewünschten Eintrag platzieren — der ToolTip-Text zeigt die ID in englischer Sprache an (siehe Abbildung). Den Steuerelementtyp können Sie dem Steuerelement in der Regel ansehen — die passenden englischen Bezeichnungen finden Sie beispielsweise in *http://www.access-im-unternehmen.de/433.0.html*.

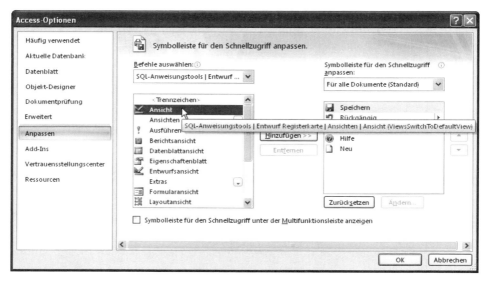

Abbildung 4.6: Im Anpassen-Bereich der Access-Optionen kann man die *idMso* eingebauter Ribbon-Elemente entnehmen.

4.6.2 Ribbon-Schaltflächen

Schließlich folgen die eigentlichen Steuerelemente zur Steuerung der Anwendung. Diese können sich in einem oder mehreren Tabs befinden; in diesem Fall wurde nur ein Tab angelegt, das alle Basisfunktionen der Anwendung bequem aufnimmt. Die einzelnen Tabs befinden sich unterhalb des *tabs*-Elements.

Das Tab *tabMain* enthält mehrere Gruppen mit den eigentlichen Steuerelementen, die teilweise durch Trennlinien unterteilt sind. Die meisten der Elemente sind hier aus

Platzgründen entfernt, denn – vielleicht fällt es Ihnen beim Überfliegen des Codes für die Steuerelemente auf – bis auf die Attribute *id* und *label* haben alle Attribute bei jedem der Steuerelemente denselben Wert:

```
<tabs>
  <tab id="tabMain" label="dmsBase Module        (Klicken oder
    Doppelklicken zum Vergrößern/Verkleinern)" visible="true">
      <group id="grpExit" label="  ">
         <button id="cmdExit" size="large" label="dmsBase beenden"
             screentip="Verlassen Sie die Anwendung durch Klick
             auf diesen Button"  tag="RibbonDMS" onAction="fuOnAction"
             getEnabled="fuGetEnabled" getImage="fuGetImage"/>
      </group>
    <group id="grpMain" label="Anwendungsmodule">
       <button id="cmdexit" size="large" label="dmsBase beenden"
           onAction="fuAction"  getEnabled="fuEnabled" getImage="fuGetImage"/>
       <separator  id="sepexit"/>
       <button id="cmdDocuments" size="large" label="Übersicht Dokumente"
           onAction="fuAction"  getEnabled="fuEnabled" getImage="fuGetImage"/>
       <button id="cmdDocAdmin" size="large" label="Dokumente verwalten"
           onAction="fuAction"  getEnabled="fuEnabled" getImage="fuGetImage"/>
       ...
    </group>
  </tab>
</tabs>
```

Allen Steuerelementen sind die Werte der Attribute *onAction* (*fuAction*), *getEnabled* (*fuEnabled*) und *getImage* (*fuGetImage*) gemein.

Der Grund hierfür findet sich in einem der wesentlichen Merkmale der in diesen Attributen angegebenen Callback-Funktionen: Alle erwarten als Parameter zumindest einen Verweis auf das Steuerelement, von dem es aufgerufen wurde.

4.6.3 Menüs im Ribbon

Es gibt verschiedene Steuerelemente, mit denen sich Dropdown-Menüs in Ribbons nachbilden lassen. Das einfachste ist das *menu*-Steuerelement, für das Sie im Ribbon *RibbonDMS* ein simples Beispiel finden.

Der Code für dieses Menü sieht wie folgt aus:

```
<menu id="cmdPermissions" size="large" label="Berechtigungen"
   getImage="fuGetImage" getEnabled="fuGetEnabled" getVisible="fuGetVisible"
   itemSize="large">
```

Kapitel 4

```
    <button id="cmdUserAdmin" label="dmsBase Benutzerrechte"
      onAction="fuOnAction"  getEnabled="fuGetEnabled"
      getImage="fuGetImage"/>
    <button id="cmdDocPermissions"  label="Dokumentberechtigungen"
      onAction="fuOnAction"  getEnabled="fuGetEnabled"
      getImage="fuGetImage"/>
  </menu>
```

Gibt den Namen der Funktion an, die beim Klicken aufgerufen werden soll.

Abbildung 4.7: Beispiel für ein menu-Steuerelement

Wichtig ist hierbei, dass die beim Aufklappen des Menüs anzuzeigenden Elemente in *menu*-Tags eingeschlossen sind. Neben einfachen Schaltflächen können Sie hier übrigens noch eine ganze Reihe weiterer Steuerelemente wie *checkBox*-, *dynamicMenu*-, *gallery*-, *menu*-, *splitButton*- oder *toggleButton*-Elemente unterbringen.

4.6.4 Programmierung der Ribbon-Funktionen

Den leichtesten Einstieg in die Programmierung des Ribbons per VBA bieten einfache Schaltflächen: Sie offerieren ein Attribut namens *onAction*, dem man eine Zeichenkette zuweist, die den Namen der VBA-Funktion enthält, die beim Klick auf die Schaltfläche ausgeführt werden soll. Genau genommen brauchen Sie sogar nur eine einzige Funktion für viele Schaltflächen: Da ein Ribbon-Steuerelement beim Aufruf der *onAction*-Callback-Funktion einen Verweis auf sich selbst übergibt (Parameter *IRibbonControl*), können Sie dieses innerhalb der Funktion auswählen und in einer *Select Case*-Konstruktion abarbeiten. Dabei verwenden Sie die *ID*-Eigenschaft des Steuerelementobjekts *ctl*, um seinen Namen zu ermitteln und in Abhängigkeit davon verschiedene Aktionen anzustoßen – meist zum Öffnen von Formularen.

Nachfolgend der Ausschnitt aus der Routine *fuOnAction* im zentralen Ribbon-Steuerungsmodul *mdlNaviRibbon* mit den Anweisungen für die Ribbon-Elemente des Hauptribbons:

```
Function fuOnAction(ctl As IRibbonControl)
    On Error Resume Next
    Select Case ctl.ID
```

Liefert mit seiner ID den Namen des aufrufenden Steuerelements.

Ribbons und Kontextmenüs

```
        Case "cmdDocuments"                          ← Jeder dieser Case-Fälle wird durch
            DoCmd.OpenForm "frmUebersicht"             eine andere Ribbon-Schaltfläche
        Case "cmdDocSearch"                            ausgelöst ...
            DoCmd.OpenForm "frmDokumentsuche"
        Case "cmdDocAdmin"
            DoCmd.OpenForm "frmDocMain"
        Case "cmdDocPix"
            DoCmd.OpenForm "frmDocsPix"
        Case "cmdNewWordMain", "cmdNewExcelMain", _   ... und manche direkt
            "cmdNewPowerpointMain", "cmdNewVisioMain", _  durch mehrere!
            "cmdNewTextMain", "cmdNewHTMLMain", _
            "cmdNewPictureMain", "cmdNewScanMain"
            CreateNewDocAndOpen ctl.ID
            If ctl.ID = "cmdNewScanMain" Then
                If IsFormOpen("frmDocsPix") Then
                    Forms!frmDocsPix.ScanNew
                End If
            End If
        Case "cmdDocProps"
            Dim lID As Long
            If Screen.ActiveForm.Name = "frmDocMain" Then
                lID = Mid(Forms!frmDocMain!ctlTree. _
                    Object.SelectedItem.Key, 2)
                If lID = 0 Then Exit Function
            Else
                lID = Screen.ActiveForm!ID
            End If
            DoCmd.OpenForm "frmDocProperties", _
                , , "[ID]=" & lID, , acDialog
        Case "cmdReports"
            DoCmd.OpenReport "rptAll", acViewReport
        Case "cmdEmployees"
            DoCmd.OpenForm "frmUser"
        Case "cmdOptions"
            DoCmd.OpenForm "frmOptions"
        Case "cmdUserAdmin"
            DoCmd.OpenForm "frmBerechtigungen"
        Case "cmdDocPermissions"
            DoCmd.OpenForm "frmBerechtigungenDocs"
    End Select
    Application.Echo True
End Function
```

4.6.5 Bilder laden

Das zweite für jedes Steuerelement des Hauptribbon vorhandene Callback-Attribut ist *getImage*. Hierbei handelt es sich um eine »echte« Callback-Funktion, weil diese Informationen an die aufrufende Instanz – hier das Ribbon – zurückliefert.

Die zuständige Funktion *fuGetImage* sieht sehr unscheinbar aus, verwendet allerdings eine weitere Funktion, um dem Rückgabeparameter den gewünschten Verweis auf ein *StdPicture*-Objekt zu liefern:

```
Sub fuGetImage(ctl As IRibbonControl, ByRef Image)
    Set Image = GetSysPicture(ctl.ID)
End Sub
```

Hinter dieser Funktion verbirgt sich eine ganze Menge Code, der an dieser Stelle nicht weiter erklärt werden soll – für weitere Informationen sei die Lektüre von 9.23, »Bilder einlesen«, empfohlen.

Sie sollen aber zumindest wissen, wie diese Funktion grundlegend funktioniert und wie Sie eigene Anwendungen damit ausstatten können.

Das Bereitstellen von Bildern für Ribbons kann auf mindestens zwei Arten erfolgen: Entweder Sie speichern diese im Dateisystem und laden sie bei Bedarf oder Sie speichern die Bilder in einer eigens dafür vorgesehenen Tabelle. Letztere ist die deutlich zu bevorzugende Variante: Sie vermeiden damit auf jeden Fall, dass der Benutzer versehentlich die in der Datenbank benötigten Bilddateien von der Festplatte löscht.

Die Datenbank, die Bilder als Images von Ribbon-Steuerelementen anzeigen soll, benötigt daher zunächst eine Tabelle zum Speichern dieser Bilder. Unter Access 2007 geschieht dies am einfachsten in einem Feld des Datentyps *Anlage*. Die passende Tabelle heißt *tbl_Anlagen* und sieht in der Datenblattansicht wie in der folgenden Abbildung aus.

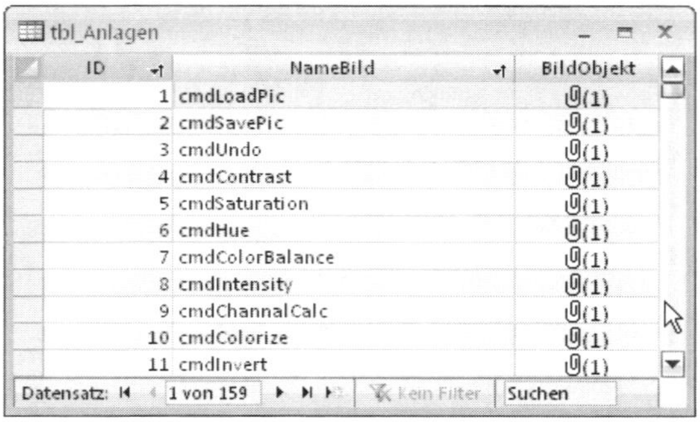
tbl_Anlagen

ID	NameBild	BildObjekt
1	cmdLoadPic	(1)
2	cmdSavePic	(1)
3	cmdUndo	(1)
4	cmdContrast	(1)
5	cmdSaturation	(1)
6	cmdHue	(1)
7	cmdColorBalance	(1)
8	cmdIntensity	(1)
9	cmdChannalCalc	(1)
10	cmdColorize	(1)
11	cmdInvert	(1)

Datensatz: 1 von 159 Kein Filter Suchen

Abbildung 4.8: Diese Tabelle speichert die in Steuerelementen anzuzeigenden Bilddateien.

In dieser Tabelle speichern Sie die für die Steuerelemente vorgesehenen Bilddateien und geben im Textfeld *NameBild* den Namen des Steuerelements an, das dieses Bild anzeigen soll.

Der Trick: Die Namen in dieser Spalte sind identisch mit den Namen (*IDs*) der Ribbon-Steuerelemente, sodass damit eine eindeutige Zuordnung gewährleistet ist.

Neben dieser Tabelle brauchen Sie zwei Module, und zwar das Klassenmodul *clsOGL-2007*, das eine ganze Reihe von Funktionen rund um die Bildverarbeitung liefert, und das Standardmodul *mdlSysPictures*, das die oben angesprochene Funktion *GetSysPicture* mitbringt.

Damit ausgerüstet können Sie die Funktion *GetSysPictures* ganz einfach als Callback-Funktion in eigenen Ribbon-Definitionen einsetzen.

4.7 Das Schließen-Ribbon RibbonCloseOnly

Neben dem Hauptribbon gibt es weitere Ribbons, die beim Anzeigen verschiedener Formulare eingeblendet werden. Die meisten bieten nur ein Element zum Schließen des aktuellen Formulars und eines zum Aufrufen der kontextsensitiven Hilfe an. So sieht es zum Beispiel beim Formular *frmUser* aus, das dem Bearbeiten der Mitarbeiter in *dms-Base* dient (siehe folgende Abbildung).

Ganz so trivial, wie es aussieht, gestaltet sich allerdings auch dieses Ribbon nicht: Immerhin müssen auch hier die Elemente des Office-Menüs ausgeblendet werden. Der Rest enthält dann noch die Definition zweier Schaltflächen, die beim Anklicken die Funktion *fuOnAction* aufrufen, die wiederum den Namen des Steuerelements auswertet und den passenden *Case*-Zweig in der Funktion aufruft, um das aktuelle Formular zu schließen:

```
<customUI xmlns="http://schemas.microsoft.com/office/2006/01/customui" onLoa
d="fuOnLoadRibbonCloseOnly">
  ...
  <ribbon startFromScratch="true">
    <tabs>
      <tab id="tabMain" label="dmsBase        (Klicken
        oder Doppelklicken zum Vergrößern/Verkleinern)">
        <group id="grpMain" label=" ">
          <button id="cmdFormExit" size="large" label="Schließen"
            screentip="Das angezeigte Formuar schließen"
            tag="RibbonCloseOnly" onAction="fuOnAction"
            getImage="fuGetImage"/>
          <separator id="sep3"/>
```

Kapitel 4

```
            <button id="cmdHelp" size="large" label="Hilfe"
                screentip="Hilfethema zu diesem Formular anzeigen"
                tag="RibbonCloseOnly" onAction="fuOnAction"
                getEnabled="fuGetEnabled" getImage="fuGetImage"/>
          </group>
        </tab>
      </tabs>
    </ribbon>
</customUI>
```

Abbildung 4.9: Formular mit einem ganz einfachen Ribbon

4.8 Interaktive Ribbons – Beispiel RibbonDocTree

Natürlich enthält die Dokumentverwaltung auch Ribbons, die mit den anderen Elementen der Benutzeroberfläche interagieren.

Ein Beispiel ist das Ribbon, das zusammen mit dem Formular *frmDocMain* angezeigt wird.

Hier wird eine Ribbon-Schaltfläche zum Anzeigen der Eigenschaften eines Dokuments nur aktiviert, wenn gerade ein Dokument im TreeView-Steuerelement markiert ist. Ein anderes Beispiel sind die Ribbons der Formulare zur Anzeige der Dokumente selbst – dazu jedoch später mehr.

Ribbons und Kontextmenüs

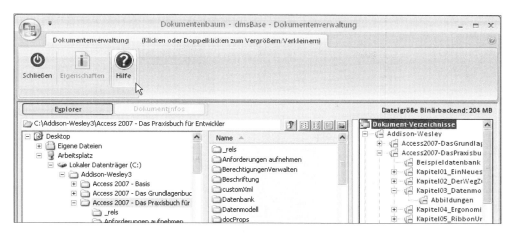

Abbildung 4.10: Das Ribbon des Formulars frmDocMain heißt RibbonDocTree.

4.8.1 Interaktion mit dem Ribbon

Beim Betätigen einer Ribbon-Schaltfläche ist das Ribbon nach dem Aufrufen der passenden Callback-Funktion zunächst meist aus dem Spiel. In manchen Fällen aber wirken sich Abläufe innerhalb der Anwendung auch auf das Ribbon aus – etwa, wenn bestimmte Steuerelemente in Abhängigkeit vom aktuell aktiven Formular aktiviert oder deaktiviert werden sollen.

Die für *getImage* angegebene Prozedur wird wie alle anderen echten Callback-Funktionen ausgelöst, wenn das Steuerelement angezeigt wird – wie bereits beschrieben – und die Callback-Funktionen noch gar nicht oder seit dem letzten Aufruf der *Invalidate*- oder der *InvalidateControl*-Methode des betroffenen Ribbons/Ribbon-Steuerelements nicht wieder angezeigt wurden.

Diese beiden Methoden machen also den aktuellen Zustand des Ribbons beziehungsweise des Steuerelements ungültig und zwingen Access dazu, die Callback-Funktionen beim nächsten Anzeigen erneut auszuführen.

Um diese Methoden nutzen zu können, müssen Sie wiederum eine Objektvariable des Typs *IRibbonUI* mit einem Verweis auf das betroffene Ribbon füllen.

Hier kommt das Root-Element der Ribbon-Definition ins Spiel:

```
<customUI xmlns="http://schemas.microsoft.com/office/2006/01/
customui" onLoad="fuOnLoadRibbonDMS">
```

Es enthält ein Attribut namens *onLoad*, das die Callback-Funktion angibt, die beim Erzeugen des Ribbons ausgeführt werden soll – hier *fuOnLoadRibbonDMS*. Die Syntax einer Callback-Funktion, die Sie für *onLoad* angeben, unterscheidet sich in einem ganz wichtigen Punkt von allen anderen Callback-Funktionen: Sie enthält nämlich einen Parameter, der einen Objektverweis auf die mit der aktuellen Definition erzeugte Ribbon-Leiste liefert:

```
Function fuOnLoadRibbonDMS(ribbon As IRibbonUI)
    ...
End Function
```

Diesen Parameter weisen Sie üblicherweise einer globalen Variablen zu, die wie folgt deklariert ist:

```
Public objRibbon As IRibbonUI
```

Die Zuweisung in der *onLoad*-Callback-Funktion sieht dann so aus:

```
Set objRibbon = ribbon
```

Sie können dann mit der folgenden Anweisung dafür sorgen, dass sämtliche Steuerelemente, die in der Ribbon-Definition festgelegt wurden, »invalidiert« werden, was heißt, dass sämtliche Callback-Funktionen dieses einen Ribbons bei nächster Gelegenheit automatisch erneut aufgerufen werden:

```
objRibbon.Invalidate
```

Wollen Sie gezielt nur ein einziges Steuerelement aktualisieren, verwenden Sie die folgende Variante unter Angabe des in der Definition angegebenen *id*-Wertes des Steuerelements:

```
objRibbon.InvalidateControl "<ControlID>"
```

In diesem Fall ruft Access nur die Callback-Funktionen für das angegebene Element erneut auf. Hier treffen Sie spätestens beim Einsatz einer weiteren Ribbon-Definition auf Probleme, beispielsweise in Zusammenhang mit einem Formular oder einem Bericht: Sie haben dann nämlich nicht mehr nur ein Ribbon, das Sie mit einer Objektvariablen *objRibbon* referenzieren müssen, sondern mehrere. Und hier stehen Sie am Scheideweg: Möchten Sie für jede neue Ribbon-Definition eine neue Objektvariable anlegen? Oder lieber direkt eine Art Auflistungsobjekt verwenden, um die Verweise zu speichern?

In der Beispielanwendung verwenden wir Letzteres – und zwar kommt als Auflistungsobjekt nicht die klassische V*BA-Collection*, sondern das *Dictionary*-Objekt der *Scripting*-Bibliothek zum Einsatz. Sie benötigen hierfür also auch noch einen Verweis auf die Bibliothek *Microsoft Scripting Runtime*. Der Vorteil des *Dictionary*-Objekts ist, dass Sie erstens die Elemente in seinem Kontext nicht nur per Index, sondern auch mit einem eigenen Bezeichner ansprechen können, was beim *Collection*-Objekt nicht funktioniert, und zweitens jederzeit Objekte der Auflistung durch Neuzuweisung austauschen können. Bei einem *Collection*-Objekt müsste dazu erst ein Element mit der Methode *Remove* gelöscht und anschließend neu hinzugefügt werden.

An dieser Stelle ist eine Erläuterung dessen notwendig, was mit dem Objektverweis auf das *IRibbonUI*-Objekt möglich ist und was nicht: Der Verweis, den die *onLoad*-Callback-Funktion empfängt, ermöglicht exakt den Zugriff auf alle in derselben Ribbon-Definition beschriebenen Ribbon-Elemente.

Wenn Sie also eine Hauptribbon-Definition haben, deren Ergebnis Sie in einem passenden *IRibbonUI*-Objekt referenzieren, brauchen Sie für Elemente, die Sie durch eine weitere Ribbon-Definition erzeugen – etwa in Zusammenhang mit einem Formular –, eine weitere Objektvariable mit einem Verweis auf dieses *IRibbonUI*-Objekt. Auf diese Weise können Sie dann auch auf die Elemente von zwei oder mehr Ribbon-Definitionen zugreifen.

Deklarieren Sie also ein *Dictionary*-Objekt zum Speichern aller verwendeten *IRibbonUI*-Elemente samt Bezeichnung – durch das integrierte *New*-Schlüsselwort wird das Objekt auf jeden Fall direkt instanziert:

```
Public dicRibbons As New Scripting.Dictionary
```

Die *onAction*-Callback-Funktion des Hauptribbons verwenden Sie dann, um dem *Dictionary*-Objekt das *IRibbonUI*-Objekt hinzuzufügen:

```
Function fuOnLoadRibbonDMS(ribbon As IRibbonUI)
    On Error Resume Next
    dicRibbons.Add "RibbonDMS", ribbon
    GetRibbonCommandAttributes "RibbonDMS"
End Function
```

Die hier aufgerufene Funktion *GetRibbonCommandAttributes* wird weiter unten beschrieben.

Sobald das *IRibbonUI*-Objekt sich im *Dictionary*-Objekt befindet, können Sie bequem darauf zugreifen – beispielsweise mit folgender Anweisung:

```
Set objRibbon = dicRibbons("RibbonDMS")
```

Wie oben schon erwähnt, können Sie sowieso nur zwei Vorgänge mit dem *IRibbonUI*-Objekt durchführen: es selbst oder eines seiner Steuerelemente »invalidieren« – mehr als diese beiden Methoden bringt es leider nicht mit. Damit dies besonders leicht von der Hand geht, verwenden Sie zwei einfache Funktionen.

Die erste kümmert sich um die komplette Ribbon-Definition und erwartet lediglich den Namen, der in der Tabelle *USysRibbons* steht, als Parameter. Das *Dictionary*-Objekt *dicRibbons* liefert das *IRibbonUI*-Objekt zurück und die anschließende *Invalidate*-Methode erledigt den Rest:

```
Sub RibbonInvalidate(RibbonName As String)
    Dim oRibbon As IRibbonUI
    On Error Resume Next
```

```
        Set oRibbon = dicRibbons(RibbonName)
        oRibbon.Invalidate
        Set oRibbon = Nothing
    End Sub
```

Natürlich gibt es auch das Pendant für einzelne Ribbon-Steuerelemente. Diese Routine erwartet den Namen des Ribbons sowie die ID des Steuerelements:

```
    Sub RibbonInvalidateControl(RibbonName As String, Controlname As String)
        Dim oRibbon As IRibbonUI
        On Error Resume Next
        Set oRibbon = dicRibbons(RibbonName)
        oRibbon.InvalidateControl Controlname
        Set oRibbon = Nothing
    End Sub
```

Sie könnten auf die Idee kommen, die Methoden gleich direkt an die Auflistungsobjekte anzuhängen:

```
    dicRibbons(RibbonName).InvalidateControl
```

Das geht aber so nicht. Der Umweg über eine eigens deklarierte Objektvariable *objRibbon* ist notwendig. Die ganze Funktionalität zur dynamischen Steuerung der Ribbons ist somit auf Gedeih und Verderb an die Objektvariablen der *Dictionary*-Auflistungen geknüpft. Die werden, wie erwähnt, als *Public* deklariert. Nun wissen Sie, dass globale Variablen ihren Inhalt verlieren, wenn in einem VBA-Projekt unbehandelte Fehler auftreten. Das *Dictionary*-Objekt würde dann automatisch auf *Nothing* gesetzt, und schon ginge Ihre ganze Ribbon-Steuerung über den Jordan. Aus diesem Grund ist in Access 2007-Datenbanken, die Ribbon-Callbacks einsetzen, eine konsequente Fehlerbehandlung in jeglicher Prozedur des VBA-Projekts absolut Pflicht (siehe Kapitel 12, »Fehlerbehandlung«)!

4.8.2 Status-Callback-Funktionen

Einige Callback-Funktionen liefern dem Ribbon Informationen über den Status eines Steuerelements – zum Beispiel über die Sichtbarkeit oder ob das Steuerelement aktiviert oder deaktiviert ist. Beim ersten Anzeigen des Ribbons erfolgt dies in *dmsBase* auf relativ unspektakuläre Weise:

▶ Die Standardwerte für die Eigenschaften *Enabled* und *Visible* sind in der Tabelle *tbl_RibbonCommands* gespeichert.

▶ Die Funktion *GetRibbonCommandAttributes*, von einer *onLoad*-Callback-Funktion wie der bereits weiter oben vorgestellten Funktion *fuOnLoadRibbonDMS* aufgerufen, füllt drei Auflistungen – je eine für die Eigenschaften *Enabled*, *Visible* und *Pressed* –

mit den Steuerelementnamen sowie dem jeweiligen Standardwert für die geladene Ribbon-Definition.

▶ Die *getEnabled*-, *getVisible*- und *getPressed*-Callback-Funktionen namens *fuGetEnabled*, *fuGetVisible und fuGetPressedToggle* lesen die Werte für die einzelnen Steuerelemente aus den oben gefüllten Auflistungen ein und geben sie an die Steuerelemente zurück.

Ein praktisches Beispiel zeigt, wie dies funktioniert. Wenn *dmsBase* den Dokumentbaum anzeigt, wie es in der folgenden Abbildung der Fall ist, enthält das Ribbon nur zwei Schaltflächen – eine zum Schließen und eine zum Einblenden des Eigenschaften-Dialogs eines Dokuments. Die Eigenschaften-Schaltfläche ist nur aktiviert, wenn im Dokumentbaum eine Datei ausgewählt ist. Die Auswahl eines Verzeichnisses deaktiviert die Schaltfläche.

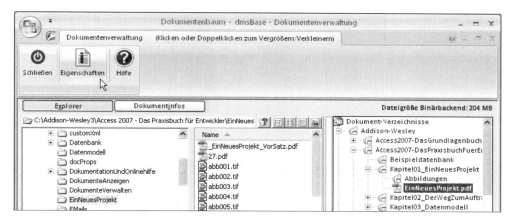

Abbildung 4.11: Die Ribbon-Schaltfläche zum Einblenden der Eigenschaften ist je nach Art des im Dokumentbaum ausgewählten Eintrags aktiviert oder deaktiviert.

Die hier wesentlichen Zeilen der Ribbon-Definition sehen so aus, wobei die Stellen mit den relevanten Callback-Funktionen zusätzlich fett abgedruckt sind:

```
<customUI xmlns="http://schemas.microsoft.com/office/2006/01/customui"
  onLoad="fuOnLoadRibbonDocTree">
  ...
  <ribbon startFromScratch="true">
    ...
    <tabs>
      <tab id="tabMain" label="Dokumentenverwaltung
        (Klicken oder Doppelklicken zum Vergrößern/Verkleinern)">
        <group id="grpMain" label=" ">
```

Kapitel 4

```
            <button id="cmdFormExit" size="large" label="Schließen"
              screentip="Dokumentverwaltungsformular schließen"
              tag="RibbonDocTree" onAction="fuOnAction"
              getImage="fuGetImage"/>
            <separator  id="sep01"/>
            <button id="cmdDocProps" size="large" label="Eigenschaften"
              screentip="Eigenschaftenformular zum markierten
              Dokument anzeigen und dmsBase-spezifische Eigenschaften
              hinzufügen oder bearbeiten"   tag="RibbonDocTree"
              onAction="fuOnAction" getEnabled="fuGetEnabled"
              getImage="fuGetImage"/>
            <separator  id="sep3"/>
            <button id="cmdHelp" size="large" label="Hilfe"
              screentip="Hilfethema zur Dokumentenverwaltung anzeigen"
              tag="RibbonDocTree" onAction="fuOnAction"
              getImage="fuGetImage"/>
          </group>
        </tab>
      </tabs>
    </ribbon>
</customUI>
```

Die Callback-Funktion *fuOnLoadRibbonDocTree* nimmt die durch die neue Ribbon-Definition erzeugten Elemente in das Ribbon-Dictionary *dicRibbons* auf und führt die Routine *GetRibbonCommandAttributes* mit dem Parameter *RibbonDocTree* aus, welche die in der Tabelle *tbl_RibbonCommands* gespeicherten Werte für die Attribute *enabled* und *visible* in die Dictionarys *dicEnabled* und *dicVisible* schreibt. Die Routine *GetRibbonCommandAttributes* liest per Auswahlabfrage die Datensätze der Tabelle *tbl_RibbonCommands* aus, die zur angegebenen Ribbon-Definition gehören, und schreibt die Standardwerte für die Attribute *enabled*, *visible* und *pressed* in die drei *Dictionary*-Objekte *dicEnabled*, *dicVisible* und *dicPressed*, die global wie folgt deklariert werden:

```
Public dicEnabled As Scripting.Dictionary
Public dicVisible As Scripting.Dictionary
Public dicPressed As New Scripting.Dictionary
```

Die Prozedur *GetRibbonCommandAttributes* sieht schließlich wie folgt aus:

```
Sub GetRibbonCommandAttributes(strRibbon As String)
    Dim rst As DAO.Recordset2
    Dim i As Long
    On Error GoTo Fehler
    Set rst = CurrentDb.OpenRecordset("SELECT * FROM tbl_RibbonCommands" _
        & " WHERE [Ribbon]='" & strRibbon & "'", dbOpenSnapshot)
```

```
    On Error Resume Next
    Do While Not rst.EOF
        dicEnabled.Add rst!cmd.Value, rst!ValueEnabled.Value
        dicVisible.Add rst!cmd.Value, rst!ValueVisible.Value
        dicPressed.Add rst!cmd.Value, rst!ValuePressed.Value
        rst.MoveNext
    Loop
    rst.Close
    ...
    RibbonInvalidate strRibbon
    ...
End Sub
```

Schreibt die Standardwerte für die Attribute in eine Art Collection-Objekt.

Wenn der Benutzer nun auf eines der im TreeView-Steuerelement zur Anzeige des Dokumentbaums angezeigten Elemente klickt (siehe Formular *frmDocMain*), prüft eine passende Ereignisprozedur (*CTree_NodeClick*), ob der aktuelle Eintrag ein Dokument oder ein Verzeichnis ist.

Handelt es sich um ein Verzeichnis, führt es (unter anderem) die folgenden beiden Anweisungen aus:

```
    dicEnabled("cmdDocProps") = False
    RibbonInvalidateControl "RibbonDocTree", "cmdDocProps"
```

Hierdurch werden die Attribute von cmdDocProps demnächst neu eingelesen ...

Die erste Anweisung stellt den Wert des *Dictionary*-Elements mit dem Namen *cmd-DocProps* auf *False* ein. Die zweite ruft die Routine *RibbonInvalidateControl* mit dem Namen des betroffenen Ribbons und des Steuerelements als Parameter auf. Diese Routine wurde bereits weiter oben vorgestellt – sie ruft lediglich die *InvalidateControl*-Methode der angegebenen Ribbon-Definition auf. Die *InvalidateControl*-Methode sorgt dafür, dass die Callback-Funktionen des Steuerelements bei nächster Gelegenheit – in diesem Falle sofort, da das betroffene Steuerelement aktuell sichtbar ist – erneut aufgerufen werden. Hier handelt es sich speziell um die Funktion *fuGetEnabled*, die (neben einigen hier nicht weiter wichtigen Spezialbehandlungen) einfach nur den aktuell im Dictionary *dicEnabled* gespeicherten Wert ausliest und als Parameter zurückliefert:

```
Sub fuGetEnabled(ctl As IRibbonControl, bIsEnabled)
    ...
    bIsEnabled = True
    Select Case ctl.ID
        ...
        Case Else
            bIsEnabled = dicEnabled(ctl.ID)
    End Select
End Sub
```

... und zwar hier: ctl.ID enthält dementsprechend cmdDocProps.

Anderenfalls kommen die folgenden Anweisungen zum Zuge – deren Auswirkungen müssen nun sicher nicht mehr im Detail erläutert werden:

```
dicEnabled("cmdDocProps") = False
RibbonInvalidateControl "RibbonDocTree", "cmdDocProps"
```

Diese Vorgehensweise macht zwar anfangs etwas mehr Arbeit, weil die Tabelle mit den Standardeigenschaften erstellt und die *Dictionary*-Objekte gefüllt werden müssen. Steht die Ribbon-Struktur jedoch einmal, können Sie diese zur Laufzeit mit jeweils zwei Anweisungen – dem Einstellen der jeweiligen Eigenschaft im passenden *Dictionary*, sowie dem »Invalidieren« des Steuerelements – ganz leicht per VBA aktualisieren.

Dictionaries füllen ...

Fehlt noch das Füllen der *Dictionary*-Objekte: Dies übernimmt die Routine *GetRibbonCommandAttributes*. Sie erwartet den Namen des Ribbons und öffnet eine Datensatzgruppe auf Basis der Tabelle *tbl_RibbonCommands*:

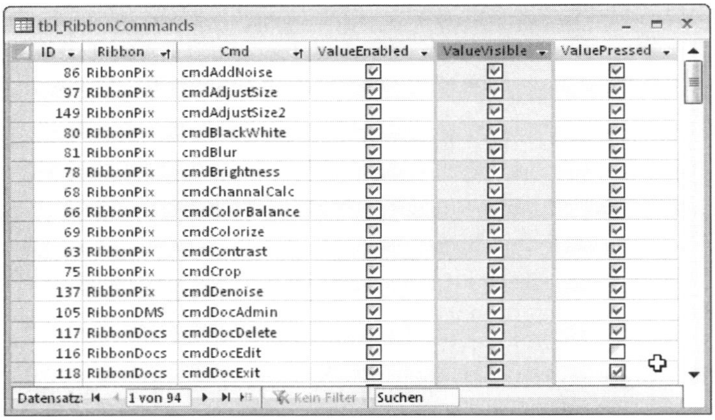

tbl_RibbonCommands

ID	Ribbon	Cmd	ValueEnabled	ValueVisible	ValuePressed
86	RibbonPix	cmdAddNoise	☑	☑	☑
97	RibbonPix	cmdAdjustSize	☑	☑	☑
149	RibbonPix	cmdAdjustSize2	☑	☑	☑
80	RibbonPix	cmdBlackWhite	☑	☑	☑
81	RibbonPix	cmdBlur	☑	☑	☑
78	RibbonPix	cmdBrightness	☑	☑	☑
68	RibbonPix	cmdChannalCalc	☑	☑	☑
66	RibbonPix	cmdColorBalance	☑	☑	☑
69	RibbonPix	cmdColorize	☑	☑	☑
63	RibbonPix	cmdContrast	☑	☑	☑
75	RibbonPix	cmdCrop	☑	☑	☑
137	RibbonPix	cmdDenoise	☑	☑	☑
105	RibbonDMS	cmdDocAdmin	☑	☑	☑
117	RibbonDocs	cmdDocDelete	☑	☑	☑
116	RibbonDocs	cmdDocEdit	☑	☑	☐
118	RibbonDocs	cmdDocExit	☑	☑	☑

Datensatz: 1 von 94 Kein Filter Suchen

Abbildung 4.12: Die Tabelle tbl_RibbonsCommands enthält die Standardeinstellungen für einige Eigenschaften von Ribbon-Steuerelementen.

Die drei in dieser Tabelle enthaltenen Eigenschaften je Steuerelement schreiben die drei innerhalb der *Do While*-Schleife befindlichen Anweisungen in entsprechende neu angelegte Elemente der *Dictionary*-Auflistungen. Schließlich folgen noch die Einträge für zwei Spezialfälle.

```
Sub GetRibbonCommandAttributes(strRibbon As String)
    Dim rst As DAO.Recordset2
    Dim i As Long
    ...
```

```
        Set rst = CurrentDb.OpenRecordset("SELECT * FROM tbl_RibbonCommands" _
            & " WHERE [Ribbon]='" & strRibbon & "'", dbOpenSnapshot)
        On Error Resume Next
        Do While Not rst.EOF
            dicEnabled.Add rst!cmd.Value, rst!ValueEnabled.Value
            dicVisible.Add rst!cmd.Value, rst!ValueVisible.Value
            dicPressed.Add rst!cmd.Value, rst!ValuePressed.Value
            rst.MoveNext
        Loop
        dicEnabled.Add "cmdMenuQuickProps", True
        dicVisible.Add "cmdMenuQuickProps", True
        rst.Close
        ...
    End Sub
```

Während das Zwischenspeichern der *IRibbonUI*-Objekte im *Dictionary*-Objekt *dicRibbons* unumgänglich ist, um sie später für das »Invalidieren« der Steuerelemente zu verwenden, könnte man die Einstellungen zu den *Enabled*-, *Visible*- und *Pressed*-Eigenschaften an sich auch ausschließlich und direkt über die Tabelle *tbl_CommandRibbons* vornehmen.

Statt jeweils die *Dictionary*-Elemente zu setzen, wäre es auch möglich, über Recordsets die Häkchen der Tabelle zu setzen oder zu deaktivieren und umgekehrt auch auszulesen.

Das ist aber weder performant, noch tut es der Datenbank gut: Durch das fortwährende Editieren der Datensätze der Tabelle würde sich das Frontend nach und nach aufblähen.

... und individuell einstellen

Einige der mit der vorherigen Routine erzeugten und eingestellten *Dictionary*-Einträge für die Zustände einzelner Ribbon-Steuerelemente werden selten geändert. Es gibt allerdings Ausnahmen: Die verschiedenen Formulare zur Anzeige der Dokumente zeigen durchaus unterschiedliche Dateitypen an.

Der Dateityp wird letztendlich durch die Dateiendung festgelegt. In Abhängigkeit vom Dateityp werden Steuerelemente zum Durchführen von Aktionen wie Speichern, Drucken, Text extrahieren et cetera durchaus auch einmal deaktiviert – eine .*mp3*-Datei etwa kann man schließlich schlecht ausdrucken.

Die folgende Routine wird beim Öffnen der Formulare zum Anzeigen der Dokumente aufgerufen und aktiviert/deaktiviert die jeweiligen Schaltflächen in Abhängigkeit von der jeweiligen Dateiendung. Diese ermittelt die Routine aus dem Dateinamen oder erhält diese direkt aus ihrem zweiten Parameter. Die notwendigen Informationen stehen in der Tabelle *tbl_FileTypes*. Darauf aufbauend erzeugt die Routine jeweils eine von der Dateiendung abhängige Datensatzgruppe und schreibt die enthaltenen Werte in die jeweiligen Eigenschaften.

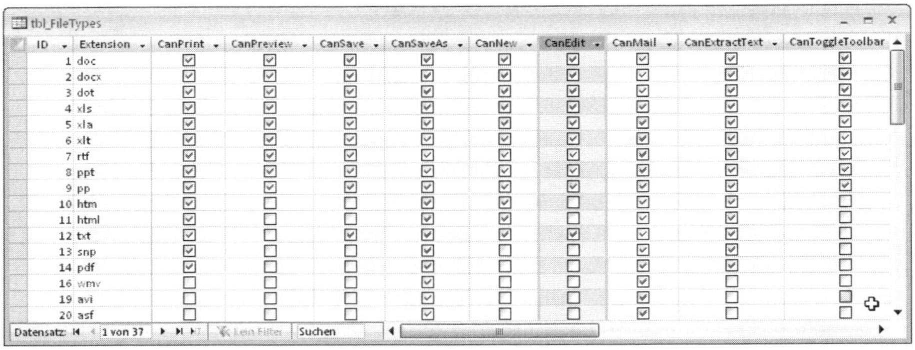

tbl_FileTypes

ID	Extension	CanPrint	CanPreview	CanSave	CanSaveAs	CanNew	CanEdit	CanMail	CanExtractText	CanToggleToolbar
1	doc	☑	☑	☑	☑	☑	☑	☑	☑	☑
2	docx	☑	☑	☑	☑	☑	☑	☑	☑	☑
3	dot	☑	☑	☑	☑	☑	☑	☑	☑	☑
4	xls	☑	☑	☑	☑	☑	☑	☑	☑	☑
5	xla	☑	☑	☑	☑	☑	☑	☑	☑	☑
6	xlt	☑	☑	☑	☑	☑	☑	☑	☑	☑
7	rtf	☑	☑	☑	☑	☑	☑	☑	☑	☑
8	ppt	☑	☑	☑	☑	☑	☑	☑	☑	☑
9	pp	☑	☑	☑	☑	☑	☑	☑	☑	☑
10	htm	☑	☐	☐	☑	☑	☐	☑	☑	☐
11	html	☑	☐	☐	☑	☑	☐	☑	☑	☐
12	txt	☑	☐	☑	☑	☑	☑	☑	☑	☐
13	snp	☑	☐	☐	☑	☐	☐	☑	☑	☐
14	pdf	☑	☐	☐	☑	☐	☐	☑	☑	☐
16	wmv	☐	☐	☐	☑	☐	☐	☑	☐	☐
19	avi	☐	☐	☐	☑	☐	☐	☑	☐	☐
20	asf	☐	☐	☐	☑	☐	☐	☑	☐	☐

Datensatz: 1 von 37 Kein Filter Suchen

Abbildung 4.13: Die Tabelle tbl_FileTypes liefert den Enabled-Zustand für die Ribbons der Formulare zum Anzeigen der verschiedenen Dokumente.

Die *RibbonInvalidate*-Routine sorgt schließlich für das Aktualisieren des Ribbons mit den aktuellen Eigenschaften.

```
Sub EnableDocRibbonButtons(Optional sFile As String, _
        Optional sExt As String)
    ...
    If Len(sFile) > 0 Then sExt = ExtractExt(sFile)
    Set rst = CurrentDb.OpenRecordset("SELECT * FROM tbl_FileTypes " _
            & "WHERE [Extension]='" & sExt & "'", dbOpenSnapshot)
    If Not rst.EOF Then
        dicEnabled("cmdDocNew") = rst!CanNew.Value
        dicEnabled("cmdDocOffNew") = rst!CanNew.Value
        dicEnabled("cmdDocSave") = rst!CanSave.Value
        dicEnabled("cmdDocMail") = rst!CanMail.Value
        dicEnabled("cmdDocSaveAs") = rst!CanSaveAs.Value
        dicEnabled("cmdDocPrint") = rst!CanPrint.Value
        ...
    End If
    rst.Close
    ...
    RibbonInvalidate "RibbonDocs"
    ...
End Sub
```

Je nach Dokumenttyp werden die Einträge des Ribbons aktiviert oder deaktiviert.

4.9 Das Ribbon der Bildbearbeitung: RibbonPix

Ein Beispiel für ein aufwändigeres Ribbon liefert das des Formulars *frmDocsPix*.

Neben den üblichen *button*-Elementen enthält es auch einige *dynamicMenu*-, *toggleButton*-, *buttonGroup*- sowie ein *splitButton*-Element.

Abbildung 4.14: Das Ribbon der eingebauten Bildbearbeitung ist das aufwändigste der kompletten Anwendung dmsBase.

4.9.1 Markieren-Modus ein- und ausschalten per Umschaltfläche

Mit einem *toggleButton*-Element lassen sich bestimmte Zustände in der Anwendung aktivieren und deaktivieren.

In diesem Beispiel schaltet die Umschaltfläche mit der Beschriftung *Markieren* den Markieren-Modus für ein geladenes Bild an und aus.

Die dazu notwendige VBA-Funktion *fuOnActionToggle* fügt man dem Attribut *onAction* hinzu:

```
<toggleButton id="cmdPixSelect" size="large" label="Markieren"
    getEnabled="fuGetEnabled" onAction="fuOnActionToggle'
    getImage="fuGetImage"/>
```

4.9.2 Steuerelemente gruppieren

Neben den *tab-*, *group-* und *separator*-Steuerelementen gibt es eine weitere Möglichkeit, Steuerelemente zu gruppieren.

Schaltflächen beispielsweise werden, wenn Sie von *buttonGroup*-Tags eingeschlossen sind, wie eine zweigeteilte Schaltfläche dargestellt.

Abbildung 4.15: Die Schaltflächen in der ersten und die in der zweiten Zeile werden durch das buttonGroup-Tag zusammengefasst.

Der Code für das Zusammenfassen der oberen beiden Elemente der Abbildung sieht etwa wie folgt aus:

```
<buttonGroup id="grpZoom1">
  <toggleButton id="cmdAdjustSize" label="Angepasst (Zoom)"
    getEnabled="fuGetEnabled" getPressed="fuGetPressedToggle"
    onAction="fuOnActionToggle" getImage="fuGetImage"/>
  <toggleButton id="cmdOriginalSize" label="Originalgröße"
    getEnabled="fuGetEnabled" getPressed="fuGetPressedToggle"
    onAction="fuOnActionToggle" getImage="fuGetImage"/>
</buttonGroup>
```

4.9.3 Schaltfläche und Menü in einem: SplitButtons

Das *splitButton*-Steuerelement sieht auf den ersten Blick wie ein Menü aus, unterscheidet sich aber davon dadurch, dass auch die Menübeschriftung eine Schaltfläche ist.

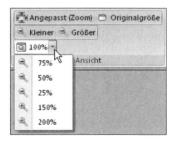

Abbildung 4.16: Das splitButton-Steuerelement vereint Schaltfläche und Menü.

Der Code für ein solches Element ist einfach: Er enthält umschließende *splitButton*-Tags und darin ein *button*- und ein *menu*-Element, das weitere *button*-Elemente oder sonstige Steuerelemente enthalten kann.

```
<splitButton id="cmdZoom" size="normal" getEnabled="fuGetEnabled">
  <button id="cmdZoomfactor" getEnabled="fuGetEnabled"
    onAction="fuOnActionPicture" getImage="fuGetImage"
    getLabel="fuGetLabel"/>
  <menu id="menZoom" itemSize ="normal" getEnabled="fuGetEnabled">
    <button id="cmdZoom75" label="75%" getEnabled="fuGetEnabled"
      onAction="fuOnActionPicture" getImage="fuGetImage"/>
    <button id="cmdZoom50" label="50%" getEnabled="fuGetEnabled"
      onAction="fuOnActionPicture" getImage="fuGetImage"/>
    ...
  </menu>
</splitButton>
```

4.9.4 Callback-Funktion zum Füllen dynamischer Menüs

Neben den Callback-Funktionen, die einfach einen Status wie *True* oder *False* zurückliefern, gibt es auch aufwändigere Exemplare.

Eines davon füllt etwa das *dynamicMenu*-Steuerelement *Bildeffekte* des Ribbons *RibbonPix*, das zusammen mit dem Formular *frmDocsPix* angezeigt wird.

Abbildung 4.17: menu-Steuerelement mit Bildern

Der XML-Code für die gesamte Gruppe, in der sich noch zwei weitere *dynamicMenu*-Steuerelemente befinden, sieht wie folgt aus:

Kapitel 4

```
<group id="grpPictureWork3" label="Aktionen">
  <dynamicMenu id="cmdMenuEffects3" label="Bildeffekte"
    getEnabled="fuEnabled" getImage="fuGetImage"
    getContent="fuDynMenuContent"/>
  <dynamicMenu id="cmdMenuEffects2" label="Bilderstellung"
    getEnabled="fuEnabled" getImage="fuGetImage"
    getContent="fuDynMenuContent"/>
  <dynamicMenu id="cmdMenuEffects1" label="Bildbearbeitung"
    getEnabled="fuEnabled" getImage="fuGetImage"
    getContent="fuDynMenuContent"/>
</group>
```

Wie hier zu erkennen, haben auch gleichartige *menu*-Steuerelemente identische Werte für die verschiedenen Callback-Attribute – dementsprechend identifiziert die passende Callback-Funktion diese auch wieder anhand ihres Namens.

Im Fall des *dynamicMenu*-Steuerelements kommt jedoch noch ein besonderes Stück Raffinesse hinzu: Die Menüeinträge werden aus einer Abfrage der Datenbank (*qryRibbonPictures*) ermittelt und in der Callback-Funktion *fuDynMenuContent* zusammengestellt. Die Abfrage enthält Daten aus der Tabelle *tbl_RibbonCommands*, die Sie bereits weiter oben kennen gelernt haben, sowie aus der Tabelle *tbl_Controller*, die zusätzlich zu den Steuerelementdaten ergänzende Informationen zu den einzelnen Menüeinträgen liefern.

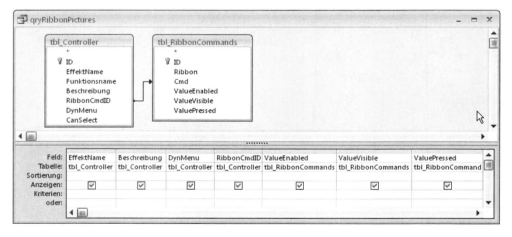

Abbildung 4.18: Diese Abfrage liefert Informationen zu den einzelnen Einträgen von dynamic-Menu-Steuerelementen.

Die Callback-Funktion muss als Ergebnis wiederum ein valides Ribbon-XML zurückliefern, was im Detail wie im folgenden Beispiel aussieht:

```
<menu xmlns="http://schemas.microsoft.com/office/2006/01/customui">
    <button id="cmdadjustsize" label="Schnell skalieren"
      getEnabled="fuEnabled" screentip="Ändert ..." onAction="fuPicture"
      getVisible="fuVisible" getImage="fuGetImage"/>
    <button id="cmdadjustsize2" label="Qualitätsskalierung"
      getEnabled="fuEnabled" screentip="Ändert ..." onAction="fuPicture"
      getVisible="fuVisible" getImage="fuGetImage"/>
    ...
</menu>
```

Die folgende Callback-Funktion erzeugt einen String nach obigem Schema und gibt ihn an das Ribbon zurück:

```
Sub fuGetContentDynMenuPic(ctl As IRibbonControl, ByRef XMLString)
    Dim strXML As String
    Dim strButton As String
    Dim i As Long
    Dim rsPixRibbon As Recordset2
    On Error Resume Next
    strXML = "<menu xmlns=""http://schemas.microsoft.com/" _
        & "office/2006/01/customui"">"
    Set rsPixRibbon = OpenRS("SELECT * FROM qryRibbonPictures " _
        & "WHERE [DynMenu]='" & ctl.ID & "'", eOpenSnapshot)
    With rsPixRibbon
    Do While Not .EOF
        strButton = "<button id=""" & !RibbonCmdID _
            & """ label=""" & !EffektName & """" _
            & " getEnabled=""fuGetEnabled"" screentip=""" _
            & !Beschreibung & """" _
            & " onAction=""fuOnActionPicture"" " _
            & "getVisible=""fuGetVisible"" getImage=""fuGetImage""/>"
        strXML = strXML & strButton
        .MoveNext
    Loop
    .Close
    End With
    strXML = strXML & " </menu>"
    XMLString = strXML
    Set rsPixRibbon = Nothing
End Sub
```

Für jeden Eintrag aus rsPixRibbon wird ein button-Element zusammengesetzt ...

... und die einzelnen button-Elemente wiederum zu einem XML-Ausdruck.

Wozu diese komplizierte Routine, wenn man die Steuerelemente auch gleich in der statischen XML-Tabelle *USysRibbons* definieren kann? In diesem Fall lassen sich zwei

Gründe anführen: Einmal bleibt die eigentliche XML-Definition so überschaubarer, weil kürzer, und zum anderen kann die Zahl der Effekteinträge des Menüs später jederzeit erweitert werden, indem lediglich der Tabelle *tbl_Controller* neue Datensätze spendiert werden. Die Steuerung über Tabellen macht Ribbons also flexibler.

4.10 Dokumente bearbeiten: RibbonDocs

Keine besonderen Überraschungen hält das letzte Ribbon der Anwendung bereit: Es heißt *RibbonDocs* und erscheint immer, wenn eines der Formulare zum Bearbeiten von Dokumenten angezeigt wird. Interessant ist hier der Effekt, dass durch das Anzeigen der jeweiligen Host-Anwendung – hier etwa bei Microsoft Word – zwei Ribbons untereinander erscheinen. Mehr dazu unter 7.6, »Office-Dokumente«.

Abbildung 4.19: Das Ribbon namens RibbonDocs erscheint immer, wenn ein Dokument angezeigt oder bearbeitet werden soll.

4.11 Ribbon per Mausklick ein- und ausblenden

Das Ribbon nimmt mitunter mehr Platz weg, als es dem Benutzer lieb ist: Mit Titelleiste nimmt es genau 147 Pixel ein, was bei Monitoren mit wenig ausgeprägter Höhe durchaus knapp ein Viertel der Gesamthöhe ausmachen kann. Ist für die Formularanzeige in den Einstellungen der Datenbank zusätzlich die Access-Option *Dokumente im Registerkartenformat anzeigen* aktiviert, so vermindert sich die Nutzfläche weiter. In *dmsBase* ist diese Option deshalb ausgeschaltet.

Für Vorgänge, die das Vorhandensein des Ribbons nicht erfordern, können Sie es durch die Auswahl des Kontextmenüeintrags *Multifunktionsleiste minimieren* so verkleinern, dass nur noch die *tab*-Überschriften sichtbar sind; rückgängig machen Sie dies mit dem gleichen Eintrag.

Jetzt müssen Sie also nur noch den Benutzern Ihrer Anwendung erzählen, dass sich der geeignete Befehl im Kontextmenü des Ribbons befindet. Dieser wird vermutlich zunächst fragend dreinschauen und sich dann nach der Bedeutung von Begriffen wie »Ribbon« oder »Kontextmenü« erkundigen.

Um sich dies und die im Anschluss folgenden Erklärungen zu sparen, machen Sie es dem Benutzer ein wenig einfacher: Schreiben Sie einfach wie in der folgenden Abbildung zusätzlich zur Bezeichnung einen kleinen Hilfetext in die Registerlasche des Ribbon-Tabs und teilen Sie dem Benutzer mit, dass er das Ribbon ganz leicht minimieren und maximieren kann:

▷ Ein Doppelklick bei maximiertem Ribbon minimiert das Ribbon,

▷ ein Doppelklick bei minimiertem Ribbon maximiert das Ribbon dauerhaft,

▷ ein einfacher Klick bei minimiertem Ribbon maximiert das Ribbon temporär bis zum nächsten Klick auf ein anderes Element der Benutzeroberfläche und

▷ ein einfacher Klick bei temporär maximiertem Ribbon minimiert das Ribbon wieder.

Abbildung 4.20: Mit einem kleinen Hinweis und dem passenden VBA-Code wird das Ein- und Ausblenden des Ribbons zum Kinderspiel.

Den Hinweis legen Sie einfach wie in folgender Zeile in der Definition des *tab*-Elements fest:

```
<tab id="tabMain" label="dmsBase Module      (Klicken oder
Doppelklicken zum Vergrößern/Verkleinern)" visible="true">
```

Sie könnten dem Benutzer auch noch mitteilen, dass sich das Ribbon auch mit der Tastenkombination *Strg + F1* minimieren und maximieren lässt, aber die Variante mit der Maus sollte eigentlich ausreichen.

Ribbon per VBA minimieren und maximieren

Vielleicht möchten Sie das Ribbon aber auch einmal per VBA minimieren oder maximieren. Das funktioniert auch – und zwar indirekt über jene eben erwähnte Tastenkombination –, allerdings nicht mit Bordmitteln: Sie müssen zusätzlich auf API-Funktionen zurückgreifen.

Die nachfolgende Vorgehensweise wird unter Genauigkeitsfanatikern möglicherweise als fehleranfällig gelten, da sie eine Abwandlung der *SendKeys*-Anweisung verwendet, um Tastenbefehle zum Minimieren und Maximieren des Ribbons zu senden. Der Hintergrund ist, dass sich der Fokus in der Zeit vom Aufruf der Routine bis zum Ausführen der *Sendkeys*-Methode auf ein anderes Fenster verschieben kann, das dann statt des Access-Fensters den per *SendKeys* geschickten Tastendruck mitbekommt.

Dieses Risiko minimiert die hier verwendete Routine, indem sie mit API-Funktionen dafür sorgt, dass der Fokus auf dem Access-Fenster der aktuellen Anwendung liegt, und erst dann die Methode *SendKeysAPI* ausführt.

Diese Methode ist ein Ersatz für die eigentliche *SendKeys*-Methode, die zwei wesentliche Vorteile hat: Sie funktioniert auch unter Windows Vista uneingeschränkt – Vista unterbindet aus Sicherheitsgründen die eingebaute *SendKeys*-Methode von VBA – und ermöglicht den Einsatz einiger Tastaturkommandos, die nicht mit der normalen *SendKeys*-Methode arbeiten, wie etwa die Windows-, die Kontextmenü- oder die Drucktaste. Sie finden diese Funktion im Modul *mdlSendKeys*.

Das Problem beim Ein- und Ausblenden des Ribbons per *Strg + F1* ist, dass man zwar gezielt das Drücken dieser Tastenkombination simulieren kann, dies aber nicht unbedingt zielführend ist: Sie möchten das Ribbon ja gezielt entweder minimieren oder maximieren.

Eine VBA-Routine, die einfach nur *Strg + F1* per *SendKeys* absetzt, weiß aber nicht, ob das Ribbon gerade minimiert oder maximiert ist, und kann daher nicht ohne Weiteres den gewünschten Zustand herbeiführen.

Also müssen Sie diesen Zustand zunächst ermitteln, was die Hilfsfunktion aus folgendem Listing erledigt. Diese Routine macht sich zu Nutze, dass man über die *CommandBars*-Auflistung in beschränktem Maße auf das Ribbon zugreifen kann.

So liefert die Funktion *RibbonState* den Wert -1 zurück, wenn das Ribbon eine Höhe von weniger als etwa 100 Pixel hat, was auf den minimierten Zustand hinweist, und 0, wenn das Ribbon höher als 100 Pixel ist.

```
Function RibbonState() As Long
    'Status des Ribbon; Result: 0=normal, -1=minimiert, 1=Fehler
    Dim H As Long
    H = CommandBars("Ribbon").Controls(1).Height
    RibbonState = (H < 100) '147 oder 56
End Function
```

Die Funktion *MinimizeRibbon* macht sich dies zu Nutze, indem sie zunächst prüft, ob das Ribbon minimiert ist, und in diesem Fall direkt abbricht. Anderenfalls speichert sie die aktuelle Zeit in der Variablen *T* und versucht so lange, mit den erwähnten API-Funktionen und dem Senden der Tastenkombination *Strg + F1* das Ribbon auszublenden, bis die Funktion *RibbonState* meldet, dass das Ribbon minimiert ist oder eine bestimmte Zeit abgelaufen ist. Diese beträgt standardmäßig drei Sekunden, kann aber per Parameter auch variiert werden. Im Erfolgsfall liefert *MinimizeRibbon* den Wert *True* zurück, sonst *False*.

Der Grund für den Einsatz des Timeouts liegt darin begründet, dass umfangreiche Ribbons oft nur träge geladen werden – schließlich müssen dabei allerlei Callback-Funktionen durchlaufen und die Symbolbilder aus der Tabelle *tbl_Anlagen* erzeugt werden.

```
Function MinimizeRibbon(Optional TimeOut As Long = 3) As Boolean
    Dim T As Single
    MinimizeRibbon = True
    If RibbonState = -1 Then Exit Function
    T = timer()
    'Schleife bricht dann ab, wenn das Ribbon entweder minimiert ist,
    'oder wenn es einen Timeout von 3 Sekunden gibt.
    Do While (RibbonState = 0) And (timer - T) < TimeOut
        SetForegroundWindow Application.hWndAccessApp
        SetActiveWindow Application.hWndAccessApp
        ApiSetFocus Application.hWndAccessApp
        SendKeysAPI "{^F1}"
        DoEvents
    Loop
    MinimizeRibbon = (timer - T) < TimeOut
End Function
```

Die Funktion *MaximizeRibbon* erledigt das Ganze andersherum, indem sie zunächst prüft, ob das Ribbon aktuell schon maximiert ist, und dieses gegebenenfalls in den maximierten Zustand versetzt:

```
Function MaximizeRibbon(Optional TimeOut As Long = 3) As Boolean
    Dim T As Single
```

```
        MaximizeRibbon = True
        If RibbonState = 0 Then Exit Function
        T = timer()
        'Schleife bricht dann ab, wenn das Ribbon entweder maximiert ist,
        ' oder wenn es einen Timeout von 2 Sekunden gibt.
        Do While (RibbonState = -1) And (timer - T) < TimeOut
            SetForegroundWindow Application.hWndAccessApp
            SetActiveWindow Application.hWndAccessApp
            ApiSetFocus Application.hWndAccessApp
            SendKeysAPI "{^F1}"
            DoEvents
        Loop
        MaximizeRibbon = (timer - T) < TimeOut
End Function
```

4.12 Kontextmenüs in Access 2007

Ein sehr großes Problem für Umsteiger von früheren Access-Versionen dürfte das Anlegen von Kontextmenüs werden. Microsoft liefert nämlich nicht nur keinen grafischen Editor für das Anlegen von Ribbons, sondern hat auch den alten Editor für Menü- und Symbolleisten rausgeschmissen. Und der war eben auch für das Erstellen von Kontextmenüs zuständig. Nun gibt es zwei Varianten, um dennoch benutzerdefinierte Kontextmenüs zu erstellen:

▷ Sie verwenden VBA und nutzen die *CommandBars*-Auflistung mit ihren Objekten, Methoden und Eigenschaften.

▷ Sie erstellen die Kontextmenüs in einer älteren Version von Access (beispielsweise Access 2003) und importieren diese Menüs nach Access 2007.

In den folgenden Abschnitten finden Sie die Beschreibung beider Vorgehensweisen. Damit können Sie dann Kontextmenüs wie etwa für das TreeView-Steuerelement im Formular *frmDocMain* erzeugen. Dieses Steuerelement bietet gleich zwei verschiedene Kontextmenüs an – eines für die Verzeichnis-Einträge und eines für die Dokumente. Die folgende Abbildung zeigt das Dokumenten-Kontextmenü des TreeView-Steuerelements.

4.12.1 Kontextmenüs mit VBA anlegen

Das Objektmodell zum Anlegen von Menüs und insbesondere Kontextmenüs ist überschaubar, sodass wir an dieser Stelle nicht im Detail auf die enthaltenen Techniken eingehen werden. Stattdessen stellen wir eine Routine vor, die es Ihnen erlaubt, die

Definition der benötigten Kontextmenüs in einer Tabelle und die der darin enthaltenen Steuerelemente in einer weiteren Tabelle zu speichern und daraus mit einem einfachen Aufruf die Kontextmenüs zu erzeugen.

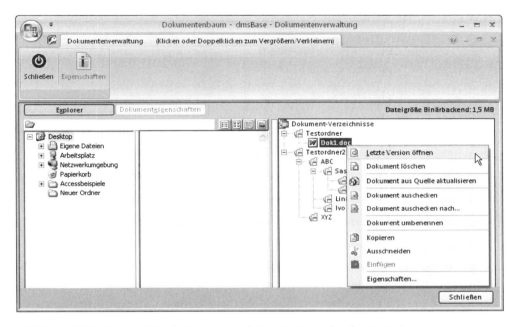

Abbildung 4.21: Beispiel für ein Kontextmenü, hier im Formular frmDocMain

---

Verweis auf die Office-Bibliothek

Wenn Sie beim Programmieren von CommandBars mit Early Binding arbeiten und damit beispielsweise die Vorzüge von IntelliSense genießen möchten, müssen Sie dem Projekt einen Verweis auf die Microsoft Office 12.0 Object Library hinzufügen (VBA-Editor, Extras|Verweise).

Die erste dazu benötigte Tabelle sieht wie folgt aus und enthält lediglich die Namen der zu erstellenden Kontextmenüs. *dmsBase* verwendet fünf Kontextmenüs:

▷ *dms_BaumVerzeichnis*: Wird angezeigt, wenn der Benutzer auf eines der Verzeichnisse im Dokumentbaum klickt.

▷ *dms_BaumDocs*: Wird angezeigt, wenn der Benutzer auf eines der im Dokumentbaum enthaltenen Dokumente klickt.

▷ *dms_CopyPaste*: Kommt in den meisten Formularen und Dialogen als Standardkontextmenü zum Einsatz und ersetzt damit das übliche Kontextmenü von Access, welches zu viele datenbanktechnische Einträge enthält, die dem *dmsBase*-User eventuell nichts sagen.

▷ *dms_Datasheet*: Mit der gleichen Begründung wie zu *dms_CopyPaste* ersetzt dieses Menü das Standardmenü von Access in den meisten Datenblattansichten der Unterformulare.

▷ *dms_LvwUebersicht*: Bildet mit nur drei Einträgen das Kontextmenü für das *ListView*-Steuerelement des Formulars *frmUebersicht*.

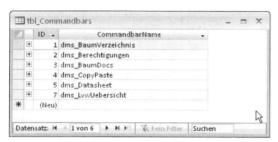

Abbildung 4.22: Diese Tabelle speichert die Namen der zu erstellenden Kontextmenüs.

Die zweite Tabelle heißt *tbl_CommandbarControls* und speichert Informationen über die einzelnen in den Kontextmenüleisten enthaltenen Steuerelemente sowie deren Zuordnung zu den Datensätzen der Tabelle *tbl_Commandbars*. Dazu gehörenden die folgenden Eigenschaften:

▷ *ID*: Primärschlüsselfeld der Tabelle

▷ *Commandbar*: Fremdschlüsselfeld zur Tabelle *tbl_Commandbars*; legt fest, zu welchem Kontextmenü das Steuerelement gehört.

▷ *Pos*: Legt die Position des Steuerelements innerhalb des Kontextmenüs fest.

▷ *Caption*: Beschriftung des Steuerelements (&-Zeichen markiert den Buchstaben, über den der Eintrag bei gedrückter Alt-Taste betätigt werden kann)

▷ *Action*: Legt die VBA-Funktion fest, die bei Betätigung ausgelöst werden soll, oder enthält alternativ die ID eines in Access eingebauten Menübefehls. Für die eingebaute Menüanweisung *Kopieren* etwa hat diese ID den Wert *19*. Sie finden eine Liste möglicher eingebauter Control-IDs übrigens in der Tabelle *tbl_CommandbarControlIDs*, die gleichzeitig als Datenherkunft für das Nachschlagekombinationsfeld dient, das im Tabellenfeld *Action* verwendet wird.

▷ *Enabled*: Stellt die gleichnamige Eigenschaft des Steuerelements ein.

▷ *Separator*: Legt fest, ob nach dem Steuerelement ein Trennstrich eingefügt werden soll.

▶ *BildID*: Gibt die ID des Bildes in der Tabelle *tbl_Anlagen* an, das der Schaltfläche hinzugefügt werden soll.

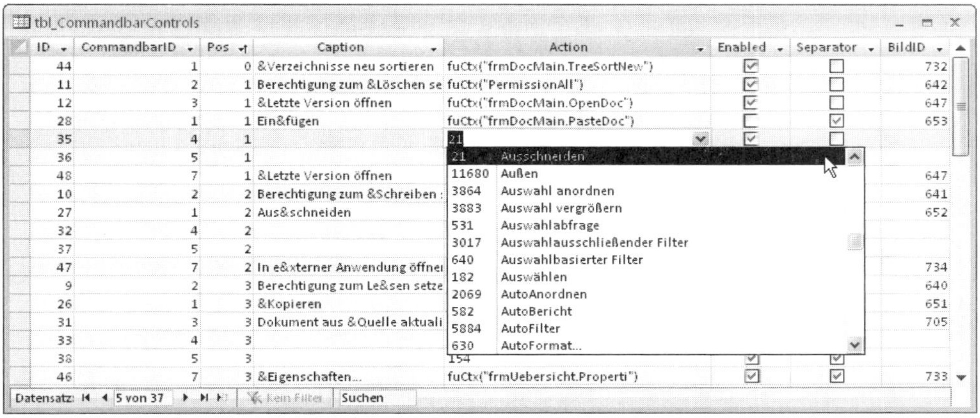

Abbildung 4.23: Die Tabelle tbl_CommandbarControls speichert Informationen über die Steuerelemente der Kontextmenüleisten.

Fehlt noch die Routine, die aus den in diesen Tabellen gespeicherten Informationen Kontextmenüs macht. Diese heißt *CreateCommandbars* und löscht zunächst alle in der Anwendung enthaltenen *CommandBar*-Objekte, deren Name mit »dms« beginnt. Die *For...Next*-Schleife durchläuft dazu alle Elemente von hinten nach vorne, damit gelöschte Elemente nicht die Indizierung beeinflussen und so das korrekte Durchlaufen der Schleife verhindern.

Die Routine benötigt zwei *Recordset2*-Objekte: eines für das Durchlaufen der Tabelle *tbl_Commandbars* und eines für die dazu passenden Datensätze der Tabelle *tbl_CommandbarControls*.

Für das Anlegen der Menüs und der Schaltflächen verwendet die Routine je eine Variable des Typs *CommandBar* und *CommandBarButton*.

Die äußerste *Do While*-Schleife durchläuft die Datensatzgruppe mit den Einträgen der Tabelle *tbl_Commandbars*. Dabei legt sie zunächst ein *CommandBar*-Objekt mit dem in der Tabelle gespeicherten Namen sowie dem Parameter *msoBarPopup* an. Letzteres bewirkt die Erzeugung als Kontextmenü.

Direkt im Anschluss öffnet die Routine eine weitere Datensatzgruppe auf Basis der Tabelle *tbl_CommandbarControls*, wobei nur die Datensätze berücksichtigt werden, die zum aktuellen Datensatz der Tabelle *tbl_CommandBars* gehören. Die zu Grunde liegende Abfrage sortiert die Einträge außerdem direkt nach der im Feld *Pos* eingetragenen Reihenfolge.

Kapitel 4

Eine zweite *Do While*-Schleife durchläuft die Einträge der zweiten Datensatzgruppe, legt für jeden ein neues *CommandbarButton*-Steuerelement an und stellt die Eigenschaften entsprechend den in der Tabelle *tbl_CommandbarControls* angegebenen Werten ein.

Nicht in der Tabelle vorhanden ist die Eigenschaft *Style* – diese stellt die Routine für alle Steuerelemente gleich auf *msoButtonIconAndCaption* ein, wodurch die Schaltflächen sowohl ein Symbol als auch eine Beschriftung anzeigen.

Interessant ist das Zuweisen des Symbols: Hier verwendet die Routine die Funktion *GetSysPicture* aus dem Modul *mdlSysPictures*, die in diesem Fall lediglich mit dem Wert des Feldes *BildID* als Parameter aufgerufen wird. Dies führt dazu, dass die Funktion ein *StdPicture*-Objekt aus dem Datensatz mit dem Primärschlüsselwert *BildID* der Tabelle *tbl_Anlagen* ausliest, das anschließend der *Picture*-Eigenschaft des Kontextmenü-Steuerelements zugewiesen wird.

```
Sub CreateCommandbars()
    Dim i As Long
    Dim n As Long
    ...
    n = CommandBars.count
    For i = n To 1 Step -1
        If Left(CommandBars(i).Name, 3) = "dms" Then CommandBars(i).Delete
    Next i
    Dim rstBars As Recordset2
    Dim rstControls As Recordset2
    Dim cmb As Office.CommandBar
    Dim ctl As Office.CommandBarButton
    Dim oPic As StdPicture
    Set rstBars = OpenRS("tbl_Commandbars", eOpenSnapshot)
    Do While Not rstBars.EOF
        Set cmb = CommandBars.Add(rstBars!CommandbarName, msoBarPopup)
        Set rstControls = OpenRS("SELECT * FROM tbl_CommandbarControls " _
            "WHERE CommandbarID=" & rstBars!ID _
            & " ORDER BY [Pos]", eOpenSnapshot)
        Do While Not rstControls.EOF
            If IsNumeric(Nz(rstControls!Action, "f")) Then
                Set ctl = cmb.Controls.Add(msoControlButton, _
                    Val(rstControls!Action))
            Else
                Set ctl = cmb.Controls.Add(msoControlButton)
                ctl.Style = msoButtonIconAndCaption
                ctl.Caption = rstControls!Caption
            End If
```

Die äußere Schleife durchläuft alle Menüs ...

... und die Innere deren Steuerelemente.

```
                ctl.Enabled = rstControls!Enabled
                If Not IsNull(rstControls!Action) Then
                    If Not IsNumeric(rstControls!Action) Then
                        ctl.OnAction = "=" & rstControls!Action
                    End If
                End If
                If Not IsNull(rstControls!BildID) Then
                    Set oPic = GetSysPicture(rstControls!BildID.Value)
                    If Not oPic Is Nothing Then ctl.Picture = oPic
                    Set oPic = Nothing
                End If
                ctl.BeginGroup = rstControls!Separator.Value
                ctl.Visible = True
                rstControls.MoveNext
        Loop
        rstBars.Close
        Set rstBars = Nothing
        ...
End Sub
```

Hier wird die VBA-Funktion für den Kontextmenüeintrag festgelegt.

Und hier das Icon.

4.12.2 Kontextmenüs in älterer Access-Version anlegen und importieren

Grundsätzlich ist das Anlegen von Kontextmenüs per VBA der Königsweg für Access 2007-Datenbanken. Sie können allerdings auch die grafische Benutzeroberfläche von Access 2003 und älter verwenden, um die benötigten Kontextmenüs zu erstellen, und diese anschließend in die Access 2007-Datenbank importieren.

Dies ist allerdings problematisch, wenn keine ältere Access-Version vorhanden ist. Ein weiteres Problem ist, dass Sie keine einzelnen, sondern nur alle Menü-, Symbol- und Kontextmenüleisten der Quelldatenbank importieren können. Das ist aber kein Problem, wenn Sie in einer leeren Datenbank nur die benötigten Kontextmenüs erzeugen.

Zum Importieren wählen Sie den Ribbon-Eintrag *Externe Daten|Access* aus, legen die entsprechende MDB-Datei als Quelle fest und aktivieren in den erweiterten Optionen des Dialogs *Objekte importieren* den Punkt *Menüs und Symbolleisten*.

Anschließend können Sie sich mit folgender kleiner Routine davon überzeugen, ob die gewünschte Kontextmenüleiste vorhanden ist. Dazu ersetzen Sie einfach nur den aktuell mit dem Platzhalter *<Kontextmenüname>* gekennzeichneten Parameter durch den Namen der importierten Kontextmenüleiste.

Kapitel 4

```
Public Sub KontextmenueSuchen()
    Dim cbr As CommandBar
    For Each cbr In CommandBars
        If cbr.Name = "<Kontextmenüname>" Then
            MsgBox "Das Kontextmenü ist vorhanden."
        End If
    Next cbr
End Sub
```

Abbildung 4.24: Importieren von Menüleisten aus einer anderen Datenbank

4.12.3 Kontextmenüs aufrufen

Fehlt noch eine Kleinigkeit: Das Kontextmenü soll natürlich bei Gelegenheit auch angezeigt werden. Dies können Sie auf mehr oder weniger einfache Art und Weise erledigen – je nachdem, wo das Kontextmenü erscheinen soll:

▷ Formulare, Berichte und Standardsteuerelemente: Einstellung der passenden Eigenschaft

▷ Sonstige Steuerelemente, Spezialfälle: per VBA-Code

Kontextmenü für Formulare, Berichte und Standardsteuerelemente festlegen

Das Festlegen eines Kontextmenüs für ein Formular oder einen Bericht erfolgt ganz einfach über das Zuweisen des Kontextmenüs für die Eigenschaft *Kontextmenüleiste*.

Zusätzlich muss die Eigenschaft *Kontextmenü* auf *Ja* eingestellt sein, was aber der Standardeinstellung entspricht. Wenn der Benutzer gar kein Kontextmenü sehen soll, was mitunter auch sinnvoll sein kann, stellen Sie diese Eigenschaft einfach auf den Wert *Nein* ein. Hilfreich ist, dass Access in den Eigenschaften alle möglichen vorhandenen Kontextmenüs zur Auswahl bereitstellt.

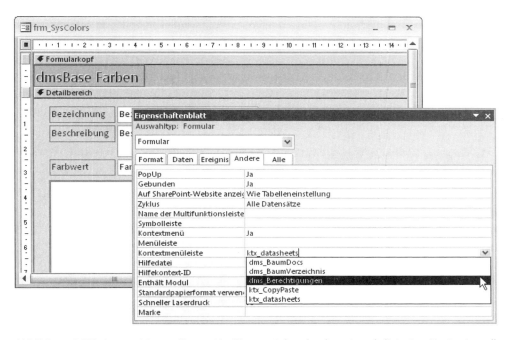

Abbildung 4.25: Access bietet alle zur Verfügung stehenden benutzerdefinierten Kontextmenüs zur Auswahl an.

Kontextmenü für weitere Steuerelemente festlegen

Steuerelemente wie das TreeView-Steuerelement bieten keine Eigenschaft, mit der Sie ein Kontextmenü festlegen könnten. Gerade im Fall des TreeView-Steuerelements wäre dies aber auch möglicherweise etwas viel verlangt, weil dieses ja gerade hierarchische Daten anzeigen soll, deren Elemente in den unterschiedlichen Ebenen möglicherweise nach verschiedenen Kontextmenüs verlangen.

Sie können aber für alle Steuerelemente, die über ein *MouseDown*-Ereignis verfügen, ein Kontextmenü per VBA anzeigen lassen.

Dazu brauchen Sie lediglich eine kleine Routine, die beim Eintreten des Ereignisses *MouseDown* ausgelöst wird. Dieses Ereignis enthält einen Parameter namens *Button*, der einen Zahlenwert liefert, der die gedrückte Maustaste repräsentiert. In eine solche

… Routine fügen Sie lediglich eine Prüfung dieser Taste und den Aufruf der *ShowPopup*-Methode des gewünschten Kontextmenüs ein – fertig ist der Kontextmenüaufruf!

Das hört sich vermutlich komplizierter an, als es eigentlich ist. Fangen wir einmal klein an – so, dass Sie im Direktfenster den ersten Erfolg einfahren können. Wenn Sie mit der obigen VBA-Funktion und den notwendigen Tabellen mit den Kontextmenü-Eigenschaften ein Kontextmenü erstellt haben, brauchen Sie prinzipiell nur seinen Namen zu kennen und dann im Direktfenster den folgenden Befehl abzusetzen:

```
Commandbars("dms_BaumDocs").ShowPopup
```

Das Kontextmenü erscheint dann genau dort, wo sich aktuell der Mauszeiger befindet. Jetzt soll das Kontextmenü beim Klicken auf ein bestimmtes Element angezeigt werden – beispielsweise ein Textfeld. Für dieses Beispiel verwenden wir ein einfaches Formular mit einem einzigen Steuerelement – einem Textfeld namens *txtKontextmenue*.

Für dieses Textfeld legen Sie die Ereigniseigenschaft *Bei Maustaste Ab* an und fügen für die so erzeugte Prozedur den folgenden Code ein:

```
Private Sub txtKontextmenue_MouseDown(Button As Integer, _
    Shift As Integer, X As Single, Y As Single)
    If Button = 2 Then
        CommandBars("Kontextmenue").ShowPopup
    End If
End Sub
```

Ein wichtiger Befehl: Er zeigt das Kontextmenü an!

Die Routine prüft zunächst anhand des Werts für den Parameter *Button*, welche Maustaste der Benutzer geklickt hat. Ist der Wert 2, entspricht dies der rechten Maustaste und das Kontextmenü wird angezeigt.

Funktionen der Kontextmenüs ausführen

Ein Eintrag der Kontextmenüs, wie sie die tabellengesteuerte Routine *CreateCommandBars* erzeugt, kann zwei unterschiedliche Aktionen hervorrufen:

Ist die *Control*-Eigenschaft *ID* auf den Wert einer in Access eingebauten Anweisung eingestellt, dann braucht man sich nicht weiter um die Funktionalität zu kümmern.

Der Eintrag wird zudem kontextsensitiv aktiviert oder deaktiviert. Ist etwa die *ID* mit der Nummer *19* angegeben, dann handelt es sich automatisch um die Anweisung *Kopieren*, die nur aktiviert ist, wenn Text in irgendeinem Feld markiert wurde. Den Kopieren-Mechanismus stellt Access dann selbst zur Verfügung.

Anders sieht es aus, wenn in der *OnAction*-Eigenschaft für das Control der Name einer benutzerdefinierten Funktion eingetragen ist. Im VBA-Projekt müssen Sie dann Sorge dafür tragen, welche Funktion zur Ausführung gelangt. In *dmsBase* wurde zu diesem

Zweck nur eine einzige Funktion *fuCtx* im Modul *mdlNavi* angelegt. Sie erwartet einen String-Parameter, der Informationen darüber enthalten muss, welche Aktion erfolgen soll. Dieser Parameter steht in der Tabelle *tbl_CommandbarControls* im Feld *Action* und sieht etwa so aus:

```
fuCtx("frmDocMain.DocCheckIn")
```

Die Routine *fuCtx* splittet den Parameter in zwei Bestandteile auf: Einmal das Formular, das von der Aktion betroffen sein soll, und zum anderen die Funktion im Klassenmodul des Formulars selbst, die ausgeführt werden soll und grundsätzlich von dessen öffentlicher Funktion *ContextFunction* gekapselt wird. Für das Beispiel würde im Formular *frmDocMain* die Funktion *ContextFunction* mit dem Parameter *DocCheckIn* aufgerufen, also weitergeleitet (siehe 8.3.3, »Dokument einchecken«). Die Routine *fuCtx* stellt somit lediglich einen Verteiler dar.

```
Function fuCtx(strFunction As String)
    Dim strForm As String
    Dim n As Long
    ...
    n = InStr(strFunction, ".")
    If n > 0 Then
        strForm = Left(strFunction, n - 1)
        strFunction = Mid(strFunction, n + 1)
    End If
    Select Case strFunction
        Case "CreateSubDir", "DeleteDir", "ClearDir", "OpenDoc", _
             "DocDelete", "DocCheckOut", "DocCheckIn", "RenameDir", _
             "RenameDoc", "CopyDoc", "CutDoc", "PasteDoc", "CopyDir", _
             "CutDir", "PasteDir", "DocCheckOutTo", "Properti", _
             "ReCheckin", "TreeSortNew", "ExecuteExt"
            If Len(strFunction) = 0 Then Exit Function
            Forms(strForm).ContextFunction strFunction
        Case "NoPermission"
        Case "PermissionRead"
        Case "PermissionWrite"
        Case "PermissionAll"
    End Select
    ...
End Function
```

Ein Parameter wie "frmDocMain.DocCheckIn" wird hier aufgeteilt und in strForm und strFunction geschrieben.

Hier drin steckt nun "DocCheckIn" ...

... und hier frmDocMain.

5 Benutzer und Berechtigungen verwalten

Eine Anwendung wie eine Dokumentenverwaltung ist eine schöne Spielwiese, um verschiedene Techniken zur Vergabe und Abfrage von Berechtigungen zu erproben – was seit dem Wegfall der Benutzerverwaltung in Access 2007 ein sehr interessantes Thema ist. In diesem Kapitel betrachten wir dieses Gebiet ausführlich. Die folgenden Fragen stehen dabei im Vordergrund:

- Wie verwalten Sie Mitarbeiter/Benutzer und Benutzergruppen?
- Wie legen Sie die Berechtigungen für Benutzer/Benutzergruppen für den Zugriff auf Datenbankobjekte fest?
- Wie prüfen Sie die Berechtigungen für Benutzer/Benutzergruppen für den Zugriff auf Datenbankobjekte?
- Wie legen Sie Berechtigungen für Benutzer/Benutzergruppen auf die in der Datenbank gespeicherten Daten (hier Dokumente) fest?
- Wie prüfen Sie die Berechtigungen für Benutzer/Benutzergruppen auf die in der Datenbank gespeicherten Daten?

5.1 Benutzer verwalten

Die Verwaltung von Mitarbeitern oder Benutzern ist in all den Anwendungen ein Thema, die in Zusammenhang mit Datenänderungen Informationen über den jeweiligen Benutzer speichern sollen – etwa um festzuhalten, wer einen Datensatz angelegt, geändert oder gelöscht hat. Andere Anwendungen stellen die Verwaltung von Mitarbeitern ganz in den Mittelpunkt und speichern neben den Informationen über Mitarbeiter selbst auch noch Daten zu deren Beschäftigungsverhältnissen, Gehältern, Krankheiten, Urlaubstagen und vieles mehr.

Benutzerverwaltung im Datenmodell

Im Datenmodell spiegeln sich die Benutzer und Benutzergruppen in Form zweier per m:n-Beziehung verknüpfter Tabellen wider, wobei *tblBenutzer* noch mit zwei weiteren Lookup-Tabellen verknüpft ist.

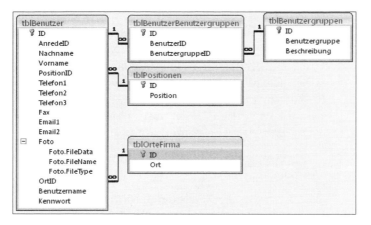

Abbildung 5.1: Die Tabellen mit den Daten zu Benutzern und Benutzergruppen

Wozu Benutzer und Benutzergruppen verwalten?

Die Dokumentenverwaltung speichert Mitarbeiterdaten letztlich, um eine Basis für die Verwaltung von Benutzer und Benutzergruppen sowie deren Berechtigungen in Bezug auf die Objekte der Datenbank sowie der enthaltenen Dokumente zu schaffen – mehr darüber erfahren Sie in den folgenden Abschnitten.

Das Formular *frmUser* ist der Ausgangspunkt für die Verwaltung von Benutzern, Benutzergruppen und Berechtigungen: Es erlaubt die Eingabe von Benutzerdaten und die Zuordnung zu den einzelnen Benutzergruppen.

Schauen Sie sich einfach einmal das Formular an, indem Sie es durch einen Klick auf den Ribboneintrag *Willviel Mitarbeiter* öffnen. Das Formular liefert ausschließlich berufsbezogene Daten zum jeweiligen Mitarbeiter. Einige Werte lassen sich über Kombinationsfelder aus separaten Tabellen auslesen und ein Bildsteuerelement zeigt das

Konterfei des Mitarbeiters (ob das ein absolutes Muss in Zusammenhang mit dieser Anwendung ist, sei dahingestellt – aber daran lässt sich sehr schön die Funktionalität des *Attachment*-Steuerelements erläutern).

Der untere Bereich des Formulars zeigt schließlich die anwendungsbezogenen Daten des Mitarbeiters an: den Anmeldenamen, das Passwort sowie die Benutzergruppen, denen der Mitarbeiter angehört.

Abbildung 5.2: Das Formular *frmUser* dient der Verwaltung von Mitarbeitern und deren Benutzergruppen.

5.1.1 Formular öffnen

Beim Öffnen des Formulars sind einige Abläufe notwendig, die sich auf die Ereignisprozeduren *Form_Load*, *Form_Open*, *Form_Current* und *Form_Resize* aufteilen.

Die ersten beiden werden nur beim Öffnen ausgeführt, *Form_Current* bei jedem Datensatzwechsel (also auch beim Öffnen), und *Form_Resize* beim Ändern der Größe des Formulars.

> **Beim Öffnen und Beim Laden**
>
> Viele Access-Entwickler gehen recht willkürlich mit den beiden Ereignissen eines Formulars um, die zwischen dem Öffnen und dem Anzeigen ausgelöst werden. Dabei hat jedes eine spezielle Bedeutung, und zusätzlich gibt es einen ganz wichtigen Unterschied. Dieser besteht im Vorhandensein des *Cancel*-Parameters der Prozedur, die durch das Ereignis *Beim Öffnen* ausgelöst wird. Wenn Sie diesen Parameter innerhalb der *Form_Open*-Ereignisprozedur auf den Wert *True* setzen, wird das Öffnen des Formulars abgebrochen. Das *Form_Load*-Ereignis hat keinen solchen Parameter. Warum packt man dann nicht alle Aktionen, die beim Öffnen ausgeführt werden sollen, in das *Form_Open*-Ereignis und lässt das *Form_Load*-Ereignis außen vor? Das *Form_Open*-Ereignis wird zuerst ausgeführt, zu diesem Zeitpunkt hat Access beispielsweise die Datenherkunft des Formulars gefüllt. So könnte man das Öffnen des Formulars etwa abbrechen, weil die Datenherkunft keine Daten enthält. Außerdem ist die *Form_Open*-Prozedur der geeignete Ort, um beispielsweise zu prüfen, ob der aktuelle Benutzer dieses Formular überhaupt öffnen darf. Der beste Grund für den Einsatz des darauf folgenden Ereignisses namens *Form_Load* ist der, dass beim Auslösen von *Form_Open* möglicherweise noch nicht alle Steuerelemente des Formulars verfügbar sind. Dies ist erst der Fall, wenn *Form_Load* aufgerufen wird. Diese Ereignisprozedur eignet sich somit etwa zum Füllen von ActiveX-Steuerelementen wie dem TreeView-Steuerelement – in der Ereignisprozedur *Form_Open* könnte dies zu einem Fehler führen.

5.1.2 Form_Open: Berechtigungen prüfen

Bevor das Formular überhaupt angezeigt wird, muss die Anwendung zunächst prüfen, ob der aktuell angemeldete Benutzer das Formular für die Benutzerverwaltung überhaupt öffnen darf.

Dies geschieht im *Form_Open*-Ereignis, das ja einen Parameter namens *Cancel* zum Abbrechen des Öffnungsvorgangs besitzt:

```
    lAccess = MayAccessObj(Me.Name)
    Select Case lAccess
        Case 0
            If Getvar("ShowSecMessages", True) Then DmsMsg 1
            Cancel = True
        Case 1
            SetReadOnly Me
        Case Else
    End Select
```

Gar nicht öffnen! { `If Getvar("ShowSecMessages", True) Then DmsMsg 1` / `Cancel = True` }

Öffnen, aber ohne Schreibrechte. ← `SetReadOnly Me`

Hier wird zunächst der *Long*-Wert *lAccess* mit dem Ergebnis der *MayAccessObj*-Funktion gefüllt, wobei der Funktion der Name des Objekts übergeben wird. Nehmen Sie diese Funktion zunächst einfach einmal als gegeben hin – die Beschreibung folgt weiter unten in 5.3.1, »Objektberechtigungen ermitteln«. Hat der Benutzer keine Berechtigung zum Öffnen dieses Formulars (Wert *0*), erscheint das Meldungsfenster aus der folgenden Abbildung:

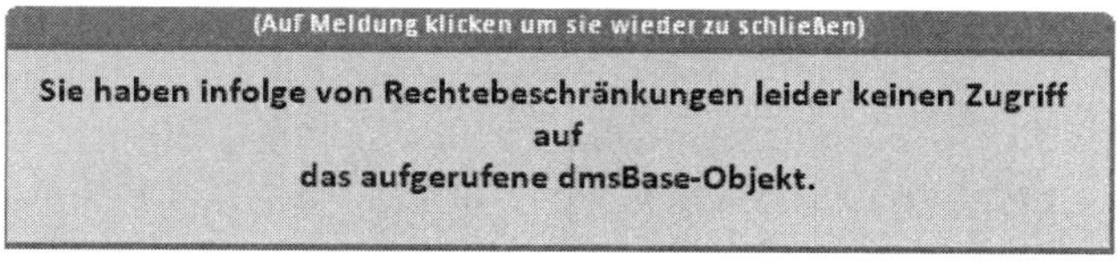

> (Auf Meldung klicken um sie wieder zu schließen)
>
> **Sie haben infolge von Rechtebeschränkungen leider keinen Zugriff auf das aufgerufene dmsBase-Objekt.**

Abbildung 5.3: Diese Meldung erscheint, wenn der Benutzer das aktuelle Objekt nicht öffnen darf.

Warum sollte ein Benutzer ein Formular nicht öffnen dürfen? Ganz einfach: Weil es Formulare gibt, die bestimmte Benutzer einfach nicht zu sehen brauchen. So dürfte zum Beispiel das Formular zur Einstellung der Zugriffsrechte auf Objekte oder Dokumente für den normalen Anwender eher uninteressant sein.

Liefert die Funktion *MayAccessObj* den Wert *1* zurück, ruft die *Form_Open*-Routine die Funktion *SetReadOnly* auf und übergibt einen Verweis auf sich selbst als Parameter. Diese Routine finden Sie im Modul *mdlSecurity*, die Beschreibung lesen Sie in Abschnitt 5.3.2, »Formular vor schreibendem Zugriff schützen«. Sie sorgt dafür, dass der Benutzer das Formular nicht zum Ändern von Daten einsetzen kann.

Bei allen anderen Ergebnissen der Funktion *MayAccessObj* hat der Benutzer volles Zugriffsrecht auf das jeweilige Objekt.

5.1.3 Beim Laden: Anpassen von Formular und Steuerelementen

Nach *Form_Open* folgt *Form_Load*. Die Frage, ob der aktuelle Benutzer das Formular überhaupt öffnen darf, hat die *Form_Open*-Routine geklärt – jetzt geht es an das Anpassen des Formulars an die aktuellen Gegebenheiten. Zu diesem Zeitpunkt sind die Steuerelemente alle verfügbar.

In der *Form_Load*-Prozedur wird das Formular erstmal maximiert, außerdem werden alle anderen Formulare geschlossen.

Die passende Routine heißt *CloseOtherForms* und ist im Modul *mdlNavi* zu finden. Eine Beschreibung dieser Routine finden Sie in Abschnitt 8.6, »Schließen aller Formulare außer dem aktuellen«.

```
DoCmd.Maximize
CloseOtherForms Me
```

Dann liest sie den Farbcode für die aktuell unter *Stil2* gespeicherte Farbe in die Variable *lCol* ein und versieht die einzelnen Bereiche des Formulars mit einer entsprechenden Hintergrundfarbe (die dazu verwendete Funktion *fuSysColor* stammt aus dem Modul *mdlThisDB*, Beschreibung siehe Abschnitt 12.5, »Anwendungsinterner Farbdialog«):

```
lCol = fuSysColor("Stil2")
Me.Section(acDetail).BackColor = lCol
Me.Section(acFooter).BackColor = LightenColor(lCol, 0.9)
Me.Section(acHeader).BackColor = LightenColor(lCol, 0.9)
```

Danach füllt die Routine einige Bezeichnungsfelder, weist dem *Attachment*-Steuerelement *ctlBild* ein im Unterverzeichnis *images* gespeichertes Bild zu (die Beschreibung der Funktion *CurPath* aus dem Modul *mdlGlobal* finden Sie in Abschnitt 9.8.4, »Aktueller Anwendungspfad«). Dieses Bild dient jedoch nur als Standardbild und wird, wenn ein zum aktuellen Datensatz passendes Bild in der Datenbank gespeichert ist, durch dieses ersetzt.

```
sTitel = "Mitarbeiter"
Me!LblTitel1.Caption = sTitel
Me!LblTitel2.Caption = sTitel
Me!ctlBild.DefaultPicture = CurPath("images") & "\mitarbeiter_leer.png"
```

5.1.4 Steuerelemente zentrieren

Die folgenden Anweisungen dienen dem Zentrieren der enthaltenen Steuerelemente im Formular. *StoreCtlPositions* speichert die Koordinaten aller Steuerelemente, wie sie vor dem bald folgenden *Resize*-Ereignis aussehen, *HDetail* und *WDetail* speichern die Höhe und Breite des Detailbereichs im aktuellen Zustand. Genau genommen ist das Formular *frmUser* ein Beispiel dafür, wie man die Steuerelemente zentriert, ohne dass ihre Proportionen oder ihre Lage zueinander aus den Fugen geraten. Wie das genau funktioniert, lesen Sie in Abschnitt 8.7, »Steuerelemente im Formular zentrieren«.

```
arrCtlPositions = StoreCtlPositions(Me)
HDetail = Me.Section(acDetail).Height
WDetail = Me.Width
```

Fehlen noch die Einstellungen für die hier eingesetzte benutzerdefinierte Navigationsleiste. Aus Platzgründen verzichten wir an dieser Stelle auf den kompletten Code, den Sie ohnehin in Abschnitt 8.4, »Benutzerdefinierte Navigationsschaltflächen«, komplett entnehmen können.

Nach dem Durchlaufen der *Open*- und *Load*-Ereignisse sowie dem *Resize*-Ereignis wird es Zeit, dass der erste Datensatz in das Formular geladen wird. Gleichzeitig wird das Ereignis *Beim Anzeigen* (*OnCurrent*) ausgelöst, das etwa ungebundene Steuerelemente mit Inhalten aus der Datenherkunft füllt.

5.1.5 Mitarbeitername im Formularkopf

Der Formularkopf zeigt jeweils den Text *Mitarbeiter:* plus den Namen des aktuell angezeigten Mitarbeiters oder, wenn soeben ein neuer Mitarbeiter angelegt wurde, den

Benutzer und Berechtigungen verwalten

Text *Neuer Mitarbeiter* an. Das Ganze sieht dann auch noch etwas anders aus als der normalerweise in Access-Formularen angezeigte Text. Grund ist, dass der gleiche Text in zwei identischen Labels angezeigt wird – einmal in Weiß im Hintergrund und blau im Vordergrund –, die leicht gegeneinander verschoben platziert wurden. Im Detail sieht das so aus:

Mitarbeiter: André Minhorst

Abbildung 5.4: Eine Schrift mit Schatteneffekt lässt sich durch das Übereinanderlegen zweier identischer Texte in Bezeichnungsfeldern erreichen.

Der Code, der prüft, ob aktuell ein Mitarbeiter oder ein neuer Mitarbeiterdatensatz angezeigt wird, und den entsprechenden Text setzt, befindet sich in der Ereignisprozedur *Form_Current*:

```
If Me.NewRecord Then
    Me!LblTitel1.Caption = "Neuer Mitarbeiter"
    Me!LblTitel2.Caption = "Neuer Mitarbeiter"
Else
    Me!LblTitel1.Caption = "Mitarbeiter: " & Me!Vorname & " " & Me!Nachname
    Me!LblTitel2.Caption = "Mitarbeiter: " & Me!Vorname & " " & Me!Nachname
End If
```

Anschließend kann der Benutzer endlich mit dem Formular arbeiten.

5.1.6 Anmeldename und Passwort

Die drei Felder *Anmeldename*, *Passwort* und *Wiederholen* dienen dem Anpassen der entsprechenden Einstellungen:

Abbildung 5.5: Zugangsdaten und Gruppenzugehörigkeiten

Um sein Passwort zu ändern, wird der Benutzer zunächst den Fokus auf das Textfeld *txtPasswort* setzen, um dort das neue Passwort einzugeben. Dies löst die folgende Routine aus, die den kompletten aktuellen Inhalt markiert – auf diese Weise reicht die Eingabe des ersten Buchstabens, um den vorhandenen Text zu löschen:

```
Private Sub txtPasswort_Enter()
    On Error Resume Next
    Me!txtPasswort.SelStart = 0
    Me!txtPasswort.SelLength = 100
End Sub
```

SelLength ist hier willkürlich auf den Wert *100* gesetzt, um den ganzen Feldinhalt zu markieren. Access stört es aber auch nicht, wenn Sie den Wert *1000* angeben. Sicher, man könnte dieses Eintrittsverhalten für Textfelder auch global in den Optionen der Datenbank setzen und sich die Codezeilen sparen, müsste dann aber eben in allen Textfeldern damit leben. Und erfahrungsgemäß nimmt die Fehlerquote bei der Eingabe eher zu, wenn die kompletten Felder beim Eintritt markiert werden. Hat der Benutzer einen neuen Wert für das Passwort eingegeben, löst dies das Ereignis *Nach Aktualisierung* dieses Textfeldes aus. Die dadurch aufgerufene Prozedur prüft, ob der neue Wert dieses Feldes mit dem aktuell gespeicherten Passwort übereinstimmt, und gibt sonst eine Meldung aus, die den Benutzer darauf hinweist, dass er das Passwort bestätigen muss (*DmsMsg*). Die Meldung verschwindet nach zwei Sekunden automatisch, wenn der Benutzer nicht zwischenzeitlich darauf geklickt hat. Gleichzeitig verschiebt die Routine den Fokus auf das Textfeld zur Eingabe der Passwortbestätigung:

```
Private Sub txtPasswort_AfterUpdate()
    ...
    If Me!txtPasswort <> strCurrentPwd Then
        strCurrentPwd = Me!txtPasswort
        DmsMsg 106, 2000          ← Meldung ausgeben, dass Passwort
        Me!txtPasswort2.SetFocus     wiederholt werden muss
    End If
    Exit Sub
    ...
End Sub
```

Der Inhalt dieses Feldes wird beim Eintreten wiederum komplett markiert:

```
Private Sub txtPasswort2_Enter()
    On Error Resume Next
    Me!txtPasswort2.SelStart = 0      ⎫  Kompletten Textfeldinhalt
    Me!txtPasswort2.SelLength = 100   ⎭  markieren
End Sub
```

Beim Verlassen des zweiten Passwortfeldes erfolgt wiederum eine Prüfung. Diesmal wird der Inhalt des zweiten Feldes mit dem des ersten verglichen. Stimmen die beiden nicht überein, erscheint eine entsprechende Meldung und die beiden Passwortfelder werden geleert. Anderenfalls speichert die Routine das neue Passwort in verschlüsselter Form im Feld *Kennwort* der zu Grunde liegenden Tabelle. Die hierbei verwendete

Routine *EncryptString* wird in Abschnitt 9.17, »Zeichenketten ver- und entschlüsseln«, genauer beschrieben. In beiden Fällen erscheint eine entsprechende Meldung.

```
Private Sub txtPasswort2_Exit(Cancel As Integer)
    Dim sPWD1 As String, sPWD2 As String
    ...
    If Len(Nz(Me!txtPasswort2.Text)) = 0 Then Exit Sub
    sPWD1 = strCurrentPwd
    sPWD2 = Me!txtPasswort2.Text
    If sPWD1 <> sPWD2 Then
        DmsMsg 101, 3000
        Me!txtPasswort = Null
        Me!txtPasswort2 = Null
        Me!txtPasswort.SetFocus
    Else
        Me!Kennwort = EncryptString(sPWD1)
        Me.Dirty = False
        DmsMsg 107, 2000
        Me!sfrm_Benutzergruppen.SetFocus
    End If
    ...
End Sub
```

Zweites Passwort stimmt nicht mit dem zuerst eingegebenen überein

Verschlüsseltes Passwort speichern

5.1.7 Benutzergruppen

Das Formular zeigt neben den Daten des Benutzers auch dessen Zugangsdaten für *dmsBase* sowie die Gruppen an, denen er angehört. Jeder Benutzer kann seinen eigenen Anmeldenamen und sein Kennwort beliebig ändern, nicht jedoch die der anderen Benutzer. Dazu werden die entsprechenden Textfelder im Ereignis *Beim Anzeigen* des Formulars nur dann aktiviert, wenn die *ID* des aktuellen Benutzerdatensatzes mit der bei der Anmeldung an *dmsBase* gespeicherten *ID* (*CurUserID*) übereinstimmt:

```
Dim bEnabled As Boolean
bEnabled = (Me!ID = CurUserID)
txtAnmeldung.Enabled = bEnabled
txtPasswort.Enabled = bEnabled
txtPasswort2.Enabled = bEnabled
```

Die Benutzergruppen kann er – wenn er nicht über die notwendigen Berechtigungen verfügt – nur einsehen, aber nicht bearbeiten. Die Anzeige der Benutzergruppen erfolgt in einem Unterformular namens *sfrmBenutzergruppen*. Beim Öffnen des Unterformulars wird die folgende Routine ausgelöst, die dafür sorgt, dass auch beim Zugriff auf das Unterformular das dem Hauptformular zugeordnete Ribbon *RibbonCloseOnly* angezeigt

Kapitel 5

wird. Ohne diese Zeile würde Access bei Fokuserhalt des Unterformulars einfach das Standard-Ribbon anzeigen:

```
Private Sub Form_Open(Cancel As Integer)
    On Error Resume Next
    Me.RibbonName = Me.Parent.RibbonName
End Sub
```

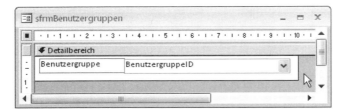

Abbildung 5.6: Dieses Unterformular zeigt die Benutzergruppen eines Benutzers an.

5.1.8 Bild im Mitarbeiterdatensatz speichern

Dank *Attachment*-Feld und dem gleichnamigen Steuerelement ist das Speichern von Bildern in der Datenbank und ihre Anzeige in Formularen und Berichten unter Accesss 2007 sehr viel einfacher geworden und erfordert nun eigentlich keinen VBA-Code mehr. Das hält die Autoren nicht davon ab, alternative Techniken zu verwenden. Ein Beispiel dafür ist die Funktion zum Hinzufügen eines Bilds zu einem Mitarbeiterdatensatz. Das Hinzufügen soll ganz einfach über einen Doppelklick auf das *Attachment*-Steuerelement *ctlBild* erfolgen:

Abbildung 5.7: Ein Mitarbeiterbild lässt sich per Doppelklick hinzufügen.

Die passende Ereignisprozedur sieht so aus:

Benutzer und Berechtigungen verwalten

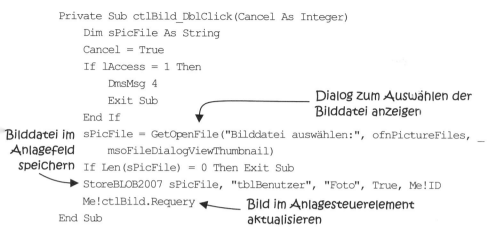

```
Private Sub ctlBild_DblClick(Cancel As Integer)
    Dim sPicFile As String
    Cancel = True
    If lAccess = 1 Then
        DmsMsg 4
        Exit Sub                    Dialog zum Auswählen der
    End If                          Bilddatei anzeigen
    sPicFile = GetOpenFile("Bilddatei auswählen:", ofnPictureFiles, _
        msoFileDialogViewThumbnail)
    If Len(sPicFile) = 0 Then Exit Sub
    StoreBLOB2007 sPicFile, "tblBenutzer", "Foto", True, Me!ID
    Me!ctlBild.Requery           Bild im Anlagesteuerelement
End Sub                           aktualisieren
```

Bilddatei im Anlagefeld speichern

Ein Doppelklick auf das *Attachment*-Steuerelement sorgt üblicherweise dafür, dass der Dialog zum Verwalten der Attachments erscheint:

Abbildung 5.8: Dieser Dialog erscheint normalerweise bei einem Doppelklick auf das Attachment-Steuerelement.

Dieser ist hier nicht erwünscht, weil der Benutzer damit mehr als ein Bild oder gar andere Dateien zum Mitarbeiter hinzufügen könnte. Er soll aber maximal nur eine Bilddatei einfügen können. Daher brechen Sie den durch den Doppelklick gestarteten Vorgang durch Setzen von *Cancel* auf *True* direkt wieder ab; auf diese Weise wird nur der in der Ereignisprozedur enthaltene Code ausgeführt, aber nicht der *Anlagen*-Dialog geöffnet.

Anschließend prüft die Routine, ob der Benutzer überhaupt Schreibrechte für dieses Formular besitzt und weist ihn gegebenenfalls auf fehlende Zugriffsrechte hin (siehe auch Abschnitt 5.3.1, »Objektberechtigungen ermitteln«).

Die *GetOpenFile*-Methode öffnet bei ausreichender Berechtigung den folgenden Datei-Dialog.

Kapitel 5

Abbildung 5.9: Dialog zur Auswahl eines Mitarbeiter-Bilds

Wenn der Dialog einen Dateinamen zurückliefert, kommt der Moment der Routine *StoreBLOB2007*: Diese speichert die angegebene Datei im passenden *Attachment*-Feld der Tabelle.

Eine genaue Beschreibung dieser Funktion finden Sie in Abschnitt 13.22.1, »Datei in Anlage-Feld speichern«.

Nicht verschwiegen werden sollte allerdings, dass diese Methode zwar den Doppelklick auf das *Anlagen*-Steuerelement abfängt, nicht jedoch das Erscheinen der kleinen Popup-Navigationsleiste, die auftaucht, wenn der Benutzer einfach auf das Bild klickt.

Über das dortige Klammersymbol kann der Benutzer den Anlagen-Dialog dann trotzdem aufrufen.

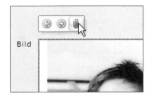

Abbildung 5.10: Diese Popup-Toolbar erscheint grundsätzlich bei einem einfachen Klick auf das Attachment-Steuerelement.

5.2 Objektberechtigungen verwalten

Mit Access 2007 hat Microsoft das Sicherheitssystem über die Arbeitsgruppendatei (MDW) und somit die von vielen Entwicklern als Benutzerverwaltung genutzte Funktion weggelassen.

Das Fehlen des Sicherheitssystems als solches ist sicher zu verschmerzen – immerhin war es erstens grundsätzlich nicht wirklich sicher und zweitens für Anfänger sehr schwer einzurichten.

Viele Entwickler entbehren viel mehr die Möglichkeit, Benutzer und Gruppen zu verwalten. Da viele Anwendungen nicht ohne ein solches Feature auskommen, müssen Sie sich also ein eigenes System zur Verwaltung der Benutzer bauen, welches man aber unter Umständen mehrfach einsetzen kann.

In der hier beschriebenen Dokumentenverwaltung kommt diese Benutzerverwaltung direkt in zweierlei Beziehung zum Einsatz: Erstens wird darüber der Zugriff auf die einzelnen Objekte der Datenbank geregelt und zweitens werden die Berechtigungen für das Anlegen, Bearbeiten oder Löschen von Daten verwaltet.

Das Regeln des Zugriffs auf Datenbankobjekte ist insofern interessant, als Sie somit etwa das Formular zum Verwalten von Benutzern und Benutzergruppen, das sicher nicht jeder sehen soll, nur für spezielle Benutzer freigeben können.

Die Verwaltung von Benutzergruppen und Mitarbeitern soll über den Ribboneintrag *Berechtigungen|dmsBase Benutzerrechte* erfolgen.

Abbildung 5.11: Dieser Ribboneintrag öffnet das Formular zum Verwalten der Benutzer und Benutzergruppen.

Der Eintrag öffnet das Formular *frmBerechtigungen*, das sowohl eine weitere Möglichkeit zur Zuordnung von Benutzern zu Benutzergruppen als auch zur Festlegung der Berechtigungen von Benutzern und Benutzergruppen auf die einzelnen Objekte bietet.

Kapitel 5

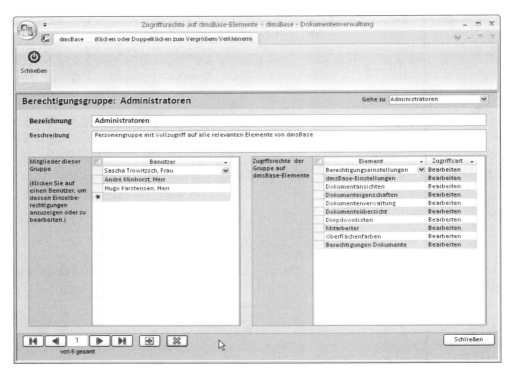

Abbildung 5.12: In diesem Formular werden nicht nur die Benutzergruppen und Benutzer, sondern auch ihre Berechtigungen auf die Objekte der Datenbank verwaltet.

Beim Öffnen zeigt das Formular die Berechtigungen der aktuellen im oberen Bereich enthaltenen Benutzergruppe auf die einzelnen Objekte an. Die Benutzergruppe wechseln Sie entweder über die Navigationsschaltflächen oder über das Kombinationsfeld oben rechts. Das linke Unterformular zeigt die Mitglieder der aktuellen Benutzergruppe an, die rechte Elemente der Datenbank und zugewiesene Berechtigungen.

Bei den Berechtigungen ist Folgendes zu beachten: Wenn der Fokus auf den beiden Textfeldern mit der Beschriftung *Bezeichnung* und *Beschreibung* liegt, zeigt das rechte Unterformular die Berechtigungen für die Benutzergruppe an. Wenn man auf einen der Benutzer-Einträge im linken Unterformular klickt, werden die Zugriffsrechte für diesen Benutzer angezeigt:

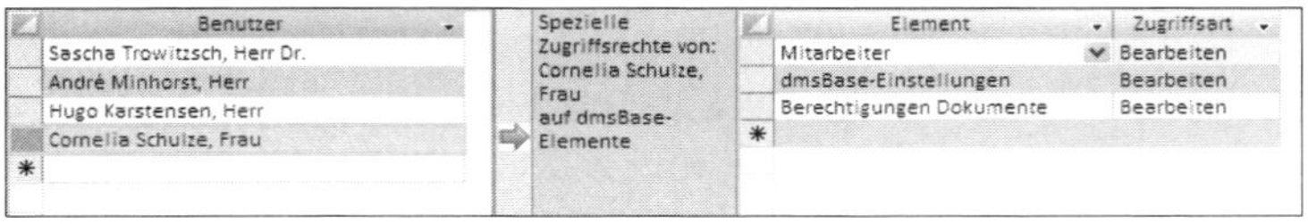

Abbildung 5.13: Anzeige der Objektberechtigungen für ein markiertes Gruppenmitglied

5.2.1 Tabellen des Objektberechtigungssystems

Das Festlegen der Objektberechtigungen für einzelne Benutzer erfordert nur drei Tabellen: *tblBenutzer*, *tblDatenbankobjekte* und als Verknüpfungstabelle und in diesem Fall wichtigste Tabelle *tblBerechtigungenBenutzerObjekte*. Diese verknüpft den jeweiligen Benutzer mit dem Objekt und weist über die zusätzliche Nachschlagetabelle *tblZugriffsartenObjekte* noch die Berechtigungsstufe zu. Bei den Benutzergruppen ist dies prinzipiell genauso. Zu beachten ist jedoch, dass jeder Benutzer somit zwei verschiedene Zugriffsberechtigungen für jedes Objekt besitzen kann – eine eigene und eine über die jeweilige Gruppenzugehörigkeit. Im Moment ist das noch nicht relevant, aber ein paar Abschnitte weiter: Dort geht es nämlich darum, aus den Berechtigungen eines Benutzers die richtige herauszusuchen.

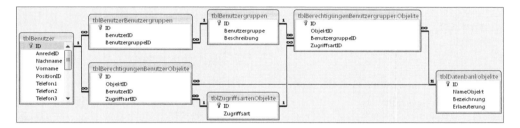

Abbildung 5.14: Die an der Vergabe von Objektberechtigungen beteiligten Tabellen

5.2.2 Schnellauswahl einer Benutzergruppe

Das Kombinationsfeld oben rechts dient der schnellen Auswahl einer Benutzergruppe. Es bezieht seine Daten ebenfalls aus der Tabelle *tblBenutzergruppen*, jedoch in der durch die folgende Abfrage modifizierten Form:

```
SELECT tblBenutzergruppen.ID, tblBenutzergruppen.Benutzergruppe FROM
tblBenutzergruppen ORDER BY tblBenutzergruppen.Benutzergruppe;
```

Die folgende Zeile in der Ereignisprozedur, die nach dem Aktualisieren des Kombinationsfeldes ausgelöst wird, sorgt für die Anzeige der ausgewählten Benutzergruppe im Hauptformular:

```
Me.Recordset.FindFirst "[ID]=" & cboGeheZuGruppe.Value
```

5.2.3 Unterformular zur Anzeige der Benutzer

Das Unterformular *sfrmBenutzer* hat als Datenherkunft die Tabelle *tblBenutzerBenutzergruppen* und ist über das Feld *BenutzergruppeID* mit dem Feld *ID* des Hauptformulars verknüpft.

> **Bekannte Elemente**
>
> Dieses Formular enthält einige bereits bekannte Elemente: Das Zentrieren der Steuerelemente etwa wird bereits in 5.1.4, »Steuerelemente zentrieren« beschrieben, und auch die Prüfung der Objektberechtigungen beim Öffnen dieses Formulars ist bereits bekannt: nämlich aus 5.1.2, »Form_Open: Berechtigungen prüfen«.

5.2.4 Unterformular zur Anzeige der Berechtigungen

Das zweite Unterformular namens *sfrmObjektGruppenrechte* bezieht seine Daten aus der Tabelle *tblBerechtigungenBenutzergruppenObjekte*. Es ist ebenfalls über das Feld *BenutzergruppeID* mit dem Feld *ID* des übergeordneten Formulars verknüpft.

5.2.5 Wechseln der Anzeige von Benutzer- und Gruppenberechtigungen

Mit den oben genannten Einstellungen zeigt das rechte Unterformular die zur jeweils im Hauptformular ausgewählten Benutzergruppe passenden Berechtigungen an. Was aber, wenn der Benutzer – wie oben beschrieben – in das Unterformular mit der Benutzerliste klickt?

In dem Fall soll das rechte Unterformular ja die Berechtigungen des ausgewählten Benutzers anzeigen, was aber bei der voreingestellten Datenherkunft nicht funktioniert. Also hilft eine kleine VBA-Routine nach, die durch das Ereignis *Beim Hingehen* des Unterformularsteuerelements ausgelöst wird:

```
Private Sub sfrmBenutzer_Enter()
    Me!r2.BackColor = LightenColor(fuSysColor("Mitarbeiter"), 0.9)
    Me!sfrmObjekteGruppenzugriff.SourceObject = "sfrmObjektUserrechte"
    Me!sfrmObjekteGruppenzugriff.LinkMasterFields = "txtUserID"
    Me!sfrmObjekteGruppenzugriff.LinkChildFields = "BenutzerID"
    ChangeUserUfo
End Sub
```

Nach dem Einstellen der Hintergrundfarbe sorgen die folgenden drei Anweisungen dafür, dass das Formular im Unterformularsteuerelement *sfrmObjekteGruppenzugriff* nicht mehr das Formular *sfrmObjekteGruppenzugriff*, sondern das Formular *sfrmObjekteUserrechte* anzeigt. Außerdem wird die Verknüpfung nun vom Feld *BenutzerID* hergestellt und führt zum Textfeld *txtUserID* im Hauptformular, das wiederum die ID des aktuell im Unterformular *sfrmBenutzer* ausgewählten Benutzers enthält. Die mit *ChangeUserInfo* aufgerufene Prozedur nimmt wiederum ein wenig Finetuning vor.

»Bitte was?«, werden Sie nun möglicherweise denken, wenn Sie so etwas vorher noch nicht gemacht haben. Für diesen Fall nun eine etwas ausführlichere Version: Das rechte Unterformular soll wechselweise die Berechtigungen entweder für die im Hauptformular ausgewählte Benutzergruppe oder für den im linken Unterformular mit den Benutzern ausgewählten Benutzer anzeigen. Wie aus dem oben dargestellten Ausschnitt des Datenmodells hervorgeht, stehen die dazu notwendigen Informationen aber in verschiedenen Tabellen – die Berechtigungen der Benutzergruppen in *tblBerechtigungenBenutzergruppenObjekte* und die der einzelnen Benutzer in *tblBerechtigungenBenutzerObjekte*.

Passend dazu gibt es zwei fast baugleiche Unterformulare: *sfrmObjektGruppenrechte* und *sfrmObjektUserrechte*. Das erste wird direkt beim Öffnen des Hauptformulars angezeigt, weil zu diesem Zeitpunkt der Fokus auf den Benutzergruppen liegt:

Abbildung 5.15: Dieses Unterformular zeigt die Berechtigungen der Benutzergruppen an ...

Wenn der Anwender einen der Benutzer aus dem Unterformular mit den Benutzern auswählt, hilft das Unterformular mit den Gruppenberechtigungen nicht mehr weiter: Es muss ausgetauscht werden. Und das ist auch der Vorteil des Unterformularsteuerelements, das eine Art Container für die tatsächlich enthaltenen Unterformulare ist: Es kann zur Laufzeit auf ein beliebiges anderes Unterformular umgestellt werden. Und genau dies geschieht hier, indem die Eigenschaft *SourceObject* dieses Steuerelements auf das Formular zur Anzeige der benutzerabhängigen Berechtigungen umgestellt wird:

Abbildung 5.16: ... und dieses die Berechtigungen auf Benutzerebene.

Eine weitere Finesse ist, dass das Unterformular zur Anzeige der Gruppenberechtigungen ganz normal mit einem Feld der Datenherkunft des Hauptformulars verknüpft ist, das Benutzer-Unterformular aber nicht: Es müsste eigentlich mit dem Feld *ID*

Kapitel 5

des Unterformulars *sfrmBenutzer* verknüpft sein, aber das geht nicht: Die Eigenschaft *Verknüpfen nach* (VBA: *LinkMasterFields*) kann nämlich nur mit dem Namen eines Elements des Hauptformulars gefüttert werden. Aber das ist nicht schlimm: Dann verlegen wir halt die *ID* des aktuell ausgewählten Benutzers aus dem Unterformular *sfrmBenutzer* in ein unsichtbares Textfeld namens *txtUserID* im Hauptformular. Die folgende Ereignisprozedur sorgt beim Auswählen eines der Datensätze für die Aktualisierung des Textfeld-Inhalts:

```
Private Sub Form_Current()
    On Error Resume Next
    If Not Me.NewRecord Then
        Me.Parent!txtUserID = Me!BenutzerID
        Me.Parent.ChangeUserUfo _
            Me.Recordset.AbsolutePosition * Me.RowHeight
    End If
End Sub
```

Vertikale Position des aktuellen Benutzereintrags übergeben ...

Lediglich beim Anlegen eines neuen Benutzers im Unterformular bleibt diese Aktualisierung aus. Die zweite Anweisung innerhalb der *If...Then*-Bedingung haben Sie bereits oben einmal gesehen – wie diese vorgeht, erfahren Sie gleich. Das Textfeld *txtUserID* hat übrigens den Wert *Nein* für die *Sichtbar*-Eigenschaft, weshalb sie nur in der Entwurfsansicht zu erkennen ist:

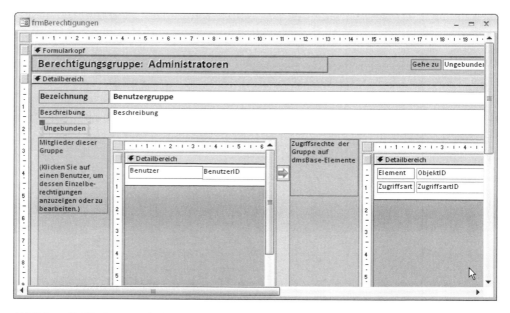

Abbildung 5.17: Das unsichtbare Textfeld txtUserID

202

Um zu verdeutlichen, zu welchem Benutzer die aktuell angezeigten Berechtigungen gehören, enthält das Formular ein Bildsteuerelement mit einem Pfeil, der sich zwischen den beiden Unterformularen befindet und nur eingeblendet wird, wenn gerade die Berechtigungen zu einem Benutzer angezeigt werden – und dann auch noch auf der Höhe des aktuellen Benutzerdatensatzes im Benutzer-Unterformular. Diese Positionierung übernimmt die Routine *ChangeUserInfo*, die optional den Parameter *lRow* erwartet:

```
Public Sub ChangeUserUfo(Optional lRow As Long = -1)
    ...
    Me!LBLObj.Caption = "Spezielle Zugriffsrechte von:" & vbCrLf & _
        Me!sfrmBenutzer!cboBenutzer.Text & vbCrLf & "auf dmsBase-Elemente"
    Me!sfrmObjekteGruppenzugriff.Requery
    Me!picArrow.Visible = True
    If lRow > -1 Then Me!picArrow.Top = Me!sfrmBenutzer.Top + lRow + 210
    ...
End Sub
```

... und Position des Pfeil-Symbols entsprechend anpassen

Den gewünschten Parameter erhält die Routine immer dann, wenn der Aufruf vom Unterformular *sfrmBenutzer* aus erfolgt.

Dieser wird in der aufrufenden Funktion aus dem Produkt aus der Position des Datensatzzeigers und der Zeilenhöhe berechnet:

```
Me.Recordset.AbsolutePosition * Me.RowHeight
```

Die Routine *ChangeUserUfo* verwendet diesen mit *lRow* übergebenen Wert, um die vertikale Position des Bildsteuerelements mit dem Pfeil einzustellen.

5.3 Objektberechtigungen prüfen

Die Berechtigungen der Benutzer/Benutzergruppen an den einzelnen Objekten werden in der Regel beim Öffnen der Objekte geprüft. Dabei werden drei Stufen unterschieden:

▶ Der Benutzer darf das Objekt gar nicht öffnen.

▶ Der Benutzer darf das Objekt öffnen, aber die angezeigten Daten nur lesen.

▶ Der Benutzer hat vollen Zugriff.

Die folgenden Abschnitte zeigen, wie dies funktioniert.

5.3.1 Objektberechtigungen ermitteln

Nicht jeder Benutzer soll Zugriff auf jedes Objekt der Datenbank, also etwa Formulare oder Berichte, haben. Die Funktion *MayAccessObj* erlaubt die Prüfung der Berechtigungen

Kapitel 5

des aktuellen Benutzers für das Objekt mit dem per Parameter übergebenen Objektnamen. Es muss sich dabei nicht unbedingt um ein visuelles Objekt handeln: Genauso gut könnte etwa die Ausführung einer Prozedur von der Prüfung abhängig gemacht werden, ob Berechtigung dazu besteht.

Nach der Deklaration der benötigten Variablen ermittelt die Routine zunächst die ID des aktuellen Benutzers, was mit Hilfe der *GetVar*-Funktion geschieht (siehe Abschnitt 9.7.1, »TempVars schreiben und lesen«). Ist, eher theoretisch, kein Benutzer angemeldet (Wert *0*), wird die Funktion direkt wieder beendet und als Rückgabewert die Zahl *0* geliefert.

Falls nicht, ermittelt die nächste Zeile mit der Funktion *OpenParameterQuery* (siehe Abschnitt 9.3, »Vereinfachtes Ausführen von Parameterabfragen«) aus der Abfrage *qryObjektzugriffsrechte* die Berechtigung für den aktuellen Benutzer auf das fragliche Objekt. Liefert diese Abfrage einen Datensatz zurück, wird der entsprechende Wert in der Variablen *n1* gespeichert, falls nicht, bleibt ihr Wert *0*.

Das Gleiche geschieht für die Benutzergruppe: Hier ist die Abfrage *qryObjektzugriffsrechteGruppe* gefragt, und auch diese liefert entweder einen Datensatz zurück, dessen Wert *Zugriff* in der Variablen *n2* gespeichert würde, oder eben nicht – und dann behält *n2* den Wert *0*.

Schließlich ermittelt die Routine noch, ob *n1* oder *n2* den größeren Wert enthält, und liefert diesen als Funktionswert zurück. Der Hintergrund hierfür ist, dass der Benutzer, wenn er als Benutzer und als Mitglied einer Gruppe unterschiedliche Berechtigungen auf ein Objekt besitzt, die höhere Berechtigung erhält.

```
Function MayAccessObj(sObjectName As String) As Long
    Dim lUserID As Long
    Dim qdf As QueryDef
    Dim rst As Recordset2
    Dim n1 As Long, n2 As Long
    ...
    lUserID = CurUserID
    If lUserID = 0 Then Exit Function
    Set rst = OpenParameterQuery("qryObjektzugriffsrechte", _
        eOpenDynaset, _
        "ObjName:=" & sObjectName, "UID:=" & lUserID)
    If Not rst.EOF Then n1 = rst("Zugriff")
    rst.Close
    Set rst = OpenParameterQuery("qryObjektzugriffsrechteGruppen", _
        eOpenDynaset, "ObjName:=" & sObjectName, "UID:=" & lUserID)
    If Not rst.EOF Then n2 = rst("Zugriff")
    rst.Close
```

Benutzerrechte holen und in n1 speichern, ...

... Gruppenrechte in n2, ...

Benutzer und Berechtigungen verwalten

```
        If n2 > n1 Then n1 = n2     ... und die höheren Rechte
        MayAccessObj = n1 - 1       an die aufrufende Instanz
        ...                         zurückgeben.
    End Function
```

Im Gegensatz zur Abfrage *qryObjektzugriffsrechte*, die lediglich maximal einen Datensatz pro Kombination aus Benutzer und Datenbankobjekt zurückgeben darf, kann *qryObjektzugriffsrechteGruppen* mehrere Datensätze für jeden Benutzer zurückgeben: Immerhin kann jeder Benutzer mehreren Gruppen angehören und über diese individuelle Berechtigungen für das jeweilige Objekt besitzen.

Die Abfrage *qryObjektzugriffsrechteGruppen* trägt dem Rechnung und ermittelt genau den Datensatz mit dem größten Wert für das Feld *Zugriffsart* und gibt es unter der Bezeichnung *Zugriff* zurück. Dass auch dieses Ergebnis mehrere Datensätze enthalten kann, spielt keine Rolle: Die Routine liest einfach den Wert des Feldes *Zugriff* des ersten Datensatzes ein, wobei es keine Rolle spielt, welcher Datensatz des Ergebnisses dies ist: Es besitzt ohnehin jeder Datensatz den gleichen Wert für dieses Feld.

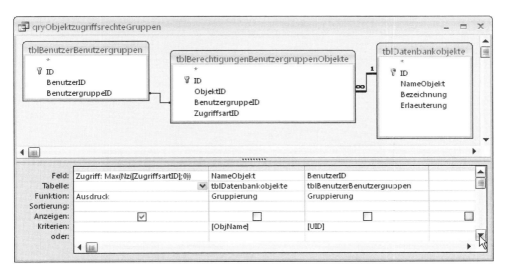

Abbildung 5.18: Die Abfrage qryObjektzugriffsrechteGruppen liefert die höchste Berechtigungsstufe für einen Benutzer zurück, die er über seine Gruppenzugehörigkeit(en) besitzt.

5.3.2 Formular vor schreibendem Zugriff schützen

Damit Sie die Daten eines Formulars leicht vor schreibendem Zugriff schützen können, enthält das Modul *mdlSecurity* eine Routine, die alle notwendigen Anweisungen in einem Rutsch ausführt. Die Routine heißt *SetReadOnly* und erwartet zumindest einen Objektverweis auf das zu schützende Formular. In *dmsBase* wird diese Routine meist von der *Form_Open*-Prozedur aus aufgerufen, die zuvor prüft, welche Berechtigungen der Benutzer für das aktuelle Formular besitzt. Zusätzlich können Sie mit dem zweiten Parameter angeben, ob eine passende Meldung den Benutzer über den schreibgeschützten Zustand des Formulars aufklärt.

Die Routine sorgt zunächst dafür, dass der schreibende Zugriff (*AllowEdits*), das Hinzufügen (*AllowAdditions*) und das Löschen (*AllowDeletions*) von Datensätzen des Hauptformulars gesperrt sind.

Anschließend durchläuft sie alle Steuerelemente des aktuellen Formulars und prüft den Steuerelementtyp. Handelt es sich dabei um ein Unterformular, werden auch dessen Eigenschaften entsprechend angepasst.

```
With frm
    .AllowDeletions = False
    .AllowAdditions = False
    .AllowEdits = False
    For Each ctl In .Controls
        If ctl.ControlType = acSubform Then
            Set sfrm = ctl.Form
            sfrm.AllowDeletions = False
            sfrm.AllowAdditions = False
            sfrm.AllowEdits = False
        End If
    Next ctl
End With
```

Zu guter Letzt schaut die Routine nach, ob generell Meldungen über Zugriffsberechtigungen angezeigt werden sollen und ob das in diesem speziellen Fall gewünscht ist.

```
If ShowMsg And Getvar("ShowSecMessages", True) Then DmsMsg 2
```

Falls ja, zeigt die Routine etwa folgende Meldung an:

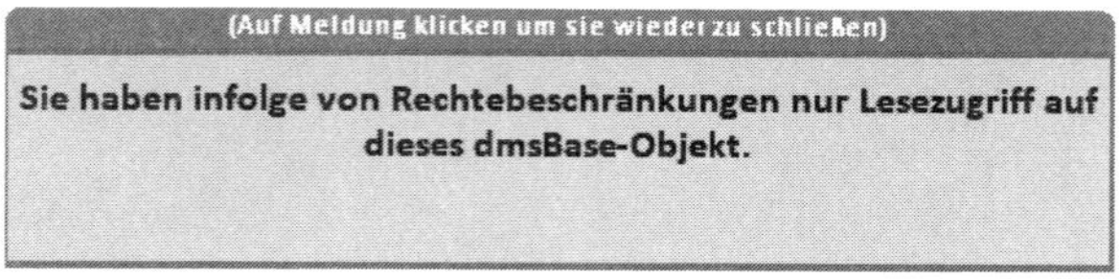

> (Auf Meldung klicken um sie wieder zu schließen)
> **Sie haben infolge von Rechtebeschränkungen nur Lesezugriff auf dieses dmsBase-Objekt.**

Abbildung 5.19: Diese Meldung erscheint, wenn der Benutzer nur lesende Rechte für ein Objekt besitzt.

Die obige Anweisung enthält die Funktion *Getvar*. Diese finden Sie im Modul *mdlTempVars*, das in Abschnitt 9.7.1, »TempVars schreiben und lesen«, genauer beschrieben wird.

5.4 Dokumentberechtigungen verwalten

Während die Objektberechtigungen dafür sorgen, dass etwa ein einfacher Mitarbeiter nicht die gleichen Formulare wie der Geschäftsführer öffnen kann, sorgen die Dokumentberechtigungen für die Vergabe differenzierter Berechtigungen für den Zugriff auf die in der Datenbank gespeicherten Dokumente. Auch hier ist, wie bei den Objektberechtigungen, ein Werkzeug nötig, mit dem Sie die Berechtigungen festlegen können.

Außerdem brauchen Sie natürlich passende Funktionen, die diese Berechtigungen vor dem Zugriff auf die Dokumente in Abhängigkeit vom aktuellen Benutzer abfragen – mehr dazu weiter unten in Abschnitt 5.5, »Dokumentberechtigungen prüfen«.

5.4.1 Tabellen des Dokumentberechtigungssystems

Der Auszug aus dem Datenmodell, der sich auf die Verwaltung der Dokumentberechtigungen bezieht, sieht prinzipiell genauso aus wie der zum Thema Objektberechtigungen. In der Tat stimmt die Struktur genau überein, nur das Ziel ist ein anderes: nämlich das Verwalten von Berechtigungen für Dokumente und nicht für Datenbankobjekte.

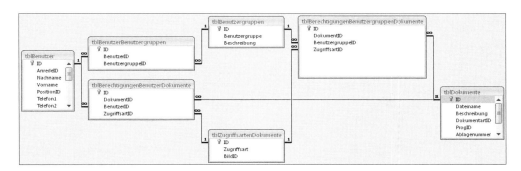

Abbildung 5.20: Datenmodell: Diese Tabellen beinhalten die Informationen zum Verwalten der Objektberechtigungen.

Außerdem unterscheiden sich die Zugriffsarten auf Dokumente in einem Punkt: zusätzlich existiert hier noch die Berechtigung *Löschen*. Bei Datenbankobjekten ergäbe diese Berechtigung wenig Sinn ...

5.4.2 Formular zum Verwalten von Dokumentberechtigungen

Für dieses Formular haben wir ein wenig mehr Aufwand als für das zum Verwalten von Datenbankobjekten betrieben. Es zeigt nicht die Benutzer und die Benutzergruppen

Kapitel 5

gleichzeitig und in Abhängigkeit voneinander an, sondern jeweils nur eine der beiden Kategorien. Das zieht nach sich, dass an dieser Stelle keine Zuordnung von Benutzern zu Benutzergruppen und umgekehrt möglich ist.

Dafür erlaubt das Formular jedoch eine sehr komfortable Zuordnung der Berechtigungen zu den einzelnen Dokumenten: Dies muss nämlich nicht für jedes Dokument einzeln geschehen, sondern kann auch gleich mehrere Dokumente oder gar komplette Verzeichnisse betreffen. Aber schauen Sie doch einfach einmal selbst:

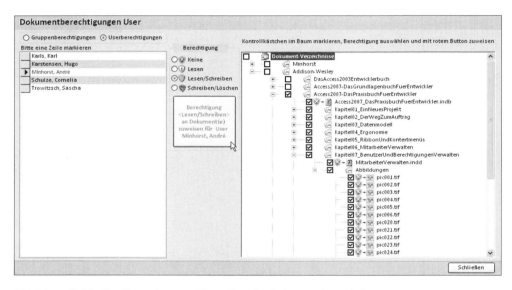

Abbildung 5.21: Das Formular zum Einstellen der Dokumentberechtigungen

Das Formular besteht im Wesentlichen aus zwei Teilen: der Liste der Benutzer/Benutzergruppen und dem TreeView-Steuerelement zur Anzeige der Verzeichnisse und Dokumente. Die Optionsgruppe im oberen Bereich schaltet zwischen der Anzeige von Benutzern oder Benutzergruppen im linken Unterformular hin und her.

Das Formular funktioniert wie folgt: Sie wählen den Benutzer oder die Benutzergruppe aus, für die Sie Berechtigungen festlegen möchten, dann die Berechtigungsart mit der Optionsgruppe zwischen den beiden Hauptsteuerelementen und schließlich die betroffenen Dokumente.

Anschließend klicken Sie auf die Schaltfläche in der Mitte, die mittlerweile ihre Beschriftung so geändert hat, dass man selbst beim Anklicken noch einmal nachlesen kann, was der Klick bewirkt, und die neuen Berechtigungen werden festgelegt.

Die Dokumente, deren Berechtigungen Sie anpassen möchten, können Sie übrigens auch en bloc über das Verzeichnis, in dem diese enthalten sind, anpassen. Wenn Sie

Benutzer und Berechtigungen verwalten

ein Verzeichnis markieren wie in der Abbildung oben *Access2007-DasPraxisbuchFuerEntwickler* und dann auf die Schaltfläche zum Ändern der Berechtigungen klicken, erhalten Sie das Bild aus dem folgenden Screenshot.

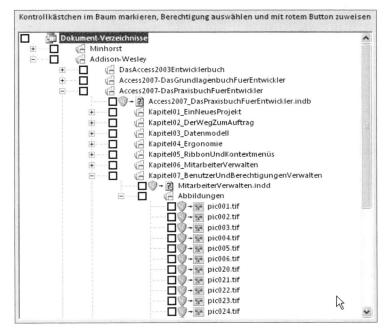

Abbildung 5.22: Die Auswahl der vorherigen Abbildung und ein Klick auf die *Berechtigung zuweisen*-Schaltfläche erzeugt dieses Bild.

5.4.3 Steuerelemente des Formulars

Das Formular *frmBerechtigungenDocs* (siehe Abbildung nächste Seite) hat keine eigene Datenherkunft. Auch gibt es keine Beziehungen zwischen Haupt- und Unterformularen wie beim Formular zur Verwaltung der Datenbankobjekte. Immerhin wird aber auch hier zwischen zwei verschiedenen Unterformularen in einem Unterformularsteuerelement hin- und hergeschaltet. All dies geschieht ausschließlich über VBA-Routinen.

5.4.4 Das Unterformular zur Anzeige von Benutzern und Benutzergruppen

Beginnen wir mit den einfachen Übungen: dem Unterformular *sfrmGruppeUser*. Dieses wird beim Öffnen des Formulars standardmäßig angezeigt und nach Betätigung der Optionsgruppe oben links im Hauptformular automatisch aktualisiert.

Kapitel 5

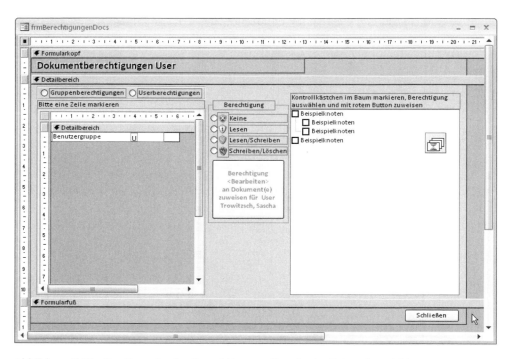

Abbildung 5.23: Das Formular frmBerechtigungenDocs in der Entwurfsansicht

Die Optionsgruppe heißt *frGruppeUser* und löst nach dem Aktualisieren die folgende Ereignisprozedur aus:

```
Private Sub frGruppeUser_AfterUpdate()
    Dim strTitel As String
    ...
    If frGruppeUser.Value = 1 Then
        If Me!sfrmGruppeUser.SourceObject = _
            "sfrmBenutzergruppen2" Then Exit Sub
        strTitel = "Dokumentberechtigungen Gruppen"
        Me!sfrmGruppeUser.SourceObject = "sfrmBenutzergruppen2"
    Else
        If Me!sfrmGruppeUser.SourceObject = "sfrmBenutzer2" Then Exit Sub
        strTitel = "Dokumentberechtigungen User"
        Me!sfrmGruppeUser.SourceObject = "sfrmBenutzer2"
    End If
    Me!LblTitel1.Caption = strTitel
    Me!LblTitel2.Caption = strTitel
    ...
End Sub
```

Die Option *Gruppenberechtigungen* entspricht dem Wert 1, was in der Routine dafür sorgt, dass dem Unterformularsteuerelement *sfrmGruppeUser* das Unterformular *sfrmBenutzergruppen2* zugewiesen wird und sich der im Formularkopf befindliche Titel in *Dokumentberechtigungen Gruppen* ändert, sofern dieses Unterformular nicht schon angezeigt wird. Die andere Option namens *Userberechtigungen* hingegen bewirkt die Anzeige des Formulars *sfrmBenutzer2* im Unterformularsteuerelement.

5.4.5 Festlegen weiterer Optionen

Die Hauptfunktion des Formulars *frmBerechtigungenDocs* ist das Zuweisen und Entfernen von Berechtigungen. Dies geschieht alles über die große Schaltfläche in der Mitte des Formulars. Welcher Benutzer oder welche Benutzergruppe welche Berechtigung auf welches Dokument erhält, legen die übrigen Steuerelemente fest. Diese Steuerelemente zum Festlegen von Benutzer/Benutzergruppe haben Sie bereits kennen gelernt, nun folgt die Optionsgruppe *frRechte*. Sie legt fest, welche Berechtigungsstufe den markierten Dokumenten für den ausgewählten Benutzer beziehungsweise die Benutzergruppe zugewiesen wird.

5.4.6 Schaltfläche zum Festlegen der Berechtigungen

Die Schaltfläche *cmdAssign* ist ein besonderes Exemplar, weil sich ihre Beschriftung abhängig von den in den Optionsgruppen und dem Unterformular zur Auswahl von Benutzern/Benutzergruppen getätigten Eingaben ändert. Damit dies geschieht, rufen all diese Steuerelemente die Routine *ChangeTree* des Hauptformulars auf. Diese sorgt nicht nur dafür, dass der Inhalt des Dokumentbaums aktualisiert wird, sondern auch für den Aufruf einer weiteren Routine namens *ChangeButtonDescr*:

```
Public Sub ChangeTree()
    FillTree Me!sfrmGruppeUser!ID
    ChangeButtonDescr
End Sub
```

Die Routine *ChangeButtonDescr* erledigt nichts anderes, als die übrigen Steuerelemente auszulesen und den Text der Schaltfläche *cmdAssign* an die Auswahl anzupassen, damit der Benutzer direkt auf der Schaltfläche ablesen kann, was ein Klick darauf bewirkt:

```
Private Sub ChangeButtonDescr()
    Dim strCaption As String
    ...
    If Nz(Me!frRechte.Value) > 0 Then
        Me!cmdAssign.Enabled = Nz(Me!frRechte.Value) > 0
        strCaption = "Berechtigung" & vbCrLf & "<" _
            & Me.Controls("Lblopt" _
```

Kapitel 5

```
                & CStr(Me!frRechte.Value)).Caption & ">" _
                & vbCrLf & "an Dokument(e) zuweisen für "
            strCaption = strCaption _
                & IIf(Me!frGruppeUser.Value = 1, "Gruppe ", " User ")
            strCaption = strCaption & Me!sfrmGruppeUser!txtGruppe
            Me!cmdAssign.Caption = strCaption
        End If
        ...
    End Sub
```

5.4.7 Das TreeView-Steuerelement zur Anzeige der Verzeichnisse und Dokumente

Dieses Formular zeigt eine alternative Technik zum Füllen eines TreeView-Steuerelements mit hierarchischen Daten, die teilweise aus Tabellen mit reflexiven Beziehungen stammen. Dies bringt Vorteile mit sich, aber auch Nachteile – etwa eine geringere Flexibilität bei der Sortierung der angezeigten Elemente. Da das Formular *frmDocsMain* ein Beispiel für das Einlesen von Daten aus Tabellen mit reflexiver Beziehung mittels einer rekursiven Funktion liefert (siehe Abschnitt 6.2, »Der Dokumentbaum«), stellen wir hier diese alternative Methode vor.

Diese basiert auf einer Abfrage, die alle Verzeichnisse mitsamt ihren Unterverzeichnissen ermittelt:

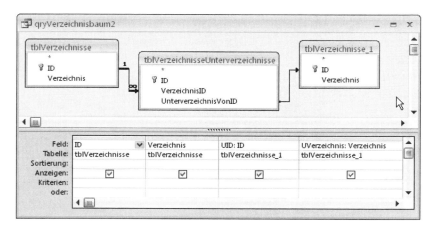

Abbildung 5.24: Diese Abfrage ermittelt Verzeichnisse und Unterverzeichnisse gleichzeitig

Die folgende Routine sorgt dafür, dass der Dokumentbaum mit Verzeichnissen und Unterverzeichnissen gefüllt wird. Dabei ist vor allen Dingen interessant, wie die Verzeichnisse im Baum angeordnet werden. Die *Add*-Methode der *Nodes*-Auflistung ist hier das wichtigste Element: Sie erlaubt nicht nur die Angabe der Eigenschaften des neuen Elements, sondern auch einen Bezug zur eindeutigen Bezeichnung des Knotens, dem dieses Element hinzugefügt werden soll. Und damit kann man alle Verzeichnisse der obigen Abfrage in einem Rutsch hinzufügen – ohne eine einzige rekursive Funktion! Gut, es gibt natürlich Einschränkungen: Zum Beispiel können die Elemente nur in der Reihenfolge hinzugefügt werden, in der sie in der zu Grunde liegenden Abfrage vorliegen – sprich: keine alphabetische oder sonstige Reihenfolge, außer Sie sortieren die Datenherkunft vorher neu, was unter Berücksichtigung der reflexiven Beziehung nicht einfach wird: Die Datenherkunft muss die Verzeichnisse nämlich in einer Reihenfolge liefern, in der kein untergeordnetes Element vor einem untergeordneten Element liegen darf, denn dann findet die *Add*-Methode beim Anlegen das übergeordnete Verzeichnis nicht, wenn es das Unterverzeichnis anlegen möchte.

Zwischendrin schaut die Routine übrigens für jedes Verzeichnis auch noch nach, ob diesem Dokumente zugeordnet sind, und fügt diese ebenfalls dem Dokumentbaum hinzu.

Dies geschieht über das Recordset *rstDocs*, das die Routine jeweils nach der Verzeichnis-ID des aktuellen Verzeichnisknotens filtert und daraus ein neues Recordset *rstFiltered* ableitet, das dadurch nur noch die diesem Verzeichnis zugeordneten Dokumentdatensätze enthält.

```
Private Sub FillTree(Optional lUserID As Long)
    Dim n As Long
    Dim rstTree As Recordset2
    Dim rstDocs As Recordset2, rstFiltered As Recordset2
    Dim nd As Node, nd2 As Node
    Dim PermID As Long, PermColor As Long, lPerm As ePermKind
    ...
    If CTree Is Nothing Then Exit Sub
    LockWindowUpdate CTree.hWnd
    CTree.Nodes.Clear
    n = dbs.OpenRecordset("SELECT FIRST(ID) FROM tblVerzeichnisse", _
        dbOpenSnapshot)(0)
    Set nd = CTree.Nodes.Add(, , "F" & n, "Dokument-Verzeichnisse", _
        "docroot")
    nd.Expanded = True
    Set rstTree = OpenRS("qryVerzeichnisbaum2", eOpenSnapshot)
    Set rstDocs = OpenRS("qryVerzeichnisbaumDokumente", eOpenSnapshot)
    Do While Not rstTree.EOF
        rstTree.MoveNext
        If rstTree.EOF Then Exit Do
        If Not IsNull(rstTree!UID) Then
```

Alle Verzeichnisse durchlaufen, ...

Kapitel 5

... im Baum anlegen (gegebenenfalls als Child) ...

... die hier an die passenden Verzeichnis-Knoten angehängt werden.

... und die passenden Dokumente herausfiltern, ...

```
        Set nd = CTree.Nodes.Add(CTree.Nodes("F" & rstTree!UID), _
            tvwChild, "F" & rstTree!ID, rstTree!Verzeichnis, "folder")
        nd.Expanded = True
        rstDocs.Filter = "[VerzeichnisID]=" & rstTree!ID
        Set rstFiltered = rstDocs.OpenRecordset
        With rstFiltered
        Do While Not .EOF
            Set nd2 = CTree.Nodes.Add(nd, tvwChild, _
                "D" & !DokumentID, !Dateiname)
            If Me!frGruppeUser.Value = 1 Then
                lPerm = ePermGroup
            Else
                lPerm = ePermUser
            End If
            PermID = PermissionForDoc(!DokumentID. _
                Value, lUserID, lPerm)
            If PermID < 1 Then PermID = 1
            nd2.image = format(!DokumentartID, "00") & "_" & PermID
            rstFiltered.MoveNext
        Loop
        End With
        End If
    Loop
    LockWindowUpdate 0&
    ...
End Sub
```

Interessant ist, wie Sie vielleicht bemerkt haben, die Zuweisung gleich zweier Symbole zu einem einzigen Element des Dokumentbaums wie in folgender Abbildung:

Abbildung 5.25: TreeView-Steuerelement mit zwei Symbolen je Element

Fangen Sie nicht an, die Eigenschaften und Methoden des *TreeView*-Steuerelements zu durchsuchen: Ein *Node*-Objekt bietet Ihnen immer nur eine *Image*-Eigenschaft an, und was wie zwei Symbole aussieht, ist eigentlich auch nur eines. Was viele allerdings nicht wissen: Man kann dem *ImageList*-Steuerelement, das als Container für die in anderen Steuerelementen wie dem *TreeView*- oder dem *ListView*-Steuerelement anzuzeigenden Bilddateien dient, nicht nur Bilddateien mit gleicher horizontaler wie vertikaler Kantenlänge hinzufügen, sondern durchaus auch andere Formate – vorausgesetzt, alle Bilder haben die gleichen Abmessungen.

Und das geschieht in diesem Fall: Über das Eigenschaftsfenster des *ImageList*-Steuerelements wird die Größe der enthaltenen Bilder als benutzerdefiniert festgelegt.

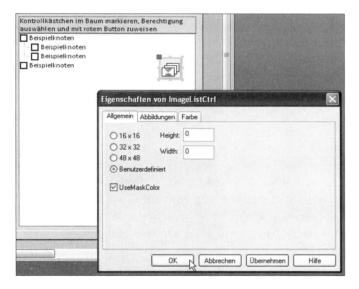

Abbildung 5.26: Festlegen benutzerdefinierter Bildabmessungen für das ImageList-Steuerelement

Werfen wir einen weiteren Blick auf die oben vorgestellte Routine *FillTree*, und zwar auf den folgenden Ausschnitt, der die Datensatzgruppe aller zum aktuellen Verzeichnisknoten gehörenden Dokumente durchläuft:

```
Do While Not .EOF
    Set nd2 = CTree.Nodes.Add(nd, tvwChild, "D" & !DokumentID, !Dateiname)
    If Me!frGruppeUser.Value = 1 Then
        lPerm = ePermGroup
    Else
        lPerm = ePermUser
    End If
```

```
            PermID = PermissionForDoc(!DokumentID.Value, lUserID, lPerm)
            If PermID < 1 Then PermID = 1
            nd2.image = format(!DokumentartID, "00") & "_" & PermID
            rstFiltered.MoveNext
        Loop
```

Dort wird zunächst ein Knoten für das jeweilige Dokument mit einem Ausdruck wie *D123* (*D* für Dokument, *123* für den Primärschlüssel des aktuellen Datensatzes) als Index und dem Dokumentnamen als Beschriftung hinzugefügt. Dann weist ein *If... Then*-Konstrukt der Variablen *lPerm* abhängig von der Einstellung der Optionsgruppe zur Auswahl von Benutzer/Benutzergruppe die passende Konstante der Enumeration *ePermKind* zu (mehr dazu weiter unten unter 5.4, »Dokumentberechtigungen verwalten«).

Die Funktion *PermissionForDoc* (ebenfalls weiter unten) ermittelt dann die Berechtigungsstufe für dieses Dokument in Abhängigkeit von der ID des Benutzers/der Benutzergruppe.

Die folgende Anweisung stellt dann die *Image*-Eigenschaft des Knotens auf einen Ausdruck ein, der sich aus einem zweistelligen Zahlenwert für die Dokumentart, einem Unterstrich sowie einem Zahlenwert für die Berechtigungsstufe zusammensetzt:

```
    nd2.image = format(!DokumentartID, "00") & "_" & PermID
```

Diese Bezeichnung bezieht sich auf den Namen, unter dem die Bilddateien im *ImageList*-Steuerelement gespeichert wurden. Nur: Wenn Sie in der Entwurfsansicht des Formulars die Eigenschaften des *ImageList*-Steuerelements öffnen und dort zur Registerseite *Abbildungen* wechseln, stellen Sie fest, dass dort überhaupt keine Abbildungen gespeichert sind!

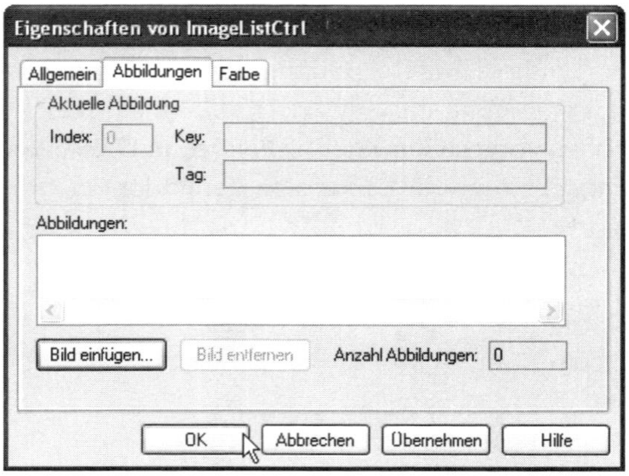

Abbildung 5.27: Keine Abbildungen im *ImageList*-Steuerelement

Der Grund ist einfach: Die Anwendung soll möglichst dynamisch sein, das heißt in diesem Fall, dass kein Eingriff in den Entwurf notwendig sein soll, wenn beispielsweise ein neuer Dokumenttyp hinzukommt, der mit *dmsBase* verwaltet werden kann. Das Hinzufügen einer neuen Bilddatei zum *ImageList*-Steuerelement würde aber einen Eingriff in den Entwurf bedeuten. Deshalb sind alle Bilddateien in einer Tabelle namens *tbl_Anlagen* gespeichert und werden bei Bedarf dynamisch in die Zielsteuerelemente oder auch in verschiedene *ImageList*-Steuerelemente als Container für Bilddateien geladen. Damit wäre beim Hinzufügen eines neuen Dokumenttyps lediglich das Anlegen neuer Daten in der Tabelle *tbl_Anlagen* sowie – für den neuen Dokumenttyp selbst – in den Tabellen *tbl_Filetypes* und *tblDokumentarten* nötig.

Dynamisches Einlesen von Berechtigungssymbolen

Die Routine *LoadImageList* sorgt für das Füllen des *ImageList*-Steuerelements. Dieser Vorgang ist allerdings nicht ganz trivial, denn die Bilder liegen nicht so vor, wie sie im Dokumentbaum angezeigt werden (Berechtigungssymbol/Pfeil/Dokumentsymbol). Stattdessen gibt es in der Tabelle *tbl_Anlagen* lediglich Symbole von 16 x 16 Pixel – hier die vier Symbole zur Anzeige der Berechtigungsstufe:

Abbildung 5.28: Die Tabelle tbl_Anlagen enthält Symbole zur Anzeige in TreeView- und sonstigen Steuerelementen.

In der gleichen Tabelle befinden sich die Symbole zur Darstellung des Dokumenttyps. Wie aber vereint man diese zu einer Bilddatei – und das auch noch mit einem Pfeil in der Mitte? Das Geheimnis verrät die bereits erwähnte Routine *LoadImageList*. Diese leert zunächst das *ImageList*-Steuerelement und legt dann die Dimension der Bilder (16 x 40) sowie einige weitere Einstellungen fest:

```
Private Sub LoadImageList()
    Dim rst As Recordset2
    Dim ID1 As Long, ID2 As Long
    Dim oPic As StdPicture
    Dim COGL As New clsOGL2007
    Dim oImgL As mscomctllib.ImageList
    ...
```

Kapitel 5

```
Set oImgL = Me!ctlImgL.Object
With oImgL
    .ListImages.Clear
    .ImageHeight = 16
    .ImageWidth = 40
    .UseMaskColor = True
    .BackColor = RGB(255, 255, 255)
    .UseMaskColor = True
```

Die Variable *oPic* speichert Verweise auf Bildobjekte, die durch die Funktion *GetSysPicture* (siehe 9.23, »Bilder einlesen«) eingelesen werden und fügt diese dem *ImageList*-Steuerelement über die *Add*-Methode hinzu:

```
Set oPIc = GetSysPicture("iconRoot")
.ListImages.Add , "docroot", oPIc
Set oPIc = GetSysPicture("iconDocFolder")
.ListImages.Add , "folder", oPIc
```

Und dann wird es interessant: Die folgende Abfrage enthält die beiden Tabellen *tblDokumentarten* und *tblZugriffsartenDokumente*. Beide enthalten ein Feld namens *BildID*, das auf einen entsprechenden Eintrag in der Tabelle *tbl_Anlagen* verweist. Die Abfrage soll nun alle Kombinationen aus Dokument- und Zugriffsartsymbolen liefern, also beispielsweise das Word-Symbol mit allen vier Zugriffsartsymbolen oder das Excel-Symbol mit allen vier Zugriffsarten. Dies geschieht am einfachsten durch das Hinzufügen der beiden Tabellen zu einer Abfrage, ohne diese innerhalb der Abfrage miteinander zu verknüpfen.

Abbildung 5.29: Diese Abfrage kombiniert die IDs der Bilder für die Dokumenttypen und die Zugriffsarten.

Das Ergebnis dieser Abfrage sieht dann wie folgt aus:

Benutzer und Berechtigungen verwalten

Abbildung 5.30: Dieses Abfrageergebnis ist die Grundlage für das Kombinieren von Dokument- und Zugriffsartsymbolen.

Die Routine *LoadImageList* fährt nun so fort: Zunächst öffnet sie eine Datensatzgruppe basierend auf der soeben beschriebenen Abfrage. Die enthaltenen Datensätze durchläuft sie komplett und legt somit alle möglichen Kombinationen aus Dokument- und Zugriffsartsymbolen im *ImageList*-Steuerelement an. Dabei kommt die Bildverarbeitungsklasse *clsOGL2007* von *dmsBase* zum Tragen, hier in Form der Objektvariablen *COGL*. Sie erzeugt mit der *CreatePicture*-Methode und entsprechenden Parametern ein *Picture*-Objekt mit den gewünschten Abmessungen und weißem Hintergrund. Die folgenden Aufrufe der *OverlayImages*-Methode fügen nacheinander die beiden 16 x 16-Symbole aus der Tabelle *tbl_Anlagen* ein, wobei wieder die Funktion *GetSysPictures* zum Einsatz kommt. Die wichtigsten Parameter sind jeweils die letzten beiden, die die Position des einzufügenden Symbols festlegen. Und die Klasse *clsOGL2007* hat noch viel mehr zu bieten: Sie kann nämlich mit der Methode *ImageDrawLine* beispielsweise einen Pfeil in ein *Picture*-Objekt hineinzeichnen. Dazu braucht es Informationen darüber, wo der Pfeil beginnen und enden soll, wie breit er sein soll, welche Linienart er hat und vor allem wie die Enden beschaffen sein sollen – in diesem Fall sorgt der Parameter *LineCapArrowAnchor* für das Zeichnen einer Pfeilspitze. Mit zwei Symbolen und dem Pfeil ist das neue Zugriffsartsymbol fertig und kann in das *ImageList*-Steuerelement geschrieben werden, was die letzten paar Zeilen erledigen.

```
Set rst = OpenRS("SELECT * FROM [qryBilderDokumentUndZugriff]", _
    eOpenSnapshot)
Do While Not rst.EOF
    ID1 = rst!BildZugriff
    ID2 = rst!BildArt                      ── Bild von 40 x 16 erzeugen,
    COGL.CreatePicture 40, 16, &HFFFFFFFF  ── erstes Icon einfügen,
    COGL.OverlayImages GetSysPicture(ID1), 0.8, 0, 0
```

```
        COGL.OverlayImages GetSysPicture(ID2), 1, 24, 0          zweites Icon einfügen
        COGL.ImageDrawLine 16, 8, 23, 8, &HFF000080, _
            1, , , LineCapArrowAnchor, True, True                und noch einen Pfeil
        Set oPIc = COGL.MyImage                                   dazwischen, fertig!
            .ListImages.Add , format(rst!DokID, "00") & "_" & rst!ZID, oPIc
        rst.MoveNext
    Loop
```

5.4.8 Dokumentberechtigungen zuweisen

Vor lauter Freude über die schicke Darstellung der Berechtigungen im *TreeView*-Steuerelement haben wir natürlich auch die eigentliche Funktion nicht vergessen – die Zuweisung der Berechtigungen zu den Dokumenten. Der Ablauf wurde oben schon beschrieben, fehlt also noch die entsprechende Technik: Eine Routine, die alle Knoten durchläuft, schaut, ob es sich um ein Dokument handelt und ob der Benutzer dieses markiert hat, und nimmt die notwendigen Änderungen in den zu Grunde liegenden Tabellen vor.

Dreh- und Angelpunkt ist die Schaltfläche zwischen der Benutzer-/Benutzergruppenliste und dem Dokumentbaum. Sie heißt *cmdAssign* und löst folgende Routine aus, die zunächst einmal alle Elemente des Baums durchläuft, sie auf die Art (Dokument/Verzeichnis) prüft und alle angekreuzten (*nd.Checked*) Dokumentknoten zählt:

```
    Private Sub cmdAssign_Click()
        Dim nCnt As Long
        Dim nd As Node
        Dim lDocID As Long
        Dim lUserID As Long
        Dim lFr As Long
        Dim lAcc As Long
        ...
        For Each nd In CTree.Nodes
            If nd.Checked And Left(nd.Key, 1) = "D" Then nCnt = nCnt + 1
        Next nd
        If nCnt = 0 Then
            DmsMsg 102
            GoTo Ende
        End If
```

Nach dem Anzeigen eines Meldungsfensters, das den Benutzer fragt, ob er die Berechtigung für die angegebene Anzahl Dokumente ändern möchte, beginnt eine kleine Orgie von Aktionsabfragen, die jeweils durch die *DBExecute*-Funktion aufgerufen werden (siehe 9.2, »Vereinfachtes Ausführen von Aktionsabfragen«). Dabei durchläuft die Routine erneut alle Elemente des Dokumentbaums und prüft wiederum, ob es sich beim aktuellen Element um einen Dokumentknoten handelt. Falls ja, ermittelt die Routine die *ID* des Dokuments und ob die Berechtigung für eine Benutzergruppe oder einen einzelnen Benutzer gesetzt werden soll. Die in Abhängigkeit davon ausgelösten Aktionen sind sich sehr ähnlich und weisen lediglich den Unterschied auf, dass im ersten Fall die Tabelle *tblBerechtigungenBenutzergruppenDokumente* betroffen ist und im zweiten die Tabelle *tblBerechtigungenBenutzerDokumente*. In beiden Fällen wird zunächst ein eventuell vorhandener Eintrag mit der *ID* des Benutzers und der *ID* des Dokuments gelöscht und dann durch einen neuen Eintrag mit der gewünschten Berechtigung ersetzt. Zu guter Letzt wird dann noch der Dokumentbaum visuell aktualisiert (*FillTree*).

```
If Msgbox("Sind Sie sicher, dass sie die Berechtigungen für diese " & _
        nCnt & " Dokumente ändern wollen?", _
        vbYesNo Or vbQuestion, "Bestätigen:") = vbYes Then
    lFr = Me!frGruppeUser.Value
    lUserID = Me!sfrmGruppeUser!ID
    lAcc = Me!frRechte.Value
    For Each nd In CTree.Nodes
        If nd.Checked And Left(nd.Key, 1) = "D" Then
            lDocID = Mid(nd.Key, 2)
            If lFr = 1 Then
                DBExecute "DELETE FROM " _
                    & "tblBerechtigungenBenutzergruppenDokumente WHERE " _
                    & "BenutzergruppeID=" & lUserID _
                    & " AND DokumentID=" & lDocID
                DBExecute "INSERT INTO " _
                    & "tblBerechtigungenBenutzergruppenDokumente" _
                    & "(DokumentID,BenutzergruppeID,ZugriffsartID)" _
                    & " VALUES(" & lDocID & "," & lUserID & "," _
                    & lAcc & ")"
            Else
                DBExecute "DELETE FROM " _
                    & "tblBerechtigungenBenutzerDokumente WHERE " _
                    & "BenutzerID=" & lUserID & " AND DokumentID=" & lDocID
                DBExecute "INSERT INTO " _
                    & "tblBerechtigungenBenutzerDokumente" _
                    & "(DokumentID,BenutzerID,ZugriffsartID) VALUES(" _
                    & lDocID & "," & lUserID & "," & lAcc & ")"
            End If
        End If
    Next nd
    FillTree lUserID
End If
```

5.4.9 Markierung vererben

Neben der Möglichkeit, einzelne Dokumente für eine anstehende Änderung der Benutzerrechte zu markieren, kann der Benutzer auch komplette Verzeichnisse dafür auswählen. Dazu braucht er nur in das Kontrollkästchen des betroffenen Verzeichnisses zu klicken und schon werden alle darunter liegenden Elemente ebenfalls markiert.

Damit dies funktioniert, brauchen Sie eine passende Routine, und für diese Routine einen Auslöser. Den kann nur ein Ereignis des TreeView-Steuerelements bereitstellen, und deshalb deklarieren Sie dieses Steuerelement auch mit einer entsprechenden Objektvariablen und dem *WithEvents*-Schlüsselwort:

```
Private WithEvents CTree As mscomctllib.TreeView
```

Dies sorgt dafür, dass Sie, wenn Sie im linken Kombinationsfeld des Codefensters den Eintrag *CTree* ausgewählt haben, im rechten Kombinationsfeld die Ereignisse des Steuerelements auswählen und darüber entsprechende Ereignisprozeduren festlegen können. In diesem Fall handelt es sich um das Ereignis *NodeCheck*, das beim Anklicken der Checkbox eines Elements ausgelöst wird.

Die davon betroffene Routine prüft zunächst, ob es sich beim angeklickten Element um ein Verzeichnis handelt (erstes Zeichen des *Key*-Werts ist ein *F* für *Folder*). Falls nicht, hat der Benutzer ein Dokument angeklickt, was keine weiteren Auswirkungen hat.

Falls ja, kommt die Routine erst richtig in Fahrt: Sie greift sich das erste untergeordnete Element (*Node.Child*), weist seiner Eigenschaft *Checked* den Wert des durch den Benutzer angeklickten Elements zu und schaut, ob das *Child*-Element ebenfalls ein Verzeichnis-Element ist.

In dem Fall ruft die Routine sich selbst mit dem aktuellen *Child*-Element als Parameter auf (Rekursion) und untersucht so dessen *Child*-Elemente so lange, bis es keine weiteren untergeordneten Elemente mehr gibt. Erst danach arbeitet die Routine die jeweils folgenden Elemente ab.

```
Private Sub ctlTreeview_NodeCheck(ByVal Node As Object)
    Dim nd As Node
    ...
    If Left(Node.Key, 1) = "F" Then
        Set nd = Node.Child
        If Not nd Is Nothing Then
            Do
                nd.Checked = Node.Checked
                If Left(nd.Key, 1) = "F" Then _
                    ctlTreeview_NodeCheck nd
                Set nd = nd.Next
```

Rekursiver Aufruf, um auch die Kind-Knoten zu durchlaufen!

```
            Loop Until nd Is Nothing
        End If
    End If
    ...
End Sub
```

5.5 Dokumentberechtigungen prüfen

Sind die Berechtigungen einmal zugewiesen, wirkt sich dies sofort beim nächsten Öffnen eines Dokuments aus.

Zuständig für die Prüfung der Zugriffsrechte auf Dokumente ist die Funktion *PermissionForDoc*, die Sie im Modul *mdlSecurity* finden und die, wie der folgende Screenshot einer der Funktionen der MZ-Tools zeigt, von einigen Stellen aus aufgerufen wird:

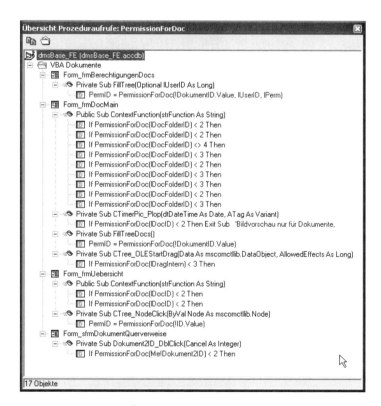

Abbildung 5.31: Die Übersicht der Prozeduraufrufe der MZ-Tools zeigt, dass die Dokumentberechtigungsroutine von vielen Stellen aus aufgerufen wird.

Den Start macht das soeben besprochene Formular *frmBerechtigungenDocs*: Es muss natürlich prüfen, auf welches Dokument der aktuelle Benutzer welche Berechtigungen hat, denn es soll ja die passenden Symbole im Dokumentbaum anzeigen.

Das Formular *frmDocMain* ist das Hauptformular der Anwendung und wird in Kapitel 6, »Dokumente verwalten«, besprochen. Wann immer man aus dem dort angezeigten Dokumentbaum heraus ein Dokument öffnen möchte, wird zunächst die Funktion *PermissionForDoc* befragt – und es gibt noch einige weitere Elemente, die eine Abfrage der Berechtigungen erfordern.

Dokumentberechtigungen ermitteln

Die Funktion *PermissionForDoc* erwartet mindestens die *ID* des zu prüfenden Dokuments, alternativ den Benutzer und/oder die Berechtigungsart, was auch aus ihrem Funktionskopf hervorgeht. Der Parameter *WhichPermission* erwartet eine der folgenden Konstanten:

```
Public Enum ePermKind
    ePermUser = 1
    ePermGroup = 2
    ePermAll = 3
End Enum
```

Im einfachsten Fall, das heißt, dass nur eine Dokument-ID übergeben wird, geht die Routine davon aus, dass die Berechtigung für dieses Dokument für den aktuellen Benutzer und für die Gruppe des aktuellen Benutzers ermittelt werden soll (*WhichPermission = ePermAll*), und erfragt dessen ID mit der Funktion *CurUserID*. Ist ein Benutzer angemeldet, bemüht die Routine die Abfrage *qryDokumentzugriffsrechte* und ermittelt den Wert des Feldes *Zugriff* für die fragliche Kombination aus *DokumentID* und *UserID*. Die hier verwendete Technik demonstriert sehr schön, wie man die Parameter einer Abfrage per VBA setzt. Dazu schreibt man zunächst die Parameternamen wie üblich in die Kriterien-Zeile der Abfrage (siehe folgende Abbildung). Im VBA-Code erzeugt man dann üblicherweise ein *QueryDef*-Objekt auf Basis der fraglichen Abfrage ...

```
Set qdf = dbs.QueryDefs("qryDokumentzugriffsrechte")
```

... und weist den Parametern dann mit Anweisungen wie den folgenden die gewünschten Werte – hier in Form von Variablen – zu:

```
qdf.Parameters("DocID") = DocumentID
qdf.Parameters("UID") = lUserID
```

Das danach auf Basis dieses *QueryDef*-Objekts geöffnete Recordset liefert dann das Ergebnis der mit den angegebenen Parametern behandelten Abfrage – im konkreten Beispiel wurde diese Vorgehensweise jedoch durch die Hilfsfunktion *OpenParameterQuery* (siehe 9.2, »Vereinfachtes Ausführen von Parameterabfragen«) ersetzt.

Benutzer und Berechtigungen verwalten

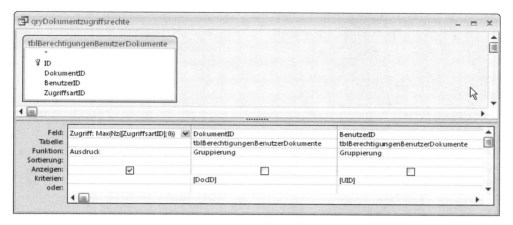

Abbildung 5.32: Abfrage mit Parameter

Die Ergebnismenge enthält in jedem Fall nur einen einzigen Datensatz, da jede Kombination aus Benutzer und Dokument in der Tabelle *tblBerechtigungenBenutzerDokumente* nur einmal vorkommen darf. Das Feld *Zugriff* liefert die Berechtigungsstufe – und zwar einen der folgenden Werte:

- 1: keine
- 2: Lesen
- 3: Lesen/Schreiben
- 4: Lesen/Schreiben/Löschen

Wichtig für das Verständnis der Routine ist die Art der Zuordnung von Berechtigungen: *dmsBase* geht davon aus, dass ein Benutzer unterschiedliche Berechtigungen für den Zugriff auf ein Dokument erhalten kann – erstens als Benutzer, zweitens als Mitglied einer Benutzergruppe.

Hier gilt, dass der Kombination aus Benutzer und Dokument die jeweils höhere Berechtigung zugewiesen wird. Darf der Benutzer das Dokument durch seine Gruppenzugehörigkeit eigentlich nur lesen, hat er aber als Benutzer umfangreichere Rechte wie etwa Lesen/Schreiben, dann gelten die Berechtigungen, die er als Benutzer erhalten hat.

```
Function PermissionForDoc(DocumentID As Long, Optional lUserID As Long, _
        Optional WhichPermission As ePermKind = ePermAll) As Long
    Dim qdf As QueryDef
    Dim rst As Recordset2
    Dim n1 As Long, n2 As Long
    ...
    If lUserID = 0 Then lUserID = CurUserID
```

Kapitel 5

```
                   If lUserID = 0 Then Exit Function
                  ┌ If (WhichPermission And ePermUser) > 0 Then
 Holt die         │     Set rst = OpenParameterQuery("qryDokumentzugriffsrechte", _
 Rechte           │         eOpenSnapshot, "DocID:=" & DocumentID, "UID:=" & lUserID)
 für den          │     If Not rst.EOF Then n1 = rst("Zugriff")
 Benutzer.        │     rst.Close
                  └ End If
                  ┌ If (WhichPermission And ePermGroup) > 0 Then
 Holt die         │     Set rst = OpenParameterQuery("qryDokumentzugriffsrechteGruppen", _
 Rechte           │         eOpenSnapshot, "DocID:=" & DocumentID, "UID:=" & lUserID)
 für die          │     If Not rst.EOF Then n2 = rst("Zugriff")
 Gruppe des       │     rst.Close
 Benutzers.       └ End If
                  ┌ If WhichPermission = ePermGroup Then
 Liest die        │     Set rst = _
 Rechte für       │         OpenParameterQuery("qryDokumentzugriffsrechteGruppen2", _
 eine Gruppe,     │         eOpenSnapshot, "DocID:=" & DocumentID, "UID:=" & lUserID)
 unabhängig       │     If Not rst.EOF Then n2 = rst("Zugriff")
 vom Benutzer     │     rst.Close
                  └ End If
                   If n2 > n1 Then n1 = n2
                   PermissionForDoc = n1
                   ...
                End Function
```

Die *ID* des angemeldeten Benutzers wird hier wie an diversen anderen Stellen in *dmsBase* übrigens über die Funktion *CurUserID* ermittelt:

```
Function CurUserID() As Long
    CurUserID = Getvar("CurrentID", 0&)
End Function
```

Die liest lediglich die *TempVar* mit dem Namen *CurrentID* aus. Der Wert dieser Variablen wird beim Einloggen in *dmsBase* über das Formular *frmIntro* gesetzt und liegt für den gesamten Sitzungszeitraum vor.

5.6 Anmeldung an die Datenbank

Nachdem Sie nun erfahren haben, wie die hinter der Berechtigungsvergabe stehenden Techniken funktionieren, fehlt nur noch eines: Irgendwie muss sich der aktuelle Benutzer noch zu erkennen geben, wenn er mit *dmsBase* arbeitet. Dies regelt die Anwendung wie viele andere Anwendungen auch mit einem einfachen Anmeldedialog, worüber er sei-

Benutzer und Berechtigungen verwalten

nen Benutzernamen und sein Kennwort eingibt und anschließend entweder auf die Dokumente zugreifen darf oder abgewiesen wird. Das passende Formular sieht in der Entwurfsansicht wie in der folgenden Abbildung aus und wird durch das *Autoexec*-Makro aufgerufen – genauer gesagt durch die dort aufgerufene Routine *StartDB*.

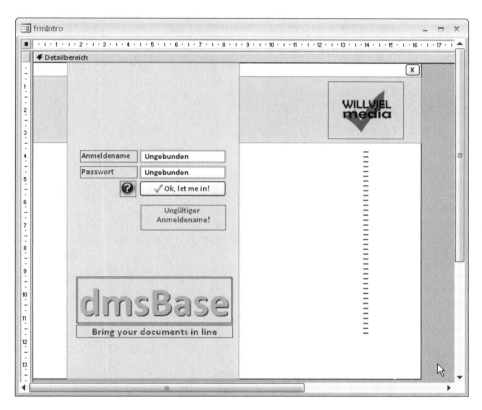

Abbildung 5.33: Das Formular *frmIntro* in der Entwurfsansicht

In dieser Routine sorgt die folgende Anweisung nach einigen weiteren vorbereitenden Schritten, wie etwa dem Prüfen der Tabellenverknüpfungen, für die Anzeige des Startformulars:

```
DoCmd.OpenForm "frmIntro"
```

Die erste Routine, die beim Öffnen des Formulars ausgelöst wird, ist die Ereignisprozedur *Beim Laden*. Die Routine maximiert zunächst das Formular, wobei dieses durch die Einstellung der Eigenschaft *Popup* auf den Wert *Ja* direkt den kompletten Bildschirm einnimmt. Dadurch, dass die einzelnen Steuerelemente mit den Eigenschaften *Horizontaler Anker* und *Vertikaler Anker* entsprechend eingestellt sind, verteilen sich diese optimal über die Bildschirmfläche.

Kapitel 5

Anschließend folgen einige Einstellungen, wie etwa zum angezeigten Logo oder zu den Hintergrundfarben des Dialogs.

Dann kommen die interessanten Aktionen: Die Funktion *CurUserID* (siehe vorheriger Abschnitt) liest aus der Liste der temporären Variablen aus, welcher Benutzer sich als letzter an die Anwendung angemeldet hat, und ermittelt den Benutzernamen dieses Benutzers aus der Tabelle *tblBenutzer*, um das Textfeld *txtUser* vorzubelegen. Konnte ein passender Benutzer gefunden werden, legt die Routine den Fokus auf das Textfeld zur Eingabe des Kennworts, ansonsten auf das zur Eingabe des Benutzernamens.

```
Private Sub Form_Load()
    Dim lUserID As Long
    ...
    DoCmd.Maximize
    Me!ctlLogo.Picture = CurPath("images") _
        & "logo_m_alpha.png" 'Dadurch änderbar
    '... Farben einstellen ...
    lUserID = CurUserID
    Me!txtUser = OpenRS("SELECT Benutzername " _
        & "FROM tblBenutzer WHERE ID=" & lUserID, eOpenSnapshot)(0)
    If lUserID = 0 Then
        Me!txtUSer.SetFocus
    Else
        Me!txtPassword.SetFocus
    End If
    ...
End Sub
```

Als kleinen Gimmick bringt die Anwendung nun die Lautsprecher zum Vibrieren, denn die folgende Routine, die direkt nach dem Öffnen des Formulars ausgelöst wird, spielt die *dmsBase*-Hymne ab:

```
Private Sub Form_Current()
    If Getvar("PlaySounds", True) Then _
        PlayAttachmentMP3 "audio3mp3", , , True 'Jingle!
End Sub
```

Dabei darf sich der Benutzer aber auch schon mit der Eingabe des Kennworts beschäftigen. Hat er dies erledigt und klickt auf die *Login*-Schaltfläche, löst dies die folgende Routine aus:

```
Private Sub cmdLogin_Click()
    Dim rstUser As DAO.Recordset2
    ...
```

Benutzer und Berechtigungen verwalten

```
        Set rstUser = OpenRS("SELECT [ID],[Benutzername],[Kennwort] " _
            & "FROM tblBenutzer", eOpenSnapshot)
        rstUser.FindFirst "[Benutzername]='" & Me!txtUSer.Value & "'"
        If rstUser.NoMatch Then
            Me!LblMsg.Caption = "Ungültiger Anmeldename!"
            Me!LblMsg.Visible = True
            Me!txtUSer = Null
            Me!txtUSer.SetFocus
        Else
            If Nz(rstUser!Kennwort) <> _
                    DecryptString(Nz(Me!txtPassword.Value)) Then
                Me!LblMsg.Caption = "Ungültiges Passwort!"
                Me!LblMsg.Visible = True
                Me!txtPassword = Null
                Me!txtPassword.SetFocus
                If Getvar("PlaySounds", True) _
                    Then PlayAttachmentMP3 "audio5mp3"     'Laughter ;-)
            Else
                SetVar "CurrentID", rstUser!ID.Value
                rstUser.Close
                Set rstUser = Nothing
                CloseAForm Me
                CSound.StopMedia
            End If
        End If
        ...
    End Sub
```

Benutzer ist nicht vorhanden. (annotation for first block)

Benutzer ist da, aber Passwort falsch (annotation for second block)

Alles okay, Benutzer wird eingeloggt. (annotation for third block)

Die Routine öffnet eine Datensatzgruppe namens *rstUser* auf Basis der Tabelle *tblBenutzer* und sucht nach dem ersten Eintrag, dessen Benutzername mit dem eingegebenen Benutzernamen übereinstimmt. Findet sie keinen passenden Datensatz, erscheint eine entsprechende Meldung und das Textfeld zur Eingabe des Benutzernamens wird geleert.

Ist der Benutzername korrekt, prüft die Routine das Kennwort: Stimmt dieses nicht, erscheint ebenfalls eine passende Meldung, das Kennwort-Feld wird geleert und es ertönt eine weitere Audio-Datei – lassen Sie sich überraschen!

Stimmen Benutzername und Kennwort, schreibt die Routine die ID des aktuellen Benutzers mit der *SetVar*-Funktion (siehe 9.7.1, »TempVars schreiben und lesen«) in eine passende Umgebungsvariable, die fortan beim Öffnen von Objekten der Datenbank und beim Zugriff auf die verschiedenen Dokumente geprüft wird – die Variable verliert ihren Inhalt während der ganzen Sitzung auch dann nicht, wenn unbehandelte Fehler im Code auftreten.

6 Dokumente verwalten

Die Hauptfunktion der Anwendung ist das Verwalten von Dokumenten. Gut, es gibt noch einige andere interessante Funktionen, aber im Wesentlichen sollen Dokumente aller Art in Tabellen gespeichert, im Volltext erfasst und indiziert, mit Attributen und Metadaten versehen und zur Suche und Ausgabe bereitgestellt werden. Was sich in einem Satz kurz zusammenfassen lässt, erfordert eine ganze Menge Funktionalität, die sich zum größten Teil in einem Formular namens *frmDocMain* befindet. Dieses rufen Sie über den Ribboneintrag *Dokumente verwalten* auf:

Abbildung 6.1: Aufruf des Formulars zum Verwalten von Dokumenten

Das hierdurch geöffnete Formular besteht aus zwei großen Elementen: Auf der linken Seite befindet sich eine sehr exakte Nachbildung der Elemente des Windows Explorers mit den zwei großen Steuerelementen zur Anzeige der Ordnerstruktur in der Baumansicht sowie der im aktuell ausgewählten Verzeichnis enthaltenen Ordner und Dateien. Auf der rechten Seite finden Sie die Baumstruktur der Ordner und Dateien des Dokumentenmanagementsystems. Dass das Formular nicht nur die Dokumentstruktur der in der Datenbank gespeicherten Daten liefert, sondern zusätzlich die des Dateisystems, liegt im Komfort, den die Anwendung bieten soll: Der Benutzer kann ganz einfach Dokumente vom Dateisystem in den gewünschten Ordner der Datenbank einchecken und auch Dokumente aus der Datenbank in das Dateisystem schreiben. Im Überblick sieht das wie folgt aus:

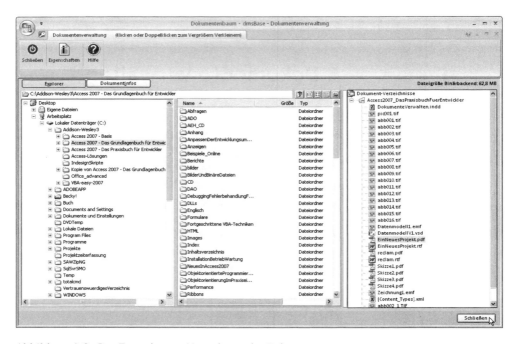

Abbildung 6.2: Das Formular zur Verwaltung der Dokumente

6.1 Funktionen des Formulars frmDocMain

Bevor wir uns um die technische Umsetzung kümmern, schauen wir uns die Funktionen des Formulars an – ausgehend von einer jungfräulichen Dokumentenverwaltung.

6.1.1 Verzeichnisse verwalten

Der Dokumentbaum, also der rechte Teil des Formulars *frmDocMain*, sieht dabei wie in der folgenden Abbildung aus – allein der Ordner *Dokument-Verzeichnisse* ist zunächst vorhanden. Hier können Sie nun über das Kontextmenü direkt Dokumente einchecken, Verzeichnisse erzeugen, umbenennen, leeren oder löschen. Außerdem können Sie die enthaltenen Elemente kopieren oder ausschneiden und – sofern dies schon geschehen ist – auch wieder einfügen. Der oberste Menüpunkt *Verzeichnisse neu sortieren* sortiert die in der Reihenfolge des Einfügens vorliegenden Verzeichnisse nach dem Alphabet.

Abbildung 6.3: Optionen des Dokumentbaums

Verzeichnis hinzufügen

Das Hinzufügen von Verzeichnissen über den Kontextmenüeintrag *Unterverzeichnis erstellen* funktioniert wie im Explorer: Es erscheint ein neuer Eintrag, für den die Bezeichnung *Neues Verzeichnis* voreingestellt ist und dessen Namen Sie nun direkt anpassen können.

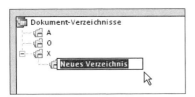

Abbildung 6.4: Verzeichnisse einfügen

Verzeichnis umbenennen

Das Umbenennen funktioniert ebenfalls wie im Windows Explorer: Sie brauchen einfach nur den gewünschten Eintrag zu markieren und dann erneut auf diesen zu klicken und können den Namen dann anpassen. Alternativ wählen Sie den Kontextmenüeintrag *Verzeichnis umbenennen* aus.

Verzeichnis leeren

Mit dem Menüeintrag *Verzeichnis leeren* löschen Sie alle enthaltenen Unterverzeichnisse und Dokumente. *dmsBase* fragt allerdings noch, ob Sie den Löschvorgang wirklich durchführen möchten.

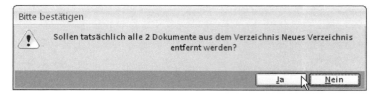

Abbildung 6.5: Sicherheitsabfrage vor dem Löschen von Daten

Diese Funktion löscht übrigens nur Dokumente, keine Unterverzeichnisse.

Verzeichnis löschen

Beim Löschen kompletter Verzeichnisse sieht es anders aus: Hier werden nicht nur die enthaltenen Dokumente, sondern auch enthaltene Unterverzeichnisse und das Verzeichnis selbst gelöscht.

6.1.2 Dokumente verwalten

In den Verzeichnissen können Sie Dokumente anlegen. Der dazu erforderliche Vorgang nennt sich »einchecken«. Natürlich können Sie Dokumente auch löschen, auschecken und mehr – wie das funktioniert, zeigen die folgenden Abschnitte.

Dokument einchecken

Wenn Sie die Verzeichnisstruktur für ein Projekt erzeugt haben, möchten Sie darin auch Dokumente speichern. Dies geht ganz einfach – und zwar auf verschiedenen Wegen. Zuvor sollten Sie jedoch wissen, was beim Einchecken eines Dokuments geschieht: Es wird dabei nämlich aus dem Dateisystem heraus geladen und in einem neuen Datensatz in einer speziellen Tabelle der Datenbank gespeichert.

Der schnellste Weg zum Einchecken eines Dokuments verwendet die Drag-and-Drop-Fähigkeiten des Formulars *frmDocMain*. Dazu wählen Sie einfach die gewünschte Datei im Explorer-Steuerelement, also auf der linken Seite, aus und ziehen diese nach rechts auf das Zielverzeichnis. Dieses sollte sich beim Erreichen grün färben; in diesem Moment können Sie die Datei fallen lassen. Das funktioniert übrigens auch mit mehreren im Explorer markierten Dateien in einem Rutsch.

Dokumente verwalten

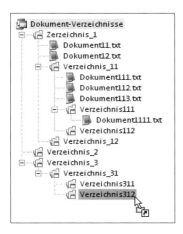

Abbildung 6.6: Einfügen eines Dokuments per Drag and Drop

Sie können auch ganze Verzeichnisse aus dem Explorer-Steuerelement in den Dokumentbaum ziehen (allerdings nur aus dem rechten Bereich des Explorers, also der Verzeichnis- und Dateiliste).

Die Anwendung fragt in dem Fall jedoch vorher nach, ob diese Operation tatsächlich durchgeführt werden soll:

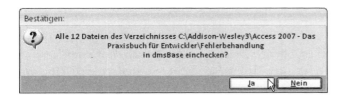

Abbildung 6.7: Rückfrage vor dem Hinzufügen der Dokumente eines kompletten Verzeichnisses

Unterverzeichnisse werden nicht eingelesen, sondern maximal die direkt im Verzeichnis enthaltenen Dateien. Dateien mit Datentypen, die in *dmsBase* selbst bearbeitet werden können, werden automatisch eingecheckt, bei anderen fragt die Anwendung nach:

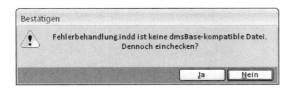

Abbildung 6.8: Auch bei nicht in dmsBase anzeigbaren Dateien fragt die Anwendung vor dem Einchecken sicherheitshalber nach.

235

Kapitel 6

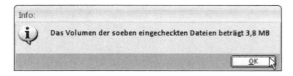

Abbildung 6.9: *dmsBase* informiert nach dem Einchecken über das Volumen der eingecheckten Dokumente.

Die zweite Variante zum Einchecken von Dokumenten ist das Kontextmenü. Dort wählen Sie den Eintrag *Dokument einchecken* des Kontextmenüs eines Verzeichnisses im Dokumentbaum aus.

Abbildung 6.10: Einchecken eines Dokuments über das Kontextmenü

Diese Funktion zeigt einen handelsüblichen *Datei öffnen*-Dialog an, mit dem Sie eine Datei zum Einchecken auswählen können – wenn Sie mehrere Dateien gleichzeitig importieren möchten, verwenden Sie Drag and Drop.

Dokument öffnen

Mit einem Doppelklick auf den Dokumentnamen oder über den Kontextmenüeintrag *Letzte Version öffnen* zeigen Sie das Dokument, soweit es sich um eines der unterstützten Formate handelt, direkt in *dmsBase* an. Wie dies genau aussieht, erfahren Sie unter 4.10, »Dokumente bearbeiten: RibbonDocs«.

Dokument löschen

Dies geht ganz einfach: Markieren Sie das zu löschende Dokument und betätigen Sie entweder die *Entfernen*-Taste oder wählen Sie den Kontextmenüeintrag *Dokument löschen* aus. Nach dem Bestätigen der Löschen-Meldung entfernt *dmsBase* das Dokument aus der Datenbank.

Dokumente verwalten

Abbildung 6.11: Das Kontextmenü von Dokumenten im Dokumentbaum

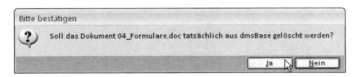

Abbildung 6.12: Nach dem Bestätigen dieser Meldung wird das Dokument gelöscht.

Dokument aktualisieren

Gegebenenfalls wurde das Dokument im Dateisystem aktualisiert und soll nun auch in der Dokumentenverwaltung auf den neuesten Stand gebracht werden. Um dies zu erreichen, wählen Sie den Eintrag *Dokument aus Quelle aktualisieren* aus dem Kontextmenü aus. Wenn Sie die folgende Meldung bestätigen, wird eine neue Version des Dokuments in *dmsBase* angelegt.

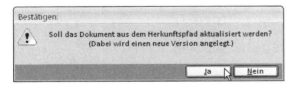

Abbildung 6.13: Beim Aktualisieren eines Dokuments durch die Version im Dateisystem wird eine neue dmsBase-Version angelegt.

Dokument auschecken

Gelegentlich möchten Sie ein Dokument vielleicht nicht innerhalb von *dmsBase*, sondern mit einer externen Anwendung bearbeiten. Das kann beispielsweise der Fall sein, wenn ein Mitarbeiter das Dokument auf seinen mobilen Rechner kopiert, um es zu Hause

237

weiterzubearbeiten. *dmsBase* unterscheidet zwischen zwei verschiedenen Auscheck-Varianten:

Die erste speichert das Dokument dorthin, wo es auch eingecheckt wurde, die zweite speichert es an einem beliebigen Speicherort.

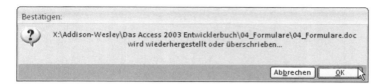

Abbildung 6.14: Auschecken eines Dokuments an die Stelle, an der es auch eingecheckt wurde

Beim Auschecken über den Kontextmenüeintrag *Dokument auschecken nach...* fragt ein *Datei speichern*-Dialog nach dem neuen Speicherort der Datei.

Eine weitere Möglichkeit zum Auschecken ist das Ziehen des gewünschten Dokuments in den Zielordner in der Explorer-Ansicht.

> **Versionsverwaltung**
>
> Ein wichtiges Feature einer Dokumentenverwaltung ist die Versionsverwaltung. Diese sorgt dafür, dass bei Änderungen am Dokument nicht nur die neue Version gespeichert, sondern auch die vorherige(n) Version(en) in der Datenbank verbleiben. Auf diese Weise kann man jederzeit wieder eine frühere Version eines Dokuments öffnen und zu diesem Stand zurückkehren. In *dmsBase* wird zu verschiedenen Gelegenheiten eine neue Version eines Dokuments angelegt – eine haben Sie ja soeben kennen gelernt: nämlich beim Aktualisieren eines Dokuments auf Basis des ursprünglichen Dokuments aus dem Dateisystem.

Dokumente in externer Anwendung öffnen

Man kann Dokumente auch direkt über das Kontextmenü (*In externer Anwendung öffnen...*) in einer externen Anwendung öffnen. Dies bedingt allerdings, dass Sie die Anwendung nach Änderungen von dort entweder auf der Festplatte speichern oder diese nur betrachten. Änderungen werden nicht in das in *dmsBase* gespeicherte Dokument übernommen.

Dokumente umbenennen

Das Umbenennen von Dokumenten wirkt sich auf den Speicherort aus, der durch den Kontextmenüeintrag *Dokument auschecken* verwendet wird: Dieser setzt sich nun aus dem alten Speicherpfad, aber dem neuen Dokumentnamen zusammen.

Kopieren, ausschneiden und einfügen

Sie können Dokumente von einem zum anderen Verzeichnis kopieren oder verschieben. Beides erledigen Sie über die passenden Kontextmenüeinträge. Das Einfügen in ein Verzeichnis erfolgt über den Kontextmenüeintrag *Einfügen* des Zielordners. Beim Ausschneiden wird das Dokument aus dem ursprünglichen Verzeichnis entfernt. Das Ausschneiden und Einfügen können Sie aber auch per Drag and Drop vom Quell- zum Zielverzeichnis abkürzen.

Eigenschaften

Die Eigenschaften eines Dokuments zeigen Sie über den Kontextmenüpunkt *Eigenschaften* oder, alternativ, über den gleichnamigen Ribboneintrag an, der nur bei markiertem Dokument aktiv ist. Der Dialog aus der folgenden Abbildung enthält – mit Ausnahme der Versionseigenschaften, die sich per Mausklick einblenden lassen – alle möglichen Dokumentinformationen, die der Benutzer in der Datenbank speichern kann.

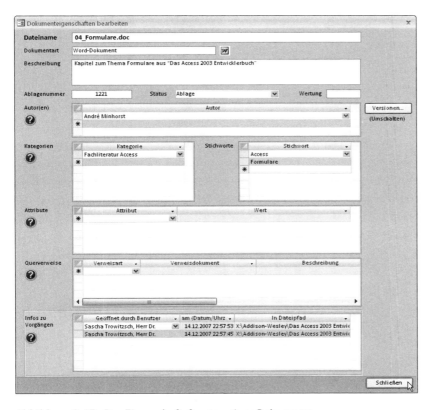

Abbildung 6.15: Das Eigenschaftsfenster eines Dokuments

Der Dateiname sowie die Dokumentart werden direkt beim Einchecken erfasst, für den Rest ist der Benutzer verantwortlich. Interessant ist hier die Verwendung von Kombinationsfeldern, die per Doppelklick direkt ein Formular zur Verwaltung der in der Datensatzherkunft enthaltenen Einträge öffnen – mehr Informationen dazu erhalten Sie unter 8.1, »Kombinationsfeldeinträge bearbeiten«.

Neben den zahlreichen Möglichkeiten für das Festlegen von Attributen ist vor allem die Schaltfläche *Versionen* interessant. Diese blendet im unteren Bereich des Formulars die Versionshistorie ein. Hier können Sie eine älteren Version des Dokuments öffnen.

Weitere Informationen zu diesem Formular finden Sie unter 10.1, »Dokumenteigenschaften«.

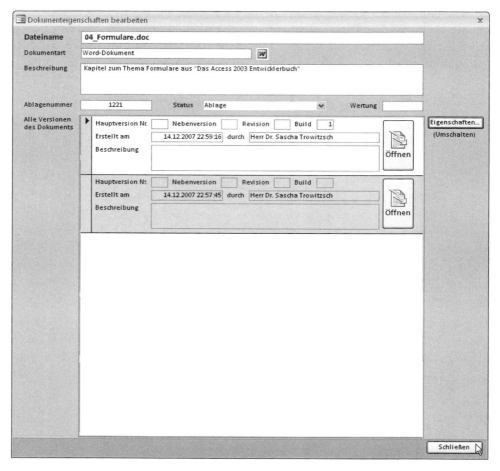

Abbildung 6.16: Durch einen Klick auf die Schaltfläche Versionen erscheint die Versionshistorie des Dokuments.

Dokumentinformationen

Neben den Eigenschaften gibt es noch weitere Informationen, die im linken Bereich des Formulars *frmDocMain* statt des Explorer-Steuerelements angezeigt werden. Diesen Bereich können Sie nur über die Schaltfläche *Dokumentinfos* einblenden, wenn aktuell ein Dokument markiert ist. Der dadurch eingeblendete Bereich dient lediglich der Anzeige der enthaltenen Informationen, nicht ihrer Bearbeitung.

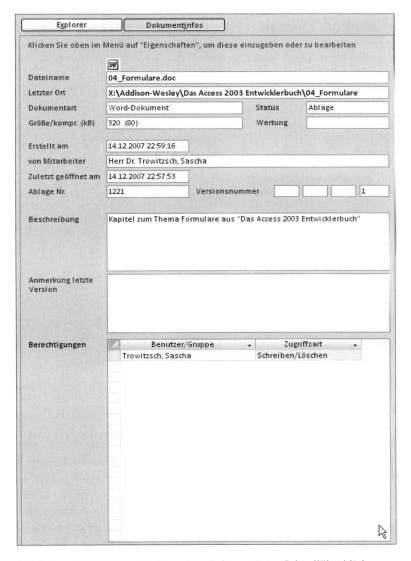

Abbildung 6.17: Eigenschaften eines Dokuments im Schnellüberblick

Dies erledigen Sie im zuvor beschriebenen Eigenschaftsfenster. Dieses hier ist eher dazu geeignet, beim Navigieren durch die Dokumente schnell die wichtigsten Eigenschaften anzuzeigen – das Ausblenden des Explorer-Steuerelements zu diesem Zweck scheint angemessen.

Der Vorteil des Info-Bereichs gegenüber dem eigentlichen Eigenschaftsfenster ist, dass dieser beim Wechseln des aktuell markierten Dokuments aktualisiert wird und nicht geschlossen werden muss.

Vorschauansicht von Dokumenten

Ein feiner Gimmick ist die Vorschauansicht, die aktiv wird, wenn der Mauszeiger auf Bilddokumenten verweilt:

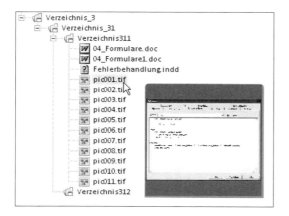

Abbildung 6.18: Vorschauansicht einer Bilddatei

Durch einen Mausklick auf das Vorschau-Popup blenden Sie dieses wieder aus.

6.2 Der Dokumentbaum

Der Dokumentbaum zur Anzeige der Verzeichnis- und Dokumentenstruktur von *dmsBase* wird in einem TreeView-Steuerelement namens *ctlTree* abgebildet. Dieser wird durch eine Routine namens *FillTree* gefüllt, die durch die Ereignisprozedur *Form_Open* aufgerufen wird. Vor dem Füllen werfen wir aber noch einen Blick auf die Eigenschaften des TreeView-Steuerelements, die zu der oben angezeigten Ansicht führen. Den Eigenschaftsdialog erhalten Sie, wenn Sie im Formularentwurf doppelt auf das TreeView-Steuerelement klicken. Während die meisten Eigenschaften nur die Optik beeinflussen, gibt es auch solche, die für die Funktion entscheidend sind:

Dokumente verwalten

▶ *ImageList* enthält den Namen des *ImageList*-Steuerelements, aus dem die im TreeView-Steuerelement angezeigten Symbole stammen.

▶ *OLEDragMode* legt fest, ob beim Ziehen eines Eintrags des TreeView-Steuerelements ein passendes Ereignis ausgelöst werden kann.

▶ *OLEDropMode* legt das Gleiche für das Loslassen von gezogenen Objekten fest.

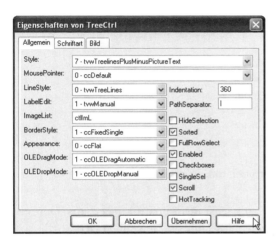

Abbildung 6.19: Die Eigenschaften des TreeView-Steuerelements, das den Dokumentbaum anzeigt

Alle mit allen?

Eine Stärke von Dokumentmanagement-Systemen ist das Zuweisen ein und desselben Dokuments zu mehreren Verzeichnissen. Dies bedeutet, dass Sie etwa DIN-Normen, die ja nicht durch Mitarbeiter geändert werden, in der Datenbank speichern und beliebigen Projektverzeichnissen zuordnen können, das Dokument aber physisch dennoch nur einfach vorhanden ist. Dies spart erstens Speicherplatz und zweitens stellt man so durch Austausch dieses einen Dokuments sicher, dass an allen relevanten Stellen die aktuelle Fassung des Dokuments vorliegt. Auch in *dmsBase* ist eine solche Möglichkeit prinzipiell vorgesehen: Zumindest das Datenmodell liefert zwei reflexive m:n-Beziehungen mit, die das flexible Zuweisen von Verzeichnissen untereinander und von Dokumenten zu Verzeichnissen erlauben. Allerdings ist die Darstellung von reflexiven Beziehungen in einer Baumstruktur so selten (prinzipiell nur bei Produktdaten), dass wir an dieser Stelle nur je ein übergeordnetes Verzeichnis je Verzeichnis und Dokument zulassen.

Dokumentbaum füllen: Prozedur FillTree

Diese Routine liest die Daten aus den Tabellen *tblVerzeichnisse* und *tblDokumente* aus. Da die Tabelle *tblVerzeichnisse* eine reflexive Beziehung auf sich selbst enthält, füllt man das

TreeView-Steuerelement mit einer rekursiven Funktion. Als Beispiel betrachten Sie die folgenden Verzeichnisse und Dokumente:

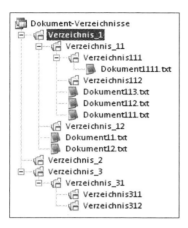

Abbildung 6.20: Beispiel für eine Verzeichnisstruktur mit einigen Dokumenten

In der Tabelle *tblVerzeichnisse* sieht das nun zunächst recht unstrukturiert aus. Dort befinden sich lediglich die Namen der Verzeichnisse mit den jeweiligen IDs – wie soll daraus ein TreeView gefüllt werden?

tblVerzeichnisse

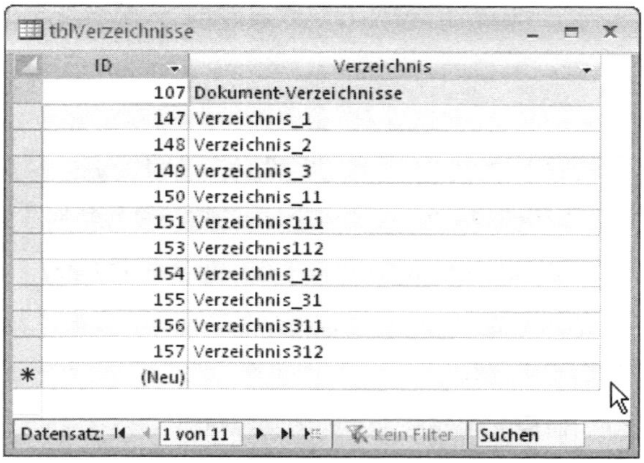

ID	Verzeichnis
107	Dokument-Verzeichnisse
147	Verzeichnis_1
148	Verzeichnis_2
149	Verzeichnis_3
150	Verzeichnis_11
151	Verzeichnis111
153	Verzeichnis112
154	Verzeichnis_12
155	Verzeichnis_31
156	Verzeichnis311
157	Verzeichnis312
(Neu)	

Datensatz: 1 von 11 Kein Filter Suchen

Abbildung 6.21: Die Tabelle tblVerzeichnisse mit den Einträgen, die im TreeView-Steuerelement der vorherigen Abbildung zu sehen sind

Diese Frage relativiert sich, wenn man zusätzlich die Tabelle *tblVerzeichnisseUnterverzeichnisse* betrachtet, die zur Herstellung der Beziehung zwischen den Verzeichnissen dient:

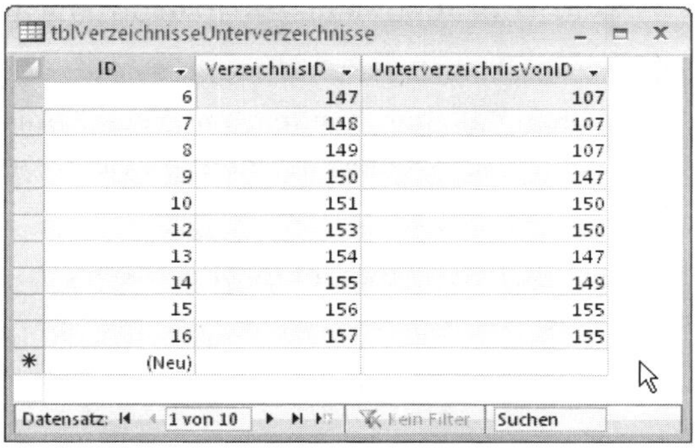

tblVerzeichnisseUnterverzeichnisse

ID	VerzeichnisID	UnterverzeichnisVonID
6	147	107
7	148	107
8	149	107
9	150	147
10	151	150
12	153	150
13	154	147
14	155	149
15	156	155
16	157	155
(Neu)		

Datensatz: 1 von 10 Kein Filter Suchen

Abbildung 6.22: Diese Tabelle stellt die Beziehung zwischen den einzelnen Verzeichnissen her.

Es fehlen nun noch die Dokumente des in der obigen Abbildung dargestellten Dokumentbaums. Diese liefert die Tabelle *tblDokumente*:

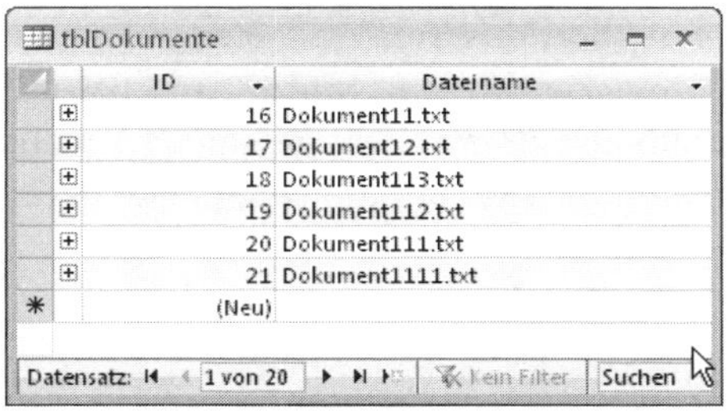

tblDokumente

ID	Dateiname
16	Dokument11.txt
17	Dokument12.txt
18	Dokument113.txt
19	Dokument112.txt
20	Dokument111.txt
21	Dokument1111.txt
(Neu)	

Datensatz: 1 von 20 Kein Filter Suchen

Abbildung 6.23: Die Tabelle tblDokumente speichert die Dateinamen und weitere Eigenschaften.

Auch diese Tabelle ist nicht mit der Tabelle der Verzeichnisse verknüpft – wie also soll man Dokumente den Verzeichnissen zuordnen? Auch hier gibt es eine m:n-Verknüpfungstabelle, die etwa so aussieht:

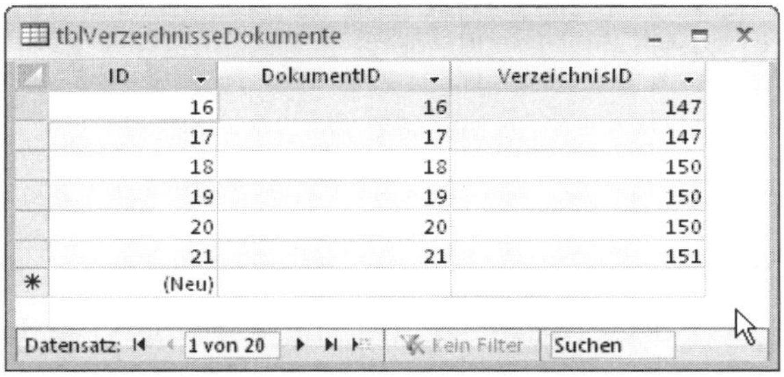

tblVerzeichnisseDokumente

ID	DokumentID	VerzeichnisID
16	16	147
17	17	147
18	18	150
19	19	150
20	20	150
21	21	151
(Neu)		

Datensatz: 1 von 20 Kein Filter Suchen

Abbildung 6.24: Diese Tabelle stellt die Beziehung zwischen Dokumenten und Verzeichnissen her.

Wie kann man die in diesen Tabellen gespeicherten Informationen nun in einem TreeView-Steuerelement anzeigen?

Klar ist, dass es sich um zwei verschiedene Abhängigkeiten handelt: Ein Verzeichnis kann eines oder mehrere Unterverzeichnisse besitzen, die wiederum Unterverzeichnisse enthalten können und so weiter.

Jedes Verzeichnis kann außerdem Dokumente enthalten – hier gibt es jedoch keine zusätzliche Rekursion, pro Dokument soll nur ein Verzeichnis festzulegen sein.

Rekursive Funktion

Die folgende Funktion erzeugt den ersten Knoten, den sie aus der Tabelle *tblVerzeichnisse* ausliest. Dieses Verzeichnis ist bereits im Auslieferungszustand von *dmsBase* vorhanden und kann nicht über die Benutzeroberfläche gelöscht werden – und hüten Sie sich, es auf andere Weise zu löschen, da dies das TreeView-Steuerelement des Formulars *frmDocMain* sehr wahrscheinlich unbrauchbar machen würde.

Nach dem Erzeugen dieses Knotens füllt die Funktion das TreeView-Steuerelement, das der modulweit gültigen Objektvariablen *CTree* zugewiesen wurde, zunächst mit den Verzeichnissen, was in der rekursiven Funktion *FillTreeFolders* geschieht – mehr dazu weiter unten. Anschließend füllt die Funktion *FillTreeDocs* die bereits erzeugten Verzeichnisknoten mit den Dokumenten.

```
Private Sub FillTree()
    Dim nd As Node
    ...
    LockWindowUpdate CTree.hwnd         ← TreeView: Aktualisierung ausschalten
    lRootID = OpenRS("SELECT FIRST(ID) FROM tblVerzeichnisse", _
        dbOpenSnapshot)(0)
    Set nd = CTree.Nodes.Add(, , "F" & lRootID, "Dokument-Verzeichnisse", _
        "docroot")
    nd.Expanded = True
    FillTreeFolders lRootID, 0          ⎱ Erst Verzeichnisse, dann
    FillTreeDocs                        ⎰ Dokumente eintragen
    LockWindowUpdate 0&                 ← TreeView: Aktualisierung
    Set nd = Nothing                       wieder anschalten
    Exit Sub
    ...
End Sub
```

(Hauptverzeichnis einfügen)

Die hier verwendete API-Funktion *LockWindowUpdate* sorgt dafür, dass die visuelle Aktualisierung des TreeView-Steuerelements temporär abgeschaltet wird, was sich in erhöhter Performance beim Anlegen der Knoten niederschlägt.

Dokumente verwalten

Die Funktion *FillTreeFolders* erwartet die ID des aktuell bearbeiteten Verzeichnisses aus der Tabelle *tblVerzeichnisse*. Zu diesem Verzeichnis sucht sie alle Unterverzeichnisse heraus, und zwar über die folgende Abfrage:

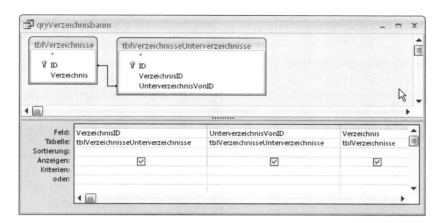

Abbildung 6.25: Diese Abfrage liefert die Datenherkunft für das rekursive Füllen des TreeView-Steuerelements mit den Verzeichnis-Einträgen.

Diese filtert die Routine beim Öffnen über die *OpenRS*-Funktion (mehr Informationen zu dieser Funktion siehe 9.1, »Vereinfachte Recordseterstellung«) noch nach dem Wert des Feldes *UnterverzeichnisVonID*, der natürlich der übergebenen *ID* entsprechen muss – nur so erhält die Datensatzgruppe alle untergeordneten Verzeichnis-Datensätze.

```
Private Sub FillTreeFolders(ByVal FolderID As Long)
    Dim rstTree As Recordset2
    Dim nd As Node
    ...
    Set rstTree = OpenRS("SELECT * FROM qryVerzeichnisbaum " _
        "WHERE UnterverzeichnisVonID=" & FolderID, eOpenSnapshot)
    With rstTree
        Do While Not .EOF
            On Error Resume Next
            Set nd = CTree.Nodes.Add("F" & FolderID, _
                tvwChild, "F" & !VerzeichnisID, !Verzeichnis, "folder")
            On Error GoTo Fehler
            nd.Expanded = True
            FillTreeFolders !VerzeichnisID
            .MoveNext
        Loop
        .Close
```

Trägt alle zu FolderID gehörenden Unterverzeichnisse ein.

Die Routine ruft sich selbst auf: Rekursion!

```
    End With
    ...
End Sub
```

FillTreeFolders arbeitet dann alle Datensätze mit Unterverzeichnissen ab. Dabei werden zunächst die passenden Knoten im TreeView-Steuerelement angelegt, wobei der Parameter *Relativ* den übergeordnete Verzeichnisknoten, *Relationship* den Wert *tvwChild*, *Key* den Schlüsselwert des neuen Verzeichnisses, der sich wie gehabt aus dem Buchstaben *F* (wie »folder«) und der ID des Dokumentdatensatzes zusammensetzt, *Text* den Verzeichnisnamen sowie *Image* den Wert »*folder*« zugewiesen bekommt – zu den verwendeten Images und ihrer Herkunft später mehr.

Schließlich – und das macht die Rekursivität der Funktion aus – ruft sie sich selbst auf, und zwar für jeden durchlaufenen Datensatz je einmal. Das Ganze geschieht so lange, bis ein Verzeichnis keine Unterverzeichnisse mehr hat, und dann springt die rekursive Funktion zum nächsten Element der übergeordneten Ebenen. Prinzipiell wird der Baum dabei genau so von oben nach unten gefüllt, wie ihn der Benutzer anschließend zu Gesicht bekommt.

Dokumente in den Baum laden

Fehlen noch die Dokumente: Diese werden ähnlich wie die Unterverzeichnisse durch eine eigene Funktion in den Baum geladen, allerdings mit einem kleinen Unterschied: Diese Funktion ruft sich nicht selbst auf, ist also nicht rekursiv. Das ist auch nicht nötig, denn ein Dokument hat ja keine Unterdokumente. Die Abfrage, aus der die folgende Routine ihre Datensätze bezieht, sieht wie folgt aus:

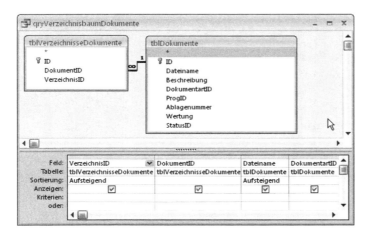

Abbildung 6.26: Diese Informationen werden für das Eintragen der Dokumente in die Verzeichnisse des Dokumentbaums benötigt.

Dokumente verwalten

Die *VerzeichnisID* benötigt die Routine dabei als Information darüber, an welchen Verzeichnisknoten ("F" & *VerzeichnisID*) ein Dokument als Kindknoten angehängt werden soll.

Die *DokumentID* wird in den Schlüsselwert integriert, der in diesem Falle mit dem Buchstaben *D* beginnt – später kann dann anhand des ersten Buchstabens der *Key*-Werte schnell herausgefunden werden, ob es sich bei einem Knoten um ein Verzeichnis oder ein Dokument handelt.

Der Dateiname wird als Text angezeigt, fehlt also nur noch das Feld *DokumentartID* der Abfrage. Dieses wird in besonderer Art und Weise angezeigt: nämlich in Form eines vom Dokumenttyp abhängigen Symbols. Dazu füllt die Routine den Parameter *image* der *Nodes.Add*-Methode mit dem um 2 erhöhten Wert des Feldes *DckumentartID* – mehr Informationen dazu finden Sie ebenfalls weiter unten.

Eine ganz wichtige Information zu jedem im Dokumentbaum angezeigten Dokument liefert die Funktion *PermissionForDoc*, die die Routine mit der *DokumentID* füttert.

Je nachdem, welchen Wert diese in Abschnitt 7.5, »Dokumentberechtigungen prüfen«, beschriebene Funktion zurückliefert, zeigt der Dokumentbaum den Dokumentnamen in einer bestimmten Farbe an.

```
Private Sub FillTreeDocs()
    Dim rstDocs As Recordset2
    Dim nd As Node
    Dim PermID As Long, PermColor As Long
    ...
    Set rstDocs = OpenRS("qryVerzeichnisbaumDokumente", eOpenSnapshot)
    With rstDocs
        Do While Not .EOF
            Set nd = CTree.Nodes.Add("F" & !VerzeichnisID, _
                tvwChild, "D" & !DokumentID, !Dateiname, _
                !DokumentartID + 2)
            PermID = PermissionForDoc(!DokumentID.Value)
            Select Case PermID
                Case 1
                    PermColor = vbRed
                Case 2
                    PermColor = vbMagenta
                Case 3
                    PermColor = vbBlue
                Case Else
                    PermColor = vbBlack
            End Select
```

Hinzufügen der Dokumente zu den Verzeichnissen

Einfärben der Dokumente den Berechtigungen entsprechend

Kapitel 6

```
            nd.ForeColor = PermColor
          .MoveNext
      Loop
  End With
   ...
End Sub
```

Symbole der Dokumentbaum-Einträge

Sind die Symbole im Windows Explorer eine Spielerei oder eine wirkliche Hilfe? Natürlich sind Sie eine Hilfe, denn sonst könnte man beispielsweise Verzeichnisse und Dokumente gar nicht auseinanderhalten.

Aus diesem Grunde gehören selbstverständlich auch passende Icons für Verzeichnisse und die verschiedenen Dokumenttypen in den Dokumentbaum. Die Grundlage dafür schafft ein *ImageList*-Steuerelement: Dieses dient als Container für die benötigten Grafikdateien und stellt diese bei Bedarf schnell und unkompliziert zur Verfügung.

In der Entwurfsansicht zeigt sich dieses Steuerelement als unscheinbares Kästchen, in der Formularansicht ist es gar überhaupt nicht zu sehen:

Abbildung 6.27: Das ImageList-Steuerelement in der Entwurfsansicht eines Formulars

Erst ein Doppelklick auf das Steuerelement verrät etwas über seine Funktion. Dann erscheint nämlich der Dialog aus der folgenden Abbildung, mit dem man dem *ImageList*-Steuerelement seine Images hinzufügen kann. Die hier bereits enthaltenen beiden Bilder sind nicht die einzigen, die zur Laufzeit verwendet werden – der Grund dafür, dass sie fest in die *ImageList* integriert sind, ist der, dass diese beiden Symbole (eines für den Stammordner, eines für Verzeichnisse) immer benötigt werden.

Abbildung 6.28: Das Eigenschaftsfenster des ImageList-Steuerelements mit zwei fest integrierten Symbolen

> **TreeView und ImageList – ein untrennbares Paar**
>
> Wer die vielen Funktionen in dieser Datenbank zum Einlesen, Verarbeiten und Anzeigen von Bilddateien schon entdeckt hat, wird sich möglicherweise wundern, warum hier das ImageList-Steuerelement zum Einsatz kommt, wenn es um die Anzeige von Symbolen im Dokumentbaum geht. Kann man die Symbole nicht einfach aus einem Attachment-Feld einer Tabelle beziehen, wie es auch an vielen anderen Stellen der Anwendung geschieht? Nein, kann man nicht – zumindest nicht mit vertretbarem Aufwand, und diesbezüglich geht dieses Buch wirklich an die Grenzen. Das TreeView- wie auch das ListView-Steuerelement können ausschließlich Bilddateien anzeigen, die im ImageList-Steuerelement vorliegen. Das bedeutet natürlich nicht, dass man die Bilder nicht zur Laufzeit aus einer Tabelle oder aus Dateien in das ImageList-Steuerelement importieren kann, wie es hier der Fall ist.

Weitere Bilder werden für die Visualisierung der unterschiedlichen Dateitypen benötigt, sind aber nicht im *ImageList*-Objekt verfügbar – zumindest nicht im Designmodus: Diese werden erst zur Laufzeit mit der Funktion *GetSysPicture* in das *ImageList*-Steuerelement eingelesen und stehen dann für das TreeView-Steuerelement bereit.

Die *GetSysPicture*-Funktion erwartet eine ID als Parameter und liefert dann eines der ins *dmsBase*-System eingebauten Bilder als *OLE-StdPicture*-Objekt zurück.

Die passenden IDs sind in der Tabelle *tblDokumentarten* gespeichert, die in der Datenblattansicht etwa wie folgt aussieht:

Kapitel 6

ID	Dokumentart	BildID	Anzeigeformular
1	(unbestimmt)	637	
2	Word-Dokument	627	frmDocsFramer
3	Excel-Mappe	626	frmDocsFramer
4	Powerpoint-Dokument	628	frmDocsFramer
5	PDF-Dokument	635	frmDocsPDF
6	Bild-Dokument	632	frmDocsPix
7	Visio-Dokument	638	frmDocsFramer
8	Access-Bericht	634	frmDocsSnapshot
9	Video-Dokument	631	frmDocsMultimedia
10	Sound/Musik-Datei	629	frmDocsMultimedia
11	MIDI-Datei	630	frmDocsMultimedia
12	Web-Dokument	633	frmDocsWeb
13	Text-Dokument	636	frmDocsText
14	Hilfe-Datei (CHM)	654	frmDocsWeb
15	ZIP-Archiv	665	
16	XML-Dokument	666	frmDocsWeb

Abbildung 6.29: Die Tabelle tblDokumentarten speichert die BildID, mit der eine spezielle Funktion ein Bild zum Importieren in das ImageList-Steuerelement einliest.

In der Routine *LoadImageList*, die beim Laden des Formulars von der Ereignisprozedur *Form_Load* aufgerufen wird, geschieht nun Folgendes: Zunächst instanziert die Routine eine Objektvariable mit einem Verweis auf das *ImageList*-Steuerelement des Formulars.

Dann öffnet sie eine Datensatzgruppe, die alle Daten der Tabelle *tblDokumentarten* enthält, und durchläuft diese. Währenddessen ruft sie für jeden Datensatz die Funktion *GetSysPicture* auf, die das für die aktuelle Dokumentart passende Bild einliest und zum *ImageList*-Steuerelement hinzufügt.

```
Private Sub LoadImageList()
    Dim CIml As ImageList
    Dim oPIc As StdPicture
    Dim rstImg As Recordset2
    Dim ID1 As Long
    ...
    Set CIml = Me!ctlImgL.Object
    Set rstImg = OpenRS("SELECT * FROM [tblDokumentarten]", eOpenSnapshot)
    Do While Not rstImg.EOF
        ID1 = rstImg!BildID
        Set oPIc = GetSysPicture(ID1)
        CIml.ListImages.Add , "p" & CStr(ID1), oPIc
        rstImg.MoveNext
    Loop
    rstImg.Close
```

Liest Bilder aus einer Tabelle aus ...

... und fügt sie der ImageList hinzu.

```
...
End Sub
```

Damit ist das *ImageList*-Steuerelement gefüllt und kann die Knoten des *TreeView*-Steuerelements füttern – was jeweils durch den letzten Parameter der *Add*-Methode geschieht und in den oben beschriebenen Funktionen *FillTreeFolders* und *FillTreeDocs* etwa wie folgt aussieht (der entscheidende Parameter ist fett gedruckt):

```
Set nd = CTree.Nodes.Add("F" & !VerzeichnisID, tvwChild, _
    "D" & !DokumentID, !Dateiname, !DokumentartID + 2)
```

Warum nun lautet der Wert dieses Parameters *rstDocs!DokumentartID + 2*? Ganz einfach: Im *ImageList*-Steuerelement sind ja bereits zwei Standardimages enthalten, sodass zum Ansprechen der übrigen Elemente über den Index, wie er im Feld *DokumentartID* angegeben ist, der Wert 2 hinzuaddiert werden muss.

Nun hätte man sich den Aufwand auch sparen und das *ImageList*-Steuerelement gleich im Formularentwurf mit allen benötigten Symbolen bestücken können. Der Vorteil der hier implementierten Methode ist jedoch, dass *dmsBase* so flexibel bleibt: Sollte eine Dokumentart bei Erweiterung der Datenbank hinzukommen, dann reicht es einfach, in den Tabellen entsprechende neue Einträge vorzunehmen. Um eine Änderung der *ImageList* braucht man sich nicht mehr zu kümmern.

6.3 Weitere Techniken im Dokumentbaum

Es wäre unmöglich, alle Techniken des Formulars *frmDocMain* in diesem Kapitel unterzubringen – allein der Code hat über 1.000 Zeilen (Leer- und Kommentarzeilen mitgezählt). Daher stellen wir einige ausgewählte und wichtige Techniken vor.

6.3.1 Verzeichnis anlegen

Das Anlegen eines neuen Verzeichnisses erfolgt über das Kontextmenü. Genaue Informationen zur Funktionsweise von Kontextmenüs unter Access 2007 finden Sie unter 4.12, »Kontextmenüs in Access 2007«.

Bei der Auswahl des Menüpunkts *Unterverzeichnis erstellen* wird die VBA-Funktion *ContextFunction* des Formularmoduls mit dem Parameter *CreateSubDir* aufgerufen. Diese sorgt für zweierlei: erstens für das Speichern eines entsprechenden Datensatzes in der Tabelle *tblVerzeichnisse* und zweitens für das Anlegen des neuen Verzeichnisses im TreeView-Steuerelement. Ersteres geschieht in der Routine *NewDocsDir*, die sich ebenfalls im Klassenmodul des Formulars befindet. Der Zweig der *Select Case*-Anweisung in der Routine *ContextFunction*, der das Anlegen des neuen Verzeichnisses herbeiführt, sieht so aus:

```
Public Sub ContextFunction(strFunction As String)
    ...
    lDocFolderID = CLng(Mid(ndSel.Key, 2))
    ...
    Select Case strFunction
        ...
        Case "CreateSubDir"
            n = NewDocsDir(lDocFolderID)
            Set nd = CTree.Nodes.Add(CTree.SelectedItem, tvwChild, _
                "F" & n, "Neues Verzeichnis", "folder")
            nd.Expanded = True
            nd.Selected = True
            nd.EnsureVisible
            Set ndSel = nd
            CTree.StartLabelEdit
    ...
End Sub
```

Nach dem Anlegen des Verzeichnisses kann sein Name direkt bearbeitet werden.

Wichtig ist hier, dass die Variable *lDocFolderID* mit dem Schlüsselwert des zum Zeitpunkt des Aufrufs des Kontextmenübefehls markierten TreeView-Eintrags gefüllt wird: Nur so erhalten Sie Informationen über das Verzeichnis, in dem der neue Eintrag angelegt werden soll. Dazu liest die passende Anweisung die Eigenschaft *Key* aus, die einen Wert wie *F155* (*F* wie *Folder*, *155* wie der Primärschlüsselwert des entsprechenden Datensatzes aus der Tabelle *tblVerzeichnisse*).

Nach dem Schreiben des Verzeichnisses in die Datenbank (siehe unten), das den Primärschlüsselwert des neuen Datensatzes der Tabelle *tblVerzeichnisse* liefert, legt die obige Routine einen neuen Eintrag im TreeView-Steuerelement an, und zwar unterhalb des Ausgangsverzeichnisses.

Dieser Knoten wird nun noch aktiviert – die Methode *EnsureVisible* des *Node*-Objekts führt dazu, dass der Knoten gegebenenfalls in den sichtbaren Bereich des Steuerelements gescrollt wird – und die Methode *StartLabelEdit* bereitet die Beschriftung zum Anpassen des Verzeichnisnamens vor, indem sie die Beschriftung in den editierbaren Modus versetzt.

Bevor wir uns um das Ändern des Verzeichnisnamens kümmern, werfen wir einen kurzen Blick auf die Funktion *NewDocsDir*. Diese erhält als Parameter lediglich die ID des übergeordneten Verzeichnisses in der Tabelle *tblVerzeichnisse*.

Sie legt per SQL-Anweisung einen neuen Eintrag in der Tabelle *tblVerzeichnisse* an und schreibt dort zunächst den Verzeichnisnamen *Neues Verzeichnis* hinein. Die Funktion *LastAddedID* liefert den zu diesem Vorgang passenden Autowert (weitere Informationen zu dieser Funktion siehe 9.4, »Zuletzt hinzugefügte ID ermitteln«). Mit der ID des übergeordneten und der des neu hinzugefügten Verzeichnisses im Gepäck fügt die Routine dann einen neuen Eintrag in die Tabelle *tblVerzeichnisseUnterverzeichnisse* ein.

```
Private Function NewDocsDir(ParentFolderID As Variant) As Long
    Dim n As Long
    ...
    DBExecute "INSERT INTO tblVerzeichnisse([Verzeichnis]) VALUES " _
        "('Neues Verzeichnis')"
    n = LastAddedID
    NewDocsDir = n
    DBExecute "INSERT INTO tblVerzeichnisseUnterverzeichnisse(" _
        & "[VerzeichnisID],[UnterverzeichnisVonID]) VALUES (" & n & ", " _
        & ParentFolderID & ")"
    ...
End Function
```

Verzeichnisnamen ändern

Es fehlt noch die Änderung des vorläufigen Verzeichnisnamens in die durch den Benutzer eingegebene Bezeichnung. Hier kommt das Ereignis *AfterLabelEdit* zum Tragen: Es wird ausgelöst, wenn der Benutzer den Namen eines TreeView-Elements ändert.

Die Prozedur prüft zunächst den ersten Buchstaben der *Key*-Eigenschaft des geänderten Eintrags. Wenn dieser den Wert *F* aufweist, handelt es sich um ein Verzeichnis (*Folder*), und der Verzeichnisname des Datensatzes, zu dem die in der *Key*-Eigenschaft gespeicherte ID passt, wird mit einer SQL-Update-Anweisung in den neuen Namen geändert.

```
Private Sub CTree_AfterLabelEdit(Cancel As Integer, NewString As String)
    Dim n As Long
    ...
    n = Mid(CTree.SelectedItem.Key, 2)          ← Beginnt der Key mit "F",
    If Left(CTree.SelectedItem.Key, 1) = "F" Then    liegt ein Verzeichnis vor.
        DBExecute "UPDATE tblVerzeichnisse SET Verzeichnis='" & NewString _
            & "' WHERE ID=" & n
    Else
        If Msgbox("Ändern des Dokumentnamens hat Folgen für den Bezug " _
            & "zur Quelldatei." & vbCrLf _
            & "Soll der Dokumentname geändert werden?" & vbCrLf _
            & "(Achten Sie dann bitte darauf, dass die Dateiendung " _
            & "beibehalten wird.)", vbExclamation Or vbYesNo) = vbYes Then
                DBExecute "UPDATE tblDokumente SET Dateiname='" _
```

```
                    & NewString & "' WHERE ID=" & n
        Else
            Cancel = True
        End If
    End If
    ...
End Sub
```

6.3.2 Verzeichnis löschen

Wenn der Benutzer ein Verzeichnis löscht, wirkt sich das genau wie das Anlegen an zwei Stellen aus: an der Darstellung im Dokumentbaum und an den in den Tabellen gespeicherten Daten.

Dass beides funktioniert, stellt der *Case*-Zweig mit dem Wert *DeleteDir* in der Routine *ContextFunction* sicher. Dieser verwendet den zu Beginn der Routine standardmäßig ermittelten Verweis auf den aktuellen Knoten und prüft zunächst, ob es sich um das Stammverzeichnis handelt, was nicht gelöscht werden darf, und gibt gegebenenfalls eine passende Meldung aus.

Der Ausdruck *CTree.SelectedItem.Children* ermittelt nun die Anzahl der im Verzeichnis befindlichen Elemente und die Routine fragt, wenn dieser Wert größer als 0 ist, ob die enthaltenen Elemente ebenfalls gelöscht werden sollen. Ist dies in Ordnung, sorgt der Ausdruck *DeleteVerzeichnis n* für den Aufruf einer Funktion zum Löschen eines Knotens, die Anweisung *CTree.Nodes.Remove ndSel.Index* entfernt den entsprechenden Knoten aus dem Dokumentbaum.

Dabei stellt die Variable *ndSel* einen Objektverweis auf den selektierten Knoten her. Die Funktion *DeleteVerzeichnis* finden Sie im Klassenmodul des Formulars *frmDocMain*. Sie sorgt für das rekursive Löschen des aktuellen und aller untergeordneten Verzeichnisse sowie für das Löschen der Dokumente samt ihrer Detaildatensätze, für die im Datenmodell konsequent die Löschweitergabe aktiviert wurde.

Wenn das zu löschende Verzeichnis keine Unterverzeichnisse enthält, löscht die Routine das aktuelle Verzeichnis ganz einfach mit der *DBExecute*-Funktion (siehe 9.2, »Vereinfachtes Ausführen von Aktionsabfragen«).

```
    Public Sub ContextFunction(strFunction As String)
        ...
        lDocFolderID = CLng(Mid(ndSel.Key, 2))
        ...
        Case "DeleteDir"
            If Val(Mid(CTree.SelectedItem.Key, 2)) = lRootID Then
                Msgbox "Das Hauptverzeichnis kann nicht gelöscht werden!", _
```

Dokumente verwalten

```
                vbInformation, "Info"
            Exit Sub
        End If
        n = CTree.SelectedItem.Children
        If n > 0 Then
            If Msgbox("Soll das Verzeichnis " & CTree.SelectedItem _
                    & " tatsächlich gelöscht werden?" & vbCrLf _
                    & "Es enthält " & n _
                    & " Dokumente oder Unterverzeichnisse, die damit " _
                    & "ebenfalls aus dmsBase gelöscht würden!", _
                    vbExclamation Or vbYesNo, "Bitte bestätigen") = vbYes _
                    Then
                n = Mid(ndSel.Key, 2)
                DeleteVerzeichnis n
                CTree.Nodes.Remove ndSel.Index
            End If
        Else
            If Msgbox("Soll das Verzeichnis " & CTree.SelectedItem _
                    & " gelöscht werden?", vbQuestion Or vbYesNo, _
                    "Bitte bestätigen") = vbYes Then
                DBExecute "DELETE FROM tblVerzeichnisse WHERE ID=" _
                    & lDocFolderID
                CTree.Nodes.Remove ndSel.Index
            End If
        End If
        ...
End Sub
```

Dies löscht das Verzeichnis aus der Datenbank ... → `DeleteVerzeichnis n`

... und das wirft das Verzeichnis aus dem Dokumentbaum. → `CTree.Nodes.Remove ndSel.Index`

6.3.3 Dokument einchecken

Dokumente kann der Benutzer beispielsweise per Drag and Drop aus dem Explorer-Steuerelement oder über den Kontextmenüeintrag *Dokument einchecken...* in das System überführen. Letzteres löst den folgenden Zweig der *Select Case*-Anweisung in der Prozedur *ContextFunction* aus:

```
Public Sub ContextFunction(strFunction As String)
    ...
    Dim ix As Long
    ...
    lDocFolderID = CLng(Mid(ndSel.Key, 2))
    ...
    Case "DocCheckIn"
```

```
            strFile = OpenDocDlg
            If Len(strFile) > 0 Then
                ix = CheckInFile(strFile, lDocFolderID)
                If ix = 0 Then GoTo Ende
                lDocFolderID = GetDocArtID(ExtractExt(strFile))
                Set nd = CTree.Nodes.Add(ndSel, tvwChild, "D" & ix, _
                    ExtractFileName(strFile), lDocFolderID + 2)
            End If
        ...
    End Sub
```

Die *OpenDocDlg*-Funktion ermittelt zunächst den Dateinamen der einzucheckenden Datei.

Liefert diese einen Wert zurück, dessen Länge größer *0* ist, wird die Datei durch die im Folgenden zu besprechende Funktion *CheckInFile* eingecheckt. Diese wiederum liefert die *ID* des neu in der Tabelle *tblDokumente* angelegten Datensatzes zurück.

Die Funktion CheckInFile

Diese Funktion hat eine verantwortungsvolle Aufgabe: Sie schreibt Dateien in die Datenbank und erledigt dabei einige Aufgaben, die wir in den folgenden Absätzen beschreiben.

Wegen des Umfangs der Routine dokumentieren wir nur die wichtigsten Elemente – die komplette Fassung finden Sie im Modul *mdlDocumentAutomate* unter dem Namen *CheckInFile*.

Die Funktion erwartet zwei Parameter: den Dateinamen inklusive Pfad sowie das Verzeichnis, dem das Dokument hinzugefügt werden soll:

```
Function CheckInFile(strPathFile As Variant, FolderID As Long) As Long
```

Mit den drei Funktionen *ExtractPath*, *ExtractFile* und *ExtractExt* ermitteln die folgenden Anweisungen die einzelnen Bestandteile des Dateinamens und speichern diese in passenden Variablen (die Beschreibung der Funktionen finden Sie in 13.8, »Dateifunktionen«).

```
    sPath = ExtractPath(strPathFile)
    sFile = ExtractFileName(strPathFile)
    sExt = ExtractExt(strPathFile)
```

Die folgende Zeile ruft die Funktion *GetDocArtID* auf, die auf Basis der gefundenen Dateiendung den Dokumenttyp ermittelt:

```
    lDocArtID = GetDocArtID(sExt)
```

Die Funktion *GetDocArtID* sieht schließlich wie folgt aus:

```
Function GetDocArtID(sExtension As String) As Long
    ...
    GetDocArtID = 1
    GetDocArtID = OpenRS _
        ("SELECT DokumentartID FROM tbl_FileTypes WHERE Extension='" _
        & sExtension & "'", dbOpenSnapshot)(0)
    ...
End Function
```

Sie untersucht die Tabelle *tbl_Filetypes* und liest den Wert des in der nachfolgenden Abbildung dargestellten Feldes *DokumentartID* ein (in dieser Darstellung sind einige *Can...*-Felder ausgeblendet). Dieser kann, und das ist besonders wichtig, für mehrere Endungen gleich sein.

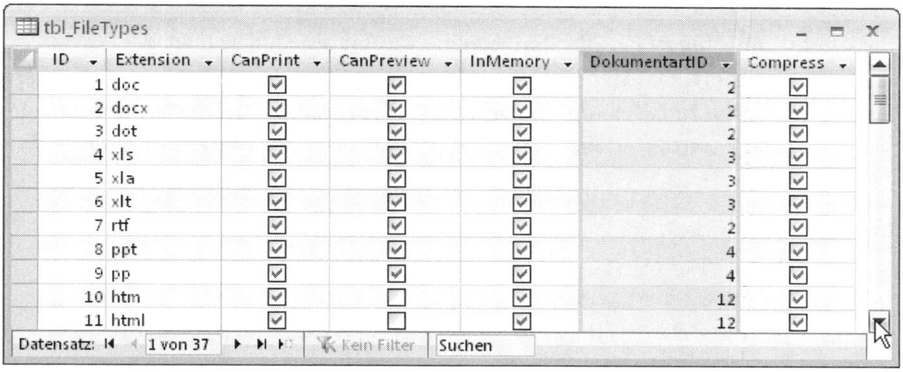
tbl_FileTypes

ID	Extension	CanPrint	CanPreview	InMemory	DokumentartID	Compress
1	doc	☑	☑	☑	2	☑
2	docx	☑	☑	☑	2	☑
3	dot	☑	☑	☑	2	☑
4	xls	☑	☑	☑	3	☑
5	xla	☑	☑	☑	3	☑
6	xlt	☑	☑	☑	3	☑
7	rtf	☑	☑	☑	2	☑
8	ppt	☑	☑	☑	4	☑
9	pp	☑	☑	☑	4	☑
10	htm	☑	☐	☑	12	☑
11	html	☑	☐	☑	12	☑

Datensatz: 1 von 37 Kein Filter Suchen

Abbildung 6.30: Die Tabelle tbl_Filetypes liefert die Dokumenttypen zu den verschiedenen Dateiendungen.

Nachdem die Routine den Typ ermittelt hat, prüft sie ihn auf den Wert *1*, was bedeutet, dass es sich nicht um einen der unterstützten Dokumenttypen handelt. Das heißt nicht, dass man dieses Dokument nicht einchecken kann – es kann lediglich nicht direkt in *dmsBase* angesehen und gegebenenfalls bearbeitet werden.

```
If lDocArtID = 1 Then
    If Msgbox(sFile & " ist keine dmsBase-kompatible Datei." & vbCrLf _
            & "Dennoch einchecken?", vbExclamation Or vbYesNo, _
            "Bestätigen") = vbNo Then
        Exit Function
    End If
End If
```

Kapitel 6

Im nächsten Schritt prüft die Routine, ob das Zielverzeichnis bereits ein Dokument gleichen Namens enthält. Dazu ruft sie die Funktion *OpenParameterQuery* auf (mehr dazu unter 9.3, »Vereinfachtes Aufrufen von Parameterabfragen«) und bekommt ein Recordset geliefert, das entweder einen Datensatz mit dem gleichen Dokumentnamen enthält oder leer ist.

```
Set rsFolderDoc = OpenParameterQuery("qryIstDokumentInVerzeichnis", _
    eOpenSnapshot, "prmDateiname:=" & sFile, _
    "prmVerzeichnisID:=" & FolderID)
```

Dies prüft die nächste Bedingung. Ist bereits ein Dokument gleichen Namens vorhanden, erscheint eine entsprechende Meldung mit der Frage, ob die Datei ersetzt oder ein neuer Name gewählt werden soll.

Falls nein, ermittelt die Routine zunächst innerhalb einer *Do While*-Schleife den nächsten freien Dateinamen nach dem Schema *<Dateiname>_i.<Endung>*, wobei *i* so lange erhöht wird, bis der entsprechend zusammengesetzte Dateiname noch frei ist.

Danach erscheint eine *InputBox*, die den neuen Namen abfragt und in der Variablen *strNewFileName* speichert. Hat der Benutzer einen passenden Dateinamen eingegeben, weist die Routine darauf hin, dass das bestehende Dokument inklusive aller gespeicherten Versionen gelöscht wird, und löscht das Dokument nach der Bestätigung durch den Benutzer.

```
If Not rsFolderDoc.EOF Then
    Dim strNewFileName As String
    If Msgbox("Eine Datei namens '" & sFile _
            & "' existiert bereits in diesem Verzeichnis." & vbCrLf _
            & "Soll sie durch die Drag-and-Drop-Datei ersetzt werden?", _
            vbQuestion Or vbYesNo, "Bestätigen:") = vbNo Then
        i = 1
        Do While OpenParameterQuery("qryIstDokumentInVerzeichnis", _
                eOpenSnapshot, "prmDateiname:=" & strNewFileName & "_" _
                & i & "." & sExt, "prmVerzeichnisID:=" _
                & FolderID).RecordCount > 0
            i = i + 1
        Loop
        strNewFileName = InputBox("Bitte den Dateinamen " _
            & "ersetzen oder übernehmen (ohne Endung)...", _
            "Neuer Dateiname:", ExtractFileName(strPathFile, False) & "_1")
        If Len(Trim(strNewFileName)) = 0 Then
            Msgbox "Abbruch wegen nicht angegebenen Dateinamens.", _
                vbExclamation, "Einchecken..,"
            GoTo Ende
```

```
            End If
            If strNewFileName = ExtractFileName(strPathFile, False) Then
                DmsMsg 109, 5000
                GoTo Ende
            End If
            strNewFileName = strNewFileName & "." & sExt
        Else
            If Msgbox("Dies löscht sämtliche Versionen des existierenden " _
                    & "Dokuments!" & vbCrLf _
                    & "(Ziehen Sie ggfls. in Betracht, " _
                    & "das bestehende Dokument erst auszuchecken.)" & _
                    vbCrLf & vbCrLf & "Fortfahren?", _
                    vbExclamation Or vbYesNo, "Bestätigen:") _
                    = vbYes Then
                DBExecute "DELETE FROM tblDokumente WHERE ID=" _
                    & rsFolderDoc!ID
            Else
                GoTo Ende
            End If
        End If
    End If
End If
rsFolderDoc.Close
```

Resultiert aus dem Einfügen eines Dokuments mit bereits vorhandenem Namen ein neuer Name, wird dieser entsprechend in die nachfolgend verwendete Variable *sFile* übernommen:

```
If Len(strNewFileName) > 0 Then sFile = strNewFileName
```

Dann beginnt die eigentliche Arbeit. Zunächst legt die folgende Anweisung einen neuen Datensatz in der Tabelle *tblDokumente* an und liest die ID des neuen Datensatzes aus (hier kommt die Funktion *LastAddedID* zum Einsatz, die in 9.4, »Zuletzt hinzugefügte ID ermitteln«, genauer beschrieben wird):

```
DBExecute "INSERT INTO tblDokumente(Dateiname, DokumentartID, StatusID, " _
    "ProgID) VALUES(" & """" & sFile & """," & lDocArtID & ", 1,'" & _
    GetFileProgID(strPathFile) & "')"
lDocID = LastAddedID
CheckInFile = lDocID
```

Wie bereits weiter oben erwähnt, kann die Datenbank zu jedem Dokument verschiedene Versionen speichern. Dem werden die folgenden Anweisungen gerecht, wobei die erste einen neuen Datensatz in der Tabelle *tblVersionen* mit Bezug auf den soeben erzeugten Dokument-Datensatz erstellt:

```
DBExecute "INSERT INTO tblDokumentversionen(DokumentID, ErstelltAm, " _
    & "ErstelltDurchBenutzerID) VALUES (" & lDocID & "," _
    & MakeQryDateTime(Now) & "," & CurUserID & ")"
```

Auch hier ist die ID des frisch hinzugefügten Datensatzes interessant:

```
DocVersID = LastAddedID
```

Die Datenbank speichert außerdem Öffnungsvorgänge zu jedem Dokument. Dies dient dem Zweck, den Speicherort beim Auschecken des Dokuments durch einen bestimmten Benutzer festzuhalten (hier wäre es der initiale Speicherort, aus dem die Datei stammt), damit der Benutzer das Dokument beim nächsten Auscheckvorgang automatisch in das ursprüngliche Verzeichnis speichern kann.

Verantwortlich ist hier die Funktion *SetOeffnungsvorgang*, die einen neuen Datensatz in die Tabelle *tblOeffnungsvorgaenge* schreibt (sie finden diese Funktion im Modul *mdlDocumentAutomate*):

```
SetOeffnungsvorgang lDocID, sPath
```

Schließlich ordnet die folgende Anweisung das Dokument dem Zielverzeichnis zu:

```
DBExecute "INSERT INTO tblVerzeichnisseDokumente([DokumentID], " _
    & "[VerzeichnisID]) VALUES (" & lDocID & ", " & FolderID & ")"
```

Auch die Berechtigungen werden mit Standardwerten belegt. Dabei erhalten der Ersteller beziehungsweise derjenige, der das Dokument eingecheckt hat, Vollzugriff:

```
DBExecute "INSERT INTO tblBerechtigungenBenutzerDokumente(DokumentID, " _
    "BenutzerID,ZugriffsartID) VALUES(" & lDocID & "," & CurUserID & ",4)"
```

Und im letzten Schritt speichert die Routine das Dokument schließlich noch im Binärformat in der Tabelle:

```
StoreDocBinary lDocID, DocVersID
```

Verantwortlich ist die Funktion *StoreDocBinary*, die ebenfalls im Modul *mdlDocumentAutomate* vorhanden und einen genaueren Blick wert ist. Als Parameter erwartet die Routine die *ID* des Dokuments in der Tabelle *tblDokumente* und die *ID* aus dem passenden Datensatz in der Tabelle *tblDokumentversionen*. Die Routine ermittelt zunächst den Quellpfad für den binären Import. Dabei ist die Abfrage *qryQuellpfade* behilflich, die wie in der folgenden Abbildung aussieht und den soeben in der Tabelle *tblOeffnungsvorgaenge* gespeicherten Pfad zum einzucheckenden Dokument liefert.

Die Funktion öffnet zunächst eine Datensatzgruppe mit dem zur aktuellen *DokumentID* passenden Datensatz, wobei der Quellpfad aus dem aus der Tabelle *tblOeffnungsvorgaenge* stammenden Dateipfad und dem aus *tblDokumente* kommenden Dateinamen zusammengesetzt wird.

Dokumente verwalten

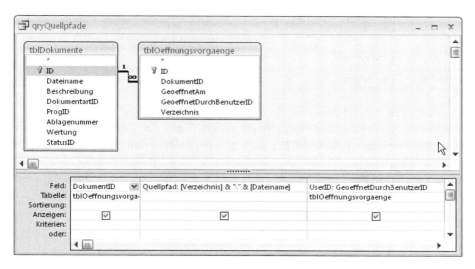

Abbildung 6.31: Diese Abfrage liefert den Pfad, aus dem das Dokument in die Datenbank eingecheckt wird.

Der Quellpfad wandert in die *String*-Variable *sFile* und die passende Datei wird dann per *Open*-Anweisung zum Einlesen in die *Byte-Array*-Variable *bin* geöffnet.

Nach dem Schließen der Datei ermittelt die Funktion mit dem schnellen *DLookup*-Ersatz *FLookup* (mehr Informationen siehe 9.5, »Schnelle DLookup-Variante«), ob Dateien des aktuellen Dateityps komprimiert werden sollen.

```
Function StoreDocBinary(DocID As Long, DocVersID As Long) As Boolean
    ...
    Set rstDoc = OpenRS("SELECT * FROM qryQuellpfade WHERE DokumentID= " _
        & DocID, dbOpenSnapshot)
    With rstDoc
        If .EOF Then GoTo Ende
        sFile = !Quellpfad
        F = FreeFile
        Open sFile For Binary Access Read As F
        ReDim bin(LOF(F))
        Get F, , bin()
        Close F
        .Close
    End With
    bCompress = FLookup("Compress", "tbl_FileTypes", "Extension='" _
        & ExtractExt(sFile) & "'")
    If IsNull(bCompress) Then bCompress = True
```

Liest eine Datei in ein Byte-Array ein ...

```
        StoreDocBinary = StoreBinary(DocVersID, bin(), CBool(bCompress))
    ...
    End Function
```
    ... und schreibt dieses dann in die passende Tabelle.

Die weitere Arbeit übernimmt dann die Funktion *StoreBinary* (siehe Modul *mdlDocumentAutomate*), welche die Versionsnummer, das Byte-Array sowie eine Boolean-Variable erwartet, die festlegt, ob die Datei komprimiert werden soll. Die Routine prüft zunächst, ob die Tabelle *tblDokumentBinaerdateien* schon einen Datensatz mit der angegebenen Versionsnummer enthält – falls nicht, legt sie einen neuen Datensatz an. Neben einigen Eigenschaften wie etwa der Größe der Datei schreibt die Funktion schließlich mit der *AppendChunk*-Methode des *Field2*-Objekts den Inhalt des *Byte*-Arrays in das OLE-Feld *Daten*.

```
    Function StoreBinary(DocVersID As Long, arrBin() As Byte, _
            bCompress As Boolean) As Boolean
        Dim rstBin As Recordset2
        ...
        Set rstBin = OpenRS("tblDokumentBinaerdateien", dbOpenDynaset)
        With rstBin
            .FindFirst "[DokumentversionID]=" & DocVersID
            If .NoMatch Then .AddNew Else .Edit
            !DokumentVersionID = DocVersID
            !IstKomprimiert = bCompress
            !Groesse = UBound2(arrBin)
            If !IstKomprimiert Then
                CompressByteArray arrBin
                !GroesseZip = UBound2(arrBin)
            End If
            .Fields!Daten.AppendChunk arrBin
            .Update
            .Close
        End With
        StoreBinary = True
        ...
    End Function
```
Die entscheidende Anweisung: Sie schreibt den Inhalt von arrBin in die Tabelle.

Fertig – damit ist ein Dokument in die Datenbank eingecheckt.

6.3.4 Dokument löschen

Das Löschen eines Dokuments erledigt der Kontextmenü-Eintrag *Dokument löschen*. Nach vorheriger Bestätigung durch den Benutzer erledigt eine passende SQL-Aktionsabfrage den Löschvorgang.

Der nachfolgend dargestellte Zweig wird im Übrigen nicht nur über das Kontextmenü aufgerufen, sondern auch über die Ereignisprozedur, die beim Betätigen einer Taste bei aktivem *TreeView*-Steuerelement ausgelöst wird.

```
Public Sub ContextFunction(strFunction As String)
    ...
    lDocFolderID = CLng(Mid(ndSel.Key, 2))
    ...
    Case "DocDelete"       'Dokument löschen
        If Msgbox("Soll das Dokument " & CTree.SelectedItem _
                & " tatsächlich aus dmsBase gelöscht werden?", _
                vbQuestion Or vbYesNo, "Bitte bestätigen") = vbYes Then
            DBExecute "DELETE FROM tblDokumente WHERE ID=" _
                & lDocFolderID, dbFailOnError
            CTree.Nodes.Remove ndSel.Index
        End If
    ...
End Sub
```

6.3.5 Dokument umbenennen

Das Umbenennen eines Dokuments ist einfach: Dazu braucht die Routine *ContextFunction* nur über den Wert *RenameDoc* für den Parameter *strFunction* zum passenden Zweig der *Select Case*-Anweisung zu springen und die *StartLabelEdit*-Methode des *TreeView*-Steuerelements auszulösen. Den Rest erledigt die Ereignisprozedur *CTree_AfterLabelEdit*, die bereits weiter oben besprochen wurde:

```
Public Sub ContextFunction(strFunction As String)
    ...
    Case "RenameDoc"
        CTree.StartLabelEdit
    ...
End Sub
```

6.3.6 Dokument auschecken

Das Auschecken von Dokumenten erfolgt auf verschiedenen Wegen:

▶ über den Kontextmenüeintrag *Dokument auschecken*,

▶ über den Kontextmenüeintrag *Dokument auschecken nach...* oder

▶ durch Ziehen des jeweiligen Dokuments aus dem Dokumentbaum in das Explorer-Steuerelement oder in den richtigen Windows Explorer.

Kapitel 6

Die erste Variante prüft zunächst, welcher Eintrag des Dokumentbaums markiert ist, und ermittelt dessen ID. Dann liest sie mit der Funktion *GetLastDocPath* (siehe unten) das Eincheck- beziehungsweise das letzte Auscheck-Verzeichnis für den aktuellen Benutzer aus und schreibt das Dokument dann mit der Funktion *RestoreDocFile* dort hinein. Schließlich wird das Explorer-Steuerelement noch so aktualisiert, dass es das frisch ausgecheckte Dokument im passenden Verzeichnis anzeigt.

```
Public Sub ContextFunction(strFunction As String)
    ...
    lDocFolderID = CLng(Mid(ndSel.Key, 2))
    ...
    Case "DocCheckOut"
        If PermissionForDoc(lDocFolderID) < 3 Then
            DmsMsg 202
            Exit Sub
        End If
        If Msgbox(GetLastDocPath(Mid(ndSel.Key, 2)) _
                & " wird wiederhergestellt oder überschrieben...", _
                vbQuestion Or vbOKCancel, "Bestätigen:") = vbOK Then
            strFile = RestoreDocFile(lDocFolderID, , True)
            If Len(strFile) > 0 Then
                Me!ctlShell.CurDirTree = ExtractPath(strFile)
                Me!ctlShell.SelectItem ExtractFileName(strFile)
                SetOeffnungsvorgang lDocFolderID, ExtractPath(strFile)
            End If
        End If
    ...
End Sub
```

Die ausgecheckte Datei soll direkt im Explorer-Steuerelement angezeigt werden.

Die Funktion *GetLastDocPath* sieht wie folgt aus:

```
Function GetLastDocPath(DocID As Long, _
        Optional AskUser As Boolean = False) As String
    Dim sFile As String
    On Error Resume Next
    sFile = OpenRS("SELECT LAST([Quellpfad]) FROM qryQuellpfade " _
        & "WHERE DokumentID=" & DocID _
        & " AND [UserID]=" & CurUserID, dbOpenSnapshot)(0)
    If Len(sFile) = 0 Then
        sFile = OpenRS("SELECT LAST([Quellpfad])" _
            & " FROM qryQuellpfade WHERE DokumentID=" & DocID, _
            dbOpenSnapshot)(0)
        If AskUser Then
```

Heißt: Benutzer hat dieses Dokument noch nie geöffnet.

```
                Msgbox "Bitte geben Sie im folgenden Dialog an, wohin Sie " _
                    & "das Dokument speichern möchten...", _
                    vbInformation, "Info"
                GetLastDocPath = GetOpenFolder("Speicherort auswählen:") _
                    & "\" & ExtractFileName(sFile)
            End If
        Else
            GetLastDocPath = sFile
        End If
End Function
```

Dokument wiederherstellen

Die Funktion *RestoreDocFile* stellt ein Dokument aus der Datenbank wieder her. Sie erwartet folgende Parameter:

▶ *DocID*: ID des Dokuments aus der Tabelle *tblDokumente*

▶ *DocVersID*: ID der gewünschten Version (es sollen ja beliebige Versionen wiederhergestellt werden können), falls nicht angegeben, wird die letzte Version verwendet; optionaler Parameter

▶ *bCheckOut*: Boolean-Parameter, der angibt, ob das Dokument am Herkunftsort beziehungsweise am letzten Auscheck-Ort oder im temporären Verzeichnis von *dmsBase* wiederhergestellt werden soll, optionaler Parameter

▶ *bChooseFolder*: Boolean-Parameter, der festlegt, ob der Benutzer den Zielordner selbst auswählen soll

Die Routine liefert den Pfad zum wiederhergestellten Dokument zurück. Dummerweise ist das Wiederherstellen eines Dokuments aufwändiger, als man es sich vorstellen mag, und deshalb haben wir die notwendige Routine zu Erläuterungszwecken ein wenig gekürzt. Der Hauptteil prüft zunächst, ob der Aufruf einen Wert für *DocVersID*, also die gewünschte Dokumentversion, enthält. Dies würde bedeuten, dass der Benutzer eine ältere Version eines Dokuments öffnen wollte.

Falls der Aufruf keinen Versionswunsch enthält, wird in einer Abfrage die aktuellste Version des Dokuments ermittelt. Die folgende Anweisung öffnet den zu dieser Version passenden Datensatz der Tabelle *tblDokumentBinaerdateien* und liest den Inhalt seines Feldes *Daten* in das Byte-Array *bin* ein.

Gegebenenfalls ist der Inhalt des Feldes komprimiert, worauf das Feld *IstKomprimiert* des gleichen Datensatzes hinweist: In dem Fall sorgt die Routine *DecompressByteArray* dafür, dass der Inhalt von *bin* dekomprimiert wird (siehe auch 9.15, »Byte-Arrays und Strings komprimieren«).

Um das Dokument zu speichern, braucht die Routine natürlich einen passenden Dateinamen. Ein Verzeichnis ist zu diesem Zeitpunkt noch nicht nötig, die Datei soll zunächst in einem temporären Verzeichnis erzeugt werden. Den Dateinamen ermittelt die Routine durch eine Abfrage auf die Tabelle *tblDokumente*.

Danach folgen einige Anweisungen, die aus dem Inhalt der Variablen *bin* eine Datei auf der Festplatte erzeugen, und schließlich der umfangreichste Teil des Codes: Die Ermittlung des Verzeichnisses, in dem *dmsBase* die Datei speichern soll.

Zielverzeichnis ermitteln

Was kann so schwer daran sein, ein Zielverzeichnis für ein Dokument zu ermitteln? Nun: Normalerweise würde man den Benutzer per *Verzeichnis auswählen*-Dialog darum bitten, die notwendigen Informationen einzugeben oder, noch einfacher, das Dokument einfach in einem zuvor definierten Verzeichnis speichern.

Da wir es hier aber mit einem Dokumentmanagement-System zu tun haben, sollte das Ganze schon etwas komfortabler sein und der Benutzer nur in Extremfällen an der Auswahl des Verzeichnisses beteiligt sein.

Voraussetzung, dass es überhaupt zum Kopieren der extrahierten Datei an den Zielort kommt, ist der reibungslose Ablauf der bisherigen Zeilen, den die Funktion *WaitFileExists* überprüft: Sie schaut nach, ob die Zieldatei schon vorhanden ist, und wartet gegebenenfalls noch ein paar Sekunden (standardmäßig drei). Der Rückgabewert *RestoreDocFile* speichert an dieser Stelle schon einmal den aktuellen Dateipfad im temporären Verzeichnis. Wenn der Funktionsparameter *bCheckOut* den Wert *False* aufweist, ist die Funktion hier auch schon zu Ende – es wurde hier nur das Speichern des Dokuments im temporären Verzeichnis von *dmsBase* gewünscht. Dem Rest möchten wir an dieser Stelle keine weiteren Worte widmen – sondern ein schickes Flussdiagramm samt Listingverweisen.

> **Vom Flussdiagramm zum Code**
>
> Manche Vorgänge in einer Access-Anwendung sind sehr kompliziert. Wenn man sich keinen vernünftigen Plan zurechtlegt, wie der Code ablaufen soll, wird es schwierig: Dann stehen die Chancen gut, dass man unstrukturierten Spagetti-Code erhält. Deshalb sollten Sie, wenn abzusehen ist, dass es etwas komplizierter wird, ruhig vorher einmal das gute alte Flussdiagramm bemühen. Für einfachere Strukturen können Sie zu Papier und Bleistift greifen, für aufwändigere Fälle verwenden Sie ein passendes Werkzeug wie etwa *Microsoft Visio*. Damit sparen Sie sich möglicherweise eine Menge Radiererei – Sie können falsch platzierte Objekte ja dort einfach verschieben, auch wenn diese schon über Pfeile mit anderen Objekten verbunden sind. Nachfolgend finden Sie nicht nur den Code, der Dokumente entsprechend den Vorgaben wiederherstellt, sondern auch ein Flussdiagramm mit entsprechenden Bezügen zum Code – das Beschreiben des Codes mit Worten wäre an dieser Stelle vermutlich der falsche Ansatz. Schauen Sie einfach nach, wohin die Zahlen aus dem Flussdiagramm Sie im Code führen – oder umgekehrt ...

Dokumente verwalten

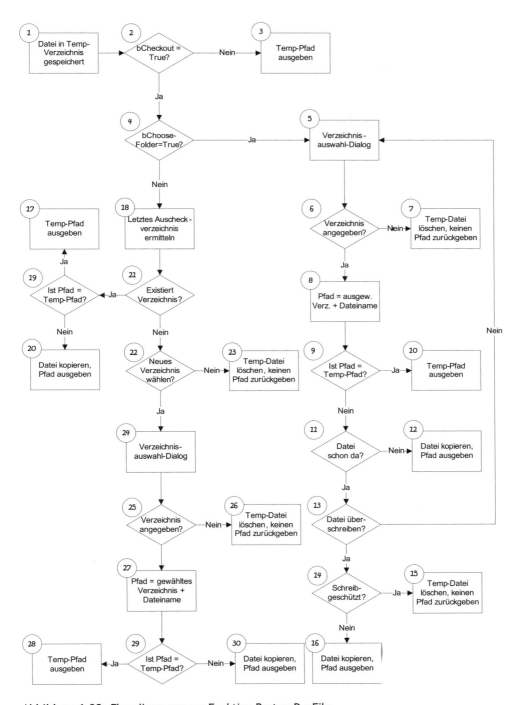

Abbildung 6.32: Flussdiagramm zur Funktion RestoreDocFile

Kapitel 6

```
Function RestoreDocFile(DocID As Long, Optional DocVersID As Long, _
        Optional bCheckOut As Boolean, _
        Optional bChooseFolder As Boolean) As String
    Dim rstBin As Recordset2
    Dim bin() As Byte
    Dim sFile As String
    Dim strPath As String
    Dim strDest As String
    Dim F As Integer
    ...
    DoCmd.Hourglass True
    If DocVersID = 0 Then
        DocVersID = OpenRS("SELECT LAST([ID]) " _
            & "FROM tblDokumentversionen WHERE DokumentID=" _
            & DocID, dbOpenSnapshot)(0)
    End If
    Set rstBin = OpenRS("SELECT * FROM " _
        & "tblDokumentBinaerdateien WHERE DokumentversionID=" _
        & DocVersID, eOpenSnapshot)
    ReDim bin(rstBin("Daten").FieldSize - 1)
    bin = rstBin("Daten").GetChunk(0, rstBin("Daten").FieldSize)
    If rstBin!IstKomprimiert Then DecompressByteArray bin
    sFile = OpenRS("SELECT Dateiname FROM " _
        & "tblDokumente WHERE ID=" & DocID, dbOpenSnapshot)(0)
    sFile = CurTempDir & sFile
    KillFile sFile
    F = FreeFile
    Open sFile For Binary Access Write Shared As F
    Put F, , bin
    Close F
  ①If WaitFileExists(sFile) Then
        RestoreDocFile = sFile  ③
      ②If bCheckOut Then
            If bChooseFolder Then  ④
OnceMore:
                strPath = GetOpenFolder("Verzeichnis "_  ⑤
                    & "um Auschecken auswählen:")
               ⑥If Len(strPath) > 0 Then
                    strDest = strPath & "\" & ExtractFileName(sFile)  ⑧
                   ⑨If strDest <> sFile Then
                        If DirUNCExists(strDest) Then  ⑪
```

Dokumente verwalten

```
        ⑬  If Msgbox("Soll ... überschrieben werden?", _
                    vbYesNo, "Bestätigen:") = vbYes Then
                ⑭ If IsFileReadOnly(strDest) Then
                        Msgbox "Die Datei " & strDest _
                            ⑮    & " ist schreibgeschützt ...", _
                                vbExclamation, "Abbruch..."
                    Else
                        RestoreDocFile = ""
                    End If
                Else
                    GoTo OnceMore
                End If
            End If
            RestoreDocFile = strDest  ⑦
        End If
    Else
        RestoreDocFile = ""
    End If
Else
⑱ strDest = GetLastDocPath(DocID, True)
    If DirUNCExists(ExtractPath(strDest)) Then  ㉑
    ⑲ If strDest <> sFile Then
            RestoreDocFile = strDest  ⑳
        End If
    Else
        ㉒ If Msgbox("Das Quellverzeichnis ... existiert " _
                "nicht mehr ...Neues Verzeichnis wählen?", _
                vbYesNo, "Bestätigen:") = vbYes Then
            strPath = GetOpenFolder("Verzeichnis ... wählen:")  ㉔
        ㉕ If Len(strPath) > 0 Then
                strDest = strPath & "\" _
                            & ExtractFileName(sFile)  ㉗
                ㉙ If strDest <> sFile Then
                        RestoreDocFile = strDest
                    End If
                Else
                    RestoreDocFile = ""  ㉖
                End If
            Else
                RestoreDocFile = ""  ㉓
            End If
```

```
                    End If
                End If
            End If
        End If
        Select Case RestoreDocFile
            Case ""
                KillFile sFile
                DmsMsg 160, 3000
            Case sFile
                'übernimmt temporäres Verzeichnis ⑩ ⑰ ㉘
            Case Else
                FileCopy sFile, strDest  ⑫ ⑯ ㉚
                KillFile sFile
        End Select    ...
        Erase bin
        ...
End Function
```

6.3.7 Öffnungsvorgänge dokumentieren

Öffnungsvorgänge werden aus zwei Gründen dokumentiert: Der erste sorgt dafür, dass man weiß, wer wann welches Dokument geöffnet hat, der zweite hat mehr konkreten Nutzen: Er sorgt dafür, dass Dokumente, die ein Benutzer einmal geöffnet hat, beim nächsten Mal nach Wunsch automatisch in das gleiche Verzeichnis ausgecheckt werden wie zuvor.

Das Dokumentieren eines Öffnungsvorgangs durch einen passenden Datensatz in der Tabelle *tblOeffnungsvorgaenge* geschieht zu verschiedenen Gelegenheiten, meist jedoch in Zusammenhang mit dem Öffnen von Dokumenten direkt in *dmsBase* (*OpenDoc*, siehe 7.1.3, »Dokument in integrierter Anwendung öffnen«) oder beim Auschecken eines Dokuments (*RestoreDocFile*, siehe 6.3.6, »Dokument auschecken«).

Behilflich beim Schreiben dieses Datensatzes ist entweder das per Parameter übergebene Verzeichnis oder, wenn dieses nicht vorhanden ist, der mit der Abfrage *qryOeffnungsvorgangPfad* ermittelte letzte Speicherort.

Diese Information wird schließlich zusammen mit der Dokument-ID, dem Öffnungszeitpunkt (*MakeQryDateTime*, siehe 9.6, »Datum für SQL-Abfragen ermitteln«) und der Benutzer-ID in die Tabelle *tblOeffnungsvorgaenge* eingetragen.

```
Sub SetOeffnungsvorgang(DocID As Long, Optional strPath As String)
    If Len(strPath) = 0 Then
        strPath = FLookup("Pfad", "qryOeffnungsvorgangPfad", _
```

Dokumente verwalten

```
                "DokumentID=" & DocID)
    End If
    DBExecute "INSERT INTO tblOeffnungsvorgaenge(DokumentID, " _
        & "GeoeffnetAm, GeoeffnetDurchBenutzerID,Verzeichnis) " & _
        "VALUES (" & DocID & "," & MakeQryDateTime(Now) & "," & _
        CurUserID & ",'" & strPath & "')"
End Sub
```

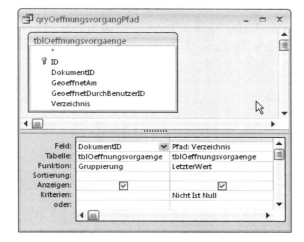

Abbildung 6.33: Diese Abfrage ermittelt das Verzeichnis, in das ein Dokument zuletzt gespeichert wurde.

6.3.8 Letzte Version öffnen

Das Öffnen eines Dokuments und die damit verbundenen Vorgänge werden in Abschnitt 7.1, »Funktion zum Öffnen eines Dokuments«, detailliert erläutert. Grundsätzlich wird auch hier einer der Zweige der *Select Case*-Anweisung der Prozedur *ContextFunction* im Formular *frmDocMain* angesteuert – nämlich der mit dem Wert *OpenDoc*.

Das Anzeigen eines Dokuments kann auch per Doppelklick auf den passenden Eintrag erfolgen. Dies löst die folgende Routine aus, die letztlich auch zu nichts anderem dient, als die Routine *ContextFunction* mit dem Wert *OpenDoc* für den einzigen Parameter aufzurufen – freilich nicht ohne vorher geprüft zu haben, ob das angeklickte Element überhaupt ein Dokument und nicht etwa ein Verzeichnis ist.

```
    Private Sub CTree_DblClick()
        On Error Resume Next

        If ndSel Is Nothing Then Exit Sub
```

```
        If Left(ndSel.Key, 1) <> "D" Then Exit Sub

        ContextFunction "OpenDoc"
End Sub
```

6.3.9 In externer Anwendung öffnen

Der Kontextmenüeintrag *In externer Anwendung öffnen...* löst den folgenden Zweig der Routine *ContextFunction* aus. Dieser prüft wie üblich, ob der Benutzer die Berechtigung hat, auf das ausgewählte Dokument zuzugreifen, und weist ihn vor dem Öffnen darauf hin, dass Änderungen am so geöffneten Dokument sich nicht auf die in *dmsBase* gespeicherte Version auswirken. Ist der Benutzer damit einverstanden, schreibt die Routine die Datei in das temporäre Verzeichnis von *dmsBase* und öffnet diese durch den Aufruf der Funktion *ShellExecFile* (siehe 9.8.9, »Datei mit passender Anwendung öffnen«).

```
Public Sub ContextFunction(strFunction As String)
    ...
    lDocFolderID = CLng(Mid(ndSel.Key, 2))
    ...
    Case "ExecuteExt"
        If PermissionForDoc(lDocFolderID) < 2 Then
            DmsMsg 200
            Exit Sub
        End If
        If Msgbox("Wenn Sie das Dokument in einer externen Anwendung " _
                 "öffnen, dann" & vbCrLf & _
                 "reflektieren sich dort vorgenommene Änderungen nicht " _
                 "in dmsBase!" & vbCrLf & _
                 "Das Dokument bleibt in dmsBase unverändert.", _
                 vbInformation Or vbOKCancel, "Info:") = vbOK Then
            strFile = RestoreDocFile(lDocFolderID)
            ShellExecFile strFile
        End If
    ...
End Sub
```

Datei auf Festplatte wiederherstellen ... ← strFile = RestoreDocFile(lDocFolderID)

... und mit der passenden Anwendung öffnen.

6.3.10 Dokument kopieren, ausschneiden und einfügen

Im Gegensatz etwa zum Kontextmenü des Windows Explorers finden Sie im Kontextmenü des Dokumentbaums nie die drei Einträge *Kopieren*, *Ausschneiden* und *Einfügen* gleichzeitig vor. Ein Dokument lässt sich zwar kopieren und ausschneiden, aber den

Dckumente verwalten

Eintrag namens *Einfügen* suchen Sie hier vergeblich: Den gibt es ausschließlich im Kontextmenü von Verzeichnissen.

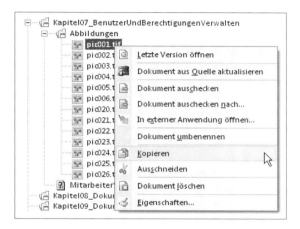

Abbildung 6.34: Dokumente lassen sich kopieren, ausschneiden ...

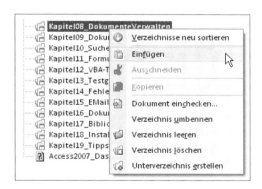

Abbildung 6.35: ... und in bestehende Verzeichnisse einfügen.

Und die dahinter steckende Funktion? Ach, die kann doch wohl nicht so kompliziert sein. Es handelt sich doch schließlich um die Grundfunktionen für Dokumente beziehungsweise Dateien. Das haben die Entwickler von *dmsBase* auch erst gedacht, aber bei genauerem Hinsehen wurden sie eines Besseren belehrt: Immerhin hängt ein Riesen-Rattenschwanz von Daten an solch einem Dokument-Eintrag in der Datenbank.

Kopieren eines Dokuments

Das Kopieren als Tätigkeit, das zu kopierende Dokument für einen Kopiervorgang vorzumerken und es quasi »in die Zwischenablage« zu legen (obwohl dieser Kopiervorgang natürlich nicht über die übliche Zwischenablage erfolgt), ist noch einfach. Der folgende Ausschnitt der Routine *ContextFunction*, der durch das Anklicken des Eintrags *Kopieren* ausgewählt wird, fragt zunächst ab, ob der Benutzer die maximalen Berechtigungen für dieses Dokument besitzt, und schreibt einen Ausdruck, der aus den Buchstaben *cpy* und der Dokument-ID besteht, in die Variable *strClipboardDoc* – einfach um sich zu merken, dass da ein Dokument aus dem Dokumentbaum zum Kopieren bereitliegt. Im Kontextmenü namens *dms_BaumVerzeichnis* wird der Eintrag *Einfügen* freigeschaltet, da man mit diesem Eintrag des Verzeichnis-Kontextmenüs ja nun ein Dokument in das entsprechende Verzeichnis einfügen kann.

Schließlich zeigt das Formular *frmDocMain* im oberen Bereich noch den Namen des zum Kopieren bereitstehenden Dokuments und ein entsprechendes Symbol an:

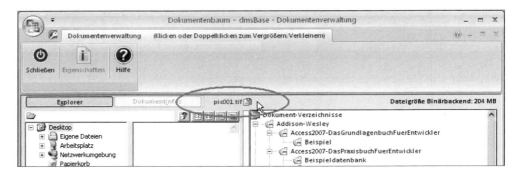

Abbildung 6.36: Das in der Zwischenablage des Dokumentbaums liegende Dokument wird an geeigneter Stelle angezeigt.

```
Public Sub ContextFunction(strFunction As String)
    ...
    lDocFolderID = CLng(Mid(ndSel.Key, 2))
    ...
    Select Case strFunction
        ...
        Case "CopyDoc"
            If PermissionForDoc(lDocFolderID) < 2 Then
                DmsMsg 202
                Exit Sub
            End If
            strClipboardDoc = "cpy" & lDocFolderID
            CommandBars("dms_BaumVerzeichnis"). _
                Controls("Einfügen").Enabled = True
```

```
            Me.LblClipboard.Caption = ndSel.Text
            Me!LblClipboard.Visible = True
            Me!ctlImgClp.Visible = True
         ...
      End Select
   End Sub
```

Ausschneiden eines Dokuments

Beim Ausschneiden geschieht nicht viel anderes als beim Kopieren. Der einzige Unterschied ist, dass in der Variablen *strClipboard* nicht die Zeichenkette *cpy*, sondern *cut* mit der *ID* des zu verschiebenden Dokuments gespeichert wird.

```
   Public Sub ContextFunction(strFunction As String)
      ...
      lDocFolderID = CLng(Mid(ndSel.Key, 2))
      ...
      Select Case strFunction
         ...
         Case "CutDoc"
            If PermissionForDoc(lDocFolderID) < 3 Then
               DmsMsg 202
               Exit Sub
            End If
            strClipboardDoc = "cut" & lDocFolderID
            CommandBars("dms_BaumVerzeichnis"). _
               Controls("Einfügen").Enabled = True
            Me.LblClipboard.Caption = ndSel.Text
            Me!LblClipboard.Visible = True
            Me!ctlImgClp.Visible = True
         ...
      End Select
   End Sub
```

Einfügen eines kopierten oder ausgeschnittenen Dokuments

Der aufwändigste Schritt ist das Einfügen des in der Zwischenablage befindlichen Objekts in das Zielverzeichnis. Der passende Zweig der *Select Case*-Anweisung aus der Prozedur *ContextFunction* unterscheidet dabei zunächst zwischen Dokumenten, die zuvor kopiert wurden, also am Ursprungsort verbleiben und zusätzlich als neues

Exemplar im Zielverzeichnis landen sollten, und solchen, die ausgeschnitten wurden und daher nur verschoben werden müssen.

Letzteres ist einfach, denn dazu muss man dem Dokument nur das Zielverzeichnis als neues Verzeichnis zuweisen. Das geht ganz schnell mit einer *UPDATE*-Anweisung auf den passenden Datensatz der Tabelle *tblVerzeichnisseDokumente*.

Das Kopieren ist schon schwieriger. Der Vorgang findet im *Else*-Zweig der *If strAction...*-Konstruktion statt. Dort zählt die Routine zunächst einmal die Anzahl der Versionen dieses Dokuments. Liegt mehr als eine Version vor, fragt die Routine den Benutzer, ob er nur die aktuellste oder alle Versionen des Dokuments kopieren möchte. Mit der Antwort im Gepäck ruft die Routine die Funktion *CopyDocumentComplete* auf, die alles Weitere übernimmt – mit Ausnahme des Aktualisierens des Dokumentbaums, was die Routine *ContextFunction* im Anschluss erledigt.

```
Public Sub ContextFunction(strFunction As String)
    ...
    lDocFolderID = CLng(Mid(ndSel.Key, 2))
    ...
    Select Case strFunction
        ...
        Case "PasteDoc"
            If Len(strClipboardDoc) < 4 Then GoTo Ende
            Dim strAction As String, lDocID As Long, lCntVers As Long
            strAction = Left(strClipboardDoc, 3)
            If InStr(1, "cpycut", strAction) = 0 Then GoTo Ende
            lDocID = Mid(strClipboardDoc, 4)
            If strAction = "cut" Then
                DBExecute "UPDATE tblVerzeichnisseDokumente " _
                    & "SET VerzeichnisID=" & lDocFolderID _
                    & " WHERE DokumentID=" & lDocID
                CTree.Nodes.Clear
                FillTree
            Else
                lCntVers = OpenRS("SELECT COUNT(*) FROM " _
                    & "tblDokumentversionen WHERE DokumentID=" _
                    & lDocID, eOpenSnapshot)(0)
                If lCntVers > 1 Then
                    n = Msgbox("Sie möchten ein Dokument einfügen, " _
                        & "von dem es" & vbCrLf & "mehrere gespeicherte " _
                        & "Versionen in dmsBase gibt." & vbCrLf _
                        & "Sollen an dieser Stelle alle Versionen " _
                        & "eingefügt werden (>JA)," & vbCrLf _
```

```
                        & "oder nur die höchste (>NEIN)?", _
                        vbQuestion Or vbYesNo, "Auswählen:")
                Else
                    n = vbNo
                End If
                ix = CopyDocumentComplete(lDocID, _
                    (n = vbYes), lDocFolderID)
                If ix > 0 Then
                    CTree.Nodes.Clear
                    FillTree
                    Me.sfrm_DokumentInfos.Requery
                End If
            End If
        ...
    End Select
End Sub
```

Ein Dokument kopieren

Das Verschieben eines Dokuments ist mit dem Anpassen der ID des übergeordneten Verzeichnisses erledigt, das Kopieren noch lange nicht. Sie müssen dazu die folgenden Informationen durchführen:

▷ Dokumentdatensatz kopieren (*tblDokumente*),

▷ alle verknüpften Eigenschaften kopieren (insgesamt zehn Detailtabellen) und

▷ gegebenenfalls alle älteren Dokumentversionen kopieren – ebenfalls alle mit dem kompletten Satz Eigenschaften.

```
Function CopyDocumentComplete(DocID As Long, bAllVersions As Boolean, _
        lFolderID As Long) As Long
    Dim lNewDocID As Long
    On Error Resume Next
    DBEngine.Workspaces(0).BeginTrans
    DBExecute "INSERT INTO tblDokumente(Dateiname, Beschreibung, " _
        & "DokumentartID, ProgID, Wertung, StatusID) " _
        & "SELECT Dateiname, Beschreibung, DokumentartID, " _
        & "ProgID, Wertung, StatusID " _
        & "FROM tblDokumente WHERE ID=" & DocID
    If Err.Number <> 0 Then Exit Function
    On Error GoTo Fehler
    lNewDocID = LastAddedID
```

Ganz wichtig: Transaktion starten, damit man beim Fehlschlagen einer SQL-Anweisung alles rückgängig machen kann.

Kapitel 6

```
        Dim vTables As Variant
        Dim i As Long
        Dim DocVersID As Long, DocNewVersID As Long
        Dim tdf As TableDef
        Dim fld As DAO.Field2
        Dim strSQL As String, strSelect As String

        vTables = Array("tblDokumentAttribute", _
            "tblDokumenteAutoren", _
            "tblDokumenteKategorien", _
            "tblOeffnungsvorgaenge", _
            "tblDokumenteStichwoerter", _
            "tblBerechtigungenBenutzergruppenDokumente", _
            "tblBerechtigungenBenutzerDokumente")
        For i = 0 To 6
            strSQL = "INSERT INTO ["
            strSelect = "SELECT "
            Set tdf = dbs.TableDefs(vTables(i))
            strSQL = strSQL & tdf.Name & "]("

            For Each fld In tdf.Fields
                If fld.Name <> "ID" And fld.Name <> "DokumentID" Then
                    strSQL = strSQL & "[" & fld.Name & "],"
                    strSelect = strSelect & "[" & fld.Name & "],"
                End If
            Next fld

            strSQL = LeftText(strSQL, 1) & ",[DokumentID]) "
            strSelect = strSelect & lNewDocID
            strSelect = strSelect & " FROM [" & tdf.Name _
                & "] WHERE DokumentID=" & DocID
            strSQL = strSQL & strSelect
            DBExecute strSQL
            Set tdf = Nothing
        Next i
        DocVersID = GetMaxVersionID(DocID)
        DBExecute "INSERT INTO tblDokumentversionen(DokumentID, " _
            & "Hauptversionsnummer, Nebenversionsnummer, " _
            & "Revisionsnummer, Buildnummer, ErstelltAm, " _
            & "ErstelltDurchBenutzerID,Beschreibung) " _
```

Faulheit pur: Statt mal ein paar SQL-Anweisungen zu tippen, kommen die Namen aller betroffenen Tabellen in ein Array und ...

... werden in einer Schleife durchlaufen, die passende INSERT INTO-Anweisungen zusammensetzt, um die Datensätze des alten für das neue Dokument zu reproduzieren.

Von dieser Rationalisierungsmaßnahme bleiben auch die Feldnamen nicht verschont.

Noch schnell die Dokumentversion,

```
            & "SELECT " & lNewDocID & ", " _
            & "Hauptversionsnummer, Nebenversionsnummer, " _
            & "Revisionsnummer, Buildnummer, ErstelltAm, " _
            & "ErstelltDurchBenutzerID, Beschreibung " _
            & "FROM tblDokumentVersionen WHERE ID=" & DocVersID
        DocNewVersID = LastAddedID

        DBExecute "INSERT INTO tblInhalte(DokumentVersionID, " _        ... die Tabelle mit
            & "Inhalt) SELECT " & DocNewVersID & ", Inhalt "            den Volltexten ...
            & "FROM tblInhalte WHERE DokumentVersionID=" _
            & DocVersID

        DBExecute "INSERT INTO tblDokumentBinaerdateien(" _
            "DokumentVersionID, Daten, IstKomprimiert, " _
            "Groesse,GroesseZip) " _
            & "SELECT " & DocNewVersID & ", Daten, " _                  ... und das eigentliche
            & "IstKomprimiert, Groesse, GroesseZip " _                  Dokument kopieren –
            & "FROM tblDokumentBinaerdateien " _                        fehlt nur noch eins: ...
            & "WHERE DokumentVersionID=" & DocVersID

        DBExecute "INSERT INTO tblVerzeichnisseDokumente" _
            & "(DokumentID,VerzeichnisID) SELECT "                      ... das Zuordnen zum
            & lNewDocID & "," & lFolderID                               passenden Zielverzeichnis.

        DBEngine.Workspaces(0).CommitTrans
                                                                        Alles geklappt?
        CopyDocumentComplete = lNewDocID                                OK - Transaktion
Ende:                                                                   durchführen ...
        On Error Resume Next
        Set tdf = Nothing
        Exit Function
Fehler:                                             ... und wenn nicht, per
        DBEngine.Workspaces(0).Rollback             Rollback alles verwerfen.
        ErrNotify Err, "mdlDocumentAutom", "CopyDocumentComplete", eNormalError
End Function
```

6.4 Das Explorer-Steuerelement

Dieses Steuerelement sieht sehr unscheinbar aus, weil es prinzipiell keine anderen Funktionen als der normale Windows Explorer liefert – ein solcher aber lässt sich leider

Kapitel 6

nicht in ein Access-Formular einbetten. In der Tat ist dieses ActiveX-Steuerelement eines der Elemente der Anwendung, dessen Erstellung unter Visual Basic 6 mit dem größten Aufwand verbunden war: Es bildet die Funktionen des Windows Explorers eins zu eins nach.

Zusätzlich bietet es die folgenden beiden Eigenschaften, mit denen sich das aktuell angezeigte Verzeichnis sowie der ausgewählte Eintrag festlegen lassen:

```
Me!ctlShell.CurDirTree = ExtractPath(strFile)
Me!ctlShell.SelectItem ExtractFileName(strFile)
```

Weitere Informationen zu diesem Steuerelement finden Sie in Kapitel 15, »Bibliotheken und Komponenten in VBA«.

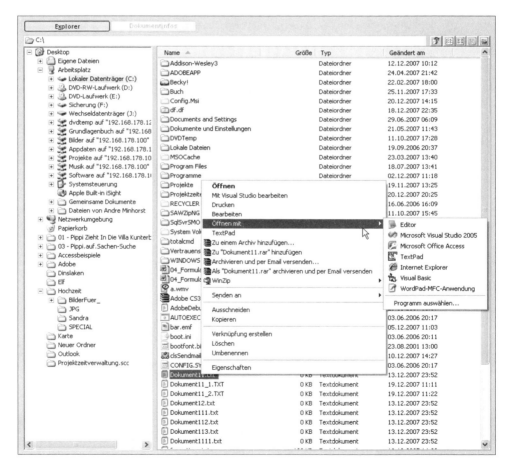

Abbildung 6.37: Das mossami ShellExplorer ActiveX-Steuerelement bildet die Funktionen des Windows Explorers fast eins zu eins nach.

Drag and Drop vom Explorer in den Dokumentbaum

Damit das Explorer-Steuerelement auf der linken Seite des Formulars *frmDocMain* überhaupt Sinn macht (außer, dass man nicht noch zusätzlich den Windows Explorer öffnen muss ...), soll man Dokumente von dort aus mit der Maus in den Dokumentbaum ziehen können. Dazu klickt man wie gewohnt im Explorer-Steuerelement auf die gewünschte Datei und zieht sie bei gedrückter Maustaste auf den Zielordner im Dokumentbaum.

Das Ziehen über den Dokumentbaum löst einige Male die nachfolgend abgebildete Routine *CTree_OLEDragOver* aus.

Falls der Mauszeiger sich aktuell über einem Knoten befindet, prüft die Routine, ob es sich dabei um den Root-Knoten oder um einen anderen Verzeichnisknoten handelt, und färbt diesen gegebenenfalls grün ein (*Node.BackColor*). Ansonsten wird diese Routine direkt verlassen.

Ein so markierter Knoten erhält einen zweiten Verweis durch die Objektvariable *ndSel*, damit die Routine diesem – wenn der Benutzer den Mauszeiger auf ein anderes Verzeichnis-Element verschiebt – wieder die ursprüngliche Farbe Weiß zuweisen kann.

```
Private Sub CTree_OLEDragOver(Data As mscomctllib.DataObject, _
        Effect As Long, Button As Integer, Shift As Integer, x As Single, _
        y As Single, State As Integer)
    Dim nd As Node
    On Error Resume Next                   ◄── Über welchem Knoten des
    Set nd = CTree.HitTest(x, y)               Dokumentbaums befindet
    If nd Is Nothing Then                      sich der Mauszeiger?
        Effect = ccOLEDropEffectNone
        Exit Sub
    End If
    ...
    If (Left(nd.Key, 1) <> "F") Or _
            (nd.Text = "Dokument-Verzeichnisse") Then
        Effect = ccOLEDropEffectNone    ◄── Falls nicht über einem
        Exit Sub                            Verzeichnis, beende die
    End If                                  Routine ...
    If nd.Children > 0 Then nd.Expanded = True
    nd.BackColor = RGB(64, 224, 0) ◄──
    If Not ndSel Is Nothing Then        ... sonst färbe das aktuelle
        On Error Resume Next            Verzeichnis grün ein.
        If Not nd Is ndSel Then ndSel.BackColor = vbWhite
        On Error GoTo Fehler
    End If
```

```
        If Not nd Is Nothing Then nd.BackColor = RGB(64, 224, 0)
        Set ndSel = nd
        ...
End Sub
```

Lässt der Benutzer das einzufügende Dokument über einem Verzeichnisknoten los, löst dies das Ereignis *CTree_OLEDragDrop* des TreeView-Steuerelements aus. Da diese Routine eine ganze Menge Code enthält, finden Sie diesen im Folgenden in kleinen Häppchen dargestellt – im Zusammenhang und inklusive Deklarationsteil und Fehlerbehandlung finden Sie diesen im Klassenmodul des Formulars *frmDocMain*. Die Routine startet mit einer Prüfung, ob es sich bei dem fallengelassenen Element überhaupt um eine Datei handelt – falls nicht, verabschiedet sich die Routine schon hier:

```
    If Not Data.GetFormat(ccCFFiles) Then Exit Sub
```

Anderenfalls ermitteln die folgenden drei Anweisungen zunächst einen Verweis auf den aktuell ausgewählten Verzeichnisknoten, lesen aus diesem die ID des Verzeichnisses aus der Tabelle *tblVerzeichnisse* aus und stellen die Hintergrundfarbe des zuvor grün gefärbten Knotens wieder auf die Farbe Weiß ein:

```
    Set nd = CTree.HitTest(x, y)    'Aktueller Verzeichnisknoten
    lFolderID = CLng(Mid(nd.Key, 2))
    nd.BackColor = vbWhite
```

Die nächste *If...Then*-Bedingung prüft, ob das gezogene Element aus einem anderen Verzeichnis des TreeView, statt aus dem Explorer kommt; die modulweit gültige Variable *lDragIntern* wäre dann im Ereignis *CTree_OLEStartDrag* auf die ID des betroffenen Eintrags der Tabelle *tblDokumente* gesetzt worden. Verschiebt der Benutzer tatsächlich gerade ein Dokument von einem zum anderen Dokumentverzeichnis, stellt die erste Anweisung innerhalb des *If...Then*-Konstrukts den übergeordneten Knoten auf das Zielverzeichnis ein und die nachfolgende Aktionsabfrage (mehr zur Funktion *DBExecute* siehe Abschnitt 9.2, »Vereinfachtes Ausführen von Aktionsabfragen«) ändert die Zuordnung des Dokuments zum neuen Verzeichnis in der Tabelle *tblVerzeichnisseDokumente*.

```
    If lDragIntern <> 0 Then
        Set CTree.Nodes("D" & CStr(lDragIntern)).Parent = nd
        DBExecute "UPDATE tblVerzeichnisseDokumente SET VerzeichnisID=" _
            & Mid(nd.Key, 2) & " WHERE DokumentID=" & lDragIntern
        GoTo Ende
    End If
```

Wesentlich komplizierter sieht es aus, wenn der Benutzer tatsächlich eine Datei aus dem Explorer-Steuerelement auf den Dokumentbaum gezogen hat (was übrigens auch vom »richtigen« Windows Explorer aus funktioniert).

Der erste wesentliche Unterschied ist, dass der Benutzer aus dem Explorer mehr als nur ein Element ziehen kann. Deshalb zählt die folgende Zeile erstmal durch, was so alles in den Dokumentbaum geschoben werden soll:

```
n = Data.Files.count
```

Beim Objekt *Data* handelt es sich um ein so genanntes *DataObject*, das vom *Drop*-Ereignis zurückgeliefert wird. Ein *OLE-DataObjekt* ist vergleichbar mit dem Inhalt der Zwischenablage, verpackt in ein *Collection*-Objekt.

Diese *Collection* enthält für den Fall gezogener Dateien String-Elemente (*Files*), die je einen Dateinamen darstellen. Die einzelnen Elemente werden dann durchlaufen und je nachdem, ob es sich um eine Datei oder ein Verzeichnis handelt, unterschiedlich verarbeitet.

Für die Dateien gibt es ein weiteres Unterscheidungskriterium: Zip-Dateien werden wegen ihres Verzeichnis-Charakters einer Spezialbehandlung unterzogen.

Die Beschreibung der kompletten zum Einchecken notwendigen Codepassagen finden Sie in den folgenden Abschnitten.

```
For i = 1 To n
    sFile = Data.Files.Item(i)
    ret = IsFile(sFile)
    Select Case ret
        Case 1
            If ExtractExt(sFile) = "zip" Then
                ... 'ZIP-Archiv einchecken
            Else
                ... 'Einfache Datei einchecken
            End If
        Case 0
            ... 'Verzeichnis einchecken
        Case Else
            '=2 = Ungültiger Pfad
            'Ignorieren
    End Select
Next i
```

Einfache Datei einchecken

Das Einchecken einer einfachen Datei arbeitet die aktuelle Routine in einer einzigen Anweisung ab: dem Aufruf der Funktion *CheckInPre* mit dem Dateinamen, der Verzeichnis-ID und dem Knoten als Parameter.

```
nSizes = CheckInPre(sFile, lFolderID, nd)
```

Kapitel 6

Diese Routine ruft als Erstes eine weitere Funktion namens *CheckInFile* auf, die Sie bereits weiter oben kennen gelernt haben (siehe Abschnitt 6.3.3, »Dokument einchecken«). Diese liefert die ID des neu angelegten Dokumentdatensatzes zurück.

Die Funktion *CheckInPre* prüft diese auf den Wert *0*: Ist er gleich *0*, konnte kein neues Dokument angelegt werden und die übrigen Aktionen werden verworfen; ist er größer *0*, werden weitere Funktionen aufgerufen.

Die erste (*GetDocSizeBytes*, Modul *mdlDocumentAutomate*) ermittelt die Binärgröße des soeben angelegten Dokuments, wobei gegebenenfalls dessen Komprimierung berücksichtigt wird, die zweite (*GetDocArtID*, ebenfalls Modul *mdlDocumentAutomate*) die Dokumentart.

Diese wird ein paar Zeilen weiter unten benötigt, wenn es um das Anlegen des neuen Knotens im Dokumentbaum geht und das passende Icon eingestellt werden soll.

Mit dem Vergleich von *DocName* und *DocName0* hat es Folgendes auf sich: *DocName* erhält den Dateinamen der aktuell bearbeiteten Datei, *DocName0* prinzipiell auch – mit dem kleinen, aber feinen Unterschied, dass *GetDocName* diesen aus dem Feld *Dateiname* der Tabelle *tblDokumente* ausliest:

Genau dort kann ein anderer Dateiname als der Originaldateiname stehen, weil beim Einchecken in der Routine *CheckInFile* ja auch geprüft wird, ob im Verzeichnis des Dokumentbaums schon ein Dokument gleichen Namens vorhanden ist und der Name des neuen Dokuments gegebenenfalls angepasst werden müsste.

Ist dies nicht der Fall, stimmen also *DocName* und *DocName0* überein, kann es immer noch passieren, dass *CheckInFile* ein bestehendes Dokument durch das neue ersetzt hat, was die Routine *ClearSubNode* auch für den aktuellen Verzeichnisbaum durchführt.

```
Private Function CheckInPre(obj As Variant, lFolderID As Long, _
    nd As Node) As Long
    ...
    IX = CheckInFile(obj, lFolderID)
    If IX <> 0 Then
        nSizes = GetDocSizeBytes(IX)
        lDocID = GetDocArtID(ExtractExt(obj))
        DocName0 = ExtractFileName(obj)
        DocName = GetDocName(IX)
        If DocName = DocName0 Then ClearSubNode nd, DocName0
        CTree.Nodes.Add nd, tvwChild, "D" & IX, DocName, lDocID + 2
        CheckInPre = nSizes
    End If
End Function
```

Zip-Dateien einchecken

Das Einchecken von Zip-Dateien kann auf zwei Arten erfolgen:

▸ Einchecken der Zip-Datei als Ganzes und

▸ Einchecken der in der Zip-Datei enthaltenen Dokumente.

In diesem Teil der Drag-and-Drop-Routine fragt die erste Anweisung ab, ob die enthaltenen Dateien oder das Archiv als Ganzes eingecheckt werden sollen. Falls ja, füllt die Funktion *GetFilesInZip* aus dem Modul *mdlGlobal* die Collection *colFiles* mit den Namen aller in der Zip-Datei enthaltenen Dokumente. Diese wird im Folgenden durchlaufen, während die Dokumente mit der oben schon beschriebenen Funktion *CheckInPre* eingecheckt und ein Fortschrittsbalken aktualisiert wird (mehr dazu in Abschnitt 8.9, »Fortschrittsanzeige«). Für den Umgang mit Zip-Archiven gibt es in *dmsBase* ein gesondertes Modul *mdlZipper*, das auf die Klassen der per Verweis eingebundenen ActiveX-Bibliothek *SAWZipNG* zugreift (siehe 16.5.8, »SAWZipNG 1.0 Type Library«).

Wenn der Benutzer die Zip-Datei in einem Stück einchecken möchte, geht das natürlich viel einfacher – nämlich genau so wie bei einer einzelnen Datei.

```
If Msgbox("Bei dieser Datei handelt es sich um ein gepacktes Archiv." _
        & vbCrLf & "Sollen die darin enthaltenen Dateien einzeln in " _
        & "dmsBase eingecheckt werden?" & vbCrLf & _
        "(Andernfalls wird das Archiv als solches eingecheckt)", _
        vbQuestion Or vbYesNo, "Bestätigen:") = vbYes Then
    Set colFiles = GetFilesInZip(sFile)
    If colFiles.count > 0 Then
        DoCmd.Hourglass True
        nFiles = colFiles.count
        j = 0
        For Each itm In colFiles
            nSizes = CheckInPre(itm, lFolderID, nd)
            j = j + 1
            Progress CStr(itm), (j * 100) / nFiles
        Next itm
        For Each itm In colFiles
            KillFile CStr(itm)
        Next itm
    End If
Else
    nSizes = CheckInPre(sFile, lFolderID, nd)
End If
```

Wenn das Zip-Archiv Dateien enthält, speichere alle als separate Dokumente ab...

... oder speichere das ganze Zip-Archiv unverändert.

Verzeichnisse einchecken

Das Einchecken eines kompletten Verzeichnisses per Drag and Drop geschieht ähnlich wie das Einchecken der Dokumente einer Zip-Datei. Die Routine *GetFilesInDir* (Modul *mdlGlobal*) ermittelt die Dateinamen aller in dem Verzeichnis enthaltenen Dokumente.

Ist die Anzahl größer 0, fragt die Routine den Benutzer, ob alle enthaltenen Dokumente eingecheckt werden sollen. Falls ja, erfolgt der Rest wie bei den Zip-Dateien in einer Schleife, die alle in der Collection angegebenen Dateien eincheckt:

```
Set colFiles = GetFilesInDir(sFile)
If colFiles.count > 0 Then
    If Msgbox("Alle " & colFiles.count & " Dateien des Verzeichnisses " _
        & sFile & vbCrLf & "in dmsBase einchecken?", _
        vbQuestion Or vbYesNo, "Bestätigen:") = vbYes Then
        DoCmd.Hourglass True
        nFiles = colFiles.count
        j = 0
        For Each itm In colFiles
            nSizes = nSizes + CheckInPre(itm, lFolderID, nd)
            j = j + 1
            Progress CStr(itm), (j * 100) / nFiles
        Next itm
    End If
End If
```

Fertig eingecheckt

Nach dem Einchecken der Dokumente gibt die Routine noch die Gesamtgröße der eingecheckten Daten aus, wobei die Funktion *FormatBytes* zum Einsatz kommt:

```
If nSizes > 0 Then Msgbox "Das Volumen der soeben eingecheckten " _
    & "Dateien beträgt " & FormatBytes(nSizes), vbInformation, "Info:"
```

Und schließlich wird eine eventuell beim Drag and Drop eines Dokuments von einem anderen Verzeichnis des Dokumentbaums erzeugte temporäre Datei wieder gelöscht:

```
If Len(sTempFile) > 0 Then KillFile sTempFile
```

Die übrigen Anweisungen sorgen dafür, dass die Anzeige im Formular aktualisiert und Variablen auf die Ausgangswerte gesetzt beziehungsweise Objekte gelöscht werden:

```
If lDragIntern = 0 Then RefreshBESizeCaption
lDragIntern = 0
Data.Files.Clear
```

```
Set colFiles = Nothing
DoCmd.Hourglass False
CloseProgress
RefreshBESizeCaption
```

Das Explorer-Steuerelement und Netzlaufwerke

Das Explorer-Steuerelement verhindert unter Umständen das Einchecken von Dokumenten per Drag and Drop aus Netzlaufwerken. Woran das liegt, erfahren Sie unter 15.6.3, »mossSOFT ShellExplorer V1.0b« und unter 19.1.5, »Installation und Wartung«, »Registrierungsinformationen speichern«.

7 Dokumente anzeigen

Dokumentmanagement-Produkte integrieren die Anwendungen, mit denen die enthaltenen Dokumente bearbeitet werden sollen, mal mehr und mal weniger stark. Es gibt DMS-Systeme, die ihren Datenbankinhalt über einen so genannten Dateisystem-Treiber als Netzlaufwerk zugänglich machen: Diese bringen quasi gar keine Integration der Anwendungen in das DMS-System mit, weil es gar nicht nötig ist. Andere integrieren sich in die Anwendungen, indem sie neben dem *Öffnen*-Befehl zum Öffnen herkömmlicher Dateien weitere Menübefehle hinzufügen, mit denen Dokumente direkt aus dem DMS-System geöffnet werden können. *dmsBase* geht einen noch extremeren Weg: Es erlaubt das scheinbare Öffnen der Dokumente direkt in sich selbst! Das heißt, dass Sie etwa ein Word-Dokument direkt im *dmsBase*-Fenster öffnen können.

ZWISCHENSPIEL

Die Szene: Konferenzraum der Firma Willviel-Media. Amisoft. Mossami. von Willviel. Ede Pfau.

E d e   P f a u . Also, wir haben ja gesagt, wir sprechen heute nochmal über die Möglichkeiten zur Anzeige der in der Dokumentverwaltung enthaltenen Dokumente.

M o s s a m i . Genau. Prinzipiell gibt es da drei Abstufungen, von denen die erste, bei der das Dokumentmanagementsystem quasi gar nicht in Erscheinung tritt, am schwersten zu realisieren wäre – genau genommen würde sich da der Kauf eines fertigen Systems viel eher rentieren. Damit wären wir aber aus dem Spiel – das müssen Sie dann aber entscheiden.

A m i s o f t . Genau. Die zweite Möglichkeit trifft man eher im CAD-Bereich in der Zeichnungsverwaltung an: Da wird die Dokumentverwaltung stark in die Anwendungen integriert, indem beispielsweise neue Menüpunkte zum Ein- und Auschecken der zu bearbeitenden Zeichnungen zu den verschiedenen Anwendungen hinzugefügt werden. Diese Art der Lösung ist relativ branchenspezifisch, weil das DMS-System stark an die Zielanwendungen angepasst ist. Da Sie hier aber keine Zeichnungen verwalten wollen und auch sonst nicht mit CAD-Systemen arbeiten möchten ...

E d e   P f a u . Und die dritte Möglichkeit?

M o s s a m i . Das wäre unser Ansatz, der sich mehr auf die Verwaltung etwa der Korrespondenz und somit von Word-, Excel oder PDF-Dokumenten konzentriert. Und, ja klar, auch der Bilddateien. Wir könnten uns vorstellen, dass eine Anwendung, die alle hierzu notwendigen Funktionen unter einen Hut bringt, für Sie und Ihre Mitarbeiter sehr gut passen würde.

v o n   W i l l v i e l . Wie jetzt – alles unter einen Hut? Können wir unsere Office-Pakete dann wegwerfen?

M o s s a m i . Nein, ganz im Gegenteil: Die Office-Anwendungen und auch die anderen Anwendungen brauchen Sie schon noch. Aber Sie können die alle von unserem System aus steuern ... also, das könnte beispielsweise so aussehen: Der Mitarbeiter möchte ein Word-Dokument, das in seinem Dokumentbaum angezeigt wird, öffnen. Das geschieht ja normalerweise mit Word. Das soll es diesmal auch, nur soll der Benutzer ja seine Dokumente nicht vor jedem Öffnen aus dem DMS auf die Festplatte auschecken, sondern möglichst direkt darauf zugreifen können – sonst wird das Ganze zu umständlich.

A m i s o f t . Und da gibt es so ein spezielles Element, mit dem Sie Word-, Excel- oder PowerPoint-Dokumente direkt im DMS öffnen können – und zwar so, dass auch die Benutzeroberfläche der Anwendung verwendet werden kann.

v o n   W i l l v i e l . Das hört sich doch gut an ... alles aus einer Hand! Das gefällt mir, meine Herren! So machen wir das!

E d e   P f a u . Ääääh, Herr von Willviel ... ich würde da gern vorher noch mehr Informationen zu haben ...

Der EDV-Leiter von *Willviel-Media* tut gut daran, nachzuhaken, und unsere beiden Entwickler erläutern natürlich gern, welche Vor- und Nachteile die aufgezeigten Varianten haben. Unter uns: Natürlich sind fertige Systeme eine starke Konkurrenz für die Pläne unserer Entwickler. Aber weil ein DMS-System auf Access-Basis eine so schöne Beispielanwendung ist, stimmen von Willviel und Ede Pfau natürlich dem von Mossami und Amisoft gemachten Vorschlag zu. Das hat natürlich seinen Preis: Der

Kreis der Anwendungen, mit denen dies funktioniert, ist begrenzt – aber das ist durchaus in Ordnung:

dmsBase soll dem Auftraggeber ja auch nur beim Verwalten bestimmter Dokumente helfen, somit reichen dessen Möglichkeiten völlig aus – vornehmlich soll nämlich die Korrespondenz verwaltet werden.

Insgesamt betrachtet kann *dmsBase* die folgenden Dokumenttypen speichern und intern anzeigen (in Klammern die möglichen Dateiendungen):

- Word-Dokument (doc, docx, dot, rtf)
- Excel-Mappe (xls, xla, xlt)
- PowerPoint-Dokument (ppt, pp)
- PDF-Dokument (pdf)
- Bild-Dokument (bmp, jpg, jpeg, gif, png, tif, tiff, emf, wmf, ico)
- Visio-Dokument (vsd)
- Access-Bericht (snp)
- Video-Dokument (wmv, avi, asf, mpg, mpeg)
- Sound/Musik-Datei (wav, mp3, mp4, mid)
- MIDI-Datei
- Web-Dokument (htm, html)
- Text-Dokument (txt)
- Hilfe-Datei (chm)
- ZIP-Archiv (zip)
- XML-Dokument (xml)

Diese Dokumenttypen zeigt *dmsBase* in mehreren Formularen an, wobei durchaus mehrere Typen im gleichen Formular aufgeführt sein können. Dabei kommen zwei verschiedene Techniken zum Einsatz:

- Das Dokument wird innerhalb eines Formulars, aber dennoch in einer externen Anwendung geöffnet.
- Das Dokument wird in einem speziell dafür vorgesehenen ActiveX-Steuerelement geöffnet.
- Das Dokument wird in normalen Steuerelementen wie etwa dem Textfeld geöffnet.

Dokumente in externer Anwendung innerhalb eines Formulars öffnen

Microsoft liefert mit dem kostenlosen, aber nicht weiter dokumentierten *DSOFramer* ein ActiveX-Steuerelement inklusive Quellcode in C++, das es erlaubt, Office-Anwendungen beispielsweise innerhalb eines Access-Formulars zu öffnen. Das ist natürlich wie für eine Dokumentenverwaltung gemacht: Der Benutzer braucht nur das gewünschte Dokument aus dem Dokumentbaum auszuwählen und dieses zu öffnen, ohne dass eine weitere Anwendung geöffnet wird – und kann dieses auch noch bearbeiten und wieder speichern.

Die Benutzeroberfläche der eigentlichen Office-Anwendung wird dabei komplett im Formular untergebracht. Damit das Ganze nicht allzu einfach wird, haben wir eine weitere Schwierigkeitsstufe eingebaut: Das Dokument wird nämlich aus dem Tabellenfeld ohne Umweg in der im *DSOFramer* angezeigten Office-Anwendung geöffnet – das heißt, ohne dass die Datei zuvor auf der Festplatte gespeichert wird! Wie das alles funktioniert, erfahren Sie weiter unten.

Dokument in ActiveX-Steuerelement öffnen

Einige Anwendungen liefern ein ActiveX-Steuerelement mit, das Sie in Formulare einbauen und zum Öffnen der jeweiligen Dateien verwenden können. Vielleicht haben Sie dies schon einmal ausprobiert und beispielsweise ein PDF-Dokument innerhalb eines Formulars angezeigt (mit dem passenden Adobe Reader-Steuerelement oder, was auch möglich ist, mit dem Webbrowser-Steuerelement). *dmsBase* liefert direkt vier Formulare mit passenden Steuerelementen zum Öffnen der jeweiligen Dokumente, die teilweise mehrere Dokumentformate unterstützen:

- PDF (*frmDocsPDF*, siehe Abschnitt 7.3, »PDF-Dokumente«)
- Bericht-Snapshot (*frmDocsSnapshot*, siehe Abschnitt 7.4, »Snapshot-Dateien«)
- Multimedia (*frmDocsMultimedia*, siehe Abschnitt 7.2, »Multimedia-Dateien«)
- Internetdokumente (*frmDocsWeb*, siehe Beispielanwendung)

Dokument in sonstigen Steuerelementen öffnen

Manche Dokumenttypen bringen kein geeignetes ActiveX-Steuerelement zum Öffnen innerhalb eines Formulars mit. Daher war teilweise Handarbeit angesagt: Bilddateien etwa sollten nicht nur angezeigt, sondern auch bearbeitet werden können – zumindest mit grundlegenden Funktionen. Dies wurde in *dmsBase* im Formular *frmDocsPix* realisiert. Was Sie genau mit diesem Formular anstellen können, erfahren Sie in Abschnitt 7.7, »Bilddokumente«.

Für Textdateien gibt es in Access bereits ein passendes Steuerelement, das Textfeld. Nun, es kommt aber nicht dieses, sondern das aus der Bibliothek *MSForms 2.0* zum Einsatz. Warum das so ist, lesen Sie in Abschnitt 7.5, »Textdokumente«.

> **Reihenfolge der Vorstellung der Anzeigeformulare**
>
> Die Reihenfolge, in der wir die in *dmsBase* zur Anzeige von Dokumenten verwendeten Formulare vorstellen, wird nicht durch die Wichtigkeit der Formulare bestimmt — sie ist aber auch nicht willkürlich. Im Gegenteil: Wir beginnen mit den einfacheren Formularen und arbeiten uns dann langsam zu den komplexeren Formularen vor.

7.1 Funktion zum Öffnen eines Dokuments

Das Öffnen eines Dokuments in einem der integrierten Formulare erfolgt in der Regel vom Dokumentbaum im Formular *frmDocsMain* oder vom Formular *frmUebersicht* aus, und zwar entweder per Doppelklick auf eine der Dateien oder über den entsprechenden Eintrag des Kontextmenüs des jeweiligen Dokuments. Aber auch ein Doppelklick auf Ergebniszeilen der Dokumentsuche des Formulars *frmDokumentsuche* führt zum Ziel.

Die dadurch ausgelöste Routine ermittelt zu Beginn jeweils die Dokument-ID des Eintrags, der etwa im Schlüssel des Verzeichnisbaums im Formular *frmDocMain* typischerweise mit einem Buchstaben beginnt und weiter aus dem Primärschlüsselwert der Tabelle besteht, aus dem das Knotenelement stammt. Element deswegen, weil es sich nicht nur um ein Dokument, sondern auch um ein Verzeichnis handeln kann. In unserem Fall ist dies jedoch ein Dokument, und der in die Variable *lDocFolderID* eingetragene Wert entspricht dem Primärschlüsselwert eines Datensatzes in der Tabelle *tblDokumente*.

Die folgende Routine demonstriert den Ablauf. Sie stammt aus dem Formular *frmDocMain* und wird ausgelöst, wenn der Benutzer einen der Kontextmenüeinträge des Dokumentbaums auswählt. Der hier vorgestellte Zweig wird beispielsweise nach der Auswahl des Menüeintrags *Letzte Version öffnen* angesteuert.

```
Public Sub ContextFunction(strFunction As String)
    ...
    lDocFolderID = CLng(Mid(ndSel.Key, 2))
    ...
    Case "OpenDoc"
        If PermissionForDoc(lDocFolderID) < 2 Then
            DmsMsg 200
            Exit Sub
```

Kapitel 7

```
                    End If
                    strFile = GetLastDocPath(lDocFolderID)        ← Wo zuletzt durch
                    n = GetDocArtID(ExtractExt(strFile))             den aktuellen Benutzer
                    If n = 1 Or n = 15 Then                          gespeichert?
                      On Error Resume Next                       ← Dokumentart ermitteln
                      strFile = RestoreDocFile(lDocFolderID)
                      strExe = GetFileExecutable(strFile)
                      On Error GoTo Fehler
                      If Msgbox("Das Dokument <" & ndSel.Text & "> kann nicht " _
                              & "innerhalb dmsBase geöffnet werden." & vbCrLf _
                              & "Soll es mit der unter Windows verknüpften " _
                              & "Anwendung" & vbCrLf & IIf(Len(strExe) = 0, _
                              "<unbekannt>", "<" & strExe & ">") & vbCrLf _
                              & "geöffnet werden?" _
                              vbExclamation Or vbYesNo, "Bestätigen:") = vbYes Then
                        ShellExecFile strFile
                      End If
                    Else
                      OpenDoc lDocFolderID           ← Dokument in dmsBase öffnen
                      SetOeffnungsvorgang lDocFolderID
                    End If
                    ...
                  End Sub
```

Annotationen links:
- **Dokument kann nicht intern geöffnet werden, also Benutzer fragen, ob dies in der "richtigen" Anwendung geschehen soll.**

Die Funktion *PermissionForDoc* prüft zunächst, ob der aktuelle Benutzer überhaupt die Berechtigung hat, auf das Dokument zuzugreifen (Details zu dieser Funktion siehe Abschnitt 5.4, »Dokumentberechtigungen verwalten«).

Ist der Wert kleiner als 2, was bedeutet, dass er noch nicht einmal das Dokument lesend öffnen darf, erscheint eine entsprechende Meldung und der Öffnungsvorgang wird abgebrochen.

> (Auf Meldung klicken um sie wieder zu schließen)
> Sie haben leider nicht die Berechtigung, dieses Dokument einzusehen oder zu öffnen

Abbildung 7.1: Diese Meldung erscheint, wenn der Benutzer ein Dokument weder zum Lesen noch zum Schreiben öffnen darf.

Anderenfalls wird die Routine mit dem Aufruf der Funktion *GetLastDocPath* fortgesetzt, die (gekürzt) folgendermaßen aussieht und aus der Abfrage *qryQuellpfade* den Pfad ermittelt, unter dem das Dokument zuletzt geöffnet wurde:

Dokumente anzeigen

```
Function GetLastDocPath(DocID As Long) As String
    On Error Resume Next
    GetLastDocPath = _
        OpenRS("SELECT [Quellpfad] FROM qryQuellpfade WHERE DokumentID=" _
        & DocID, dbOpenSnapshot)(0)
End Function
```

Prinzipiell braucht man diesen Pfad an dieser Stelle noch nicht, aber möglicherweise später; zumindest die Dateiendung des Dateinamens in dieser Pfadangabe ist jedoch hochinteressant: Sie wird über die Funktion *ExtractExt* (siehe Abschnitt 13.8.3, »Dateiendung ermitteln«) ermittelt und dient als Parameter für die Funktion *GetDocArtID*, die bereits in Abschnitt 6.3.3, »Dokument einchecken«, beschrieben wurde und herausfindet, ob das Dokument mit einer der in *dmsBase* integrierten Anwendungen geöffnet und somit innerhalb von *dmsBase* angezeigt werden kann oder ob dazu eine externe Anwendung hinzugezogen werden muss.

7.1.1 Dokument in externer Anwendung öffnen

Liefert diese Funktion *GetDocArtID* den Wert 1 zurück, kann das Dokument nicht in *dmsBase* geöffnet werden. Es erscheint dann ein passendes Meldungsfenster, das den Benutzer darauf hinweist, dass das Dokument mit einer externen Anwendung geöffnet wird und sich Änderungen nicht in dem in *dmsBase* gespeicherten Objekt auswirken.

Bevor diese Meldung erscheint, speichert die Funktion *RestoreDocFile* das Dokument im temporären Verzeichnis von *dmsBase* und liefert den Speicherpfad des Dokuments zurück (siehe Abschnitt 8.3.6, »Dokument auschecken«). Die dort gespeicherte Datei untersucht wiederum die Funktion *GetFileExecutable* unter Zuhilfenahme einiger API-Funktionen, die die Anwendung ermittelt, die Windows standardmäßig zur Anzeige des Dokuments aufruft. Ob diese Anwendung dann tatsächlich zur Anzeige des Dokuments verwendet oder ob der Öffnungsvorgang abgebrochen wird, entscheidet dann der Benutzer mit der entsprechenden Antwort auf die daraufhin angezeigte Meldung:

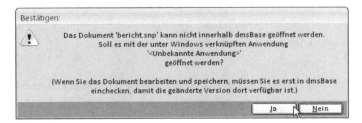

Abbildung 7.2: Diese Meldung erscheint, wenn ein Dokument nicht innerhalb von dmsBase geöffnet werden kann.

Die *ShellExecFile*-Funktion (siehe Abschnitt 13.8.9, »Datei mit passender Anwendung öffnen«) öffnet dann schließlich das Dokument mit der passenden Anwendung.

Ganz anders sieht es aus, wenn das Dokument in einem Format vorliegt, das eine der in *dmsBase* verfügbaren Anwendungen öffnen kann: Dann wird einfach das entsprechende Formular mit dem integrierten ActiveX- oder sonstigen Steuerelement geöffnet und das Dokument darin angezeigt. Dafür sorgt die Routine *OpenDoc*, die weiter unten beschrieben wird (siehe Abschnitt 7.1.3, »Dokument in integrierter Anwendung öffnen«).

7.1.2 Öffnungsvorgang dokumentieren

Zu guter Letzt sorgt die Routine *SetOeffnungsvorgang* dafür, dass jedes Öffnen eines Dokuments protokolliert wird. Diese schreibt einen neuen Datensatz in die Tabelle *tblOeffnungsvorgaenge*, der das Dokument und den Benutzer referenziert sowie das Öffnungsdatum und den Dateipfad speichert:

```
Sub SetOeffnungsvorgang(DocID As Long, Optional strPath As String)
    If Len(strPath) = 0 Then
        strPath = FLookup("Pfad", "qryOeffnungsvorgangPfad", _
            "DokumentID=" & DocID)
    End If
    DBExecute "INSERT INTO tblOeffnungsvorgaenge(DokumentID, " _
        & "GeoeffnetAm, GeoeffnetDurchBenutzerID, Verzeichnis) " _
        & "VALUES (" & DocID & ", " & MakeQryDateTime(Now) & "," _
        & CurUserID & ",'" & strPath & "')"
End Sub
```

7.1.3 Dokument in integrierter Anwendung öffnen

Die Anwendung ist hauptsächlich dafür ausgelegt, die enthaltenen Dokumente innerhalb von Formularen der Anwendung zu öffnen.

Mit welchen Dokumenttypen dies funktioniert, haben Sie bereits weiter oben erfahren, wie das geht, zeigen wir in den nächsten Abschnitten.

Im Mittelpunkt steht hier die Routine *OpenDoc* (Modul *mdlDocumentAutomate*). Diese Routine erwartet als Parameter die ID des zu öffnenden Dokuments sowie optional die ID einer bestimmten Version.

Dies hat folgenden Hintergrund: Beim Doppelklick oder beim Öffnen über den Kontextmenüeintrag *Letzte Version öffnen* zeigt *dmsBase* automatisch die aktuellste Version des Dokuments an. Die Routine *OpenDoc* kann aber auch von anderen Stellen aus aufgerufen werden – etwa über die Versionen-Ansicht des Eigenschaften-Dialogs, die dann zusätzlich die Versions-ID übergibt.

Dokumente anzeigen

```
Sub OpenDoc(DocID As Long, Optional DocVersID As Long)
```

Die Routine benötigt die folgende weitere Variable zum Speichern des Namens des Formulars, in dem das Dokument angezeigt werden soll, und gegebenenfalls noch eine zum Speichern des Verzeichnisses, in dem sie das Dokument vor dem Öffnen temporär zwischenspeichert:

```
Dim strForm As String
Dim sTempFile As String
```

Wenn der Aufruf keinen Wert für den Parameter *DocVersID* liefert, ist dieser gleich *0*, wodurch die Anweisung in folgender *If*-Bedingung ausgeführt wird, die den Wert für *DocVersID* für die aktuellste Version des Dokuments ermittelt – zur Erinnerung: Die Binärtabelle *tblDokumenteBinaerdateien* mit der Tabelle *tblDokumentVersionen* verknüpft, nicht mit der Tabelle *tblDokumente*:

```
If DocVersID = 0 Then
    DocVersID = OpenRS("SELECT MAX([ID]) FROM tblDokumentVersionen " _
        & "WHERE [DokumentID]=" & DocID, eOpenSnapshot)(0)
End If
```

Hierbei handelt es sich um eine stark verkürzte Schreibweise zum Ermitteln eines Wertes eines Datensatzes: Durch das an die *OpenRS*-Funktion (siehe 9.1, »Vereinfachte Recordset-Erstellung«) angehängte *(0)* liefert der Aufruf den Wert des ersten Feldes des ersten Datensatzes der Datensatzgruppe zurück.

Ähnlich funktioniert das in der folgenden Anweisung, die aus der Tabelle *tblDokumentarten* das zum anzuzeigenden Dokument passende Anzeigeformular ausliest:

```
strForm = OpenRS("SELECT Anzeigeformular FROM qryDokumentArt WHERE ID=" _
    & DocID, dbOpenSnapshot)(0)
```

Eine solche Syntax sollten Sie sich allerdings nicht grundsätzlich zu eigen machen und nur dann einsetzen, wenn zu erwarten ist, dass das Recordset erstens mit Sicherheit mindestens einen Datensatz zurückgibt und zweitens keinen Nullwert für den Feldinhalt liefert. *strForm* enthält nun beispielsweise eine Zeichenfolge wie *frmDocsFramer* oder *frmDocsWeb*.

Sollte das so ermittelte Formular noch nicht geöffnet sein, wird dies nun nachgeholt:

```
Application.Echo False
If Not IsFormOpen(strForm) Then
    DoCmd.OpenForm strForm
End If
```

Dass *Application.Echo* hier auf *False* gesetzt wird, was Bildschirmaktualisierungen für das gesamte Access ausschaltet, hat folgenden Grund: Im Verlauf der Routine wird nicht nur ein Formular geöffnet, sondern es werden auch noch bestimmte Aktionen in diesem ausgeführt, die sich auch an der Oberfläche reflektieren.

Normalerweise führt dies zum unschönen sichtbaren Neuzeichnen von Teilen der Oberfläche. Das wird hiermit unterbunden und kommt außerdem der Performance zu Gute. *Application.Echo* wird erst dann wieder auf *True* gesetzt, wenn das Formular vollständig aufgebaut ist.

Schließlich folgen einige Besonderheiten für die einzelnen Formulare. Genau genommen unterscheidet sich die Vorgehensweise im Umgang mit Office-Dokumenten, die im Formular *frmDocsFramer* angezeigt werden sollen, von den übrigen Dokumenten.

Alle Formulare liefern eine öffentliche Methode namens *SwitchFile* (siehe Abschnitte 7.2, »Multimedia-Dateien«, und 7.6, »Office-Dokumente«), die zum aktuell anzuzeigenden Dokument wechselt, und eine weitere namens *SetVersID* (siehe ebenfalls Abschnitte 7.2, »Multimedia-Dateien«, und 7.6, »Office-Dokumente«), die Informationen zum anzuzeigenden Dokument erwartet.

Der Unterschied liegt nicht nur in den dahinter liegenden Methoden, sondern auch noch in weiteren Anweisungen, die beim Öffnen eines Nicht-Office-Dokuments ausgeführt werden müssen: Hier ist es nämlich im Gegensatz zu den Office-Dokumenten nötig, die Dokumente im Dateisystem zwischenzuspeichern.

Dies erledigt die Funktion *RestoreDocFile* (siehe 8.3.6, »Dokument auschecken«). Außerdem muss noch die Funktion *EnableDocRibbonButtons* aufgerufen werden (siehe Abschnitt 7.2, »Multimedia-Dateien«). Diese aktiviert/deaktiviert die Einträge des Dokument-Ribbons der Formulare so, dass der Benutzer nur die jeweils verfügbaren Funktionen anklicken kann.

Die Besonderheiten beim Öffnen von Dokumenten im Formular *frmDocsFramer* und insbesondere die Bedeutung der Funktion *SupportsInMemory* lernen Sie weiter unten unter 7.6.2, »Dokumente im DSOFramer öffnen«, kennen.

```
If strForm = "frmDocsFramer" Then
    If SupportsInMemory(DocVersID) Then
        Forms!frmDocsFramer.SwitchFile DocVersID
    Else
        sTempFile = RestoreDocFile(DocID, DocVersID)
        Forms!frmDocsFramer.SwitchFile sTempFile
    End If
    If IsFormOpen(strForm) Then _
        Forms!frmDocsFramer.SetVersID DocID, DocVersID
Else
    sTempFile = RestoreDocFile(DocID, DocVersID)
    If Len(sTempFile) > 0 Then
```

Dokumente anzeigen

```
            Forms(strForm).SetVersID DocID, DocVersID
            Forms(strForm).SwitchFile sTempFile
            EnableDocRibbonButtons sTempFile
        Else
            Err.Raise vbObjectError + 1, , "Anwendungsfehler:" _
                & vbCrLf & "Dokument kann nicht geöffnet werden."
        End If
    End If
```

Damit ist die Arbeit dieser Routine erledigt: Die notwendigen Funktionen in den jeweiligen Formularen sind jedoch noch offen und werden in Zusammenhang mit der Beschreibung der einzelnen Formulare erläutert.

7.2 Multimedia-Dateien

Zu den Multimedia-Dateien, die *dmsBase* anzeigt, gehören vor allem Video- und Musikdateien. Diese stellt das Formular *frmDocsMultimedia* in einem *Windows Media Player*-Steuerelement dar, wie folgende Abbildung zeigt.

Abbildung 7.3: Anzeige von Multimedia-Dateien, hier einem Musik-Video

ActiveX-Steuerelemente wie dieses fügen Sie über den folgenden Dialog ein, den Sie über den Ribbon-Befehl *Entwurf|ActiveX-Steuerelemente* in den Entwurf eines Formulars integrieren.

Kapitel 7

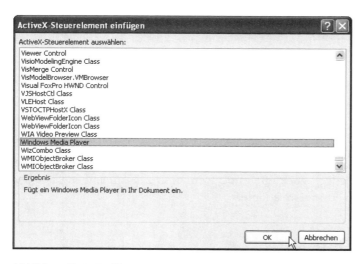

Abbildung 7.4: Einfügen eines ActiveX-Steuerelements, hier des Windows Media Players

Die folgende Abbildung zeigt, wie das im Formular eingebettete *Windows Media Player*-Steuerelement im Entwurf aussieht.

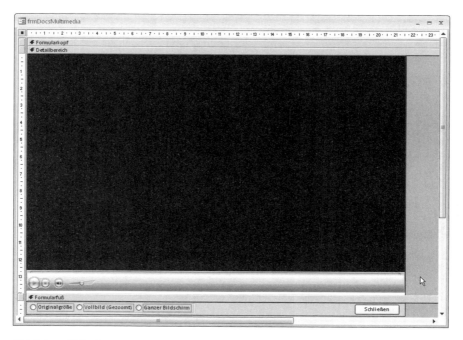

Abbildung 7.5: Das Formular frmDocsMultimedia mit dem Windows Media Player-Steuerelement in der Entwurfsansicht

Damit es den gesamten Detailbereich des Formulars auch bei Größenänderungen einnimmt, sind seine Eigenschaften *Horizontaler Anker* und *Vertikaler Anker* jeweils auf *Beide* eingestellt.

Wie hier leicht zu erkennen ist, liefert das Steuerelement absichtlich längst nicht alle zur Bedienung notwendigen Elemente mit: So gibt es nur Schaltflächen zum Starten/Pausieren, Stoppen und zum Einstellen der Lautstärke. (Sie können das Erscheinungsbild des Controls im Eigenschaftenfenster ändern, indem Sie im Feld *Andere|uiMode* den Wert *mini* eingeben.)

Wir fügen nun noch die im unteren Bereich des Formulars zu erkennende Optionsgruppe zum Einstellen der Größe der Anzeige hinzu. Vor der Beschreibung geht es jedoch noch an viel grundlegendere Dinge – zum Beispiel an die Ereignisse, die beim Öffnen des Formulars ausgelöst werden.

7.2.1 Öffnen des Formulars

Das Öffnen des Formulars löst nacheinander die Ereignisse *Beim Öffnen*, *Beim Laden* und *Bei Größenänderung* aus. Die *Beim Öffnen*-Ereignisprozedur ist die einzige, die den Öffnungsvorgang unterbrechen kann, weshalb ihr die Aufgabe zufällt, die Berechtigungen des aktuellen Benutzers für das aktuelle Objekt zu prüfen.

Dies erledigt die Funktion *MayAccessObj* mit dem Parameterwert *AnyDocForm*, wobei Letzterer in allen jetzt und später vorgestellten Formularen zur Anzeige von Dokumenten verwendet wird.

```
Private Sub Form_Open(Cancel As Integer)
    ...
    Select Case MayAccessObj("AnyDocForm")
        Case 0
            DmsMsg 1
            Cancel = True
            Exit Sub
        Case 1
            DmsMsg 2
    End Select
    If IsNull(Me.OpenArgs) Then Exit Sub
    m_sFile = Me.OpenArgs
    ...
End Sub
```

Sollte *MayAccessObj* den Wert 0 zurückliefern, was bedeutet, dass der Benutzer nicht auf das gewünschte Access-Objekt – hier das Formular *frmDocsMultimedia* – zugreifen darf, erscheint folgende Meldung:

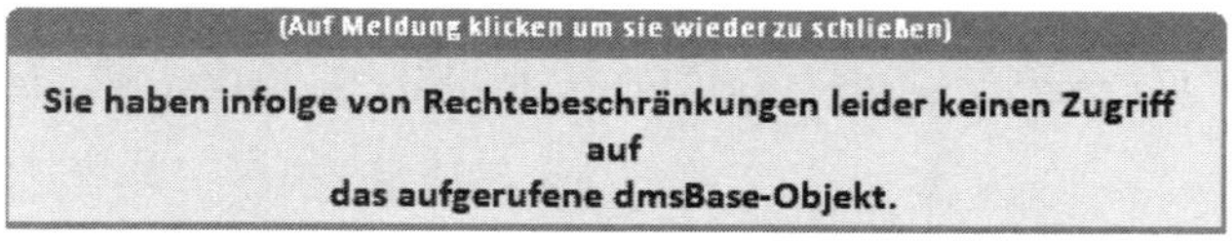

Kapitel 7

> (Auf Meldung klicken um sie wieder zu schließen)
> **Sie haben infolge von Rechtebeschränkungen leider keinen Zugriff auf das aufgerufene dmsBase-Objekt.**

Abbildung 7.6: Ohne ausreichende Berechtigungen verweigert dmsBase das Öffnen von Objekten wie etwa der Formulare zur Anzeige von Dokumenten.

Es kann auch passieren, dass ein Benutzer ein Formular nur zum Lesen der enthaltenen Daten verwenden darf – in dem Fall wird das Formular zwar geöffnet, aber nur nach vorheriger Anzeige der folgenden Meldung und mit dem entsprechenden Schreibschutz:

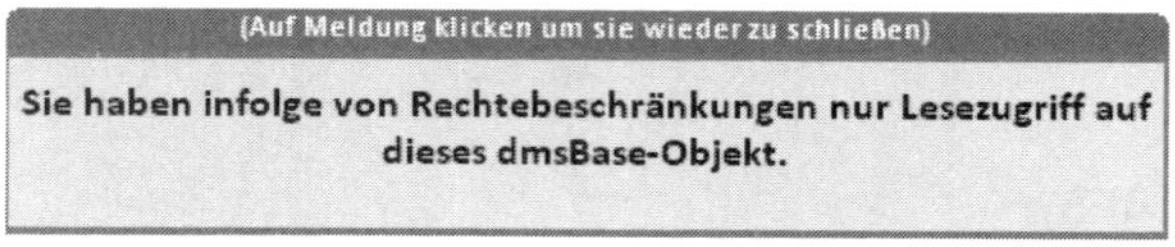

> (Auf Meldung klicken um sie wieder zu schließen)
> **Sie haben infolge von Rechtebeschränkungen nur Lesezugriff auf dieses dmsBase-Objekt.**

Abbildung 7.7: Auch der schreibende Zugriff kann einem Benutzer unter bestimmten Bedingungen verwehrt werden.

Im Normalfall jedoch darf der Benutzer ein Formular auch ohne Schreibschutz öffnen. Sollte beim Öffnen der Name der abzuspielenden Datei per Öffnungsparameter übergeben worden sein, wird dieser in die modulweit deklarierte Variable *m_sFile* geschrieben. Ein solcher Aufruf könnte vom Direktfenster aus etwa so aussehen:

```
DoCmd.OpenForm "frmDocsMultimedia", OpenArgs:="c:\Heartbeat.mp3"
```

> **OpenArgs und offene Formulare**
>
> Das in der *OpenForm*-Methode mit dem Parameter *OpenArgs* übergebene Öffnungsargument wird – und das dürfte jeder Access-Entwickler mindestens einmal schmerzlich festgestellt haben – wirklich nur beim Öffnen eines neuen Formulars übergeben, nicht aber bei bereits offenen Formularen. Die aktuelle Anwendung erfordert es aber, dass auch offene Formulare einmal mit dem üblicherweise per *OpenArgs* übergebenen Wert – hier dem Dateinamen der anzuzeigenden Datei – aktualisiert werden. Daher braucht die Anwendung eine zweite Möglichkeit, den Namen der anzuzeigenden Datei an das Formular zu übergeben. Dies geschieht über eine speziell dafür angelegte Methode namens *SwitchFile*, die in jedem der Formulare zur Anzeige von Dokumenten enthalten ist. Mehr über diese Methode erfahren Sie weiter unten.

7.2.2 Dokument anzeigen

Ist die Hürde *Form_Open* genommen, wird als Nächstes die Routine *Form_Load* ausgeführt. Diese fragt zunächst mit der *GetVar*-Funktion (siehe 9.7.1, »TempVars schreiben und lesen«) ab, ob das Ribbon maximiert oder minimiert angezeigt werden soll. Danach sorgt es dafür, dass das Formular selbst auf jeden Fall maximiert angezeigt wird, und färbt das Formular in der passenden Systemfarbe ein (12.5, »Anwendungsinterner Farbdialog«).

Die Funktion *EnableDocRibbonButtons* sorgt dafür, dass die Steuerelemente im Ribbon in Abhängigkeit von der Dateiendung des anzuzeigenden Dokuments aktiviert beziehungsweise deaktiviert werden. Dies stellt beispielsweise sicher, dass die *Drucken*-Schaltfläche beim Abspielen von Multimedia-Dateien deaktiviert ist. Mehr zu dieser Funktion erfahren Sie unter 4.8.2, »Status-Callback-Funktionen«.

```
Private Sub Form_Load()
    Dim lCol As Long
    ...
    If Getvar("MinimizeRibbon", True) Then MinimizeRibbon
    DoCmd.Maximize
    lCol = fuSysColor("Dokument")
    Me.Section(acDetail).BackColor = lCol
    Me.Section(acFooter).BackColor = LightenColor(lCol, 0.9)
    Me.Section(acHeader).BackColor = LightenColor(lCol, 0.9)
    EnableDocRibbonButtons , "wav"
    Set CMedia = Me!ctlMedia.Object
    With CMedia
        .URL = m_sFile
        DoEvents
        .FullScreen = False
        .uiMode = "mini"
        .stretchToFit = False
        .Controls.Play
        .settings.volume = Getvar("wmpvolume", 100)
    End With
    ...
End Sub
```

Im Anschluss kommt endlich das Mediaplayer-Steuerelement zum Anzeigen der Multimedia-Datei zum Zuge. Unser Exemplar heißt im Formular *ctlMedia* und wird im Formularklassenmodul über die Objektvariable *CMedia* referenziert, die mit dem Schlüsselwort *WithEvents* deklariert wird (die dadurch abfangbaren Ereignisse des Steuerelements werden etwa beim Wechsel der abgespielten Datei genutzt):

```
Private WithEvents CMedia As WindowsMediaPlayer
```

Für dieses Objekt legt die Routine zunächst die Eigenschaft *URL* fest, die den Link beziehungsweise den Pfad zur abzuspielenden Datei erwartet. Dieser in der Modulvariablen *m_sFile* gespeicherte Pfad ist beim Aufruf über die Formulare *frmDocMain* oder *frmUebersicht* allerdings noch leer, weshalb zwar im Folgenden noch weitere Eigenschaften für das Objekt eingestellt werden, jedoch noch keine Multimedia-Datei abgespielt wird.

Dies geschieht erst, wenn die aufrufende Instanz – zumeist die Routine *OpenDoc* – die Methoden *SetVersID* und *SwitchFile* des Formulars ansteuert.

SetVersID

SetVersID ist eine öffentlich deklarierte Methode des Formulars *frmDocsMultimedia*. Sie finden diese Routine auch in den anderen Formularen zur Anzeige von Dokumenten. Der Hintergrund für diese Routine ist, dass die Tabelle *tblDokumente* als Datenherkunft des Formulars *frmDocsMultimedia* dient und Informationen aus dieser Tabelle im Ribbon angezeigt werden sollen:

Abbildung 7.8: Anzeige von Informationen des aktuellen Dokuments im Ribbon

Die Methode *SetVersID* filtert in diesem Zusammenhang die Datenherkunft des Formulars und stellt die beiden Variablen *m_VersID* und *m_DocID* auf die aktuelle Versions- beziehungsweise Dokumentnummer ein.

```
Public Sub SetVersID(DocID As Long, DocVersID As Long)
    ...
    m_VersID = DocVersID
    m_DocID = DocID
    Me.Filter = "ID=" & DocID
    Me.FilterOn = True
    ...
End Sub
```

SwitchFile

SwitchFile ist ebenfalls eine öffentlich zugängliche Routine. Sie wird entweder von der Funktion *OpenDoc* in Zusammenhang mit der Methode *SetVersID* aufgerufen, um das den dort getätigten Eingaben entsprechende Dokument zu öffnen, oder alternativ über die Routine *OpenDocDlg*. Diese wird wiederum immer dann aufgerufen, wenn beispielsweise das Formular *frmDocsMultimedia* bereits geöffnet ist und eine Multimedia-

Dokumente anzeigen

Datei abspielt und dann der Benutzer über den Ribbon-Eintrag *Öffnen* eine andere Multimedia-Datei per Dateiauswahldialog aufrufen möchte.

Die Routine ist ebenfalls in allen Formularen zum Anzeigen von Dokumenten enthalten, besteht aber im Gegensatz zu *SetVersID* jeweils aus dokumentspezifischen Anweisungen. Sie erwartet auch nicht immer zwingend eine Zeichenkette mit dem Namen der anzuzeigenden Datei als Parameter; im Falle des Formulars *frmDocsFramer* zur Anzeige von Office-Dokumenten kann auch die aktuelle Versionsnummer (die ID der Tabelle *tblDokumentversionen*) als Parameter übergeben werden.

Letztlich ist allen *SwitchFile*-Methoden jedoch eines gemein: Sie übergeben entweder den Dateinamen direkt an das ActiveX- oder sonstige Steuerelement, das zur Anzeige des Dokuments dient, oder weisen ihm das Dokument auf andere Weise zu.

Im Falle des Multimedia-Formulars wird das Abspielen der aktuellen Datei gestoppt, die neue URL beziehungsweise der neue Dateiname zugewiesen und das Abspielen mit der *Play*-Methode gestartet. Und zu guter Letzt aktualisiert die Routine *RibbonInvalidateControl* noch die Steuerelemente zur Anzeige der Dokumenteigenschaften im jeweils angezeigten Ribbon.

```
Public Sub SwitchFile(sFile As String)
    ...
    m_sFile = sFile
    CMedia.Controls.Stop
    CMedia.URL = m_sFile
    CMedia.uiMode = "mini"
    CMedia.Controls.Play
    RibbonInvalidateControl "RibbonDocs", "cmdMenuQuickProps"
    ...
End Sub
```

7.2.3 Neue Datei abspielen

Das Abspielen einer neuen Datei oder allgemein das Öffnen einer neuen Datei erfolgt über die Ribbon-Schaltfläche *Öffnen...*:

Abbildung 7.9: Die Öffnen-Schaltfläche zeigt den Dialog zum Öffnen einer neuen Datei an.

Kapitel 7

Die dadurch ausgelöst Kette von Prozeduren sieht so aus:

Die Ribbon-Schaltfläche namens *cmdDocOpen* löst, das ist in der Ribbon-Definition festgelegt, die Routine *fuOnAction* aus. Da diese Routine von mehreren Ribbon-Schaltflächen ausgelöst wird, erhält diese Callback-Funktion automatisch den Namen des aufrufenden Steuerelements als Parameter, was dazu führt, dass in *fuOnAction* die folgende Anweisung innerhalb einer *Select Case*-Bedingung aufgerufen wird:

```
Function fuOnAction(ctl As IRibbonControl)
    ...
    Select Case ctl.ID
        ...
        Case "cmdDocOpen"
            mdlDocumentAutomate.OpenDocDlg True
        ...
    End Select
    ...
End Function
```

Die Routine *OpenDocDlg* des Moduls *mdlDocumentAutomate* wiederum zeigt einen *Datei öffnen*-Dialog mit den im Filter passend gegliederten Dateiendungen an.

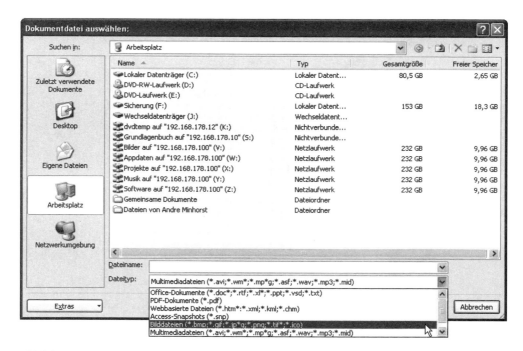

Abbildung 7.10: Datei öffnen-Dialog mit gruppierten Dateifiltern

> **Das Ribbon und die Dokumentformulare**
>
> Der hier geschilderte Ablauf beim Betätigen einer der Schaltflächen des Ribbons wird Ihnen in den folgenden Abschnitten dieses Kapitels noch oft über den Weg laufen. Weil der prinzipielle Ablauf jedoch immer gleich ist, gehen wir dort nicht mehr explizit auf die verwendete Technik ein. Wichtig ist, dass durch den Klick auf die Ribbon-Schaltfläche in den meisten Fällen die im Modul *mdlNaviRibbon* befindliche Routine *fuOnAction* ausgelöst wird, und zwar mit dem Namen des Ribbon-Steuerelements als Parameterwert. Vom dadurch angesteuerten Zweig der in dieser Funktion befindlichen *Select Case*-Anweisung geht es in den meisten Fällen direkt zurück zum Formular, das für jede im Ribbon angezeigte Schaltfläche eine öffentliche Methode bereithält, die dann über *Screen.ActiveForm.<Methodenname>* angesteuert wird.

Danach folgt der Auftritt der Routine *OpenDocFile*: Diese erwartet den Dateinamen als Parameter und sorgt zunächst dafür, dass die zum aktuellen Datentyp passenden Steuerelemente des Ribbons aktiviert werden. Anschließend wertet sie in einer *Select Case*-Konstruktion die Dateiendung aus, die zuvor über die Funktion *ExtractExt* ermittelt wird (siehe 9.8.3, »Dateiendung ermitteln«). Im hier dargestellten Ausschnitt für die Multimedia-Dateien sehen Sie die Auflistung der unterstützten Datentypen und die entsprechenden Anweisungen: Diese öffnen entweder das Formular *frmDocsMultimedia* oder rufen, sofern dieses schon geöffnet ist, die weiter oben beschriebene *SwitchFile*-Methode auf, die das Dokument im richtigen Formular anzeigt.

```
Sub OpenDocFile(sFile As String)
    ...
    EnableDocRibbonButtons sFile
    Select Case ExtractExt(sFile)
        ...
        Case "avi", "wmv", "mpg", "mpeg", "asf", "wma", "wav", _
                "mid", "mp3", "mp4"
            If Not IsFormOpen("frmDocsMultimedia") Then
                DoCmd.OpenForm "frmDocsMultimedia", , , , , _
                    sFile
            Else
                Forms!frmDocsMultimedia.SwitchFile sFile
            End If
        ...
    End Select
    dicRibbons("main").Invalidate
    ...
End Sub
```

Die weiteren *Case*-Zweige behandeln die übrigen Dokumentarten auf entsprechende Weise.

ZWISCHENSPIEL

Amisoft und Mossami sitzen zusammen und sinnieren über den Code.

A m i s o f t . Oh je, wieso hast du denn diese Dateiendungen hier hartcodiert, obwohl es die Tabelle *tbl_FilesTypes* dafür gibt?

M o s s a m i . Du hast Recht – das ginge auch anders und flexibler. Die Tabelle kam halt erst später dazu, als die Routine schon geschrieben war. Müssen wir noch ändern ... Aber so kann der Leser sie auch besser verstehen – wer auch immer den Code irgendwann einmal lesen mag ...

Anzeige aktualisieren per Ereignisprozedur

Die meisten Steuerelemente bringen Ereignisse mit, die man abfangen und mit eigenen Aktionen anreichern kann. Wie oben erwähnt, deklarieren Sie die Objektvariable des Steuerelements dazu mit dem Schlüsselwort *WithEvents*. Als Belohnung dürfen Sie dann aus dem rechten Kombinationsfeld des Codefensters die Ereignisprozeduren des im linken Kombinationsfeld eingestellten Objekts auswählen und damit auf einfache Weise die Prozedurköpfe für passende Ereignisprozeduren anlegen.

Ein Beispiel für das Multimedia-Formular ist das Ereignis *MediaChange* des *Windows Media Player*-Steuerelements. Dieses wird immer beim Wechseln der aktuell abgespielten Datei ausgelöst. In diesem Fall soll in Abhängigkeit vom Typ der aktuellen Datei die Optionsgruppe *optgrpView* aktiviert oder deaktiviert werden. Diese stellt Möglichkeiten zur Verfügung, um die aktuelle Ansicht des Steuerelements einzustellen.

```
Private Sub CMedia_MediaChange(ByVal Item As Object)
    ...
    sType = CMedia.currentMedia.getItemInfo("Mediatype")
    Select Case sType
        Case "video"
            Me!optgrpView.Enabled = True
        Case "audio"
            Me!optgrpView.Enabled = False
        Case Else
            Me!optgrpView.Enabled = False
    End Select
    ...
End Sub
```

Das Optionsgruppensteuerelement erhält wiederum ein Ereignis, das nach dem Aktualisieren ausgelöst wird und die Ansicht des ActiveX-Steuerelements entsprechend einstellt:

Dokumente anzeigen

```
Private Sub optgrpView_AfterUpdate()
    ...
    Select Case optgrpView.Value
        Case 1
            CMedia.FullScreen = False
            CMedia.stretchToFit = False
        Case 2
            CMedia.FullScreen = False
            CMedia.stretchToFit = True
        Case 3
            CMedia.FullScreen = True
            CMedia.stretchToFit = True
    End Select
    ...
End Sub
```

Abbildung 7.11: Einstellen der aktuellen Ansicht beim Abspielen von Videos mittels Optionsgruppe

7.2.4 Einstellen der Steuerelementgröße

In jedem Formular zur Anzeige der in der Datenbank gespeicherter Dokumente befindet sich ein Steuerelement, das den gesamten Detailbereich des Formulars einnimmt. Der Detailbereich wiederum nimmt den ganzen Platz des Formulars mit Ausnahme eventuell vorhandener Fußbereiche ein. Das Formular setzt diese Kette fort und wird standardmäßig auf die Größe des Access-Fensters minus vorhandene Ränder, Ribbon und Statusleiste gebracht. Dies ist alles recht fix, das einzige Variable ist die Größe des Access-Fensters: Dessen Größe und Position kann der Benutzer natürlich nach eigenen Wünschen anpassen.

Aus den obigen Ausführungen ist zu schließen, dass die enthaltenen Elemente der Anpassung der Fenstergröße durch den Benutzer erfolgen: Das funktioniert beim Formular in der maximierten Ansicht automatisch und auch der Detailbereich ändert seine Größe entsprechend der Änderung des Formulars, während der Fußbereich seine Höhe beibehält und nur die Breite anpasst. Nicht automatisch ändert sich allerdings die Größe des enthaltenen Steuerelements zur Anzeige des Dokuments. Dafür gibt es in Access 2007 glücklicherweise die neuen Eigenschaften *Horizontaler Anker* und *Vertikaler Anker*, die man beide auf *Beide* einstellen, damit das Steuerelement an allen vier Rändern

»kleben« bleibt. Auch für das Mediaplayer-Steuerelement wurde das so eingestellt. Indes ist es aber reines Glücksspiel, ob das Verankern auch bei ActiveX-Steuerelementen funktioniert.

Beim Adobe PDF-Control etwa klappt es, beim Mediaplayer-Control aber leider nicht ohne Artefakte. Daher müssen Sie hier selbst für die Größenanpassung sorgen.

Die meisten Formulare zur Anzeige von Dokumenten mittels ActiveX-Elementen enthalten deshalb eine Ereignisprozedur, die beim Ändern der Formulargröße ausgelöst wird und das enthaltene Steuerelement anpasst:

```
Private Sub Form_Resize()
    Me!ctlMedia.Width = Me.InsideWidth
    Me!ctlMedia.Height = Me.InsideHeight - Me.Section(acHeader).Height _
        - Me.Section(acFooter).Height
End Sub
```

Diese Routine stellt die Breite des Steuerelements ganz einfach auf den Wert der Eigenschaft *InsideWidth* ein, der die Breite des Formularinhalts liefert. Die passende Eigenschaft für die Höhe heißt *InsideHeight*. Während die Breite aller Formularbereiche gleich ist und *InsideWidth* entspricht, sieht das bei der Höhe anders aus: *InsideHeight* setzt sich selbstverständlich aus der Höhe aller Formularbereiche zusammen. Um die Höhe des Detailbereichs zu ermitteln, müssen Sie daher von der Gesamthöhe die Höhe des Kopf- und des Fußbereichs abziehen, was obige Prozedur erledigt.

7.2.5 Eigenschaften eines Dokuments im Ribbon anzeigen

Das Ribbon eines jeden Formulars zur Anzeige von Dokumenten enthält im rechten Bereich einige Steuerelemente mit wichtigen Eigenschaften zum aktuellen Dokument.

Abbildung 7.12: Die Dokumenteigenschaften können über diese Ribbon-Steuerelemente abgefragt werden.

Der Aufruf erfolgt vom Ribbon aus, sobald der Benutzer das entsprechende Menü öffnet.

Die Definition des Ribbon-Menüs sieht an dieser Stelle so aus:

```
<menu id="cmdMenuQuickProps" ...>
    <dynamicMenu id="cmdQuickPropsAttr" ...
        getContent="fuGetContentDynMenuDoc"/>
    <dynamicMenu id="cmdQuickPropsLog" ...
        getContent="fuGetContentDynMenuDoc"/>
    <dynamicMenu id="cmdQuickPropsPhys" ...
        getContent="fuGetContentDynMenuDoc"/>
    <button id="cmdDocProps" label="Bearbeiten..." ...
        onAction="fuOnAction" .../>
</menu>
```

Wie hier gut zu erkennen ist, soll ein Klick auf jedes der *dynamicMenu*-Elemente die Callback-Routine *fuGetContentDynMenuDoc* aufrufen.

```
Sub fuGetContentDynMenuDoc(ctl As IRibbonControl, ByRef XMLString)
    ...
    strProperties = Screen.ActiveForm.GetDocProperties(ctl.ID)
    strXML = "<menu xmlns=""http://schemas.microsoft.com/" _
        & "office/2006/01/customui"">"
    If Len(strProperties) > 0 Then
        arrProps = Split(strProperties, "\")
        For i = 0 To UBound(arrProps)
            strButton = "<button id=""lprop" & ctl.ID & i _
                & """ label=""" _
                & arrProps(i) & """ & enabled=""true""/>"
            strXML = strXML & strButton
        Next i
    End If
    strXML = strXML & " </menu>"
    XMLString = strXML
End Sub
```

Diese Routine ruft zunächst die Funktion *GetDocProperties* des aktiven Formulars auf und übergibt dieser die ID des auslösenden Steuerelements, was bei Ribbon-Steuerelementen dem Namen des Steuerelements entspricht.

Der Ergebnis-String der Funktion sieht dann etwa so aus:

```
Snapshot-Dokument\Dateiname: bericht.snp\Beschreibung; -
```

Die folgenden Zeilen von *fuGetContentDynMenuDoc* nehmen diesen String auseinander und erzeugen eine XML-Zeichenkette daraus, die dann an entsprechender Stelle in das Ribbon integriert wird:

```
<menu xmlns="http://schemas.microsoft.com/office/2006/01/customui">
  <button id="lpropcmdQuickPropsAttr0"
    label="Snapshot-Dokument" enabled="true"/>
  <button id="lpropcmdQuickPropsAttr1" label="Dateiname:
    bericht.snp" enabled="true"/>
  <button id="lpropcmdQuickPropsAttr2"
    label="Beschreibung; -" enabled="true"/>
</menu>
```

Die Funktion *GetDocProperties* besitzt eine *Select Case*-Anweisung, die je nach dem aufrufenden Ribbon-Steuerelement die entsprechenden Eigenschaften zusammensetzt.

Die dafür benötigten Informationen stammen zum größten Teil aus den Feldern der dem Formular zu Grunde liegenden Datenherkunft – wie etwa *Dateiname, Beschreibung, StatusID* oder *Wertung*:

```
Function GetDocProperties(ControlID As String) As String
    ...
    Select Case ControlID
        Case "cmdQuickPropsAttr"
            GetDocProperties = "Multimedia-Datei\" & "Typ: " _
                & GetFileTypeStr(m_sFile) & "\"
            GetDocProperties = GetDocProperties & "Dateiname: " _
                & Me!Dateiname & "\"
            GetDocProperties = GetDocProperties & "Beschreibung; " _
                & NarrowText(Nz(Me!Beschreibung, "-"))
        Case "cmdQuickPropsLog"
            GetDocProperties = "Status: " & Nz(FLookup("Status", _
                "tblStati", "ID=" & Nz(Me!StatusID)), "-") & "\"
            GetDocProperties = GetDocProperties & "Wertung: " _
                & Nz(Me!Wertung, "-") & "\"
            GetDocProperties = GetDocProperties & "Ablagenummer: " _
                & Nz(Me!Ablagenummer, "-")
        Case "cmdQuickPropsPhys"
            GetDocProperties = "Dateigröße: " _
                & FormatBytes(FileLen(m_sFile))
    End Select
End Function
```

7.2.6 Dokument auf der Festplatte speichern

Die aktuell angezeigte Multimedia-Datei können Sie über die *Speichern*-Schaltfläche des Ribbons an einem beliebigen Ort der Festplatte abspeichern.

Abbildung 7.13: Diese Schaltfläche öffnet einen Dialog zum Auswählen des Speicherpfades und -namens.

Die dabei ausgelöste Routine sieht so aus:

```
Sub SaveAsDoc()
    ...
    strSaveFile = GetSaveFile(, ExtractFileName(m_sFile), "*." _
        & ExtractExt(m_sFile), "Media-Datei speichern unter...")
    If Len(strSaveFile) < 5 Then Exit Sub
    FileCopy m_sFile, strSaveFile
    ...
End Sub
```

Die Routine verwendet die Funktion *GetSaveFile*, um den Speicherort für das Dokument zu ermitteln (siehe auch 9.8.7, »Datei speichern-Dialog«). Hat der Anwender keinen Dateinamen angegeben, wird die Routine beendet, ansonsten kopiert die Funktion *FileCopy* die unter *m_sFile* temporär gespeicherte Datei an dem gewünschten Ort. Diese Funktion ist in fast allen Formularen zum Anzeigen von Dokumenten gleich.

Die einzige Ausnahme bildet das Formular zum Anzeigen von Office-Dokumenten: Dieses zeigt keine im Dateisystem gespeicherten Dokumente an, sondern holt sich diese direkt aus der Datenbank. Wie das Speichern von Dokumenten in das Dateisystem dort funktioniert, erfahren Sie weiter unten.

7.2.7 Dokument als E-Mail versenden

Eine weitere Option für die diversen Dokumenttypen ist das Verschicken per E-Mail. Die passende Schaltfläche liefert ebenfalls das Ribbon. Nach dem Anklicken dieser Schaltfläche erscheint ein anwendungsinterner Dialog, in den der Benutzer alle für den Versand der E-Mail benötigten Informationen eintragen kann – und mehr: Im Gegensatz etwa zu Outlook bietet dieses Formular sogar die Möglichkeit, die Anlage automatisch zu zippen.

Durch den Klick auf die Ribbon-Schaltfläche *Als E-Mail versenden...* wird die folgende Routine ausgelöst, die lediglich das Mail-Formular mit dem Namen der zu versendenden Datei als *OpenArgs*-Wert aufruft. Die zuvor abgefragte Funktion *WaitFileExists* wird in Abschnitt 7.6.6, »Office-Dokumente per E-Mail versenden«, beschrieben.

```
Sub MailDoc()
    ...
    DoCmd.OpenForm "frmSendMail", , , , , , m_sFile
    ...
End Sub
```

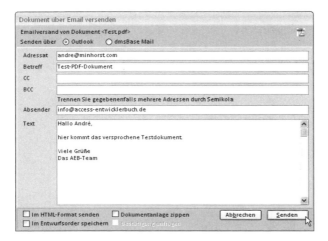

Abbildung 7.14: Das E-Mail-Formular der Dokumentverwaltung

Weitere Informationen zu diesem Formular finden Sie in Kapitel 13, »E-Mails versenden«.

7.3 PDF-Dokumente

Das Formular *frmDocsPDF* zeigt PDF-Dokumente an, und zwar in einem eingebetteten ActiveX-Steuerelement des Typs *Adobe PDF Reader*. Dieses installieren Sie automatisch mit, wenn Sie eine aktuelle Version des Adobe Readers auf Ihr System bringen.

Am Multimedia-Steuerelement, das die vorherigen Abschnitte vorstellten, haben wir demonstriert, wie Sie ein Steuerelement in den Detailbereich einpassen (7.2.4, »Einstellen der Steuerelementgröße«). Dabei ist das *Bei Größenänderung*-Ereignis des Formulars zum Einsatz gekommen. Beim Formular zur Anzeige von PDF-Dokumenten nutzen wir ein neues Feature von Access 2007, das eine Menge Code sparen kann: das Verankern von Steuerelementen. Um ein Steuerelement mit dem Detailbereich des Formulars mitwachsen und -schrumpfen zu lassen, brauchen Sie dieses nur genau in den Detailbereich einzupassen und dann die Eigenschaften *Horizontaler Anker* und *Vertikaler Anker* auf den Wert *Beide* einzustellen. Sie brauchen sich fortan um nichts mehr zu kümmern – das PDF-Steuerelement passt seine Größe jederzeit an die des umgebenden Formulars an.

Die übrigen Techniken stimmen weitgehend mit denen des zuvor vorgestellten Multimedia-Formulars überein. Es aber gibt einige weitere Funktionen, die in den nächsten Abschnitten vorgestellt werden.

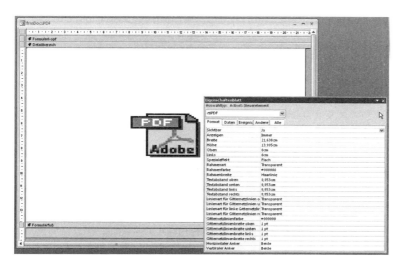

Abbildung 7.15: Das Formular zur Anzeige von PDF-Dokumenten mit dem Adobe PDF Reader-Steuerelement in der Entwurfsansicht

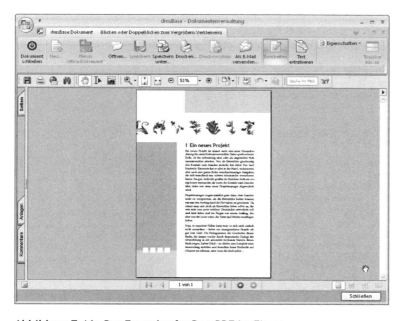

Abbildung 7.16: Das Formular frmDocsPDF im Einsatz

7.3.1 Drucken eines PDF-Dokuments

Im Gegensatz zu Multimedia-Dokumenten wie Filmen oder Musikstücken lassen sich PDF-Dokumente prima ausdrucken. Dem trägt auch das Formular *frmDocsPDF* Rechnung und stellt einen passenden Ribbon-Eintrag zur Verfügung. Dieser löst die folgende Routine aus:

```
Sub PrintDoc()
    ...
    Me!ctlPDF.Object.printWithDialog
    ...
End Sub
```

Die Methode *PrintWithDialog* ist eine von mehreren Methoden der zum PDF-Steuerelement gehörenden Klasse *AcroPDF*. Welche Methoden ein solches Steuerelement bereitstellt, erfahren Sie am einfachsten aus dem Objektkatalog: Dort öffnen Sie zunächst das oberste Kombinationsfeld und wählen die passende Bibliothek aus.

Dummerweise heißt die dort angegebene Bibliothek meist nicht so wie das Steuerelement oder der Verweis, über den Sie sich die Bibliothek ins System geholt haben. In dem Fall schauen Sie einfach mal in die Liste, Sie finden den passenden Eintrag dann schon. In diesem Fall lässt sich *AcroPDFLib* relativ leicht als die passende Bibliothek erkennen.

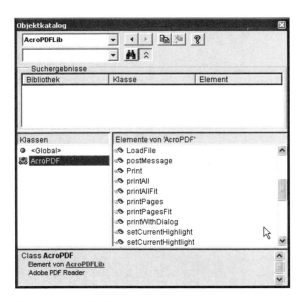

Abbildung 7.17: Die Methoden und Eigenschaften einer Klasse finden Sie am einfachsten im Objektkatalog.

Die Methode *printWithDialog* erledigt dann auch genau das, was man von ihr erwartet: Sie zeigt den *Drucken*-Dialog mit dem aktuellen Standard-Drucker an und überlässt dem Benutzer den Rest der Arbeit.

Der Verweis auf die Typbibliothek des Reader-Steuerelements wurde allerdings in *dmsBase* entfernt. Lesen Sie die Begründung in Kapitel 15.6.18, »Adobe Acrobat 8.0 Browser Control Type Library 1.0«.

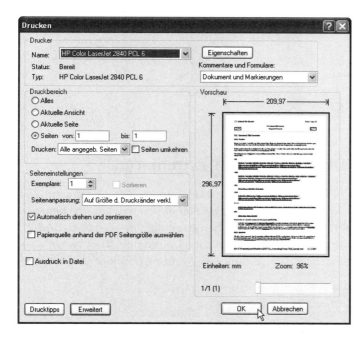

Abbildung 7.18: Die Methode printWithDialog der AcroPDF-Klasse ruft diesen oder einen ähnlichen Dialog auf.

7.3.2 Volltext extrahieren

Dokumentverwaltungen haben ja gerade die Aufgabe, die Suche nach den enthaltenen Dokumenten zu vereinfachen. Das geht natürlich am leichtesten, wenn der Suchfunktion auch der komplette Text eines Dokuments zugänglich ist. Bei PDF-Dokumenten ist das längst nicht automatisch der Fall – im Gegenteil: Deren Inhalt können Sie normalerweise nur über den im Adobe Reader eingebauten *Suchen*-Dialog durchforsten.

Also müssen wir zu einem anderen Mittel greifen – und das lautet: »Volltext extrahieren«! Diese Aufgabe übernimmt die Funktion *ExtractText*. Sie ist allerdings nur Vermittler in dieser Sache – die eigentliche Arbeit erledigt die Funktion *ExtracTextSub*, die anschließend noch die Routine *StoreText* aufruft:

Kapitel 7

```
Sub ExtractText()
    Dim strText As String
    ...
    strText = ExtractTextSub
    If Len(strText) > 0 Then
        If StoreDocText(strText, m_VersID) Then
            DmsMsg 112, 5000
        Else
            DmsMsg 111, 7000
        End If
    Else
        DmsMsg 111, 7000
    End If
    ...
End Sub
```

7.3.3 Volltext aus PDF-Dokumenten extrahieren

Die Funktion *ExtractTextSub* extrahiert den Volltext aus einem PDF-Dokument. Das Reader-Steuerelement oder die zugehörige Typbibliothek bieten jedoch keinerlei Methoden, um an den reinen Text einer PDF-Datei heranzukommen – das ist der Adobe Acrobat-Vollversion vorbehalten. Daher verwendet die Funktion ein Tool namens *pdftotext.exe*, das sich im *bin*-Verzeichnis der Dokumentverwaltung befindet (siehe 15.6.10, »pdftotext«).

```
Private Function ExtractTextSub() As String
    Dim sExe As String
    Dim sTextFile As String
    Dim sText As String
    Dim F As Integer
    ...
    sTextFile = Left(m_sFile, InStrRev(m_sFile, ".")) & "txt"
    KillFile sTextFile
    ...
    DoCmd.Hourglass True
    sExe = CurPath("bin") & "pdftotext.exe"
    ShellExecute Me.hWnd, "open", sExe, " -nopgbrk " & Chr(34) & m_sFile _
        & Chr(34), CurPath("bin"), 0
    Sleep 300
    If WaitFileExists(sTextFile, 5000) Then
        F = FreeFile
        Open sTextFile For Binary Access Read As F
```

Dokumente anzeigen

```
        sText = String(LOF(F), 0)
        Get F, , sText
        Close F
        ExtractTextSub = sText
    End If
    ...
    KillFile sTextFile
    ...
End Function
```

Die *KillFile*-Funktion löscht eine Datei und ist unter 9.8.8, »Datei in den Papierkorb verschieben«, zu finden. Sie könnten die Dateien auch ganz einfach mit der *Kill*-Anweisung löschen, aber *KillFile* bietet zusätzliche Möglichkeiten, die es beispielsweise erlauben, Dateien nicht komplett zu löschen, sondern in den Papierkorb zu verschieben. Außerdem löscht diese Funktion standardmäßig nur Dateien, die sich im temporären Verzeichnis von *dmsBase* befinden.

Die Beschreibung der Funktion *CurPath* finden Sie unter 13.8.4, »Aktueller Anwendungspfad«. Die API-Funktion *ShellExecute* ist Bestandteil der Bibliothek *Win 32 Type Library v0.6* (siehe 15.6.14, »Win32 Type Library«) und muss somit nicht explizit deklariert werden. Das Ergebnis des Aufrufs von *pdftotext* mit der *ShellExecute*-Funktion sieht wie in folgender Abbildung aus: Er erzeugt neben dem temporär gespeicherten PDF-Dokument ein Textdokument mit dem reinen Text der PDF-Datei.

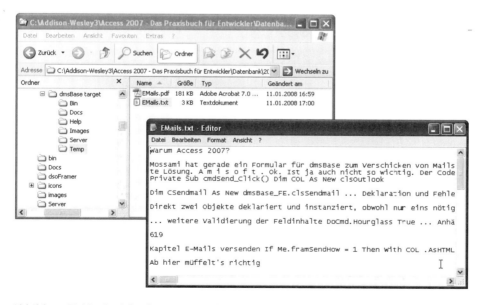

Abbildung 7.19: So sieht das Text-Extrakt eines PDF-Dokuments aus.

Die folgenden Anweisungen lesen lediglich noch den Inhalt der Textdatei in eine *String*-Variable ein und übergeben diese als Funktionswert an die aufrufende Instanz.

7.3.4 Extrahierten Text speichern

Mit diesem Text müssen Sie natürlich nun noch irgendetwas anfangen. Hier hilft die Funktion *StoreDocText* des Moduls *mdlDocumentAutomate* weiter, die als Parameter den Text sowie die ID der Dokumentversion erwartet, die ja, wie besprochen, in der Prozedur *SetVersID* des Formulars in der Variablen *m_VersID* zwischengespeichert wurde. Als dritter Parameter gibt *bReplace* an, ob ein eventuell schon vorhandener Volltext ersetzt werden soll. Letztlich wird der Text in der Tabelle *tblInhalte* in einem Datensatz gespeichert, der 1:1 mit dem passenden Datensatz der Tabelle *tblDokumentVersionen* verknüpft ist.

```
Function StoreDocText(strText As String, DocVersID As Long, _
        Optional bReplace As Boolean = True) As Boolean
    Dim rstDocVers As DAO.Recordset2
    ...
    Set rstDocVers = OpenRS("tblInhalte", eOpenDynaset)
    With rstDocVers
    If bReplace Then
        .FindFirst "[DokumentVersionID]=" & DocVersID
        If .NoMatch Then
            .AddNew
        Else
            .Edit
        End If
    Else
        .AddNew
    End If
    !Inhalt = strText
    !DokumentVersionID = DocVersID
    .Update
    End With
    StoreDocText = True
    ...
End Function
```

7.3.5 Gespeicherte Volltexte indizieren

Was helfen die schönsten Volltexte, wenn man diese nicht indiziert? *dmsBase* enthält einige Tabellen, in die die Texte der Dokumente, sofern diese als Volltext vorliegen, in Form einzelner Wörter eingetragen werden können. Die Suchfunktion durchsucht diese Tabellen dann wesentlich schneller, als dies beim Zugriff auf die kompletten Texte der Fall wäre. Weitere Informationen zur Indizierung der Texte finden Sie in 10.2.3, »Volltexte indizieren«.

7.4 Snapshot-Dateien

Die Anzeige von Berichte-Snapshot-Dateien erfolgt im Formular *frmDocsSnapshot*, und zwar im Snapshot Viewer-Steuerelement (siehe 15.6.11, »Snapshot Viewer Control«). Im Vergleich zu den bisher vorgestellten Formularen enthält es keine wesentlichen Neuerungen, sieht man einmal von der eingebauten Funktion ab, um auf die in einer Snapshot-Datei gespeicherten Texte zuzugreifen und diese für den Volltextindex zu verwenden.

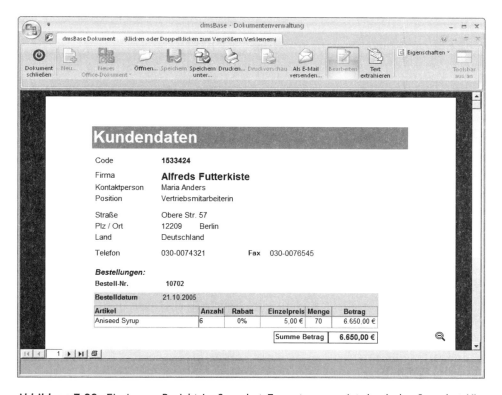

Abbildung 7.20: Ein Access-Bericht im Snapshot-Format, angezeigt durch den Snapshot-Viewer

Volltext aus Snapshot-Dateien extrahieren

Im Gegensatz zu den PDF-Dokumenten ist hier allerdings eine ganz andere Technik erforderlich, die wir in den folgenden Abschnitten beschreiben. Den Ausgangspunkt bildet eine ähnliche Routine wie die zum Extrahieren des Textes aus PDF-Dokumenten. Der Unterschied ist, dass diese hier zunächst über die *PageCount*-Eigenschaft des Steuerelements die Anzahl der Seiten des aktuell angezeigten Dokuments ermittelt und dann die Routine *ExtractTextFromSNP* aufruft.

```
Sub ExtractText()
    Dim strText As String
    Dim nPages As Long
    ...
    nPages = Me.ctlSnapshot.Object.PageCount
    ...
    strText = ExtractTextFromSNP(m_sFile, nPages)
    If Len(strText) > 0 Then
        If StoreDocText(strText, m_VersID) Then
            DmsMsg 112, 5000
        Else
            DmsMsg 111, 7000
        End If
    Else
        DmsMsg 111, 7000
    End If
    ...
End Sub
```

Die Routine *ExtractTextFromSNP* erwartet den Dateinamen der Snapshot-Datei sowie optional die Anzahl der enthaltenen Seiten als Parameter. Der Parameter wird in der Routine dann lediglich dazu verwendet, um den Prozentwert des Fortschritts zu berechnen, welcher optional angezeigt werden kann (siehe 8.9, »Fortschrittsanzeige«). Um die folgende Routine zu verstehen, muss man wissen, dass Snapshot-Dateien prinzipiell aus einer Reihe von EMF-Dateien (*Enhanced Metafiles*) bestehen. Diese wiederum enthalten grafische Anweisungen (*GDI32*-Funktionen), wie die einzelnen Elemente des Dokuments angeordnet sind und wie diese aussehen – also auch, welche Strings sie beinhalten. Man muss in zwei Schritten vorgehen: Erstens die Snapshot-Datei in die enthaltenen EMFs aufteilen und zweitens die Anweisungen auslesen, die speziell die Texte des Dokuments ausgeben.

Das Auslesen der EMF-Dateien verläuft in Etappen: Erst muss die Snapshot-Datei, die in Wirklichkeit ein CAB-Archiv ist, entpackt werden, was die API-Funktion *SetupDecompressOrCopyFile* erledigt. Das resultiert in einer Zwischendatei, die im *Structured Storage*-Format vorliegt. In ihr sind die EMF-Grafiken – eine pro Seite – in einzelnen Streams gespeichert. Über das OLE-API werden sie in der Routine *EnumSnapshot* aus der *Storage*-Datei geholt. Anschließend wird in einer Schleife für jede EMF-Datei der Text in der Prozedur *ExtractTextFromEMFFile* ermittelt. Es würde zu weit führen, die hier eingesetzten EMF-API-Funktionen aus dem Bereich GDI32 zu erläutern. Mossami hat einiges an Gehirnschmalz aufgewandt, um die Prozeduren zu entwickeln.

Die kompletten Routinen finden Sie im separaten Modul *mdlExtractTextSNP* von *dms-Base*.

7.5 Textdokumente

Die Anzeige von Textdokumenten erfolgt nicht mit einem eingebauten Steuerelement, dem herkömmlichen Textfeld, sondern wieder über ein ActiveX-Steuerelement, der *Microsoft Forms 2.0 Textbox*. »Das ist nun wirklich übertrieben!«, werden Sie nun möglicherweise denken. Nun, es gibt Gründe, die gegen das Textfeld von Access sprechen. Der wichtigste ist, dass längerer Text sich in ihm nicht proportional scrollen lässt, was sowohl das Lesen wie auch das Bearbeiten ziemlich erschwert. Und warum sollte man nicht ein Element der Sammlung *MSForms* verwenden, die mit jeder Access-Variante, auch der Runtime, installiert wird? Schließlich liegt das Textfeld hier ungebunden vor, sodass datensensitive Eigenschaften entfallen dürfen.

Neben dieser Textbox befinden sich im Formular *frmDocsText* noch zwei weitere Steuerelemente, mit denen Sie die Schriftart und die Schriftgröße einstellen können.

Diese lösen Ereignisprozeduren mit jeweils dem gleichen Inhalt aus, der wie folgt aussieht:

```
Private Sub cboFont_AfterUpdate()
    On Error Resume Next
    Me!ctlText.FontName = cboFont.Value
    SetVar "txtFontname", cboFont.Value
End Sub
```

Die neue Schriftart beziehungsweise -größe wird also nicht nur im aktuell angezeigten Textfeld eingestellt, sondern über die Funktion *SetVar* (siehe 9.7.1, »TempVars schreiben und lesen«) auch direkt als Voreinstellung gespeichert.

Dementsprechend werden Schriftart und -größe auch beim Öffnen des Formulars angepasst, und zwar in der Ereignisprozedur, die beim Laden des Formulars ausgelöst wird, aber ansonsten fast genauso aussieht wie die entsprechende Prozedur der bisher in diesem Kapitel vorgestellten Formulare. Deshalb hier nur ein Auszug:

```
Private Sub Form_Load()
    ... gleiche Anweisungen wie andere Dokument-Formulare
    Me!ctlText.FontName = Getvar("txtFontname", "Calibri")
    Me!ctlText.FontSize = Getvar("txtFontSize", 10)
    Me!cboFont.Value = Getvar("txtFontname", "Calibri")
```

```
        Me!cboFontSize.Value = Getvar("txtFontSize", 10)
        ...
        If Len(m_sFile) > 0 Then SwitchFile m_sFile
        ...
    End Sub
```

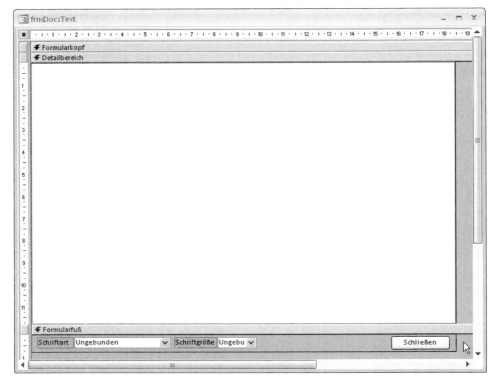

Abbildung 7.21: Das Formular frmDocsText in der Entwurfsansicht

7.5.1 Text anzeigen

Wie auch bei den anderen Formularen zur Anzeige von Dokumenten extrahiert die aufrufende Prozedur das Textdokument auf die Festplatte, bevor es die Methode *SwitchFile* aufruft, die das Dokument einliest und im jeweiligen Steuerelement anzeigt. Dies ist im vorliegenden Fall ein Textfeld, das aus einer Textdatei gefüllt werden soll.

Die Routine löscht ein eventuell zuvor im Formular angezeigtes und temporär gespeichertes Dokument und öffnet dann das anzuzeigende Dokument als Binärdatei. Es bereitet eine Variable vor und liest den Inhalt der Textdatei darin ein. Nach dem Schließen der Datei weist die Routine dem Textfeld den Inhalt der Textdatei zu.

```
Public Sub SwitchFile(sFile As String)
    Dim F As Integer
    Dim strText As String
    ...
    If Len(m_sFile) > 0 Then
        KillFile m_sFile
        bNewDoc = True
        bNewLoaded = True
    End If
    m_sFile = sFile
    F = FreeFile
    Open sFile For Binary Access Read As F
    strText = String(LOF(F), 0)
    Get F, , strText
    Close F
    Me!ctlText.Value = strText
    If Not bNewLoaded Then strCopy = strText
    Me!ctlText.SelStart = 1
    Me!ctlText.SelLength = 0
    ...
End Sub
```

7.5.2 Externe Textdatei laden

Über den Ribbon-Eintrag *Öffnen* können Sie auch externe Text-Dateien in *dmsBase* öffnen. Ein Mausklick auf diesen Ribbon-Eintrag löst die Routine *fuOnAction* im Modul *mdlNaviRibbon* aus, dessen hier betroffener Bereich wie folgt aussieht:

```
Function fuOnAction(ctl As IRibbonControl)
    ...
    Select Case ctl.ID
        Case "cmdDocOpen"
            Dim lFileType As ofnFilterEnum
            lFileType = ofnAnyfiles
            Select Case Screen.ActiveForm.Name
                Case "frmDocsFramer": lFileType = ofnOfficeFiles
                Case "frmDocsMultimedia": lFileType = ofnMediaFiles
                Case "frmDocsPDF": lFileType = ofnPDFFiles
                Case "frmDocsText":: lFileType = ofnTextFiles
                Case "frmDocsSnapshot": lFileType = ofnSnapshots
                Case "frmDocsWeb": lFileType = ofnWebFiles
                Case "frmDocsPix": lFileType = ofnPictureFiles
```

Kapitel 7

```
            End Select
                mdlDocumentAutomate.OpenDocDlg True, lFileType
    ...
        End Select
    ...
End Function
```

Die Routine prüft zunächst die *ID* der auslösenden Schaltfläche, die in diesem Fall *cmdDocOpen* lautet. Sie prüft dann, welches der Formulare zum Anzeigen von Dokumenten gerade geöffnet ist, und stellt fest, dass es sich um *frmDocsText* handelt – der Inhalt der Variablen *lFileType* wird auf *ofnTextFiles* eingestellt. Wozu das dient, zeigt sich direkt im Anschluss: Hiermit hat die Routine den Filter für den *Datei öffnen*-Dialog eingestellt, der in der anschließend aufgerufenen Methode *OpenDocDlg* des Moduls *mdlDocumentAutomate* geöffnet wird.

Abbildung 7.22: Das Ribbon des Formulars zur Anzeige von Textdateien

7.5.3 Neue Textdatei erstellen

Ein Klick auf die Ribbon-Schaltfläche *Neu...* löst ebenfalls die Routine *fuOnAction* aus. Der passende Code sieht wie folgt aus und gibt das Kommando direkt an das betroffene Formular weiter, das er per *Screen.ActiveForm* ermittelt, bevor er dessen öffentliche Methode *CreateNew* aufruft.

```
Case "cmdDocNew"
    Screen.ActiveForm.CreateNew
```

Die Methode *CreateNew* leert zunächst das Textfeld und aktualisiert mit *Repaint* die Anzeige des Formulars. Die Methode *CreateNewDoc* erzeugt ein neues Dokument namens *neu.txt*. Dabei legt sie einen neuen Datensatz in der Tabelle *tblDokumente* sowie einen entsprechenden Eintrag in der Tabelle *tblDokumentversionen* an.

Zusätzlich werden grundlegende Berechtigungen festgelegt (weitere Informationen siehe Modul *mdlDocumentAutomate*, Funktion *CreateDoc*).

Der Pfad und der Dateiname werden der lokalen Variablen *m_sFile* zugewiesen, aber – und das ist möglicherweise überraschend – die *SwitchFile*-Methode wird nicht aufgerufen. Der Grund dafür wird schnell deutlich: *m_sFile* enthält den Pfad zu einer leeren Textdatei, das Textfeld *ctlText* enthält einen leeren Text – warum sollte man die beiden zusätzlich synchronisieren? Es reicht, wenn das Formular weiß, wohin es den enthaltenen Text zum gegebenen Zeitpunkt speichern soll.

Schließlich wird noch das Ribbon aktualisiert und hierbei insbesondere die Umschaltfläche *cmdDocEdit* auf *Pressed=False* eingestellt, was bedeutet, dass der Benutzer das aktuelle Dokument bearbeiten darf.

```
Sub CreateNew()
    ...
    Me!ctlText.Value = " "
    Me.Repaint
    m_VersID = CreateNewDoc("neu.txt")
    m_DocID = DocIDFromVersID(m_VersID)
    m_sFile = CurTempDir & "neu.txt"
    Me.Requery
    SetVersID m_DocID, m_VersID
    dicPressed("cmdDocEdit") = False
    RibbonInvalidate "RibbonDocs"
    Me!ctlText.Locked = False
    bNewDoc = True
    ...
End Sub
```

7.5.4 Speichern eines Textdokuments

Wenn man ein neues Dokument anlegt, möchte man es auch einmal speichern. Dazu bietet *dmsBase* zwei Möglichkeiten: Entweder Sie speichern das Dokument direkt in *dmsBase* oder im Dateisystem.

Ein Klick auf die Ribbon-Schaltfläche *Speichern* sorgt zunächst für die Anzeige einer passenden Meldung, deren Bestätigung mit *Ja* direkt zum nächsten Dialog führt, in dem der Benutzer das Zielverzeichnis im Dokumentbaum festlegen muss.

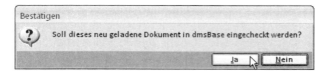

Abbildung 7.23: Vor dem Einchecken eines Dokuments stehen noch eine Sicherheitsabfrage ...

Abbildung 7.24: ... und die Auswahl des Zielverzeichnisses im Dokumentbaum.

Nach der Auswahl des Verzeichnisses fragt *dmsBase* den Benutzer noch nach einem Dokumentnamen, wobei *neu.txt* vorgegeben wird, und speichert das Dokument schließlich in der Datenbank – allerdings nicht, ohne dem Benutzer noch Gelegenheit zu bieten, die Eigenschaften des neuen Dokuments zu editieren, was das Formular *frmDocProperties* auf den Plan treten lässt:

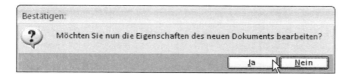

Abbildung 7.25: Beim Anlegen neuer Dokumente kann man auch direkt deren Eigenschaften festlegen.

7.5.5 Speichern unter...

Diese Funktion ermöglicht das Speichern des aktuell angezeigten Dokuments als Datei auf der Festplatte. Dies funktioniert allerdings nur, wenn das Dokument schon innerhalb von *dmsBase* gespeichert ist.

Der Speichervorgang ist durch das Vorhandensein des angezeigten Dokuments im temporären Verzeichnis von *dmsBase* leicht möglich: Es braucht einfach nur mit der VBA-Funktion *FileCopy* in das zuvor vom Benutzer abgefragte Verzeichnis kopiert zu werden.

```
Sub SaveAsDoc()
    Dim strSaveFile As String
    ...
    If IsDirty Then
        DmsMsg 119, 3000
        Exit Sub
    End If
    strSaveFile = GetSaveFile(, ExtractFileName(m_sFile), _
        "*.txt", "Textdatei speichern unter...")
    If Len(strSaveFile) < 5 Then Exit Sub
    FileCopy m_sFile, strSaveFile
    ...
End Sub
```

7.5.6 Textdatei drucken

Zum Drucken muss sich eine Textdatei unter ihrem Dateinamen im Verzeichnis *Temp* unterhalb des Anwendungsverzeichnisses befinden. Der Druckvorgang selbst erfolgt über den Aufruf der API-Funktion *ShellExecute*, die über die Bibliothek *Win32 Type Library v0.6* (siehe 15.6.14, »Win32 Type Library«) eingebunden wird.

Die wichtigsten Parameter sind hierbei die Angabe der Operation (*print*) sowie der Datei und des Verzeichnisses.

Ebenso wichtig ist, dass die Routine vorher prüft, ob das Dokument in der aktuellen Version gespeichert ist oder ob der Benutzer Änderungen daran vorgenommen hat, was sich im Wert der Funktion *IsDirty* widerspiegelt – anderenfalls könnte der Benutzer Änderungen vornehmen und würde beim Drucken die alte, zuletzt gespeicherte Version erhalten. Die Funktion *IsDirty* sieht wie folgt aus:

```
Private Function IsDirty()
    IsDirty = (Me!ctlText.Value <> strCopy)
End Function
```

Die Routine *PrintDoc* sieht schließlich so aus:

```
Sub PrintDoc()
    Dim strTempFile As String
    ...
    If IsDirty Then
        Msgbox "Speichern Sie bitte zuerst die Änderungen im Dokument."
        Exit Sub
    End If
    strTempFile = CurTempDir & Me!Dateiname
    If WaitFileExists(strTempFile) Then
        ShellExecute Me.hWnd, "print", strTempFile, vbNullString, _
            CurPath, 0
    End If
    ...
End Sub
```

7.5.7 Text als Mail versenden

Das Versenden einer Textdatei als Mail verläuft etwas anders als bei den anderen Dokumenttypen, weil der Inhalt einer Textdatei schließlich ganz einfach in den Body einer Mail eingetragen werden kann.

Die dafür zuständige Routine prüft zunächst, ob das Dokument seit der letzten Änderung gespeichert wurde. Falls nicht, fordert sie den Benutzer dazu auf und bricht den Vorgang ab. Ist die Datei gespeichert worden, fragt sie den Benutzer, ob er die Datei als Anhang oder den Inhalt als Body der E-Mail versenden möchte.

Abbildung 7.26: Textdokumente können als Anhang oder als Body versendet werden.

Falls der Benutzer die Datei als Anhang versenden möchte, wird ihr temporärer Dateiname als Öffnungsargument übergeben. Anderenfalls landet ihr Inhalt in der globalen Variablen *globTemp*, die vom Formular *frmSendMail* zum Versenden von E-Mails als Body aufgefasst wird, wenn man es ohne Öffnungsargument anzeigt (siehe auch 13.9, »Benutzeroberfläche zum Versenden von E-Mails«).

```
Sub MailDoc()
    Dim strTempFile As String
```

```
...
If IsDirty Then
    Msgbox "Speichern Sie bitte zuerst die Änderungen im Dokument."
    Exit Sub
End If
globTemp = Null
strTempFile = CurTempDir & Me!Dateiname
If Msgbox("Den Text als Anlage versenden?" & vbCrLf _
    & "(Falls nein, wird der Text als Body verschickt.)", _
    vbQuestion Or vbYesNo, "Bestätigen:") = vbYes Then
    If WaitFileExists(strTempFile) Then
        DoCmd.OpenForm "frmSendMail", , , , , strTempFile
    End If
Else
    globTemp = Me!ctlText.Value
    DoCmd.OpenForm "frmSendMail"
End If
...
End Sub
```

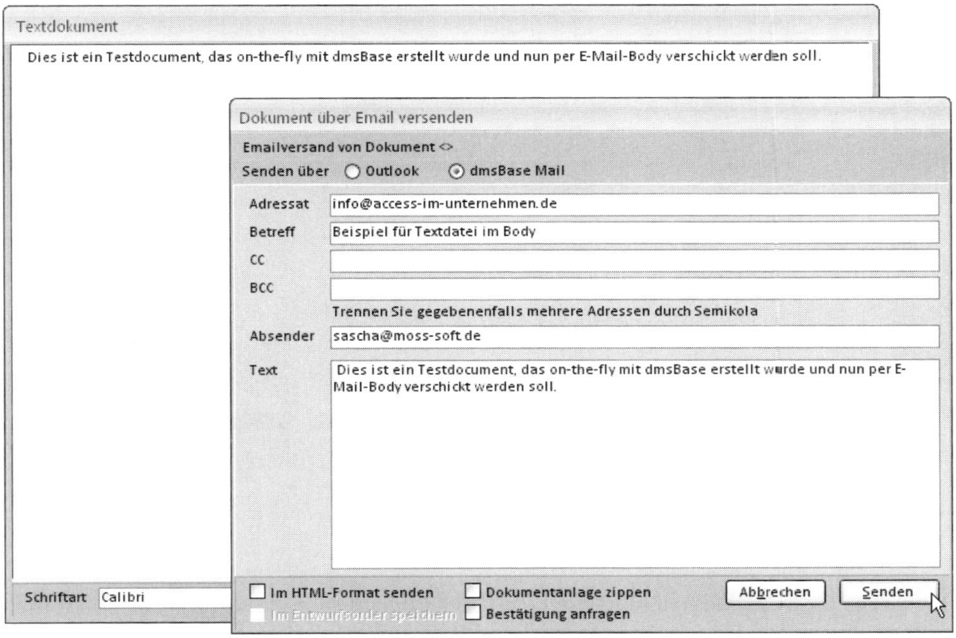

Abbildung 7.27: Den Inhalt einer Textdatei kann man direkt in den Body einer E-Mail eintragen lassen und schnell versenden.

7.6 Office-Dokumente

Ein großer Teil des Aufwands bei der Erstellung dieser Anwendung entfiel auf das Formular *frmDocsFramer*, das der Anzeige von Office-Dokumenten dient.

Es enthält eine angepasste Version des *DSOFramer*-ActiveX-Steuerelements von Microsoft, das dem Einbetten kompletter Office-Anwendungen dient.

Auf diese Weise können Sie wie in der folgenden Abbildung etwa Word innerhalb von Access fast genau so bedienen, als wenn Sie es als eigenständige Anwendung gestartet hätten (weitere Informationen zur angepassten Version dieses Steuerelements erhalten Sie unter 15.6.4, »DSO ActiveX Document Framer Control«).

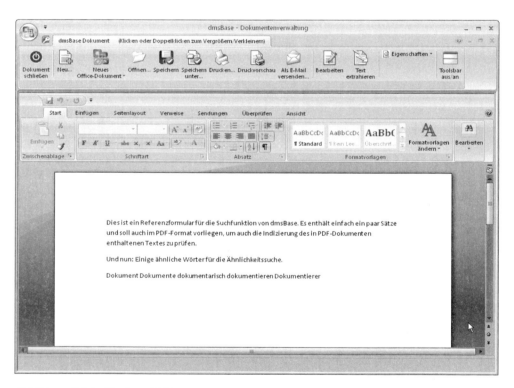

Abbildung 7.28: Mit dem *DSOFramer*-Steuerelement lassen sich Office-Anwendungen in Access-Formulare einbetten.

Der einzige offensichtliche Unterschied ist das Fehlen des Office-Buttons, mit dem man das Office-Menü aufrufen kann. Ein Unterschied des Formulars *frmDocsFramer* zu den anderen bisher vorgestellten Formularen zur Anzeige von Dokumenten ist, dass nur hier die Ribbon-Schaltfläche *Toolbar an/aus* aktiviert ist.

Dokumente anzeigen

Und das mit guten Grund: Damit können Sie nämlich die nur hier angezeigte Menüleiste beziehungsweise das Ribbon der eingeklinkten Office-Anwendung ein- und ausblenden.

In der Entwurfsansicht kommt das Formular übrigens, wie von den übrigen Dokumentformularen gewohnt, recht unscheinbar daher. Es befindet sich lediglich das *DSOFramer*-Steuerelement im Detail- und die Schließen-Schaltfläche im Fußbereich des Formulars.

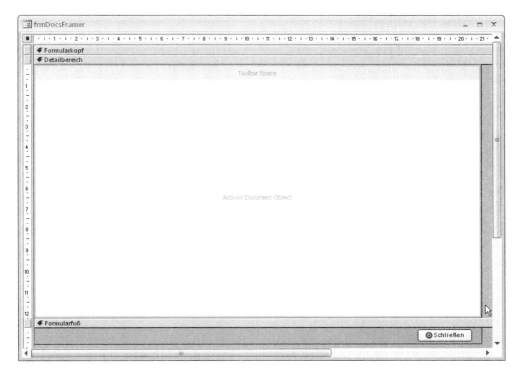

Abbildung 7.29: Das Formular *frmDocsMain* mit dem DSOFramer-Steuerelement

Gemeinsamkeiten mit anderen Dokument-Formularen

Einige der im Formular *frmDocsMain* verwendeten Techniken kennen Sie bereits aus den anderen in diesem Kapitel vorgestellten Formularen — entweder stimmen diese komplett oder zumindest zu so großen Teilen überein, dass hier keine erneute Diskussion mehr erforderlich ist. Wenn Sie also Genaueres zu Techniken wie dem Prüfen der Berechtigungen oder ähnlichen Themen wissen möchten, blättern Sie einfach zum Beginn dieses Kapitels und schauen Sie sich an, wie dies in den anderen Formularen funktioniert. Eine gute Grundlage ist immer ein Blick in den Quellcode der passenden Prozeduren.

7.6.1 Formular frmDocsMain öffnen

Bereits das Öffnen des Formulare läuft ein wenig anders als gewohnt ab: Das *DSOFramer*-Steuerelement besitzt nämlich üblicherweise eigene Steuerelemente zum Öffnen, Schließen oder Speichern von Dokumenten – und zwar genau die, welche die jeweilige Office-Anwendung mitbringt. Da *dmsBase* als Dokumentverwaltung gern selbst die Zügel in der Hand hält, was das Öffnen, Schließen und Speichern von Dokumenten angeht, deaktiviert das Formular direkt beim Öffnen die entsprechenden Eigenschaften des im *DSOFramer*-Steuerelement gehosteten Office-Programms.

Das *DSOFramer*-Steuerelement bringt einige Ereignisse mit, auf die das Formular reagieren soll. Daher wird im Kopf des Klassenmoduls des Formulars wie gewohnt eine Objektvariable mit dem Schlüsselwort *WithEvents* deklariert:

```
Private WithEvents CFramer As FramerControl
```

Nachfolgend finden Sie den Ausschnitt aus der *Beim Laden*-Ereignisprozedur, der für das Vornehmen der ersten Einstellungen des *DSOFramer*-Steuerelements verantwortlich ist – der Rest entspricht dem Code der bereits vorgestellten Dokumentformulare:

```
Private Sub Form_Load()
    ...
    Set CFramer = Me!ctlFramer.Object
    With CFramer
        .EnableFileCommand(dsoFileClose) = False
        .EnableFileCommand(dsoFileNew) = False
        .EnableFileCommand(dsoFileOpen) = False
        .EnableFileCommand(dsoFileSave) = False
        If Len(m_sFile) > 0 Then CFramer.Open m_sFile
    End With
    ...
End Sub
```

Die hier zu erkennende parametrisierte Eigenschaft *EnableFileCommand* ist nur eine von mehreren Eigenschaften, mit denen Sie das *DSOFramer*-Steuerelement an Ihre Bedürfnisse anpassen können, weitere lernen Sie in den folgenden Abschnitten kennen.

Die vier Zuweisungen an diese Eigenschaft mit verschiedenen Parametern deaktivieren die Funktionen zum Schließen, Anlegen, Öffnen und Speichern von Dokumenten direkt über die Office-Anwendung.

Die letzte Anweisung prüft, ob in *m_sFile* bereits der Dateiname eines Dokuments enthalten ist, und öffnet dieses gegebenenfalls mit der *Open*-Methode. Einige der Eigenschaften des *DSOFramer*-Steuerelements können Sie übrigens direkt im Eigenschaftenfenster des Formularentwurfs auf der Registerseite *Andere* einstellen.

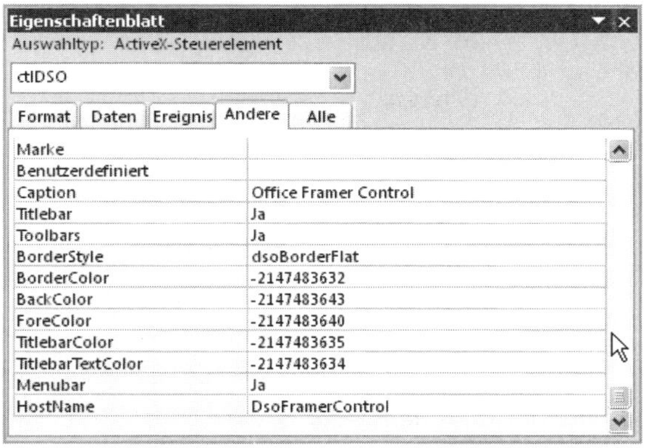

Dokumente anzeigen

Abbildung 7.30: Eigenschaften des DSOFramer-Steuerelements

7.6.2 Dokumente im DSOFramer öffnen

Richtig interessant wird es, wenn die Variable *m_sFile* des Formulars einen Dateinamen enthält und die Routine *SwitchFile* aufgerufen wird.

Dazu ist natürlich noch ein wenig Vorarbeit nötig: Der Aufruf erfolgt entweder von der Funktion *OpenDoc* oder *OpenDocFile*. Hier gibt es einen kleinen, entscheidenden Abschnitt, der wie folgt aussieht:

```
If SupportsInMemory(DocVersID) Then
    Forms!frmDocsFramer.SwitchFile DocVersID
Else
    sTempFile = RestoreDocFile(DocID, DocVersID)
    Forms!frmDocsFramer.SwitchFile sTempFile
End If
```

Die Funktion *SupportsInMemory* untersucht anhand der Endung des Dateinamens, ob das Dokument direkt in den Speicher geladen und im *DSOFramer* angezeigt werden kann oder ob es zunächst als Datei auf der Festplatte gespeichert und dann geladen werden muss. Die Funktion ermittelt anhand der Versions-ID den Dateinamen und daraus die Dateiendung, zu der sie aus der Tabelle *tbl_FileTypes* den Wert des Feldes *InMemory* ausliest.

```
Function SupportsInMemory(DocVersID As Long)
    Dim strExt As String
    On Error Resume Next
    strExt = OpenRS("SELECT Dateiname FROM tblDokumente " _
        & "WHERE ID=" & DocIDFromVersID(DocVersID), eOpenSnapshot)(0)
    strExt = ExtractExt(strExt)
```

```
            SupportsInMemory = OpenRS("SELECT InMemory FROM tbl_FileTypes " _
                & "WHERE Extension='" & strExt & "'", eOpenSnapshot)(0)
        End Function
```

Hat dieses Feld den Wert *True*, kann das Dokument direkt im Speicher geöffnet werden, sonst ist der Umweg über die Festplatte notwendig. Dies gilt meist für die neuen Dateiformate von Office 2007, deren Dateinamen auf *x* enden (etwa *.docx* oder *.xlsx*) – weitere Informationen dazu finden Sie nachfolgend im Kasten »Öffnen von Dokumenten aus dem Speicher«

> **Öffnen von Dokumenten aus dem Speicher**
>
> Eine große Besonderheit von *dmsBase* ist die Fähigkeit, komplette Dokumente direkt vom Datenbankfeld aus in der passenden Anwendung anzuzeigen. Dazu gibt es zwei Voraussetzungen: Die Zielanwendung ist eine Office-Anwendung, die vom *DSOFramer* gehostet werden kann, und das Dokument liegt in einem passenden Format vor, das heißt, in einem originären Office-Dokumentformat. Originär heißt hier: Im alten Dokumentformat etwa von Office 2003. Denn das neue Format mit dem *x* in der Dateiendung ist nicht wirklich ein Dokument, sondern ein Archiv, das ein Dokument enthält. Ein Word-Dokument (DOCX) ist ein ZIP-Archiv, das neben dem eigentlichen Dokument (DOC) noch eine ganze Reihe zusätzlicher XML-Dateien enthält und das Ganze auch noch in verschiedenen Archiv-Unterverzeichnissen verschachtelt. Der Aufwand, die eigentliche DOC-Datei hieraus zu extrahieren, war mossamiSoft zu viel des Guten. Wenn Willviel noch ein paar Scheinchen locker macht, ist das eine Überlegung für eine neue Version von *dmsBase* wert...
>
> Richtige Office-Dokumente sind alle im so genannten *Structured Storage Format* gespeichert. Über OLE-API-Funktionen und die OLE-Type Library (siehe 15.6.15, »Edanmo's OLE interfaces & functions«) lässt sich damit direkt aus einem *ByteArray* ein Dokument-Objekt erstellen – etwa ein *Excel.Worksheet*-Objekt. Und dieses Byte-Array kommt ja aus der Tabelle *tblBinaerdateien*. Aber auch der umgekehrte Vorgang, das Speichern eines Dokument-Objekts in ein Byte-Array ist mit dem OLE-API möglich.

Nach Erledigung der Vorarbeiten prüft die Routine *SwitchFile* erstmal, ob der *DSOFramer* eventuell schon ein Dokument anzeigt, das ungespeicherte Änderungen enthält. Diese Information liefert die *IsDirty*-Eigenschaft des *DSOFramer*-Objekts. Wenn nicht gespeicherte Änderungen vorliegen, fragt *dmsBase* den Benutzer, ob er die Änderungen speichern, verwerfen oder abbrechen möchte. Will er diese speichern, ruft die Routine die Methode *SaveDoc* auf, die das aktuelle Dokument speichert und die unter 7.6.3, »DSOFramer-Dokument speichern«, genauer beschrieben ist. Ist das Dokument schon gespeichert oder will der Benutzer die bestehenden Änderungen verwerfen, stellt die Routine den Datensatzzeiger des Formulars auf einen neuen, leeren Datensatz ein.

Die folgende *If...Then*-Bedingung prüft, ob der mit *strFileOrID* übergebene Wert entweder eine Zeichenfolge ist, was auf einen Dateinamen und damit eine extern gespeicherte Datei hinweist, oder ob es sich um eine Zahl handelt, was für die Angabe der Versions-

ID eines in *dmsBase* gespeicherten Dokuments spräche. Beide Fälle werden in den folgenden Abschnitten behandelt.

```
Public Sub SwitchFile(strFileOrID As Variant)
    Dim n As VbMsgBoxResult
    ...
    If Not oDoc Is Nothing Then
        If CFramer.IsDirty Then
            n = Msgbox("Sie haben die Veränderungen des aktuellen " _
                & "Dokuments noch nicht gespeichert." & vbCrLf & _
                "Jetzt speichern?", _
                vbQuestion Or vbYesNoCancel, "Bestätigen")
            Select Case n
                Case vbCancel
                    Exit Sub
                Case vbYes
                    SaveDoc
                Case vbNo
                    DoCmd.GoToRecord acDataForm, Me.Name, acNewRec
            End Select
        Else
            DoCmd.GoToRecord acDataForm, Me.Name, acNewRec
        End If
    Else
        DoCmd.GoToRecord acDataForm, Me.Name, acNewRec
    End If
    strProgID = ""
    If TypeName(strFileOrID) = "String" Then
        ' siehe folgender Abschnitt "Externes Dokument im DSOFramer öffnen"
    Else
        ' siehe übernächster Abschnitt
        ' "Internes Dokument im DSOFramer öffnen
    End If
    ...
End Sub
```

Externes Dokument im DSOFramer öffnen

Externe Dokumente sind entweder solche, die über die *Öffnen*-Schaltfläche und den daraufhin angezeigten *Datei öffnen*-Dialog von der Festplatte geöffnet werden sollen (die also noch nicht in *dmsBase* gespeichert sind) oder Dokumente, die zwar in *dmsBase* vorliegen, aber nicht direkt geöffnet werden können – also ohne Umweg über die Festplatte.

Dies gilt, wie schon erwähnt, für die neueren Office-Formate, die nicht nur aus einer Datei, sondern aus mehreren zusammengefassten Dateien bestehen.

Soll im *DSOFramer* ein Dokument aus einer auf der Festplatte befindlichen Datei geöffnet werden, schließt die Routine zunächst das aktuell angezeigte Dokument mit der *Close*-Methode des *DSOFramer*-Objekts und öffnet mit der *Open*-Methode das in *m_sFile* angegebene Dokument mit der richtigen Anwendung. Die *Open*-Methode hat dabei die Besonderheit, dass sie sowohl Dateinamen als auch ein komplettes Dokument-Objekt als Parameter akzeptiert. In diesem Fall wird jedoch ein Dateiname übergeben:

```
CFramer.Close
m_sFile = strFileOrID
CFramer.Open m_sFile, False
```

Erst dann ermittelt die Routine mit der Funktion *GetObjProgID* (zu finden im Modul *mdlShellHelp*) die *ProgID* des Dokuments, beispielsweise *Word.Document.8*. Sie wird gebraucht, falls das Dokument später in der Tabelle *tblDokumente* gespeichert wird, die ja unter anderem das Feld *ProgID* enthält. Diese Angabe zur Klassenbezeichnung des Dokuments benötigt die im nächsten Kapitel besprochene Routine *LoadDocOLE*. Dem folgen einige weitere Anweisungen, die etwa die Ribbon-Einträge der Hauptanwendung an das aktuell angezeigte Dokument anpassen oder das aktuelle Dokument der modulweiten Objektvariablen *oDoc* zuweisen.

```
strProgID = GetObjProgID(CFramer.ActiveDocument)
bCompressed = FLookup("Compress", "tbl_FileTypes", _
    "Extension='" & ExtractExt(m_sFile) & "'")
EnableDocRibbonButtons m_sFile
m_VersID = 0
m_DocID = 0
Set oDoc = CFramer.ActiveDocument
```

Internes Dokument im DSOFramer öffnen

Das Öffnen eines internen Dokuments ist, was den selbst geschriebenen Code angeht, ein ganzes Stück aufwändiger. Bis zum Aufruf der *Open*-Methode des *DSOFramer*-Objekts passiert dennoch nicht viel Neues – zumindest nicht für jemanden, der schon einmal ein Byte-Array aus einem OLE-Feld einer Tabelle mit der *GetChunk*-Methode eines *Recordsets* befüllt hat.

```
Dim rstBin As Recordset2
Dim bin() As Byte
m_VersID = CLng(strFileOrID)
m_DocID = DocIDFromVersID(m_VersID)
```

```
Set rstBin = OpenRS("SELECT * " _
    & "FROM tblDokumentBinaerdateien " _
    & "WHERE DokumentversionID=" & strFileOrID, eOpenSnapshot)
lBinSize = rstBin("Daten").FieldSize
ReDim bin(lBinSize - 1)
bin = rstBin("Daten").GetChunk(0, lBinSize)
bCompressed = rstBin!IstKomprimiert
If bCompressed Then
    DecompressByteArray bin
    lBinSize = UBound2(bin)
End IF
strProgID = dbs.OpenRecordset("SELECT [ProgID] " _
    & "FROM [qryProgIDDocVers] " _
    & "WHERE VersID=" & strFileOrID, dbOpenSnapshot)(0)
```

Dann allerdings beginnt der interessante Teil: Die Funktion *LoadDocOLE* nimmt das Byte-Array und die Bezeichnung der Klassenbezeichnung des Dokuments, also beispielsweise *Word.Document.8,* und erzeugt daraus ein Objekt, das vom *DSOFramer* oder auch einem anderen OLE-Steuerelement angezeigt werden kann.

Die Einzelheiten ersparen wir Ihnen an dieser Stelle. Bei weiter gehendem Interesse finden Sie die gut kommentierte Routine *LoadDocOLE* im Modul *mdlOLEDoc*.

Nach dem Einlesen weist die Routine das erzeugte Objekt noch der Objektvariablen *oDoc* zu und aktualisiert den Inhalt der Variablen *strProgID*.

```
CFramer.Open LoadDocOLE(bin, strProgID), False
Set oDoc = Nothing
If Not CFramer.ActiveDocument Is Nothing Then
    Set oDoc = CFramer.ActiveDocument
    strProgID = GetObjProgID(oDoc)
End If
```

Verweis auf das Office-Dokument holen

In einigen der nachfolgend vorgestellten Codeausschnitte greift *dmsBase* per VBA auf das im *DSOFramer* angezeigte Dokument zu. Dazu braucht man natürlich einen Verweis auf das entsprechende Dokument, den das einzige hier verwendete Ereignis des *DSOFramer*-Steuerelements liefert:

```
Private Sub CFramer_OnDocumentOpened(ByVal File As String, _
        ByVal Document As Object)
    Set oDoc = Document
End Sub
```

7.6.3 DSOFramer-Dokument speichern

Die Ribbon-Schaltfläche *Speichern* dient dazu, das aktuell angezeigte Dokument in *dmsBase* zu speichern. Da dies prinzipiell ähnlich wie bei den Textdokumenten funktioniert (siehe 7.5.4, »Speichern eines Textdokuments«), gehen wir hier nicht detailliert auf diese Funktion ein. Gleiches gilt für die *Speichern unter*-Funktion.

Zu erwähnen wäre lediglich, dass beim Zurückspeichern von Office-Dokumenten in *dmsBase* genauso wenig der Umweg über eine temporäre Datei notwendig ist wie beim Öffnen per *LoadDocOLE*: Die Routine *SaveOLEDoc* des Moduls *mdlOLEDoc* schafft es wieder, aus dem Dokument-Objekt direkt ein Byte-Array zu erstellen, das anschließend über die Prozedur *StoreBinary* unter Angabe der Dokumentversions-ID in das OLE-Feld der Binärtabelle gespeichert wird.

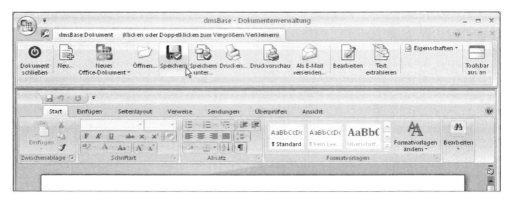

Abbildung 7.31: Mit der Schaltfläche Speichern kann man auch direkt in dmsBase erstellte Office-Dokumente in der Datenbank speichern.

7.6.4 Volltext aus Office-Dokumenten extrahieren

Gerade für Office-Dokumente ist es natürlich wichtig, den Volltext für die Suchfunktionen in *dmsBase* zu ermitteln und in die Index-Tabellen einzuspeisen. Interessanterweise ist das gerade bei den Office-Dokumenten sehr einfach, und zwar aus dem folgenden Grund: Sie sind voll auf die Automation via VBA ausgelegt und bieten ausgefeilte Schnittstellen für den Zugriff auf alle Elemente und deren enthaltene Texte – egal, ob es sich um ein Word-, Excel-, Visio- oder PowerPoint-Dokument handelt.

Trotzdem fallen natürlich einige Zeilen VBA-Code an, dafür aber völlig ohne API- und ähnliche Funktionen, sondern komplett über die Bordmittel der jeweiligen Anwendungen.

Den Rahmen für das Extrahieren der Volltexte bildet die Routine *ExtractTextOffDoc*, die alle vier Dokumentarten unter die Lupe nimmt und von der Prozedur *ExtractText*

Dokumente anzeigen

aufgerufen wird, die bis auf Feinheiten mit der entsprechenden Prozedur der übrigen Dokumentformulare übereinstimmt.

Die genauen Techniken haben wir der Übersicht halber aus dieser Routine herausgenommen und auf die vier folgenden Unterabschnitte aufgeteilt – Sie finden im Quellcode Hinweise auf die passenden Zwischenüberschriften.

Die Routine selbst wirft den Fortschrittsbalken an (siehe 8.9, »Fortschrittsanzeige«), liest aus den Optionen die Mindestlänge zu indizierender Wörter ein und ermittelt die Anwendung, mit der das zu untersuchende Dokument erstellt wurde.

Und danach geht es schon los, wie Sie in den folgenden Abschnitten lesen können.

```
Private Function ExtractTextOffDoc() As String
    Dim oSheet As Object
    Dim oRange As Object
    Dim oShape As Object
    Dim strProg As String
    Dim sText As String
    Dim sTextAll As String
    Dim nCnt As Long, nMax As Long, nMinChars As Long
    ...
    DoCmd.Hourglass True
    ProgressText "Begriffe aus Dokument extrahieren..."
    nMinChars = Getvar("minwordlength", 4) - 1
    strProg = Left(strProgID, InStr(1, strProgID, ".") - 1)
    Select Case strProg
        Case "Excel"
            'Siehe folgenden Abschnitt "Volltext aus Excel-Dokumenten"
        Case "Word"
            'Siehe folgenden Abschnitt "Volltext aus Word-Dokumenten"
        Case "Visio"
            'Siehe folgenden Abschnitt "Volltext aus Visio-Dokumenten"
        Case "PowerPoint"
            'Siehe folgenden Abschnitt "Volltext aus Powerpoint-Dokumenten"
    End Select
    ExtractTextOffDoc = sTextAll
    ...
    CloseProgress
    ...
    DoCmd.Hourglass False
    ...
End Function
```

Volltext aus Excel-Dokumenten

Excel-Dokumente enthalten eines oder mehrere Tabellenblätter, die wiederum aus Zellen bestehen. Dies greift der folgende Code-Abschnitt auf und durchläuft in einer äußeren Schleife die einzelnen Tabellenblätter (*Sheets*).

Die *SpecialCells*-Methode liefert hier eine gute Unterstützung, da sie ein *Range*-Objekt mit allen Zellen zurückliefert, die Texte enthalten. Dies legt der Wert 2 im Parameter dieser Methode fest, der für die Konstante *xlTextValues* steht.

Der Rest ist leichtes Spiel: Alle Zellen dieses *Range*-Objekts werden durchlaufen und deren Inhalte nacheinander und durch Leerzeichen voneinander getrennt in eine *String*-Variable namens *sTextAll* geschrieben – natürlich nur, wenn die Wortlänge der Mindestlänge entspricht und es sich nicht um Zahlen im Textformat handelt.

Garniert wird das Ganze durch einige Anweisungen, die den Fortschrittsbalken steuern.

```
Dim oExlCell As Object
For Each oSheet In oDoc.Sheets
    On Error Resume Next
    Set oRange = oSheet.Cells.SpecialCells(2)    '2=xlTextValues
    On Error GoTo Fehler
    nCnt = 0
    nMax = oRange.Cells.count
    If Not oRange Is Nothing Then
        For Each oExlCell In oRange
            sText = Trim(oExlCell.Text)
            If Not IsNumeric(sText) Then
                If Len(sText) > nMinChars Then _
                    sTextAll = sTextAll & sText & " "
            End If
        Next oExlCell
        ProgressMeter CInt((nCnt * 100) / nMax)
        nCnt = nCnt + 1
    End If
Next oSheet
```

Volltext aus Word-Dokumenten

Volltext aus Word-Dokumenten zu extrahieren, ist naturgemäß sehr einfach. Die folgenden Anweisungen zählen zunächst die Anzahl der im Word-Dokument gespeicherten Wörter und speichern diese in der Variablen *nMax*. Dies ist aber nur für die Steuerung des Fortschrittsbalkens interessant, die Wörter selbst durchläuft die Routine in einer *For Each*-Schleife über alle in der *Words*-Auflistung des Dokuments enthaltenen Wörter und fasst diese zu einer langen Zeichenkette zusammen.

Sie fragen, warum man nicht einfach den kompletten Inhalt des Word-Dokuments in die Zeichenkette kopieren kann? Nun, damit würden Sie erstens auch alle Wörter, die kürzer als die Mindestwortlänge sind, mit hineinspülen, und zweitens auch alle Zahlen, Steuerzeichen wie Zeilenumbrüche, Tabulatoren und so weiter.

```
Dim oSingleWord As Object
nMax = oDoc.Words.count
For Each oSingleWord In oDoc.Words
    sText = Trim(oSingleWord.Text)
    If Not IsNumeric(sText) Then
        If Len(sText) > nMinChars Then sTextAll = sTextAll & sText & " "
    End If
    ProgressMeter CInt((nCnt * 100) / nMax)
    nCnt = nCnt + 1
Next oSingleWord
```

Volltext aus Visio-Dokumenten

Den Volltext aus Visio-Dokumenten extrahieren? Na gut, wenn wir schon einmal dabei sind: Immerhin könnte es Sinn machen, etwa Flussdiagramme mal auf Basis der enthaltenen Texte zu suchen. Jedes Visio-Dokument besitzt eine oder mehrere Seiten, jede mehr oder weniger mit *Shape*-Objekten gefüllt. Diese Objekte besitzen eine *Text*-Eigenschaft, welche die Routine ausliest und an die Ergebniszeichenkette anhängt.

```
Dim oPage As Object
For Each oPage In oDoc.Pages
    nCnt = 0
    nMax = oPage.Shapes.count
    For Each oShape In oPage.Shapes
        sText = Trim(oShape.Text)
        If Not IsNumeric(sText) Then
            If Len(sText) > nMinChars Then _
                sTextAll = sTextAll & sText & vbCrLf
        End If
        ProgressMeter CInt((nCnt * 100) / nMax)
        nCnt = nCnt + 1
    Next oShape
Next oPage
```

Volltext aus PowerPoint-Dokumenten

Für PowerPoint-Dokumente gilt das Gleiche wie für Visio-Dokumente: Hier werden zwei verschiedene Objekttypen untersucht, und zwar Shapes, deren Eigenschaft *HasTextFrame* den Wert *True* zurückliefert, und Shapes, die eine Tabelle beinhalten – was über die Eigenschaft *HasTable* geprüft wird. Die Texte von normalen Shapes (*Textframe.Textrange.Text*) werden einfach an die Ergebniszeichenkette angehängt, die Zellen der Tabellen muss die Routine natürlich noch mit geeigneten Schleifen durchlaufen. Dabei arbeitet die Routine die Zellen in zwei ineinander verschachtelten Schleifen ab, von denen die äußere die Zeilen und die innere die Zellen durchläuft. Innerhalb dieser Schleifen liest eine weitere Anweisung den in der Zelle enthaltenen Text aus und hängt ihn an die Ergebniszeichenkette an.

```
Dim oSlide As Object
Dim oRow As Object
Dim oPPCell As Object
nMax = oDoc.Slides.count
For Each oSlide In oDoc.Slides
    For Each oShape In oSlide.Shapes
        If oShape.HasTextFrame Then
            sText = Trim(oShape.TextFrame.TextRange.Text)
            If Not IsNumeric(sText) Then
                If Len(sText) > nMinChars Then _
                    sTextAll = sTextAll & sText & vbCrLf
            End If
        End If
        If oShape.HasTable Then
            For Each oRow In oShape.Table.Rows
                For Each oPPCell In oRow.Cells
                    sText = Trim(oPPCell.Shape.TextFrame.TextRange.Text)
                    If Not IsNumeric(sText) Then
                        If Len(sText) > nMinChars Then _
                            sTextAll = sTextAll & sText & " "
                    End If
                Next oPPCell
            Next oRow
        End If
    Next oShape
    ProgressMeter CInt((nCnt * 100) / nMax)
    nCnt = nCnt + 1
Next oSlide
```

7.6.5 Neues Office-Dokument erstellen

Das Erstellen eines neuen Office-Dokuments verläuft ebenfalls weitgehend analog zur Vorgehensweise bei den Text-Dokumenten. Der einzige Unterschied ist, dass hier noch geprüft wird, welche der Office-Anwendungen betroffen ist, und die passende Dateiendung eingestellt wird. Mehr Informationen finden Sie in der Routine *CreateNew* im Klassenmodul des Formulars *frmDocsFramer*.

7.6.6 Office-Dokumente per E-Mail versenden

Ein wenig anders gestaltet sich das Verwenden von Office-Dokumenten als Attachment von E-Mails. Dies hat den Hintergrund, dass das Office-Dokument zuvor noch auf dem aktuellen Stand in einer temporären Datei gespeichert werden soll, was aber mit der *DSOFramer*-eigenen Methode *Save* in diesem Fall unpraktikabel ist, weil dieser nach dem Speichern noch ein Handle auf die Datei hält, bis das *DSOFramer*-Steuerelement abgebaut ist – und eine solche Datei kann nicht als Attachment zu einer E-Mail hinzugefügt werden, weil der Zugriff verweigert wird.

Daher kommt eine alternative Routine zum Speichern des Dokuments als temporäre Datei zum Einsatz. Die Funktion *SaveOLEDocFile* erwartet einen Verweis auf das aktuell im *DSOFramer* enthaltene Dokument sowie den Pfad, unter dem die Datei gespeichert werden soll. Weitere Informationen zur Funktion *SaveOLEDocFile* und der von dieser aufgerufenen Routine *SaveOLEDoc* finden Sie im gut kommentierten Code im Modul *mdlOLEDoc*.

```
Sub MailDoc()     'cmdDocMail
    Dim strTempFile As String
    ...
    If CFramer.IsDirty Then
        DmsMsg 150
        Exit Sub
    End If
    strTempFile = CurTempDir & Me!Dateiname
    If Not SaveOLEDocFile(CFramer.ActiveDocument, strTempFile) Then
        Err.Raise vbObjectError + 402, "frmFramer", _
            "Eine zum Anlage-Emailen benötigte temporäre " _
            & "Dokumentdatei konnte nicht erstellt werden"
    End If
    If WaitFileExists(strTempFile, 4000) Then
        DoCmd.OpenForm "frmSendMail", , , , , , strTempFile
    End If
    ...
End Sub
```

7.6.7 Drucken eines Office-Dokuments

Das Drucken geht mit dem *DSOFramer*-Objekt ganz einfach von der Hand. Dafür sorgt die eigens dafür vorgesehene Methode *PrintOut*, deren optionaler Parameter *PromptUser* noch auf *True* gesetzt wird, damit ein Druckerauswahldialog erscheint:

```
Sub PrintDoc()
    CFramer.PrintOut True
End Sub
```

7.6.8 Ribbon der Host-Anwendung ein- und ausblenden

Mit der Routine *HideToolbar* blendet *dmsBase* das Anwendungsribbon ein, wenn es ausgeblendet ist, und aus, wenn es eingeblendet ist:

```
Public Sub HideToolbar()
    FramerExec OLECMDID_HIDETOOLBARS, OLECMDEXECOPT_DODEFAULT
End Sub
```

Die hier aufgerufene Methode *FramerExec* sieht wie folgt aus und nutzt die Methode *ExecOleCommand* des *DSOFramer*-Steuerelements:

```
Private Sub FramerExec(ByVal CmdID As SHDocVw.OLECMDID, _
        ByVal CmdOpt As SHDocVw.OLECMDEXECOPT)
    ...
    CFramer.Activate
    CFramer.ExecOleCommand CmdID, CmdOpt
    ...
End Sub
```

Die möglichen *OLECMDID*-Enumerationskonstanten für diese *DSOFramer*-Methode finden Sie übrigens in der in die Verweise aufgenommenen Bibliothek *olelib*.

7.7 Bilddokumente

Die mit Abstand meisten Codezeilen in der Beispielanwendung benötigt die Anzeige von Bildern und deren Verwaltung in *dmsBase*.

Immerhin wird ein nicht unbeträchtlicher Teil dieses Codes auch noch an anderen Stellen der Anwendung benötigt, so etwa für das Einlesen und Anzeigen von Bilddateien für die Ribbons und Menüleisten sowie als Symbole der TreeView- und sonstige Steuerelemente.

In dem Formular *frmDocsPix* steckt aber, wenn man *dmsBase* hauptsächlich zur Verwaltung gängiger, im Alltag eines Unternehmens auftauchende Dokumente verwenden möchte, auch eine sehr wichtige Funktion: nämlich die zum Einscannen von Dokumenten und zum Extrahieren des Volltextes aus diesen Dokumenten per Texterkennung. Dies ist gerade für das Verwalten von Rechnungen, Verträgen et cetera interessant.

Nebenher können Sie im Formular *frmDocsPix* auch ganz normale Bilddateien wie etwa Fotos und dergleichen anzeigen und in einem gewissen Rahmen sogar auch mit Bordmitteln bearbeiten.

Letzteres dient allerdings eher dazu, die Möglichkeiten der Bildbearbeitungsfunktionen der Anwendung zu demonstrieren, die in 9.24, »OGL2007«, genauer beschrieben werden.

Nachfolgend konzentrieren wir uns auf die beiden Funktionen zum Scannen und zum Erkennen der Texte in eingescannten und sonstigen Bilddokumenten.

7.7.1 Scannen

Die Scan-Funktion lässt sich an zwei Stellen aufrufen:

▷ über den Ribbon-Eintrag *Dokument erstellen|Dokument einscannen* des Hauptmenüs und

▷ über den Ribbon-Befehl *Einscannen* des Formulars *frmDocsPix*.

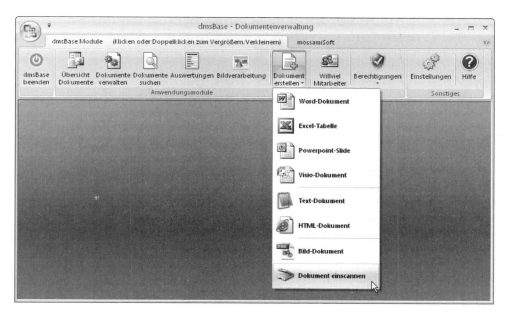

Abbildung 7.32: Aufrufen des Scan-Vorgangs vom Hauptmenü der Anwendung aus

7.7.2 Scanvorgang vom Hauptmenü aus starten

Wenn der Benutzer den passenden Eintrag des Hauptmenüs auswählt, führt das den folgenden Zweig der Callback-Routine *fuOnAction* aus.

```
Function fuOnAction(ctl As IRibbonControl)
    ...
    Select Case ctl.ID
        ...
        Case "cmdNewWordMain", "cmdNewExcelMain", _
             "cmdNewPowerpointMain", "cmdNewVisioMain", "cmdNewTextMain", _
             "cmdNewHTMLMain", "cmdNewPictureMain", "cmdNewScanMain"
            CreateNewDocAndOpen ctl.ID
            If ctl.ID = "cmdNewScanMain" Then
                If IsFormOpen("frmDocsPix") Then
                    Forms!frmDocsPix.ScanNew
                End If
            End If
        ...
    End Select
    ...
End Function
```

Dieser prüft zunächst, welche Schaltfläche des Untermenüs ausgewählt wurde, und ruft die Routine *CreateNewDocAndOpen* auf. Diese legt ein leeres *.png*-Dokument an und öffnet es im entsprechenden Formular, hier *frmDocsPix*. Nach diesem Prozeduraufruf folgt speziell für das Scannen noch eine weitere Aktion: Die öffentliche Methode *ScanNew* des Formulars *frmDocsPix* wird aufgerufen, dazu später mehr.

```
Function CreateNewDocAndOpen(strType As String)
    Dim strFile  As String
    Dim lDocID As Long
    ...
    Select Case strType
        ...
        Case "cmdNewPictureMain", "cmdNewScanMain"
            strFile = "neu.png"
    End Select
    OpenDocFile CurTempDir & strFile, True
    ...
End Function
```

Zunächst noch ein kurzer Blick in die Routine *OpenDocFile*: Diese wird unter Angabe des Dateinamens der zu erstellenden Datei sowie des Wertes *True* für den optionalen Parameter *CreateNew* aufgerufen. Dies sorgt dafür, dass die Routine zunächst die Ribbon-Schaltflächen entsprechend dem aktuellen Dokumenttyp aktiviert beziehungsweise deaktiviert (*EnableDocRibbonButtons*) und dann, soweit noch nicht geschehen, das Formular *frmDocsPix* öffnet und dessen Methode *CreateNew* aufruft.

```
Sub OpenDocFile(sFile As String, Optional CreateNew As Boolean)
    Dim i As Long
    ...
    EnableDocRibbonButtons sFile
    Select Case ExtractExt(sFile)
        ...
        Case "bmp", "gif", "jpg", "jpeg", "png", "tif", _
                "tiff", "ico"
            If Not IsFormOpen("frmDocsPix") Then
                If CreateNew Then
                    DoCmd.OpenForm "frmDocsPix"
                    Forms!frmDocsPix.CreateNew
                Else
                    DoCmd.OpenForm "frmDocsPix", , , , , sFile
                End If
            Else
                Forms!frmDocsPix.SwitchFile sFile
            End If
        ...
    End Select
    RibbonInvalidate "RibbonDMS"
    ...
End Sub
```

Danach geht es richtig los: Die Methode *ScanNew* des Formulars *frmDocsPix* wird aufgerufen, was nichts anderes bewirkt, als den Dialog zum Eingeben der Scan-Parameter zu öffnen:

```
Sub ScanNew()
    DoCmd.OpenForm "frmScanControl"
End Sub
```

7.7.3 Der Scan-Dialog

Der Scan-Dialog dient zur Eingabe der Parameter für den Scan-Vorgang. Mit ihm können Sie Eigenschaften wie den zu verwendenden Scanner (wenn mehrere verfügbar sind), den Bildtyp, die horizontale und vertikale Auflösung, das Schwarzweiß-Limit sowie Helligkeit und Kontrast einstellen.

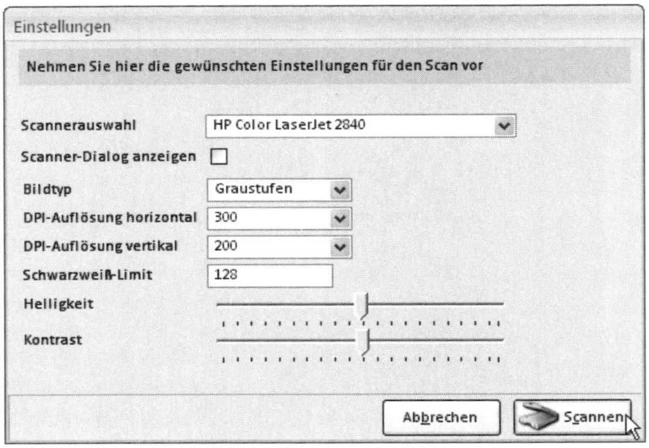

Kapitel 7

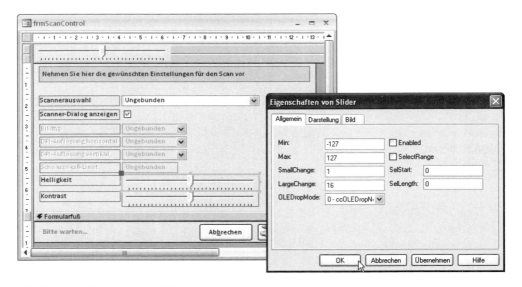

Abbildung 7.33: Mit diesem Dialog legen Sie entweder die Einstellungen zum Scannen fest oder geben an, dass Sie den Scannertreiber-eigenen Dialog verwenden möchten.

Wie die folgende Abbildung zeigt, verwendet das Formular an zwei Stellen das *Slider*-Steuerelement der *mscomctl.ocx*-Bibliothek (siehe 15.6.6, »Microsoft Windows Common Controls 6.0 (SP6)«), dessen Eigenschaften Sie über ein separates Eigenschaftenfenster (*Benutzerdefiniert*) einstellen können.

Abbildung 7.34: Der Scan-Dialog in der Entwurfsansicht

Davon abgesehen ist aber die Klasse *clsWIAScan* das wichtigste in diesem Formular verwendete Element: Sie kapselt die Funktionen der Bibliothek *Microsoft Windows*

Dokumente anzeigen

Image Acquisition Library v2.0, über die Sie mehr in 15.6.7, »Microsoft Windows Image Acquisition Library v2.0«, erfahren.

Auf die Implementierung der in der Klasse *clsWIAScan* enthaltenen Funktionen gehen wir an dieser Stelle aus Platzgründen nicht weiter ein – bei Interesse schauen Sie sich einfach das entsprechende Klassenmodul an.

Wichtig ist hier nur, dass Sie im Modul des Formulars *frmScanControl* eine passende Objektvariable deklarieren:

```
Dim CScan As clsWIAScan
```

Diese Klasse wird direkt beim Öffnen des Formulars instanziert und dazu verwendet, über die Funktion *IsWIAScannerAvailable* herauszufinden, ob überhaupt ein WIA-kompatibles Gerät am Rechner verfügbar ist.

```
Private Sub Form_Open(Cancel As Integer)
    ...
    Set CScan = New clsWIAScan
    If Not CScan.IsWIAScannerAvailable Then
        Msgbox "Ein wurde kein WIA-kompatibler Scanner im ' _
            "System entdeckt", vbExclamation, "cmsBase"
        Cancel = True
    End If
    ...
End Sub
```

Das Öffnen des Formulars wird an dieser Stelle mit der Anzeige einer entsprechenden Meldung abgebrochen, wenn dies nicht der Fall ist. Anderenfalls geht es mit der Prozedur weiter, die durch das Ereignis *Beim Laden* des Formulars ausgelöst wird. Diese Routine liest zunächst die Namen aller vorhandenen WIA-Geräte in ein Array ein und weist dem Kombinationsfeld *cbScanner* eine aus den Elementen dieses Arrays erzeugte semikolaseparierte Liste als Datensatzherkunft zu.

Die folgenden Anweisungen verwenden verschiedene Funktionen der Klasse *clsWIAScan*, um die vom aktuell ausgewählten Scanner bereitgestellten Auflösungen und sonstige Informationen einzulesen und in die entsprechenden Steuerelemente zu schreiben.

Die dabei den Kombinationsfeldern zugewiesenen Werte werden anschließend direkt überschrieben – und zwar von den in den Optionen von *dmsBase* gespeicherten Werten, die mit der Funktion *GetVar* eingelesen werden (für mehr Informationen zur *GetVar*-Funktion siehe 9.7.1, »TempVars schreiben und lesen«).

Im letzten Abschnitt werden schließlich noch die *Slider*-Steuerelemente auf die entsprechenden Werte eingestellt.

Kapitel 7

```
Private Sub Form_Load()
    Dim arrScanners() As String
    ...
    With CScan
        arrScanners = .ListScanners
        Me!cbScanner.RowSource = Join(arrScanners, ";")
        Me!cbScanner = arrScanners(0)
        .Scanner = cbScanner.Value
        Me!cbDPIX.RowSource = .GetXResolutions
        Me!cbDPIX.Value = .XResolution
        Me!cbDPIY.RowSource = .GetYResolutions
        Me!cbDPIY.Value = .YResolution
        Me!cbType.Value = .ColorType
        Me!txtLimit = .BWThreshold
    End With
    Me!cbDPIX.Value = Nz(Getvar("sccontrolDPIX", 200), 200)
    Me!cbDPIY.Value = Nz(Getvar("sccontrolDPIY", 200), 200)
    Me!cbType.Value = Nz(Getvar("sccontrolType", 1), 1)
    Me!txtLimit.Value = Nz(Getvar("sccontrolLimit", 128), 128)
    Me!chkDlg.Value = Nz(Getvar("sccontrolChk", True), True)
    chkDlg_AfterUpdate
    With Me!ctlSlider1.Object
        .Max = Nz(CScan.GetMaxValProp("Brightness"), 127)
        .Min = Nz(CScan.GetMinValProp("Brightness"), -127)
        .TickFrequency = (.Max - .Min) / 20
        .Value = Nz(Getvar("sccontrolSlid1", 0), 0)
    End With
    With Me!ctlSlider2.Object
        .Max = Nz(CScan.GetMaxValProp("Contrast"), 127)
        .Min = Nz(CScan.GetMinValProp("Contrast"), -127)
        .TickFrequency = (.Max - .Min) / 20
        .Value = Nz(Getvar("sccontrolSlid2", 0), 0)
    End With
    ...
End Sub
```

Mit dem Kontrollkästchen *chkDlb* kann der Benutzer angeben, ob er mit den in diesem Formular eingegebenen Werten scannen oder lieber den vom Scanner bereitgestellten Dialog verwenden möchte. Klickt er diese Option an, werden alle im Dialog verfügbaren Steuerelemente zum Festlegen der Scan-Parameter deaktiviert beziehungsweise aktiviert.

Dokumente anzeigen

Ein Klick auf die *OK*-Schaltfläche sorgt schließlich für Aktion: Zunächst übergeben einige Anweisungen die eingestellten Eigenschaften an die Klasse *clsWIAScan*.

Das spielt natürlich keine Rolle, wenn der Benutzer die Option *Scanner-Dialog anzeigen* aktiviert hat:

Der Wert dieses Kontrollkästchens wird beim Aufruf der Methode *ScanImage* der Scan-Klasse als erster Parameter übergeben und er entscheidet, ob die Klasse die in diesem Formular eingestellten Scan-Parameter verwendet oder den Scanner-eigenen Dialog anzeigt.

Die Klasse *clsWIAScan* gibt auf jeden Fall ein *StdPicture*-Objekt zurück, falls der Scan-Vorgang erfolgreich war.

```
Private Sub cmdOK_Click()
    Dim oPic As StdPicture
    ...
    With CScan
        .ColorType = Me!cbType.Value
        .XResolution = Me!cbDPIX.Value
        .YResolution = Me!cbDPIY.Value
        .BWThreshold = Me!txtLimit.Value
        .DevBrightness = Me!ctlSlider1.Value
        .DevContrast = Me!ctlSlider2.Value
        DoCmd.Hourglass True
        Me!LblWait.Visible = True
        DoEvents
        .ScanImage Me!chkDlg.Value, False
        On Error Resume Next
        Set oPic = .Picture
        If Not oPic Is Nothing Then
            Set Forms!frmDocsPix.ThePicture = oPic
            dicRibbons("pix").Invalidate
        End If
        Set oPic = Nothing
    End With
    DoCmd.Close acForm, Me.Name
    Me!LblWait.Visible = False
    DoEvents
    ...
End Sub
```

Der individuelle Scan-Dialog des Scanners könnte beispielsweise wie in der folgenden Abbildung aussehen:

Kapitel 7

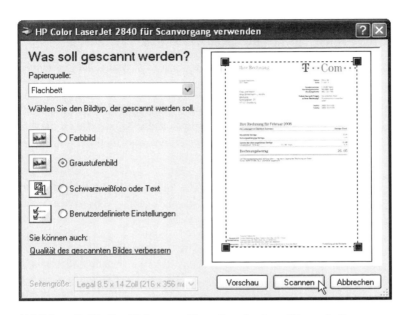

Abbildung 7.35: Der Dialog zum Einstellen der Scan-Eigenschaften

Mit dem Start des Scan-Vorgangs zeigt der Scanner üblicherweise seinen Fortschritt in einem eigenen Dialog an:

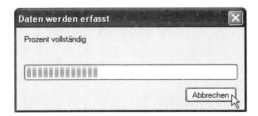

Abbildung 7.36: Scanner-abhängiger Fortschrittsdialog beim Scan-Vorgang

Der eingebaute Dialog zur Einstellung der Scan-Eigenschaften und zum Starten des Scan-Vorgangs zeigt übrigens keine Vorschau an, sondern scannt direkt die komplette Fläche des Scanners ein.

7.7.4 Einchecken, speichern und Co.

Das Formular zur Anzeige von Bildern bietet natürlich die von den anderen Formularen her bekannten Funktionen. Diese wurden dort bereits ausführlich erläutert, sodass wir eine detaillierte Beschreibung an dieser Stelle auslassen.

7.7.5 Volltext über OCR aus Bild-Dokumenten extrahieren

Eine wichtige Funktion bleibt jedoch noch: Das Extrahieren von Volltext aus den eingescannten und sonstigen Bilddateien. Den Einstieg in diese Funktion macht wie üblich die über das Ribbon ausgelöste Routine *fuOnAction*, diesmal mit dem *Select Case*-Zweig *cmdOCR*.

Dieser ruft jedoch überraschenderweise keine weitere Methode auf, sondern weist der Variablen *strCommand* den Wert der *ID* des angeklickten Ribbon-Steuerelements, in diesem Fall *cmdOCR*, zu und stellt die Eigenschaft *TimerInterval* des aktuellen Formulars auf den Wert *200* ein:

```
Function fuOnAction(ctl As IRibbonControl)
    ...
    With Me
        ...
        Select Case ctl.ID
            Case "cmdOCR"
                strCommand = ctl.ID
                If Not Me.ctlImage.Picture Is Nothing Then _
                    Me.TimerInterval = 200
                Exit Function
            ...
        End Select
    End With
    ...
End Function
```

Dem geneigten Leser sagt dies, dass vermutlich auch eine Prozedur für das Ereignis *Bei Zeitgeber* hinterlegt ist. In der Tat sieht diese wie folgt aus und setzt zunächst einmal das Zeitgeber-Intervall auf den Wert 0, damit die Routine nicht wiederholt aufgerufen wird. Anschließend prüft sie den Inhalt der Variablen *strCommand* und stellt fest, dass eine Texterkennung via OCR ansteht. Hier kommt, genau wie beim Scannen von Dokumenten, eine selbst programmierte Klasse zum Einsatz, welche die benötigten Funktionen einer externen Bibliothek kapselt.

Die Bibliothek heißt in diesem Falle *Microsoft Office Document Imaging 12.0 Type Library* (weitere Informationen siehe 15.6.13, »Microsoft Office Document Imaging 12.0 Type Library«). Nach dem Instanzieren eines Objekts auf Basis dieser Klasse wird zunächst die Fortschrittsanzeige initialisiert, bevor die Routine der Eigenschaft *Picture* das aktuell im Formular *frmDocsPix* angezeigte Bilddokument übergibt.

Die Methode *ChooseLanguage* ruft einen Dialog hervor, der die Eingabe der Sprache des zu erkennenden Textes erwartet.

Kapitel 7

Abbildung 7.37: Vor der Texterkennung fragt dmsBase die Sprache des einzulesenden Textes ab.

Ist dies geschehen, ruft die folgende Anweisung die Funktion *DoOCR* auf, die im Erfolgsfall einen *Long*-Wert größer als *0* zurückliefert, der das von der Komponente geschätzte Maß der Erkennungsgenauigkeit repräsentiert. In diesem Fall kann die Routine mit der Methode *Text* den extrahierten Text auslesen und diesen anschließend im Formular *frmOCRText* anzeigen.

Abbildung 7.38: Das Ergebnis einer Texterkennung

Zu guter Letzt hat der Benutzer die Möglichkeit, diesen Text als Volltext des aktuellen Dokuments abzuspeichern.

```
Private Sub Form_Timer()
    ...
    Dim strOCR As String
    Dim lResult As Long
    Set COCR = New clsOCR
    Progress "Start OCR:", 1
    Set COCR.Picture = Me.ThePicture
    Progress "Sprachauswahl", 1
    COCR.ChooseLanguage
    lResult = COCR.DoOCR
    If lResult > 0 Then
        strOCR = COCR.Text
    End If
    Set COCR = Nothing
    CloseProgress
    If Len(strOCR) > 0 Then
        DoCmd.OpenForm "frmOCRText", , , , , , strOCR
        Forms!frmOCRText.Caption = _
            "Ergebnis Textextraktion: (Erkennungsrate " _
            & lResult / 10 & " %)"
        If CBool(Getvar("globalflag")) Then
            If StoreDocText(strOCR, m_VersID) Then
                DmsMsg 112, 5000
            Else
                DmsMsg 111, 7000
            End If
        End If
    Else
        Msgbox "Es konnte kein Text im Bild ermittelt werden.", _
            vbInformation, "dmsBase"
    End If
    ...
End Sub
```

7.8 Übersichtsformular

Neben dem Formular zum Verwalten von Dokumenten, das gleichzeitig den Windows Explorer und den Dokumentbaum anzeigt, gibt es noch ein weiteres Formular, das weniger zum Verwalten der Verzeichnisse und Dokumente als vielmehr zum Öffnen der Dokumente gedacht ist. Dazu bietet es auf der linken Seite ein *TreeView*-Steuerelement mit der Baumansicht der Verzeichnisse und auf der rechten Seite ein *ListView*-Steuerelement zur Anzeige im jeweils markierten Verzeichnis.

Kapitel 7

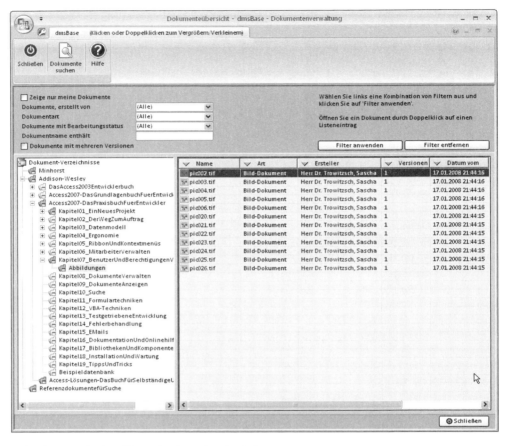

Abbildung 7.39: Das Übersichtsformular der Dokumente

Das Kontextmenü für die Dokumenteinträge ist entsprechend dem Anspruch dieses Formulars, keine Funktionen zum Verwalten der Dokumente, sondern nur zum Öffnen zu bieten, recht klein und beinhaltet nur drei Einträge; ein Kontextmenü für die Verzeichniseinträge sucht man vergeblich.

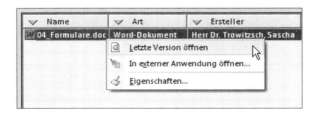

Abbildung 7.40: Das Kontextmenü der Dokumenteinträge offeriert nur drei Einträge.

Dokumente anzeigen

Dafür liefert diese Übersicht einige Möglichkeiten zum Suchen und Filtern. Der Clou dabei ist, dass der Verzeichnisbaum alle Verzeichnisse anzeigt, in denen sich Treffer befinden, und die Trefferliste auch nur diejenigen Dokumente liefert, die im aktuell markierten Verzeichnis enthalten sind.

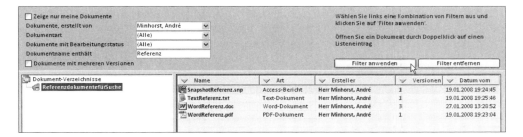

Abbildung 7.41: Trefferliste einer Schnellsuche

Und wenn die hier angebotenen Filterkriterien einmal nicht ausreichen, bietet das Ribbon zu diesem Formular einen schnellen Weg, um das richtige Suchformular zu öffnen.

Der größte Teil der Techniken dieses Formulars wurde schon beschrieben: Das Füllen eines TreeViews mit Verzeichnissen gab es in 6.2, »Der Dokumentbaum« (sogar inklusive Dokumenten – hier finden Sie also eine abgespeckte Version), das Suchen beziehungsweise Filtern wird in 10.3, »Suchfunktion«, abgearbeitet (dagegen ist die Filterfunktion dieses Formulars ein Kindergeburtstag) und auch die drei Funktionen des Kontextmenüs zum Öffnen von Dokumenten beziehungsweise zum Anzeigen der Eigenschaften unterscheiden sich kaum von denen, die in 6.3.8, »Letzte Version öffnen«, 6.3.9, »In externer Anwendung öffnen«, und das Öffnen des Eigenschaftenfensters in 10.1, »Dokumenteigenschaften«, beschrieben sind.

Was bleibt für dieses Formular? Nun: Immerhin gibt es ein *ListView*-Steuerelement, das in Abhängigkeit vom aktuell im *TreeView*-Steuerelement angezeigten Verzeichnis aktualisiert wird und die darin vorhandenen Dokumente anzeigt. Die mit dem Füllen des *ListView*-Steuerelements verbundenen Techniken lernen Sie in den folgenden Abschnitten kennen.

7.8.1 Formular öffnen

Ein Blick auf die Entwurfsansicht des Formulars *frmUebersicht* macht deutlich, dass das Füllen eines *ListView*-Steuerelements nicht ganz trivial sein kann: Immerhin soll es ja auch die zum jeweiligen Dokumenttyp gehörenden Symbole anzeigen und benötigt daher, genau wie das *TreeView*-Steuerelement, ein *ImageList*-Steuerelement, das die beiden anderen mit Symbolen versorgt.

Kapitel 7

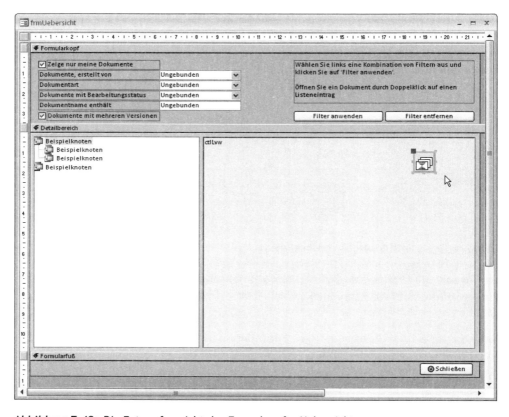

Abbildung 7.42: Die Entwurfsansicht des Formulars frmUebersicht

Aber auch die hierzu notwendigen Techniken finden Sie in ausführlicher Form an anderer Stelle – nämlich in 6.2, »Der Dokumentbaum«.

Schauen wir uns doch trotzdem an, wie das Formular funktioniert, und tauchen an interessanten Stellen tiefer ein. Den Start macht das Ereignis, das beim Laden des Formulars ausgelöst wird und beispielsweise die folgenden beiden, im Kopf des Formularmoduls deklarierten Objektvariablen füllt:

```
Private WithEvents CTree As mscomctllib.TreeView
Private WithEvents CList As mscomctllib.ListView
```

Außerdem maximiert diese Routine das Formular und stellt die Farben entsprechend den Systemoptionen ein. Schließlich ruft es die Routinen *FillTree* und *LoadImageList* auf, die beide überhaupt keine Auswirkung auf das *ListView*-Steuerelement haben – dieses wird nämlich erst mit Daten gefüllt, wenn der Benutzer eines der Verzeichnisse des Verzeichnisbaums auswählt. Und selbst dann geschieht nur wirklich etwas, wenn dieses Verzeichnis auch noch Dokumente enthält.

```
Private Sub Form_Load()
    Dim lCol As Long
    DoCmd.Maximize
    lCol = fuSysColor("Dokument")
    Me.Section(acDetail).BackColor = lCol
    Me.Section(acFooter).BackColor = LightenColor(lCol, 0.9)
    Me.Section(acHeader).BackColor = LightenColor(lCol, 0.9)
    Set CTree = Me!ctlTrv.Object
    Set CList = Me!ctlLvw.Object
    FillTree
    LoadImageList
End Sub
```

7.8.2 Verzeichnisbaum füllen

Das Füllen des Verzeichnisbaums geschieht nach einem ähnlichen Schema wie im Formular *frmBerechtigungenDocs*, das Verzeichnisse und Dokumente ohne Einsatz einer rekursiven Funktion einliest – nur eben auf Verzeichnisse beschränkt.

7.8.3 Symbole in ImageList laden

Das Laden der Bilddateien für Verzeichnis- und Dokumentsymbole im *TreeView*- und im *ListView*-Steuerelement erfolgt auf die gleiche Art, wie in 6.2, »Der Dokumentbaum«, beschrieben.

7.8.4 Dokumente im ListView-Steuerelement anzeigen

Dies ist der interessante Teil des Formulars *frmUebersicht*: Er sorgt dafür, dass das *ListView*-Steuerelement beim Klick auf eines der Einträge im Verzeichnisbaum die passenden Dokumente anzeigt – und das gegebenenfalls unter den mit den Filterfeldern festgelegten Bedingungen.

Den Filter-Part haben wir aus dem folgenden Listing herausgenommen, Sie finden diesen Teil im folgenden Abschnitt genauer erläutert. Der verbleibende Teil leert zunächst das *ListView*-Steuerelement und liest dann alle Einträge der Abfrage *qryDokumentVollInfo3* ein, deren *VerzeichnisID* mit der *ID* des im Verzeichnisbaum angeklickten Eintrags übereinstimmt. Die Abfrage fasst Informationen rund um Dokumente aus einigen Tabellen der Datenbank zusammen.

Im hier angenommenen Fall, dass keine Filterung vorgenommen werden soll, klont die Routine die Datensatzgruppe einfach so in das Recordset-Objekt *rstFiltered*. Im anderen Zweig der *If...Then*-Bedingung wäre dies zwingend erforderlich, um den Filter an-

Kapitel 7

zuwenden, hier geschieht dies aus reiner Bequemlichkeit, um anschließend mit einem Objekt gleichen Namens – also *rstFiltered* – weiterarbeiten zu können.

Die Datensätze des resultierenden Recordsets durchläuft die folgende *Do While*-Schleife. In dieser Schleife passiert Folgendes: Zunächst liest die Funktion *PermissionForDoc* die für das aktuelle Dokument und den aktuellen Benutzer gültigen Berechtigungen aus, um in der folgenden *Select Case*-Bedingung eine den Berechtigungen entsprechende Farbe festzulegen.

Die folgenden Anweisungen fügen dem *ListView*-Steuerelement ein neues Element mit Index, Dateiname und Icon-Bezeichnung hinzu, legen Farbe und Schriftstärke fest und füllen die übrigen Spalten mit den passenden Einträgen des Recordsets.

```
Private Sub CTree_NodeClick(ByVal Node As mscomctllib.Node)
    Dim rstList As Recordset2
    Dim rstFiltered As Recordset2
    Dim lID As Long
    Dim cnt As Long
    Dim oItem As ListItem
    Dim oSubItem As ListSubItem
    Dim PermID As Long, PermColor As Long
    Dim strSQL As String
    ...
    lID = CLng(Mid(Node.Key, 2))
    CList.ListItems.Clear
    Set rstList = OpenRS("SELECT * FROM qryDokumentVollInfo3 " _
        & "WHERE VerzeichnisID=" & lID & _
        " ORDER BY Dateiname", eOpenSnapshot)
    If bFiltered Then
        'Zusammensetzen des Filters, siehe nächster Abschnitt
    Else
        Set rstFiltered = rstList.Clone
    End If
    With rstFiltered
        Do While Not .EOF
            cnt = cnt + 1
            PermID = PermissionForDoc(!ID.Value)
            Select Case PermID
            Case 1
                PermColor = vbRed
            Case 2
                PermColor = vbMagenta
```

```
            Case 3
                PermColor = vbBlue
            Case Else
                PermColor = vbBlack
            End Select
            Set oItem = CList.ListItems.Add(, "D" & !ID, !Dateiname, _
                "p" & !BildID, "p" & !BildID)
            oItem.ForeColor = PermColor
            oItem.Bold = (CurUserID = !ErstellerID)
            Set oSubItem = oItem.ListSubItems.Add(, , !DokArt)
            Set oSubItem = oItem.ListSubItems.Add(, , !Ersteller)
            oSubItem.ForeColor = PermColor
            oSubItem.Bold = (CurUserID = !ErstellerID)
            Set oSubItem = oItem.ListSubItems.Add(, , !nVers)
            Set oSubItem = oItem.ListSubItems.Add(, , !ErstelltAm)
            Set oSubItem = oItem.ListSubItems.Add(, , !AktVersion)
            Set oSubItem = oItem.ListSubItems.Add(, , Nz(!Wertung, "-"))
            .MoveNext
        Loop
        .Close
    End With
    ...
End Sub
```

Zusammensetzen des Filters

Wenn der Benutzer mit den Steuerelementen im oberen Bereich des Formulars die gewünschten Filterbedingungen festlegt, gibt es zwei Anlässe, das *ListView*-Steuerelement zu aktualisieren und dabei die Filterkriterien zu berücksichtigen:

▶ das Aktivieren des Filters über die Schaltfläche *Filter aktivieren* und

▶ die Auswahl eines anderen Verzeichnisses im *TreeView*-Steuerelement des Formulars.

In beiden Fällen wird der Filter aktiv, denn die *Boolean*-Variable *bFiltered* weist zu diesem Zeitpunkt den Wert *True* auf, was die Ausführung des folgenden Abschnitts des soeben vorgestellten Listings bewirkt:

```
strSQL = ""
If Me!cboDocArt.Value > 0 Then    'Dokumentart
    strSQL = "DokumentartID=" & Me!cboDocArt.Value
End If
```

```
If Me!cboDocStatus.Value > 0 Then    'Dokumentstatus
    If Len(strSQL) > 0 Then strSQL = strSQL & " AND "
    strSQL = strSQL & "StatusID=" & Me.cboDocStatus.Value
End If
If Me!chkMyDocs.Value = True Then    'Eigene Dokumente
    If Len(strSQL) > 0 Then strSQL = strSQL & " AND "
    strSQL = strSQL & "ErstellerID=" & CurUserID
Else
    If Me!cboUser.Value > 0 Then    'Dokumente von Mitarbeiter...
        If Len(strSQL) > 0 Then strSQL = strSQL & " AND "
        strSQL = strSQL & "ErstellerID=" & Me!cboUser.Value
    End If
End If
If Me!chkMultiVers.Value = True Then    'Dok. mir mehreren Vers.
    If Len(strSQL) > 0 Then strSQL = strSQL & " AND "
    strSQL = strSQL & "nVers>1"
End If
If Len(Nz(Me!txtName)) > 0 Then 'Dokumentname enthält...
    If Len(strSQL) > 0 Then strSQL = strSQL & " AND "
    strSQL = strSQL & "Dateiname LIKE'*" & Me!txtName.Value & "*'"
End If
rstList.Filter = strSQL
Set rstFiltered = rstList.OpenRecordset
```

Dieser Abschnitt setzt eine Zeichenkette in einer Variablen namens *strSQL* zusammen, die für jedes der Kriterien einen entsprechenden Abschnitt für die *WHERE*-Bedingung enthält.

7.8.5 Filter aktivieren

Damit die Variable *bFilter* auf den Wert *True* gesetzt wird, muss der Benutzer aber zunächst einmal auf die Schaltfläche *cmdFilter* klicken. Diese löst eine Routine aus, die lediglich die Elemente des Baums durchläuft und prüft, ob der Filter für ein Verzeichnis-Element noch Dokumente übrig gelassen hat oder nicht. Im letzteren Fall wird das entsprechende Verzeichnis einfach ausgeblendet, damit das TreeView-Steuerelement nur die Verzeichnisse mit gefundenen Dokumenten anzeigt.

8 Formulartechniken

Die Formulare der Dokumentenverwaltung enthalten einige Techniken, die auch in anderen Formularen vorkommen. Damit sich die Kapitel zu den einzelnen Elementen der Anwendung, also auch zu den Formularen, auf das Wesentliche beschränken können, beschreiben wir solche Techniken in einem speziellen Kapitel – nämlich in diesem hier, und verweisen in den Kapiteln, in denen das Feature eingesetzt wird, auf dieses Kapitel.

8.1 Kombinationsfeldeinträge bearbeiten

Die Funktion von Kombinationsfeldern erstreckt sich weitgehend auf die Auswahl von Daten aus Tabellen, die mit der im Formular als Datenherkunft angegebenen Tabelle verknüpft sind. Im Beispiel aus folgender Abbildung liefert das Kombinationsfeld beispielsweise Daten aus der Tabelle *tblAnreden*, um einem Mitarbeiter eine Anrede zuzuweisen.

Abbildung 8.1: Kombinationsfelder ermöglichen die Auswahl von Werten verknüpfter Tabellen

Wenn der Benutzer die Möglichkeit haben soll, solche Kombinationsfelder um eigene Einträge zu erweitern, gibt es mehrere Varianten. Bei der ersten, einfachen Variante brauchen Sie eigentlich noch nicht einmal ein eigenes Formular. Sie können den Benutzer dann einfach einen neuen Wert eintragen lassen und in dem Ereignis, das beim Hinzufügen von Elementen, die nicht in der Liste enthalten sind, ausgelöst wird, eine passende Meldung unterbringen, die den Benutzer fragt, ob er den eingegebenen Ausdruck als neuen Eintrag in der zu Grunde liegenden Tabelle unterbringen möchte.

Das ist allerdings oft etwas kompliziert: Es gehört nämlich zumindest noch eine Funktion dazu, die prüft, ob der neue Eintrag schon vorhanden ist. Ein wenig komfortabler wird das Ganze, wenn Sie für das Hinzufügen neuer Einträge zu Kombinationsfeldern einen kleinen Dialog verwenden, der zum passenden Zeitpunkt erscheint.

Dieser Zeitpunkt ist ebenfalls ein diskussionswürdiger Punkt. Manche sagen: »Lass den Benutzer doch erstmal einen Eintrag in das Kombinationsfeld eingeben, der noch nicht vorhanden ist, und reagiere dann.« Andere lassen erst gar keinen Eintrag zu, der nicht in der Liste enthalten ist, und platzieren rechts neben einem solchen Kombinationsfeld eine Schaltfläche, mit der sich ein weiterführendes Formular öffnen lässt.

Access 2007 hat gegenüber den Vorversionen jedoch eine neue Methode im Gepäck: Durch die neuen Eigenschaften von Kombinations- und Listenfeldern namens *Wertlistenbearbeitung zulassen*, *Wertliste erben* und *Bearbeitungsformular für Listenelemente* wird dieser Vorgang automatisiert, ohne dass dafür auch nur eine Zeile Code geschrieben werden müsste. Die Sache hat aber mehrere Haken: Voraussetzung ist, dass die Datensatzquelle des Kombinationsfelds ein Nachschlagefeld in der zu Grunde liegenden Tabelle ist. Nachschlagefelder haben aber nach unserem Verständnis von Normalisierung besser nichts im Tabellenentwurf zu suchen. Und weiter sieht das Popupformular, das Access 2007 für die Bearbeitung der Werteliste automatisch anbietet, nicht so wahnsinnig schick aus und lässt sich von außen in keiner Weise beeinflussen.

Wir haben deshalb eine vierte Variante im Angebot: Der Benutzer soll doppelt auf das Listenfeld klicken, wenn er einen Eintrag hinzufügen möchte. Natürlich weiß er nicht, dass es diese Funktion gibt, also lassen Sie den Benutzer zunächst einen Text in das Kombinationsfeld eintragen, der noch nicht vorhanden ist, und blenden dann eine Meldung wie in der folgenden Abbildung ein.

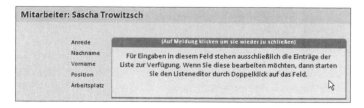

Abbildung 8.2: Die Eingabe eines noch nicht vorhandenen Eintrags in ein Kombinationsfeld führt zur Anzeige dieser Meldung.

Nach dem Wegklicken der Meldung wird der Benutzer also doppelt auf das Kombinationsfeld klicken und das folgende Formular erscheint. Hier kann der Benutzer dann sowohl die vorhandenen Einträge einsehen, als auch ändern, löschen oder hinzufügen.

Abbildung 8.3: Das Formular frmListeditor ist ein flexibles Bearbeitungsformular für Lookup-Tabellen.

Das Formular fängt verschiedene Fehler ab: So erscheint etwa beim Löschen eines Datensatzes, der schon einem Eintrag der verknüpften Tabelle zugewiesen wurde, im Zuge der Durchsetzung der referentiellen Integrität eine entsprechende Meldung. Ebensowenig ist das Eintragen bereits vorhandener Werte möglich – auch hier erscheint eine Meldung.

8.1.1 Aufbau des Formulars

Das Formular sieht im Entwurf wie in der folgenden Abbildung aus.

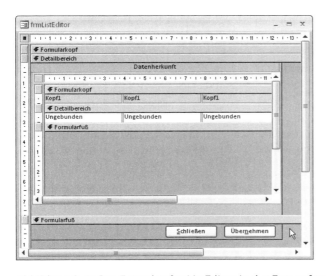

Abbildung 8.4: Das Formuler frmListEditor in der Entwurfsansicht

8.1.2 Aufruf des Formulars

Das Öffnen dieses Formulars wird durch die Funktion *EditCBEntries* ausgelöst, die als Funktion für die jeweilige Ereigniseigenschaft des Kombinationsfeldes, dessen Einträge bearbeitet werden sollen, eingetragen wird – in unserem Fall also im Ereignis *Beim Doppelklicken*. Unter dieser Eigenschaft steht direkt:

```
=EditCBEntries()
```

Diese Funktion enthält, abgesehen von einer Abfrage, ob der aktuelle Benutzer die Berechtigung hat, das folgende Formular zu öffnen, lediglich eine Anweisung:

```
DoCmd.OpenForm "frmListEditor"
```

Das Formular soll also ohne jegliche Parameter geöffnet werden? Woher weiß es dann, welche Datenherkunft es verwenden, welche Felder es anzeigen soll? Diese Informationen holt sich das Formular selbst, und zwar im Ereignis *Beim Öffnen*. Während dieses ausgeführt wird, hat das aufrufende Formular – also beispielsweise *frmUser* – noch den Fokus, und das Gleiche gilt für das Kombinationsfeld, auf das der Benutzer zuletzt doppelt geklickt hat. Daraus liest die Routine die benötigten Informationen aus, und zwar indem sie zunächst die folgende modulweit deklarierte Objektvariable mit einem Verweis auf das aufrufende Kombinationsfeld füllt:

```
Private ctl As Access.ComboBox
```

Die Variable *sQuery* füllt die Routine dann mit dem Namen der dem Kombinationsfeld zu Grunde liegenden Abfrage, die ja auch als Datenherkunft des Unterformulars zur Anzeige der vorhandenen Einträge dienen soll. Und dann wird auch schon das Unterformular selbst vorbereitet: Dieses enthält ja drei Felder, von denen je nach Anzahl der Felder der Datenherkunft des Kombinationsfelds eines, zwei oder auch drei angezeigt werden können. Die Routine zählt also zunächst die Anzahl der Felder der Datenherkunft und blendet das zweite und dritte Textfeld samt passenden Bezeichnungsfeldern anschließend nach Bedarf ein. Damit die Felder die Breite des Unterformulars ausfüllen, macht die Routine die Felder so breit und stellt ihre Position so ein, dass diese sich die komplette Breite gerecht aufteilen. Fehlt noch, dass die Felder auch die in der Datenherkunft enthaltenen Tabellenfelder anzeigen. Dazu stellt die Routine die Eigenschaft *ControlSource* der Textfelder auf die in der Datenherkunft enthaltenen Feldnamen ein. Natürlich dürfen auch die passenden Überschriften nicht fehlen: Um diese zu füllen, liest die Routine zunächst die Eigenschaft *Description* der Felder aus, um gegebenenfalls den im Tabellenentwurf festgelegten und anwenderfreundlicheren Beschreibungstext als Spaltenüberschrift anzuzeigen.

Schließlich sorgt eine *FindFirst*-Anweisung dafür, dass das Unterformular den im aufrufenden Kombinationsfeld festgelegten Datensatz als aktuellen Datensatz markiert.

```
Private Sub Form_Open(Cancel As Integer)
    ...
    Set ctl = Screen.ActiveControl
    ...
    Dim sQuery As String
    Dim nType As Long, nFields As Long
    sQuery = ctl.RowSource
    sQuery = dbs.QueryDefs(sQuery).Name
    nType = (Err.Number = 0) + 1
    ...
    With Me!sfrmList
        .Form.RecordSource = sQuery
        nFields = .Form.Recordset.Fields.count
        !txt2.Visible = nFields > 2
        !txt3.Visible = nFields > 3
        !Lbl2.Visible = nFields > 2
        !Lbl3.Visible = nFields > 3
        !txt1.Width = 6400 / (nFields - 1)
        !txt2.Width = 6400 / (nFields - 1)
        !txt3.Width = 6400 / (nFields - 1)
        !LBL1.Width = 6400 / (nFields - 1)
        !Lbl2.Width = 6400 / (nFields - 1)
        !Lbl3.Width = 6400 / (nFields - 1)
        !txt2.Left = !txt1.Width + 60
        !txt3.Left = !txt2.Left + !txt2.Width + 60
        !Lbl2.Left = !LBL1.Width + 60
        !Lbl3.Left = !Lbl2.Left + !Lbl2.Width + 60
        !txt1.ControlSource = .Form.Recordset.Fields(1).Name
        ...
        !LBL1.Caption = .Form.Recordset.Fields(1).Properties("Description")
        If Err.Number <> 0 Then !LBL1.Caption = _
            .Form.Recordset.Fields(1).Name
        If nFields > 2 Then
            !txt2.ControlSource = .Form.Recordset.Fields(2).Name
            Err.Clear
            !Lbl2.Caption = _
                .Form.Recordset.Fields(3).Properties("Description")
            If Err.Number <> 0 Then !LBL1.Caption = _
                .Form.Recordset.Fields(2).Name
        End If
        If nFields > 3 Then
            !txt3.ControlSource = .Form.Recordset.Fields(3).Name
```

```
                Err.Clear
                !Lbl3.Caption = _
                    .Form.Recordset.Fields(3).Properties("Description")
                If Err.Number <> 0 Then !LBL1.Caption = _
                    .Form.Recordset.Fields(3).Name
            End If
            .SetFocus
            .Form.Recordset.FindFirst "[ID]=" & ctl.Value
            If .Form.Recordset.NoMatch Then DoCmd.GoToRecord , , acNewRec
        End With
        ...
    End Sub
```

8.1.3 Schließen des Formulars und Übergeben des neuen Wertes

Mit einem Klick auf die Schaltfläche *cmdCancel* kann der Benutzer die Eingabe verlassen, ohne eine Änderung des ausgewählten Eintrags vorzunehmen. Hinzugefügte oder geänderte Einträge werden im aufrufenden Kombinationsfeld zunächst nicht angezeigt.

```
Private Sub cmdCancel_Click()
    DoCmd.Close acForm, Me.Name
End Sub
```

Neuer Eintrag und OK

Wenn der Benutzer auf die Schaltfläche *OK* klickt, schließt dies nicht nur das Formular *frmListEditor*, sondern aktualisiert erstens die Datensatzherkunft des aufrufenden Kombinationsfeldes und wählt im Kombinationsfeld denjenigen Eintrag aus, der auch im Unterformular ausgewählt ist. Es kann natürlich passieren, dass der Fokus auf einem neuen Datensatz liegt, aber das prüft die Routine und unternimmt in diesem Fall keine weiteren Schritte.

```
Private Sub cmdClose_Click()
    ...
    ctl.Requery
    If Err.Number <> 0 Then ctl.Undo
    ...
    If Not Me!sfrmList.Form.NewRecord Then
        Dim lID As Long
        If Me!sfrmList.Form.Dirty Then RunCommand acCmdSaveRecord
        Me!sfrmList!txt1.SetFocus
```

```
            lID = Me!sfrmList.Form!ID.Value
            ctl.Undo
            ctl.Value = lID
        End If
        DoCmd.Close acForm, Me.Name
        ...
    End Sub
```

Den gleichen Effekt hat ein Doppelklick auf einen der Einträge im Unterformular. Alle Textfelder besitzen eine *Beim Doppelklicken*-Ereigniseigenschaft, für deren Prozedur die folgende Anweisung hinterlegt ist:

```
Me.Parent.ValueDblClick
```

Diese ruft die entsprechende Routine im Hauptformular auf, die wie folgt aussieht:

```
Sub ValueDblClick()
    If Me!sfrmList.Form.NewRecord Then Exit Sub
    cmdClose_Click
End Sub
```

Diese Routine prüft, ob der Benutzer auf einen neuen Datensatz geklickt hat, und bricht dann gegebenenfalls den Vorgang ab. Anderenfalls ruft er die oben beschriebene Ereignisprozedur *cmdClose_Click* auf.

8.1.4 Fehlerbehandlung

Das Formular kann auf einige datenbezogene Fehler treffen, die eine besondere Behandlung erfordern. Diese Fehler greift die Ereignisprozedur *Bei Fehler* des Formulars ab.

Die dadurch ausgelöste Routine zeigt eine entsprechende Meldung mit der anwendungseigenen Meldungsfunktion *DmsMsg* an (siehe 8.3, »Benutzerdefinierte Meldungen«).

```
Private Sub Form_Error(DataErr As Integer, Response As Integer)
    Dim strMsg As String
    ...
    Response = acDataErrContinue
    Select Case DataErr
        Case 3022, 3314, 3200
            DmsMsg CInt(DataErr)
        Case Else
            Response = acDataErrDisplay
            Exit Sub
    End Select
```

Kapitel 8

```
    Me.Undo
    ...
End Sub
```

8.2 Benutzerdefinierte Meldungsfenster

Die in VBA eingebauten Meldungsfenster genügen vielen Ansprüchen nicht. Ein gängiger Ersatz ist ein geeigneter Nachbau auf Basis eines Formulars. Dieses ruft man mit genau der gleichen Anweisung auf wie das normale Meldungsfenster. Der folgende Aufruf liefert etwa das Meldungsfenster aus der darauf folgenden Abbildung:

```
Msgbox "Farbe wirklich löschen?" & vbCrLf & _
    "Dieser Vorgang kann dann nicht mehr rückgängig gemacht werden.", _
    vbQuestion Or vbYesNo, "Bestätigen:"
```

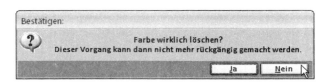

Abbildung 8.5: Ersatzmeldungsfenster auf Basis eines Formulars

Grundlage für ein selbst gebautes Meldungsfenster ist ein Formular mit einer Entwurfsansicht wie in der folgenden Abbildung.

Abbildung 8.6: Entwurfsansicht des Meldungsfenster-Formulars

Das Formular enthält die für ein Meldungsfenster typischen Elemente: ein *Image*-Steuerelement der *MSForms*-Bibliothek zur Anzeige des Symbols, ein Bezeichnungsfeld für den Meldungstext, vier Schaltflächen, die wahlweise ein- oder ausgeblendet werden, sowie einen passenden Text für den Formulartitel.

Wie erreichen Sie nun, dass man einfach die übliche *MsgBox*-Anweisung einsetzt, aber trotzdem das benutzerdefinierte Meldungsfenster erscheint? Nun, dazu ist keine große Zauberei nötig: Sie schreiben einfach eine neue Funktion mit dem gleichen Namen, also *MsgBox*, und statten diese mit den gleichen Parametern wie die Originalfunktion aus:

```
Function Msgbox(Prompt, Optional Buttons As VbMsgBoxStyle = vbOKOnly, _
        Optional Title, Optional HelpFile, Optional Context) _
        As VbMsgBoxResult
    On Error Resume Next
    If IsMissing(Title) Then Title = "dmsBase"
    DoCmd.OpenForm "frmMsgbox", WindowMode:=acDialog, _
        OpenArgs:=CStr(Buttons) & "|" & CStr(Prompt) & "|" & CStr(Title)
    Msgbox = Forms!frmMsgbox.RetVal
    DoCmd.Close acForm, "frmMsgbox"
End Function
```

Wichtig ist dabei, dass die Parameter genau mit der Originalfassung übereinstimmen – anderenfalls könnten vorhandene Aufrufe der *MsgBox*-Funktion Fehler auslösen.

Insgesamt bietet die Funktion nicht viel Besonderes – sieht man einmal davon ab, dass gleich mehrere Werte mit dem *OpenArgs*-Parameter an das zu öffnende Formular übergeben werden, die sorgfältig durch das Pipe-Zeichen (|) voneinander getrennt sind.

Die Funktion *Msgbox* überschreibt also quasi die in VBA eingebaute. Der Grund: Auch das VBA-Projekt hat eine Typbibliothek, die aber im Gegensatz zu VBA nicht in den Verweisen steht. Diese VBA-Projektbibliothek können Sie sich so vorstellen, als stünde sie virtuell an erster Stelle der Verweisleiste.

Da bei gleichlautenden Methoden immer der oberste Verweis Pricrität besitzt, wird eine benutzerdefinierte Funktion zuerst berücksichtigt. Wollten Sie irgendwann dennoch den VBA-Meldungsdialog anzeigen, so rufen Sie ihn einfach unter Angabe der Bibliothek auf: *VBA.Msgbox()*.

Interessant wird es also im aufgerufenen Formular *frmMsgBox*: Dessen Elemente müssen nämlich beim Öffnen so angepasst werden, dass der Aufbau und der Inhalt dem eines herkömmlichen Meldungsfensters entspricht. Da der komplette Code der Prozedur, die durch das *Beim Öffnen*-Ereignis des Formulars ausgelöst wird, mehr als drei Seiten einnimmt, finden Sie nachfolgend die wichtigsten Stellen im Fließtext – für die komplette Routine konsultieren Sie das Klassenmodul des Formulars *frmMsgBox*.

Nach dem Deklarationsteil prüft die Routine zunächst, ob überhaupt ein Wert mit dem *OpenArgs*-Parameter übergeben wurde; ist dies nicht der Fall, geht die Routine davon aus, dass der Aufruf nicht von der *MsgBox*-Funktion aus erfolgte, und bricht das Öffnen des Formulars ab:

```
strOA = CStr(Nz(Me.OpenArgs))
If Len(strOA) = 0 Then
    Cancel = True
    Exit Sub
End If
```

Danach zerpflückt die Routine den per *OpenArgs* übermittelten Ausdruck und schreibt die Bestandteile in drei Variablen zum Speichern der Konstante, die das Aussehen des Meldungsfensters wesentlich mitbestimmt, der eigentlichen Meldung und des Titels.

```
MsgConst = Val(Split(strOA, "|")(0))
strMsg = Split(strOA, "|")(1)
strTitle = Split(strOA, "|")(2)
```

Die Variable *strCol* nimmt eine Zeichenkette auf, die einer der Bezeichnungen der Systemfarben der Anwendung entspricht. Die folgende Anweisung stellt einen Standardwert für diese Variable ein:

```
strCol = "Dialoge"
```

Diese Variable wird möglicherweise innerhalb einer der folgenden *If...Then*-Bedingungen noch geändert. Die Konstrukte prüfen kurzgefasst, welche *MsgBox*-Konstanten in der per *MsgConst* übergebenen Zahl enthalten sind. Wenn der Aufruf wie im Beispiel oben den Wert *vbQuestion Or vbYesNo* für den Parameter *MsgConst* liefert, dann wird ja nicht dieser Ausdruck, sondern die Bool'sche Summe der hinter den Konstanten stehenden Zahlenwerte übergeben – in diesem Fall 32 für *vbQuestion* und 4 für *vbYesNo*.

Der übergebene Wert lautet 36. Der Wert 32 legt dabei fest, dass als Symbol ein Fragezeichen angezeigt werden soll, und der Wert 4, dass die beiden Schaltflächen *Ja* und *Nein* erscheinen sollen – all das ist nicht willkürlich festgelegt, sondern so in der Onlinehilfe unter dem Stichwort *MsgBox*-Funktion nachzulesen.

Wenn Sie nun wie hier ein eigenes Meldungsfenster bauen wollen, dessen Funktionen weitgehend mit dem Original übereinstimmen, müssen Sie den für den Parameter *buttons* übergebenen Wert auf die enthaltenen Elemente hin untersuchen.

Dazu verwenden Sie den *And*-Operator wie in den folgenden *If...Then*-Konstrukten – mehr Informationen dazu finden Sie im Kasten »Von Einsen und Nullen«.

Die vorliegende Routine speichert den Wert von *buttons* in der Variablen *MsgConst*. Die folgenden *Select Case*-Bedingungen prüfen auf das Vorhandensein der jeweiligen Konstanten und füllen die passenden Variablen. Dabei werden, damit der Code etwas eleganter daherkommt, zuvor logische Konjunktionen mit bestimmten Bitmasken durchgeführt, die nur bestimmte Bereiche prüfen. In der ersten *Select Case*-Anweisung ist dies der Bereich &HF0, was der Bitmaske 11110000 entspricht und einen der Werte 16, 32, 64 oder 128 zurückliefert, sofern dieser in *MsgConst* enthalten ist.

Von Einsen und Nullen

Wenn man herausfinden möchte, ob eine bestimmte, als Zweierpotenz ausgeführte Konstante in einer Summe von Zweierpotenzen enthalten ist, bedient man sich der logischen Konjunktion, im VBA-Jargon durch den Operator »And« vertreten. Die logische Konjunktion zweier binärer Werte liefert 1, wenn beide Ausgangswerte 1 sind, und sonst 0. Dies gilt für alle Stellen: 0001 And 1111 liefert so den Wert 0001.

Wenn Sie nun eine Zahl haben – beispielsweise 112 – und wissen möchten, ob diese die Zweierpotenz 16 enthält, können Sie dies mit dem And-Operator herausfinden. Das Ergebnis lautet: ja. Im Detail sieht das wie in der folgenden Tabelle aus:

Potenz	Zahlenwert	Zahl 112	Zahl 16	112 And 16
2^0	1	0	0	0
2^1	2	0	0	0
2^2	4	0	0	0
2^3	8	0	0	0
2^4	16	0	0	0
2^5	32	1	1	1
2^6	64	1	0	0
2^7	128	1	0	0

Unter VBA verwenden Sie einen Ausdruck wie (112 And 16) = 16, um herauszufinden, ob die Zweierpotenz 16 in der Zahl 112 enthalten ist.

Dieser Wert wird ermittelt und schließlich mit den passenden Konstanten *vbCritical, vbQuestion, vbExclamation* und *vbInformation* verglichen:

```
Select Case (MsgConst And &HF0)
    Case vbCritical
        strPic = "vbmsgCritical"
        strCol = "Warnung"
    Case vbQuestion
        strPic = "vbmsgQuestion"
        strCol = "Stil2"
    Case vbExclamation
        strPic = "vbmsgExclamation"
        strCol = "Dialoge"
    Case vbInformation
        strPic = "vbmsgInformation"
        strCol = "Info"
End Select
```

Ähnlich sieht die *Select Case*-Anweisung aus, die ermittelt, welche der vier Schaltflächen eingeblendet werden sollen. Hier wird eine andere Bitmaske verwendet, nämlich *&HF*.

Diese prüft auf Werte zwischen 1 und 15, und in diesem Bereich liegen auch die Werte der Konstanten *vbOKOnly*, *vbYesNo*, *vbYesNoCancel*, *vbOKCancel* und *vbRetryCancel*.

```
Select Case (MsgConst And &HF)
    Case vbOKOnly
        Me!cmdOK.Visible = True
    Case vbYesNo
        Me!cmdYes.Left = Me!cmdCancel.Left
        Me!cmdNo.Left = Me!cmdOK.Left
        Me!cmdYes.Visible = True
        Me!cmdNo.Visible = True
    Case vbYesNoCancel
        Me!cmdYes.Left = Me!cmdNo.Left
        Me!cmdNo.Left = Me!cmdCancel.Left
        Me!cmdCancel.Left = Me!cmdOK.Left
        Me!cmdYes.Visible = True
        Me!cmdNo.Visible = True
        Me!cmdCancel.Visible = True
    Case vbOKCancel
        Me!cmdOK.Visible = True
        Me!cmdCancel.Visible = True
    Case vbRetryCancel, vbAbortRetryIgnore
        Me!cmdOK.Caption = "&Wiederholen"
        Me!cmdOK.Width = Me!cmdOK.Width + 120
        Me!cmdOK.Visible = True
        Me!cmdCancel.Visible = True
    Case Else
        Me!cmdOK.Visible = True
End Select
```

Schließlich fehlt die beim Anzeigen des Meldungsfensters standardmäßig aktivierte Schaltfläche. Diese legt die folgende *Select Case*-Anweisung fest:

```
Select Case (MsgConst And &HF00)
    Case vbDefaultButton1
        If Me!cmdNo.Visible Then Me!cmdNo.SetFocus
    Case vbDefaultButton2
        If Me!cmdCancel.Visible Then Me!cmdCancel.SetFocus
    Case vbDefaultButton3
        If Me!cmdOK.Visible Then Me!cmdOK.SetFocus
End Select
```

Die folgenden Anweisungen weisen dem Bezeichnungsfeld die Meldung und dem Formulartitel den Titel zu:

Formulartechniken

```
Me!LblMsg.Caption = strMsg
Me.Caption = strTitle
```

Und damit sich das Erstellen eines benutzerdefinierten Meldungsfensters auch lohnt, soll dieses mit einer alternativen Farbgebung aufwarten. Den Wert für die Grundfarben der verschiedenen Elemente bezieht die Routine über die Funktion *fuSysColor*, die auf die anwendungsspezifischen, in einer speziellen Tabelle gespeicherten Farbcodes zugreift. Der Fußbereich wird mit einer etwas dunkleren Farbe ausgestattet, welche die Funktion *LightenColor* aus der zuvor ermittelten Farbe und einem Helligkeitsfaktor kleiner 1 berechnet.

```
Me!LblMsg.BackColor = fuSysColor(strCol)
Me.Section(acDetail).BackColor = Me!LblMsg.BackColor
Me.Section(acFooter).BackColor = LightenColor(Me!LblMsg.BackColor, 0.7)
Me!ctlImg.Object.BackColor = fuSysColor(strCol)
```

Der Rest der Routine enthält den kniffligsten Teil: Immerhin kann die Länge des mit *strMsg* übergebenen Meldungstextes und auch die Zeilenanzahl variieren, was das Anpassen der Größe des Bezeichnungsfensters und des Formulars erfordert. Im ersten Schritt wird dazu der Text auf eine maximale Zeichenzahl von 68 Zeichen umbrochen, was die Funkton *NarrowText* erledigt:

```
strMsg = NarrowText(strMsg, 68)
```

Den wichtigsten Teil der Aufgabe übernimmt anschließend aber die Funktion *GetTextSize*: Sie ermittelt die Abmessungen der Meldung in der gegebenen Schriftart und Schriftgröße.

```
vExtent = GetTextSize(strMsg, "Calibri", 10)
```

Die dort gewonnenen Informationen werten die folgenden Anweisungen aus, um die Größe des Formulars anzupassen. Ein separates Einstellen der Größe des Bezeichnungsfelds mit dem Meldungstext ist nicht nötig: Dank der seit Access 2007 neu eingeführten Eigenschaften *Horizontaler Anker* und *Vertikaler Anker* lassen sich Steuerelemente wie in diesem Beispiel an allen vier Bereichsrändern verankern.

```
W = vExtent.X + 540 - (Me!ctlImg.Width + 30) * (Len(strPic) > 0)
If W < 4540 Then W = 4540
Me.InsideWidth = W
H = vExtent.y + 660
If H < 1000 Then H = 1000
Me.InsideHeight = H
```

Zuletzt fügt die Routine noch das passende Bild in das *Image*-Steuerelement ein. Dazu verwendet sie die *GetSysPicture*-Methode, die genauer in 9.23, »Bilder einlesen«, erläutert wird.

```
If Len(strPic) > 0 Then
    Dim l As Long
    Me!ctlImg.Visible = True
    Set Me!ctlImg.Object.Picture = _
        GetSysPicture(strPic, , Me!LblMsg.BackColor)
    l = Me!ctlImg.Left + Me!ctlImg.Width + 30
    Me!LblMsg.Width = W - l + 30
    Me!LblMsg.Left = l
End If
```

Die Funktion sorgt also wie die Originalfunktion für die Anzeige eines Meldungsfensters. Damit Sie auch die Eingabe des Benutzers auswerten können, füllen die vier Ereignisprozeduren, die durch das Betätigen der vier Schaltflächen ausgelöst werden, eine öffentliche Variable namens *retVal* mit einem entsprechenden Wert, der durch die aufrufende Funktion *MsgBox* ausgelesen und als Funktionswert zurückgegeben wird.

```
Private m_ret As VbMsgBoxResult
Property Get RetVal() As Long
    RetVal = m_ret
End Property
Private Sub cmdCancel_Click()
    m_ret = vbCancel
    Me.Visible = False
End Sub
Private Sub cmdNo_Click()
    m_ret = vbNo
    Me.Visible = False
End Sub
Private Sub cmdOK_Click()
    m_ret = vbOK
    Me.Visible = False
End Sub
Private Sub cmdYes_Click()
    m_ret = vbYes
    Me.Visible = False
End Sub
```

Vielleicht werden Sie sich fragen, wodurch denn nun der Aufwand für so ein eigenes Meldungsfenster gerechtfertigt sei? Außer einem eigenen Design bietet sie ja nicht mehr als das normale VBA-Meldungsfenster. Das ist richtig. Die hier vorgestellte Lösung bildet auch nur die Grundfunktionalität ab. Es bleibt Ihrer Fantasie überlassen, zusätzliche Features über zusätzliche optionale Parameter der Funktion einzubauen, wie etwa steuerbare Schriftarten, -größen oder -farben, zusätzliche Formatierungen oder gar weitere Schaltflächen. Auch ein timergesteuertes automatisches Schließen des Meldungsfensters nach einer gewissen Zeitspanne etwa wäre möglich, so, wie es beim im nächsten Abschnitt beschriebenen Popup-Fenster der Fall ist.

8.3 Benutzerdefinierte Meldungen

Neben der benutzerdefinierten Variante des klassischen Meldungsfensters liefert die Anwendung noch eine zweite Art von Meldungsfenstern. Diese dient lediglich zur Anzeige von Informationen und kann durch einen Klick wieder geschlossen werden. Wenn der Benutzer das Fenster nicht innerhalb eines bestimmten Zeitintervalls wieder schließt, verschwindet das Fenster aber auch automatisch. Ein Beispiel ist das Fenster, das erscheint, wenn der Benutzer einen noch nicht vorhandenen Text in ein Kombinationsfeld einträgt.

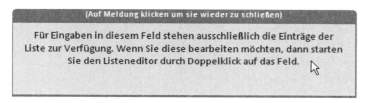

Abbildung 8.7: Meldungsfenster ohne Schaltflächen

In der Entwurfsansicht sieht dieses Formular wie folgt aus:

Abbildung 8.8: Das Formular frmMsg in der Entwurfsansicht

Der Aufruf dieses Formulars erfolgt über die Funktion *DmsMsg*. Diese Routine erwartet als ersten Parameter einen *Long*-Wert, der die ID einer Meldung aus der Tabelle *tbl_SysMessages* erwartet. Zusätzlich können Sie einen optionalen Parameter mit der Zeit übergeben, nach der das Meldungsfenster automatisch geschlossen werden soll. Standardmäßig ist hier der Wert *6.000* eingestellt, was sechs Sekunden entspricht.

Kapitel 8

Die Tabelle *tbl_SysMessages* sieht wie in der folgenden Abbildung aus und enthält neben der anzuzeigenden Meldung auch noch die gewünschte Schriftart, die Angabe, ob der Text fett dargestellt werden soll, die Schriftgröße sowie die Hintergrundfarbe des Meldungsfensters.

Außerdem gibt es eine Spalte *Language*, die einen *Long*-Wert enthalten muss, der mit der in *frmOptionen* vorgenommenen Spracheinstellung korreliert. Für Deutsch ist das etwa der Wert *1031*, für Englisch der Wert *1033*. Die Tabelle kann also für jede *Msg-ID* mehrere Datensätze enthalten, und zwar einen pro Sprache. Auf diese Weise kann die Sprache der Meldungen global durch einfaches Setzen einer *dmsBase*-Systemvariablen umgeschaltet werden.

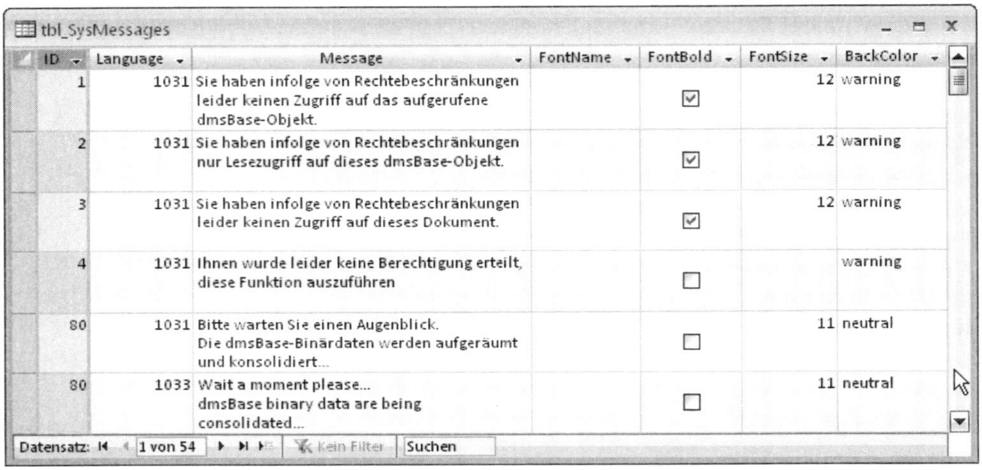

ID	Language	Message	FontName	FontBold	FontSize	BackColor
1	1031	Sie haben infolge von Rechtebeschränkungen leider keinen Zugriff auf das aufgerufene dmsBase-Objekt.		☑	12	warning
2	1031	Sie haben infolge von Rechtebeschränkungen nur Lesezugriff auf dieses dmsBase-Objekt.		☑	12	warning
3	1031	Sie haben infolge von Rechtebeschränkungen leider keinen Zugriff auf dieses Dokument.		☑	12	warning
4	1031	Ihnen wurde leider keine Berechtigung erteilt, diese Funktion auszuführen.		☐		warning
80	1031	Bitte warten Sie einen Augenblick. Die dmsBase-Binärdaten werden aufgeräumt und konsolidiert...		☐	11	neutral
80	1033	Wait a moment please... dmsBase binary data are being consolidated...		☐	11	neutral

Abbildung 8.9: Die Tabelle tbl_SysMessages mit den voreingestellten Meldungen für die aktuelle Anwendung

Die Routine *DmsMsg* selbst sieht folgendermaßen aus und öffnet nach dem vorherigen Schließen einer eventuell noch geöffneten Instanz das Formular *frmMsg* und übergibt ihm die beiden Parameter durch das Pipe-Zeichen (|) getrennt per *OpenArgs*-Parameter:

```
Sub DmsMsg(lNr As Long, Optional TimeOut As Long = 6000)
    On Error Resume Next
    DmsMsgClose
    DoCmd.OpenForm "frmMsg", WindowMode:=acNormal, _
        OpenArgs:=CStr(lNr) & "|" & CStr(TimeOut)
End Sub
```

Die nächste Routine wird von *DmsMsg* aus aufgerufen und schließt eine eventuell noch geöffnete Instanz:

```
Sub DmsMsgClose()
    On Error Resume Next
    DoCmd.Close acForm, "frmMsg"
End Sub
```

Schließlich folgt der Code des Formulars selbst, der sich im Wesentlichen auf die *Beim Öffnen*-Ereignisprozedur konzentriert. Aus Platzgründen auch hier nur die wichtigsten Passagen; der komplette Code ist im Klassenmodul des Formulars *frmMsg* zu finden.

Als erste Aktion wertet das Formular die mit dem Öffnungsargument übergebenen Informationen auf ähnliche Weise aus, wie das schon bei der benutzerdefinierten *MsgBox* beschrieben wurde, und schreibt diese in zwei Variablen mit der Nummer der anzuzeigenden Meldung sowie des Timeouts. Sollte die Nummer der Meldung 0 sein, wird der Öffnungsvorgang abgebrochen.

```
strOA = CStr(Nz(Me.OpenArgs))
If Len(strOA) = 0 Then Cancel = True: Exit Sub
lNr = Val(Split(strOA, "|")(0))
lTimeout = Val(Split(strOA, "|")(1))
If lNr = 0 Then Cancel = True
```

Die nächste Zeile besorgt das Einstellen des Zeitgeber-Intervalls des Formulars auf den übergebenen Wert.

```
If lTimeout > 0 Then Me.TimerInterval = lTimeout
```

Dies sorgt dafür – hier als kleiner Einschub –, dass die folgende Routine nach der angegebenen Anzahl Millisekunden ausgelöst wird und das Formular schließt:

```
Private Sub Form_Timer()
    On Error Resume Next
    DoCmd.Close acForm, Me.Name
End Sub
```

In der *Beim Öffnen*-Ereignisprozedur geht es mit der Ermittlung des zur Meldungsnummer und Sprache passenden Datensatzes der Tabelle *tbl_SysMessages* weiter. Enthält die Datensatzgruppe, die übrigens mit der *OpenRS*-Funktion und nicht direkt mit dem sonst üblichen *OpenRecordset* geöffnet wird (mehr dazu in 9.1, »Vereinfachte Recordseterstellung«), einen Datensatz, dessen Feldinhalt ausgelesen und auf die verschiedenen Eigenschaften des Formulars angewendet.

```
lLanguage = Getvar("UILanguage", 1031)
Set rst = OpenRS("SELECT * FROM tbl_SysMessages WHERE ID=" & lNr & _
    " AND Language=" & lLanguage, eOpenSnapshot)
If rst.EOF Then
```

```
            rst.Close
            Set rst = OpenRS("SELECT * FROM tbl_SysMessages WHERE ID=" & _
                lNr & " AND Language=1031", eOpenSnapshot)
        End If
        If lLanguage <> 1031 Then Me!LblClick.Caption = _
            "(Click here to close message)"
        With rst
            If Not .EOF Then
                strMsg = Nz(!Message, "Meldung?")
                strMsg = NarrowText(strMsg, 68)
                Me!LblMsg.Caption = strMsg
                Me!LblMsg.BackColor = ColorFromString(Nz(!BackColor, ""))
                Me!LblMsg.BorderColor = LightenColor(Me!LblMsg.BackColor, 0.5)
                Me!LblMsg.FontName = Nz(!FontName, "Calibri")
                Me!LblMsg.FontBold = Nz(!FontBold, False)
                Me!LblMsg.FontSize = Nz(!FontSize, 10)
                vExtent = GetTextSize(strMsg, Nz(!FontName, "Calibri"), _
                    Nz(!FontSize, 10), Nz(!FontBold, False))
                Me.InsideWidth = vExtent.X + 540
                Me.InsideHeight = vExtent.y + Me!LblClick.Height + 560
            Else
                Cancel = True
            End If
        End With
```

Enthält die Datensatzgruppe keinen Datensatz, existiert die Meldung mit der angegebenen Meldungsnummer schlichtweg nicht und der Öffnungsvorgang des Formulars wird abgebrochen.

Fehlt lediglich noch die im Kopf des Formulars angekündigte Funktion zum Schließen des Formulars per Mausklick. Dazu brauchen Sie zwei Ereignisprozeduren, die beim Klicken auf eines der beiden bereichsumspannenden Bezeichnungsfelder ausgelöst werden:

```
Private Sub LblClick_Click()
    On Error Resume Next
    DoCmd.Close acForm, Me.Name
End Sub

Private Sub LblMsg_Click()
    On Error Resume Next
    DoCmd.Close acForm, Me.Name
End Sub
```

8.4 Benutzerdefinierte Navigationsschaltflächen

Viele Access-Entwickler nervt die in Formulare eingebaute Navigationsleiste. Während optische Gründe noch nicht unbedingt zum Bau eigener Navigationselemente führen sollten, leidet zumindest beim Einsatz von Unterformularen meist die Übersicht: Da kann es etwa dazu kommen, dass sich zwei Navigationsleisten unmittelbar untereinander befinden; Fehleingaben sind da vorprogrammiert.

Mit einer benutzerdefinierten Navigationsleiste halst man sich zwar ein wenig mehr Arbeit auf, allerdings kann man diese erstens nach eigenem Gutdünken anpassen und zweitens kann man sie platzieren, wo man möchte.

Ein Beispiel für den Einsatz einer solchen benutzerdefinierten Navigationsleiste findet sich etwa im Formular *frmUsers*.

Abbildung 8.10: Das Formular frmUsers mit einer benutzerdefinierten Navigationsleiste

Im Prinzip ist die benutzerdefinierte Navigationsschaltfläche ein Unterformular, das allerdings auf etwas aufwändigere Weise an das Hauptformular gebunden wird als übliche Unterformulare – hier kommt man ja meist mit den beiden Eigenschaften *Verknüpfen von* und *Verknüpfen nach* aus. Am einfachsten packt man das Unterformular mit den Navigationsschaltflächen in den Formularfuß:

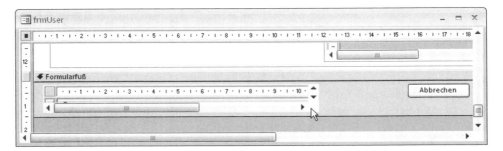

Abbildung 8.11: Navigationsbereich-Unterformular im Formularfuß

Allein und auf eine passende Größe aufgezogen können Sie alle Steuerelemente des Formulars *frmNavis* im Entwurf erkennen:

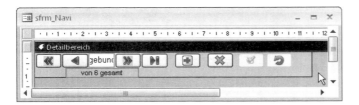

Abbildung 8.12: Das Formular frmNavis in der Entwurfsansicht

8.4.1 Integration des Navigationsformulars

Bevor es an die Innereien geht, schauen Sie sich erstmal an, wie man die benutzerdefinierten Navigationssteuerelemente in ein anderes Formular einbaut. Der Hintergrund für die nachfolgende, vielleicht etwas kompliziert anmutende, Vorgehensweise ist folgender: Die Kommunikation zwischen Hauptformular und Navigationsleiste ist, auch wenn dies oberflächlich betrachtet anders aussieht, nicht unidirektional. Die Steuerung des Formulars erfolgt nicht nur von der Navigationsleiste aus, sondern kann auch vom Formular aus erfolgen – etwa, wenn Sie mit der *Entfernen*-Schaltfläche den aktuellen Datensatz löschen und somit den Fokus auf einen anderen Datensatz verschieben. Dies funktioniert natürlich auch über die Navigationsleiste, und in beiden Fällen wird nicht nur die Anzeige der Daten im Formular, sondern auch das Aussehen der Navigationsleiste beeinflusst. So müssen etwa die Schaltflächen *Vorheriger Datensatz* oder *Zum ersten Datensatz* deaktiviert werden, wenn der Datensatzzeiger auf dem ersten Datensatz der Datenherkunft liegt.

Formulartechniken

Das bedeutet, dass das Hauptformular dem Unterformular irgendwie mitteilen muss, wann beispielsweise ein Datensatz gelöscht oder von einem zum anderen Datensatz gewechselt wurde. All diese Änderungen führen letztlich zum Auslösen des Ereignisses *Beim Anzeigen*. Also muss das Hauptformular dem Navigationsunterformular irgendwie mitteilen, wann dieses Ereignis ausgelöst wurde. Dies könnte man regeln, indem man in dieses Ereignis eine Anweisung schreibt, die eine im Klassenmodul des Formulars *frmNavis* gespeicherte Routine auslöst; eleganter ist es aber, wenn Sie dort einen Verweis auf das Hauptformular unterbringen und dessen Ereignisse in separaten Ereignisprozeduren abfangen. Das hört sich kompliziert an, ist es aber nicht.

Im Detail sieht das so aus: Zunächst legen Sie im Unterformular eine Objektvariable mit dem Schlüsselwort *WithEvents* an, die später einen Verweis auf das Hauptformular erhalten soll:

```
Private WithEvents m_frm As Access.Form
```

Mit dem *WithEvents*-Schlüsselwort haben Sie den Hauptteil der Arbeit geschafft: Sie können nun Prozeduren anlegen, die beim Auslösen der Ereignisse des referenzierten Objekts, hier also dem Hauptformular, gefeuert werden. Dies funktioniert am einfachsten über die beiden Kombinationsfelder im oberen Bereich des Codefensters: Dort wählen Sie links den Namen der Objektvariablen (*m_frm*) und rechts den Namen des Ereignisses (*Current*) aus, für das Sie eine Ereignisprozedur anlegen möchten.

Der VBA-Editor legt nun die folgende, noch leere Ereignisprozedur an:

```
Private Sub m_frm_Current()

End Sub
```

Die Objektvariable *m_frm* ist nun allerdings noch leer. Wann wird diese gefüllt? Natürlich beim Laden des Unterformulars, und zu diesem Zeitpunkt existiert auch schon das Hauptformular. Dieses wird per *Me.Parent* referenziert und der Objektvariablen *m_frm* zugewiesen. Nun sind noch zwei Schritte notwendig, damit das Unterformular auf Ereignisse des Hauptformulars reagiert. Der erste ist das Eintragen des Ausdrucks *[Event Procedure]* für die Ereigniseigenschaft *OnCurrent* (zu deutsch: *Beim Öffnen*) wie in der folgenden gekürzten Variante des *Form_Load*-Ereignisses – ohne dieses Setzen der Ereigniseigenschaft würde das Hauptformular schlicht kein Ereignis auslösen, falls es selbst noch keinen Code für *Form_Current* enthält:

```
Private Sub Form_Load()
    ...
    Set m_frm = Me.Parent
    m_frm.OnCurrent = "[Event Procedure]"
    ...
End Sub
```

> **Die Gefahren des automatischen Änderns von Ereigniseigenschaften**
>
> Mit der obigen Aktion überschreiben Sie natürlich bestehende Einträge für die Ereigniseigenschaften eines Formulars. Betroffen sind davon im Wesentlichen jene Ereigniseigenschaften, die mit dem Namen eines Makros oder eines Ausdrucks gefüllt sind — diese Werte werden dann einfach mit *[Event Procedure]* überschrieben und es wird nur noch die neu zugewiesene Ereignisprozedur ausgeführt. Anders ist dies, wenn die Ereigniseigenschaft bereits den Wert *[Event Procedure]* (in deutsch: *[Ereignisprozedur]*) enthält: Dieser wird zwar auch überschrieben, aber durch den gleichen Wert. Und ausgeführt werden letztlich alle Ereignisprozeduren, die für Objekte definiert sind, die das entsprechende Ereignis abfangen. Im Beispiel wird zunächst die Ereignisprozedur *Beim Anzeigen* des Formulars selbst ausgeführt und dann das im Unterformular für das Objekt *m_frm* festgelegte.

Als Zweites müssen Sie natürlich noch die oben angelegte Ereignisprozedur mit Leben füllen. Das sieht dann wie folgt aus:

```
Private Sub m_frm_Current()
    Me!btnStore.Enabled = False
    Me!btnUndo.Enabled = False
    If flagDelete Then Exit Sub
    GetCounter
End Sub
```

Die ersten beiden Anweisungen deaktivieren die Schaltflächen zum Speichern und zum Rückgängigmachen. Außerdem rufen sie die Routine *GetCounter* auf: Die sorgt nämlich dafür, dass die Anzeige des Textfeldes mit der Nummer des aktuellen Datensatzes sowie die Anzahl der Gesamtdatensätze aktualisiert wird (Fehlerbehandlung aus Platzgründen entfernt):

```
Private Sub GetCounter()
    Dim n As Long
    flagCounter = True
    If m_frm Is Nothing Then Set m_frm = Me.Parent.Form
    If m_frm.NewRecord Then
        txtCounter = "+"
        LblInfo.Caption = "(?)"
    Else
        DoEvents
        n = m_frm.CurrentRecord
        txtCounter = n
        If (m_Buttons And eButtonSet.eButtonNo) <> 0 Then
            Dim rs As DAO.Recordset
            On Error Resume Next
            Set rs = m_frm.RecordsetClone
```

```
            rs.MoveLast
            n = rs.RecordCount
            If n < 0 Then n = 0
            If m_InfoPos = 1 Then
                LblInfo.Caption = "(" & n & " Datensätze)"
            Else
                LblInfo.Caption = "von " & n & " gesamt"
            End If
            Set rs = Nothing
        End If
    End If
    flagCounter = False
End Sub
```

Der Counter ist soweit das einzige Element der Navigationsleiste, die von einem Wechsel des aktuellen Datensatzes im Hauptformular betroffen ist. Gegebenenfalls könnte man dies noch um Funktionen ergänzen, die etwa beim Anzeigen des ersten Datensatzes der Datenherkunft die Schaltflächen *Vorheriger Datensatz* und *Zum ersten Datensatz* deaktivieren und analog beim Anspringen des letzten Datensatzes vorgehen.

8.4.2 Basisfunktionen des Navigationsformulars

Die grundlegenden Funktionen des Formulars *sfrmNavi* sind das Navigieren in und das Löschen und das Neuanlegen von Datensätzen. Die meisten Funktionen werden durch passende Schaltflächen abgedeckt.

Der Sprung zum ersten Datensatz wird durch die Schaltfläche *btnFirst* ausgelöst. Die wesentliche Anweisung der Ereignisprozedur ist die folgende:

```
m_frm.Recordset.MoveFirst
```

Ähnlich sieht der Code der Prozedur aus, die beim Klick auf die Schaltfläche *btnLast* ausgelöst wird:

```
m_frm.Recordset.MoveLast
```

Die beiden Routinen, die durch die Schaltflächen *btnNext* und *btnPrevious* ausgelöst werden, enthalten eine zusätzliche Bedingung. Im Falle der Schaltfläche *btnNext* prüft diese, ob gerade ein neuer Datensatz angelegt wurde oder ob nicht gerade ohnehin der letzte Datensatz der Datenherkunft angezeigt wird:

```
If m_frm.NewRecord Then Exit Sub
If m_frm.CurrentRecord <> m_frm.Recordset.RecordCount Then _
    m_frm.Recordset.MoveNext
```

Beim Sprung auf den vorherigen Datensatz mit der Schaltfläche *btnPrevious* prüfen die folgenden Anweisungen, ob gerade ein frisch angelegter Datensatz angezeigt wird (führt zum Sprung auf den letzten regulären Datensatz) oder ob sich der Datensatzzeiger auf dem ersten Datensatz befindet – dies bewirkt logischerweise gar keine Veränderung:

```
If m_frm.NewRecord Then
    m_frm.Recordset.MoveLast
Else
    If m_frm.CurrentRecord > 1 Then
        m_frm.Recordset.MovePrevious
    End If
End If
```

Navigieren per Counter

Die nächste Variante zum Navigieren ist der Counter: Dort kann man die Position eingeben, zu der der Datensatzzeiger springen soll. Die passende Anweisung sieht wie folgt aus:

```
m_frm.Recordset.AbsolutePosition = Val(Nz(Me!txtCounter, 2) - 1
```

Schaltflächen highlighten

Genau wie im Original sollen auch die Schaltflächen der benutzerdefinierten Navigationsleiste beim Überfahren mit der Maus den Fokus erhalten.

Dies erledigt eine ganze Reihe von Prozeduren, die durch das *Bei Mausbewegung*-Ereignis der Schaltflächen ausgelöst werden. Diese Prozeduren setzen wie im folgenden Beispiel lediglich den Fokus auf das betroffene Steuerelement:

```
Private Sub btnFirst_MouseMove(Button As Integer, Shift As Integer, _
        X As Single, y As Single)
    btnFirst.SetFocus
End Sub
```

8.4.3 Zusätzliche Funktionen: Schnelles Vor- und Zurückblättern

Nicht in den Standardnavigationsleisten enthalten sind Schaltflächen, mit denen man eine zuvor festgelegte Anzahl von Datensätzen auf einen Schlag überspringen kann. Diese Schaltflächen heißen *btnRewind* und *btnForward* (wenn Sie sich hier an den guten alten Kassettenrekorder erinnert fühlen, liegen Sie richtig!).

Das Intervall der zu überspringenden Datensätze legt die private Variable *m_FastFactor* fest:

```
Private m_FastFactor As Long
```

Diese Variable kann man vom Hauptformular aus über die öffentliche *Property Let*-Eigenschaft *WindFactor* festlegen:

```
Public Property Let WindFactor(count As Long)
    m_FastFactor = count
End Property
```

Die Schaltfläche *btnForward* löst im Wesentlichen die folgenden Befehle aus:

```
m_frm.Recordset.Move m_FastFactor
If Err.Number <> 0 Then m_frm.Recordset.MoveLast
Me.Parent.Refresh
m_frm.Recordset.Move 0
```

Dabei bewegt die Routine, deren Fehlerbehandlung zuvor mit *On Error Resume Next* deaktiviert wurde, den Zeiger einfach um *m_FastFactor* Datensätze weiter nach vorn.

Wenn der Datensatzzeiger damit über die letzte Datensatzposition hinausschießt, erzeugt dies einen Fehler, der in der nächsten Zeile erkannt und mit dem Setzen des Datensatzzeigers auf die letzte Position korrigiert wird. Die beiden folgenden Zeilen aktualisieren das Hauptformular. Rückwärts funktioniert dies so:

```
m_frm.Recordset.Move CLng(-m_FastFactor)
If Err.Number <> 0 Then m_frm.Recordset.MoveFirst
Me.Parent.Refresh
m_frm.Recordset.Move 0
```

8.4.4 Navigationsformular steuern

Das Formular *sfrmNavi* lässt sich, als Unterformular in ein weiteres Formular eingebaut, auch steuern – mehr, als das mit dem Standardnavigationsbereich der Fall ist. Um auf die Methoden des Formulars *sfrmNavi* zuzugreifen und zusätzlich dessen Ereignisse zu nutzen, benötigen Sie im Hauptformular zunächst eine Objektvariable, die Sie wie folgt deklarieren:

```
Private WithEvents CNavi As Form_sfrm_Navi
```

Beim Laden des Hauptformulars können Sie diese Objektvariable dann füllen:

```
Private Sub Form_Load()
    ...
    Set CNavi = Me!sfrmNavigation.Form
```

```
        CNavi.AdjustColor
        If lAccess = 1 Then
            CNavi.EnableButton eButtonDel, False
            CNavi.EnableButton eButtonNew, False
        End If
        ...
    End Sub
```

Neben dem eigentlichen Setzen eines Verweises auf das Unterformular mit den Navigationsschaltflächen vollziehen sich allerdings noch weitere Aktivitäten: Zunächst ruft die Routine die Methode *AdjustColor* von *sfrmNavi* auf. Diese Routine sorgt kurz gefasst dafür, dass die Farben des Unterformulars automatisch den Farben des Hauptformulars angepasst werden. Außerdem wird zweimal die Methode *EnableButton* aufgerufen – und zwar nur, wenn eine Variable namens *lAccess* den Wert *1* besitzt. Diese wird – das ist in diesem Codeausschnitt nicht zu sehen – durch die Funktion *MayAccessObject* gefüllt, die den Namen des Objekts erwartet und prüft, welche Berechtigung der aktuelle Benutzer in Zusammenhang mit diesem Formular hat. In diesem Zusammenhang ist wichtig, dass der Wert *1* lediglich lesenden Zugriff auf die Daten in diesem Objekt erlaubt, wodurch die Schaltflächen zum Löschen und Neuanlegen von Datensätzen im passenden Navigationsbereich deaktiviert werden sollen.

Welche Schaltflächen hätten's denn gern?

Wenn schon eine Eigenbau-Navigation, dann auch eine gut konfigurierbare: Sie können mit der Eigenschaft *ButtonSet* des Formulars *sfrmNavi* festlegen, welche der Schaltflächen das Formular anzeigen kann. Die Anweisung, die Sie vom Hauptformular aus am besten direkt in der *Beim Laden*-Ereignisprozedur unterbringen, sieht beispielsweise so aus:

```
    CNavi.ButtonSet = eButtonStd
```

Dabei ist *eButtonStd* eine Konstante, die sich aus mehreren Konstanten zusammensetzt. Genau genommen gibt es für jedes Element der Navigationsleiste eine eigene Konstante, die wie folgt aussieht:

▸ *eButtonFirst* (Wert 1): Erster Datensatz

▸ *eButtonLast* (Wert 2): Letzter Datensatz

▸ *eButtonNext* (Wert 4): Nächster Datensatz

▸ *eButtonPrev* (Wert 8): Vorheriger Datensatz

▸ *eButtonFastNext* (Wert 16): Springe x Datensätze vor

▸ *eButtonFastPrev* (Wert 32): Springe x Datensätze zurück

- *eButtonNew* (Wert 64): Lege neuen Datensatz an
- *eButtonDel* (Wert 128): Lösche den aktuellen Datensatz
- *eButtonCount* (Wert 256): Datensatzzähler
- *eButtonNo* (Wert 512): Textfeld mit aktuellem Datensatz, dient auch zur Eingabe des anzuzeigenden Datensatzes
- *eButtonStore* (Wert 1024): Datensatz speichern
- *eButtonUndo* (Wert 2048): Aktion rückgängig

Hier ist gut zu erkennen, dass auch einige Funktionen abgebildet werden, die Sie normalerweise nicht in der Navigationsleiste finden. Wenn Sie eine Kombination der Schaltflächen einsetzen möchten, fügen Sie diese einfach per logischer Disjunktion zusammen und weisen sie der Eigenschaft *ButtonSet* zu. Dies würde beispielsweise die gewohnte Konfiguration liefern:

```
CNavi.ButtonSet = eButtonFirst Or eButtonLast Or eButtonNext Or _
    eButtonPrev Or eButtonCount Or eButtonNo Or eButtonNew
```

Im Modul *mdlNavi* finden Sie die Deklaration der passenden Enumerationskonstanten sowie die Definition einiger vorbereiteter Kombinationen – beispielsweise der folgenden, die alle Elemente einblendet:

```
Public Const eButtonAll = eButtonFirst Or eButtonLast Or eButtonNext _
    Or eButtonPrev Or eButtonCount Or eButtonNo Or eButtonNew _
    Or eButtonFastNext Or eButtonFastPrev Or eButtonDel Or eButtonStore _
    Or eButtonUndo
```

Wenn Sie diese Konstante verwenden, sieht die Navigationsleiste wie folgt aus:

Abbildung 8.13: Die benutzerdefinierte Navigationsleiste mit allen Elementen

Damit sie auch mit allen Elementen funktioniert, ist noch der Code anzupassen. Zum Beispiel müssen Sie sich in das *Bei Änderung*-Ereignis des Hauptformulars einklinken, um die Schaltflächen zum Rückgängigmachen der letzten Änderung oder zum Speichern des aktuellen Datensatzes zu aktivieren.

Das ist aber kein großer Akt, Sie brauchen lediglich die folgende Zeile zum *Form_Load*-Ereignis des Unterformulars *sfrmNavi* hinzuzufügen:

```
m_frm.OnDirty = "[Event Procedure]"
```

Die notwendige Ereignisprozedur ist bereits unter dem Namen *m_frm_Dirty* im Klassenmodul des Unterformulars *sfrmNavi* enthalten und sorgt dafür, dass die beiden genannten Schaltflächen beim Ändern des im Hauptformular angezeigten Datensatzes aktiviert werden. Diese Routine ist übrigens völlig wirkungslos, wenn Sie der Eigenschaft *OnDirty* der Objektvariablen *f_frm* nicht den Wert *[Event Procedure]* zuweisen.

8.4.5 Ereignisse des Navigationsformulars nutzen

Das Formular *sfrmNavi* stellt einige Ereignisse bereit, die Sie von außen, sprich: vom Hauptformular aus, nutzen können. Das Wichtigste ist das Ereignis *NaviClick*. Wie aber funktioniert ein benutzerdefiniertes Ereignis und wie können Sie davon profitieren? Nun: Weiter oben haben Sie im Ereignis *Form_Load* des Hauptformulars bereits eine Referenz mit dem Schlüsselwort *WithEvents* auf das Unterformular angelegt, womit der Grundstein gelegt ist. Im Klassenmodul des Unterformulars *sfrmNavi* ist nun ein Ereignis wie folgt deklariert:

```
Public Event NaviClick(Button As eButtonSet, Cancel As Boolean)
```

Desweiteren gibt es einige Prozeduren im Unterformular, die folgende Zeile enthalten – zum Beispiel die Prozedur *btnDelete_Click*, die durch den Mausklick auf die Schaltfläche *btnDelete* ausgelöst wird:

```
If m_Events Then RaiseEvent NaviClick(eButtonDel, b)
```

Damit dies funktioniert, muss *m_Events* den Wert *True* aufweisen. Dies ist sichergestellt, wenn Sie diesen Wert wie folgt einstellen – und zwar am besten direkt beim Referenzieren des Unterformulars im *Form_Load*-Ereignis des Hauptformulars:

```
CNavi.Allowevents = True
```

Nun haben Sie also ein Event, das beim Klicken auf die *Löschen*-Schaltfläche ausgelöst wird. Was damit tun? Nun: Beispielsweise können Sie damit ein Meldungsfenster anzeigen, das den Benutzer fragt, ob er den Datensatz auch wirklich löschen möchte. Und dazu legen Sie nun im Klassenmodul des Hauptformulars die folgende Ereignisprozedur an (das geht am einfachsten wie gewohnt über die beiden Kombinationsfelder des Codefensters: links *CNavi*, rechts *CNaviClick* auswählen):

```
Private Sub CNavi_NaviClick(Button As eButtonSet, Cancel As Boolean)
    If Button = eButtonDel Then
        Cancel = (Msgbox("Den Benutzer wirklich löschen?" & vbCrLf & _
            "Dieser Vorgang kann nicht mehr rückgängig gemacht werden!", _
                vbQuestion Or vbYesNo, "Bestätigen:") = vbNo)
    End If
End Sub
```

Der Parameter *Button* liefert – wie oben festgelegt – die Konstante *eButtonDel*, die für die *Löschen*-Schaltfläche steht. Das ist genau die Konstante, die obige Ereignisprozedur erwartet, und so füllt sie den Parameter *Cancel* mit dem Ergebnis des Meldungsfensters aus der folgenden Abbildung:

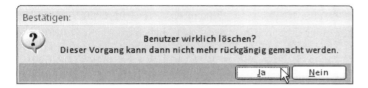

Abbildung 8.14: Diese Meldung erscheint, wenn der Benutzer einen Datensatz löschen möchte.

Die Routine *btnDelete_Click* des Unterformulars wertet dann den Boolean-Wert aus, den das Meldungsfenster zurückgeliefert hat, und führt dann den Löschvorgang durch oder eben nicht.

Eine solche Abfrage ließe sich zwar theoretisch auch in das Klassenmodul des Unterformulars *sfrmNavi* selbst integrieren, jedoch könnte man dann nur eine allgemeine Meldung ausgeben und keine dem jeweiligen Hauptformular angepasste.

Eigene Anwendungen

Das Formular *sfrmNavi* können Sie in eigene Anwendungen einbauen. Probieren Sie dies einfach einmal aus. Wenn Sie ein paar Mal damit gearbeitet haben, geht dies relativ schnell.

8.5 Anwendungsinterner Farbdialog

Das Design einer Anwendung ist, zumindest was die Farbgestaltung angeht, sicher zwar Geschmackfrage, aber unter Umständen auch für die Ergonomie wichtig. Natürlich gibt es Farbkombinationen, die das Lesen erschweren, aber Sie werden wohl zunächst prüfen, ob Sie die Inhalte von Formularen und Berichten selbst lesen können, bevor Sie die Anwendung an den Kunden ausliefern.

In der vorliegenden Anwendung haben wir uns bezüglich der Farben vom Windows-Standard entfernt – wenn man davon überhaupt sprechen kann, da die Windows-Standardelemente sich ja auch mit der einen oder anderen Windows-Version ändern.

Zusätzlich ist die Farbgebung flexibel gestaltet: Der Benutzer kann die Farben verschiedener Elemente der Anwendung selbst festlegen. Ob Sie dem Benutzer diese Gelegenheit tatsächlich geben möchten, das bleibt Ihnen überlassen. Eigentlich war der nachfolgend beschriebene Farbdialog nur für die *dmsBase*-Entwickler bestimmt, wurde aber zu Demonstrationszwecken schließlich doch in die Oberfläche integriert. Grundlage für den Dialog ist die Tabelle *tbl_SysColors*, die eine Auflistung der in der Anwendung verwendeten Farben und der entsprechenden Konstanten enthält.

Zu beachten ist, dass es sich bei dieser Tabelle um eine Systemtabelle von *dmsBase* handelt, was erstens durch die Zeichenfolge *Sys* und zweitens durch den Unterstrich (_) zwischen dem Präfix und der eigentlichen Bezeichnung kenntlich gemacht werden soll.

Die Tabelle *tbl_SysColors* ist nicht im Backend, sondern in jeder Kopie des Frontends enthalten. So stellen Sie sicher, dass jeder Anwender nur die Farbgebung seines eigenen Frontends verändern kann und andere Benutzer nicht unter den möglicherweise augenschädigenden Farbvorlieben ihrer Kollegen leiden müssen.

ID	Bezeichnung	Farbwert	Beschreibung
1	Dokument	13880764	Sollte überall vorkommen, wo Dokumente behandelt werden
2	Mitarbeiter	12772053	Elemente im Zusammenhang mit Mitarbeitern
3	Dialoge	13424601	Dialogformulare etc.
4	Warnung	12042751	Warnhinweise etc.
5	Stil1	13231081	Grafische Stilelemente (Rechtecke etc.)
8	Stil2	13099224	Stilelemente 2 (Rechtecke, Headerfarbe etc.)
10	Stil3	13288622	Headerfarbe
11	Neutral	13619151	?
12	Info	13495266	Farbe für Info-Boxen
13	Picture	12632256	Hintergrund bei Bildanzeige (MSForms-Image)
14	Berechtigungen	13688279	Sollte überall vorkommen, wo es um Berechtigungen geht
15	Bonbon	15192038	
16	Altweiß	14674154	

Abbildung 8.15: Die Tabelle tbl_SysColors speichert die in der Anwendung verwendeten Farben.

Der Benutzer soll Änderungen natürlich nicht in dieser Tabelle, sondern in einem geeigneten Formular vornehmen – dem Formular *frm_SysColors*. Das Formular zeigt nicht nur die Farbe des aktuell ausgewählten Datensatzes an, sondern auch die anderen Farben. Mit einem Klick auf eines der Felder in der Farbmatrix zeigen Sie die jeweilige Farbe im großen Feld an und aktualisieren außerdem weitere Textfelder, die den Farbcode im dezimalen und im hexadezimalen Format darstellen.

Dabei geschieht Letzteres auf zwei Arten: auf eine von Visual Basic und Access verständliche Art, nämlich in der Form &H000000, und auf die in HTML- und sonstigen Auszeichnungssprachen verwendete Weise (#000000). Letztere kann man ab Access 2007 auch als Wert für Eigenschaften wie Hintergrundfarbe oder Rahmenfarbe einsetzen.

Mit einem Klick auf die Schaltfläche mit den drei Punkten (...) öffnen Sie den Windows-Standarddialog zur Auswahl von Farben, wofür eine API-Funktion in der Routine

Formulartechniken

ColorDlg des Moduls *mdlDialogs* zum Einsatz kommt. Die hier ausgewählte Farbe übernimmt das Formular statt der aktuell ausgewählten Farbe.

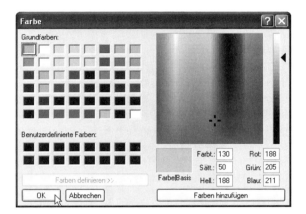

Abbildung 8.16: Mit dem Standard-Farbauswahldialog von Windows können Sie die Anwendungsfarben anpassen.

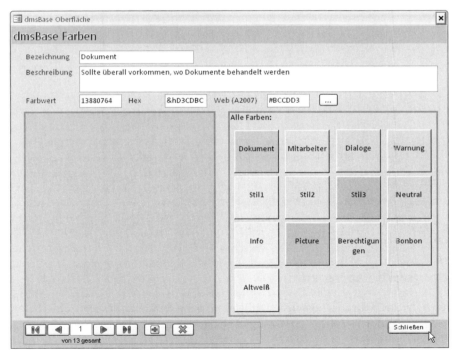

Abbildung 8.17: Im Formular frm_SysColors kann der Benutzer die Farber für sein Frontend einstellen.

Kapitel 8

Hilfreich ist die Übersicht aller verwendeten Farben: So kann man sich harmonierende Farben zusammenstellen und diese für die verschiedenen Bereiche der Anwendung verwenden. Diese Übersicht ist nicht etwa in einem Unterformular, sondern in 16 einzelnen Bezeichnungsfeldern mit den Namen *col1*, *col2*... untergebracht, wie die folgende Abbildung zeigt:

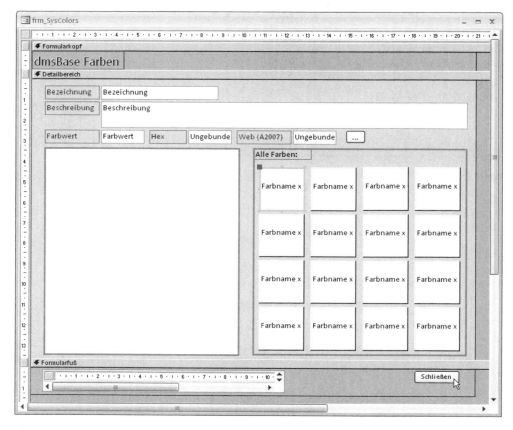

Abbildung 8.18: Die Anzeige aller in der Anwendung verwendeten Farben erfolgt nicht etwa in einem Unterformular, sondern in fixen Bezeichnungsfeldern.

Anwendungsfarbe abfragen

Für den Einsatz der Anwendungsfarben gibt es verschiedene Funktionen. Eine liefert zum Beispiel den in der Tabelle *tbl_SysColor* gespeicherten Farbcode zu der Bezeichnung einer Anwendungsfarbe:

```
Function fuSysColor(sName As String) As Long
    On Error Resume Next
```

```
    fuSysColor = FLookup("[Farbwert]", "tbl_SysColors", _
        "[Bezeichnung]='" & sName & "'")
    If Err.Number <> 0 Then fuSysColor = &HFFFFFF
End Function
```

8.6 Schließen aller Formulare außer dem aktuellen

Die meisten Formulare der Anwendung sollen maximiert angezeigt werden. Daher macht es keinen Sinn, andere Formulare, die so ohnehin hinter einem anderen maximierten Formular nicht sichtbar wären, geöffnet zu lassen. Da beim Öffnen eines Formulars beliebige andere Formulare offen sein können, schließt man diese einfach alle – mit Ausnahme des gerade geöffneten Formulars.

Diese Aufgabe erledigt die folgende Routine namens *CloseOtherForms*, die einen Verweis auf das Formular erwartet, das nicht geschlossen werden soll. Die Routine durchläuft alle offenen Formulare in einer *For...Next*-Schleife und schließt diese, wenn ihr Name im *Select ..Case* -Statement nicht mit dem Namen des als Parameter übergebenen Formulars übereinstimmt oder wenn es sich um Ausnahmen handelt, die nicht geschlossen werden sollen.

```
Sub CloseOtherForms(ThisForm As Access.Form)
    Dim sName As String
    Dim i As Long, n As Long
    sName = ThisForm.Name
    n = Application.Forms.count - 1
    For i = n To 0 Step -1
        Select Case Forms(i).Name
            Case sName, "frmMsg", "frmDokumentsuche", "frmDocMain", _
                "frmDocProperties", "frmUebersicht" 'Standardformulare!
            Case Else
                DoCmd.Close acForm, Forms(i).Name
        End Select
    Next i
End Sub
```

8.7 Steuerelemente im Formular zentrieren

Ab Access 2007 können Steuerelemente mit den praktischen Eigenschaften *Horizontaler Anker* und *Vertikaler Anker* dafür sorgen, dass Steuerelemente an einer oder mehreren Formularrändern verankert werden und so Position und/oder Größe verändern, wenn der Benutzer das Formular anpasst.

Kapitel 8

Manchmal hilft aber auch das nicht weiter: Wenn Sie Formulare immer maximiert öffnen, möchten Sie vielleicht, dass solche Formulare mit Steuerelementen, deren Größe und Position zueinander bereits optimiert ist, das Set von Steuerelementen genau in der Mitte des Formulars anzeigen, statt etwa links oben gruppiert.

Ein Beispiel ist das Formular *frmUser*: In der Entwurfsansicht sieht dies wie ein ganz normales Formular aus, die Steuerelemente sind von links oben ausgehend angeordnet und gleichmäßig über das Formular verteilt.

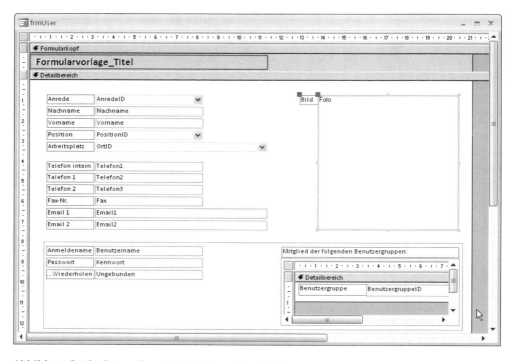

Abbildung 8.19: Entwurfsansicht des Formulars frmUser

In der Formularansicht sieht dies ganz anders aus: Hier bleiben zwar die Abstände der Steuerelemente erhalten, aber diese wurden als Ganzes in die Mitte des Formulars verschoben. Dadurch haben Sie ein Layout, das unabhängig von der Bildschirmauflösung einen professionelleren Eindruck macht.

Damit dies so funktioniert, ist ein wenig VBA-Code notwendig. Zunächst ist ein Array zu erstellen, in dem Sie die im Entwurf gespeicherten Positionen der Steuerelemente des Formulars zwischenspeichern. Dieses legen Sie im Kopf des Klassenmoduls des Formulars an:

```
Private arrCtlPositions() As TCtlPos
```

Formulartechniken

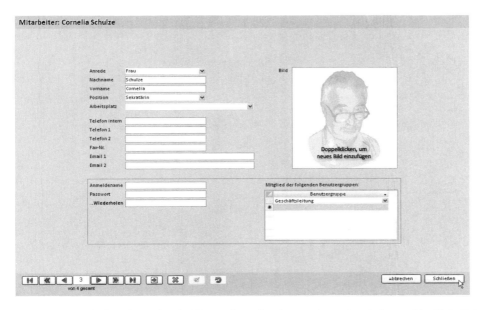

Abbildung 8.20: Das Formular frmUser zeigt seine Steuerelemente als kompakte Einheit in der Mitte des Fensters an.

Der hier verwendete Typ ist wie folgt im Modul *mdlGlobal* deklariert und dient dem Speichern des jeweiligen Steuerelementnamens sowie seiner x- und y-Koordinate:

```
Type TCtlPos
    Name As String
    X As Long
    y As Long
End Type
```

Desweiteren benötigen Sie zwei Variablen zum Speichern der Abmessungen des Detailbereichs des Formulars:

```
Private HDetail As Long
Private WDetail As Long
```

Die bisher deklarierten Elemente füllt die Ereignisprozedur *Form_Open* mit den folgenden drei Anweisungen:

```
arrCtlPositions = StoreCtlPositions(Me)
HDetail = Me.Section(acDetail).Height
WDetail = Me.Width
```

Während die unteren beiden Zeilen trivial sind, verwendet die erste Zeile eine weitere Funktion. Diese heißt *StoreCtlPositions* und speichert die Koordinaten der Steuerelemente,

401

Kapitel 8

während sie die Auflistung aller Steuerelemente durchläuft. Die Funktion stammt aus dem Modul *mdlGlobal* und sieht wie folgt aus:

```
Function StoreCtlPositions(frm As Access.Form, _
        Optional IncludeFooter As Boolean = False) As TCtlPos()
    Dim ctl As Access.Control
    Dim TCtlP() As TCtlPos
    Dim i As Long, k As Long
    For k = acDetail To 2 * Abs(IncludeFooter) Step 2
        For Each ctl In frm.Section(k).Controls
            ReDim Preserve TCtlP(i)
            With TCtlP(i)
                .Name = ctl.Name
                .X = ctl.Left
                .y = ctl.Top
            End With
            i = i + 1
        Next ctl
    Next k
    Set ctl = Nothing
    StoreCtlPositions = TCtlP
End Function
```

Der erste Parameter erwartet einen Objektverweis auf das zu behandelnde Formular, der zweite einen Boolean-Wert, der festlegt, ob auch die Steuerelemente im Fußbereich des Formulars berücksichtigt werden sollen. Die *For Each*-Schleife durchläuft alle Steuerelemente der betroffenen Bereiche und schreibt deren Koordinaten in das Array *TCtlP()*, das zum Schluss als Funktionswert zurückgeliefert wird.

Der große Auftritt des Arrays erfolgt in der *Resize*-Ereignisprozedur, die ja bei jeder Anpassung der Größe des Formulars ausgelöst wird – bei maximierten Formularen also erstmalig beim Maximieren. Die *Form_Resize*-Prozedur enthält die folgenden Anweisungen zum Zentrieren des Steuerelement-»Blocks«.

Neben den Deklarationen einiger Variablen prüft die Routine zunächst, ob die *Boolean*-Variable *bDontResize* den Wert *True* hat, und bricht die Ereignisprozedur in diesem Fall ab. Diese Variable wird etwa im Ereignis *Form_Unload* auf *True* gesetzt, damit beim Schließen des Formulars keine Zentrierung der Steuerelemente mehr stattfindet, sonst hat sie den Wert *False*.

```
Dim i As Long, n As Long
Dim xOffset As Long, yOffset As Long
On Error Resume Next
If bDontResize Then Exit Sub
```

Die folgenden Zeilen berechnen Werte für die Variablen *xOffset* und *yOffset*. Dabei handelt es sich um Zahlenwerte, die den Unterschied der aktuellen Breite des Detailbereichs zur Originalbreite festlegen. Wenn Breite und/oder Höhe kleiner als das Original werden, blendet die Routine die entsprechenden Bildlaufleisten ein.

```
xOffset = Me.InsideWidth - WDetail
Me.ScrollBars = Abs((xOffset < 0))
If xOffset < 0 Then xOffset = 0
yOffset = Me.InsideHeight - (HDetail + Me.Section(acFooter).Height _
    + Me.Section(acHeader).Height)
Me.ScrollBars = Me.ScrollBars Or (2 * Abs((yOffset < 0)))
If yOffset < 0 Then yOffset = 0
```

Fehlt schließlich noch das Neuausrichten der Steuerelemente: Dabei stellen die innerhalb der *For...Next*-Schleife ausgeführten Anweisungen die *Left*- und die *Top*-Eigenschaft der Steuerelemente so ein, dass diese um den halben Offset in x- und y-Richtung verschoben werden.

```
n = UBound(arrCtlPositions)
For i = 0 To n
    Me.Controls(arrCtlPositions(i).Name).Left = _
        arrCtlPositions(i).X + xOffset / 2
    Me.Controls(arrCtlPositions(i).Name).Top = _
        arrCtlPositions(i).y + yOffset / 2
Next i
```

Beim Entladen des Formulars wird das Array schließlich wieder gelöscht:

```
Erase arrCtlPositions
```

8.8 Optionen-Dialog

Der Optionen-Dialog dient – ähnlich wie der Optionen-Dialog von Access selbst – der Einstellung von Anwendungsoptionen. Die folgende Abbildung zeigt am Beispiel der Einstellung für das Versenden von Fehlermeldungen an das Entwicklerteam, wie der Optionen-Dialog aussieht.

Dieser Dialog dient größtenteils dazu, die in der *TempVars*-Auflistung gespeicherten Optionen anzuzeigen und diese zu ändern.

Die in der *TempVars*-Auflistung gespeicherten Optionen werden beim Start der Anwendung aus der Tabelle *tbl_TempVars* eingelesen und beim Beenden dort gespeichert (siehe 9.7.2, »TempVars dauerhaft speichern«). Außerdem gibt es dort einige Schaltflächen zum Aufrufen von Funktionen wie etwa zum Aufbauen des Volltextindex.

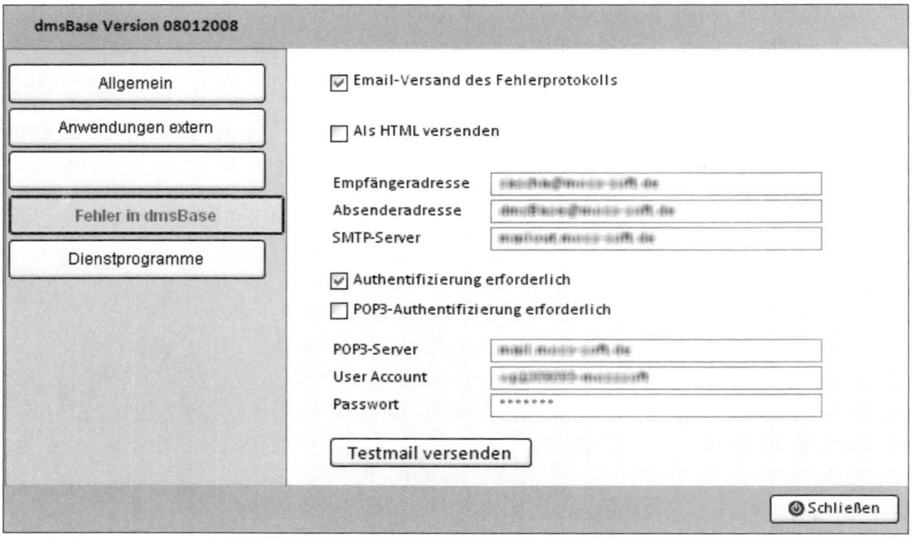

Abbildung 8.21: Der Optionen-Dialog von dmsBase

8.8.1 Register im alternativen Style

Der Clou an diesem Formular ist, dass es per Klick auf die einzelnen Umschaltflächen links die entsprechenden Steuerelemente auf der rechten Seite anzeigt. Dies sieht auf den ersten Blick so aus, als würden diese je nach der geklickten Umschaltfläche einzeln ein- beziehungsweise ausgeblendet.

Dies ist aber mitnichten der Fall, im Gegenteil: Das Formular verwendet ein unkenntlich gemachtes Registersteuerelement, dessen Registerseiten durch das Anklicken der Umschaltflächen aktiviert werden.

Wohin aber sind die Registerlaschen des Registersteuerelements entschwunden? Ganz einfach: Man kann diese mit der Eigenschaft *Formatvorlage* als *Register* und *Schaltflächen* ausführen, aber mit dem Eintrag *Keine* auch komplett verschwinden lassen.

Und wie steuert man die Seiten dann an – vor allem zur Entwurfszeit? Über das Kombinationsfeld im oberen Bereich des Eigenschaftsfensters. Dieses bietet nicht nur die Möglichkeit, die Steuerelemente wie auch das Registersteuerelement zu aktivieren, sondern auch die einzelnen Seiten des Registersteuerelements. Diese heißen im Formular *frmOptions* übrigens *pg1, pg2, pg3, pg4* und *pg5*.

Zur Laufzeit sollen die Umschaltflächen am linken Rand für das Wechseln der Registerseiten sorgen. Das haben wir so simpel wie möglich gestaltet: Nämlich durch den Einsatz einer Reihe von Umschaltflächen innerhalb einer Optionsgruppe.

Formulartechniken

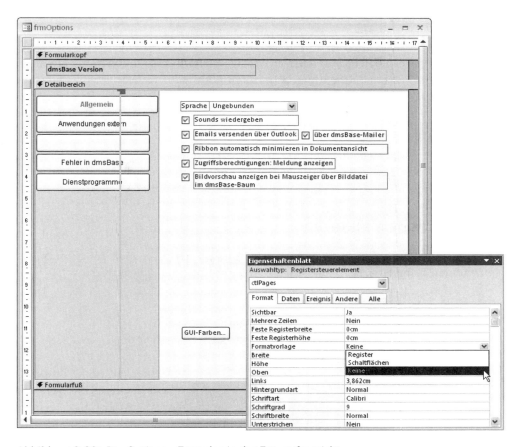

Abbildung 8.22: Das Optionen-Formular in der Entwurfsansicht

So braucht nicht jede einzelne Schaltfläche eine Ereignisprozedur, sondern nur die Optionsgruppe benötigt eine – und die sieht wie folgt aus:

```
Private Sub ctlSwitch_AfterUpdate()
    Dim i As Long
    On Error Resume Next
    For i = 1 To 5
        Me.Controls("btn" & CStr(i)).ForeColor = vbBlack
        Me.Controls("btn" & CStr(i)).FontBold = False
        Me.Controls("btn" & CStr(i)).Width = 2900
    Next i
    Me.Controls("btn" & CStr(ctlSwitch.Value)).ForeColor = RGB(64, 160, 64)
    Me.Controls("btn" & CStr(ctlSwitch.Value)).FontBold = True
    Me.Controls("btn" & CStr(ctlSwitch.Value)).Width = 3104
```

```
        Me!ctlPages.Value = Me!ctlSwitch.Value - 1
End Sub
```

Die Umschaltflächen heißen *btn1*, *btn2*, *btn3*, *btn4* und *btn5*, ihre Optionswerte innerhalb der Optionsgruppe entsprechen den Ziffern am Ende ihres Objektnamens. Die obige Routine durchläuft alle und stellt für jede Umschaltfläche die Standardeigenschaften ein. Anschließend wird diejenige, die der Benutzer angeklickt hat, durch das Setzen entsprechender Eigenschaften optisch hervorgehoben.

Und zu guter Letzt stellt die Routine noch die Eigenschaft *Value* des Registersteuerelements auf den passenden Wert zwischen *0* und *4* ein, wodurch die entsprechende Steuerelementseite mit den enthaltenen Elementen aktiviert wird.

8.8.2 Optionen einlesen

Die Ereignisprozedur, die beim Laden des Formulars ausgelöst wird, führt neben einigen anderen Tätigkeiten auch einen Aufruf der Routine *FetchOptions* durch:

```
Private Sub Form_Load()
    ...
    FetchOptions
    ...
End Sub
```

Diese Routine sorgt mit der Prozedur *DeSerializeTempVars* für das Einlesen der Optionen aus der Tabelle *tbl_TempVars* und schreibt die so in die *TempVars*-Auflistung übertragenen Optionswerte in die passenden Felder des *Optionen*-Dialogs. Da dies immer die gleiche Anweisung erfordert, zeigen wir nur eine Beispieloption:

```
Private Sub FetchOptions()
    ...
    DeSerializeTempVars
    Me!chkEmailOL = Not Getvar("EmailType", True)
    '... Einlesen vieler weiterer Eigenschaften
    ...
End Sub
```

8.8.3 Optionen ändern

Wenn der Benutzer eine Option geändert hat, soll diese direkt in die *TempVars*-Auflistung geschrieben werden, damit anwendungsweit die aktuellen Einstellungen verfügbar sind. Dazu besitzt jedes Steuerelement, das eine Option repräsentiert, eine Prozedur, die durch das Ereignis *Nach Aktualisierung* ausgelöst wird. Diese sieht für den Versand von E-Mails mit Outlook wie folgt aus:

```
Private Sub chkEmailOL_AfterUpdate()
    On Error Resume Next
    Me!chkEmailSendmail.Value = Not Me!chkEmailSendmail.Value
    SetVar "EmailType", Me!chkEmailSendmail.Value
End Sub
```

Beim Entladen des Formulars sollen alle Einträge der *TempVars*-Auflistung nochmals in die Tabelle *tbl_TempVars* übertragen werden:

```
Private Sub Form_Unload(Cancel As Integer)
    SerializeTempVars
End Sub
```

Auf den verschiedenen Registerseiten des Formulars befinden sich noch einige Schaltflächen, die bestimmte Aktionen wie etwa das Verschicken einer Testmail auslösen; diese enthalten keine speziellen Techniken, sodass wir an dieser Stelle auf den Quellcode des Formulars *frmOptions* verweisen.

8.9 Fortschrittsanzeige

Die Beispieldatenbank enthält eine Fortschrittsanzeige, die durch ein Formular und einige VBA-Funktionen für den direkten Aufruf repräsentiert wird. Das Formular sieht im Entwurf wie in der folgenden Abbildung aus:

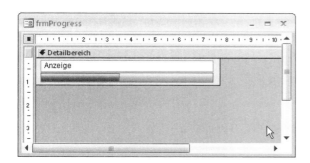

Abbildung 8.23: Das Fortschrittsbalken-Formular in der Entwurfsansicht

Das Formular soll nicht nur einen Fortschrittsbalken, sondern auch einen Text zur Ausgabe des aktuellen Status liefern – daher das zusätzliche Bezeichnungsfeld namens *Display*.

Der Fortschrittsbalken wird durch zwei übereinanderliegende Bildsteuerelemente realisiert, von denen das eine, *ctlImgFrame*, die Bilddatei *verlauf.png* und das zweite, *ctlImgProgress*, die Bilddatei *verlauf_progress.png* als Bild enthält. *ctlImgFrame* wird stets in der vollen Breite angezeigt, *ctlImgProgress* mit einer Breite, die dem aktuellen Fortschritt in Prozent entspricht – und den können Sie mit dem Aufruf der passenden Prozedur angeben.

8.9.1 Beispiel

Die folgende Routine zeigt, wie Sie das Fortschrittsbalken-Formular einsetzen können. Sie brauchen dazu nicht mehr als einige Aufrufe spezieller VBA-Routinen:

```
Sub TestProgressbar()
    Dim i As Integer
    OpenProgress
    ProgressText "Test Progressbar"
    For i = 1 To 100
        Progress i & "% abgeschlossen", i
        DoEvents
        Sleep 50
    Next i
    ProgressText "Ok, das war's!"
    CloseProgress
End Sub
```

Die Routine öffnet das Formular, schreibt den Text »Test Progressbar« in das Bezeichnungsfeld und durchläuft dann in Schritten zu je einer fünfzigstel Sekunde den kompletten Balken (die notwendige Funktion *Sleep* liefert die Bibliothek *Win32 Type Library v0.6* – alternativ können Sie auch die passende API-Funktion deklarieren und verwenden). Schließlich schreibt die Testfunktion noch den Text »Gut, das war's!« in das Bezeichnungsfeld des Formulars und schließt dieses mit dem Aufruf der Prozedur *CloseProgress*.

8.9.2 Formularcode

Was geschieht hier im Einzelnen? Bevor wir uns um den Aufruf des Formulars und den Verlauf des Fortschrittsbalkens kümmern, werfen wir einen Blick auf den Code des Formulars. Eine modulweite Variable ist erforderlich, um die Breite eines Intervalls des Fortschrittsbalkens zu speichern, was – Sie ahnen es bereits – einem Hundertstel oder auch einem Prozent der Gesamtbreite des Bildsteuerelements in Twips entspricht:

```
Dim dblInterval As Double
```

Das Öffnen des Formulars löst die folgende Routine aus:

```
Private Sub Form_Open(Cancel As Integer)
    dblInterval = Me!ctlImgFrame.Width / 100
```

```
        Me!ctlImgProgress.Width = 15
        Me!Display.Caption = ""
        DoCmd.Hourglass True
        DoEvents
    End Sub
```

Diese ermittelt zunächst den Wert der Variablen *dblInterval*, indem es die Breite des Bildsteuerelements *ctlImgFrame* errechnet und durch 100 teilt. Die Breite des Fortschrittsbalkens selbst wird zunächst auf einen minimalen Wert von 15 eingestellt und die Beschriftung des Steuerelements *Display* geleert. Die einzige weitere Ereignisprozedur dieses Formulars wird durch das Ereignis *Bei Zeitgeber* ausgelöst und schließt das Formular.

```
    Private Sub Form_Timer()
        DoCmd.Close
    End Sub
```

Damit dieses Ereignis ausgelöst wird, muss bekanntlich der Wert der Eigenschaft *Zeitgeberintervall* einen Wert ungleich *0* aufweisen. Dies geschieht in einer öffentlichen Methode des Formulars *frmProgress*:

```
    Public Sub MeClose()
        Me.TimerInterval = 1200
        DoCmd.Hourglass False
    End Sub
```

Öffentliche Methoden können von außen in Zusammenhang mit einem Formular-Objekt aufgerufen werden. Dies sähe etwa so aus:

```
    Forms!frmProgress.MeClose
```

Es gibt noch zwei weitere solcher öffentlichen Methoden. Die erste namens *SetMeter* erlaubt das Einstellen der Position beziehungsweise der Länge des Fortschrittsbalkens, wobei die Position als Integerwert von *0* bis *100* angegeben werden sollte (größere Werte sind möglich, werden aber wie der Wert *100* behandelt):

```
    Public Sub SetMeter(intPosition As Integer)
        If intPosition < 0 Then intPosition = 0
        If intPosition > 100 Then intPosition = 100
        Application.Echo False
        Me!ctlImgProgress.Width = Int(intPosition * dblInterval)
        Application.Echo True
    End Sub
```

Schließlich stellt die öffentliche Methode *SetDisplay* den Text des Beschriftungsfelds ein. Sie erwartet dazu den passenden Text in Form eines *String*-Parameters:

```
Public Sub SetDisplay(strText As String)
    If Len(strText) > 80 Then strText = Left(strText, 78) & "..."
    Me!Display.Caption = strText
    DoEvents
End Sub
```

Und nun wird es interessant: Die nachfolgend vorgestellten Prozeduren sind nämlich die, mit denen der Programmierer es zu tun bekommt.

Die erste namens *OpenProgress* öffnet das Formular *frmProgress* und positioniert es optional an der mit den beiden Parametern *x* und *y* angegebenen Stelle. Die Parameter enthalten die Position in Twips (ein Twip entspricht 1/1440 Zoll, also circa 0,0176 mm und ein cm sind etwa 567 Twips).

```
Sub OpenProgress(Optional x, Optional y)
    DoCmd.OpenForm "frmProgress"
    If Not IsMissing(x) Then DoCmd.MoveSize x
    If Not IsMissing(y) Then DoCmd.MoveSize , y
End Sub
```

Die folgenden beiden Routinen erlauben das separate Setzen des Textes und der Breite des Fortschrittsbalkens. Die erste heißt *ProgressText* und erwartet den anzuzeigenden Text. Nach einer Prüfung, ob das Formular überhaupt geöffnet ist, wird das Öffnen gegebenenfalls nachgeholt und dann der gewünschte Wert eingetragen:

```
Sub ProgressText(strText As String)
    If Not IsFormOpen("frmProgress") Then OpenProgress
    DoEvents
    Forms("frmProgress").SetDisplay (strText)
End Sub
```

Die Routine *ProgressMeter* erledigt das Gleiche für die Breite des Fortschrittsbalkens:

```
Sub ProgressMeter(intValue As Integer)
    If Not IsFormOpen("frmProgress") Then OpenProgress
    DoEvents
    Forms("frmProgress").SetMeter (intValue)
End Sub
```

Zwei Fliegen mit einer Klappe schlägt die Routine *Progress*, die gleichzeitig den anzuzeigenden Text sowie die Breite des Fortschrittsbalkens einstellt und leitet, sofern der Fortschrittsbalken die volle Breite erreicht hat, das Schließen des Formulars ein:

```
Sub Progress(strText As String, intValue As Integer)
    ProgressText (strText)
    ProgressMeter (intValue)
```

```
        If intValue >= 100 Then CloseProgress
End Sub
```

Die letzte Routine im Bunde schließt das Formular – aber nur, wenn dies auch geöffnet ist. Anderenfalls bleibt sie untätig:

```
Sub CloseProgress()
    On Error Resume Next
    If IsFormOpen("frmProgress") Then Forms("frmProgress").MeClose
End Sub
```

8.10 Formular-Splitter

Das Formular zur Anzeige der Dokumente (*frmDocMain*, Ribbon-Eintrag *Dokumente verwalten*) enthält einen Splitter, mit dem der Benutzer die Größe des linken und rechten Bereichs des Formulars vergrößern beziehungsweise verkleinern kann.

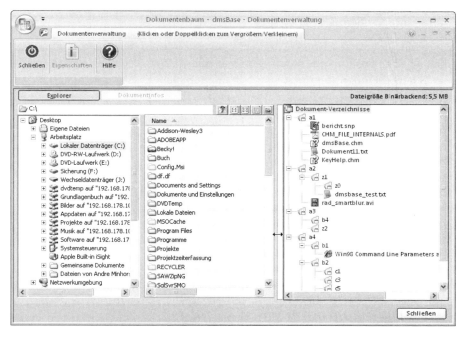

Abbildung 8.24: Der weiße Balken zwischen Explorer-Steuerelement und Dokumentbaum ist ein Splitter, mit dem der Benutzer die Größe der Bereiche einstellen kann.

Man könnte denken, dass solch ein Splitter eine Menge Programmieraufwand bedeutet, wenn Microsoft schon kein solches Steuerelement zur Sammlung der Access-Steuerelemente hinzufügt. Glücklicherweise ist es halb so schlimm: Letztlich ist die Programmierung eines solchen Splitters reine Fleißarbeit.

Wichtig ist nur, zu wissen, dass man ein Steuerelement auf einem Formular bewegen kann, indem man die *Bei Mausbewegung*-Ereignisprozedur einsetzt und dort die gedrückte Taste und die Position des Mauszeigers abfragt. Wir haben uns dabei für ein *MSForms Frame*-Steuerelement (ActiveX) entschieden, weil dieses praktischerweise eine Eigenschaft zum Einstellen des Mauszeigers mitbringt: Sie ist unter *MousePointer* auf den Wert *SizeWE* eingestellt. Damit wird der in der obigen Abbildung sichtbare Cursor angezeigt. Access-Steuerelemente bringen leider eine derartige Einstellung für den Mauszeiger nicht mit.

Der Parameter *Button* dieser Ereignisprozedur *MouseMove* liefert den Wert *1*, wenn die linke Maustaste gedrückt ist. Ist dies der Fall, kann man daraus schließen, dass der Benutzer gerade bei gedrückter Maustaste auf dem betroffenen Steuerelement eine Mausbewegung ausführt, was der klassischen Mimik beim Drag and Drop gleichkommt.

Nun kümmert man sich zunächst darum, dass sich das Objekt selbst entsprechend der Mausbewegung mitbewegt. Dabei muss man weiter wissen, dass die Parameter *X* und *Y* die Richtung und den Betrag des Bewegungsvektors liefern.

Um das Steuerelement mitzubewegen, braucht man also nur mit den Eigenschaften *Left* und *Top* die bisherige Position des Steuerelements zu ermitteln, die Werte aus *X* und *Y* in die entsprechende Dimension umzuwandeln, zu den bisherigen Koordinaten hinzuzuaddieren und die neuen Koordinaten zuzuweisen.

Nun ist es bei unserem Splitter einerseits noch ein wenig einfacher, weil dieser sich ja nur in der X-Richtung bewegen soll, andererseits müssen Sie die links und rechts davon befindlichen Steuerelemente entsprechend anpassen. Das bedeutet, dass die links davon liegenden einfach nur schmaler beziehungsweise breiter, die rechts davon befindlichen allerdings nicht nur in der Breite, sondern auch bezüglich der Position angepasst werden müssen – sie wandern quasi mit dem Splitter mit, sollen aber trotzdem am rechten Rand kleben bleiben.

Dies alles erledigt die folgende Routine, die zum Umwandeln der X-Koordinate übrigens die unter 9.10, »Einheiten konvertieren«, beschriebene Funktion *ConvertGraphUnit* verwendet. Sie ist in diesem Kontext nötig, weil die Koordinaten, die das Ereignis hinterlegt, beim *MSForms Frame* nicht wie bei Access-Steuerelementen in *Twips*, sondern in der Einheit *Points* gespeichert sind.

```
Private Sub Splitter_MouseMove(ByVal Button As Integer, _
    ByVal Shift As Integer, ByVal x As Single, ByVal Y As Single)
  Dim lX As Long
  If Button = 1 Then
    lX = Splitter.Left + ConvertGraphUnit(x, grUnitPT, grUnitTwips)
```

```
            If lX > (Me.InsideWidth - 1000) Then lX = Me.InsideWidth - 1000
            If lX < 3000 Then lX = 3000
            Splitter.Left = lX
            Me!ctlTree.Width = _
                Me.InsideWidth - (Splitter.Left + Splitter.Width) - 120
            Me!ctlTree.Left = Splitter.Left + Splitter.Width + 30
            Me!LblBESize.Width = Me!ctlTree.Width
            Me!LblBESize.Left = Me!ctlTree.Left
            Me!ctlShell.Width = Me!Splitter.Left - 150
            Me!sfrm_DokumentInfos.Width = Splitter.Left - 150
            Me!cmdClose.Left = Me.InsideWidth - 1500
            Me!LblClipboard.Left = lX - Me!LblClipboard.Width
            Me!ctlImgClp.Left = lX
        End If
        DoEvents
End Sub
```

8.11 Formularlayout zur Laufzeit anpassen

Das Formular *frmDocsPix* liefert in seinem Ribbon eine ganze Fuhre von Effekten, die Sie auf das aktuell angezeigte Bild anwenden können:

Abbildung 8.25: Die Auswahl eines dieser Effekte zeigt ein Formular mit den Effekt-Einstellungen an.

Jeder der im Ribbon enthaltenen Effekt-Einträge öffnet das gleiche Formular, allerdings mit unterschiedlichen Einstellungen. Dieses Formular kann dann beispielsweise wie in den folgenden beiden Abbildungen aussehen.

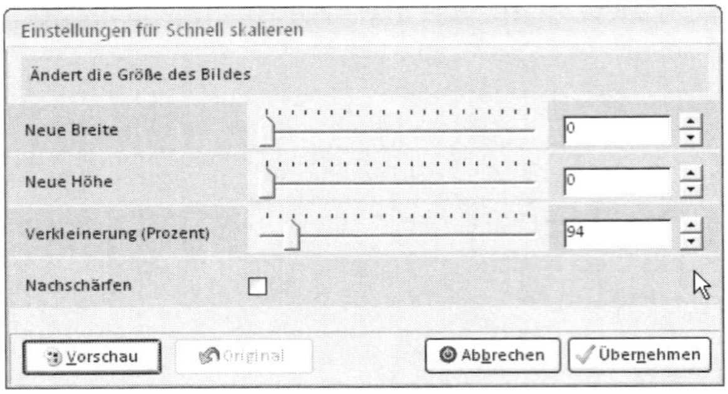

Abbildung 8.26: Ein Beispiel für eine Ausprägung des Formulars frmPixController ...

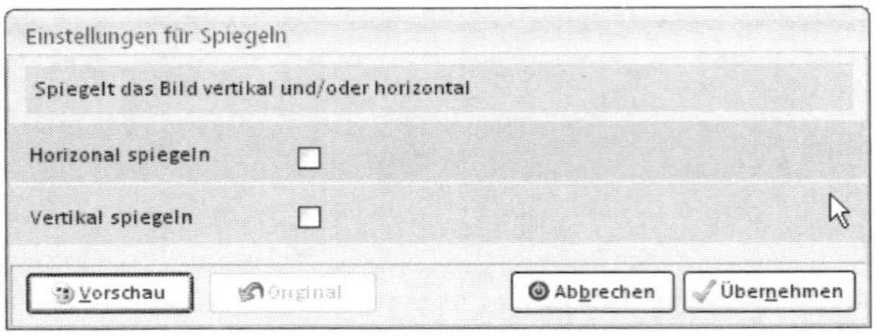

Abbildung 8.27: ... und noch ein Beispiel.

Wenn Sie einmal durch die einzelnen Effekte klicken, werden Sie sehen, dass das Formular zwar immer ähnlich aufgebaut, aber letztlich genau den Anforderungen des jeweiligen Effekts angepasst ist. Es enthält allerdings auch eine ganze Reihe gleicher Elemente: So zeigt der untere Bereich etwa immer die gleichen Schaltflächen an.

Welche Vorteile haben Sie durch die Mehrfachverwendung eines solchen Formulars? Zunächst einmal braucht man nicht viele fast gleich aufgebaute Formulare mitzuschleppen, und wenn einmal eine Änderung ansteht, die alle Formulare betrifft – wie etwa das Hinzufügen einer zusätzlichen Schaltfläche im unteren Bereich – braucht man diese Änderung nur einmal durchzuführen.

Aber schauen wir uns doch an, wie man das Formular der jeweiligen Aufgabe anpasst. Den Start macht dabei der Aufruf des Formulars mit der Bezeichnung der aufrufenden Ribbon-Schaltfläche als Parameter:

```
DoCmd.OpenForm "frmPixController", , , , , , ctl.ID
```

Einen ersten Eindruck von der Funktionalität liefert ein Blick auf die Entwurfsansicht dieses Formulars. Es enthält in der Tat einige sich wiederholende Bereiche mit immer den gleichen Steuerelementen. Das macht schon deutlich, dass dieses Formular absolut kein Tausendsassa, sondern genau auf seine zwar zahlreichen, aber dennoch gleichartigen Funktionen ausgelegt ist. Prinzipiell kann das Formular null bis neun Parameter für die Durchführung von Effekten anzeigen, die entweder ein *Slider*- oder *Updown*-Steuerelement (aus der *MS Common Controls Library, mscomctl.ocx*) zum Einstellen eines Zahlenwertes, ein Kombinationsfeld, ein Kontrollkästchen, ein einfaches Textfeld oder eine Farbauswahl anzeigen kann.

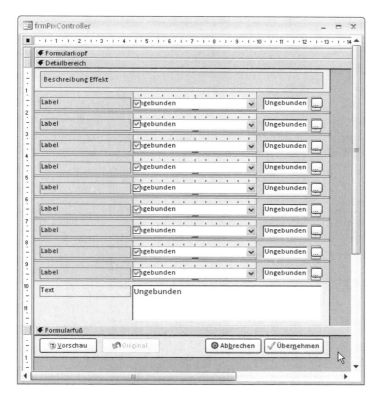

Abbildung 8.28: Das Formular frmPixController mit seinen zahlreichen Steuerelementen in der Entwurfsansicht

Die Kunst ist hier, die passenden Steuerelemente ein- und auszublenden und zu positionieren. Beim Laden des Formulars liest dieses daher zunächst einmal den Öffnungsparameter ein und stellt den Filter für seine Datenherkunft auf den entsprechenden Wert ein.

```
Private Sub Form_Load()
    Dim nIx As String
    ...
    Set frmPix = Forms!frmDocsPix
    nIx = CStr(Me.OpenArgs)
    If Len(nIx) > 0 Then
        Me.Filter = "[RibbonCmdID]='" & nIx & "'"
```

```
            Me.FilterOn = True
            bFirstLoad = True
            If Me.Recordset.EOF And Me.Recordset.BOF Then
                CloseAForm Me
                Msgbox "Funktion (noch) nicht implementiert!"
            End If
        Else
            CloseAForm Me
        End If
    End Sub
```

Als Datenherkunft dient im Übrigen die Tabelle *tbl_Controller*, die grundlegende Daten zu den einzelnen Ausprägungen des Formulars enthält. Dies sind beispielsweise der Effektname, der in die Titelzeile des Formulars geschrieben wird, die Beschreibung, die in einem Bezeichnungsfeld im oberen Bereich ausgegeben wird, oder der Name der Funktion, der beim Klick auf die Schaltfläche *Übernehmen* ausgelöst werden soll.

tbl_Controller

ID	EffektName	Funktionsname	Beschreibung	RibbonCmdID	DynMenu	CanSelect
1	Farbwert und Sättigung	HueSaturation	Steuert Helligkeit, Sättigung und Farbvers	cmdHue	cmdMenuEffects1	☑
2	Neues Bild	CreatePicture	Erzeugt ein neues leeres Bild	cmdPix	cmdMenuEffects2	☐
4	Punkt setzen	SetPixel	Pixel setzen	cmdSetPixel	cmdMenuEffects2	☐
6	Neues Bild mit Verlauf	CreateGradientPictur	Erzeugt ein neues Bild mit Farbverlauf	cmdGradient	cmdMenuEffects2	☐
7	Bereich füllen	FillSolid	Füllt einen Bildbereich mit einer Farbe an	cmdFillArea	cmdMenuEffects2	☐
8	Schnell skalieren	ResampleImage	Ändert die Größe des Bildes	cmdAdjustSize	cmdMenuEffects3	☐
9	Qualitätsskalierung	ResampleImageExt	Ändert die Größe des Bildes mit einstellba	cmdAdjustSize2	cmdMenuEffects3	☐
10	Thumbnail erstellen	ImageMakeThumb	Erstellt ein verkleinertes Vorschaublid	cmdThumbnail	cmdMenuEffects2	☐
11	Rotieren	RotateImage	Bild drehen mit Optionen	cmdRotate	cmdMenuEffects3	☑
12	Spiegeln	FlipImage	Spiegelt das Bild vertikal und/oder horizo	cmdFlip	cmdMenuEffects3	☑
13	Beschneiden	CropImage	Beschneidet das Bild (Ausschnitt)	cmdCrop	cmdMenuEffects3	☑
14	Bilder überblenden	MergeImages	Mischt zwei Bilder ineinander	cmdMergePix	cmdMenuEffects3	☐

Datensatz: 1 von 38 | Kein Filter | Suchen

Abbildung 8.29: Die Tabelle tbl_Controller liefert die grundlegenden Einstellungen für die verschiedenen Ausprägungen des Formulars frmPixController.

Woher aber weiß das Formular, welche Steuerelemente es anzeigen soll? Diese Informationen liefert die Detailtabelle *tbl_ControllerParams*, deren linker Teil wie folgt aussieht:

tbl_ControllerParams

IDController	ParameterName	ParameterNr	ParameterCaption	Min	Max	Vorgabe	ShowSlider	ShowUpDown
1	lSaturation	1	Sättigung	-100	100	-54	☑	☑
1	lHue	2	Farbverschiebung	-180	180	21	☑	☑
1	lLightness	3	Helligkeit	-100	100	-44	☑	☑
2	Width	1	Breite	1	3000	500	☑	☑
2	Height	2	Höhe	1	3000	500	☑	☑
2	BackColor	3	Hintergrundfarbe	0	-1	&HFFFEF1F7	☐	☐
4	X	1	X-Koordinate	0	3200	32	☑	☑
4	Y	2	Y-Koordinate	0	3200	0	☑	☑
4	Color	3	Farbe	0	-1	0	☐	☐

Datensatz: 1 von 101 | Kein Filter | Suchen

Abbildung 8.30: Diese Tabelle enthält die Informationen zu den einzelnen Steuerelementen des Formulars frmPixController (Ausschnitt).

In weiteren Feldern befinden sich die übrigen Einstellungen, die etwa festlegen, ob ein Wert (*ShowValue*), ein Kontrollkästchen (*ShowCheckbox*), ein Kombinationsfeld (*ShowDropdown*) oder eine Schaltfläche (*ShowButton*) für einen Effektparameter eingeblendet werden soll und welche Datensatzherkunft ein eventuell angezeigtes Kombinationsfeld (*DropdownSQL*) oder welchen Standardwert ein Textfeld (*sWert*) anzeigen soll.

Jeder dieser Datensätze ist über das Feld *IDController* an einen Datensatz der Tabelle *tbl_Controller* gebunden.

Das Einblenden der notwendigen beziehungsweise das Ausblenden der nicht benötigten Schaltflächen erledigt die Routine *Form_Current*, die wir hier nur in Ausschnitten betrachten können. Die Routine öffnet zunächst eine Datensatzgruppe, die alle Steuerelementdefinitionen für den im Formular anzuzeigenden Effekt enthält. Diese durchläuft die Routine, blendet Elemente ein- beziehungsweise aus, legt Beschriftungen fest und stellt sonstige Eigenschaften der Steuerelemente ein – beim *Slider*-Steuerelement zum Beispiel den Wertebereich und den aktuellen Wert.

Dabei wird der Wert der Zählervariablen *i* für jeden Datensatz des Recordsets um *1* erhöht, was ganz besonders wichtig ist: Die Referenzierung der Steuerelemente beim Ein-/Ausblenden und Einstellen erfolgt nämlich über eine Kombination aus den führenden Buchstaben des Steuerelementnamens sowie einer folgenden Zahl zwischen 1 und 9. Da die Steuerelemente entsprechende Namen besitzen – die neun Bezeichnungsfelder heißen beispielsweise *lbl1, lbl2 ... lbl9* – können diese leicht über die Zählervariable und einen Ausdruck wie *Me.Controls("Lbl" & CStr(i))* referenziert werden.

Zum Schluss wird noch die Höhe des Formulars entsprechend der Anzahl der angezeigten Bereiche angepasst.

```
Private Sub Form_Current()
    Dim sText As String
    ...
    If bFirstLoad Then Exit Sub
    If IsNull(Me!ID) Then Exit Sub
    Me.LblDescription.Caption = Nz(Me!Beschreibung, "???")
    Me.Caption = " Einstellungen für " & Me!EffektName
    Set rsParams = CurrentDb.OpenRecordset("SELECT * " _
        & "FROM tbl_ControllerParams WHERE [IDController]=" & Me!ID _
        & " ORDER BY [ParameterNr]", dbOpenDynaset)
    Do While Not rsParams.EOF
        i = i + 1
        Me.Controls("Lbl" & CStr(i)).Caption = _
            Nz(rsParams!ParameterCaption, "?")
        Me.Controls("Lbl" & CStr(i)).Visible = True
        Me.Controls("val" & CStr(i)).Visible = _
```

```
                Nz(rsParams!ShowValue, False)
            If Nz(rsParams!ShowValue, False) Then
                Me.Controls("val" & CStr(i)).Value = Nz(rsParams!Vorgabe, 0)
                Me.Controls("val" & CStr(i)).Visible = True
            End If
            Me.Controls("slider" & CStr(i)).Visible = _
                Nz(rsParams!ShowSlider, False)
            If Nz(rsParams!ShowSlider, False) Then
                With Me.Controls("slider" & CStr(i)).Object
                    .Min = Nz(rsParams!Min, 0)
                    .Max = Nz(rsParams!Max, 0)
                    .TickFrequency = (Nz(rsParams!Max, 0) _
                        - Nz(rsParams!Min, 0)) / 20
                    .LargeChange = (Nz(rsParams!Max, 0) _
                        - Nz(rsParams!Min, 0)) / 10
                    .SmallChange = (Nz(rsParams!Max, 0) _
                        - Nz(rsParams!Min, 0)) / 100
                    .Value = Nz(rsParams!Vorgabe, 0)
                End With
            End If
            ' ... weitere Steuerelemente einstellen
            If Not IsNull(rsParams!sWert) Then sText = rsParams!sWert
            rsParams.MoveNext
        Loop
        If Len(sText) > 0 Then
            Me!txt1.Visible = True
            Me!txt1.Value = sText
            Me!Lbl10.Visible = True
            Me.InsideHeight = 2220 + i * 600
            Me!txt1.Top = Me.InsideHeight - 2220
            Me!Lbl10.Top = Me!txt1.Top
        Else
            Me.InsideHeight = 1200 + i * 600
        End If
        ...
End Sub
```

Aktion durchführen

Nachdem der Benutzer die gewünschten Einstellungen vorgenommen hat, soll der Effekt auf das aktuell im Formular *frmDocsPix* angezeigte Bild angewendet werden.

Dies übernimmt die durch einen Mausklick entweder auf die Schaltfläche *Vorschau* oder *Übernehmen* ausgelöste Routine.

Am Beispiel der *Vorschau*-Schaltfläche sieht dies wie folgt aus: Die Routine verwendet das *CGDIP*-Objekt, das eine Instanz der Klasse *clsOGL2007* ist (siehe 9.24, »OGL2007«), und weist dessen Eigenschaft *MyImage* einen Verweis auf das aktuell im Formular *frmDocsPix* angezeigte Bild zu.

Danach durchläuft es ein *Select Case*-Konstrukt und führt die Anweisungen für den aktuell im Formular *frmPixController* repräsentierten Effekt aus, wobei auch eine eventuell zuvor eingestellte rechteckige Bildmarkierung berücksichtigt wird. Schließlich weist es dem Formular *frmDocsPix* das bearbeitete Bild wieder zu.

```
Private Sub cmdPreview_Click()
    Dim nCol As Long
    Dim ncol1 As Long, ncol2 As Long
    Dim sFile As String
    Dim oPicTemp As StdPicture
    ...
    If oPic Is Nothing Then Set oPic = frmPix.ThePicture
    With CGDIP
        Set .MyImage = oPic
        If frmPix.Selectmode = True Then
            .CropImage XSel, YSel, WSel, HSel
        End If

        Select Case Me!Funktionsname
            Case "HueSaturation"
                .HueSaturation CLng(val1.Value), _
                    CLng(val2.Value), CLng(val3.Value)
            Case "CreatePicture"
                nCol = CLng(Val(val3.Value))
                nCol = SwapColorValue(nCol)
                .CreatePicture CLng(val1.Value), CLng(val2.Value), nCol
            '... weitere Effekte
            Case Else
                Exit Sub
        End Select
        If frmPix.Selectmode = True Then
            Set oPicTemp = .MyImage
            Set .MyImage = oPic
            .OverlayImages oPicTemp, 1, XSel, YSel
        End If
```

```
        Set frmPix.ThePicture = .MyImage
    End With
    Me!cmdUndo.Enabled = True
    ...
End Sub
```

Hier wird deutlich, dass man mit einem universellen Formular für die Abfrage gleichartiger Informationen nicht nur eine Menge unnötiger Formulare spart, sondern auch eine Menge Code. Letztlich unterscheiden sich die durch die Formulare repräsentierten Effekte nur durch die Parameter und die Funktion, die das Bild anhand dieser Parameter bearbeitet – daher bedeutet es schon eine ordentliche Code-Reduzierung, wenn alle Anweisungen rund um die in der *Select Case*-Bedingung enthaltenen Zeilen nur einmal und nicht für jeden Effekt einzeln geschrieben beziehungsweise gewartet werden müssen. Dies ist sicher ein recht aufwändiges Beispiel für den Mehrfacheinsatz eines Formulars, aber es zeigt die mächtigen Möglichkeiten auf.

9 VBA-Techniken

Die Beispieldatenbank *dmsBase* verwendet einige Techniken, die den Entwickleralltag vereinfachen. Da diese an verschiedensten Stellen der Datenbank vorkommen, stellen wir sie gesammelt in diesem Kapitel dar. Auf die meisten der hier beschriebenen Techniken verweisen wir von verschiedenen anderen Kapiteln aus, wir denken aber, dass sich besonders die Lektüre dieses Kapitels als Ganzes lohnt – es enthält sicher die eine oder andere Technik, von der Sie in Ihrem Programmieralltag profitieren können.

9.1 Vereinfachte Recordset-Erstellung

Üblicherweise arbeitet man mit DAO-Recordsets, indem man zunächst eine *Database*-Instanz deklariert und erzeugt:

```
Dim db As DAO.Database
Set db = CurrentDB
```

Zusätzlich benötigen Sie eine Variable des Typs *Recordset* oder, seit Access 2007, *Recordset2*, die üblicherweise *rst* genannt wird:

```
Dim rst As DAO.Recordset2
```

Mit der *OpenRecordset*-Methode des oben instanzierten *Database*-Objekts erzeugt man dann das *Recordset2*-Objekt –, meist unter Verwendung des Parameters *dbOpenDynaset*.

Das sieht dann zum Beispiel wie in der folgenden Anweisung aus:

Kapitel 9

```
Set rst = db.OpenRecordset("tblMeineTabelle", dbOpenDynaset)
```

Einer der Nachteile hierbei ist, dass die Parameter für diese Methode – hier *dbOpen-Dynaset* – nicht per IntelliSense angezeigt werden, da es sich nicht um eine Enumerationskonstante handelt. Und überhaupt ist es eigentlich nicht besonders performant, für jeden kleinen Zugriff auf eine Datensatzgruppe mit *CurrentDB* einen neuen Verweis auf die aktuelle Datenbank zu holen. Gerade bei oft verwendeten Aufrufen (etwa in Schleifen) wirkt sich dies möglicherweise spürbar auf die Geschwindigkeit aus.

Das können Sie viel schneller und einfacher haben. Schneller wäre etwa die Variante, die Variable zum Speichern des Verweises auf das *Database*-Objekt global zu speichern, damit alle Funktionen darauf zugreifen.

Leider kann es passieren, dass globale Objektvariablen durch unbehandelte Fehler et cetera geleert werden und der Verweis darauf weitere Fehler nach sich zieht.

Also verwenden Sie einfach die folgenden paar Zeilen, die Sie in ein Standardmodul namens *mdlGlobal* schreiben:

```
Private m_dbs As Database
Function dbs() As dao.Database
    If m_dbs Is Nothing Then Set m_dbs = CurrentDb
    Set dbs = m_dbs
End Function
```

Die Funktion *dbs* liefert dabei immer einen Verweis auf das *Database*-Objekt der aktuellen Datenbank zurück. Allerdings ruft sie nicht zwangsläufig die *CurrentDB*-Funktion auf: Zunächst erfolgt eine Prüfung, ob die privat deklarierte Variable *m_dbs* leer ist oder nicht, was bedeutet, dass sie einen Verweis auf die aktuelle Datenbank enthält.

Ist die Variable leer, füllt die Funktion diese mit dem Aufruf von *CurrentDB* und liefert das passende *Database*-Objekt zurück, anderenfalls liefert die Funktion einen Verweis auf die bereits vorhandene Instanz. Mit dieser Funktion können Sie in allen bestehenden Anwendungen die folgenden beiden Zeilen löschen:

```
Dim db As DAO.Database
Set db = CurrentDB
```

und *db* durch *dbs* ersetzen (vorausgesetzt, Sie verwenden *db* stringent als Name für *Database*-Variablen).

Aus

```
Set rst = db.OpenRecordset ...
```

würde so die folgende Zeile:

```
Set rst = dbs.OpenRecordset ...
```

VBA-Techniken

Es geht aber noch ein wenig einfacher. Die folgende Funktion sorgt dafür, dass Sie die Zeile

```
Set rst = dbs.OpenRecordset("tblMeineTabelle", dbOpenDynaset)
```

durch die folgende ersetzen können:

```
Set rst = OpenRS("tblMeineTabelle, eOpenDynaset)
```

Der Clou dabei ist, dass Sie die Parameter der Funktion ganz einfach per IntelliSense auswählen können.

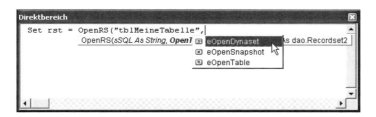

Abbildung 9.1: IntelliSense gibt es auch für OpenRecordset-Parameter – aber nur mit den richtigen Workarounds.

Um diesen Komfort genießen zu können, müssen Sie nur die folgende Enumeration sowie die Funktion *OpenRS* anlegen – am besten im gleichen Standardmodul wie auch die zuvor genannten Hilfsfunktionen:

```
Enum eDAOOpenType
    eOpenDynaset = DAO.dbOpenDynaset
    eOpenSnapshot = DAO.dbOpenSnapshot
    eOpenTable = DAO.dbOpenTable
End Enum

Function OpenRS(sSQL As String, OpenType As eDAOOpenType) As dao.Recordset2
    Set OpenRS = dbs.OpenRecordset(sSQL, OpenType)
End Function
```

Die Funktion *OpenRS* wrappt letztendlich nur die Methode *OpenRecordset*, greift dabei aber mit der zuvor beschriebenen *dbs*-Funktion auf das aktuelle *Database*-Objekt zu und verwendet zusätzlich die Enumeration *OpenType* für die einfache Auswahl der *OpenRecordset*-Parameter.

Sie gehen durch den anwendungsweiten Einsatz dieser Funktionen kein Risiko ein – das Einzige, was passieren kann, ist eine Steigerung der Performance! Und möglicherweise stutzen andere Entwickler beim Lesen Ihres Codes, wenn sie erkennen, wie sehr Sie sich das Programmieren vereinfacht haben.

9.2 Vereinfachtes Ausführen von Aktionsabfragen

Aktionsabfragen führt man unter VBA in der Regel mit der *Execute*-Methode des *Database*-Objekts aus. Das macht auch die folgende Funktion, vereinfacht allerdings ein wenig die Vorgehensweise: Wie die zuvor vorgestellte *OpenRS*-Funktion verwendet sie die globale Variable *dbs*, die entweder einen Verweis auf ein bestehendes, per *CurrentDB* geholtes *Database*-Objekt liefert oder das Objekt neu erstellt, und außerdem ermöglicht sie die Verwendung der möglichen Parameterwerte per *IntelliSense*. Dabei wird der Parameter *dbFailOnError* als Standardeinstellung verwendet:

```
Function DBExecute(strSQL As String, Optional Options As _
        RecordsetOptionEnum = dbFailOnError)
    dbs.Execute strSQL, Options
End Function
```

Der Aufruf lautet beispielsweise wie folgt:

```
DBExecute "DELETE FROM tblVerzeichnisse WHERE ID=1"
```

Die Angabe von *dbFailOnError* als Parameter zur Einbeziehung dieser Anweisung in die Fehlerbehandlung ist nicht nötig, da dieser automatisch eingestellt wird. Wer diese Grundeinstellung nicht verwenden möchte, übergibt als Parameter für *Options* einfach 0.

Er sei aber gewarnt: Infolge der SQL-Anweisung auftretende Datenfehler wirken sich so nicht auf den Ablauf der VBA-Routine, in der sie sich befindet, aus.

9.3 Vereinfachtes Ausführen von Parameterabfragen

Beim Ausführen von Parameterabfragen benötigt man prinzipiell immer die gleichen Elemente: Den Namen der Abfrage sowie die Namen und Werte für die Parameter. Den Rest braucht man üblicherweise so selten, dass man immer wieder nachschauen muss, wie das Ganze nun funktioniert.

Das ist zwar leicht, aber noch einfacher ist die folgende Funktion: Sie erwartet lediglich den Namen der Abfrage (die allerdings gespeichert sein muss) und durch die Zeichenkette := getrennte Wertepaare, die in Anführungszeichen und durch Kommata voneinander separiert übergeben werden müssen.

Der Aufruf lautet dann etwa wie folgt:

```
Dim rst As DAO.Recordset
Set rst = OpenParameterQuery("qryBeispiel", eOpenSnapshot, _
    "Parametername1:=Wert1", "Parametername2:=Wert2", ...)
```

Dabei können beliebig viele Parameter/Wert-Paare angegeben werden. Die zugehörige Funktion sieht so aus:

```
Function OpenParameterQuery(strQueryDef As String, _
        OpenType As eDAOOpenType, _
        ParamArray arrParameter()) As DAO.Recordset2
    Dim qdf As DAO.QueryDef
    Dim rst As DAO.Recordset2
    Dim strName As String
    Dim strValue As String
    Dim i As Long
    Set qdf = dbs.QueryDefs(strQueryDef)
    For i = LBound(arrParameter) To UBound(arrParameter)
        strName = Split(arrParameter(i), ":=")(0)
        strValue = Split(arrParameter(i), ":=")(1)
        qdf.Parameters(strName).Value = strValue
    Next i
    Set rst = qdf.OpenRecordset(OpenType)
    Set OpenParameterQuery = rst
End Function
```

9.4 Zuletzt hinzugefügte ID ermitteln

Die folgende Funktion ermittelt den zuletzt in dieser Session eingefügten Primärschlüsselwert, also meist einen Autowert. Wenn Sie einer Tabelle einen Datensatz hinzugefügt haben, dann gibt sie anschließend die ID dieses Datensatzes zurück – egal, um welche Tabelle es sich handelt.

```
Function LastAddedID()
    LastAddedID = OpenRS("SELECT @@IDENTITY", eOpenSnapshot)(0)
End Function
```

9.5 Schnelle DLookup-Variante

Die Funktion *DLookup* ist, wie alle Aggregatfunktionen, in vielen Fällen nicht als die schnellste bekannt. Viel schneller kann man in den meisten Fällen über die passenden DAO-Methoden auf den Wert eines bestimmten Feldes eines bestimmten Datensatzes zugreifen.

Die nachfolgende Funktion enthält diese performantere Variante. Sie erwartet genau die gleichen Parameter wie die DLookup-Funktion:

425

Kapitel 9

```
Function FLookup(ByVal sFieldName As String, ByVal sSource As String, _
        Optional ByVal sCriteria As String = vbNullString) As Variant
    Dim rst As DAO.Recordset
    Dim strSQL As String
    strSQL = "SELECT " & sFieldName & " FROM " & sSource
    If Len(sCriteria) > 0 Then strSQL = strSQL & " WHERE " & sCriteria
    Set rst = OpenRS(strSQL, eOpenDynaset)
    If rst.EOF Then
        FLookup = Null
    Else
        FLookup = rst.Fields(0).Value
    End If
    rst.Close
    Set rst = Nothing
End Function
```

9.6 Datum für SQL-Abfragen ermitteln

Die Funktion *MakeQryDate* wandelt eine Datumsangabe beliebigen gültigen Formats in ein in SQL-Abfragen verwertbares Format um.

```
Function MakeQryDateTime(sDate As Variant) As Variant
    If sDate = "" Or IsNull(sDate) Then
        MakeQryDateTime = "Null"
        Exit Function
    End If
    MakeQryDate = Format(CDate(sDate), "\#mm\/dd\/yyyy\#")
End Function
```

Ein Pendant, das auch die Zeitanteile berücksichtigt, die Funktion *MakeQryDateTime*, ist genau gleich aufgebaut, enthält jedoch den folgenden Formatierungs-String:

```
"\#mm\/dd\/yyyy\ hh\:nn\:ss\#"
```

9.7 Temporäre Variablen

Temporäre Variablen sind eine der interessanteren Neuigkeiten von Access 2007. Sie erlauben es, eine spezielle *Collection* namens *TempVars* mit Name-Wert-Paaren zu füllen. Der Clou dabei ist, dass Access diese *Collection* beim Auftreten nicht behandelter Fehler nicht löscht. Um die enthaltenen Funktionen noch griffiger zu machen, befindet sich in der Datenbank ein Modul namens *mdlTempVars* mit einigen Wrapper-Funktionen.

9.7.1 TempVars schreiben und lesen

Die ersten beiden Funktionen sind dabei recht einfach gehalten: Die erste heißt *SetVar* und erwartet den Namen und den Wert des zu schreibenden *TempVars*-Elements:

```
Function SetVar(VarName As String, AValue As Variant)
    TempVars.Add VarName, AValue
End Function
```

Die zweite Funktion *GetVar* liest den Wert für das *TempVars*-Element mit dem angegebenen Namen aus der *TempVars*-Collection aus und berücksichtigt dabei noch einen optional übergebenen Vorgabewert:

```
Function Getvar(VarName As String, _
        Optional DefaultValue As Variant) As Variant
    If IsNull(TempVars(VarName)) Then
        If Not IsMissing(DefaultValue) Then Getvar = DefaultValue
    Else
        Getvar = TempVars(VarName)
    End If
End Function
```

9.7.2 TempVars dauerhaft speichern

Wofür aber sollte man *TempVars* überhaupt einsetzen? Eine gute Möglichkeit sind etwa die Einstellungen einer Datenbank. Diese befinden sich normalerweise in einer Tabelle oder vielleicht auch in einer Textdatei oder in der Registry. Anstatt jedesmal auf die dort gespeicherten Informationen zuzugreifen, kann man genauso einmal zu Beginn der Anwendung alle Optionen in die *TempVars*-Liste einlesen und diese beim Beenden der Anwendung wieder dorthin zurückschreiben.

TempVars in Tabelle speichern

Die vorhandenen *TempVars* speichert die Funktion *SerializeTempVars*, die optional einen Bool-Parameter erwartet, in eine Tabelle. Sie führt die folgenden Schritte durch:

- Optionales Löschen der in der Tabelle *tbl_tempvars* enthaltenen Datensätze
- Öffnen einer Datensatzgruppe auf Basis dieser Tabelle
- Durchlaufen aller in *TempVars* gespeicherten Elemente und Speichern der Namen und Werte in den entsprechenden Feldern der Tabelle

Die Tabelle *tblTempVars* sieht in der Datenblattansicht dann wie in der folgenden Abbildung aus:

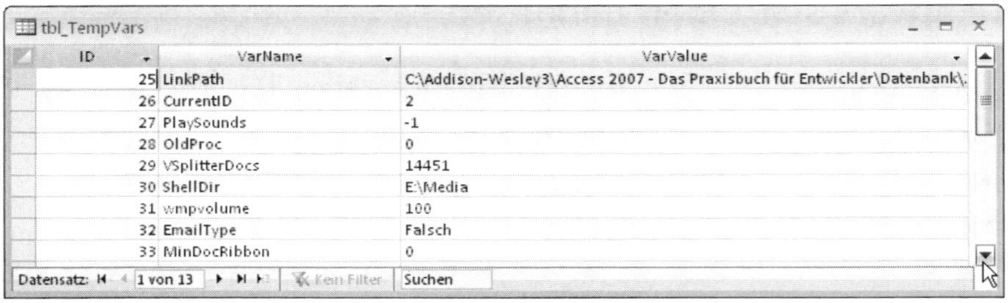

tbl_TempVars

ID	VarName	VarValue
25	LinkPath	C:\Addison-Wesley3\Access 2007 - Das Praxisbuch für Entwickler\Datenbank\;
26	CurrentID	2
27	PlaySounds	-1
28	OldProc	0
29	VSplitterDocs	14451
30	ShellDir	E:\Media
31	wmpvolume	100
32	EmailType	Falsch
33	MinDocRibbon	0

Datensatz: 1 von 13 Kein Filter Suchen

Abbildung 9.2: Die Tabelle tblTempVars in der Datenblattansicht

Die Routine sieht wie folgt aus:

```
Function SerializeTempVars(Optional DeleteOld As Boolean) As Boolean
    Dim vTmp As TempVar
    Dim rsVars As DAO.Recordset2
    ...
    If DeleteOld Then DBExecute "DELETE FROM tbl_tempvars"
    Set rsVars = OpenRS("tbl_tempvars", eOpenDynaset)
    With rsVars
        If TempVars.count > 0 Then
            For Each vTmp In TempVars
                .FindFirst "[Varname]='" & vTmp.Name & "'"
                If .NoMatch Then .AddNew Else .Edit
                !VarName.Value = vTmp.Name
                !varvalue.Value = CStr(vTmp.Value)
                .Update
            Next vTmp
        End If
    End With
    SerializeTempVars = True
    ...
End Function
```

TempVars aus Tabelle auslesen

Den umgekehrten Weg geht die Routine *DeSerializeTempVars*. Sie öffnet eine Datensatzgruppe auf Basis der Tabelle *tbl_TempVars*, leert die *TempVars*-Auflistung mit der *RemoveAll*-Methode und durchläuft dann alle Datensätze, wobei diese jeweils als neues *TempVars*-Element hinzugefügt werden.

```
Function DeSerializeTempVars() As Boolean
    Dim vTmp As Variant
```

```
    Dim sName As String
    Dim rsVars As DAO.Recordset2
    On Error GoTo ErrHandler
    Set rsVars = CurrentDb.OpenRecordset("tbl_tempvars", dbOpenDynaset)
    TempVars.RemoveAll
    With rsVars
        Do While Not .EOF
            TempVars.Add !VarName.Value, !varvalue.Value
            .MoveNext
        Loop
    End With
    DeSerializeTempVars = True
Ende:
    On Error Resume Next
    rsVars.Close
    Set rsVars = Nothing
    Exit Function
ErrHandler:
    ErrNotify Err, "mdlTempVars", "DeSerializeTempVars", eNormalError
    Resume Ende
End Function
```

TempVars in eine Datei schreiben

Wenn Sie die Inhalte der *TempVars*-Auflistung nicht in eine Tabelle, sondern in eine Textdatei schreiben möchten, verwenden Sie die folgende Routine.

Diese erwartet als optionale Parameter die Angabe einer Zieldatei sowie die Angabe, ob die *TempVars*-Wertpaare zu einer bestehenden Datei hinzuzufügen sind oder eine neue Datei angelegt werden soll.

Die Funktion prüft zunächst, ob überhaupt Elemente in der *TempVars*-Auflistung enthalten sind, und öffnet dann – soweit vorhanden – die angegebene Datei. Wurde keine Datei angegeben, speichert die Routine die Daten automatisch in der Datei *tempvars.dat* im Anwendungsverzeichnis der Datenbank. Schließlich durchläuft eine *For Each*-Schleife alle Einträge der *TempVars*-Auflistung und schreibt diese in die Textdatei.

Zu guter Letzt stellt die Routine die Attribute der verwendeten Datei so ein, dass der Benutzer diese nur sehen kann, wenn im Windows Explorer die Option *Geschützte Systemdateien ausblenden (empfohlen)* deaktiviert und die Option *Versteckte Dateien und Ordner* auf *Alle Dateien und Ordner anzeigen* eingestellt ist. Auf diese Weise sollten Sie in den meisten Fällen verhindern können, dass der Benutzer die Datei mit den Optionen über den Windows Explorer öffnet und gegebenenfalls den Inhalt verändert.

```
    Function SerializeTempVarsFile(Optional sFile As String, _
            Optional bAdd As Boolean) As Boolean
        Dim vTmp As TempVar
        Dim F As Integer
        On Error GoTo ErrHandler
        If TempVars.count > 0 Then
            If Len(sFile) = 0 Then _
                sFile = CurrentProject.Path & "\tempvars.dat"
            SetAttr sFile, vbNormal
            F = FreeFile
            DoEvents
            If bAdd Then
                Open sFile For Append As F
            Else
                Open sFile For Output As F
            End If
            For Each vTmp In TempVars
                Write #F, vTmp.Name
                Write #F, vTmp.Value
            Next vTmp
            Close F
            DoEvents
            SetAttr sFile, vbHidden Or vbReadOnly Or vbSystem
        End If
        SerializeTempVarsFile = True
        Exit Function
    ErrHandler:
        ErrNotify Err, "mdlTempVars", "SerializeTempVars", eNormalError
        Reset
    End Function
```

TempVars aus einer Datei lesen

Den umgekehrten Vorgang, das Einlesen der in einer Datei befindlichen Daten, die etwa wie in der Abbildung auf der folgenden Seite aussehen, erledigt die Funktion *DeSerializeTempVarsFile*. Diese erwartet optional einen Dateinamen sowie den bereits oben erläuterten Parameter *bClear*.

```
    Function DeSerializeTempVarsFile(Optional sFile As String, _
            Optional bClear As Boolean) As Boolean
        Dim vTmp As Variant
        Dim sName As String
```

VBA-Techniken

```
    Dim F As Integer
    ...
    If Len(sFile) = 0 Then sFile = CurrentProject.Path & "\tempvars.dat"
    F = FreeFile
    Open sFile For Input As F
    If bClear Then TempVars.RemoveAll
    Do While Not EOF(F)
        Input #F, sName
        Input #F, vTmp
        TempVars.Add sName, vTmp
    Loop
    Close F
    DeSerializeTempVarsFile = True
    ...
End Function
```

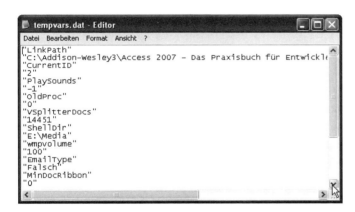

Abbildung 9.3: Textdatei mit Name und Wert von TempVar-Elementen in jeweils aufeinanderfolgenden Zeilen

TempVars ausgeben

Zu guter Letzt finden Sie noch eine Funktion zum Zurückgeben der aktuell in der *TempVars*-Auflistung gespeicherten Namen und Werte in einem String-Array.

```
Function ListVars() As String()
    Dim vVar As TempVar
    Dim arrVars() As String
    Dim i As Long
    ...
    ReDim arrVars(TempVars.count - 1)
```

Kapitel 9

```
        For Each vVar In TempVars
            Debug.Print vVar.Name, vVar.Value
            arrVars(i) = vVar.Name
            i = i + 1
        Next vVar
        ListVars = arrVars
        Set vVar = Nothing
        Erase arrVars
        ...
End Function
```

9.7.3 Farbauswahldialog aufrufen

Die Funktion *ColorDlg* ruft den Farbdialog von Windows auf und liefert als Ergebnis den Code für die gewählte Farbe als Dezimalzahl zurück.

Als Parameter erwartet die Funktion die optionale Angabe einer zu Beginn anzuzeigenden Farbe sowie eines Handles auf das aktuelle Fenster.

Der Aufruf für die Farbe *Schwarz* und das aktuelle Fenster sieht beispielsweise wie folgt aus:

```
Dim n As Long
n = ColorDlg(Nz(Me!Farbwert, &HFFFFFF), Me.hwnd)
```

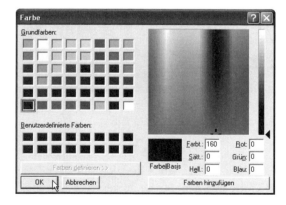

Abbildung 9.4: Der Windows-Farbdialog

Sie finden den kompletten Code dieser Funktion im Modul *mdlDialogs*. Dieses Modul enthält noch einige weitere Dialoge wie etwa zum Anzeigen verschiedener Datei-Dialoge zum Auswählen einer zu öffnenden oder zu speichernden Datei sowie von Verzeichnissen.

9.8 Dateifunktionen

Die Bestandteile von Dateinamen braucht man unter VBA immer wieder mal. Hat man sich einmal Standardfunktionen dafür geschrieben, spart man sich eine Menge Arbeit. Diese und weitere Funktionen finden Sie in den folgenden Abschnitten.

9.8.1 Pfad extrahieren

Die erste Funktion ermittelt den Pfad einer Datei. Dazu sucht sie einfach das letzte Backslash im Dateinamen und liefert alles zurück, was sich links davon befindet. Falls kein Backslash enthalten ist, geht die Funktion von einem reinen Dateinamen ohne Pfadangabe aus und liefert eine leere Zeichenkette zurück.

```
Function ExtractPath(sFilePath As Variant) As String
    ...
    Dim n As Long
    n = InStrRev(sFilePath, "\")
    If n > 0 Then
        ExtractPath = Left$(sFilePath, n - 1)
    Else
        ExtractPath = ""
    End If
    ...
End Function
```

9.8.2 Dateiname extrahieren

Die zweite Funktion extrahiert den Dateinamen, also prinzipiell den Teil ohne den Pfad. Optional kann man neben dem Dateinamen noch einen zweiten Parameter angeben, der festlegt, ob auch noch die Dateinamenerweiterung abgeschnitten werden soll. Die Funktion liefert dann also die Zeichenkette hinter dem letzten Backslash und vor dem Punkt zurück.

```
Function ExtractFileName(ByVal sFilePath As Variant, _
        Optional WithExtension As Boolean = True) As String
    Dim sRes As String
    Dim n As Long
    ...
    sRes = sFilePath
    n = InStrRev(CStr(sRes), "\")
    If n > 0 Then
        sRes = Mid(sRes, n + 1)
```

```
        End If
        If Not WithExtension Then
            n = InStrRev(sRes, ".")
            If n > 0 Then
                sRes = Left(sRes, n - 1)
            End If
        End If
        ExtractFileName = sRes
        ...
End Function
```

9.8.3 Dateiendung ermitteln

Die letzte Funktion zur Zerlegung des Dateinamens liefert allein die Dateiendung. Dabei werden Sonderfälle berücksichtigt, in denen eine Datei gar keine Dateiendung aufweist oder ein Verzeichnisname einen Punkt enthält, der Dateiname aber nicht.

```
Function ExtractExt(sFilePath As Variant) As String
    On Error Resume Next
    Dim n As Long
    Dim b As Long
    n = InStrRev(sFilePath, ".")
    b = InStrRev(sFilePath, "\")
    If n > b Then
        ExtractExt = UCase(Mid(sFilePath, n + 1))
    Else
        ExtractExt = ""
    End If
End Function
```

9.8.4 Aktueller Anwendungspfad

Die Funktion *CurPath* ist eine Wrapper-Funktion für die Eigenschaft *Path* des *CurrentProject*-Objekts. Sie kürzt aber nicht nur die Schreibweise ab, sondern bietet zusätzlich die Möglichkeit, eines oder mehrere Unterverzeichnisse anzugeben, und hängt außerdem ein abschließendes Backslash (\) an den zurückgelieferten Ausdruck an.

Ein Aufruf im Direktfenster sähe etwa so aus:

```
? CurPath ("Temp")
Function CurPath(Optional SubDir As String) As String
    Dim sSub As String
    If Len(SubDir) > 0 Then
```

```
            sSub = SubDir
            If Right(sSub, 1) <> "\" Then sSub = sSub & "\"
    End If
    CurPath = CurrentProject.Path & "\" & sSub
End Function
```

9.8.5 Temporäres Verzeichnis der Anwendung

dmsBase schreibt oft die in der Datenbank enthaltenen Dokumente auf die Festplatte, damit die jeweiligen ActiveX-Steuerelemente diese anzeigen können. Da ist es praktisch, wenn man eine Funktion wie die folgende verwendet, um einen festen temporären Ordner direkt unterhalb des Anwendungsverzeichnisses zu ermitteln:

```
Function CurTempDir() As String
    CurTempDir = CurPath("temp")
End Function
```

9.8.6 Datei öffnen-Dialog

Die *GetOpenFile*-Funktion ist eine Wrapper-Funktion für die Verwendung des *FileDialog*-Objekts von Access. Um diesen zu verwenden, benötigen Sie wegen der Öffnungskonstanten einen Verweis auf die *Microsoft Office 12.0 Object Library*.

Sie fragt die Informationen, die für die Anzeige eines *FileDialog*-Fensters benötigt werden, ganz einfach per Parameter ab und verwendet sonst Standardwerte. Das gezeigte Beispiel ist wegen der Dateiendungsfilter speziell auf die Bedürfnisse von *dmsBase* abgestimmt.

```
Function GetOpenFile(Optional ByVal strTitle As String = _
        "Datei auswählen:", Optional ByVal Filter As ofnFilterEnum = _
        ofnAnyfiles, Optional ByVal Viewmode As MsoFileDialogView = _
        msoFileDialogViewDetails) As String
    Dim FD As FileDialog
    Dim sFile As String
    Set FD = Application.FileDialog(msoFileDialogOpen)
    With FD
        .Title = "Dokumentdatei auswählen:"
        .AllowMultiSelect = False
        .Filters.Clear
        If (Filter And ofnAnyfiles) <> 0 Then .Filters.Add _
            "Alle Dateien", "*.*"
        If (Filter And ofnPictureFiles) <> 0 Then .Filters.Add _
            "Bilddateien", "*.bmp;*.gif;*.jp*g;*.png;*.tif*;*.ico"
```

```
            If (Filter And ofnOfficeFiles) <> 0 Then .Filters.Add _
                "Office-Dokumente", "*.doc*;*.rtf;*.xl*;*.ppt;*.vsd;*.txt"
            If (Filter And ofnMediaFiles) <> 0 Then .Filters.Add _
                "Multimediadateien", _
                "*.avi;*.wm*;*.mp*g;*.asf;*.wav;*.mp3;*.mid"
            .InitialView = Viewmode
            If .Show Then
                sFile = .SelectedItems(1)
            Else
                Set FD = Nothing
                Exit Function
            End If
        End With
        Set FD = Nothing
        If Len(sFile) = 0 Then Exit Function
        GetOpenFile = sFile
    End Function
```

9.8.7 Datei speichern-Dialog

In einer Dokumentverwaltung ist das Speichern von Dokumenten aus der Datenbank in das Dateisystem eine Pflichtfunktion. Deshalb brauchen Sie natürlich auch einen entsprechenden Dialog zum Auswählen des Zielpfades und der Angabe des Dateinamens des zu speichernden Dokuments. Das *FileDialog*-Objekt von Access offeriert seit der Version 2003 auch einen *Datei speichern*-Dialog, und zwar über die Konstante *msoFileDialogSaveAs*. Hier nur die wichtigsten Ausschnitte des Codes zum Öffnen dieses Dialogs:

```
    Dim FD As FileDialog
    Set FD = Application.FileDialog(msoFileDialogSaveAs)
    With FD
        '... Einstellen der Optionen
        .Show
        GetSaveFile = .SelectedItems(1)
    End With
```

9.8.8 Datei in den Papierkorb verschieben

Dateien löschen per VBA kann jeder. Diese aber nicht komplett von der Festplatte zu putzen, sondern in den Papierkorb zu verschieben, erfordert schon ein paar Zeilen Code mehr. Die folgende Routine erwartet den Namen der zu löschenden Datei, einen Boolean-Wert, der angibt, ob die Datei in den Papierkorb verschoben werden soll, sowie einen weiteren Parameter, der festlegt, ob die Funktion nur auf die im temporären Verzeichnis der Anwendung gespeicherten Dateien zugreifen soll. Dies macht in *dmsBase* Sinn, weil man etwa verhindern möchte, dass versehentlich Originaldokumente aus anderen Bereichen des Dateisystems gelöscht werden. Zum Einsatz kommt die flexible API-Funktion *SHFileOperation*, die auch von der Shell von Windows verwendet wird.

```
Function KillFile(strFile As String, Optional ToRecycleBin = False, _
        Optional bButOnlyInTempDir As Boolean = True) As Boolean
    Dim ret As Long
    Dim TFO As SHFILEOPSTRUCT
    ...
    If bButOnlyInTempDir Then
        If (ExtractPath(strFile) & "\") <> CurTempDir Then Exit Function
    End If
    SetAttr strFile, vbNormal
    With TFO
        .wFunc = FO_DELETE
        .sProgress = vbNullChar
        .hWnd = Application.hWndAccessApp
        .pFrom = CStr(strFile) & vbNullChar
        .pTo = vbNullChar
        .fFlags = FOF_NOCONFIRMATION Or FOF_NOERRORUI
        If ToRecycleBin Then .fFlags = .fFlags Or FOF_ALLOWUNDO
    End With
    ret = SHFileOperation(TFO)
    KillFile = (ret = 0)
End Function
```

9.8.9 Datei mit passender Anwendung öffnen

Die Funktion *ShellExecFile* ist ein Wrapper für die API-Funktion *ShellExecute*. Diese müssen Sie üblicherweise separat deklarieren; in *dmsBase* gibt es jedoch einen Verweis auf die Bibliothek *Win32 Type Library v0.6*, die bereits die passende Deklaration enthält.

Die Funktion liefert gegenüber der Verwendung der reinen API-Funktion aussagekräftige Fehlermeldungen, die sie aus dem Rückgabewert der API-Funktion ableitet.

```
Sub ShellExecFile(sFile As String)
    Dim strFile As String, strTempPath As String, i As String
    ...
    i = ShellExecute(Application.hWndAccessApp, "open", sFile, _
        vbNullString, CurrentProject.Path, 1)
    If i < 32 And i <> 0 Then
```

```
            Dim sMsg As String
            Select Case i
                Case 2: sMsg = "Auszuführende Datei nicht gefunden"
                Case 3: sMsg = "Pfad existiert nicht"
                Case 5: sMsg = "Auf auszuführende Datei kann nicht " _
                    & "zugegriffen werden"
                Case 27: sMsg = "Keine Verknüpfung zu diesem Dateityp"
                Case 31: sMsg = "Keine Verknüpfung zu diesem Dateityp"
                Case Else
                    sMsg = "Unbekannter Fehler"
            End Select
            sMsg = "Fehler beim Versuch, die Datei anzuzeigen:" & vbCrLf _
                & "'" & sMsg & "'"
            Err.Raise vbObjectError + 1001, "mdlShellHelp", sMsg
        End If
        ...
    End Sub
```

9.9 E-Mail-Adressen prüfen

Die Funktion *IsValidEMailAddress* prüft, ob eine E-Mail-Adresse formal gültig ist. Dazu setzt sie reguläre Ausdrücke ein – ein Thema, das auf Grund seiner Komplexität hier leider nicht weiter ausgeführt werden kann. Das bezieht sich allerdings nur auf die Ausdrücke selbst – der Einsatz des hier verwendeten Ausdrucks soll dennoch kurz erläutert werden.

Reguläre Ausdrücke ermöglichen etwa die Vereinfachung von Vergleich- und Ersetzungsoperationen. In diesem Fall soll nur eine E-Mail-Adresse auf ihre Gültigkeit hin geprüft werden – dazu gehört etwa das Vorhandensein des @-Zeichens und eine vollständige Domain. Der folgende Ausdruck dient hier als Vergleichsausdruck. Sieht doch ganz einfach aus!

```
^([a-zA-Z0-9_\-\.\+]+)@(((25[0-5]|2[0-4][0-9]|[0-1]{1}[0-9]{2}|[1-9]
{1}[0-9]{1}|[1-9])\.(25[0-5]|2[0-4][0-9]|[0-1]{1}[0-9]{2}|[1-9]
{1}[0-9]{1}|[1-9]|0)\.(25[0-5]|2[0-4][0-9]|[0-1]{1}[0-9]{2}|[1-9]
{1}[0-9]{1}|[1-9]|0)\.(25[0-5]|2[0-4][0-9]|[0-1]{1}[0-9]{2}|[1-9]
{1}[0-9]{1}|[0-9])|(\w+((-\w+){1,}|(\w*))\.)+[a-z]{2,4}))$
```

Das erste (^) und das letzte Zeichen ($) legen fest, dass die zu untersuchende Zeichenkette komplett durch den regulären Ausdruck beschrieben werden muss, um ihm zu entsprechen: Das bedeutet ganz einfach, dass der Ausdruck komplett untersucht wird und nicht etwa eine Übereinstimmung mit einem Teil des Ausdrucks zu einem positiven Vergleich führt.

Einfach ist der Teil bis zum @-Zeichen: Dieser legt fest, dass darin die Zeichen von a-z, A-Z, 0-9 sowie das Minus- (-) und das Plus-Zeichen (+) sowie der Punkt (.) erlaubt sind.

Der restliche Ausdruck ist um einiges länger, aber nicht wesentlich komplizierter. Der lange Ausdruck in der Klammer legt beispielsweise fest, wie eine IP, der zweite, etwas kürzere, wie eine Domain aussehen darf. Eine IP besteht bekanntlich aus vier durch Punkte getrennte Zahlen (zum Beispiel *192.168.178.1*).

Die erste Zahl ist dabei wie folgt definiert:

```
25[0-5]|2[0-4][0-9]|[0-1]{1}[0-9]{2}|[1-9]{1}[0-9]{1}|[1-9]
```

Das liest sich wie »Entweder 25 und eine Zahl zwischen 0 und 5 oder 2 und eine Zahl zwischen 0 und 4 und eine Zahl zwischen 0 und 9 oder eine 0 oder 1 und zwei Zahlen von 1 bis 9 oder eine Zahl von 1 bis 9 und eine Zahl von 0 bis 9 und eine Zahl von 1 bis 9«. Die übrigen Teilausdrücke zum Prüfen einer IP-Adresse sehen ähnlich aus.

Eine Domain darf wie der folgende Ausdruck aussehen:

```
(\w+((-\w+){1,}|(\w*))\.)+[a-z]{2,4}
```

Dies liest sich wie »eines oder mehrere Wortzeichen (Buchstaben, Ziffern, Unterstrich) und eines oder mehrere Minuszeichen (-) gefolgt von einem oder mehreren Wortzeichen oder beliebig viele Wortzeichen und ein Punkt und zwei bis vier Buchstaben von a bis z«.

Die Routine, die den Vergleich durchführt, erzeugt per *late binding* eine passende Objektvariable der Bibliothek *Microsoft VBScript Regular Expressions* und vergleicht dann nach dem Setzen einiger Eigenschaften die per Parameter übergebene Zeichenkette mit dem in der Konstanten *EmailPattern* gespeicherten regulären Ausdruck.

```
Function IsValidEmailAddress(ByVal sAddress As String) As Boolean
    Const EmailPattern = "^([a-zA-Z0-9_\-\.\+]+) ... (Rest siehe oben)
    Dim CRegExp As Object
    On Error Resume Next
    Set CRegExp = CreateObject("VBScript.RegExp")
    If CRegExp Is Nothing Then
        IsValidEmailAddress = True
        Msgbox "Die Komponente VBScript.RegExp fehlt im System.", _
            vbExclamation, "Hinweis:"
        Exit Function
    End If
    On Error GoTo Fehler
    With CRegExp
        .Pattern = EmailPattern
```

```
            .Global = False
            .IgnoreCase = True
            IsValidEmailAddress = .Test(sAddress)
        End With
        ... Fehlerbehandlung ...
    End Function
```

9.10 Einheiten konvertieren

Die Funktion *ConvertGraphUnit* konvertiert die unterschiedlichen metrischen Einheiten, die unter VBA und einigen Typbibliotheken gebräuchlich sind, als da wären:

- Points
- Pixel
- Twips
- Millimeter
- Himetric

Diese Einheiten finden sich auch in der folgenden Enumeration wieder, die auch den Datentyp für zwei Parameter der Funktion *ConvertGraphUnit* liefert:

```
Public Enum grUnits
    grUnitPT = 1
    grUnitPixel = 2
    grUnitTwips = 3
    grUnitmm = 4
    grUnitHimetric = 5
End Enum
```

Die Funktion selbst sieht schließlich wie folgt aus und erwartet den Zahlenwert in der Ausgangseinheit sowie die Angabe der Ausgangs- sowie der Zieleinheit. Wenn Sie beispielsweise Pixel in Millimeter umrechnen möchten, rufen Sie die Funktion etwa im Testfenster wie folgt auf:

```
? convertgraphunit(1024,grUnitPixel,grUnitmm)
 270,933333333333
```

Der Quellcode der Funktion sieht so aus:

```
Function ConvertGraphUnit(Value As Variant, FromUnit As grUnits, ToUnit As grUnits) As Double
    Dim u1 As Double
```

```
        If FromUnit < 1 Or ToUnit < 1 Then Exit Function
        If FromUnit > 5 Or ToUnit > 5 Then Exit Function
        If FromUnit = ToUnit Then ConvertGraphUnit = Value: Exit Function
        Select Case FromUnit
            Case grUnitHimetric
                u1 = (Value * 72) / 127
            Case grUnitmm
                u1 = Value * 1440 / 25.4
            Case grUnitPixel
                u1 = Value * 15 '15 = Screen.TwipsPerPixel
            Case grUnitPT
                u1 = Value * 20
            Case grUnitTwips
                u1 = Value
        End Select
        Select Case ToUnit
            Case grUnitHimetric
                ConvertGraphUnit = u1 * 127 / 72
            Case grUnitmm
                ConvertGraphUnit = u1 / 1440 * 25.4
            Case grUnitPixel
                ConvertGraphUnit = u1 / 15   '15 = Screen.TwipsPerPixel
            Case grUnitPT
                ConvertGraphUnit = u1 / 20
            Case grUnitTwips
                ConvertGraphUnit = u1
        End Select
    End Function
```

9.11 Fenster in den Vordergrund

Wenn Sie erzwingen möchten, dass ein Formular im Vordergrund steht, ohne dass Sie es per *DoCmd.OpenForm* mit dem Parameter *WindowMode:=acDialog* öffnen, und Sie somit erst mit anderen Fenstern weiterarbeiten können, wenn dieses Fenster geschlossen ist, verwenden Sie die folgende Routine, die die API-Funktion *SetWindowPos* verwendet. Ein so behandeltes Fenster liegt in der *ZOrder* noch vor einem Formular mit der Eigenschaft *PopUp = True*.

```
    Sub SetWindowOnTop(hWnd As Long)
        SetWindowPos hWnd, HWND_TOPMOST, 0, 0, 0, 0, SWP_NOMOVE Or SWP_NOSIZE
    End Sub
```

Die API-Funktion *SetWindowPos* ist übrigens in der *Win32*-Bibliothek deklariert (siehe 15.6.14, »Win32 Type Library«).

9.12 VBA-Editor geöffnet?

Wenn Sie schon einmal mit Subclassing gearbeitet haben, wissen Sie, dass dies mit geöffneter VBA-Entwicklungsumgebung Abstürze hervorruft. Um dies zu verhindern, können Sie die *IsIDEOpen*-Funktion verwenden, um vor dem Subclassing zu prüfen, ob die VBA-Entwicklungsumgebung geöffnet ist, und den Vorgang entsprechend abbrechen. Wichtig ist in diesem Zusammenhang, dass die VBA-IDE noch lange nicht geschlossen ist, nur weil Sie auf die *Schließen*-Schaltfläche geklickt haben – sie ist dann lediglich unsichtbar.

```
Function IsIDEOpen() As Boolean
    Dim tidIDE As Long
    Dim tidAccess As Long
    Dim hwndIDE As Long
    Dim pidAccess As Long
    Dim pidIDE As Long
    tidAccess = GetWindowThreadProcessId(Application.hWndAccessApp, _
        pidAccess)
    hwndIDE = FindWindow("wndclass_desked_gsk", vbNullString)
    If hwndIDE = 0 Then Exit Function
    tidIDE = GetWindowThreadProcessId(hwndIDE, pidIDE)
    IsIDEOpen = (tidIDE = tidAccess) And (pidIDE = pidAccess)
End Function
```

9.13 Bessere UBound-Funktion

Die *UBound*-Funktion liefert die obere Grenze des Index von Arrays. Sie hat den Nachteil, dass sie einen Fehler erzeugt, wenn das Array leer ist.

Viel leichter verarbeiten ließe sich das Ergebnis dieser Funktion, wenn es bei leerem Array den Wert *-1* zurückliefern würde. Da das nicht der Fall ist, verwendet *dmsBase* eine Wrapper-Funktion, die das gewünschte Verhalten liefert: Sie heißt *UBound2* und kapselt die Funktion *UBound*, wobei sie Fehler durch leere Arrays abfängt und stattdessen *-1* zurückgibt:

```
Function UBound2(varArray As Variant) As Long
    On Error Resume Next
    UBound2 = UBound(varArray)
    If Err.Number <> 0 Then UBound2 = -1
End Function
```

9.14 Vista-feste SendKeys-Anweisung

Windows Vista lässt standardmäßig keine Ausführung der *SendKeys*-Anweisung zu. Es gibt sicher Möglichkeiten, die Sicherheitsoptionen entsprechend einzustellen, aber das macht wohl keinen Sinn, denn eine Access-Anwendung solllte möglichst ohne Anpassungen des Betriebssystems laufen. Es gibt allerdings eine Alternative namens *SendKeysAPI*, die Sie im Modul *mdlSendkeys* finden und die sich, wie der Name schon sagt, der Windows-API bedient, um die gewünschten Tastenanschläge zu simulieren.

Weitere Hinweise finden Sie in den Kommentaren im Modul *mdlSendkeys*.

9.15 Byte-Arrays und Strings komprimieren

Die verweislose API-Bibliothek *ZLib* (siehe 15.6.9, »Zlib«) liefert einige Methoden zum Komprimieren von Byte-Arrays und Zeichenketten.

Diese werden im Modul *mdlZLib* gekapselt, sodass Sie beispielsweise mit der Funktion *CompressString* eine Zeichenkette komprimieren und mit *DeCompressString* wieder dekomprimieren können. Gleiches erledigen die Funktionen *CompressByteArray* und *DeCompressByteArray* für Byte-Arrays, mit denen die Dokumentverwaltung ja viel arbeitet.

Mit den beiden Funktionen zum Komprimieren und Dekomprimieren von Zeichenketten können Sie übrigens ruhig einmal herumprobieren, um sich den Wirkungsgrad vor Augen zu führen. Das Komprimieren sich oft wiederholender Wörter beispielsweise wirkt sich schon positiv auf den verbrauchten Speicherplatz aus:

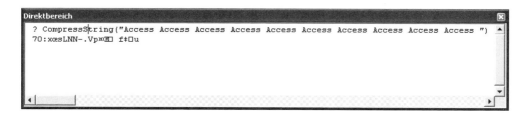

Abbildung 9.5: Beispiel für das Komprimieren von Texten mit CompressString

9.16 Bildschirmauflösung ermitteln

Die Bildschirmauflösung in Pixel liefert die Funktion *GetScreenRes*:

```
Public Function GetScreenRes() As TSize
    Dim r As RECT
```

```
        Call GetClientRect(GetDesktopWindow, r)
        GetScreenRes.x = r.Right
        GetScreenRes.Y = r.Top
End Function
```

Diese benötigt intern den Datentyp *RECT*, der aber auch in unserer Typbibliothek *win32* deklariert ist:

```
Public Type RECT
    Bottom As Long
    Left As Long
    Right As Long
    Top As Long
End Type
```

Das Ergebnis speichern Sie am besten in einer Variablen des Typs *TSize*, den Sie zuvor wie folgt deklarieren:

```
Public Type TSize
    x As Double
    Y As Double
End Type
```

Beide Werte, also die x- und die y-Auflösung, können Sie dann etwa in folgenden Zeilen verwerten:

```
Dim T As TSize
T = GetScreenRes
Debug.Print T.x, T.Y
```

Natürlich können Sie mit *GetScreenRes.x* und *GetScreenRes.y* auch direkt auf die passenden Werte zugreifen.

9.17 Zeichenketten ver- und entschlüsseln

Das Modul *mdlSecurity* liefert unter anderem die beiden Funktionen *EncryptString* und *DecryptString*. Diese dienen dem Ver- und Entschlüsseln von Zeichenketten, was in *dmsBase* zum Speichern der Kennwörter benötigt wird.

Diesen Funktionen muss man einen Schlüssel übergeben, den Sie etwa in den Optionen der Anwendung gespeichert haben oder auch hartcodiert als Konstante in einem Modul unterbringen.

Weitere Informationen finden Sie in den gut dokumentierten Funktionen des Standardmoduls *mdlSecurity* und der Klasse *clsCrypto*.

9.18 Existenz von Dateien prüfen

Ob eine Datei existiert, lässt sich am einfachsten mit der *Dir*-Funktion testen. Diese arbeitet aber nicht mit UNC-Verzeichnissen zusammen – das sind Netzwerk-Verzeichnisse nach dem Schema *Servername**Freigabename**Pfad*. Für die Prüfung der Existenz von Dokumenten in beliebigen Verzeichnisarten inklusive UNC-Verzeichnissen können Sie die Funktion *DirUNCExists* einsetzen, die Sie im Modul *mdlShellHelp* finden. Im Gegensatz zur *Dir*-Funktion, die den Dateinamen ohne Angabe des Verzeichnisses zurückliefert, wenn die Datei existiert, gibt *DirUNCExists* einen *Boolean*-Wert zurück.

Auch beim Umgang mit optischen Laufwerken arbeitet diese Funktion stabiler als die *Dir*-Funktion: Während *Dir* beim Abfragen eines Laufwerks, das aktuell keinen Datenträger enthält, einen Fehler auslöst, liefert *DirUNCExists* einfach den Wert *False* zurück.

Die Routine setzt die Shell-API-Funktion *PathFileExists* ein, die in *dmsBase* in der Bibliothek *olelib* (siehe 15.6.15, »Edanmo's OLE interfaces & functions«) deklariert ist.

```
Public Function DirUNCExists(ByVal APath As String) As Boolean
    Dim sPath As String
    sPath = APath
    If PathIsUNC(sPath) Then sPath = StrConv(sPath, vbUnicode)
    DirUNCExists = PathFileExists(sPath)
End Function
```

9.19 Dokumenttyp ermitteln

Die Funktion *GetFileTypeStr* liefert den Dokumenttyp in Form einer Zeichenkette für den im Parameter angegebenen Dateinamen zurück. Beispiel:

```
? GetFileTypeStr ("c:\rechnung_an_wesley.doc")
Microsoft Office Word 97 - 2003-Dokument
```

Die Funktion sieht wie folgt aus:

```
Function GetFileTypeStr(sFile As String) As String
    Dim TSHInfo As SHFILEINFO
    Dim strName As String
    Dim ret As Long
    ret = SHGetFileInfo(sFile, 0&, TSHInfo, Len(TSHInfo), SHGFI_TYPENAME)
    strName = StrConv(TSHInfo.szTypeName, vbUnicode)
    GetFileTypeStr = Left(strName, InStr(1, strName, Chr$(0)) - 1)
End Function
```

9.20 Timer ohne Formular

Wenn man einen Timer benötigt, um Aktionen zu bestimmten Zeitpunkten automatisch durchzuführen, greift man häufig zur *Bei Zeitgeber*-Ereigniseigenschaft, deren Startzeitpunkt beziehungsweise -intervall sich mit der Eigenschaft *Zeitgeberintervall* einstellen lässt. Dies geht so weit, dass mangels Alternative manchmal komplette versteckte Formulare zur Implementierung eines Zeitgebers eingesetzt werden.

Das ist erstens etwas viel Aufwand und zweitens liefert jedes Formular nur einen Zeitgeber. Einfacher geht dies mit der Klasse *clsTimer* und dem zugehörigen Modul *mdlTimer*.

Sie können diesen Zeitgeber ganz einfach einsetzen, indem Sie zunächst in einem Klassenmodul (auch von Formularen) den Zeitgeber als *WithEvents* deklarieren:

```
Dim WithEvents CTimer1 As clsTimer
```

Es lässt sich eine nahezu beliebige Anzahl solcher Timer implementieren, die dann parallel arbeiten. Es muss lediglich für jeden Timer eine separate Objektvariable *WithEvents* deklariert werden. In einer Prozedur einer Klasse oder auch beim Laden eines Formulars instanzieren Sie den oder die Zeitgeber wie folgt und weisen grundlegende Eigenschaften zu – hier etwa die Intervalldauer und die Eigenschaft *Repeated*, die festlegt, ob der Timer einmal oder mehrmals ausgelöst wird:

```
Private Sub Form_Load()
    Set CTimer1 = New clsTimer
    With CTimer1
        .Interval = 1000
        .Repeated = True
    End With
End Sub
```

Durch das Schlüsselwort *WithEvents* können Sie aus den beiden Kombinationsfeldern oben im Codefenster das *Plop*-Ereignis des auf *clsTimer* basierenden Objekts auswählen und erhalten einen leeren Prozedurkörper, den Sie beispielsweise wie folgt füllen können:

```
Private Sub CTimer1_Plop(dtDateTime As Date, ATag As Variant)
    Static i As Integer
    i = i + 1
    Debug.Print i
End Sub
```

Diese Routine würde nun etwa jede Sekunde den aktuellen Wert von *i* im Direktfenster ausgeben.

Die Klasse bietet noch weitere Möglichkeiten, die sich über die Namen der Methoden und Eigenschaften leicht erschließen lassen.

9.21 Formulare mit Transparenz

Im Formular *frmDocsMain*, mit dem der Benutzer die Dokumente verwalten kann, gibt es eine Funktion, die eine Vorschau von aktuell im Dokumentbaum markierten Bilddateien einblendet. Das Einblenden erfolgt in mehreren Schritten, wobei das Formular zunächst unsichtbar ist und dann bei abnehmender Transparenz schließlich komplett sichtbar wird. Diesen Effekt erreichen Sie mit Hilfe einer API-Funktion namens *SetLayeredWindowAttributes* und der zuvor beschriebenen Klasse *clsTimer*.

Das wesentliche Element zum Einblenden eines Formulars ist dementsprechend die durch den Timer alle 50 Millisekunden ausgelöste Ereignisprozedur *CTimer_Plop*, die wie folgt aussieht:

```
Private Sub CTimer_Plop(dtDateTime As Date, ATag As Variant)
    On Error Resume Next
    FormTransparency Me, iTrans
    iTrans = iTrans + 20
    If iTrans >= 255 Then
        CTimer.StopTimer
        FormMakeOpaque Me     'siehe mdlShellHelp
    End If
End Sub
```

Die darin aufgerufene Routine *FormTransparency* erwartet als Parameter einen Objektverweis auf das Formular sowie einen Wert zwischen *0* und *255*, der die Transparenz repräsentiert. *0* bedeutet völlig durchsichtig.

```
Sub FormTransparency(ByVal frm As Access.Form, ByVal AValue As Integer)
    Dim i As Long, hWnd As Long
    If frm Is Nothing Then Exit Sub
    If frm.PopUp = False Then Exit Sub
    hWnd = frm.hWnd
    i = GetWindowLong(hWnd, GWL_EXSTYLE)
    i = i Or WS_EX_LAYERED
    SetWindowLong hWnd, GWL_EXSTYLE, i
    SetLayeredWindowAttributes hWnd, 0, AValue, LWA_ALPHA
End Sub
```

Sie können den Transparenzgrad eines Formulars auch einfach so festlegen, indem Sie *FormTransparency* mit den entsprechenden Parametern aufrufen. Beachten Sie jedoch,

Kapitel 9

dass die Eigenschaft *PopUp* des Formulars den Wert *True* aufweisen muss! Eine Implementation dieser Routine finden Sie im Formular *frmPicPreview*.

9.22 mdlBLOBs2007

Das Modul *mdlBLOBs2007* liefert einige Funktionen, mit denen Sie komplette Dateien vom Dateisystem in Anlagefelder der Datenbank und zurück transferieren können. Die nachfolgend beschriebenen werden auch in *dmsBase* eingesetzt.

9.22.1 Datei in Anlagefeld speichern

Die Funktion *StoreBLOB2007* speichert eine Datei aus dem Dateisystem in ein Anlagefeld einer Tabelle. Sie erwartet den Dateinamen inklusive Pfad, die Zieltabelle und das Zielfeld in String-Form, wobei als Zielfeld nur ein Anlagefeld in Frage kommt.

Zwei weitere Parameter namens *bEdit* (*Boolean*) und *ID* (*Long*) erwarten Informationen über den Datensatz, dessen Anlagefeld gefüllt werden soll. Hat *bEdit* den Wert *False* oder wurde kein Wert für diesen optionalen Parameter angegeben, legt die Routine in der angegebenen Tabelle einen neuen Datensatz an und füllt dessen Anlagefeld. Anderenfalls muss auch ein Wert für den Parameter *ID* vorhanden sein, weil die Datei dann in das Anlagefeld des Datensatzes mit dem Primärschlüsselwert *ID* geschrieben wird.

Die Routine geht im Übrigen davon aus, dass das Primärschlüsselfeld der Tabelle den Namen *ID* trägt. Sollten Sie die Routine anderweitig verwenden wollen und diese Bedingung ist nicht erfüllt, können Sie a) die Routine umschreiben und beispielsweise um einen Parameter zur Angabe des Primärschlüsselnamens erweitern oder b) eine Abfrage auf Basis der zu verwendenden Tabelle erstellen, die das Primärschlüsselfeld mit dem Alias *ID* versieht.

Wenn der Primärschlüssel Ihrer Tabelle nicht nur aus einem, sondern aus mehreren zusammengesetzten Feldern besteht, sollten Sie dieser Tabelle einen neuen, aus einem Feld bestehenden Primärschlüssel zuweisen und die bisherigen Primärschlüsselfelder als eindeutigen und zusammengesetzten Index deklarieren.

Der Clou der Routine *StoreBLOB2007* ist, dass sie nicht die in Access eingebaute Funktion *LoadFromFile* eines *Field2*-Objekts verwendet, denn diese akzeptiert aus Sicherheitsgründen längst nicht alle Dateiendungen und komprimiert Anlagen nach gusto oder auch nicht. Der übliche Weg sieht im Prinzip so aus:

```
Dim rstBLOB As DAO.Recordset2
Dim fld2 As DAO.Field2
...
Set fld2 = rstBLOB.Fields!FileData
```

```
fld2.LoadFromFile "<Pfad\Dateiname>"
rstBLOB.Update
...
```

Wenn die Datei etwa die Endung .chm aufweist, es sich also um eine Hilfedatei handelt, dann verweigert Access das Speichern in eine Anlage. Ursache für diese doch recht grobe Restriktion ist wohl, dass .chm-Dateien Skripte und andere aktive Inhalte aufweisen können. Der Workaround ist ein wenig aufwändiger und arbeitet wie folgt:

```
Dim rstBLOB As DAO.Recordset2
Dim fld2 As DAO.Field2
Dim bin() As Byte
Dim binHeader() As Byte
Dim F As Integer
Dim uTData As TFileData
rsBLOB.Fields!Filename = ExtractFileName("<Pfad\Dateiname", True)
F = FreeFile
Open Filename For Binary Access Read As F
ReDim bin(LOF(F) - 1)
Get F, , bin
Close F
With uTData
    .Descriptor = 1
    .strExtension = "." & ExtractExt(Filename)
    .LenExtension = Len(.strExtension)
    .LenHeader = 12 + .LenExtension * 2
    ReDim binHeader(.LenHeader - 1)
    CopyMemory binHeader(0), uTData, .LenHeader - 1
End With
fld2.AppendChunk binHeader()
fld2.AppendChunk bin()
rsBLOB.Update
```

Zunächst wird dem Feld *Filename* der Datensatzgruppe *rstBLOB* der Name der Datei inklusive Endung, aber ohne Pfad zugewiesen. Das ist der Eintrag, den Sie nachher im *Anlage*-Dialog der Tabellenansicht bei Doppelklick auf das Anlagefeld zu sehen bekommen. Sie erinnern sich: Im Beziehungsfenster stellt sich ein Anlagefeld als Kombination von drei Unterfeldern mit den Teilen *Filename*, *FileData* und *FileType* dar – »Unterfelder« deshalb, weil ein Anlagefeld ja selbst ein *Recordset2*-Objekt und somit eine Datensatzgruppe darstellt. Fehlen nun noch die Inhalte von *FileData* und *FileType*. Letzterer scheint jedoch keine Verwendung zu finden und kann unseres Wissens einfach ausgelassen werden. Er verzeichnet bei Anlagen, die über den entsprechenden Dialog eingefügt wurden, einfach einen String mit der Dateiendung; da diese aber ohnehin im

Feld *Filename* wie auch in *FileData* enthalten ist, scheint man dieses Feld nicht ausfüllen zu müssen.

Wer nun meint, dass der Inhalt von *FileData* etwa einfach ein Abbild der Datei in Form eines Byte-Arrays darstellt, der irrt. Ein Byte-Array liegt schon vor, aber aus zwei Teilen bestehend: dem Header mit Informationen zur Datei und den eigentlichen Binärdaten. Der Header ist wie folgt aufgebaut:

```
Public Type TFileData
    LenHeader As Long
    Descriptor As Long
    LenExtension As Long
    strExtension As String
End Type
```

Zunächst gibt ein *Long*-Wert Auskunft über die Byte-Länge des Headers selbst. Das ist der wichtigste Wert, weil er mitteilt, an welchem Offset die eigentlichen Binärdaten beginnen. Es folgt ein *Descriptor*-Wert, der offenbar immer eine 1 enthält. Dann steht in *LenExtension* die Zahl der Zeichen, die das folgende Element *strExtension* aufweist. In diesem Unicode-String befinden sich die Dateiendung plus zwei abschließende Null-Bytes. Kennt man diesen Aufbau, dann kann man die Struktur selbst füllen.

Das macht der mit *With uTData* beginnende Teil der Routine. Der Type *uTData* wird dort mit der API-Funktion *CopyMemory* in das Byte-Array *binHeader* überführt und mit *AppendChunk* in das *FileData*-Feld geschrieben. Ein weiteres *AppendChunk* hängt schließlich den Inhalt der Datei, die zuvor in das Byte-Array *bin* eingelesen wurde, direkt an. Wichtig auch für das folgende Kapitel ist die Tatsache, dass im ersten Byte von *FileData* immer der Offset steht, ab dem die eigentlichen Daten beginnen.

9.22.2 Datei aus Anlagefeld wiederherstellen

Die Routine *RestoreBLOB2007* kommt in *dmsBase* nicht zum Einsatz, könnte aber möglicherweise für Ihre eigenen Projekte interessant sein. Sie erwartet den Namen der Tabelle und des Feldes als *String*-Parameter sowie den Wert des Primärschlüsselfeldes (das auch hier *ID* heißen muss – Workarounds siehe oben) und schließlich den Namen der Zieldatei. Die Funktion liefert den Wert *True* zurück, wenn das Wiederherstellen der Datei funktioniert hat.

Auch hier werden die Unzulänglichkeiten der Access-eigenen Methode *SaveToFile* durch eine alternative Technik umgangen. Mit der im vorigen Kapitel beschriebenen Methode wird es ja möglich, auch die als unsicher geltenden Dateien zu speichern. Haben Sie also etwa eine *.chm*-Datei in einem Anlagefeld gespeichert, dann werden Sie Ihr blaues Wunder erleben, wenn Sie versuchen, sie über den Anlagen-Dialog wieder als Datei im System abzuspeichern: Access verbietet auch das! Die Prozedur *RestoreBLOB2007* vollzieht nun den umgekehrten Weg zu *StoreBLOB2007*, und fällt deutlich einfacher aus. Der entscheidende Ausschnitt:

```
Dim lOffset As Long
Dim bin() As Byte
Dim F As Integer
lOffset = fld2.Value(0)
bin = fld2.GetChunk(lOffset, fld2.FieldSize - lOffset)
F = FreeFile
Open Filename For Binary Access Write As F
Put F, , bin
Close F
```

9.22.3 Anlage in Byte-Array umwandeln

Ebenfalls nicht in *dmsBase* verwendet, aber dennoch interessant könnte die Funktion *BLOB2Binary2007* sein, die den Inhalt des Anlagefeldes eines bestimmten Datensatzes einer Tabelle in ein Byte-Array umwandelt, wobei man optional angeben kann, ob nur die Daten oder auch die Header-Informationen in das Byte-Array gelangen sollen.

Für Parameter und weitere Informationen schauen Sie sich die passende Funktion im Modul *mdlBLOBs2007* an.

9.22.4 dmsBase-interne Anlagen auslesen

Die Routine *GetSysBLOB* funktioniert wie die Funktion *BLOB2Binary2007*, nur mit weniger Parametern. Das hat seinen Grund, denn diese Routine greift auf jeden Fall auf Anlagen zu, die im Feld *Bildobjekt* der Tabelle *tbl_Anlagen* enthalten sind. Sie brauchen dort nur die *ID* – also den Primärschlüsselwert – oder die in einem weiteren Feld namens *NameBild* enthaltene Bezeichnung für den Parameter *ID_Or_Name* anzugeben.

Die Funktion prüft dann, ob ein String oder eine Zahl übergeben wurde, und sucht den passenden Datensatz heraus. Lassen Sie sich übrigens durch die Verwendung des Begriffs »Bild« nicht irritieren: Die Routine verarbeitet etwa genauso Anlagen, die MP3-Dateien enthalten. In der für das Abspielen von Mediendateien unter *dmsBase* verantwortlichen Klasse *clsMediaSound* etwa finden Sie in der Prozedur *PlayAttachmentMP3* einen Aufruf dieser Routine.

9.23 Bilder einlesen

Das Modul *mdlSysPictures* enthält im Wesentlichen die Funktion *GetSysPicture*. Diese liest Inhalte der Tabelle *tbl_Anlagen* aus und stellt sie für verschiedene Zwecke zur

Verfügung. Mit Inhalten sind hier Bilddateien gemeint, die in einem Anlagefeld gespeichert sind, wie die folgende Abbildung zeigt:

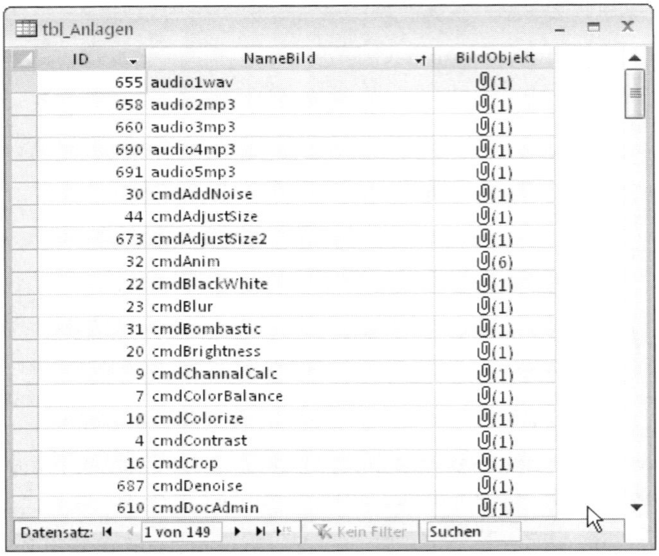
tbl_Anlagen

ID	NameBild	BildObjekt
655	audio1wav	(1)
658	audio2mp3	(1)
660	audio3mp3	(1)
690	audio4mp3	(1)
691	audio5mp3	(1)
30	cmdAddNoise	(1)
44	cmdAdjustSize	(1)
673	cmdAdjustSize2	(1)
32	cmdAnim	(6)
22	cmdBlackWhite	(1)
23	cmdBlur	(1)
31	cmdBombastic	(1)
20	cmdBrightness	(1)
9	cmdChannalCalc	(1)
7	cmdColorBalance	(1)
10	cmdColorize	(1)
4	cmdContrast	(1)
16	cmdCrop	(1)
687	cmdDenoise	(1)
610	cmdDocAdmin	(1)

Datensatz: 1 von 149 Kein Filter Suchen

Abbildung 9.6: Die Tabelle tbl_Anlagen enthält Bilder beispielsweise für die Anzeige im Ribbon.

Die Funktion erwartet mindestens einen Parameter, der den Datentyp *Variant* hat, um entweder die ID oder den Namen des Datensatzes anzunehmen. Die Funktion wertet dies entsprechend aus und durchsucht die Tabelle *tbl_Anlagen* entweder nach der passenden *ID* oder dem im Feld *NameBild* angegebenen Ausdruck.

Als Ergebnis liefert die Funktion eine Bilddatei in Form eines Objekts des Datentyps *StdPicture* zurück.

Die Funktion liefert aber noch weitere Parameter, wie die erste Zeile des VBA-Codes dieser Funktion verrät:

```
Function GetSysPicture(Index As Variant, Optional Filename As String, _
    Optional BackColor, Optional SecondaryCGDIP As clsOGL2007) As Picture
```

Die Parameter haben folgende Bedeutung:

- *Filename*: Ist ein Filename angegeben, durchsucht die Routine das Anlagefeld, das ja auch mehrere Bilder gleichzeitig aufnehmen kann, nach der passenden Bilddatei.
- *BackColor*: Erwartet die Angabe einer Farbe, die als Hintergrund verwendet wird. Das wirkt sich nur bei Bildern aus, die auch transparente Bereiche enthalten. Diese Bereiche werden dann durch die Hintergrundfarbe ersetzt. Transparenz wird nur

von wenigen Bildformaten unterstützt. *PNG* ist in dieser Hinsicht sicher das am meisten verbreitete und für Ribbon-Symbole auch das empfohlene Format.

- *SecondaryCGDIP*: Hier kann optional eine Objektvariable des Typs *clsOGL2007* übergeben werden. Das ist die zentrale Klasse zur Bildverarbeitung in *dmsBase*. Standardmäßig ist keine Instanzierung in der Datenbank dafür nötig, weil eine globale Variable *CGDIP* bereits per *New* im Modul *mdlOGL2007* deklariert ist. Brauchen Sie das Systembild jedoch in einer separaten Instanz der Klasse, damit Ihre Bilder nicht mit anderen Bildern, die etwa das Ribbon benötigt, ins Gehege kommen, dann können Sie diese hier angeben. Ein Beispiel dafür ist das Formular *frmMediaStop*, das ein als Systembild vorliegendes animiertes *GIF* abspielt – ein Feature, das diese Klasse unterstützt.

Die Routine *GetSysPicture* wird an zahlreichen Stellen im VBA-Projekt von *dmsBase* aufgerufen. Sie ist der Bildspender für das Ribbon, für *TreeView*- und *ListView*-Steuerelemente und für andere *Image*-Steuerelemente, die Symbolbilder darstellen.

Neben der Abhängigkeit von der Tabelle *tbl_Anlagen* benötigt sie die Klasse *clsOGL2007* und das Modul *mdlOGL2007*. Der Quellcode der Prozedur ist gut kommentiert, sodass an dieser Stelle auf weitere Erläuterungen verzichtet werden kann.

9.24 OGL2007

Die Klasse *clsOGL2007* ist mit über 4.000 Zeilen das umfangreichste Modul von *dmsBase*.

Es bietet zahlreiche Möglichkeiten zum Einlesen, Speichern und Umwandeln von Bildobjekten sowie zum Extrahieren von Informationen oder zum Anbringen von Effekten. Informationen zur Kernbibliothek dieser Klasse, der *GDIPlus*, finden Sie unter 15.6.21, »OGL«.

9.24.1 Überblick über die Funktionen

Grob lassen sich die Möglichkeiten der circa 90 Funktionen, die stetiger Weiterentwicklung unterliegen, so zusammenfassen:

- Einlesen von Bilddateien in den Formaten *BMP, JPG, PNG, EMF, WMF, ICO, GIF* (auch animierte) oder *TIFF* (auch mehrseitige)
- Speichern in den Formaten *BMP, JPG, PNG, TIF* oder *GIF* (optimiert)
- Austausch von Bildern grundsätzlich über das *OLE-StdPicture*-Objekt
- Umwandeln von Bildobjekten in Byte-Arrays und umgekehrt
- Standardfunktionen wie Skalieren, Beschneiden, Spiegeln, Rotieren

- Informative Funktionen wie Abmessungen der Bilder oder EXIF-Tags
- Standardbildverarbeitung wie Regelung von Helligkeit, Kontrast, Sättigung, Farbräumen, Invertieren oder Auto-Equilize
- Neuerzeugen von Bildern (wahlweise mit Farbverlauf)
- Effekte wie Weichzeichnen, Schärfen, Farbreduzierung, Entrauschen, Relief, Schattenwurf oder Erzeugen von Thumbnails
- Flexible Grafikfunktionen wie Zeichnen von Rechtecken, Ellipsen, Kurven Textausgabe oder Linien mit variablen Start- und Endsymbolen
- Screenshot-Funktion
- Ausgabe direkt auf einer Fensteroberfläche über das Fenster-Handle
- Mischen oder Überlagern von zwei Bildern mit wahlweiser Skalierung und Positionierung
- Abspielen von animierten *GIF*s per Ereignis (siehe Beispiel in *dmsBase*, Formular *frmMediastop*)

Der Clou ist, dass Sie diese Funktionen in VBA beliebig kombinieren und damit auch ganze Bilder künstlich erzeugen können. Eine klitzekleine Vorstellung davon bekommen Sie in Kapitel 5.4.7, »Das TreeView-Steuerelement zur Anzeige der Verzeichnisse und Dokumente«, wo die Symbole des TreeViews aus jeweils zwei Icons und einem zur Laufzeit erzeugten Pfeil zusammengesetzt werden. Wenn Sie Bildobjekte in mehreren Stufen verschiedenen Grafikoperationen unterziehen, lassen sich auch ganz neue Effekte kreieren.

Wunder dürfen Sie dennoch nicht erwarten: Die Routinen setzen teilweise reines VBA zur Manipulation der Bildobjekte ein und auch die GDIPlus-Bibliothek ist kein Performance-Künstler. Von Geschwindigkeiten, wie sie etwa assembleroptimierte Programme wie Adobe Photoshop bieten, ist das alles weit entfernt. Aber einem geschenkten Gaul schaut man nicht ins Maul ...

Da der Austausch mit der Klasse grundsätzlich über *StdPicture*-Objekte geschieht, ist eine zusätzliche Limitierung gegeben: Mit Alpha-Kanälen kann das Modul nur bedingt umgehen. Lesen kann es sie korrekt, um etwa transparente Symbole für das Ribbon bereitzustellen, aber nicht schreiben oder bearbeiten.

9.24.2 Prinzip

Die Klasse verwendet als Grafikbibliothek nicht das Standard-GDI von Windows (*graphics device interface*), sondern das neuere objektorientierte GDI+ in der Version 1.1. Das ist die Version, die auch Vista unter der Haube hat. Dabei ist irrelevant, welches

Betriebssystem Sie verwenden: Office 2007 installiert die Bibliothek automatisch und ebenso die Runtime-Version von Access.

Obwohl GDI+ mit seinem objektorientierten Ansatz eigentlich für die Programmierung unter .NET entwickelt wurde und dort als Grundlage für den Namespace *System.Drawing* dient, weist es auch eine API-Schnittstelle auf, das Flat API.

Es exportiert also Funktionen, die in VBA deklariert werden können. Tatsächlich nehmen allein die API-Deklarationszeilen der Klasse *clsOGL2007* bereits etwa ein Drittel des Gesamtumfangs ein. Weiterführende Informationen zu GDI+ finden Sie in Microsofts Developer Network aktuell unter *http://msdn2.microsoft.com/en-us/library/ms533798 (VS.85).aspx*.

Ein Schwachpunkt der Bildverarbeitung mit GDI+ unter Visual Basic ist die Tatsache, dass dieses mit den *image*-Objekten der Bibliothek genauso wenig anfangen kann wie umgekehrt der GDI+ die *StdPicture*-Objekte fremd sind.

Das macht es leider notwendig, eine ständige Konvertierung von einem Format ins andere vorzunehmen, was Ressourcen und Performance kostet. Wer weiß, ob sich das dereinst ändern wird, wenn in Access einmal .NET-Schnittstellen eingeführt werden ...

Mit einem *StdPicture*-Objekt können Access oder Office selbst übrigens auch nichts anfangen. Die Klasse ist in der Typbibliothek *OLE Automation* (stdole2.tlb) definiert, die in die Verweise aufzunehmen ist. Das Objekt ist an sich nur ein COM-Wrapper für das in Windows allgegenwärtige Bitmap-Konstrukt des GDI32.

Nach dem Instanzieren der Klasse *clsOGL2007* nimmt diese zunächst einige Initialisierungsvorgänge vor. Dabei wird die GDI+-Bibliothek überhaupt erst geladen und eine Session-Variable von ihr geholt. Nach Beendigung aller Operationen muss diese Session-Variable dringend wieder zurückgesetzt werden (*ShutDown*), damit intern von GDI+ belegter Speicher für Objekte wieder freigegeben wird. Es kann sonst sogar zum Absturz der Wirtsanwendung, hier Access, kommen.

Und das ist auch der Hauptgrund, warum der Code in eine Klasse und nicht in ein normales Modul gelegt wurde: Eine VBA-Klasse führt immer das Ereignis *Terminate* aus, wenn eine Instanz derselben auf *Nothing* gesetzt wird, oder wenn sie von VBA selbst abgebaut wird, weil Sie etwa Access beenden. In der *Terminate*-Prozedur wird dann auch das *ShutDown* der GDI+-Session veranlasst, sodass Sie immer sicher sein können, keine Speicherlecks zu produzieren.

Der Klasse weisen Sie ein Bild entweder zu, indem Sie deren *StdPicture*-Eigenschaft *MyImage* setzen oder indem Sie sie zum Laden einer Bilddatei aufrufen.

Anschließend können Sie beliebige grafische Operationen ausführen, die sich fortwährend auf das einmal zugewiesene Bildobjekt auswirken. Nach getaner Arbeit lesen Sie das Bild wieder über die *MyImage*-Eigenschaft aus und können es weiterverwenden.

9.24.3 Verwendung

Voraussetzung für das Behandeln von Bildern mit dieser Klasse ist ihre Instanzierung, die in der Regel anwendungsweit über die folgende Zeile in einem Standardmodul wie in *dmsBase* in *mdlOGL2007* erfolgt:

```
Public CGDIP As New clsOGL2007
```

Eine weitere Voraussetzung ist, dass die Objektvariable *MyImage* mit einem Verweis auf das betroffene *StdPicture*-Objekt gefüllt wird.

Input

Sie werden sich vielleicht fragen, woher nun überhaupt dieses *StdPicture*-Objekt in Ihre Anwendung kommen soll? Die Frage ist berechtigt, denn Access verwendet von Haus aus solche Objekte nicht. Dazu gibt es mehrere Möglichkeiten:

▶ Sie laden ein Bild aus einer Datei über die Methode *LoadPicturePlus* der Klasse. Als Parameter wird lediglich ein Dateiname erwartet.

▶ Sie entnehmen das Bild dem *Anlage*-Feld einer Tabelle, das Sie in ein Byte-Array überführen und anschließend über die Methode *LoadPicturePlusArray* in die Klasse laden. Dazu bedienen Sie sich entweder der Routine *BLOB2Binary2007*, wie unter 9.22.3, »Anlage in Byte-Array umwandeln«, der Funktion *GetSysBLOB*, wie in 9.22.4, »dmsBase-interne Anlagen auslesen«, oder gleich der Routine *GetSysPicture*, wie in 9.23, »Bilder einlesen«, verdeutlicht.

▶ Sie lesen das *Picture* aus einem *Anlage*-Steuerelement über dessen versteckte, aber schreibgeschütze Methode *PictureDisp* aus – eine Stelle, an der das Objekt in Access ausnahmsweise tatsächlich mal vorkommt:

```
Set CGDIP.MyImage = Anlagefeld1.PictureDisp(<Bildnummer>)
```

▶ Sie nehmen – eine weniger empfehlenswerte Möglichkeit – ein Access-Bild und konvertieren es über die Methode *ImageFromPictureData* der Klasse. Solche Bilder finden Sie etwa als Eigenschaft *PictureData* des normalen Bildsteuerelements, von Formularen mit Bildhintergrund oder Schaltflächen mit Bildsymbol:

```
CGDIP.ImageFromPictureData ME!Bild1.PictureData
```

Output

Nachdem die Klasse ihr Werk verrichtet hat und Ihr Foto mit allerlei Effekten garnierte, holen Sie das Bild wieder über die Eigenschaft *MyImage* ab:

```
Set objPicture = CGDIP.MyImage
```

Was aber kann man nun mit diesem *Picture*-Objekt anfangen? Auch das ist keine dumme Frage, denn Access sieht tatsächlich keine Verwendung für das Objekt vor. Auch hier eine Liste der Möglichkeiten:

▸ Sie verwenden das *Picture*-Objekt, um es einem *MS Forms 2.0 Image*-Steuerelement zuzuweisen. Das geschieht auch in der Beispieldatenbank *dmsBase* an verschiedenen Stellen. Dieses ActiveX-Steuerelement ist Teil jeder Office-Installation, sodass Sie sich um die Weitergabe nicht zu kümmern brauchen. Es zeigt Bilder qualitativ besser an als das Access-Bildsteuerelement und lässt sich über verschiede Methoden auch flexibler einsetzen.

▸ Sie verwenden ein Access-Bildsteuerelement, können dann aber kein *StdPicture*-Objekt zuweisen, sondern erhalten den *PictureData*-Variant für das Steuerelement über die Funktion *PictureDataFromImage* der Klasse. Auch für den Formularhintergrund ist dies der einzig mögliche Weg:

```
Me.PictureData = CGDIP.PictureDataFromImage
```

▸ Sie weisen *Picture*-Objekte einem anderen ActiveX-Steuerelement zu, das diesen Typ unterstützt. Ein Beispiel dafür finden Sie in Abschnitt 5.4.7, »Das TreeView-Steuerelement zur Anzeige der Verzeichnisse und Dokumente«, wo ein *ImageList*-Steuerelement mit über die Klasse *clsOGL2007* erzeugten Symbolen gefüllt wird. Zahlreiche andere ActiveX-Steuerelemente können ebenfalls mit diesem Objekttyp umgehen. Dazu gehören fast alle Elemente der *MSForms*-Bibliothek, das *ListView*-Steuerelement der *Microsoft Common Control Library* (*mscomctl.ocx*), das *MSHFlexgrid*-Control und viele andere Steuerelemente von Drittanbietern.

9.24.4 Code-Beispiele

Damit Sie eine Vorstellung bekommen, wie Sie mit der Klasse arbeiten können, folgen hier einige kurze Quelltexte. Der Rahmen der vier Prozeduren sieht jedesmal gleich aus. Sie unterscheiden sich nur in den eingesetzten Grafikanweisungen, die im Folgenden separat aufgeführt sind. Als Rahmen ist dieser Teil vorgesehen:

```
Sub TestOGL2007(strFileIn As String)
    Dim strFileOut As String
    Dim CGDIwow As New clsOGL2007
    strFileOut = ExtractPath(strFileIn) & "\" & _
        ExtractFileName(strFileIn, False) & "_better.jpg"
    With CGDIwow
        .LoadPicturePlus strFileIn
        '...(hier kommen die eigentlichen Grafikanweisungen)
        .SaveImage strFileOut, pictypeJPG, 90
    End With
```

```
            Set CGDIwow = Nothing
        End Sub
```

Die Prozedur erwartet den Pfad einer Bilddatei in einer der unterstützten Formate. Aus diesem Pfad wird zunächst ein Ausgabepfad gebastelt, indem dem Dateinamen ein _better angehängt wird. Dann lädt die in der Variablen *CGDIwow* instanzierte Klasse das Bild, führt die im Folgenden separat aufgeführten Grafikroutinen aus und speichert anschließend das Bildobjekt im JPEG-Format mit der Qualitätsstufe *90*. Sie können die Prozedur aber auch so ausführen, wie gezeigt, und haben damit einen Formatkonverter vor sich, mit dem sich etwa *.bmp*-Dateien in *.jpg*-Dateien umwandeln lassen. Und damit Sie einen Begriff davon bekommen, wie die Grafikanweisungen der vier Beispiele wirken, sehen Sie in der folgenden Abbildung das von uns verwendete Ausgangsbild, das einen ambitionierten Radfahrer darstellt (welcher der beiden Autoren hier sein Bestes gibt, sei nicht verraten):

Abbildung 9.7: Ausgangsbild für die folgenden Operationen

Fügen Sie nun in die Rahmenprozedur die folgenden Zeilen ein und führen Sie diese aus, um das Ergebnis der nächsten Abbildung zu erhalten:

```
    .ColorBalanceImage 0,10,50
    .BrightnessContrast 0, 20
    .SharpenImage 1.5, 100
    .SharpenImage 2.5, 100
```

Hier werden drei unterschiedliche Grafikoperationen sequenziell auf das Bildobjekt angewandt. Erst wird die Farbbalance verschoben (*ColorBalanceImage*), dann der Kontrast erhöht (*BrightnessContrast*) und schließlich das Bild zweimal mit unterschiedlichen Parametern geschärft (*SharpenImage*). Die Wertebereiche der einzelnen Parameter entnehmen Sie den Kommentaren zu den einzelnen Funktionen im Quellcode der Klasse *clsOGL2007*.

Abbildung 9.8: Das Ausgangsbild mit verschobener Farbbalance, erhöhtem Kontrast und zusätzlicher Schärfe

Mit vier anderen Zeilen erhalten Sie ein Bild mit nur zwei Helligkeitsstufen:

```
.BlurImage 2
.BlackWhiteImage DitherSolid
.ImageChannelCalc ChannelRed, AdjustExposure, 255
.BrightnessContrast -120, 50
```

Zunächst wird das Bild weichgezeichnet (*BlurImage*), dann in Schwarz-Weiß umgewandelt (*BlackWhiteImage*), nun der Schwarzanteil in Rot gesetzt (*ImageChannelCalc*) und schießlich die Helligkeit herab- und der Kontrast heraufgesetzt (*BrightnessContrast*).

Abbildung 9.9: Das neue Zwischenergebnis

Dass man mit der Klasse auch zeichnen kann, demonstriert das folgende Beispiel, in dem das Bild zunächst rotiert und dann ein Text und eine Kurve ausgegeben werden.

```
.RotateImage -30, &HFFC0C0C0, False, True
.ImageDrawText "Rad-Training", 120, -5, _
    False, "Calibri", 48, _
    FontStyleUnderline Or FontStyleBold, &H8F000000
Dim TPoints(3) As POINTL
TPoints(0).x = 200: TPoints(0).y = 200
TPoints(1).x = 400: TPoints(1).y = 100
TPoints(2).x = 300: TPoints(2).y = 300
TPoints(3).x = 480: TPoints(3).y = 480
.ImageDrawSpline TPoints, &HFF6CFFCF, 10, , _
.LineCapArrowAnchor, LineCapRoundAnchor, 0.8, , True
```

Die Textausgabe durch die Anweisung *ImageDrawText* kann mit einer Vielzahl von Parametern gesteuert werden. Interessant ist hier der Farbwert für die Schrift, der hexadezimal *&H8F000000* beträgt. Die Klasse erwartet durchgehend solche 32 Bit-Farbwerte. Die hinteren drei Byte stellen den Rot-, Grün- und Blauanteil dar.

Das vordere Byte, hier *&H8F*, stellt die Transparenz ein. Der Farbwert im Beispiel ist damit eine halbtransparente Farbe, wodurch sich die Schrift mit dem Hintergrund mischt. Der Kurvenzug schließlich wird durch die Anweisung *ImageDrawSpline* erreicht, die ein Array von Punkten (Typ *POINTL*) als entscheidenden Parameter erwartet.

Abbildung 9.10: Das Beispielbild, hier gedreht und mit hinzugefügten Elementen

Zuletzt ein Beispiel, das zwei Bilder kombiniert. Eigentlich ist es ja nur unser Ausgangsbild, das aber in mehreren Stufen unterschiedlichen Behandlungen unterzogen wird.

Die Zwischenergebnisse werden jeweils temporär in eigenen *Picture*-Variablen gespeichert, um letztendlich mit der Methode *OverlayImages* übereinander gelegt und zu einem Bild verschmolzen zu werden.

```
Dim oPic1 As StdPicture
Dim oPic2 As StdPicture
.LoadPicturePlus strFileIn
Set oPic1 = .MyImage
.HueSaturation -100
.ResampleImage 160, 200, , True
.ImageDropShadow 12, 12, 8, &HFF000000
Set oPic2 = .MyImage
Set .MyImage = oPic1
.OverlayImages oPic2, 0.8, 320, 120
.SaveImage strFileOut, pictypeJPG, 90
Set oPic1 = Nothing
Set oPic2 = Nothing
```

Abbildung 9.11: Das letzte Beispiel enthält ein Bild im Bild.

10 Metadaten, Volltextindex und Suchfunktion

Eine der Hauptaufgaben einer Dokumentverwaltung ist das Suchen nach Dokumenten nach den verschiedensten Merkmalen. *dmsBase* liefert eine ganze Menge unterschiedlicher Kriterien, die Sie weitgehend im Formular *frmDocProperties* ansehen und eintragen können.

Dies sind allerdings noch nicht alle zu durchsuchenden Inhalte: Es gibt noch mehr, wie beispielsweise den Volltextindex von texthaltigen Dokumenten.

Dieses Kapitel beschäftigt sich im Wesentlichen mit zwei Themen: Woher kommen die Eigenschaften und Informationen, nach denen man den Dokumentstamm durchsuchen kann, und wie durchsucht man eine größere Menge verschiedenartiger Daten auf effiziente Weise?

10.1 Dokumenteigenschaften

Jedes Dokument besitzt, unabhängig von der Dokumentart, eine Reihe grundlegender Eigenschaften, die der Benutzer im Formular *frmDocProperties* eintragen kann. Dieses Formular rufen Sie auf, indem Sie das gewünschte Dokument im Dokumentbaum des Formulars *frmDocMain* und über den Kontextmenüeintrag *Eigenschaften* auswählen oder im jeweiligen Formular zur Ansicht des Dokuments den Ribbon-Eintrag *Eigenschaften|Bearbeiten* anklicken.

Eine Schnellansicht der Eigenschaften liefert ebenfalls das Formular *frmDocMain*: Dort können Sie nämlich bei aktiviertem Dokument die Schaltfläche *Dokumentinfos* oberhalb des Explorer-Steuerelements anklicken, um den Explorer durch die Anzeige einiger Eigenschaften zu ersetzen. Diese Ansicht hat den Vorteil, dass Sie das im Dokumentbaum ausgewählte Dokument wechseln und damit schnell die Eigenschaften mehrerer Dokumente durchsehen können.

Alle in den Eigenschaftsfeldern angezeigten Daten müssen natürlich auch irgendwo gespeichert werden – daher nun zunächst der entsprechende Ausschnitt aus dem Datenmodell der Anwendung:

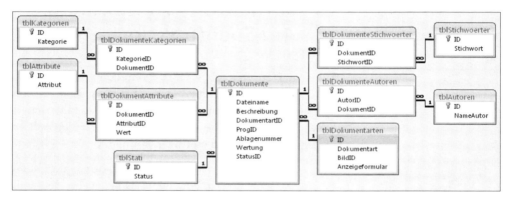

Abbildung 10.1: Diese Tabellen enthalten den größten Teil der durchsuchbaren Eigenschaften der Dokumente.

Die meisten dieser Eigenschaften finden Sie im Formular *frmProperties* wieder. Der obere Teil enthält die in der Tabelle *tblDokumente* selbst gespeicherten Informationen.

Darunter folgen jeweils Unterformulare mit Feldern für die Tabellen *tblAutoren/tblDokumenteAutoren* (*Autoren*), *tblKategorien/tblDokumentKategorien* (*Kategorien*), *tblStichwoerter/tblDokumentStichwoerter* (*Stichwoerter*), *tblAttribute/tblDokumenteAttribute* (*Attribute*) sowie *tblQuerverweise/tblDokumenteQuerverweise* (*Querverweise*).

Die Informationen aus den elf Tabellen aus dem obigen Ausschnitt des Datenmodells werden also alle in einem Formular abgebildet.

Mit einem Klick auf die Schaltfläche *Versionen* kann der Benutzer auch noch die bisher angelegten Versionen des Dokuments betrachten – dies zählt jedoch nicht zum aktuellen Thema *Dokumenteigenschaften* und wird an anderer Stelle beschrieben (siehe 5.2.2, »Daten der Tabelle Dokumentversionen«).

Das Formular wird in der Regel über den Kontextmenüeintrag *Eigenschaften...* des Dokumentbaums geöffnet. Dies löst die folgende Routine mit dem Wert *Properti* für den Parameter *strFunction* aus:

Metadaten, Volltextindex und Suchfunktion

```
Public Sub ContextFunction(strFunction As String)
    ...
    lDocFolderID = CLng(Mid(ndSel.Key, 2))
    ...
    Select Case strFunction
        Case "Properti"
            DoCmd.OpenForm "frmDocProperties", _
                WhereCondition:="[ID]=" & lDocFolderID, _
                WindowMode:=acDialog
    End Select
    ...
End Sub
```

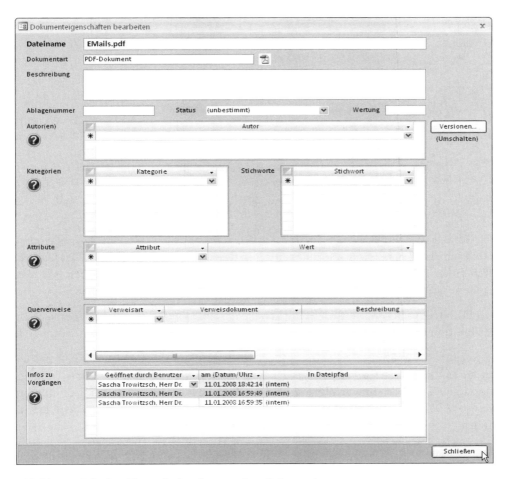

Abbildung 10.2: Das Eigenschaftenfenster eines Dokuments

10.1.1 Das Eigenschaften-Formular frmDocProperties

Dieses Formular ist eines der einfachsten der Anwendung. Deshalb eignet es sich gut zur Erläuterung einiger grundlegender Techniken. Grundsätzlich ist das Formular an die Tabelle *tblDokumente* gebunden, da aber auch noch zwei Felder aus der Tabelle *tbl-Dokumentarten* benötigt werden, fassen wir diese direkt zu einer Abfrage zusammen:

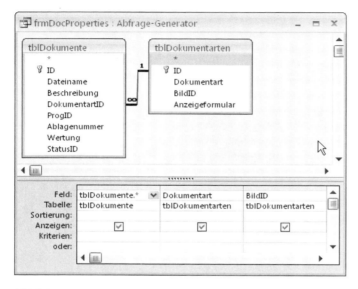

Abbildung 10.3: Diese Abfrage dient als Datenherkunft des Formulars frmDocProperties.

Die Abfrage enthält alle Felder der Tabelle *tblDokumente*, die ja – wie in der folgenden Abbildung zu erkennen ist – alle im oberen Teil des Formulars Platz finden. Das Gleiche gilt für das Feld *Dokumentart* aus der Tabelle *tblDokumentarten*. Zusätzlich soll das Formular neben dem Feld *Dokumentart* noch das passende Symbol anzeigen.

Die Bilddateien stecken sämtlich in der Tabelle *tbl_Anlagen* und werden über eine einfache Funktion in das *Image*-Steuerelement geladen – dazu später mehr.

Interessant ist zunächst, was beim Öffnen des Formulars geschieht: Dies löst nacheinander die Ereignisse *Form_Open*, *Form_Load* und *Form_Current* aus. Das *Form_Open*-Ereignis (*Beim Öffnen*) sieht wie folgt aus und erledigt nichts anderes, als über die Funktion *MayAccessObj* abzufragen, ob der aktuelle Benutzer berechtigt ist, dieses Formular zu öffnen.

Falls ja, läuft die Routine einfach durch, falls nein, erscheint eine Meldung und die Routine bricht den Öffnen-Vorgang ab. Und falls der Benutzer immerhin Leserechte besitzt, erscheint eine entsprechende Meldung und das Formular wird schreibgeschützt geöffnet:

```
Private Sub Form_Open(Cancel As Integer)
    ...
    Select Case MayAccessObj(Me.Name)
        Case 1
            DmsMsg 1
            Cancel = True
        Case 2
            SetReadOnly Me, True
    End Select
    ...
End Sub
```

Weitere Informationen zu den hier verwendeten Funktionen *MayAccessObj*, *DmsMsg* und *SetReadOnly* finden Sie unter 5.3.1, »Objektberechtigungen ermitteln«, und 8.3, »Benutzerdefinierte Meldungen«.

Nachdem das Thema Zugriff geklärt ist, wird das Formular noch verschönt: Einige Bereiche erhalten dabei die vom Benutzer in den Optionen von *dmsBase* festgelegten Farben.

Außerdem verschiebt die *Move*-Methode das Formular so, dass es direkt über dem Explorer-Steuerelement angezeigt wird, welches man zu diesem Zeitpunkt wohl am wenigsten benötigt.

```
Private Sub Form_Load()
    Dim lCol As Long
    ...
    lCol = fuSysColor("Dokument")
    Me.Section(acDetail).BackColor = lCol
    Me!LblVersionen.BackColor = lCol
    Me.Section(acFooter).BackColor = LightenColor(lCol, 0.9)
    Me.Section(acHeader).BackColor = LightenColor(lCol, 0.9)
    Me.Move 100, 500
    ...
End Sub
```

Fehlt noch das *Form_Current*-Ereignis: Dieses sorgt schließlich dafür, dass im Formular das richtige Symbol zum angezeigten Dokument erscheint. Dazu liest es zunächst den Wert des Feldes *BildID* der Datenherkunft in eine Variable ein.

Anschließend weist es der *Picture*-Eigenschaft des *Image*-Steuerelements das passende Bild zu. Dieses liest die Funktion *GetSysPicture* (weitere Informationen siehe 9.23, »Bilder einlesen«) aus der Tabelle *tbl_Attachments* aus:

Kapitel 10

```
Private Sub Form_Current()
    Dim nBild As Long
    ...
    nBild = Nz(Me!BildID)
    If nBild > 0 Then
        Set Me!ctlImage.Picture = GetSysPicture(nBild)
    Else
        Set Me!ctlImage.Picture = Nothing
    End If
    ...
End Sub
```

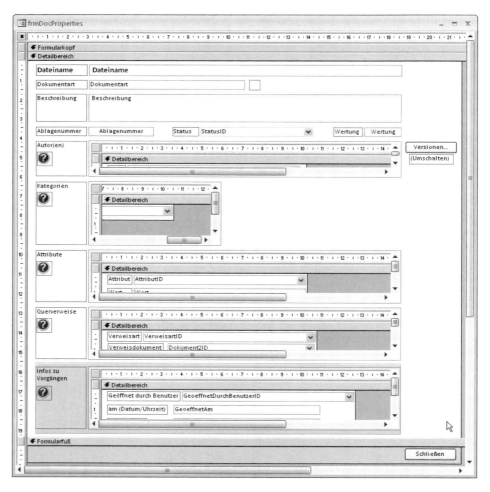

Abbildung 10.4: Entwurfsansicht des Formulars frmDocProperties

10.1.2 Versionen ein- und ausblenden

Die Schaltfläche *cmdVersionen* blendet das Unterformular zur Anzeige der Versionen des Formulars ein und aus. Es liegt in der Z-Reihenfolge über allen anderen Steuerelementen, sodass diese nicht ausgeblendet werden müssen, wenn das Versionen-Unterformular sichtbar wird – sie werden einfach von diesem überdeckt.

Die Schaltfläche ist keine Umschaltfläche, sondern eine übliche Schaltfläche, die je nach dem Eingeblendet-Status des Versionen-Formulars entweder die Beschriftung *Eigenschaften...* oder *Versionen...* enthält. Als Kennzeichen für den Status dient der Wert der *Tag*-Eigenschaft des Steuerelements: Hat dieses den Wert *False*, besitzt es die Beschriftung *Versionen...*, sonst *Eigenschaften...*. Vom *Tag*-Wert hängt dementsprechend auch die *Visible*-Eigenschaft ab:

```
Public Sub cmdVersionen_Click()
    Me!cmdVersionen.Tag = Not Me!cmdVersionen.Tag
    Me!sfrmVersionen.Visible = (Me!cmdVersionen.Tag <> 0)
    Me!LblVersionen.Visible = (Me!cmdVersionen.Tag <> 0)
    If Me!cmdVersionen.Tag = -1 Then
        Me!cmdVersionen.Caption = "Eigenschaften..."
    Else
        Me!cmdVersionen.Caption = "Versionen..."
    End If
End Sub
```

10.1.3 Unterformulare des Eigenschaften-Formulars

Das Eigenschaften-Formular enthält eine ganze Reihe Unterformulare – sieben, um genau zu sein. Lässt man das Unterformular zur Anzeige der Versionen eines Formulars weg, bleiben sechs, die beschrieben werden wollen. Allerdings sind fünf davon prinzipiell alle gleich aufgebaut, sodass wir uns auf die Beschreibung zweier Unterformulare beschränken können.

Vorgänge

dmsBase notiert, welcher Benutzer wann welches Dokument geöffnet hat. Dies dient einerseits der Kontrolle, wer was liest oder bearbeitet, andererseits bietet es die Möglichkeit, auch den Pfad mitzuschreiben, in dem der Benutzer ein Dokument gegebenenfalls ausgecheckt hat.

Dies ist vor allem deshalb interessant, weil der Benutzer das Dokument so beim nächsten Auschecken wieder an der gleichen Stelle auschecken kann, ohne dass er erneut den Zielpfad angeben muss. Gespeichert werden diese Informationen in einer direkt mit der Tabelle *tblDokumente* verknüpften Tabelle namens *tblOeffnungsvorgaenge*. Diese enthält die Informationen, welches Dokument wann durch wen in welchem Verzeichnis geöffnet wurde:

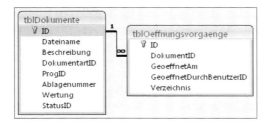

Abbildung 10.5: Dokumente und ihre Öffnungsvorgänge

Wie das Speichern der Öffnungsvorgänge genau funktioniert, wird an anderer Stelle beschrieben (siehe 6.3.7, »Öffnungsvorgänge dokumentieren«) – wir interessieren uns mehr für das Unterformular und dessen Synchronisation mit dem aktuell angezeigten Dokument.

Das Unterformular *sfrmDokumentvorgaenge* sieht wie in der folgenden Abbildung aus und enthält nur drei Steuerelemente:

Abbildung 10.6: Das Unterformular sfrmDokumentvorgaenge

Als Datenherkunft des Unterformulars dient die Abfrage *qryOeffnungsvorgaenge*, die nur Felder der Tabelle *tblOeffnungsvorgaenge* enthält. Das in der folgenden Abbildung nicht komplett sichtbare Feld *Verzeichnis:* enthält folgenden Ausdruck:

```
Verzeichnis: Wenn([tblOeffnungsvorgaenge].[Verzeichnis]=(SELECT
First(Verzeichnis) FROM tblOeffnungsvorgaenge AS tmp
WHERE tmp.DokumentID = tblOeffnungsvorgaenge.DokumentID);
"(intern)";[tblOeffnungsvorgaenge].[Verzeichnis])
```

Dieser Ausdruck enthält das *Subselect*-Statement *SELECT First(Verzeichnis) FROM tblOeffnungsvorgaenge AS tmp WHERE tmp.DokumentID = tblOeffnungsvorgaenge.DokumentID,* das den ersten Verzeichnispfad zurückgibt, von dem aus das Dokument in *dmsBase* eingecheckt wurde. Falls dieser Pfad mit dem Pfad identisch ist, der im aktuellen Datensatz für den Öffnungsvorgang angegeben ist, dann tritt der erste Ausdruck der *Wenn*-Bedingung in Kraft und es wird lediglich *(Intern)* für den Datensatz angezeigt. Der eigentliche Pfad wird also nur dann ausgegeben, wenn der Pfad vom ursprünglichen abweicht, was etwa durch Auschecken des Dokuments an einen anderen Ort geschieht.

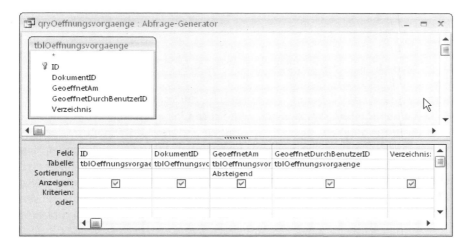

Abbildung 10.7: Datenherkunft des Unterformulars sfrmDokumentvorgaenge

Das Unterformular kann man einfach in das zukünftige Hauptformular *frmDocProperties* ziehen, den Rest erledigt Access praktisch von selbst. Es stellt nämlich die beiden Eigenschaften *Verknüpfen von* und *Verknüpfen nach* auf den Feldnamen *DokumentID* beziehungsweise *ID* ein.

Dies sorgt dafür, dass das Unterformular nur Datensätze anzeigt, deren Fremdschlüsselfeld *DokumentID* mit dem Primärschlüsselfeld *ID* der Datenherkunft des Hauptformulars übereinstimmt.

Der Wert *Datenblatt* für die Eigenschaft *Standardansicht* des Unterformulars sorgt schließlich dafür, dass die im Entwurf des Unterformulars recht unmotiviert sortierten Steuerelemente ordentlich in tabellarischer Form angeordnet werden.

Autoren eines Dokuments

Unwesentlich komplizierter sind die fünf Unterformulare für die Anzeige der Eigenschaften aus den übrigen verknüpften Tabellen. Als Beispiel soll das Unterformular dienen, das die Autoren eines Dokuments anzeigt.

Das Unterformular soll die Autoren-Elemente einer m:n-Beziehung zwischen den Tabellen *tblDokumente* und *tblAutoren* angeben, wobei die Tabelle *tblDokumenteAutoren* als Verknüpfungstabelle dient:

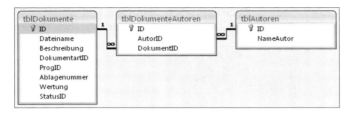

Abbildung 10.8: Die Beziehung zwischen Dokumenten und Autoren

Die Tabelle *tblDokumente* wird bereits im Formular *frmDocProperties* abgebildet. Um alle Autoren zu einem Dokument in einem Unterformular anzuzeigen, brauchen Sie auf jeden Fall die Informationen über die jeweiligen Autoren. Zusätzlich müssen Sie aber auch wissen, welche Autoren zum aktuell angezeigten Dokument gehören – sprich: Die Verknüpfungstabelle *tblDokumenteAutoren* muss entweder im Haupt- oder im Unterformular Platz finden. Beziehungen zwischen Haupt- und Unterformular sehen üblicherweise so aus, dass die Datenherkunft des Unterformulars den Fremdschlüssel enthält, der den Primärschlüsselwert der Datenherkunft des Hauptformulars speichert.

Also kommt die Verknüpfungstabelle in das Unterformular, was theoretisch zu einer Datenherkunft führt, die aus den Tabellen *tblDokumenteAutoren* und *tblAutoren* besteht. Sie brauchen die Tabelle *tblAutoren* aber gar nicht: Die Verknüpfungstabelle *tblDokumenteAutoren* reicht völlig, weil sie ja schon alle wichtigen Informationen enthält – die ID des Dokuments zum Verknüpfen mit dem Hauptformular und die ID des Autors. Sie meinen, das reicht nicht? Doch: Denn das Feld *AutorID*, das beim Einfügen in das Unterformular zunächst als Textfeld erscheint, wandeln Sie einfach in ein Kombinationsfeld mit der Datensatzherkunft

    SELECT tblAutoren.ID, tblAutoren.NameAutor FROM tblAutoren
    ORDER BY tblAutoren.NameAutor;

und den Eigenschaften *Spaltenanzahl* gleich 2 und der *Spaltenbreite* gleich 0 um:

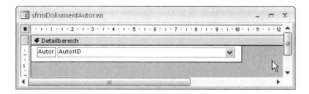

Abbildung 10.9: Das Unterformular sfrmDokumenteAutoren in der Entwurfsansicht

Auch hier brauchen Sie nun nur noch das Unterformular in das Hauptformular zu ziehen und darauf zu achten, dass Access automatisch die entsprechenden Werte für die Eigenschaften *Verknüpfen von* und *Verknüpfen nach* des Unterformularsteuerelements einträgt.

Die weiteren gleich gearteten Unterformulare haben den gleichen Aufbau. Mit einer Ausnahme: Das Unterformular *sfrmDokumentAttribute* enthält außer dem Kombinationsfeld zur Auswahl eines Attributs auch noch ein Textfeld, das die Eingabe eines Attributwerts verlangt. Schließlich macht die Auswahl etwa von *Farbe* als Attribut noch wenig Sinn – es sollte schon noch durch einen Wert wie *Blau* ergänzt werden.

Eine Stelle zur Neueingabe oder Verwaltung der Einträge der Kombinationsfelder werden Sie in *dmsBase* vergeblich suchen. Die Kombinationsfelder aller Eigenschaften-Unterformulare sind mit einem Doppelklick-Mechanismus ausgestattet, der den in 8.1, »Kombinationsfeldeinträge bearbeiten«, beschriebenen Listenfeldeditor aufruft. In diesem können Sie die zu Grunde liegenden Datensätze bearbeiten.

Die Ereigniseigenschaft *Beim Doppelklicken* der Kombinationsfelder enthält jeweils den Ausdruck =*EditCBEntries()*, der für den Aufruf der gleichnamigen Funktion sorgt. Ein ähnliches Verfahren kommt zum Einsatz, wenn der Benutzer versucht, Freitext in die Kombinationsfelder einzufügen. Das löst das Ereignis *Bei Nicht in Liste* aus, das mit der Funktion =*fuMsgOnlyList()* abgefangen wird, die eine Meldung anzeigt, dass ausschließlich Listeneinträge ausgewählt werden dürfen.

Versionen eines Dokuments

Das letzte Unterformular des Formulars *frmDocProperties* zeigt die Versionshistorie eines Dokuments an. Die notwendigen Informationen sind in der Tabelle *tblDokumentversionen* enthalten, die wie folgt mit der Tabelle *tblDokumente* verknüpft ist:

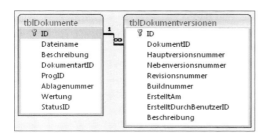

Abbildung 10.10: Die Beziehung zwischen den Tabellen tblDokumente und tblDokumentversionen

Die Beziehung zwischen dem Hauptformular *frmDocProperties* und dem Unterformular *sfrmDokumentversionen* sieht genau so aus wie die zwischen den Dokumenten und

Öffnungsvorgängen. Der Unterschied ist, dass *tblDokumentversionen* mehr Felder anzeigt und zu viele individuelle Informationen enthält, um die Daten in der Datenblattansicht zu präsentieren. Deshalb hält in diesem Fall der Eintrag *Endlosformular* der Eigenschaft *Standardansicht* her, was dem Entwickler wesentlich flexiblere Gestaltungsmöglichkeiten bietet:

Abbildung 10.11: Entwurfsansicht des Unterformulars sfrmDokumentVersionen

Die Datenherkunft umfasst nicht nur die Tabelle *tblDokumentversionen*, sondern auch noch die Tabellen *tblBenutzer* und *tblAnreden*. Dies hat den Hintergrund, dass der Benutzer inklusive Anrede und vollem Namen im Formular angezeigt werden soll. Das hier nicht komplett sichtbare Feld *Mitarbeiter* der nachfolgend abgebildeten Datenherkunft enthält dementsprechend den folgenden Ausdruck:

```
Mitarbeiter: [Anrede] & " " & [Vorname] & " " & [Nachname]
```

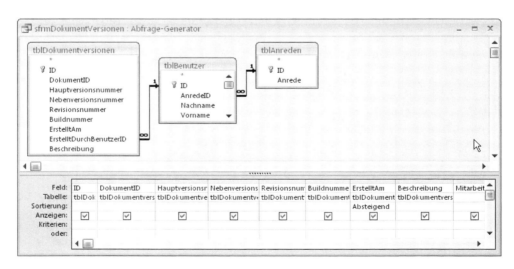

Abbildung 10.12: Die Datenherkunft des Unterformulars sfrmDokumentVersionen in der Entwurfsansicht

Das Unterformular enthält eine Schaltfläche namens *cmdOpenDocVers*, die zum Öffnen einer der Versionen des Dokuments dient. Sie führt folgenden Code aus:

```
Private Sub cmdOpenDocVers_Click()
    OpenDoc Me!DokumentID, Me!ID
    SetOeffnungsvorgang Me!DokumentID
End Sub
```

Die Routine *OpenDoc* öffnet die ausgewählte Version des Dokuments (siehe 7.1.3, »Dokument in integrierter Anwendung öffnen«) und *SetOeffnungsvorgang* schreibt einen neuen Eintrag in die Tabelle *tblOeffnungsvorgaenge* (siehe 6.3.7, »Öffnungsvorgänge dokumentieren«).

10.2 Volltexte erfassen und indizieren

dmsBase speichert nach Wunsch die Volltexte von Dokumenten. Um diese effektiv indizieren zu können, sollen die einzelnen Wörter der Volltexte in entsprechende Tabellen geschrieben werden. Diese Aufgabe übernimmt eine Funktion, die Sie über die Schaltfläche *Volltextindex aktualisieren* im *Optionen*-Dialog aufrufen.

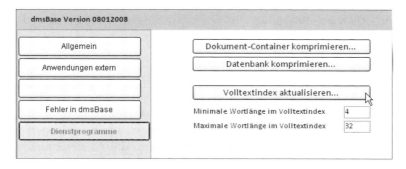

Abbildung 10.13: Das Indizieren der enthaltenen Volltexte erfolgt über eine Schaltfläche im Optionen-Dialog.

10.2.1 Volltexte erfassen

Wie aber funktioniert das mit dem Volltext und dem Indizieren genau? Zunächst einmal brauchen Sie den kompletten Text eines Dokuments – den Volltext eben.

Diesen erhalten Sie für die verschiedenen Dokumenttypen auf unterschiedliche Arten. Die passenden Funktionen beschreiben wir in Kapitel 7, »Dokumente anzeigen«, in den Abschnitten zu den verschiedenen Dokumenttypen beziehungsweise Anzeigeformularen:

Kapitel 10

▶ PDF-Dokumente: 7.3.3, »Volltext aus PDF-Dokumenten extrahieren«

▶ Snapshot-Dateien: 7.4, »Volltext aus Snapshot-Dokumenten extrahieren«

▶ Textdokumente: Der Volltext entspricht dem Inhalt des Textdokuments.

▶ Office-Dokumente: 7.6.4, »Volltext aus Office-Dokumenten extrahieren«

▶ Bild-Dokumente: 7.7.5, »Volltext über OCR aus Bild-Dokumenten extrahieren«

10.2.2 Volltexte und indizierte Wörter speichern

Die Volltexte eines Dokuments werden nicht zusammen mit einem Dokument in der Tabelle *tblDokumente*, sondern für jede Version einzeln gespeichert. Der Speicherort ist zwar nicht die Tabelle *tblDokumentversionen*, aber fast: Die Volltexte gelangen in die mit *tblDokumentversionen* per 1:1-Beziehung verknüpften Tabelle *tblInhalte*. Diese enthält dann auch nur drei Felder: einen Primärindex, das Fremdschlüsselfeld zum Verknüpfen mit der Tabelle *tblDokumentversionen* sowie das Feld mit dem eigentlichen Inhalt namens *Inhalt*.

Die aus den darin gespeicherten Texten extrahierten Wörter werden in der Tabelle *tblWoerter* gespeichert, die über eine m:n-Beziehung mit der Tabelle *tblInhalte* verknüpft ist. Die Verknüpfungstabelle heißt *tblWortindex*. Warum nun eine m:n-Beziehung – man könnte ja auch jedes in der Tabelle *tblWoerter* gespeicherte Wort einfach mit dem jeweiligen Inhalt verknüpfen? Das würde allerdings auch bedeuten, dass jedes Wort mehrmals in der Tabelle *tblWoerter* vorkommen könnte – und das wäre sicher eine große Platzverschwendung.

Stattdessen kommt jedes Wort nur genau einmal in diese Tabelle – dafür sorgt ein eindeutiger Index auf dem Feld *Wort*. Wenn man also versucht, ein schon vorhandenes Wort zum zweiten Mal in diese Tabelle einzugeben, erhält man eine entsprechenden Fehlermeldung. Die Indizierung des Feldes *Wort* ist aber auch noch aus einem anderen Grund sehr wichtig: Immerhin soll man ja auch den Volltextindex, dessen wesentlicher Bestandteil dieses Feld ist, nach einzelnen Wörtern durchsuchen können.

Der entsprechende Ausschnitt aus dem Datenmodell sieht nun wie folgt aus:

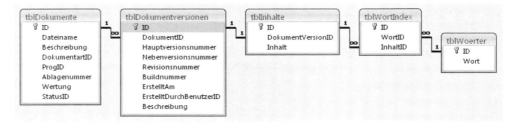

Abbildung 10.14: Der für die Volltextindizierung interessante Ausschnitt des Datenmodells

10.2.3 Volltexte indizieren

Die Texte liegen am Besten in Form einer Menge von durch Leer- oder Zeilenumbruchszeichen getrennten Wörtern vor. Die Routine im Optionen-Formular zählt die Wörter im Text, schätzt die Dauer und fragt den Benutzer, ob er mit dem Indizieren starten möchte. Falls ja, übernimmt die Funktion *CreateFulltextWords* die nachfolgenden Schritte.

```
Private Sub cmdCreateFulltextIndex_Click()
    Dim CntChars As Long
    ...
    CntChars = OpenRS("SELECT SUM(Len(Inhalt)) FROM tblInhalte", _
        eOpenSnapshot)(0)
    If Msgbox("Die Erstellung des Index wird etwa " _
        & Int(CDbl(CntChars) / 30000) & _
        " Sekunden dauern. Fortfahren?", _
        vbYesNo Or vbQuestion, "Bestätigen") = vbNo Then Exit Sub
    If CreateFulltextWords Then
        Msgbox "Erstellung des " _
            & "Volltextindex abgeschlossen", _
            vbInformation, "Volltextindex"
    Else
        Msgbox "Die Erstellung des Volltextindex konnte " & vbCrLf & _
            "nicht erfolgreich abgeschlossen werden. " & vbCrLf & _
            "Möglicherweise traten technische Fehler auf.", _
            vbInformation, "Volltextindex"
    End If
End Sub
```

> **Wo wird indiziert?**
>
> Die Routinen dieses Kapitels, die dem Indizieren von Volltexten dienen, finden Sie, wenn nicht anders angegeben, im Modul *mdlFullTextIndex*. Eine Ausnahme ist die soeben besprochene Routine: Diese befindet sich im Klassenmodul des Formulars *frmOptions*.

Die von der Routine *cmdCreateFulltextIndex_Click* aufgerufene Funktion *CreateFulltextWords* leistet ganze Arbeit: Sie ermittelt die minimale und die maximale Länge für die zu indizierenden Wörter über die *GetVar*-Funktion aus den *dmsBase*-Optionen, durchläuft alle in der Tabelle *tblInhalte* gespeicherten Inhalte, liest die darin enthaltenen Wörter aus und schreibt diese in die Tabelle *tblWoerter* – natürlich nicht ohne die fehlende Verknüpfung auf den Eintrag der Tabelle *tblInhalte*, aus dem das jeweilige Wort stammt. Weil dieser Vorgang einige Zeit in Anspruch nehmen kann,

Kapitel 10

kommt in der Routine außerdem die unter 8.9, »Fortschrittsanzeige«, besprochene Fortschrittsanzeige zum Einsatz.

```
Function CreateFulltextWords() As Boolean
    Dim rstWords As DAO.Recordset
    Dim rstWordIndex As DAO.Recordset
    Dim rstText As DAO.Recordset
    Dim m_minwordlength As Long
    Dim m_maxwordlength As Long
    Dim sText As String
    Dim arrText() As String
    Dim i As Long, n As Long, m As Long
    Dim CntRecs As Long, CntLoop As Long
    ...
    DelimitChars = " ,;.:!<>/()[]{}?\+*='" & vbCr & vbLf & vbTab _
        & Chr$(34) & Chr$(11)
    m_minwordlength = Getvar("minwordlength", 4)
    m_maxwordlength = Getvar("maxwordlength", 40)
    dbs.Execute "DELETE FROM tblWoerter"
    dbs.Execute "DELETE FROM tblWortIndex"
    CntRecs = OpenRS("SELECT COUNT(*) FROM tblInhalte", eOpenSnapshot)(0)
    If CntRecs = 0 Then
        DmsMsg 113, 4000
        Exit Function
    End If
    Set rstWords = dbs.OpenRecordset("tblWoerter", dbOpenDynaset)
    Set rstWordIndex = dbs.OpenRecordset("tblWortIndex", dbOpenDynaset)
    Set rstText = dbs.OpenRecordset("tblInhalte", dbOpenForwardOnly)
    Do While Not rstText.EOF
        Progress "Erstelle Volltextindex...", 1
        sText = Nz(rstText!Inhalt.Value)
        If Len(sText) > 0 Then
            arrText = SplitMult(sText)
            For m = 0 To UBound2(arrText)
                n = Len(arrText(m))
                If Not IsNumeric(arrText(m)) Then
                    If n >= m_minwordlength And n <= m_maxwordlength Then
                        rstWords.FindFirst "[Wort]='" & arrText(m) & "'"
                        If rstWords.NoMatch Then
                            rstWords.AddNew
                            rstWords!Wort = arrText(m)
```

```
                        rstWords.Update
                        rstWords.MoveLast
                    End If
                    On Error Resume Next
                    With rstWordIndex
                        .AddNew
                        !InhaltID = rstText!ID
                        !WortID = rstWords!ID
                        .Update
                    End With
                    On Error GoTo Fehler
                End If
            End If
        Next m
    End If
    CntLoop = CntLoop + 1
    ProgressMeter Int(100 * CDbl(CntLoop) / CDbl(CntRecs))
    rstText.MoveNext
Loop
CreateFulltextWords = True
...
CloseProgress
...
End Function
```

Ein Text, viele Wörter

Einen wesentlichen Teil der Logik beim Anlegen des Index übernimmt die Routine *SplitMult*: Sie erwartet als Parameter einen Text und liefert ein Array mit allen enthaltenen Wörtern zurück.

Prinzipiell arbeitet diese Routine wie die VBA-Funktion *Split* – mit dem kleinen, aber feinen Unterschied, dass *Split* nur ein Trennzeichen verarbeiten kann, *SplitMult* aber jeweils beliebig viele.

Neben dem eigentlichen Text besitzt die Funktion noch einen weiteren Parameter namens *IncludeDelimiters*, mit dem Sie beim Aufruf festlegen, ob Sie nur die Wörter oder auch die Trennzeichen benötigen – wobei sich dies jeweils nur auf das Trennzeichen hinter dem Wort bezieht.

```
Function SplitMult(AString As String, _
        Optional IncludeDelimiters As Boolean = False) As String()
    Dim i As Long
```

```
        Dim l As Long
        Dim ix As Long, ixmax As long
        Dim m As Long
        arrS() As String
        l = Len(AString)
        m = 1
        ixmax = l \ 5
        ReDim arrS(ixmax)
        For i = 1 To l
            If (InStr(1, DelimitChars, Mid(AString, i, 1), _
                    vbTextCompare) <> 0) Or i = l Then
                If ix > ixmax Then
                    ixmax = ix + 100
                    ReDim Preserve arrS(IX)
                End If
                If IncludeDelimiters Then
                    arrS(IX) = Mid(AString, m, i - m - (i = l) + 1)
                Else
                    arrS(IX) = Mid(AString, m, i - m - (i = l))
                End If
                If InStr(1, DelimitChars, arrS(IX), vbTextCompare) = 0 _
                    Then IX = IX + 1
                m = i + 1
            End If
        Next i
        If IX > 0 Then IX = IX - 1
        ReDim Preserve arrS(ix)
        On Error Resume Next
        If (Not IncludeDelimiters) And _
            (InStr(1, DelimitChars, Right(arrS(IX), 1), vbTextCompare) <> 0) _
            Then arrS(IX) = LeftText(arrS(IX), 1)
        SplitMult = arrS
    End Function
```

10.2.4 Dokumente in den Volltextindex überführen

Sie haben nun die notwendigen Techniken kennen gelernt, es fehlt noch eine kurze Zusammenfassung der Schritte, die dazu notwendig sind, den Inhalt eines Dokuments komplett zu indizieren.

Dazu müssen Sie ein Dokument lediglich öffnen und auf die Schaltfläche *Text extrahieren* klicken.

Metadaten, Volltextindex und Suchfunktion

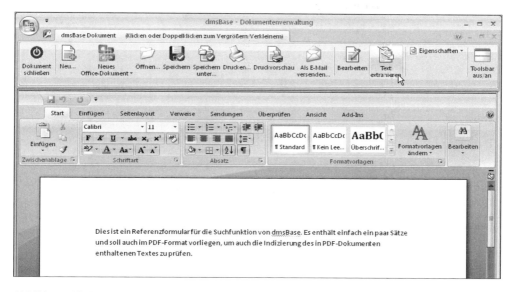

Abbildung 10.15: Den Text des aktuell geöffneten Dokuments extrahiern Sie mit der Schaltfläche *Text extrahieren*.

Im zweiten Schritt brauchen Sie nur noch in den *dmsBase*-Einstellungen unter *Dienstprogramme* die Schaltfläche *Volltext aktualisieren...* zu betätigen. *dmsBase* nimmt nun die im ersten Schritt extrahierten Texte auseinander, schreibt die einzelnen Wörter in die Tabellen *tblWoerter* und fügt passende Einträge zur Tabelle *tblWortIndex* hinzu.

Dies spiegelt sich in den entsprechenden Tabellen dann wie folgt wider: Ein Wort wird aus einem Volltext entnommen, der dem Feld *Inhalt* der Tabelle *tblInhalte* entspricht (die wiederum über die Tabelle *tblDokumentversionen* mit *tblDokumente* verknüpft ist, welche aber hier aus Gründen der Übersicht nicht auch noch abgebildet werden sollten) und in der Tabelle *tblWoerter* gespeichert.

Über die Tabelle *tblWortIndex* wird der Zusammenhang zwischen dem ursprünglichen Inhalt und dem einzelnen Wort hergestellt (siehe Abbildung nächste Seite).

10.3 Suchfunktion

Nun wissen Sie zumindest schon einmal, woher die ganzen Daten kommen, auf denen Sie die Suchfunktionen für die Dokumente in *dmsBase* aufbauen können. Ganz klar, dass die Suche nicht gerade trivial ist: Die Eigenschaften, die Sie für die Suche nach dem gewünschten Dokument verwenden können, sind über viele Tabellen verstreut und alle sollen in die Suchfunktion mit einfließen. Schauen wir uns doch vorab einfach mal das Suchformular in der Formularansicht an.

Kapitel 10

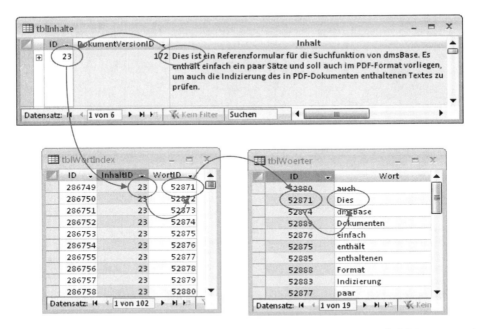

Abbildung 10.16: Die Inhalte der Tabellen *tblInhalte*, *tblWortIndex* und *tblWoerter* nach dem Indizieren

Dies ist definitiv eine ganze Menge verschiedener Suchkriterien und in den folgenden Abschnitten lernen Sie die unterschiedlichen Typen kennen – neben einem Überblick über den Ablauf.

10.3.1 Ablauf der Suche

Die Zusammenstellung eines einzigen SQL-Strings für alle im Formular enthaltenen Parameter wäre zwar eine echte Herausforderung, aber sie enthielte so viele Tabellen und Abhängigkeiten, dass die Wartungsfreundlichkeit des notwendigen VBA-Codes gegen Null ginge.

Das resultierende SQL-Statement wäre derart undurchsichtig, dass zudem die Performance schwer leiden würde oder gar die ACE-Engine mit der Fehlermeldung *Ausdruck zu komplex* auf den Plan treten würde. Daher haben wir die verschiedenen Kriterien zunächst entsprechend ihrer Beziehung zur Basistabelle der Suche, *tblDokumente*, aufgeteilt:

▶ *Dateiname, Beschreibung, DokumentartID, Wertung* und *StatusID* sind direkt in dieser Tabelle enthalten. Es ist leicht vertretbar, einen SQL-Ausdruck zusammenzustellen, der diese Felder gleichzeitig als Kriterien für eine Suche verwendet.

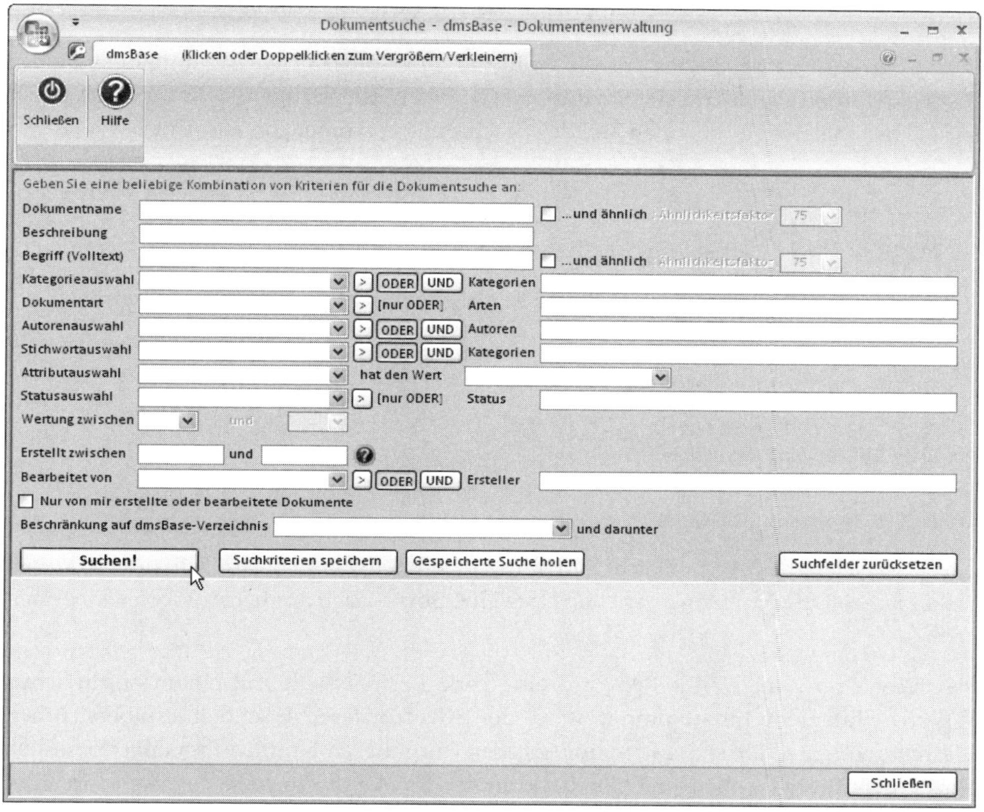

Abbildung 10.17: Das Formular mit den Suchkriterien und der (noch) leeren Ergebnisliste

- *Attribut* (*tblDokumentAttribute/tblAttribute*), *Kategorie* (*tblDokumentKategorien/tblKategorien*), *Autor* (*tblDokumentautoren/tblAutoren*), *Stichwörter* (*tblDokumenteStichwoerter/tblStichwoerter*) und *Verzeichnis* (*tblDokumenteVerzeichnisse/tblVerzeichnisse*) sind alle Felder, die dem Dokument über eine m:n-Beziehung zugewiesen werden. Eine Abfrage, die all diese Kriterien enthielte, würde allein fünf *INNER JOIN*-Beziehungen aufweisen.

- Die Volltextsuche soll Dokumente mit bestimmten Wörtern zu Tage bringen, was immerhin das Integrieren der Tabellen *tblDokumente/tblDokumentversionen/tblInhalte/tblWortIndex/tblWoerter* innerhalb einer Abfrage nach sich zieht.

Wenn nun keine Abfrage per VBA zusammengestellt werden soll, die alle Kriterien zusammenfasst, wie soll die Ermittlung eines Suchergebnisses dann funktionieren?

Die gewählte Vorgehensweise sieht wie nachfolgend beschrieben aus.

Es gibt in jedem Falle einen Basis-SQL-Ausdruck:

483

```
strSQL = "SELECT ID AS DocID, 0 As VersID FROM tblDokumente WHERE "
```

Wenn der Benutzer Kriterien für direkt in der Tabelle *tblDokumente* enthaltene Felder festlegt, werden diese Kriterien an diesen SQL-String angehängt. Das kann dann, wenn es sich beispielsweise um einen Teil der Beschreibung handelt, so aussehen:

```
SELECT ID AS DocID, 0 As VersID
FROM tblDokumente
WHERE ( [Beschreibung] LIKE '*Rechnung*')
```

Verwendet der Benutzer alle fünf dieser Kriterien, kommt schon einiges zusammen:

```
SELECT ID AS DocID, 0 As VersID FROM tblDokumente
WHERE (Dateiname LIKE'*Rechnung.doc*')
AND ([Beschreibung] LIKE '*Rechnung*')
AND ([Wertung] BETWEEN 1 AND 3)
AND ([StatusID]=2)
AND ([DokumentartID]=2)
```

Das lässt sich per VBA noch leicht händeln – abgesehen davon, dass auch diese Kriterien schon ausgefeilte Mechanismen, wie etwa eine Suche nach ähnlichen Wörtern, beinhalten.

Wenn jetzt nur ein *INNER JOIN* auf eine verknüpfte Tabelle mit einem zusätzlichen *WHERE*-Statement hinzukommt, wird der Ausdruck recht schnell unübersichtlich. Deshalb vereinfacht die *Suchen*-Funktion den Vorgang, indem das Ergebnis der ersten fünf Suchkriterien – eben jene, die direkt in der Tabelle *tblDokumente* stecken – in einer temporären Tabelle namens *tbl_SearchResult* gespeichert wird. Dies betrifft allerdings nur die beiden Felder *ID* und *VersID* des Dokumentdatensatzes, wobei Letzterer auf *0* eingestellt wird, weil er sich nicht auf eine spezielle Version bezieht. Später kommen noch versionsabhängige Kriterien hinzu.

Die temporäre Tabelle sieht wie in der folgenden Abbildung aus:

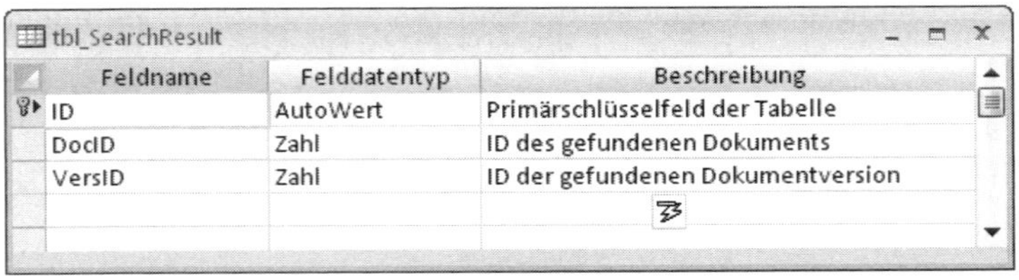

Feldname	Felddatentyp	Beschreibung
ID	AutoWert	Primärschlüsselfeld der Tabelle
DocID	Zahl	ID des gefundenen Dokuments
VersID	Zahl	ID der gefundenen Dokumentversion

Abbildung 10.18: Entwurfsansicht der Tabelle zum Speichern des temporären Suchergebnisses

Bei den folgenden Kriterien wird diese Ergebnismenge immer weiter eingeschränkt. Um zu ermitteln, welche Dokumente beispielsweise die Zeichenfolge *Referenz* im Dateinamen tragen und der Kategorie mit der *ID* Nummer 3 angehören, käme zunächst die folgende SQL-Abfrage zum Einsatz:

```
SELECT ID AS DocID, 0 As VersID
FROM tblDokumente
WHERE (Dateiname LIKE'*Referenz*')
```

Dieses Ergebnis würde dann in der Tabelle *tbl_SearchResult* gespeichert und durch die folgende Abfrage weiter eingeschränkt, die den *IN*-Operator auf ein Subselect-Statement ansetzt:

```
SELECT DISTINCT DokumentID,0 As VersID
FROM tblDokumenteKategorien
WHERE ([KategorieID]=3)
AND DokumentID IN(SELECT DocID FROM tbl_SearchResult)
```

Dabei ergeben sich zwei Probleme: Das erste ist ganz offensichtlich und bezieht sich auf die temporäre Tabelle zum Speichern des Suchergebnisses – *tbl_SearchResult*. Solange nach dem ersten Speichern nur eine weitere Abfrage folgt, die auf dieser Tabelle aufsetzt, kann man dieses Ergebnis direkt im passenden Steuerelement – hier in einem Unterformular – anzeigen.

Was aber, wenn mehrere aufeinander aufbauende Abfragen folgen? Soll man die weiteren Zwischenergebnisse in zusätzlichen temporären Tabellen speichern? Das wäre doch ein wenig zu viel des Guten, eine Tabelle sollte doch ausreichen. Der erste Ansatz, zum Zwischenspeichern von Abfrageergebnissen nur eine Tabelle zu verwenden, sah so aus: Das Ergebnis des SQL-Ausdrucks, der auf *tbl_SearchResult* aufbaute, wurde in ein Recordset als Zwischenspeicher geschrieben, die Tabelle *tbl_SearchResult* geleert und das neue Zwischenergebnis aus dem Recordset in die nunmehr leere Tabelle *tbl_SearchResult* eingetragen.

Die letztlich verwendete Lösung schien jedoch noch ein wenig eleganter und vermutlich auch performanter: Die Routine merkt sich die *ID* des letzten Datensatzes des aktuellen Zwischenergebnisses in der Tabelle *tbl_SearchResult* und schreibt das neue Ergebnis einfach zu den bestehenden Datensätzen hinzu. Dann löscht sie die Datensätze bis zur gemerkten *ID*.

Das zweite Problem wird erst offensichtlich, wenn *dmsBase* einmal mehrere tausend Dokumente enthält: Bisher wird das Zwischenergebnis der ersten Abfrage (die mit den Feldern der Tabelle *tblDokumente*) auf jeden Fall in *tbl_SearchResult* gespeichert. Das heißt, dass im Extremfall alle Datensätze der Dokumente-Tabelle in der Zwischentabelle landen, wenn der Benutzer kein Kriterium für die Felder der Tabelle *tblDokumente* angegeben hat. Um dies zu verhindern, wird ein Zwischenergebnis erst in die Tabelle *tbl_SearchResult* geschrieben, wenn ein Kriterium auf die Daten angewendet wurde. Das Problem hierbei ist, dass es nun zwei verschiedene Ausgangsabfragen gibt: die

Tabelle *tblDokumente* und die Tabelle *tbl_SearchResult*. Aber auch das ist kein Hindernis: Der passende Ausdruck wird einfach in eine lokale Variable geschrieben und diese als Platzhalter in die jeweiligen SQL-Ausdrücke eingearbeitet – wie das im Detail funktioniert, erfahren Sie weiter unten.

Schlussendlich erhalten Sie eine Tabelle namens *tbl_SearchResult*, deren Inhalt in der Abfrage *qryDokumentSuchInfo* mit den Feldern aus den verschiedenen verknüpften Tabellen zusammenführt und in dem unterhalb der Steuerelemente für die Suchkriterien befindlichen Unterformular angezeigt wird.

10.3.2 Dokumente nach Dateiname suchen

Die Routine, die alle im Formular vorhandenen Suchausdrücke und Kriterien auswertet und die passenden Datensätze zurückliefert, ist relativ lang. Daher beginnen wir mit einem kleinen Bruchteil der dort enthaltenen Funktionalität, um die grundlegende Vorgehensweise zu demonstrieren.

Dokumentnamen

Stellen wir uns der Einfachheit halber vor, man könnte nur nach Dokumentnamen suchen und es gäbe dementsprechend im Formular *frmDokumentsuche* nur ein Textfeld namens *txtDocName* und eine Schaltfläche namens *cmdSearch*, die den Suchvorgang startet. Fehlt noch ein Steuerelement, um die Ergebnisse anzuzeigen: Dazu dient ein einfaches Unterformular in der Datenblattansicht, das wir weiter unten besprechen. Klar ist, dass das Suchergebnis Informationen aus einer Tabelle liefert – da fällt die Auswahl nicht schwer: Es soll Dokumente liefern, also dient die Tabelle *tblDokumente* als Grundlage für die SQL-Abfrage, die später zusammengesetzt wird.

Angenommen, die Dokumentnamen sollen auf das Auftreten des im Textfeld *txtDocName* eingegebenen Ausdrucks hin untersucht werden, wobei der Ausdruck nur teilweise im Dateinamen vorzukommen braucht, dann sind schon die folgenden Zeilen notwendig:

```
Dim strSQL As String
Dim strCrit As String
Dim strTmp As String
strSQL = "SELECT tblDokumente.ID, 0 As VersID FROM tblDokumente WHERE "
If Not IsNull(Me!txtDocName.Value) Then
    strCrit = strCrit & "("
    strTmp = strTmp & "Dateiname LIKE'*" & Me!txtDocName.Value & "*'"
    strCrit = strCrit & strTmp & ")"
End If
strSQL = strSQL & strCrit
Debug.Print strSQL
```

strSQL ist die Basis und *strCrit* der Kriteriumsausdruck, also der, der hinter dem WHERE-Schlüsselwort einer Abfrage folgt. *strTemp* braucht man hier eigentlich noch nicht, aber es dient dazu, einzelne Kriterien zu speichern.

Der Basis-SQL-Ausdruck enthält bereits zu Beginn eine WHERE-Klausel, allerdings ohne ein Kriterium – aber dieses wird ja ohnehin noch hinzugefügt. Der SQL-Ausdruck aus obigem Beispiel sieht bei Eingabe der Zeichenkette *Beispielsuche* in das Textfeld *txtDocName* so aus:

```
SELECT tblDokumente.ID, 0 As VersID
FROM tblDokumente
WHERE (Dateiname LIKE'*Beispielsuche*')
```

Mehrere Ausdrücke

Vielleicht möchten Sie nicht nur nach einem, sondern nach mehreren Ausdrücken suchen – beispielsweise, indem Sie diese per Semikolon getrennt eingeben wie im folgenden Beispiel:

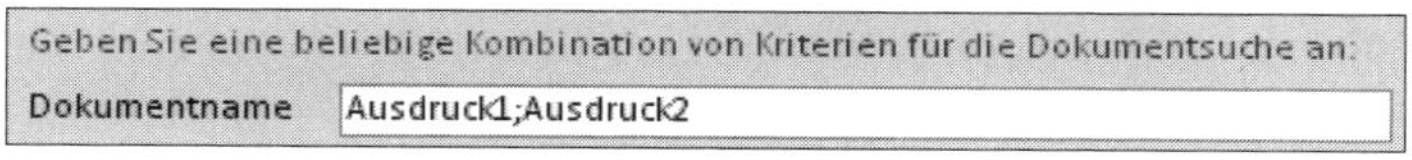

Abbildung 10.19: Beispiel für zwei Suchausdrücke

Das Zusammensetzen der *WHERE*-Klausel – namentlich der Variablen *strCrit* – würde dann wie in diesem Codeabschnitt funktionieren, wobei zusätzlich zwei weitere Variablen notwendig wären:

```
Dim strOP As String
Dim arrTemp() As String
...
If Not IsNull(Me!txtDocName.Value) Then
    strCrit = strCrit & "("
    strTmp = ""
    arrTemp = Split(Me!txtDocName.Value, ";")
    For i = 0 To UBound2(arrTemp)
        strOP = AdjustOP(arrTemp(i))
        strTmp = strTmp & strOP & "Dateiname LIKE'*" _
            & Mid(arrTemp(i), 2) & "*'"
    Next i
    strTmp = Mid(strTmp, 4)
    strCrit = strCrit & strTmp & ")"
End If
```

Die einzelnen Ausdrücke werden hier am Trennzeichen, also dem Semikolon, auseinandergenommen und mit der VBA-Funktion *Split* in die Elemente eines Arrays verfrachtet. Diese durchläuft eine Schleife, in der die Funktion *AdjustOP* nach den Operatoren schaut, die wir bislang noch nicht erwähnt haben:

- | ist der *Oder*-Operator und
- + ist der *Und*-Operator.

> **Operatoren in der dmsBase-Suche**
>
> Wenn der Benutzer im Suchformular von *dmsBase* Suchbegriffe eingeben möchte, muss er eigentlich nur Folgendes beachten: Mit dem Semikolon trennt er einzelne Suchbegriffe voneinander, das Pipe-Zeichen (|) direkt vor einem Wort steht für ein »Oder« und ein Plus-Zeichen (+) für ein »Und«.

Die Funktion *AdjustOP* schaut nach, ob die übergebene Zeichenkette ein Plus-Zeichen enthält, und gibt in diesem Fall den String »AND« zurück, anderenfalls »OR«.

```
Private Function AdjustOP(strExpr As String) As String
    ...
    If Left(strExpr, 1) <> "+" And Left(strExpr, 1) <> "|" _
        Then strExpr = "|" & strExpr
    AdjustOP = IIf(Left(strExpr, 1) = "+", " AND ", " OR ")
    ...
End Function
```

Der passende Suchausdruck für den obigen Screenshot sieht dann so aus:

```
SELECT tblDokumente.ID, 0 As VersID FROM tblDokumente WHERE (Dateiname
    LIKE'*Ausdruck1*' OR Dateiname LIKE'*Ausdruck2*')
```

Logische Operatoren

Der Benutzer kann neben dem Semikolon als Trennzeichen auch die oben genannten Zeichen direkt im Suchbegriff verwenden, zum Beispiel so:

```
Ausdruck1;+Ausdruck2;|Ausdruck3
```

Das Kriterium sieht dann wie folgt aus:

```
SELECT tblDokumente.ID, 0 As VersID
FROM tblDokumente
WHERE (Dateiname LIKE'*Ausdruck1*' AND Dateiname
LIKE'*Ausdruck2*' OR Dateiname LIKE'*Ausdruck3*')
```

Ähnlichkeitssuche

In vielen Fällen erinnert man sich vielleicht noch ungefähr an den Dateinamen, aber nicht mehr hundertprozentig: Da sucht man vielleicht nach *Überschussrechnung*, hat die Datei allerdings unter *Ueberschussrechnung.xls* gespeichert. Bei den üblichen in Access verwendeten Suchtechniken hat man da natürlich wenig Chancen – außer, man sucht nach Teilen wie etwa *Rechnung*.

Für diesen Fall bietet die Suche von *dmsBase* eine so genannte Ähnlichkeitssuche, die man mit dem Kontrollkästchen rechts neben dem jeweiligen Suchfeld aktivieren kann. Zusätzlich gibt es ein Kombinationsfeld zur Auswahl des Ähnlichkeitsfaktors. Dieser bestimmt, wie groß die Toleranz beim Suchen ist: Je kleiner der Wert, desto ungenauer wird die Suche.

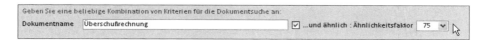

Abbildung 10.20: Einstellung für das Suchen von ähnlichen Wörtern

Um bei unserem Beispiel mit der Überschussrechnung zu bleiben: Ein Ähnlichkeitsfaktor von 75 führt bei Eingabe von *Überschußrechnung* zur richtigen Datei *Ueberschussrechnung.xls*.

Der Algorithmus für die Suche in den Dateinamen wird somit nochmals aufgebohrt: Er prüft, ob die Ähnlichkeitssuche aktiviert ist, und setzt einen entsprechenden Suchausdruck entweder mit oder ohne Berücksichtigung der Ähnlichkeitssuche zusammen.

```
If Not IsNull(Me!txtDocName.Value) Then
    strCrit = strCrit & "("
    strTmp = ""
    arrTemp = Split(Me!txtDocName.Value, ";")
    If Me!chkSimilarName.Value = False Then
        For i = 0 To UBound2(arrTemp)
            strOP = AdjustOP(arrTemp(i))
            strTmp = strTmp & strOP _
                & "Dateiname LIKE'*" & Mid(arrTemp(i), 2) & "*'"
        Next i
```

```
        Else
            For i = 0 To UBound2(arrTemp)
                strOP = AdjustOP(arrTemp(i))
                strTmp = strTmp & strOP _
                    & "Ratcliff([Dateiname],'" & Mid(arrTemp(i), 2) & "')" _
                    & ">=" & Nz(Me!cboSimilarName.Value, 80)
            Next i
        End If
        strTmp = Mid(strTmp, 4)
        strCrit = strCrit & strTmp & ")"
        flag = True
    End If
```

Der SQL-Ausdruck zum obigen Beispiel lautet nun so:

```
SELECT tblDokumente.ID, 0 As VersID FROM tblDokumente WHERE
(Ratcliff([Dateiname],'Überschußrechnung')>=75)
```

Hier wird schon deutlich, wie die Ähnlichkeitssuche funktioniert: Sie verwendet eine Funktion namens *Ratcliff*, welche die Ähnlichkeit zweier Ausdrücke – hier den Inhalt des Feldes *Dateiname* und den Suchbegriff *Überschußrechnung* – als Zahlenwert ausdrückt.

Ist dieser Zahlenwert größer als der im Formular angegebene, dann ist die gewünschte Ähnlichkeit gegeben und der Datensatz gilt als Treffer.

Diese Funktion ist Bestandteil der Bibliothek *mossSOFT dbStrings library*, die in die Verweise des VBA-Projekts aufgenommen werden muss – mehr dazu in 15.6.1, »moss-SOFT dbStrings Library«.

10.3.3 Suchen mit LIKE

Das nächste Beispiel erzeugt ein Kriterium, das die Beschreibung der Dokumente auf das Vorhandensein von Zeichenketten durchsucht. Dies geht ganz einfach mit dem LIKE-Operator und entsprechenden Platzhaltern (*) vonstatten. Das folgende Suchfeld ...

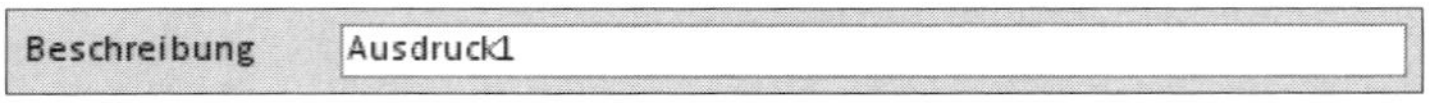

| Beschreibung | Ausdruck1 |

Abbildung 10.21: Durchsuchen von Beschreibungstexten

... liefert diese SQL-Abfrage:

```
SELECT tblDokumente.ID, 0 As VersID
FROM tblDokumente
WHERE ( [Beschreibung] LIKE '*Word*')
```

Der dazu notwendige Code ist im Vergleich zum vorherigen relativ harmlos. Er prüft, ob das Textfeld mit dem Suchbegriff überhaupt einen Wert enthält, und baut dann ein neues Kriterium zusammen, welches an das aus dem vorherigen Vergleich mit führendem AND-Schlüsselwort angehängt wird – aber nur, wenn dieser bereits ein Kriterium lieferte, und das belegt der Wert des Zeigers *flag*, der in diesem Fall den Wert *True* aufweist.

```
If Not IsNull(Me!txtDescr.Value) Then
    If flag Then strCrit = strCrit & " AND "
    strCrit = strCrit & "("
    strTmp = ""
    arrTemp = Split(Me!txtDescr.Value, ";")
    For i = 0 To UBound2(arrTemp)
        strOP = AdjustOP(arrTemp(i))
        strTmp = strTmp & strOP _
            & " [Beschreibung] LIKE '*" & Mid(arrTemp(i), 2) & "*'"
    Next i
    strTmp = Mid(strTmp, 4)
    strCrit = strCrit & strTmp & ")"
    flag = True
End If
```

Schaut man sich nur die bisher beschriebenen Möglichkeiten zur Eingabe von Suchbegriffen an, wird das Prinzip schnell deutlich: Am Anfang wird der String *strSQL* mit dem Basisausdruck gefüllt, der lediglich den *SELECT*-Teil und das Schlüsselwort *WHERE* ohne folgende Kriterien enthält.

Dann ermittelt die Routine *cmdSearch_Click* für jedes im Formular enthaltene und zur Eingabe von Suchbegriffen vorgesehene Steuerelement ein Kriterium und setzt dieses anschließend gemeinsam mit dem in *strSQL* gespeicherten Ausdruck zu einer SQL-Abfrage zusammen.

10.3.4 Nach Dokumenten mit bestimmter Wertung suchen

Für Dokumente lässt sich eine Wertung festlegen. Dies kann beispielsweise ein Ausdruck der Qualität, der Relevanz oder Sonstiges sein – genau ist das nicht festgelegt. Dieses Feld ist also eher eine kleine Spielerei. Dennoch lässt sich damit gut zeigen, wie Datensätze nach einem bestimmten Zahlenwert gefiltert werden können – und auch nach Zahlen in einem bestimmten Bereich.

Dementsprechend können Sie im Suchformular einen Bereich festlegen, wobei das Kombinationsfeld für die obere Grenze beim Festlegen des Wertes für die Untergrenze automatisch auf die Untergrenze eingestellt wird – allerdings nur, wenn die Obergrenze noch nicht festgelegt ist:

Abbildung 10.22: Dokumente nach der Wertung suchen

Die folgende Ereignisprozedur wird bei jeder Änderung des Inhalts des linken Kombinationsfelds namens *cboVal1* ausgelöst. Sie aktiviert oder deaktiviert das rechte Kombinationsfeld (*cboVal2*), je nachdem, ob das linke Kombinationsfeld einen Wert enthält oder nicht. Wenn der Benutzer *cboVal1* leert, geschieht das Gleiche mit *cboVal2*, und wenn *cboVal2* leer ist, wenn der Benutzer einen Wert in *cboVal1* ausgewählt hat, wird *cboVal2* auf den Wert von *cboVal1* eingestellt.

```
Private Sub cboVal1_AfterUpdate()
    On Error Resume Next
    Me!cboVal2.Enabled = Not IsNull(Me!cboVal1.Value)
    If IsNull(Me!cboVal1.Value) Then Me!cboVal2.Value = Null
    If IsNull(Me!cboVal2.Value) Then Me!cboVal2.Value = Me!cboVal1.Value
End Sub
```

Zurück zur Ereignisprozedur *cmdSearch_Click*, welche die beiden Kombinationsfelder zum Festlegen der Wertung wie folgt auswertet, wobei der SQL-Operator *BETWEEN* zum Einsatz kommt:

```
If Not IsNull(Me!cboVal1.Value) Then
    If IsNull(Me!cboVal2.Value) Then Me!cboVal2.Value = Me!cboVal1.Value
    If flag Then strCrit = strCrit & " AND "
    strCrit = strCrit & "([Wertung] BETWEEN " & Me!cboVal1.Value _
        & " AND " & Me!cboVal2.Value & ")"
    flag = True
End If
```

10.3.5 Nach Status suchen

Sie können für ein Dokument mehrere Status festlegen und diese Eigenschaft dementsprechend auch in der Suche als Kriterium verwenden. Im Suchformular wählen Sie den gewünschten Status normalerweise einfach per Kombinationsfeld aus:

Abbildung 10.23: Kombinationsfeld zum Auswählen des Status, nach dem die Dokumente durchsucht werden sollen

Nun soll der *dmsBase*-Benutzer nicht nur nach einem Status, sondern auch gleich noch nach mehreren, per *ODER* verknüpften Status suchen können. Da hilft ein einfaches Kombinationsfeld natürlich nicht weiter. Was tun? Ein Listenfeld, mit dem man die gewünschten Status festlegen kann? Nein, wir wählen eine alternative Variante: Der Benutzer soll jeweils einen Status über das Kombinationsfeld auswählen und diesen per Klick auf die Schaltfläche mit dem Zeichen > in das rechts daneben befindliche Textfeld schreiben. Das sieht dann mit einigen Status beispielsweise so aus:

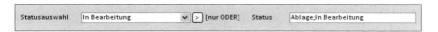

Abbildung 10.24: Auswahl mehrerer Status als Suchkriterien

Hinter dem Kombinationsfeld *cboState* steckt als Datenherkunft die folgende Abfrage:

```
SELECT tblStatus.ID, tblStatus.Status
FROM tblStatus
ORDER BY tblStatus.Status;
```

Wenn man tatsächlich nur die Status in das Textfeld rechts (*txtDocStates*) schreiben würde, müsste man diese, wenn man daraus ein sinnvolles SQL-Kriterium erzeugen wollte, einzeln auslesen und wieder in die in der Tabelle *tblStatus* enthaltenen *ID*s umwandeln. Also wenden wir einen kleinen Trick an: Wir schreiben die *ID*s der Status-Elemente ebenfalls in das Textfeld. Allerdings nicht sichtbar, sondern in die Eigenschaft *Tag* (*Marke*). Dort steht dann das *ID*-Pendant der im gleichen Textfeld angezeigten Einträge des Kombinationsfeldes, das für den Text |Ablage;|Erledigt so lautet: |6;|2

Damit das geschieht, löst die Ereignisprozedur, die beim Klicken auf die >-Schaltfläche neben dem Status-Kombinationsfeld aufgerufen wird, die folgende kleine Routine auf:

```
Private Sub cmdAddState_Click()
    AddCboToText "cboState", "txtDocStates"
End Sub
```

Diese wiederum ist nur ein Wrapper, der die wichtigsten Informationen an die Routine *AddCboToText* weiterleitet und nicht nur von dieser, sondern auch von den anderen Schaltflächen zum Hinzufügen von Vergleichswerten aufgerufen wird.

Die Routine *AddCboToText* erwartet den Namen des Ausgangskombinationsfeldes und den Namen des Zieltextfeldes als Parameter. Sie liest zunächst den im Kombinationsfeld angezeigten Text aus und schreibt diesen in die Variable *vValue*.

Der bisher im Textfeld befindliche Text wird in der Variablen *strTemp* gespeichert. Das Array *arrValues* nimmt dann die einzelnen, durch die *Split*-Funktion ausgelesenen und durch Semikola getrennten Einträge dieser Variablen auf. Warum das? Nun: Der

Kapitel 10

Benutzer soll keine Einträge des Kombinationsfeldes zum Textfeld hinzufügen können, die dort schon vorhanden sind. Also schreibt die Routine diese in ein Array, vergleicht den neu hinzuzufügenden Eintrag mit den bereits vorhandenen Einträgen und fügt den neuen Eintrag nur hinzu, wenn dieser dort noch nicht existiert.

```
Private Sub AddCboToText(strCbo As String, strTxt As String)
    Dim vValue As Variant
    Dim arrValues() As String
    Dim strTemp As String
    Dim i As Long
    ...
    Me.Controls(strCbo).SetFocus
    If IsNull(Me.Controls(strCbo).Value) Then Exit Sub
    vValue = Me.Controls(strCbo).Text
    strTemp = Nz(Me.Controls(strTxt).Value)
    arrValues = Split(strTemp, ";")
    For i = 0 To UBound2(arrValues)
        If Mid(arrValues(i), 2) = vValue Then Exit Sub
    Next i
    strTemp = strTemp & IIf(Len(strTemp) > 0, ";", "") _
        & IIf(AsAND, "+", "|") & vValue
    Me.Controls(strTxt).Value = strTemp
    strTemp = Me.Controls(strTxt).Tag
    strTemp = strTemp & IIf(Len(strTemp) > 0, ";", "") _
        & IIf(AsAND, "+", "|") & Me.Controls(strCbo).Value
    Me.Controls(strTxt).Tag = strTemp
    ...
End Sub
```

Die durch diese Routine gefüllten Textfelder und deren *Tag*-Eigenschaften wertet auch der entsprechende Teil der Ereignisprozedur *cmdSearch_Click* aus, wie der folgende Codeausschnitt zeigt:

```
If Not IsNull(Me!txtDocStates.Value) Then
    If flag Then strCrit = strCrit & " AND "
    strCrit = strCrit & "("
    strTmp = ""
    arrTemp = Split(Me!txtDocStates.Tag, ";")
    For i = 0 To UBound2(arrTemp)
        strOP = AdjustOP(arrTemp(i))
        strTmp = strTmp & strOP & "[StatusID]=" & Mid(arrTemp(i), 2)
    Next i
    strTmp = Mid(strTmp, 4)
```

```
            strCrit = strCrit & strTmp & ")"
            flag = True
        End If
```

10.3.6 Nach Dokumentart suchen

Die Suche nach Dokumenten einer bestimmten Dokumentart gestaltet sich ähnlich wie die Suche nach dem Status:

```
If Not IsNull(Me.txtDocKinds.Value) Then
    If flag Then strCrit = strCrit & " AND "
    strCrit = strCrit & "("
    strTmp = ""
    arrTemp = Split(Me!txtDocKinds.Tag, ";")
    For i = 0 To UBound2(arrTemp)
        strOP = AdjustOP(arrTemp(i))
        strTmp = strTmp & strOP & "[DokumentartID]=" & Mid(arrTemp(i), 2)
    Next i
    strTmp = Mid(strTmp, 5)
    strCrit = strCrit & strTmp & ")"
End If
```

10.3.7 Zwischenbilanz

Die ersten fünf Kriterien bezogen sich sämtlich auf Informationen, die direkt in der Tabelle *tblDokumente* gespeichert sind. Hier ziehen wir – und auch hinsichtlich der Routine *cmdSearch_Click* – Zwischenbilanz: Der SQL-Ausdruck wird nun zusammengesetzt, ausgewertet und das Ergebnis in die lokale Tabelle *tbl_SearchResult* geschrieben. Dazu wird deren Inhalt zunächst gelöscht:

```
DBExecute "DELETE FROM tbl_SearchResult"
```

Danach unterscheidet die Routine zwei Fälle:

▸ Der Benutzer hat in den fünf bisher untersuchten Suchfeldern keine Kriterien festgelegt. Dann legt die Routine mit der Variablen *strSQLBase* die auch bisher als Grundlage verwendete Tabelle als Basis für die folgenden Abfragen fest: *SELECT ID AS DocID FROM tblDokumente*.

▸ Der Benutzer hat in den untersuchten Suchfeldern mindestens einen Eintrag vorgenommen: Dann hängt der folgende Code das Kriterium aus *strCrit* an *strSQL* an und fügt die IDs der damit gefundenen Datensätze der Tabelle *tbl_SearchResult* hinzu. Diese wird in der Variablen *strSQLBase* als Basis für die folgenden Abfragen festgelegt.

Dieser Teil des Codes sieht wie folgt aus:

```
If Len(strCrit) = 0 Then    'Keine Kriterien auf tblDokumente angegeben!
    strSQLBase = "SELECT ID as DocID FROM tblDokumente"
Else
    strSQL = strSQL & Replace(strCrit, "( ", "(")
    flag = False
    DBExecute "INSERT INTO tbl_SearchResult " & strSQL, 0
    lDocMax = Nz(DMax("ID", "tbl_SearchResult"), 0)
    strSQLBase = "SELECT DocID FROM tbl_SearchResult WHERE ID <=" & lDocMax
    If RecordCountTable("tbl_SearchResult") = 0 Then
        DmsMsg 121, 5000
        GoTo Ende
    Else
        flag = True
    End If
End If
```

Warum aber sollen die Daten zwischengespeichert werden? Dafür gibt es einen ganz einfachen Grund: Die Routine *cmdSearch_Click* lässt sich so viel einfacher aufbauen. Wir haben bisher alle Felder untersucht, die sich direkt in der Tabelle *tblDokumente* befinden, die nachfolgend zu untersuchenden Felder befinden sich sämtlich in anderen Tabellen – zum Beispiel die Attribute, die Autoren oder die Kategorien. Eigentlich wird in dieser Routine ein künstlicher Query-Plan aufgebaut, ähnlich wie ihn die Datenbank-Engine intern vor dem eigentlichen Ausführen einer Abfrage auch erzeugt. Für die folgenden Suchschritte brauchen wir prinzipiell nur noch die *ID* des jeweiligen Dokuments – den Rest bauen wir aus den Verknüpfungstabellen und den anhängenden Lookup-Tabellen zusammen. Diese *ID* befindet sich in der Tabelle, die wir bereits weiter oben vorgestellt haben.

Die einzelnen Kriterien der Suche werden in jedem Fall per UND-Operator verknüpft – es macht sicher nur bedingt Sinn, Dokumente auszuwählen, die entweder einen bestimmten Autor oder eine bestimmte Kategorie aufweisen. Das heißt auch, dass man prinzipiell jedes Kriterium einzeln durchlaufen und das jeweilige Suchergebnis in einer Zwischentabelle speichern könnte, deren Ergebnismenge sich dann langsam ausdünnt. Natürlich stellt sich hier auch die Frage nach der Performance.

Wie lange braucht die Routine, um beispielsweise alle Dokument-IDs in der Tabelle *tbl_SearchResult* zu speichern? Ein Test mit über 70.000 Dokument-Datensätzen ergab, dass dies auf einem halbwegs aktuellen Rechner weniger als drei Sekunden dauert – das ist angesichts der Menge von Dokumenten vertretbar.

Nun sind also die ersten Kriterien ausgewertet und die verbleibenden Kandidaten in der Tabelle *tbl_SearchResult* gespeichert, sodass wir diese direkt zusammen mit den übrigen Kriterien verarbeiten können.

10.3.8 Nach Kategorien suchen

Die Kategorien wählt man im Suchformular genau so wie etwa die Dokumentart aus. Es gibt eine ODER- und eine UND-Schaltfläche, mit denen man den aktuell im Kombinationsfeld angezeigten Wert in das Textfeld rechts daneben übernehmen kann.

Die Schaltflächen rufen ebenfalls die Routine *AddCboToText* auf und schreiben so den aktuell angezeigten Inhalt des Kombinationsfeldes in das Textfeld sowie die passende *ID* in dessen *Tag*-Eigenschaft.

Abbildung 10.25: Auswahl von Kategorien als Suchkriterien

Für die nachfolgend auszuwertenden Kriterien geht die Routine *cmdSearch_Click* allerdings nicht wie bisher vor und erzeugt eine Abfrage, die alle Kriterien der betroffenen Suchfelder zusammenfasst, sondern macht Folgendes:

▷ Sie prüft, ob das Suchfeld überhaupt ein Kriterium enthält, und fährt sonst direkt beim nächsten Suchfeld fort.

▷ Sie erstellt einen SQL-Ausdruck, der im *SELECT*-Teil die *DokumentID* der Tabelle *tblDokumenteKategorien* und ein Feld namens *VersID* mit dem Wert *0* enthält.

▷ Sie setzt einen *WHERE*-Teil zusammen, der entsprechend den im Suchfeld angegebenen Kategorien aufgebaut ist und zusätzlich ein Kriterium enthält, das festlegt, dass die *DokumentID* aus der Tabelle *tblDokumenteKategorien* in der Zwischentabelle *tbl_SearchResult* (oder, falls bisher noch keine Kriterien festgelegt wurden, in der Tabelle *tblDokumente*) enthalten sein muss.

▷ Schließlich löscht die Routine den Inhalt der Zwischentabelle und schreibt das Ergebnis der neuen Abfrage dort hinein.

Der folgende Ausschnitt der Prozedur *cmdSearch_Click* führt die oben angegebenen Schritte durch:

```
If Not IsNull(Me!txtCategories.Value) Then
    flag = True
    strCrit = "SELECT DISTINCT DokumentID,0 As VersID " _
        & "FROM tblDokumenteKategorien WHERE ("
    strTmp = ""
    arrTemp = Split(Me!txtCategories.Tag, ";")
    For i = 0 To UBound2(arrTemp)
        strTmp = strTmp & " OR [KategorieID]=" & arrTemp(i)
```

```
            Next i
            strTmp = Mid(strTmp, 5)
            strSQL = strCrit & strTmp & ") " _
                & "AND DokumentID IN(" & strSQLBase & ")"
            If Me!framCat.Value = 2 Then
                strSQL = strSQL & " GROUP BY tblDokumenteKategorien.DokumentID, 0 "
                strSQL = strSQL & " HAVING Count(ID)=" & i
            End If
            If WriteData(strSQL, strSQLBase, lDocMax) = False Then GoTo Ende
        End If
```

Dabei ruft sie auch die Prozedur *WriteData* auf und übergibt dieser den SQL-Ausdruck aus *strSQL*, die Basisabfrage (*strSQLBase*) und die ID *lDocMax* des neuesten in *tbl_SearchResult* gespeicherten Datensatzes.

```
    Private Function WriteData(strSQL As String, _
            strSQLBase As String, lDocMax As Long) As Boolean
        ...
        WriteData = True
        DBExecute "INSERT INTO tbl_SearchResult(DocID, VersID) " & strSQL
        DBExecute "DELETE FROM tbl_SearchResult WHERE ID <= " & lDocMax
        lDocMax = Nz(DMax("ID", "tbl_SearchResult"), 0)
        strSQLBase = "SELECT DocID FROM tbl_SearchResult WHERE ID <=" & lDocMax
        If RecordCountTable("tbl_SearchResult") = 0 Then
            DmsMsg 121, 5000
            WriteData = False
        End If
        ...
    End Function
```

Der obige Codeausschnitt aus *cmdSearch_Click* und die Routine *WriteData* erfordern noch einige Erläuterungen zum besseren Verständnis. Der erste Punkt betrifft die Vorgehensweise beim Speichern der Suchergebnisse in der Tabelle *tbl_SearchResult*. Wie Sie bereits gelesen haben, setzt die Routine *cmdSearch_Click* keine umfangreiche SQL-Anweisung mit allen Kriterien zusammen, sondern filtert die gesuchten Dokumente nach und nach aus. Sie beginnt mit der kompletten Tabelle *tblDokumente* als Grundlage für die Abfragen mit den verschiedenen Kriterien. Sobald die Routine *cmdSearch_Click* auf das erste Kriterium stößt, schreibt sie das Zwischenergebnis in die Tabelle *tbl_SearchResult*, das fortan als Grundlage für die weitere Suche dient.

Diese Tatsache manifestiert sich in der bereits erwähnten Variablen *strSQLBase*, die entweder den Ausdruck *SELECT ID as DocID FROM tblDokumente* oder *"SELECT DocID FROM tbl_SearchResult WHERE ID <="* & *lDocMax* enthält, wobei *lDocMax* wie erwähnt die höchste *ID* der zur Tabelle *tbl_SearchResult* hinzugefügten Datensätze enthält (diese Funktion setzt ein regelmäßiges Komprimieren des Frontends voraus!). Die Routine *WriteData* erhält diese *ID* als Parameter. Sie schreibt die entsprechend dem aktuellen Kriterium und der in *strSQLBase* enthaltenen Grundmenge ermittelten Datensätze in die Tabelle *tbl_SearchResult*, löscht alle Datensätze in dieser Tabelle, deren *ID* kleiner oder gleich dem mit *lDocMax* übergebenen Wert sind, und ermittelt aus den neu hinzugefügten Datensätzen die neue höchste *ID*.

Diese schreibt sie in die Variable *lDocMax*, was gleichzeitig den entsprechenden Wert der Variablen der aufrufenden Routine *cmdSearch_Click* ändert. Gleiches gilt für den Ausdruck in *strSQLBase*, der entsprechend dem neuen Wert für *lDocMax* aktualisiert wird:

```
strSQLBase = "SELECT DocID FROM tbl_SearchResult WHERE ID <=" & lDocMax
```

Was in der Tabelle *tbl_SearchResult* geschieht, veranschaulicht folgende Abbildung:

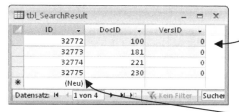

Nach der Auswertung der Kriterien für die in der Tabelle tblDokumente enthaltenen Felder werden die gefundenen Dokumente in die Tabelle tbl_SearchResults geschrieben.

Den letzten Datensatz merkt sich die Routine in lDocMax.

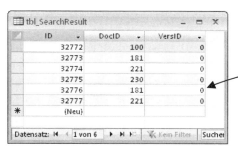

Wird ein weiteres Kriterium ausgewertet (etwa die Dokumentkategorie), schreibt die Routine WriteData alle Datensätze in diese Tabelle, die vorher schon enthalten waren und zusätzlich das neue Kriterium erfüllen.

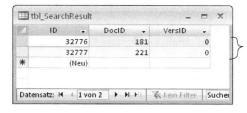

Dann löscht WriteData alle Datensätze bis zur ID, die in lDocMax gespeichert war. Die verbleibenden Datensätze sind das aktuelle Suchergebnis.

Abbildung 10.26: Die Tabelle tbl_SearchResult speichert alte und neue Suchergebnisse gleichzeitig.

Die zweite interessante Technik in den verschiedenen Teilsuchen der Routine *cmdSearch_Click* ist die Suche nach mehreren per m:n-Beziehung verknüpften Eigenschaften wahlweise mit dem *UND*- oder dem *ODER*-Parameter.

Das Formular bietet ja für einige Kriterien die Möglichkeit, per Umschaltfläche anzugeben, ob Sie die angegebenen Suchbegriffe per *UND* oder *ODER* verknüpfen möchten. Hinter diesen Umschaltflächen steckt noch nicht einmal eine Zeile VBA-Code, sie werden als Bestandteile einer Optionsgruppe aktiviert und deaktiviert:

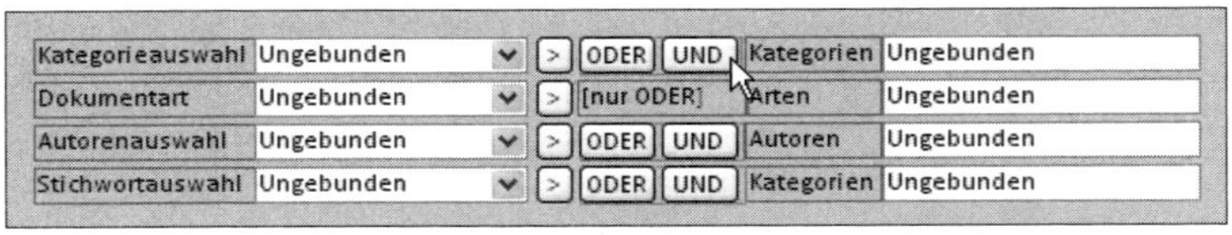

Abbildung 10.27: Umschaltflächen in Optionsgruppen ermöglichen das Festlegen des logischen Operators.

Die Abfrage per *ODER* ist kein Problem. Die Suche etwa nach allen Dokumenten, die entweder der Kategorie mit der *ID* 1 oder 2 angehören, sähe als SQL-Ausdruck etwa so aus, wobei der Teil hinter dem *AND*-Schlüsselwort die Basisabfrage enthält:

```
SELECT DISTINCT DokumentID,0 As VersID
FROM tblDokumenteKategorien
WHERE ([KategorieID]=1 OR [KategorieID]=2)
AND DokumentID IN(SELECT ID As DocID FROM tblDokumente)
```

Das funktioniert völlig reibungslos: Die Abfrage liefert alle Datensätze, die entweder der einen oder der anderen Kategorie angehören, und solche, die beiden angehören, und filtert sie wegen des zu Beginn angegebenen Schlüsselworts *DISTINCT* heraus. Ganz anders sieht das bei der *AND*-Verknüpfung aus. Die folgende Abfrage entspricht der vorherigen, nur dass das Schlüsselwort *OR* durch *AND* ersetzt ist, und auch das Schlüsselwort *DISTINCT* brauchen Sie hier nicht:

```
SELECT DokumentID,0 As VersID
FROM tblDokumenteKategorien
WHERE ([KategorieID]=1 AND [KategorieID]=2) ...
```

Und, wie viele Datensätze liefert diese Abfrage wohl zurück? Genau: Keinen. Es gibt nämlich keinen Eintrag in der Tabelle, dessen Feld *KategorieID* gleichzeitig den Wert 1 und 2 besitzt. Zum Glück gibt es einen sehr guten Trick: Sie verwenden einfach wie vorher eine *OR*-Abfrage, aber ebenfalls ohne *DISTINCT*-Schlüsselwort. Diese liefert ja jeden Datensatz, der sowohl der Kategorie 1 als auch 2 angehört, mehrmals zurück – in diesem Fall zwei Mal. Dies nutzen Sie aus, indem Sie das Abfrageergebnis nach den Feldern *DokumentID* und *VersID* gruppieren und die Anzahl der zurückgelieferten

ten Datensätze pro *DokumentID* zählen. Entspricht diese der Anzahl der per *OR* verknüpften Kategorien, haben Sie einen Datensatz gefunden, der – in diesem Fall – beiden Kategorien zugeordnet ist. Die passende SQL-Anweisung sieht so aus:

```
SELECT DISTINCT DokumentID,0 As VersID
FROM tblDokumenteKategorien
WHERE ([KategorieID]=3 OR [KategorieID]=4)
AND DokumentID IN(SELECT ID As DocID FROM tblDokumente)
GROUP BY tblDokumenteKategorien.DokumentID, 0
HAVING Count(ID)=2
```

Die Anzahl der per *OR* verknüpften Vergleichswerte zählt die Routine *cmdSearch_Click* beim Zusammensetzen des Kriteriums mit; es entspricht dem Wert der Laufvariablen *i*.

Den Unterschied machen lediglich die beiden letzten Zeilen aus, die einfach durch die folgenden beiden VBA-Anweisungen in *cmdSearch_Click* an die SQL-Anweisung angehängt werden:

```
strSQL = strSQL & " GROUP BY tblDokumenteKategorien.DokumentID, 0 "
strSQL = strSQL & " HAVING Count(ID)=" & i
```

10.3.9 Volltext durchsuchen

Die übrigen Suchkriterien sollen hier nicht im Detail besprochen werden – sie sind letztlich Variationen der bisher vorgestellten. Eine allerdings gehört schon noch zum Pflichtprogramm dieses Kapitels: Die Suche im Volltext der Dokumente. Dieser ist ja, wie oben besprochen, als Vorbereitung auf die Suche extra indiziert und in Form einzelner Wörter auf weitere Tabellen aufgeteilt worden.

Zunächst zum Ablauf: Die Volltextsuche erlaubt die Eingabe eines einzelnen Begriffs und zusätzlich die Verwendung der Ähnlichkeitssuche mit dem gewünschten Faktor:

Abbildung 10.28: Eingabe des Suchbegriffs für die Volltextsuche mit oder ohne Ähnlichkeitssuche

Der entsprechende Abschnitt der Prozedur *cmdSearch_Click* prüft zunächst, ob das Textfeld *txtFulltext* einen Wert enthält, und entscheidet dann anhand des Werts des Kontrollkästchens *chkSimilarFulltext*, ob die Ähnlichkeitssuche eingesetzt wird oder nicht – mehr dazu in den folgenden Abschnitten.

```
If Not IsNull(Me!txtFullText.Value) Then
    flag = True
```

```
            If Not Me!chkSimilarFulltext.Value Then
                'Volltextsuche ohne Ähnlichkeitssuche
            Else
                'Volltextsuche mit Ähnlichkeitssuche
            End If
        End If
```

Volltextsuche ohne Ähnlichkeitssuche

Diese Variante durchsucht den Volltextindex über die Tabelle *tblWoerter* genau nach dem im Textfeld angegebenen Ausdruck, wobei die von dort aus aufgerufene Funktion *FulltextSearch* die Hauptarbeit übernimmt.

```
If FullTextSearch(Me.txtFullText.Value, strSQLBase, lDocMax) = False Then
    DmsMsg 121, 5000
    GoTo Ende
End If
```

Diese kann ganz schnell erledigt sein, wenn der Suchbegriff nicht in der Tabelle enthalten ist: Die Funktion *FindExactWordIdx* (Details siehe weiter unten) liefert zu einem Suchbegriff ein Array mit den *ID*s von Einträgen der Tabelle *tblDokumentversionen* zurück, in denen das Wort vorkommt. Ist dieses Array leer, liefert die Funktion *UBound2* den Wert *-1* zurück (das ist der Vorteil dieser Funktion gegenüber dem VBA-Original *UBound*, das bei einem leeren Array einen Fehler auslöst). Die folgende *For...Next*-Schleife wird somit nicht durchlaufen, die Zeichenkette *strTmp* bleibt leer und die Routine wird mit der Meldung, dass keine Datensätze gefunden wurden, abgebrochen.

Anderenfalls durchläuft die Routine die Werte dieses Arrays in einer *For...Next*-Schleife und setzt einen Ausdruck für die Variable *strTmp* zusammen, der etwa so aussehen könnte:

```
OR [ID]=172 OR [ID]=173 OR [ID]=174 OR [ID]=171 OR [ID]=181 OR [ID]=182
```

Dieser Ausdruck wird an den schon bekannten *SELECT ... WHERE*-Rumpf angehängt und noch um den Zusatz erweitert, dass das Dokument auch in der bisherigen Ergebnismenge (*tbl_SearchResult*) enthalten sein muss, und sieht dann so aus:

```
SELECT DokumentID, ID AS VersID FROM tblDokumentversionen
WHERE ([ID]=172 OR [ID]=173 OR [ID]=174 OR [ID]=171 OR [ID]=181
OR [ID]=182)
AND DokumentID IN(SELECT ID FROM tbl_SearchResult)
```

Schließlich wird der so erzeugte SQL-Ausdruck mit den schon bekannten Variablen *strSQLBase* und *lDocMax* an die Funktion *WriteData* geschickt, die das neue Zwischenergebnis in die Tabelle *tbl_SearchResult* schreibt.

Die Funktion *FullTextSearch* sieht wie folgt aus:

```
Private Function FullTextSearch(strSearch As String, _
        strSQLBase As String, lDocMax As Long) As Boolean
    Dim arrIDs() As Long
    Dim strTmp As String
    Dim strSQL As String
    Dim j As Integer
    ...
    FullTextSearch = True
    strTmp = ""
    strSQL = "SELECT DokumentID, ID AS VersID "_
        & "FROM tblDokumentversionen WHERE ("
    arrIDs = FindExactWordIdx(Trim(Nz(strSearch)))
    For j = 0 To UBound2(arrIDs)
        strTmp = strTmp & " OR [ID]=" & arrIDs(j)
    Next j
    strTmp = Mid(strTmp, 5)
    If Len(strTmp) = 0 Then
        FullTextSearch = False
        Exit Function
    End If
    strSQL = strSQL & strTmp & ") AND DokumentID IN(" & strSQLBase & ")"
    If WriteData(strSQL, strSQLBase, lDocMax) = False _
        Then FullTextSearch = False
    ...
End Function
```

Werfen wir noch einen Blick auf die Routine *FindExactWordIdx*, die alle Dokumentversionen ermittelt, in deren Volltext ein bestimmtes Wort auftaucht. Diese erwartet lediglich das zu prüfende Wort als Parameter und liefert ein *Long*-Array zurück, das alle *ID*s der gefundenen Dokumentversionen zurückgibt.

Die Funktion sucht zunächst mit der *FLookup*-Funktion (siehe 9.5, »Schnelle DLookup-Variante«) in der Tabelle *tblWoerter* nach dem Eintrag mit dem passenden Wort. Dies ist definitionsgemäß nur einer, denn die Tabelle besitzt einen eindeutigen Schlüssel auf dem Feld *Wort*. Diese ID wird in *idWort* gespeichert.

Bleibt diese Variable leer, weil es das gesuchte Wort nicht gibt, wird die Funktion beendet und liefert ein leeres Array zurück. Anderenfalls stellt die Routine ein Array mit den *ID*s der gefundenen Dokumentversionen zusammen.

```
Function FindExactWordIdx(ByVal strWord As String) As Long()
    Dim arrIDs() As Long
```

```
        Dim rstSearch As DAO.Recordset2
        Dim idWort As Variant
        Dim ix As Long
        idWort = FLookup("ID", "tblWoerter", "Wort='" & strWord & "'")
        If IsNull(idWort) Then Exit Function
        Set rstSearch = OpenRS("SELECT tblInhalte.DokumentVersionID  " & _
            "FROM tblInhalte INNER JOIN tblWortIndex " & _
            "ON tblInhalte.ID=tblWortIndex.InhaltID " & _
            "WHERE tblWortIndex.WortID=" & idWort, eOpenSnapshot)
        Do While Not rstSearch.EOF
            ReDim Preserve arrIDs(ix)
            arrIDs(ix) = rstSearch(0)
            ix = ix + 1
            rstSearch.MoveNext
        Loop
        Set rstSearch = Nothing
        FindExactWordIdx = arrIDs
    End Function
```

Volltextsuche mit Ähnlichkeitssuche

Diese Variante ist etwas komplizierter als die ohne Ähnlichkeitssuche. Das liegt daran, dass die zuvor besprochene Variante lediglich mit einem Suchbegriff auskommt – entweder, es werden passende Dokumente gefunden, oder eben nicht. Bei der Ähnlichkeitssuche findet zuvor noch die Ermittlung der Wörter statt, die eine entsprechende Ähnlichkeit mit dem Suchbegriff aufweisen. Dies geschieht in der Funktion *FindSimilarWordIdx*, die als Parameter den Suchbegriff und den Ähnlichkeitsfaktor erwartet.

Der Rückgabewert sieht deutlich anders aus als bei der zuvor beschriebenen Funktion *FindExactWordIdx*. Der Grund ist, dass es kein ein-, sondern ein zweidimensionales Array zurückliefert, das aus Sätzen zu je drei Elementen besteht:

▸ das gefundene ähnliche Wort als String (bei *Überschußrechnung* beispielsweise *Ueberschussrechnung*),

▸ die ID des korrespondierenden Datensatzes aus *tblInhalte* ebenfalls als String und

▸ die Übereinstimmung zwischen dem gesuchten und dem gefundenen Wort als Zahlenwert von 0 bis 100.

Diese Fundstücke setzt die Routine nun zu einer semikola-separierten Liste zusammen. Warum das? Nun: Ausnahmsweise rutschen wir nicht direkt zum Zusammensetzen des notwendigen SQL-Ausdrucks durch, sondern fragen den Benutzer vorweg, welcher der gefundenen ähnlichen Begriffe denn nun als Basis für die anzuzeigenden Fundstücke dienen soll. Und das geschieht im Formular *frmSearchSimilar*, das im Einsatz wie folgt aussieht:

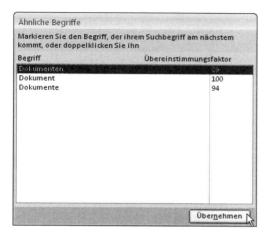

Abbildung 10.29: Dieses Formular zeigt gefundene Begriffe an, die dem Suchbegriff ähneln.

Das Formular wird durch eine *DoCmd.OpenForms*-Anweisung geöffnet, die den soeben zusammengesetzten Ausdruck als Öffnungsparameter übergibt und dafür sorgt, dass das Formular als modaler Dialog geöffnet wird – das heißt, dass der aufrufende Code erst dann weiterläuft, wenn das Formular den Fokus verliert. Das Formular zeigt die per *OpenArgs* übergebenen Informationen in einem Listenfeld an, für dessen Eigenschaft *Herkunftsart* der Eintrag *Wertliste* voreingestellt ist. Als *Datensatzherkunft* wird der soeben zusammengesetzte, semikola-separierte Ausdruck wie etwa der folgende verwendet:

```
171;Dokumenten;89;171;Dokument;100;171;Dokumente;94;
```

Damit der jeweils erste Wert, welcher der *ID* des passenden Eintrags der Tabelle *tblInhalte* entspricht, nicht angezeigt wird, haben die beiden Eigenschaften *Spaltenanzahl* und *Spaltenbreiten* die Werte 3 und *0cm;8cm*.

Der Benutzer wählt hier einen Eintrag aus, den der folgende Abschnitt der Prozedur *cmdSearch_Click* dann ausliest und in der Variablen *strSearch* speichert. Ganz wichtig ist an dieser Stelle, dass der durch den Benutzer angegebene vage Suchbegriff durch einen konkreten und definitiv vorhandenen Begriff ersetzt wurde, zu dem nun noch die Fundstellen ermittelt werden müssen. Dies geschieht genau wie bei der Suche ohne Ähnlichkeitsprüfung in der Routine *FullTextSearch* – übrigens ein gutes Beispiel für die Wiederverwertung von Code. *FullTextSearch* unternimmt seinerseits die notwendigen Schritte, um das Suchergebnis in der Tabelle *tbl_SearchResult* niederzuschreiben.

```
Dim arrID2s() As String
Dim strList As String
Dim strSearch As String
arrID2s = FindSimilarWordIdx(Me!txtFullText.Value, Nz(Me!cboSimilarFulltext.Value, 80))
n = UBound2(arrID2s)
If n > -1 Then
    If n > 0 Then
        For i = 0 To n
            strList = strList & arrID2s(i) & ";"
        Next i
        strList = LeftText(strList, 1)
        DoCmd.Hourglass False
        DoCmd.OpenForm "frmSearchSimilar", , , , , acDialog, strList
        DoCmd.Hourglass True
        If IsFormOpen("frmSearchSimilar") Then
            strSearch = Forms!frmSearchSimilar!lstExpressions
        Else
            GoTo Ende
        End If
    Else
        strSearch = arrID2s(0)
    End If
    If FullTextSearch(strSearch, strSQLBase, lDocMax) = False Then
        DmsMsg 121, 5000
        GoTo Ende
    End If
Else
    DmsMsg 121, 5000
    GoTo Ende
End If
```

Ähnlichkeitssuche im Volltextindex

Es fehlt noch die Beschreibung der Funktion, die den Volltextindex nach ähnlichen Wörtern durchforstet. Diese erwartet als Parameter den Begriff, für den ähnliche Schlüsselwörter gefunden werden sollen, sowie die Genauigkeit der Suche in Form einer Zahl von 1 bis 100.

Die Routine erzeugt ein Recordset, das alle Wörter der Tabelle *tblWoerter* enthält, die zu dem übergebenen Faktor mit dem gesuchten Wort übereinstimmen. Dabei wird wieder die *Ratcliff*-Funktion zu Hilfe genommen, die Sie bereits weiter oben kennen gelernt haben. Die Elemente dieses Recordsets schreibt die Funktion in ein Array und gibt dieses an die aufrufende Routine zurück.

Wichtig ist hier das Schlüsselwort *DISTINCT* in der SQL-Abfrage, das dafür sorgt, dass jedes Wort nur einmal zurückgegeben wird.

```
Function FindSimilarWordIdx(ByVal strWord As String, _
        Optional intSimilarity As Integer = 80) As Variant
    Dim arrIDs() As String
    Dim rstWords As DAO.Recordset2
    Dim idWort As Variant
    Dim ix As Long
    ...
    Set rstWords = OpenRS("SELECT DISTINCT Wort " & _
            "FROM tblWoerter " & _
            "WHERE Ratcliff(tblWoerter.Wort,'" _
            & strWord & "')>=" & intSimilarity, _
            dbOpenForwardOnly)
    Do While Not rstWords.EOF
        ReDim Preserve arrIDs(ix)
        arrIDs(ix) = rstWords!Wort
        ix = ix + 1
        rstWords.MoveNext
    Loop
    FindSimilarWordIdx = arrIDs
    ...
End Function
```

10.3.10 Ergebnis anzeigen

Nach dem Untersuchen der zahlreichen Steuerelemente zur Eingabe von Suchkriterien ist das Ergebnis der Suche in der Tabelle *tbl_SearchResult* gespeichert. Diese dient als Grundlage des Unterformulars *sfrmResults*, dessen Datenherkunft in der Routine *cmdSearch_Click* nur noch aktualisiert und gegebenenfalls eingeblendet werden muss.

Das Ergebnis einer Suche sieht etwa wie in der folgenden Abbildung aus. Zu erwähnen ist noch, dass man das gewünschte Dokument von hier aus natürlich auch öffnen kann – nämlich mit einem Doppelklick auf den Dateinamen.

10.3.11 Suchkriterien zurücksetzen

Wenn der Benutzer zu viele oder falsche Suchkriterien eingetragen hat, kann er diese komplett zurücksetzen. Dazu ist nur eine kleine Routine notwendig, die fast sämtliche

Steuerelemente des Formulars durchläuft und diese je nach Steuerelementtyp behandelt. »Fast« deshalb, weil die Routine nur jene Steuerelemente berücksichtigt, die im oberen Bereich des Formulars positioniert sind. Dazu liest sie die *Top*-Eigenschaft (*Oben*) jedes Steuerelements aus und vergleicht sie mit einem Maximalwert *lTop*, der sich aus der Position der *Reset*-Schaltfläche ergibt. Nur vertikal höher platzierte Elemente werden in der Schleife weiterverarbeitet.

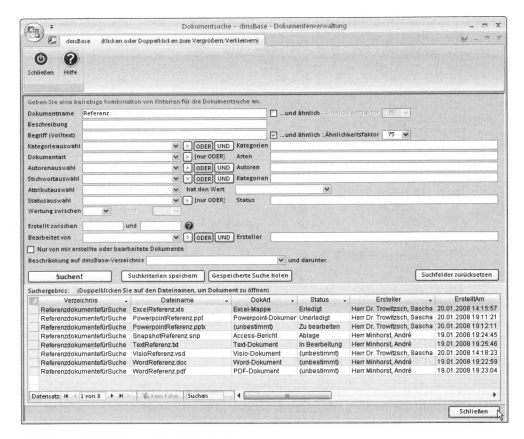

Abbildung 10.30: Eine erfolgreiche Suche

Der Wert von Text- und Kombinationsfeldern wird dabei auf *Null* oder, soweit vorhanden, auf den Standardwert eingestellt. Kontrollkästchen werden einfach auf *False* und Optionsgruppen auf den Wert *1* gesetzt.

```
Private Sub cmdReset_Click()
    Dim lTop As Long
    Dim ctl As Access.Control
    ...
```

```
        lTop = Me!cmdReset.Top
        For Each ctl In Me.Controls
            If ctl.Top < lTop Then
                Select Case ctl.ControlType
                    Case acTextBox, acComboBox
                        ctl.Value = Null
                        If Len(ctl.DefaultValue) > 0 Then
                            ctl.Value = ctl.DefaultValue
                        End If
                        ctl.Tag = vbNullString
                    Case acCheckBox
                        ctl.Value = False
                    Case acOptionGroup
                        ctl.Value = 1
                End Select
            End If
        Next ctl
        chkSimilarName_AfterUpdate
        chkSimilarFulltext_AfterUpdate
        Me!LblResultinfo.Visible = False
        DBExecute "DELETE FROM tbl_SearchResult"
        Me!sfrmResults.Requery
        Me!sfrmResults.Visible = False
        ...
End Sub
```

10.3.12 Suchkriterien speichern ...

Das Formular enthält eine Schaltfläche mit der Beschriftung *Suchkriterien speichern*, die eben jene Aufgabe erledigt: Sie speichert die aktuell in den Steuerelementen des Suchformulars enthaltenen Benutzereingaben in einem Recordset auf Basis der Tabelle *tbl_Suchkriterien*, die im gefüllten Zustand wie in der folgenden Abbildung aussieht. Die Routine durchläuft dazu alle Steuerelemente des Formulars, die sich oberhalb der *Suchfelder zurücksetzen*-Schaltfläche befinden, und schreibt zu jedem Textfeld, jedem Kontrollkästchen, jedem Kombinationsfeld und jeder Optionsgruppe den aktuellen Wert sowie den Wert der *Tag*-Eigenschaft in entsprechende Felder der Datensatzgruppe und damit in die Tabelle *tbl_Suchkriterien*.

```
Private Sub cmdStoreSearch_Click()
    Dim lTop As Long
    Dim ctl As Access.Control
    Dim rstCrits As DAO.Recordset2
```

```
    ...
    DBExecute "DELETE FROM tbl_Suchkriterien"
    Set rstCrits = OpenRS("tbl_Suchkriterien", eOpenDynaset)
    lTop = Me!cmdReset.Top
    With rstCrits
        For Each ctl In Me.Controls
            If (ctl.Top < lTop) Then
                Select Case ctl.ControlType
                    Case acTextBox, acCheckBox, acComboBox, acOptionGroup
                        .AddNew
                        !Controlname = ctl.Name
                        !ControlValues = ctl.Value
                        !ControlTags = ctl.Tag
                        .Update
                End Select
            End If
        Next ctl
    End With
    ...
End Sub
```

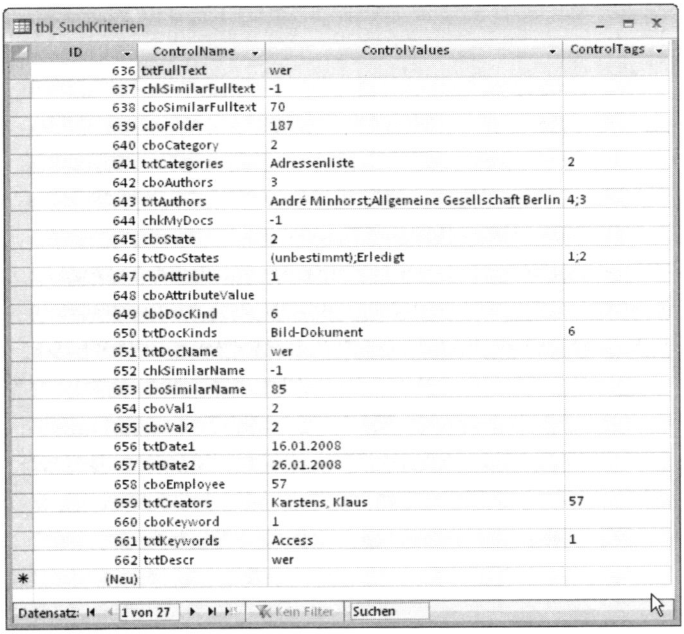
tbl_SuchKriterien

ID	ControlName	ControlValues	ControlTags
636	txtFullText	wer	
637	chkSimilarFulltext	-1	
638	cboSimilarFulltext	70	
639	cboFolder	187	
640	cboCategory	2	
641	txtCategories	Adressenliste	2
642	cboAuthors	3	
643	txtAuthors	André Minhorst;Allgemeine Gesellschaft Berlin	4;3
644	chkMyDocs	-1	
645	cboState	2	
646	txtDocStates	(unbestimmt);Erledigt	1;2
647	cboAttribute	1	
648	cboAttributeValue		
649	cboDocKind	6	
650	txtDocKinds	Bild-Dokument	6
651	txtDocName	wer	
652	chkSimilarName	-1	
653	cboSimilarName	85	
654	cboVal1	2	
655	cboVal2	2	
656	txtDate1	16.01.2008	
657	txtDate2	26.01.2008	
658	cboEmployee	57	
659	txtCreators	Karstens, Klaus	57
660	cboKeyword	1	
661	txtKeywords	Access	1
662	txtDescr	wer	
(Neu)			

Datensatz: 1 von 27 Kein Filter Suchen

Abbildung 10.31: Die Tabelle tbl_Suchkriterien speichert die Eingaben des Formulars frmDokumentsuche.

10.3.13 ... und wieder aufrufen

Die umgekehrte Aufgabe erledigt die Prozedur, die durch die Schaltfläche mit der Beschriftung *Gespeicherte Suche holen* ausgelöst wird. Sie liest die in der Tabelle gespeicherten Werte ein und führt einige Ereignisprozeduren aus, um Steuerelemente in Abhängigkeit von den eingefügten Werten zu aktivieren oder zu deaktivieren.

```
Private Sub cmdRecallSearch_Click()
    Dim lTop As Long
    Dim ctl As Access.Control
    Dim rstCrits As DAO.Recordset2
    ...
    Set rstCrits = OpenRS("tbl_Suchkriterien", eOpenSnapshot)
    With rstCrits
        Do While Not .EOF
            Me.Controls(!Controlname).Value = !ControlValues
            Me.Controls(!Controlname).Tag = !ControlTags
            .MoveNext
        Loop
    End With
    chkSimilarFulltext_AfterUpdate
    chkSimilarName_AfterUpdate
    cboVal1_AfterUpdate
    ...
End Sub
```

11 Testgetriebene Entwicklung

Vermutlich programmieren Sie Ihre Access-Anwendungen wie alle anderen Entwickler auch. Tabellen und Verknüpfungen anlegen, Formulare an die Daten binden, Ereignisprozeduren hinzuprogrammieren, Berichte entwerfen und fertig. Wenn Sie geschickt oder erfahren sind, programmieren Sie in kleinen Einheiten anstatt ellenlangen Spagetticode zu erzeugen. Spagetticode meint dabei Prozeduren, die noch nicht einmal besonders lang sein müssen, aber viel mehr als eine Aufgabe erledigen.

Im Gegensatz dazu steht der starke Zusammenhalt einer Prozedur: Diese sollte möglichst nur eine Funktion ausführen und weitere Funktionen gegebenenfalls über andere Prozeduren aufrufen.

Sie erkennen am besten, ob Ihre Prozeduren einen starken Zusammenhalt aufweisen, wenn Sie ihnen Prozedurnamen geben können, die in maximal zwei Wörtern die komplette Funktion der Prozedur beschreiben.

Das Problem an dieser herkömmlichen Vorgehensweise ist, dass der Code, auch wenn er in noch so elementaren Häppchen daherkommt, schwer zu warten ist. Und zwar in der Beziehung, dass Sie, wenn Sie einmal eine Änderung am Code durchführen, prinzipiell die komplette Anwendung durchtesten müssen, um eventuelle Seiteneffekte der getätigten Änderungen zu erkennen.

Ein einfaches Beispiel dafür ist eine Funktion, die Sie von mindestens zwei Stellen im VBA-Projekt aufrufen. Aus irgendeinem Grund, der mit dem einen der beiden Aufrufe zusammenhängt, ändern Sie nun diese Funktion. Sie testen die neue Funktion durch den Aufruf von der betroffenen Stelle aus und alles funktioniert – die Routine liefert das neue, geänderte Ergebnis.

An der zweiten Stelle, von der aus die Routine aufgerufen wird, testen Sie dies natürlich nicht noch einmal extra – möglicherweise wissen Sie nach einer Zeit ja auch gar nicht mehr, dass diese Funktion von mehr als einer Stelle aus aufgerufen wird.

Jedenfalls liefert die Funktion nun auch dort ein anderes, an dieser Stelle aber falsches und unerwartetes Ergebnis.

> **MZ-Tools**
>
> An dieser Stelle ist ein Hinweis auf die VBA-Toolsammlung *MZ-Tools* Pflicht: Damit können Sie zumindest herausfinden, welche anderen Routinen die betroffene Funktion überhaupt aufruft, und so frühzeitig erkennen, dass sich Änderungen an der Funktion auch an anderer Stelle auswirken (*http://www.mztools.com/v3/mztools3.aspx*). Sie setzen dazu die Einfügemarke in die fragliche Prozedur und wählen über das Kontextmenü den Eintrag *MZ-Tools|Prozeduraufrufe* aus, woraufsich ein Fenster mit einer detaillierten Aufstellung der Aufrufe öffnet.

Manchmal reicht aber auch eine einzige Funktion aus, um bei Änderungen Probleme zu bekommen: Angenommen, Sie bauen eine Funktion, die den Montag der ersten Woche eines Monats ermitteln soll – beispielsweise, um damit einen Kalenderbericht zu füllen, der nicht nur die Tage des aktuellen Monats, sondern auch noch die zur ersten und letzten Woche gehörenden Tage der angrenzenden Monate anzeigt.

Möglicherweise bauen Sie zunächst eine Konstruktion, die den Wochentag des ersten Tags des Monats ermittelt und dann in einer Schleife so lange Tage vom aktuellen Datum abzieht, bis der Tag ein Montag ist. Das ist nicht schwer, wenn man es einmal gemacht hat, aber kann auch Fehler mit sich bringen.

Im Folgenden sehen Sie sich an, wie Sie eine solche Funktion testgetrieben entwickeln können, und erfahren dabei, welche Vorteile die testgetriebene Entwicklung im Einsatz bringt. Gleichzeitig lernen Sie das Access-Unit-Test-Framework *accessUnit* kennen, das die Arbeit bei der testgetriebenen Entwicklung stark vereinfacht.

> **Beispieldatenbank**
>
> Zu diesem Kapitel gibt es eine eigene Beispieldatenbank, die Sie unter http://www.access-entwicklerbuch.de/praxis finden. Das zum Installieren des *accessUnit*-Frameworks in einer Access-Anwendung benötigte COM-AddIn finden Sie ebenfalls dort. Sie können Sie DLL ganz einfach installieren, indem Sie beigefügte Datei *register.bat* mit der DLL in ein gemeinsames Verzeichnis auf Ihrer Festplatte kopieren und dort ausführen. Anschließend finden Sie die Funktionen der *accessVBATools* in einer eigenen Symbolleiste im VBA-Editor.

11.1 Testgetriebene Entwicklung einer VBA-Funktion

Die zu entwickelnde Funktion soll *MontagDerErstenMonatswoche* heißen und wie bereits erwähnt den Montag der Woche ermitteln, in der der erste Tag des Monats liegt.

Diese Funktion sollen Sie nicht einfach so entwickeln, indem Sie den Prozedurrumpf mit den Parametern und dem Datentyp des Rückgabewerts erstellen und dann die notwendigen Anweisungen hinzufügen, sondern durch das vorherige Festlegen von Tests, die sicherstellen, dass die Funktion immer richtig arbeitet.

Ein solcher Test sieht zunächst sehr simpel aus, und zwar etwa wie in der folgenden Zeile:

```
Debug.Print IsDate(MontagDerErstenMonatswoche("7.7.2007"))
```

Beachten Sie, dass Sie die Funktion bisher noch gar nicht angelegt haben! Damit ist klar, was passiert, wenn Sie die obige Anweisung im Direktfenster absetzen: VBA löst den Fehler *Sub oder Function nicht definiert* aus. Legen Sie also eine passende Routine an:

```
Public Function MontagDerErstenMonatswoche()

End Function
```

Immerhin ist nun schon einmal die Funktion vorhanden. Ein erneutes Ausführen der obigen *Debug.Print*-Anweisung führt nun zum Fehler *Typen unverträglich*. Warum genau dieser Fehler erscheint, ist fraglich, aber auf jeden Fall läuft noch etwas schief:

Der Parameter im Aufruf passt nämlich nicht, weil die aufgerufene Funktion noch gar keinen Parameter hat. Fügen Sie diesen hinzu (neuer Teil in fetter Schrift):

```
Public Function MontagDerErstenMonatswoche(dateTag As Date)
```

Immerhin löst der Aufruf nun keinen Fehler aus, aber der Ausdruck von *IsDate(MontagDerErstenMonatswoche("7.7.2007"))* liefert den Wert *False* zurück. Und im nächsten Schritt wird auch der Sinn dieses ersten Tests klar: Er soll sicherstellen, dass der Rückgabewert der Funktion ein Datum ist. Fügen Sie also den Datentyp des Rückgabewertes hinzu:

```
Public Function MontagDerErstenMonatswoche(dateTag As Date) As Date
```

Nun liefert auch der erste Test den Wert *True*. Was haben Sie damit erreicht? Sie haben bewusst einen Namen für eine Funktion ausgewählt und den Parameter sowie die Datentypen des Parameters und des Rückgabewerts festgelegt. Gerade Letzteres vergisst manch ein Programmierer doch sehr leicht; in der Folge verwendet VBA dann den Variant-Datentyp.

Jetzt soll die Funktion aber auch mal einen Wert zurückliefern. Dazu brauchen Sie einen zweiten Test, den Sie ebenfalls zunächst im Direktfenster absetzen:

```
Debug.Print MontagDerErstenMonatswoche("7.7.2007") = #6/26/2007#
```

Der Test liefert natürlich das Ergebnis *False*, denn die Funktion liefert den Zahlenwert *0* zurück (in der Ausgabe *00:00:00*), was dem Datum 30.12.1899 entspricht. Wenn Sie zufällig mit diesem Datum verglichen hätten, würde die Funktion zwar das richtige Ergebnis liefern, aber dieses besäße keinerlei Aussagekraft – außer, dass die unter Windows definierte Zuordnung von *Long*-Werten zu Datumsangaben für den Wert *0* stimmt.

Also passen Sie die Funktion so an, dass diese das gewünschte Ergebnis liefert – und zwar auf den einfachsten Wege. Und der sieht so aus:

```
Public Function MontagDerErstenMonatswoche(dateTag As Date) As Date
    MontagDerErstenMonatswoche = "6/26/2007"
End Function
```

Häh? Dreht der Autor jetzt völlig durch? Eine Funktion, die immer den gleichen Wert zurückliefert, liefert doch für die meisten möglichen Parameter ein falsches Ergebnis? Nein: Diese Vorgehensweise ist völlig in Ordnung. Die Funktion soll zunächst nur den einen richtigen Wert zurückliefern, und zwar auf so einfache Weise wie möglich.

Nun müssen Sie allerdings noch prüfen, ob die neue Version noch den ersten Test bestätigt – und damit das einfach geht, schreiben Sie die beiden Tests in eine neue Routine:

```
Public Function MontagDerErstenMonatswocheTest()
    Debug.Print IsDate(MontagDerErstenMonatswoche("7.7.2007"))
    Debug.Print MontagDerErstenMonatswoche("7.7.2007") = #6/25/2007#
End Function
```

Wenn Sie die Funktion aufrufen, gibt das Direktfenster zweimal den Wert *True* aus. Da Sie allein anhand des Direktfensters nicht erkennen, welcher Test welches Ergebnis liefert, ergänzen Sie die Testfunktion:

```
Public Function MontagDerErstenMonatswocheTest()
    Debug.Print "Die Funktion liefert einen Wert des Datentyps Date.", _
        IsDate(MontagDerErstenMonatswoche("7.7.2007"))
    Debug.Print "Der erste Montag der ersten Woche im Juli 2007 ist " _
        & "der 26.6.2007.", _
        MontagDerErstenMonatswoche("7.7.2007") = #6/25/2007#
End Function
```

Das Ergebnis sieht nun so aus:

```
Die Funktion liefert einen Wert des Datentyps Date.      Wahr
Der erste Montag der ersten Woche des Juli 2007 ist der 26.6.2007.      Wahr
```

Damit die Funktion korrekt arbeitet, fügen Sie einen weiteren Test hinzu – beispielsweise den folgenden (in einer Zeile):

```
Debug.Print "Der erste Montag der ersten Woche des Januar 2007 hat das
    Datum 25.12.2006.", MontagDerErstenMonatswoche("1.1.2008") = #12/31/2006#
```

Wie erwartet liefert dieser dritte Test das falsche Ergebnis, während die ersten beiden weiterhin funktionieren. Nun passen Sie die Funktion so an, dass alle drei Tests erfolgreich sind. Eine rudimentäre Fassung sieht so aus:

```
Public Function MontagDerErstenMonatswoche(dateTag As Date) As Date
    MontagDerErstenMonatswoche = "1." & Month(dateTag) & "." _
        & Year(dateTag)
    If Weekday(MontagDerErstenMonatswoche) = 2 Then Exit Function
    MontagDerErstenMonatswoche = _
        DateAdd("d", -1, MontagDerErstenMonatswoche)
    If Weekday(MontagDerErstenMonatswoche) = 2 Then Exit Function
    MontagDerErstenMonatswoche = _
        DateAdd("d", -1, MontagDerErstenMonatswoche)
    If Weekday(MontagDerErstenMonatswoche) = 2 Then Exit Function
    MontagDerErstenMonatswoche = _
        DateAdd("d", -1, MontagDerErstenMonatswoche)
    If Weekday(MontagDerErstenMonatswoche) = 2 Then Exit Function
    MontagDerErstenMonatswoche = _
        DateAdd("d", -1, MontagDerErstenMonatswoche)
    If Weekday(MontagDerErstenMonatswoche) = 2 Then Exit Function
    MontagDerErstenMonatswoche = _
        DateAdd("d", -1, MontagDerErstenMonatswoche)
    If Weekday(MontagDerErstenMonatswoche) = 2 Then Exit Function
    MontagDerErstenMonatswoche = _
        DateAdd("d", -1, MontagDerErstenMonatswoche)
    If Weekday(MontagDerErstenMonatswoche) = 2 Then Exit Function
End Function
```

Die Routine setzt zunächst ein Datum zusammen, das dem ersten Tag des Monats des angegebenen Datums entspricht. Dann zieht sie so lange einen Tag ab, bis die Funktion *WeekDay* für das aktuelle Datum den Wert 2 zurückgibt, was dem Montag entspricht. Der Durchlauf der Routine mit den Testaufrufen liefert das erwartete Ergebnis: Alle Werte werden richtig berechnet. Fügen Sie noch weitere Tests hinzu, um auch Extremwerte abzufangen: In diesem Fall wäre das etwa ein Monat, in dem der erste Tag auf den Montag fällt und dieser damit der Funktionswert ist:

```
Debug.Print "Der erste Montag der ersten Woche des Januar 2007 hat das
    Datum 1.1.2007", MontagDerErstenMonatswoche("1.1.2007") = #1/1/2007#
```

Und es klappt: Der Aufruf der Testfunktion liefert vier Mal den Wert *True* zurück. Zur Absicherung dieser Funktion können Sie nun noch eine Reihe weiterer Tests hinzufügen, es gibt aber prinzipiell keinen Test mehr, der ein negatives Ergebnis liefert.

11.1.1 Optimieren und vereinfachen

Nun können Sie die Ernte dieses zugegebenermaßen etwas aufwändigeren Vorgangs einholen: Sie können nun nämlich beliebige Änderungen an den in der Funktion enthaltenen Anweisungen vornehmen und jederzeit mit einem Aufruf der Testfunktion prüfen, ob noch alles funktioniert. Zunächst einmal bauen Sie eine temporäre Variable ein, um den in der Funktion mehrfach als Variable verwendeten Rückgabewert zu ersetzen:

```
Public Function MontagDerErstenMonatswoche(dateTag As Date) As Date
    Dim dateTemp As Date
    dateTemp = "1." & Month(dateTag) & "." & Year(dateTag)
    If Weekday(dateTemp) = 2 Then Exit Function
    dateTemp = DateAdd("d", -1, dateTemp)
    If Weekday(dateTemp) = 2 Then Exit Function
    ...
    dateTemp = DateAdd("d", -1, dateTemp)
    If Weekday(dateTemp) = 2 Then Exit Function
End Function
```

Unerwartet schlagen die letzten drei Tests nun fehl. Was ist passiert? Nun: *dateTemp* wird vor Verlassen der Funktion nicht dem Rückgabewert zugewiesen, der damit den Wert *0* zurückliefert.

Sie könnten nun in jede *If*-Abfrage noch die Zuweisung des Rückgabewertes einbauen, aber das schenken Sie sich an dieser Stelle und ersetzen die sieben gleichen Anweisungsgruppen durch die gewünschte Schleife. Dabei handelt es sich um eine *Do While*-Schleife:

```
Public Function MontagDerErstenMonatswoche(dateTag As Date) As Date
    Dim dateTemp As Date
    dateTemp = "1." & Month(dateTag) & "." & Year(dateTag)
    Do While Not Weekday(dateTemp) = 2
        dateTemp = DateAdd("d", -1, dateTemp)
    Loop
    MontagDerErstenMonatswoche = dateTemp
End Function
```

Diese Variante sieht schon wesentlich eleganter aus und besteht auch alle Tests. Es gibt noch eine wenig feine Anweisung: Das erste Zusammensetzen von *dateTemp* aus dem übergebenen Datum über Strings ließe sich auch mit einem eingebauten VBA-Befehl erledigen. Ersetzen Sie diese Zeile daher durch die folgende:

```
dateTemp = DateSerial(Year(dateTag), Month(dateTag), 1)
```

Das Schöne ist, dass diese Anweisung nicht wie die vorherige Quick'n'dirty-Variante zunächst einen String erzeugt und diesen dann in ein Datum umwandelt, sondern die Datumskomponenten direkt in ein Datum umsetzt.

Damit ist die Routine fertig: Weitere Optimierungen sind kaum möglich, und selbst wenn, können Sie diese durch die Testunterstützung ohne Sorge einfach ausprobieren.

11.1.2 Zwischenfazit

Herzlichen Glückwunsch! Wenn Sie dies alles nachvollzogen haben, sind Sie in die Gilde der Unit-Tester aufgenommen. Natürlich gibt es noch eine ganze Reihe weiterer Hinweise und auch ein Tool, mit dem sich das Testen noch angenehmer gestalten lässt. Fürs Erste sollen Sie aber noch erfahren, welche weiteren Vorteile Sie aus dem bereits Gelesenen und dem noch Folgenden ziehen können:

▷ Sie testen die Software nicht erst zum Schluss (vorausgesetzt, dafür bleibt noch Zeit ...), sondern direkt während der Entwicklung, und können jederzeit per Knopfdruck testen.

▷ Sie integrieren das Testen nicht nur in die Entwicklung und treiben diese damit an, sondern Sie treiben sich auch selbst an – indem Ihnen jeder bestandene Test ein Erfolgserlebnis beschert.

▷ Wenn Sie zu jeder Funktion Tests schreiben, überlegen Sie sich schon vorher genau, was diese Funktion können muss und was nicht. Sie werden weniger für die Mülltonne programmieren.

▷ Sie finden Fehler sofort und nicht erst, nachdem die Software beim Kunden gelandet ist.

▷ Sie gewinnen Sicherheit, dass das, was Sie da programmiert haben, funktioniert.

▷ Sie können den kompletten Code innerhalb von getesteten Einheiten refaktorieren (also ohne Änderung der Funktion optimieren), ohne dass Ihnen Fehler entgehen, die sich dabei einschleichen.

▷ Sie dokumentieren die getesteten Einheiten durch die Tests.

▷ Wenn Sie immer erst die aktuelle Einheit bearbeiten, bis alle dazu vorhandenen Tests erfolgreich verlaufen, haben Sie niemals mehr als eine offene Baustelle! Das heißt auch, dass Sie, wenn Sie in ausreichend kleinen Schritten fortschreiten, immer innerhalb weniger Minuten zu einer Stelle gelangen können, an welcher der komplette Code funktioniert.

▶ Sie können auch Monate oder Jahre nach der Herstellung einer Software Änderungen daran vornehmen und direkt mit einem Mausklick feststellen, ob diese sich irgendwo in der Anwendung fehlerhaft auswirken.

Die testgetriebene Entwicklung kann zusammen mit dem Refactoring für einen effektiveren Entwicklungsprozess sorgen und zu stabileren und besser wartbarem Code führen. Die eng mit der testgetriebenen Entwicklung in Zusammenhang stehenden Unit-Tests lassen sich nicht nur mit Funktionen, wie oben beschrieben, einsetzen, sondern auch mit Formularen oder Klassen (Berichte bleiben hier außen vor).

11.1.3 Voraussetzungen

Natürlich gibt es auch einige Voraussetzungen, die Sie und der zu testende Code erfüllen müssen.

Kleine Einheiten

Programmieren Sie so, dass eine Funktion, ein Formular, eine Klasse sich möglichst auf eine Aufgabe konzentrieren und eine funktionale Einheit bilden, und vereinfachen Sie so die testgetriebene Entwicklung. Was das bei Funktionen bedeutet, haben Sie weiter oben schon erfahren. Bei Formularen, deren testgetriebene Entwicklung übrigens ihre Tücken hat, sieht das ähnlich aus: Ein Formular sollte eine funktionale Einheit bilden. Sie sollten kein Formular bauen, mit dem Sie gleichzeitig Artikel verwalten, Bestellungen aufnehmen und Mahnungen schreiben können.

Wenn Sie ein Formular als funktionale Einheit sehen, die nur eine Aufgabe erfüllt, können Sie dieses auch mit hoher Wahrscheinlich gut testen und auch testgetrieben entwickeln. Das gilt auch für Klassen: Natürlich sind Access-Entwickler nicht die Erfinder der objektorientierten Programmierung, aber das heißt nicht, dass sie nicht an passenden Stellen Code in Klassen zusammenfassen. Natürlich können auch Klassen mehrere Funktionen enthalten, aber diese testen Sie einfach wie eine einzelne VBA-Funktion. Und falls dies andere Klassenelemente betrifft, wie etwa zuvor einzustellende Eigenschaften, dann beziehen Sie dies eben in den Test ein.

Keine Änderung ohne Test

Die zweite wichtige Voraussetzung ist, dass Sie jede Änderung am Code, und damit ist das Anlegen einer nackten Routine genauso wie die funktionale Änderung einer Routine oder das Hinzufügen oder Entfernen von Steuerelementen eines Formulars gemeint, zuvor per Test festschreiben. Eine Funktion soll einen neuen Parameter erhalten, um sie flexibler zu machen? Dann passen Sie zuvor die vorhandenen Tests an und ändern dann die Funktion, bis alle Tests wieder funktionieren. Ein Formular soll ein neues Textfeld erhalten, weil Sie die zu Grunde liegende Tabelle erweitert haben? Kein Problem: Fügen Sie nur entsprechende Tests für dieses Textfeld hinzu.

Kleine Schritte

Damit Sie Spaß am Programmieren haben, sollten Sie die Tests und die damit verbundenen Arbeiten am Code in so kleinen Schritten wie möglich gestalten. Stellen Sie sich die Menge der kleinen Erfolgserlebnisse vor im Vergleich dazu, wie Sie bisher gearbeitet haben: Bei einem umfangreichen Formular oder Bericht dauert es mitunter mehrere Tage, bis alles wie gewünscht läuft. Bei der testgetriebenen Entwicklung brauchen Sie nur wenige Minuten für ein Erfolgserlebnis und können sich jederzeit eine Kaffeepause gönnen, ohne dass Sie sich die vielen offenen Baustellen zu merken brauchen.

Refaktorieren Sie!

Der vierte wichtige Faktor profitiert von der testgetriebenen Entwicklung und unterstützt sie gleichermaßen: Refaktorieren Sie Ihren Code, bis er perfekt ist, und wenn Sie eine Kleinigkeit daran geändert haben, dann testen Sie erneut. Sie erhalten damit bessere Wartbarkeit, Vermeidung von Redundanzen, bessere Lesbarkeit und ein besseres Verständnis.

> **Refactoring**
>
> Unter Refactoring versteht man das Optimieren des Codes zur Verbesserung der Wartbarkeit, der Lesbarkeit, des Verständnisses und mehr. Dabei ist jedoch ein sehr wichtiger Punkt zu beachten: Refactoring verändert niemals die Funktion des Codes! Sie können also Refactoring betreiben, ohne die Tests für den betroffenen Code anpassen zu müssen, weil die Schnittstellen — also entweder die Benutzeroberfläche, über die Eingaben erfolgen, die Methoden und Eigenschaften einer Klasse oder auch nur die Parameter einer Funktion oder Sub-Prozedur — sich nicht geändert haben. Es gibt allerdings auch Refactoring-Maßnahmen, die sich auf die Schnittstellen und somit auch auf die Tests auswirken: Ein Beispiel ist das Verschieben einer Methode von einer Klasse in die andere. Was darüber hinausgeht — also beispielsweise das Hinzufügen eines Parameters zu einer Funktion aus fachlichen Gründen — wäre kein Refactoring mehr, sondern eine normale Code-Änderung, der eine entsprechende vorherige Anpassung der Tests vorausgehen müsste.

Kein Ersatz für den menschlichen Tester

Und fünftens sollten Sie wissen, was die testgetriebene Entwicklung nicht kann: Sie kann zum Beispiel keinen Test der kompletten Anwendung durch richtige Menschen ersetzen. Keiner steckt im Kopf der zukünftigen Anwender, die meist ihre ganz eigenen

Möglichkeiten finden, Ihre Anwendung durch nicht vorhersehbare Aktionen strubbelig zu machen. Wichtig ist auch hier, dass Sie die so in Ihrem Testnetz aufgedeckten Lücken zunächst dort schließen und dann den Code anpassen.

11.2 Testframework

Die testgetriebene Entwicklung von Datenbankanwendungen mit Access wird im Folgenden anhand des Unit-Testing-Frameworks *accessUnit* erläutert. *accessUnit* ist Bestandteil der *accessVBATools*, die Sie unter *http://www.access-entwicklerbuch.de/praxis* herunterladen können.

Wozu brauchen Sie überhaupt ein Framework? Tests lassen sich doch super in eigene Funktionen schreiben und ihr Aufruf lässt sich doch auch schön in eine übergeordnete Funktion packen? Klar geht das, aber auch nur bis zu einem gewissen Grade.

Manche Tests benötigen beispielsweise eine umfangreiche Vorbereitung: So sollten Sie vor dem Test eines an eine Datenquelle gebundenen Formulars dafür sorgen, dass sich eine genau auf den Test abgestimmte Menge von Daten in der zu Grunde liegenden Tabelle befindet, und diese nach dem Test auch wieder entfernen.

Oftmals gibt es nicht nur einen, sondern viele Tests, die auf den gleichen Voraussetzungen wie etwa einer mit bestimmten Daten gefüllten Tabelle aufbauen.

Das ist einer der Hauptgründe für den Einsatz eines Frameworks wie *accessUnit*: Es stellt Ihnen die Architektur zur Verfügung, um beispielsweise einmal die vor und nach einer ganzen Reihe von Tests durchzuführenden Vor- und Nacharbeiten zu definieren und dazu beliebig viele Tests anzulegen.

Zusätzlich organisiert es die Tests und bietet über eine Benutzeroberfläche die Möglichkeit, eine Gruppe von Tests auszuwählen und zu starten. Außerdem zeigt die Benutzeroberfläche – hier in Form eines Formulars – das Ergebnis des Tests in übersichtlicher Form an. Sie brauchen also nicht mehrere hundert Zeilen im Direktfenster zu durchsuchen, ob irgendwo ein Test fehlgeschlagen ist – *accessUnit* übernimmt diese Aufgabe für Sie und zeigt nur die fehlgeschlagenen Tests an.

Das wichtigste Merkmal und auch der motivierendste Faktor sind der grüne und der rote Balken. Dabei handelt es sich um einen Fortschrittsbalken, der den Verlauf der Tests anzeigt und sich nach ihrer Abarbeitung grün oder rot färbt – je nachdem, ob alle Tests erfolgreich waren oder einer oder mehrere fehlgeschlagen sind.

Damit Sie schon einmal einen kleinen Vorgeschmack auf einen gelungenen Test erhalten, schauen Sie sich einfach die folgende Abbildung an. Das Testframework besteht aus einem Formular und mehreren Klassen, die Sie komplett in die zu entwickelnde Datenbankdatei importieren. Das Framework stellt die Funktionen bereit, die es erlauben, einen Test zu schreiben, mehrere Tests in einer Testmethode zusammenzufassen und Testmethoden, die die gleichen Voraussetzungen erwarten, in einer Testklasse zusammenzuführen. Das war die Schnellfassung für diejenigen, die schon anderweitige Erfahrung mit testgetriebener Entwicklung haben. Für alle anderen – die vermutlich in der Überzahl sind – nun die detaillierte Version.

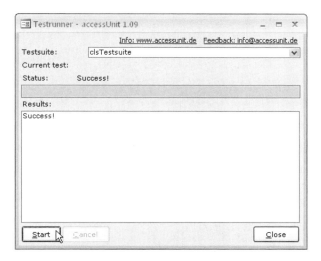

Abbildung 11.1: Die Benutzeroberfläche des accessUnit-Frameworks

11.2.1 accessUnit installieren

Die Installation erfolgt durch einfaches Extrahieren der accessUnit-Zip-Datei in ein beliebiges Verzeichnis und anschließendes Registrieren der enthaltenen DLL mit folgender Anweisung, die Sie im *Ausführen*-Dialog von Windows absetzen:

```
RegSvr32 <Pfad>\accessVBATools.dll
```

> **Vor Inbetriebnahme**
>
> Bevor Sie *accessUnit* in Betrieb nehmen können, müssen Sie alle geöffneten Access-Instanzen einmal schließen und wieder öffnen. Es reicht nicht aus, den VBA-Editor zu schließen und wieder zu öffnen – das Schließen bewirkt nämlich nur das Ausblenden und das erneute Öffnen somit kein neues Einlesen der in der Registry vermerkten Add-Ins.

Neben der DLL erhalten Sie einige weitere Dateien, die als Vorlagen für das Anlegen diverser neuer Klassen dienen. Diese hätte man mühelos auch direkt in die DLL integrieren können, was aber aus folgendem Grund nicht geschehen ist: Wenn die Vorlagen nämlich vollständig über das Dateisystem erreichbar sind, können Sie diese auch ganz einfach Ihren Bedürfnissen anpassen.

accessUnit macht sich in der Folge zunächst durch eine neue Menüleiste im VBA-Editor bemerkbar (siehe folgende Abbildung). Dort finden Sie eine Reihe von Einträgen, von denen allerdings nur einige für das Unit-Testing interessant sind und die Sie nun der Reihe nach kennen lernen.

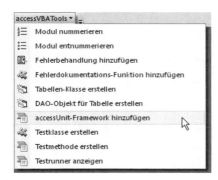

Abbildung 11.2: Die accessUnit-Funktionen im VBA-Editor

Der erste Schritt ist das Hinzufügen des *accessUnit*-Frameworks. Dieses umfasst eine Reihe von Klassen, von denen Sie einige nicht ändern sollten (diese beginnen mit *aU*), andere wiederum müssen Sie ändern, weil diese die Tests enthalten. Zum Hinzufügen des Frameworks wählen Sie aus der Symbolleiste den Eintrag *accessUnit-Framework hinzufügen* aus.

Abbildung 11.3: So sieht das VBA-Projekt der Datenbank mit den Elementen des accessUnit-Frameworks aus.

Den ersten Test können Sie nun bereits starten, da einige Beispieltests im Projekt vorhanden sind: Dazu öffnen Sie unter Access einfach das Formular *frmTestrunner* und klicken auf *Start*. Der Testrunner zeigt einen grünen Balken an, was bedeutet, dass alle ausgeführten Tests funktioniert haben.

> **Ein Framework pro Anwendung**
>
> Das Framework fügen Sie zu jedem VBA-Projekt hinzu, in dem Sie *accessUnit* einsetzen möchten.

11.2.2 Aufbau von Unit-Tests unter accessUnit

Bevor Sie selbst mit der testgetriebenen Entwicklung loslegen können, sind einige Schritte notwendig. Sie müssen keine Dateien installieren, sondern einfach nur einige Objekte zu der Datenbank hinzufügen, in der Sie testgetrieben entwickeln möchten.

Im Gegensatz zu den Unit-Testing-Frameworks anderer Programmiersprachen, in denen Projekte wesentlich modularer aufgebaut sind, was die Aufteilung des Codes im Dateisystem angeht, werden die Testklassen und das Framework nicht in separaten Dateien, sondern komplett in der Datenbankdatei mit der Endung *.mdb* gespeichert.

Das hat den Vorteil, dass Sie für das testgetriebene Entwickeln selbst keine Software installieren müssen, sondern einfach einige Objekte zu einer neuen oder einer bestehenden Datenbank hinzufügen.

Die Tests sehen im Prinzip wie im obigen Beispiel aus – Sie geben eine Bezeichnung des Tests an sowie den auszuwertenden Ausdruck. Der einzige Unterschied ist, dass Sie das Ergebnis nicht mit *Debug.Print* im Direktfenster ausgeben, sondern mit *objTestcase.Assert* zur Auswertung an das Objekt *objTestcase* übergeben.

Allerdings gibt es rundherum noch einiges mehr an Code, der zusammengenommen eine so genannte *Testfixture* ausmacht (Fixture bedeutet »Vorrichtung«) und in einer Klasse gespeichert und im Testframework registriert sein muss. Aber fangen wir doch bei der kleinsten Einheit an: Eine Zeile wie

```
objTestcase.Assert "Beispieltest, gibt immer den Wert True zurück", True
```

ist eine Annahme, die das Testframework bestätigen muss. Statt *True* steht hier der Ausdruck, der zu untersuchen ist, zum Beispiel

```
objTestcase.Assert "Addieren von 1 und 1", Add(1,1) = 2
```

Mehrere solcher Annahmen, die *accessUnit* unter gleichen Bedingungen prüfen soll, schreiben Sie in eine Testmethode, die wie folgt aufgebaut ist:

```
Public Sub TestAdditionsfunktion(objTestcase As auTestcase)
    On Error GoTo RunTest_Err
    objTestcase.Assert "Addieren von 1 und 1", Add(1,1) = 2  ⎫ Das sind
    objTestcase.Assert "Addieren von 1 und 2", Add(1,2) = 3  ⎭ die Tests!
    Exit Sub
RunTest_Err:
    objTestcase.Assert "#Error in " & Me.Fixturename, False
    Resume Next
End Sub
```

Der Name der Methode muss mit *Test* beginnen, der Rest ist freigestellt. Sie sollten aber einen sinnvollen Ausdruck wählen, in diesem Fall etwa *TestAdditionsfunktion*.

> **Kleine Einheiten**
>
> Die in einer Testmethode enthaltenen Annahmen sollten sich auf eine einzige Einheit beziehen, also beispielsweise eine VBA-Funktion. Ausnahmen gibt es etwa beim Testen von Formularen: Hier werden Sie kaum die Funktion eines einzelnen Steuerelements testen, sondern Abläufe wie etwa die Eingabe und das Speichern von Daten mit Hilfe eines Formulars. Ein solcher Ablauf gehört ebenfalls komplett in eine eigene Testmethode. Für mehrere gleiche Abläufe mit unterschiedlichen Daten würden Sie hingegen auch mehrere Testmethoden erstellen.

Falls für den Test Vorbereitungen zu treffen sind, schreiben Sie diese in der gleichen Klasse in eine Methode namens *Setup* mit der folgenden Syntax:

```
Public Sub Setup()
    'Testvorbereitung
End Sub
```

Zu den Vorbereitungen können ganz unterschiedliche Aktionen gehören. Prinzipiell ist die *Setup*-Methode aber dafür vorgesehen, Vorbereitungen für eine ganze Reihe von Testmethoden wie die obige zu treffen. Der Hintergrund ist, dass Sie, wenn Sie mehrere Testmethoden haben, die Vorbereitungen nicht in die Testmethode selbst schreiben und dies für jede Testmethode wiederholen müssen, sondern dass Sie diese einmal in die *Setup*-Methode schreiben. Ein Beispiel für solche Vorbereitungen ist das Instanzieren einer Klasse, deren Methoden Sie testen möchten, oder das Anlegen von Testdaten für die Anzeige in einem zu testenden Formular. Genau wie vorbereitende Arbeiten können auch Nacharbeiten nötig sein. Diese legen Sie in der Methode *Teardown* fest, die wie folgt aussieht:

```
Public Sub Teardown()
    'Nacharbeiten
End Sub
```

Passend zu den soeben genannten Vorbereitungen finden hier Aktionen wie das Leeren von Objektvariablen, das Schließen getesteter Formulare oder das Löschen zuvor angelegter Testdaten Platz.

Fehlt nur noch eine kleine *Property Get*-Methode, die Sie nur einmal zu Beginn einrichten und die das Framework zum automatischen Erkennen der in den Testfixtures enthaltenen Testmethoden benötigt. Dazu fügen Sie in der einzigen Zeile der folgenden Routine den Namen der Klasse als Wert von *Fixturename* hinzu:

```
Public Property Get Fixturename() As String
    Fixturename = "clsSampleTest"
End Property
```

Damit Sie die Tests mit dem Testrunner durchführen können, sind noch zwei Schritte notwendig:

- Registrieren Sie die Testfixture beziehungsweise mehrere Testfixtures in einer Klasse, die mit *clsTestsuite* beginnt (beispielsweise *clsTestsuiteRechenfunktionen*).
- Registrieren Sie die Testsuite(s) in der Klasse *clsTestsuites*.

Das Registrieren in einer Testsuite-Klasse sieht etwa so aus:

```
Public Sub Suite(objTestsuite As Object)
    objTestsuite.AddTestFixture New clsSampleTest
End Sub
```

Analog zur einzigen hier enthaltenen Anweisung können Sie weitere *Testfixtures* hinzufügen.

> **Testsuites aufrufen**
>
> Eine Testsuite beherbergt eine oder mehrere Testfixtures. Beim Testen mit *accessUnit* können Sie jeweils nur eine Testsuite aufrufen. Diese wählen Sie im Testrunner-Formular per Kombinationsfeld aus.

Die Testsuite wiederum registrieren Sie folgendermaßen in der Klasse *clsTestsuites*, die alle Testsuites des aktuellen Projekts enthält:

```
Public Function TestsuiteWrapper(strTestsuitename As String) As Object
    Select Case strTestsuitename
        Case "clsTestsuite"
            Set TestsuiteWrapper = New clsTestsuite
    End Select
End Function
```

Jede Testsuite braucht zwei Zeilen nach diesem Schema.

Kapitel 11

Für jede neue Testsuite fügen Sie eine neue *Case*-Bedingung und die passende *Set*-Anweisung hinzu. Die folgende Abbildung zeigt die notwendigen Klassen und Prozeduren im Überblick.

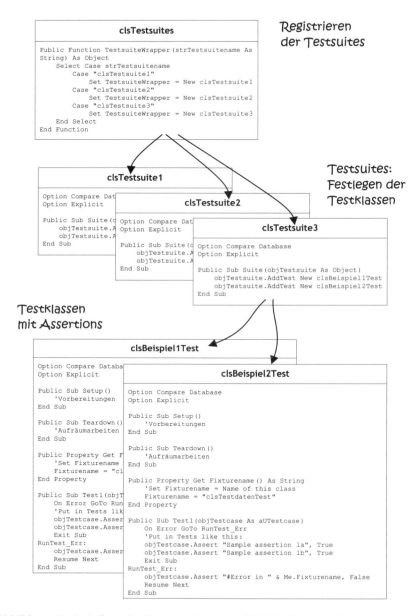

Abbildung 11.4: Aufbau der Elemente im accessUnit-Testframework

Das oberste Objekt ist die Klasse *auTestsuites*, die alle *Testsuite*-Klassen registriert und diese damit im *Testrunner*-Formular verfügbar macht. Darunter befinden sich die *Testsuite*-Klassen mit den Listen der zu verwendenden *Testfixtures*. Die *Testfixtures* bilden die unterste Ebene: Sie enthalten die auszuführenden Test-Methoden mit den einzelnen Annahmen, die Methoden *Setup* (Bereitstellen der Testvoraussetzungen) und *Teardown* (Aufräumen nach dem Test) sowie die *Property Get*-Methode *Fixturename* zum Ermitteln des Namens der Testklasse.

11.2.3 Testnamen

Neben den Klassenbezeichnungen für die *Testsuite*-Klassen und die *Testfixture*-Klassen müssen Sie auch die einzelnen Testmethoden in den *Testfixture*-Klassen sinnvoll benennen. Wenn sich die Testmethode beispielsweise genau eine Methode der zu testenden Klasse zur Brust nimmt, ist ein Name wie *TestBeispielmethode* sinnvoll. Wichtig ist, dass Sie und alle anderen Personen, die mit dem Code arbeiten sollen, etwas mit dem Methodennamen anfangen können.

Testmethoden benennen

Die Namen der Testmethoden müssen unbedingt mit *Test* beginnen. Anderenfalls berücksichtigt *accessUnit* die Methode nicht.

11.3 Testgetrieben entwickeln

Auf den nächsten Seiten entwickeln Sie nun ein kleines Formular auf testgetriebene Art. Dazu legen Sie zunächst eine neue Datenbank an, wechseln zum VBA-Editor und wählen aus dem *accessVBATools*-Menü den Eintrag *accessUnit-Framework hinzufügen* aus. Das Tool fügt nun die notwendigen, weiter oben bereits beschriebenen Standardmodule und Klassen sowie das Formular *frmTestrunner* zum VBA-Projekt hinzu.

11.3.1 Testgetriebene Entwicklung eines Formulars

Formulare als die Benutzungsschnittstelle unter Access schlechthin müssen Sie natürlich ebenso wie einzelne Routinen testen. Aber sollten sie auch testgetrieben entwickelt werden und funktioniert das überhaupt?

In herkömmlichen Tests – ob manuell oder automatisiert – ist natürlich gerade das Endprodukt das Ziel, und das wird zumeist durch die Benutzungsoberfläche repräsentiert. Hier erfolgen die Eingaben und auch die Ergebnisse der Eingaben und Aktionen sind hier meist sichtbar.

Gerade das Testen eines fertigen oder zumindest weit in der Entwicklung fortgeschrittenen Produkts erfolgt meist so spät, dass dort entdeckte Fehler weit reichende Folgen haben können.

Deshalb ist auch bei der Programmierung von Formularen der Ansatz der testgetriebenen Entwicklung sinnvoll: Dadurch legen Sie frühzeitig die genauen Anforderungen an die einzelnen Formulare und damit die Benutzungsoberfläche fest und stellen langfristig sicher, dass einmal getestete Funktionalität nicht unbemerkt den Geist aufgibt.

11.3.2 Beispiel: Lookup-Formular

Als Beispiel soll ein einfaches Formular dienen, das dem Bearbeiten der Daten einer Lookup-Tabelle dient. Der Clou dabei ist, dass die Lookup-Tabelle variabel sein soll und das Formular somit für die Bearbeitung von Daten aus beliebigen Lookup-Tabellen eingesetzt werden kann.

> **Lookup-Tabellen**
>
> Eine Lookup-Tabelle enthält Daten, die von anderen Tabellen ausgelagert wurden und die neben dem Primärschlüsselfeld aus maximal einem oder zwei Feldern mit Informationen bestehen. Beispiele für Lookup-Tabellen sind etwa Tabellen mit Anreden, Titeln, Kategorien, Stati oder Positionen (beruflich). Die Daten aus solchen Tabellen wählt der Benutzer üblicherweise per Kombinationsfeld aus, um sie dem aktuellen Datensatz zuzuweisen (etwa Anrede und Titel zu einer Adresstabelle).

Die grundsätzliche Annahme dabei ist, dass eine Lookup-Tabelle aus einem Primärschlüsselfeld sowie einem weiteren Feld besteht.

11.3.3 Testfälle

Eine Reihe von Testfällen leitet sich aus den gewünschten Funktionen des Formulars ab; weitere ergeben sich aus den unterschiedlichen Konfigurationen, die bei der Eingabe und Bearbeitung von Daten auftreten können.

Die nachfolgende Liste enthält einige Erwartungen, die später durch die Formulierung geeigneter Annahmen geprüft werden sollen:

▸ Das Formular soll nach dem Öffnen ohne weitere Parameter den ersten Datensatz der Datenherkunft anzeigen.

▸ Beim Klicken auf die *OK*-Schaltfläche soll der aktuelle Datensatz aktualisiert oder – wenn es sich um einen neuen Datensatz handelt – in der zu Grunde liegenden Tabelle angelegt und das Formular geschlossen werden.

- Beim Klicken auf die *Neu*-Schaltfläche soll ein neuer, leerer Datensatz angezeigt werden.

- Beim Klicken auf die *Löschen*-Schaltfläche soll der aktuelle Datensatz gelöscht werden.

- Beim Wechsel zu einem anderen Datensatz soll der aktuelle Datensatz aktualisiert oder – wenn es sich um einen neuen Datensatz handelt – in der zu Grunde liegenden Tabelle angelegt werden.

- Das Speichern eines Datensatzes erfordert gegebenenfalls eine vorherige Validierung der Daten dieses Datensatzes. Der Datensatz kann erst nach erfolgreicher Validierung gespeichert werden.

Diese Erwartungen decken natürlich nicht alles ab, was zu testen ist. Es fehlen beispielsweise eine Menge Randfälle. Was soll etwa geschehen, wenn das Formular geöffnet wird, die Datenherkunft aber gar keine Daten enthält.

Der erste Punkt der obigen Liste deckt nur den Fall ab, dass die Datenherkunft bereits mindestens einen Datensatz enthält, aber gerade bei der Inbetriebnahme einer Anwendung sind viele Tabellen möglicherweise noch gar nicht gefüllt. Das gilt auch für einige andere Fälle, wie die ergänzenden Erwartungen in der folgenden Aufzählung zeigen:

- Wenn die Datenherkunft leer ist, soll das Formular beim Öffnen einen leeren, neuen Datensatz anzeigen.

- Wenn ein leerer, neuer Datensatz angezeigt wird, soll die *Löschen*-Schaltfläche deaktiviert sein.

Auch eventuelle Restriktionen im Datenmodell müssen Sie berücksichtigen. Wenn beispielsweise ein Datensatz der Lookup-Tabelle mit einer anderen Tabelle verknüpft ist und der Benutzer keinen Wert für dieses Feld angegeben hat, soll nicht etwa die Standardfehlermeldung von Access angezeigt werden, sondern eine benutzerdefinierte Meldung.

Weiter oben haben Sie erfahren, dass Tests auch Dokumentationen sind und außerdem wichtige Details vorgeben – etwa den Namen von Klassen, Methoden und Eigenschaften.

Das gilt natürlich auch für den Formularnamen und die Namen von Steuerelementen. Damit stoßen Sie auf viel elementarere Erwartungen an das Formular – so legen Sie beispielsweise im Test implizit auch fest, wie das zu entwickelnde Formular heißt oder welche Steuerelemente es enthält.

Die oben aufgelisteten Erwartungen an das Formular setzen bereits eine ganze Menge voraus – zum Beispiel, dass das Formular überhaupt ohne Probleme geöffnet wird. Im nächsten Abschnitt sehen Sie, dass Unit-Tests auch kleinste Details der Anwendung prüfen.

11.3.4 Der erste Formular-Test

Wie Sie weiter oben bereits erkannt haben, ist die Hauptprämisse bei der testgetriebenen Entwicklung, dass Sie keinen Schritt tun, ohne dafür vorher einen Test geschrieben zu haben. Der erste Test ist der in diesem Zusammenhang denkbar einfachste – er öffnet einfach das Formular und prüft, ob das Formular geöffnet ist. Zunächst aber müssen Sie eine Testsuite namens *clsTestsuiteFrmLookup* mit folgendem Inhalt erstellen:

```
Public Sub Suite(objTestsuite As Object)
    objTestsuite.AddTestFixture New clsTestfixture_FrmLookup_Test
End Sub
```

Diese Testsuite registrieren Sie dann wie folgt in der Klasse *auTestsuites*:

```
Public Function TestsuiteWrapper(strTestsuitename As String) As Object
    Select Case strTestsuitename
        Case "clsTestsuiteFrmLookup"
            Set TestsuiteWrapper = New clsTestsuiteFrmLookup
    End Select
End Function
```

Schließlich schreiben Sie den ersten Test in die in *clsTestsuiteFrmLookup* zwar schon festgelegte, aber noch zu erstellende Testfixture *clsTestfixture_FrmLookup_Test*:

```
Public Sub Test_FormularOeffnen(objTestcase As auTestcase)
    On Error GoTo RunTest_Err
    DoCmd.OpenForm "frmLookup"
    objTestcase.Assert "Formular öffnen", _
        CurrentProject.AllForms("frmLookup").IsLoaded = True _
        And CurrentProject.AllForms("frmLookup").CurrentView = _
        acCurViewFormBrowse
    DoCmd.Close acForm, "frmLookup"
    Exit Sub
RunTest_Err:
    objTestcase.Assert "#Error " & Err.Number & " (" & Err.Description _
        & ") in " & Me.Fixturename & ", Row " & Erl, False
    Resume Next
End Sub
```

Ist das Formular tatsächlich geöffnet?

Nun brauchen Sie nur noch in Access den Testrunner zu starten, dort – soweit nicht voreingestellt – die Testsuite *clsTestsuiteFrmLookup* aufzurufen und auf den *Start*-Knopf zu klicken. Das Ergebnis entspricht den Erwartungen (siehe folgende Abbildung):

Es erscheinen zwei Fehlermeldungen und der passende rote Balken, weil das zu testende Formular natürlich noch gar nicht vorhanden ist.

Testgetriebene Entwicklung

> **Fehlerbehandlung aus Platzmangel ausgespart**
>
> Da der Platz in diesem Buch begrenzt ist, haben wir die in jeder Testmethode vorhandene Fehlerbehandlung in den folgenden Listings ausgespart und durch Pünktchen (...) ersetzt.

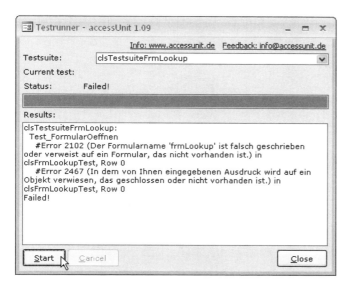

Abbildung 11.5: Da das zu testende Formular noch nicht vorhanden ist, schlägt der Test fehl.

Also legen Sie ein Formular namens *frmLookup* an und starten den Test erneut. Nun funktioniert der Test und ein grüner Balken erscheint. Herzlichen Glückwunsch – die erste Anforderung ist erfüllt!

Nun benötigen Sie zunächst eine passende Datenherkunft für das Formular. Dazu fügen Sie eine leere Tabelle namens *tblAnreden* mit zwei Feldern namens *ID* (*Autowert*) und *Anrede* (*Text*) hinzu. Diese beiden Felder soll auch das Formular verwenden, um eine Liste der enthaltenen Einträge anzuzeigen. Allerdings soll diese Anzeige in einem Unterformular erfolgen – also brauchen Sie ein Unterformular mit diesen beiden Steuerelementen. Das Unterformular soll *sfmLookup* heißen.

Bedenken Sie nun, dass Sie hier testgetriebene Entwicklung betreiben – also müssen Sie zunächst die Anforderung in Form weiterer Annahmen in einem zweiten Test definieren und dann umsetzen. Fügen Sie also einen neuen Test mit folgendem Inhalt zur Klasse *clsTestfixture_FrmLookup_Test* hinzu:

```
Public Sub Test_Formularfelder(objTestcase As auTestcase)
    ...
```

Kapitel 11

Richtige Datenherkunft? →

Richtiger Steuerelementinhalt? →

```
        DoCmd.OpenForm "frmLookup"
        objTestcase.Assert "Unterformular an Tabelle tblAnreden gebunden", _
            Forms("frmLookup").Controls("sfmLookup").Form.RecordSource = _
            "tblAnreden"
        objTestcase.Assert "Feld txtID mit Bindung an ID vorhanden", _
            Forms("frmLookup").Controls("sfmLookup").Form.Controls("txtID"). _
            ControlSource = "ID"
        objTestcase.Assert "Feld txtAnrede mit Bindung an Anrede vorhanden", _
            Forms("frmLookup").Controls("sfmLookup").Form. _
            Controls("txtAnrede").ControlSource = "Anrede"
        DoCmd.Close acForm, "frmLookup"
        ...
    End Sub
```

> **Neue Testmethoden hinzufügen**
>
> Zum Hinzufügen neuer Testmethoden liefern die *accessVBATools* einen Menü- beziehungsweise Kontextmenüeintrag namens *Testmethode erstellen*. Wenn Sie auf diesen Eintrag klicken, erscheint zunächst eine InputBox, die den Namen der zu erstellenden Methode abfragt. Anschließend fügt diese Funktion eine neue Methode mit dem angegebenen Namen und vorangestelltem *Test_* an der Stelle der Einfügemarke ein.

Ganz klar: Der neue Test führt zur Anzeige eines roten Balkens, weil das Fehlen des Unterformulars und der Steuerelemente Fehler auslöst. Nun soll das Formular sein Unterformular, dessen Datenherkunft und die angezeigten Felder dynamisch zugewiesen bekommen, aber damit der Test schnellstmöglich bestanden ist, lassen Sie es erstmal etwas statischer angehen: Erstellen Sie das Unterformular, fügen Sie es als Unterformular in das Formular *frmLookup* ein, binden Sie das Unterformular über die Eigenschaft *Datenherkunft* an die Tabelle *tblAnreden* und fügen Sie die beiden Felder der Tabelle zum Detailbereich hinzu. Der nächste Test liefert dann direkt den grünen Balken – außer, Sie haben die Felder einfach aus der Tabelle in das Formular gezogen und die Feldnamen nicht in *txtID* und *txtAnrede* umbenannt. Dies holen Sie gegebenenfalls noch nach und starten den Test erneut, der diesmal ein positives Ergebnis liefern sollte.

> **Nummerierung für die Fehlersuche**
>
> Damit eventuelle Fehler in der Testklasse mit Zeilennummer angezeigt werden können, fügen Sie noch eine Zeilennummerierung hinzu. Dazu verwenden Sie den Eintrag *Modul nummerieren* der Symbolleiste *accessVBATools*.

Refactoring von Tests

Vielleicht haben Sie es schon festgestellt: In beiden bisher erstellten Tests wird das Formular zunächst geöffnet und dann wieder geschlossen. Diesen redundanten Code können Sie sich sparen, indem Sie ihn einfach in die Methoden *Setup* und *Teardown* der Klasse einbauen:

```
Public Sub Setup()
    DoCmd.OpenForm "frmLookup"
End Sub
```

Dieser Code wird vor jeder Testmethode ausgeführt ...

```
Public Sub Teardown()
    DoCmd.Close acForm, "frmLookup"
End Sub
```

... und diese Routine nach jeder Testmethode!

Die Tests müssen Sie natürlich auch nach einem Refaktoring der Tests selbst erneut durchführen, um sicherzustellen, dass alles noch funktioniert.

Schaltflächen zum Formular hinzufügen

Um das Grundgerüst zu vervollständigen, fügen Sie nun die fehlenden Steuerelemente hinzu:

▶ Schließen des Formulars: Name *cmdOK*, Beschriftung *OK*

▶ Neuer Datensatz: Name *cmdNeu*, Beschriftung *Neu*

▶ Datensatz löschen: Name *cmdLoeschen*, Beschriftung *Löschen*

Natürlich tun Sie das nicht, ohne vorher Testannahmen angelegt zu haben, die das Vorhandensein der Schaltflächen prüfen. Diese fügen Sie dem Test hinzu, der auch das Unterformular und die Textfelder kontrolliert. Die Annahme für die *OK*-Schaltfläche sieht etwa so aus (damit testen Sie gleichzeitig das Vorhandensein sowie die richtige Beschriftung):

```
objTestcase.Assert "OK-Schaltfläche vorhanden", _
    Forms("frmLookup").Controls("cmdOK").Caption = "OK"
```

Ergonomie: Tabulator-Reihenfolge

Um auch ergonomische Aspekte sicherzustellen, prüfen Sie mit dem folgenden Test, welches Steuerelement zu Beginn aktiviert ist und in welcher Reihenfolge die Steuerelemente durchlaufen werden. Wenn Sie dies frühzeitig erledigen, laufen Sie nicht Gefahr, später einmal Steuerelemente einzufügen, die sich nicht wie geplant in die Tabulator-Reihenfolge einordnen.

Den Anfang soll die *OK*-Schaltfläche machen, dann folgen die *Neu-* und die *Löschen-*Schaltfläche sowie das Unterformular, in dem das Feld *ID* aus der Tabulator-Reihenfolge entfernt werden soll. Nach dem Durchlaufen aller vorhandenen Datensätze soll der Fokus schließlich wieder bei der *OK*-Schaltfläche landen.

All dies prüft die folgende Testroutine. Zu beachten sind die nach jeder Zeile eingebauten *DoEvents*-Statements, damit Windows Gelegenheit hat, den durch *SendKeys* simulierten Tabulator-Tastendruck auszuführen, bevor die Routine den nun verschobenen Fokus ausliest (im abgedruckten Listing aus Platzgründen durch Doppelpunkt getrennt an die jeweiligen Zeilen angehängt).

> **SendKeys und die Probleme**
>
> Dieser Test verwendet, wie vielleicht noch einige weitere, die *SendKeys*-Anweisung, um das Formular zu steuern. Das ist nicht problematisch, solange Sie diese nur zu Testzwecken in einer abgeschotteten Umgebung einsetzen. »Abgeschottet« bedeutet dabei, dass Sie nur die zu testende Access-Anwendung geöffnet haben und nicht plötzlich irgendwelche anderen Anwendungen wie etwa Virenscanner aufpoppen und die von *SendKeys* abgesetzten Tastaturbefehle mitbekommen.
>
> Ein Problem ist die Geschwindigkeit, mit der die automatisierten Tests ablaufen: *SendKeys* wirkt offensichtlich manchmal nicht so schnell, dass etwa der auf das nächste Steuerelement verschobene Fokus schon erkannt wird. Es empfiehlt sich daher, in Zusammenhang mit *SendKeys*-gesteuerten Abläufen vor und hinter jeder *SendKeys*-Anweisung ein *DoEvents* abzusetzen.

```
Public Sub Test_Tabulatorreihenfolge(objTestcase As auTestcase)
    ...
    objTestcase.Assert "Steuerelement beim Öffnen", _
        Screen.ActiveControl.Name = "cmdOK": DoEvents
    SendKeys "{TAB}": DoEvents
    objTestcase.Assert "2. Steuerelement cmdNeu", _
        Screen.ActiveControl.Name = "cmdNeu": DoEvents
    SendKeys "{TAB}": DoEvents
    objTestcase.Assert "3. Steuerelement cmdLoeschen", _
        Screen.ActiveControl.Name = "cmdLoeschen": DoEvents
    SendKeys "{TAB}": DoEvents
    objTestcase.Assert "4. Steuerelement Unterformular, txtAnrede", _
        Screen.ActiveControl.Name = "txtAnrede": DoEvents
    SendKeys "{TAB}": DoEvents
    objTestcase.Assert "Rückkehr zum ersten Steuerelement", _
        Screen.ActiveControl.Name = "cmdOK"
    ...
End Sub
```

Formulareingaben simuliert man am einfachsten mit der SendKeys-Anweisung

Testgetriebene Entwicklung

Das Formular *frmLookup* sieht zu diesem Zeitpunkt übrigens wie in folgender Abbildung aus, was zumindest bezogen auf die Anzahl der Steuerelemente schon dem endgültigen Aussehen entspricht.

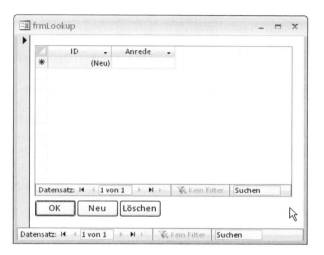

Abbildung 11.6: Das Formular im derzeitigen Zustand

Test der Dateneingabe

Nun sollen die ersten Benutzereingaben getestet werden. Da wir gerade mit der Tabelle *tblAnreden* noch eine leere Datenherkunft haben, testen Sie doch direkt einmal das Anlegen eines neuen Datensatzes in der Tabelle. Dazu fehlt jedoch noch eine Kleinigkeit: Es ist einfach, das Feld *txtAnrede* mit einem Wert wie etwa *Herr* zu füllen. Allerdings müssen Sie den Wert auch noch speichern. Dazu gibt es unter Access mehrere Möglichkeiten: Wechseln zum nächsten Datensatz, Anklicken der *Datensatz speichern*-Schaltfläche oder bei gebundenen Formularen das einfache Schließen des Formulars. Da diese Möglichkeiten noch nicht getestet wurden, soll es in diesem Fall ein einfaches *DoCmd.RunCmd acCmdSaveRecord* tun – allerdings erst nach dem Setzen des Fokus auf das Unterformular. Der Test sieht wie folgt aus:

```
Public Sub Test_DatensatzAnlegenLeereTabelle(objTestcase As auTestcase)
    ...
    objTestcase.Assert "Kein Datensatz vorhanden", _
        DCount("ID", "tblAnreden") = 0
    objTestcase.Assert "Kein Datensatz vorhanden", _
        Forms!frmLookup!sfmLookup.Form.NewRecord = True
    Forms!frmLookup!sfmLookup.Form!txtAnrede.Value = "Herr"
    Forms!frmLookup!sfmLookup.SetFocus
```

```
DoCmd.RunCommand acCmdSaveRecord
objTestcase.Assert "Datensatz eingefügt", _
    DCount("ID", "tblAnreden") = 1
...
End Sub
```

Wenn Sie die Tests an dieser Stelle allerdings noch ein zweites Mal ausführen, schlagen plötzlich zwei davon fehl: Der erste ist derjenige, der die Tabulatorenreihenfolge testen soll, der zweite der zuletzt angelegte.

Der Grund ist einfach: Durch den Test wurde ein Eintrag in der Tabelle *tblAnreden* vorgenommen, der sowohl bei der Tabulatorreihenfolge ein zusätzliches Element liefert als auch die Annahme pulverisiert, dass gerade gar kein Datensatz in der Tabelle *tblAnreden* vorhanden sei. Das ist aber kein Problem, denn eigentlich basieren ja alle bisherigen Tests darauf, dass die Datenherkunft leer ist – also sorgen Sie einfach in der *Setup*-Methode dieser Testfixture dafür, dass dies auch so ist. Dazu fügen Sie der *Setup*-Methode einfach die folgende Zeile zum Leeren der betroffenen Tabelle hinzu:

```
CurrentDb.Execute "DELETE FROM tblAnreden"
```

Eine Schaltfläche testen

Nun wagen Sie sich erstmals an die Simulation von Benutzereingaben, um ein Element der Benutzeroberfläche zu implementieren. Dabei geht es um die Schaltfläche zum Schließen des Formulars. Die Schaltfläche namens *cmdOK* haben Sie ja bereits hinzugefügt.

Nun gilt es, diese mit der passenden Funktion zu versehen. Auch hier gehen Sie zunächst von einer leeren Datenherkunft aus und testen zweierlei: Erstens das einfache Schließen des Formulars mit der Schaltfläche und zweitens das Speichern des aktuellen Datensatzes mit dem Schließen des Formulars. Der folgende Test schlägt natürlich zunächst fehl, denn die Schaltfläche ist ja noch mit keinerlei Funktion versehen – beachten Sie, dass die *SendKeys*-Anweisung wiederum von *DoEvents*-Anweisungen umrahmt ist:

```
Public Sub Test_cmdOK(objTestcase As auTestcase)
    ...
    Forms!frmLookup!cmdOK.SetFocus
    DoEvents
    SendKeys "{ENTER}"
    DoEvents
    objTestcase.Assert "Ok schließt Formular", _
        CurrentProject.AllForms("frmLookup").IsLoaded = False
    ...
End Sub
```

Funktioniert die OK-Schaltfläche?

Dies holen Sie nun nach, indem Sie für das *Beim Klicken*-Ereignis der Schaltfläche die folgende Routine anlegen:

```
Private Sub cmdOK_Click()
    DoCmd.Close acForm, Me.Name
End Sub
```

Zur Sicherheit

In einem weiteren Test prüfen Sie nun, ob ein aktuell bearbeiteter Datensatz beim Schließen des Formulars automatisch gespeichert wird. Möglicherweise denken Sie nun, dass dies ja eine Standardfunktionalität bei gebundenen Formularen sei und dieser Test eigentlich nicht nötig ist.

Ist er aber doch: Immerhin könnte jemand dem Ereignis *Vor Aktualisierung* oder einem anderen Ereignis, das vor dem Schließen ausgeführt wird, Code hinzufügen, der das Speichern beim Schließen verhindert. Mit dem folgenden Test stellen Sie also einfach nur das Standardverhalten sicher:

```
Public Sub Test_cmdOKSpeichertDatensatz(objTestcase As auTestcase)
    ...
    Forms!frmLookup!sfmLookup.Form!txtAnrede = "Herr"
    Forms!frmLookup!cmdOK.SetFocus
    DoEvents
    SendKeys "{ENTER}"
    DoEvents
    objTestcase.Assert "OK schließt Formular und speichert Datensatz", _
        CurrentProject.AllForms("frmLookup").IsLoaded = False _
        And DCount("ID", "tblAnreden") = 1
    ...
End Sub
```

Dieser Test funktioniert auf Anhieb – das ist aber auch klar, denn er soll ja nur eine vorhandene Funktionsweise sichern.

Neue Voraussetzungen

Die bisherigen Tests haben sich alle auf eine leere Datenherkunft bezogen. Dies ändert sich nun: Die folgenden Annahmen sollen prüfen, ob das Formular beim Öffnen direkt den ersten Datensatz anzeigt und ob die *Löschen*- und die *Neu*-Schaltfläche funktionieren.

Daher legen Sie nun eine neue Testfixture namens *clsTestfixture_FrmLookupMitDaten_Test* an (auch hier können Sie wieder den passenden Eintrag des Kontextmenüs verwenden).

Achten Sie darauf, dass Sie die Testfixture in der Klasse *clsTestsuiteFrmLookup* wie folgt registrieren:

```
Public Sub Suite(objTestsuite As Object)
    objTestsuite.AddTestFixture New clsTestfixture_FrmLookupOhneDaten
    objTestsuite.AddTestFixture New clsTestfixture_FrmLookupMitDaten
End Sub
```

Eine Testsuite besteht aus TestFixtures

> **Testfixture-Namen an zwei Stellen ändern**
>
> Um Konsistenz bezüglich der Namen der Testfixture-Klassen zu wahren, ändern Sie nun den Namen der bestehenden Klasse *clsTestfixture_FrmLookup_Test* in *clsTestfixture_FrmLookupOhneDaten_Test*. Beachten Sie, dass Sie auch in der Klasse eine Änderung vornehmen müssen, damit *accessUnit* den Test ohne Fehler aufruft – und zwar in der Property Get-Routine *Fixturename*.
>
> ```
> Public Property Get Fixturename() As String
>     Fixturename = "clsTestfixture_FrmLookupOhneDaten_Test"
> End Property
> ```

Datenanzeige testen

Das Formular dient eigentlich der Anzeige und der Bearbeitung von Daten. Damit haben Sie ein Thema für den nächsten Test: Das Formular soll, soweit die Datenherkunft diese enthält, Daten anzeigen. Hierzu dienen die bereits angelegten und getesteten Steuerelemente zur Anzeige der Tabellenfelder *ID* und *Anrede*.

Dazu müssen Sie zunächst einige Datensätze anlegen. Und zwar nicht von Hand, sondern mit entsprechenden Anweisungen in der *Setup*-Methode der Testfixture – sonst würden Sie die Zusammenstellung der vorhandenen Daten dem Zufall überlassen und das wäre der testgetriebenen Entwicklung sicher nicht zuträglich.

Also leeren Sie zunächst die Tabelle, legen zwei neue Datensätze an und öffnen das Formular:

```
Public Sub Setup()
    Dim db As DAO.Database
    Set db = CurrentDb
    db.Execute "DELETE FROM tblAnreden"
    db.Execute "INSERT INTO tblAnreden(Anrede) VALUES('Herr')"
    db.Execute "INSERT INTO tblAnreden(Anrede) VALUES('Frau')"
    DoCmd.OpenForm "frmLookup"
    Set db = Nothing
End Sub
```

Die Setup-Routine eignet sich prima zum Vorbereiten der Testdaten!

Der erste Test dieser Testfixture prüft, ob die richtige Anzahl Datensätze vorhanden ist und ob beim Öffnen der erste Datensatz angezeigt wird:

```
Public Sub Test_Testdaten(objTestcase As auTestcase)
    ...
    objTestcase.Assert "Testdatensätze vorhanden", _
        DCount("ID", "tblAnreden") = 2
    objTestcase.Assert "Erster Datensatz 'Herr' beim Öffnen angezeigt", _
        Forms!frmLookup!sfmLookup.Form!txtAnrede = "Herr"
    ...
End Sub
```

Dieser Test läuft ohne Probleme durch.

> **Unerwarteter grüner Balken**
>
> Es kann vorkommen, dass Sie – wie im vorliegenden Fall – direkt beim ersten Durchlauf eines Tests einen grünen Balken erhalten, der Test also erfolgreich ist. In diesem Fall sollten Sie sich immer fragen, ob der Test möglicherweise gar nicht durchgeführt wurde und dies genau überprüfen. Dazu fügen Sie einfach eine Annahme wie die folgende in die fragliche Testmethode ein:
>
> ```
> objTestcase.Assert "Test wird durchgeführt!", False
> ```
>
> Erscheint anschließend ein roter Balken und die hier angegebene Meldung, ist alles in Ordnung – der Test wird tatsächlich durchgeführt. Die obige Annahme können Sie dann wieder entfernen.

Nun testen Sie das Anlegen eines neuen Datensatzes per Formular. Der folgende Test betätigt zunächst die *Neu*-Schaltfläche, um zu einem neuen Datensatz zu springen, was die anschließende Annahme bestätigen soll.

Dann gibt der Test einen neuen Wert in das Feld *txtAnrede* ein und speichert den Datensatz. Die nächste Annahme prüft schließlich, ob ein neuer Datensatz vorhanden ist, dessen Feld *Anrede* den eingegebenen Wert enthält.

Beide Annahmen führen zum Fehlschlagen des Tests, denn die Schaltfläche cmdNeu hat natürlich noch gar keine Funktion.

Diese reichen Sie schnell nach, wobei in folgender Routine zunächst der Fokus auf das Unterformularsteuerelement verschoben werden muss:

```
Private Sub cmdNeu_Click()
    Me!sfmLookup.SetFocus
    DoCmd.GoToRecord Record:=acNewRec
End Sub
```

Datensatz löschen

Fehlt noch die Funktion zum Löschen des Datensatzes. Dazu verwenden Sie eine neue Testmethode in der aktuellen Textfixture mit folgendem Inhalt:

```
Public Sub Test_DatensatzLoeschen(objTestcase As auTestcase)
    ...
    objTestcase.Assert "Startanzahl Datensätze ist zwei", _
        DCount("ID", "tblAnreden") = 2
    Forms!frmLookup!sfmLookup.Form.Recordset.FindFirst "Anrede = 'Frau'"
    Forms!frmLookup!cmdLoeschen.SetFocus
    DoEvents
    SendKeys "{ENTER}"
    DoEvents
    objTestcase.Assert "Datensatz gelöscht", DCount("ID", "tblAnreden") = 1
    objTestcase.Assert "Datensatz 'Herr' noch vorhanden", _
        DCount("ID", "tblAnreden", "Anrede = 'Herr'") = 1
    ...
End Sub
```

Dem ersten Fehlschlagen des Tests wirkt das Implementieren der *Beim Klicken*-Ereignisprozedur der Schaltfläche *cmdLoeschen* entgegen:

```
Private Sub cmdLoeschen_Click()
    Dim db As DAO.Database
    Set db = CurrentDb
    db.Execute "DELETE FROM tblAnreden WHERE ID = " & Me!sfmLookup!txtID
    Set db = Nothing
End Sub
```

Löschen-Schaltfläche bei neuem Datensatz deaktivieren

Wenn Sie schon einmal beim Testen der *Löschen*-Schaltfläche sind, legen Sie am besten gleich fest, was mit der Schaltfläche geschehen soll, wenn das Formular gerade keinen beziehungsweise einen neuen, leeren Datensatz anzeigt.

Es gibt zwei Möglichkeiten: Entweder es passiert gar nichts oder Sie deaktivieren die Schaltfläche in diesem Fall. Letzteres ist sicher ergonomischer, denn eine aktivierte Schaltfläche, die keine Aktion auslöst, macht definitiv keinen Sinn.

Voraussetzung für diesen Test ist, dass der Datensatzzeiger auf einem leeren Datensatz steht, was auf jeden Fall gegeben ist, wenn auch die Datenherkunft des Formulars leer ist. Da bietet sich die zuvor verwendete Testfixture *clsTestfixture_FrmLookupOhneDaten* an.

> **Unabhängige Tests**
>
> Bei der testgetriebenen Entwicklung zwischen mehreren Testfixtures oder gar Testsuites hin- und herzuspringen ist kein Problem. Ganz im Gegenteil: Legen Sie die Tests auf jeden Fall so an, dass Sie diese in beliebiger Reihenfolge ausführen können. Kein Test darf von einem anderen Test oder von dessen Ergebnis abhängig sein. Lediglich die in einer Testmethode enthaltenen Annahmen können aufeinander aufbauen.

Fügen Sie dort den folgenden Test hinzu:

```
Public Sub Test_cmdLoeschenDeaktiviert(objTestcase As auTestcase)
    ...
    objTestcase.Assert "Kein Datensatz - Löschen-Schaltfläche " _
        "deaktiviert", _
        Forms("frmLookup").Controls("cmdLoeschen").Enabled _
        = False
    ...
End Sub
```

Mit der folgenden Prozedur, die Sie für die Ereigniseigenschaft *Beim Anzeigen* des Unterformulars *sfmLookup* hinterlegen, sollte dieser Test funktionieren:

```
Private Sub Form_Current()
    If Me.NewRecord Then
        Me.Parent.Controls("cmdLoeschen").Enabled = False
    Else
        Me.Parent.Controls("cmdLoeschen").Enabled = True
    End If
End Sub
```

Leider können Sie es nicht nachvollziehen, aber diese Änderung lässt zuvor einen anderen Test scheitern: Durch die deaktivierte *Löschen*-Schaltfläche gerät nämlich wieder die Tabulator-Reihenfolge durcheinander, was sich auch auf den passenden Test auswirkt. Das Resultat ist, dass Sie den Test einfach in die Testfixture *clsTestfixture_frmLookupMitDaten* kopieren und die Fassung in der Testfixture *clsTestfixture_frmLookupOhneDaten* so anpassen, dass diese die *Löschen*-Schaltfläche nicht berücksichtigt, dafür aber die zusätzlich im Unterformular angezeigten Datensätze (Listing siehe Beispieldatenbank, Modul *clsTestfixture_FrmLookupMitDaten*, Prozedur *Test_Tabulatorreihenfolge*).

Refaktorieren

Sie haben nun bereits einige Tests geschrieben und die darin enthaltenen Forderungen in die Tat umgesetzt. Das hat – wenn Sie die vorgestellten Schritte nachvollzogen haben – einige Zeit gekostet. Das liegt natürlich auch daran, dass die Vorgehensweise recht detailliert und mit einigen zusätzlichen Erläuterungen beschrieben wurde.

Wenn Sie die Vorgehensweise einmal verinnerlicht und Ihren Stil für die testgetriebene Entwicklung gefunden haben, wird die Entwicklung eines einfachen Formulars wie dieses natürlich schneller von der Hand gehen. Die schlechte Nachricht ist, dass testgetriebene Entwicklung in erster Instanz erst einmal länger dauert, als wenn Sie das Formular einfach ad hoc programmieren.

Die gute Nachricht ist: Dafür sparen Sie bei späteren Änderungen umso mehr Zeit. Kleines Beispiel gefällig? Die eben beschriebene Prozedur zum Aktivieren und Deaktivieren der Schaltfläche *cmdLoeschen* ließe sich auch leicht auf eine Zeile reduzieren. Sie würde dann folgendermaßen aussehen:

```
Private Sub Form_Current()
    Me.Parent.Controls("cmdLoeschen").Enabled = Not Me.NewRecord
End Sub
```

Wenn Sie eine solche Änderung vornehmen, testen Sie diese in der Regel auch. So können Fehler nur dann auftreten, wenn Sie sich zu sicher fühlen. Um die Funktion von Hand zu testen, ist man mitunter eine Minute oder länger beschäftigt.

Mit dem Sicherheitsnetz, das Sie sich aus den wenigen erstellten Tests geschaffen haben, prüfen Sie die Funktion nach der Änderung mit einem Mausklick: Erscheint dann der grüne Balken, können Sie ganz locker weiterprogrammieren.

Das Beispiel ist natürlich relativ simpel und vielleicht führt der eine oder andere eine solche Änderung auch ohne anschließenden Test aus. Wenn Sie allerdings einmal komplexere Formulare oder Routinen testgetrieben entwickeln, wird jede Änderung, die Sie durch einen Mausklick auf die *Start*-Schaltfläche in einer Sekunde als funktionierend abhaken können, Sie für die Mühe entlohnen, die Sie in das Flechten dieses Sicherheitsnetzes investiert haben.

Problemfall MsgBox, InputBox und modale Dialoge

Unter Access gibt es einige Elemente, die sich schwer testen lassen, weil Sie ihnen nach dem Anzeigen eigentlich nicht mehr per Code beikommen. Die Rede ist von modalen Dialogen, zu denen als Dialog geöffnete Formulare, die Messagebox und die Inputbox gehören. Die aufrufende VBA-Routine läuft dabei erst weiter, wenn das als modaler Dialog aufgerufene Objekt geschlossen wird oder den Fokus verliert.

Ein Beispiel ist die *Löschen*-Funktion des Lookup-Formulars. Normalerweise sollte kein Löschvorgang ohne Rückfrage stattfinden. Dies realisiert man üblicherweise mit einem *MsgBox*-Aufruf, dessen Ergebnis man wie in folgendem Beispiel ausliest und entsprechend verfährt:

Testgetriebene Entwicklung

```
Private Sub cmdLoeschen_Click()
    Dim db As DAO.Database
    If MsgBox("Wirklich löschen?", vbYesNo) = vbYes Then
        Set db = CurrentDb
        db.Execute "DELETE FROM tblAnreden WHERE ID = " _
            & Me!sfmLookup!txtID
        Me!sfmLookup.Form.Requery
        Set db = Nothing
    End If
End Sub
```

Das Problem bei dieser Vorgehensweise in Zusammenhang mit dem testgetriebenen Entwickeln offenbart sich beim Testen selbst: Der Ablauf bleibt natürlich beim geöffneten Meldungsfenster hängen, weil dieses nicht automatisch wieder geschlossen wird.

Abhilfe schafft ein Trick: Sie verwenden einfach die *TimerInterval*-Eigenschaft und das *Timer*-Ereignis des *frmTestrunner*-Formulars, um das Meldungsfenster nach dem Öffnen direkt wieder zu schließen. Doch eins nach dem anderen:

Zuerst legen Sie eine Ereignisprozedur für die Eigenschaft *Bei Zeitgeber* des Formulars *frmTestrunner* an. Die Eigenschaft *Zeitgeberintervall* belassen Sie auf dem Wert *0*, dieser wird bei Bedarf automatisch angepasst. Die Prozedur sieht so aus:

```
Private Sub Form_Timer()
    Dim hMessageBox As Long
    Select Case strTimer
        Case "Datensatz löschen"
            hMessageBox = FindWindow("#32770", strTimer)
            If hMessageBox Then
                Call SetForegroundWindow(hMessageBox)
                SendKeys "{ENTER}"
            End If
    End Select
End Sub
```

Die Routine prüft zunächst, welchen Wert die Variable *strTimer* aufweist. Diese wird im Standardmodul *auGlobal* wie folgt deklariert:

```
Public strTimer As String
```

Im Test stellen Sie dann schließlich vor der Aktion, welche das Meldungsfenster aufruft, die Variable *strTimer* auf den Meldungsfenstertitel beziehungsweise Formulartitel und mit der Eigenschaft *Timer* das Zeitgeberintervall ein (fett gedruckt). Den Wert von *TimerInterval* müssen Sie anschließend wieder auf *0* setzen:

Kapitel 11

```
Public Sub Test_DatensatzLoeschen(objTestcase As auTestcase)
    ...
    objTestcase.Assert "Startanzahl Datensätze ist zwei", _
        DCount("ID", "tblAnreden") = 2
    Forms!frmLookup!sfmLookup.Form.Recordset.FindFirst "Anrede = 'Frau'"
    Forms!frmLookup!cmdLoeschen.SetFocus
    strTimer = "Datensatz löschen"
    Forms!frmTestrunner.TimerInterval = 100
    DoEvents
    SendKeys "{ENTER}"
    DoEvents
    Forms!frmTestrunner.TimerInterval = 0
    objTestcase.Assert "Datensatz gelöscht", DCount("ID", "tblAnreden") = 1
    objTestcase.Assert "Formularanzeige aktualisiert", _
        Forms!frmLookup!sfmLookup.Form.Recordset.RecordCount = 1
    objTestcase.Assert "Datensatz 'Herr' noch vorhanden", _
        DCount("ID", "tblAnreden", "Anrede = 'Herr'") = 1
    ...
End Sub
```

Der Ablauf sieht dann wie folgt aus:

▶ Die Testmethode aktiviert den Timer und weist der Variablen *strTimer* den Meldungsfenstertitel *Datensatz löschen* zu.

▶ Die *SendKeys*-Anweisung der Testmethode löst die Aktion aus, die das *MsgBox*-Fenster anzeigt. Dieses würde nun eigentlich den Fluss blockieren.

▶ Durch den Zeitgeber wird aber alle 100 Millisekunden die *Form_Timer*-Routine ausgelöst. Diese versucht, ein modales Fenster mit dem per *strTimer* übergebenen Titel *Datensatz löschen* über die API-Funktion *FindWindow* zu finden und schickt per *SendKeys* einen Klick auf die Eingabetaste an die aktive Schaltfläche.

Wenn Sie möchten, können Sie das Intervall auch noch verringern – bei langen Tests mit vielen Testmethoden spart dies unter Umständen Zeit. Falls einmal nicht die *OK*-Schaltfläche des Meldungsfensters die Standardschaltfläche sein sollte oder eine andere Schaltfläche angeklickt werden soll, müssen Sie natürlich zuvor noch per *SendKeys* zur richtigen Schaltfläche springen.

Bei der *InputBox* und bei modalen Formularen sieht das Ganze nicht anders aus: Der Anwendungscode soll diese ganz normal öffnen und, sobald er das passende Fenster findet, die gewünschten Aktionen ausführen und das Fenster wieder schließen.

Beachten Sie, dass Sie für jedes modale Element einen neuen Eintrag in die *Select Case*-Konstruktion in der *Form_Timer*-Prozedur des Formulars *frmTestrunner* einfügen müssen.

Modale Formulare automatisch schließen

Bei modalen Formularen gibt es einen kleinen Unterschied: Sie brauchen nicht per API auf ihren Fenstertitel zuzugreifen, sondern können mit *Screen.ActiveForm.Name* den Formularnamen ermitteln. Das ist auch wesentlich sicherer als der Fenstertitel, da der Formularname mit Sicherheit nur einmal vergeben ist.

Zu Beispielzwecken enthält das Formular *frmLookup* eine Schaltfläche, die das Formular *frmModalesFormular* modal öffnet.

Im Test wird dies wie folgt simuliert, wobei der einzige Unterschied zum vorherigen Beispiel das Festlegen des Formularnamens als Wert der Variablen *strTimer* ist:

```
Public Sub Test_ModalesFormular(objTestcase As auTestcase)
    ...
    Forms!frmLookup!cmdModalesFormular.SetFocus
    strTimer = "frmModalesFormular"
    Forms!frmTestrunner.TimerInterval = 100
    DoEvents
    SendKeys "{ENTER}"
    DoEvents
    Forms!frmTestrunner.TimerInterval = 0
    ...
End Sub
```

Der passende Eintrag in der *Select Case*-Bedingung im *Timer*-Ereignis des Formulars *frmTestrunner* sieht so aus:

```
Private Sub Form_Timer()
    Dim hMessageBox As Long
    Select Case strTimer
        Case "Datensatz löschen"
            ...
        Case "frmModalesFormular"
            If Screen.ActiveForm.Name = strTimer Then
                SendKeys "{ENTER}"
            End If
    End Select
End Sub
```

InputBox-Fenster automatisch ausfüllen und schließen

Die *InputBox* verhält sich wiederum wie das Meldungsfenster, wenn es um das Identifizieren geht: Sie finden es ganz einfach über den Fenstertitel und die entsprechende

API-Funktion. Beim Ausfüllen des *InputBox*-Wertes sowie beim Drücken der *OK*-Schaltfläche helfen Ihnen passende *SendKeys*-Anweisungen weiter.

11.3.5 Besonderheiten beim testgetriebenen Entwickeln von Formularen

Unit-Testing bedeutet, wie bereits erwähnt, das Testen von Einheiten. Das heißt, dass man entweder eine Klasse, ein Formular oder andere Einheiten testet und dabei alle Features dieser Einheit berücksichtigt.

Das schließt aus, dass Sie mehrere Formulare gleichzeitig mit einem Test abdecken – etwa, indem Sie ein Formular namens *frmUnternehmen* programmieren und im gleichen Zug ein Formular testen, das vom Formular *frmUnternehmen* aufgerufen wird. Es liegt zwar nahe, so vorzugehen, aber es widerspricht den Grundregeln des Unit-Testings.

Wie nun soll man etwa die beiden Formulare *frmUnternehmen* und *frmUnternehmenDetails* testen, von denen das eine das andere aufruft? Das gilt natürlich vor allem für die Verbindung zwischen den beiden Formularen, nämlich den Aufruf, der üblicherweise über eine *DoCmd.OpenForm*-Anweisung erfolgen dürfte.

In »moderneren« objektorientierten Programmiersprachen wie C#.NET oder Java gibt es Techniken, die der testgetriebenen Entwicklung wesentlich besser entgegenkommen – hier testet man die Interaktion zwischen zwei Objekten einfach, indem man das eigentlich zu untersuchende Objekt komplett testet – einschließlich der Interaktion zu dem zweiten Objekt – und das zweite Objekt durch einen mehr oder weniger funktionstüchtigen Platzhalter ersetzt. Mehr oder weniger funktionstüchtig bedeutet, dass er alle Funktionen ausführen kann, die das zweite Objekt mindestens für den Test benötigt.

In Einzelfällen reicht es aus, dass das Platzhalterobjekt einfach nur einen Wert zurückliefert und damit den einwandfreien Betrieb der zu testenden Klasse sicherstellt – solche Platzhalter nennt man *Stub*; meist aber soll anhand des Platzhalterobjekts geprüft werden, ob etwa der Aufruf oder die Parameterübergabe wie gewünscht funktioniert. Solche Platzhalter heißen *Mock*.

In Sprachen wie C#.NET oder Java entwickelt man die Klassen gegen Schnittstellen und nicht gegen Implementierungen und hat somit den Vorteil, dass die eigentliche Implementierung im Test leicht gegen einen der oben beschriebenen Platzhalter ausgetauscht werden kann. Für das Festlegen der verwendeten Implementierung verwendet man dort Techniken wie Dependency Injection – eine Erläuterung würde hier aber leider den Rahmen sprengen.

Die Verwendung von Stubs und Mocks erfordert eine wesentlich objektorientiertere Sichtweise bei der Entwicklung. Der Aufwand für die Umsetzung unter Access und VBA würde aber den Nutzen vermutlich übersteigen. Gleichwohl finden Sie in den nächsten

Abschnitten einige Vorschläge, wie Sie Objekte wie Formulare halbwegs isoliert testen können, obwohl Sie von dort echte weitere Objekte aufrufen und keine Platzhalter.

Wenn Sie beim Unit-Testing unter Access auf Formulare stoßen, vor denen das eine das andere aufruft und die dort getätigten Eingaben nach dem Schließen auswerten soll, ist es sicher in Ordnung, dieses Formular in den Test einzubeziehen. Den kompletten Test des aufgerufenen Formulars sollten Sie jedoch separat durchführen, um die Komplexität der einzelnen Tests zu minimieren.

11.4 Testdaten

Eine der wichtigsten Voraussetzungen für Tests sind konstante Bedingungen und konsistente Testdaten. Sie werden kaum Erfolg mit der testgetriebener Entwicklung haben, wenn Sie mal hier einen Datensatz von Hand anlegen und mal dort einen per Test erzeugen und die Tests bei jedem Aufruf mit unterschiedlichen Testdaten konfrontieren.

Daher müssen Sie vor jedem Test die Datenbank so präparieren, dass sie nur die benötigten Testdaten enthält. Es dürfen keine Daten vorhanden sein, die nicht geplante und nicht vorhersehbare Testergebnisse erzeugen können. Deshalb ist der gleichzeitige Betrieb einer Datenbankanwendung im Live- und im Testbetrieb nicht möglich. Der einzige Weg, die bei der testgetriebenen Entwicklung erzeugte Funktionalität der Datenbank zu testen, ist, die Datenbank aufzuteilen und während erneuter Tests eine andere, nur für Tests verwendete Backenddatenbank anzuhängen.

Nun ist jedem, der schon einmal eine Datenbank programmiert und dabei Testdaten verwendet hat, klar, dass das Eingeben von Testdaten eine Arbeit für Leute ist, die Vater und Mutter erschlagen haben – genauso wie das immer wieder neue Testen der gleichen Funktionen, nur weil sich an irgendeinem Ende der Anwendung Änderungen ergeben haben. Und genau wie das Testen selbst automatisieren Sie auch das Erzeugen von Testdaten. Dazu erstellen Sie sich einfach eine eigene Klasse, die beispielsweise *clsTestdaten* heißt. Diese Klasse enthält Methoden, mit denen Sie die einzelnen Tabellen der zu erstellenden Anwendung füllen können.

11.4.1 Anlegen von Testdaten

Die Testdaten müssen keinesfalls anspruchsvoll sein – sie sollen lediglich den Zweck erfüllen. Sie müssen sich also für das Füllen einer Mitarbeitertabelle nicht die Namen sämtlicher Bekannten aus den Fingern saugen – es reicht, wenn Sie statt »Günther«, »Werner« und »Klaus« einfach »Vorname1«, »Vorname2« und »Vorname3« in die Tabelle eintragen. Die folgende Methode legt auf diese Weise direkt zehn Mitarbeiter in der Tabelle *tblMitarbeiter* an (diese Tabelle enthält aus Gründen der Übersicht nur vier Felder):

```
Public Sub MitarbeiterAnlegen()
    Dim db As DAO.Database
    Set db = CurrentDb
    For i = 1 To 5
        db.Execute "INSERT INTO tblMitarbeiter(Nachname, Vorname, " _
            & "WindowsAnmeldename) VALUES('Nachname" & i & "','Vorname" _
            & i & "','administrator')"
    Next i
    Set db = Nothing
End Sub
```

Auf die gleiche Weise legen Sie Kundendaten in der Tabelle *tblKunden* an:

```
Public Sub KundenAnlegen()
    Dim db As DAO.Database
    Set db = CurrentDb
    For i = 1 To 10
        db.Execute "INSERT INTO tblKunden(Kunde, Strasse, PLZ, Ort, " _
            & "Bundesland, Land) VALUES('Kunde" & i & "', 'Strasse" & i _
            & "', 'PLZ" & i & "', 'Ort" & i & "', 'Bundesland" & i _
            & "', 'Land" & i & "')"
    Next i
    Set db = Nothing
End Sub
```

Etwas komplizierter sieht die Erstellung von Daten in Tabellen aus, die Fremdschlüsselfelder enthalten. Eine Projekttabelle enthält beispielsweise ein Fremdschlüsselfeld für die Verknüpfung mit einem Mitarbeiter, der als Projektleiter fungiert, und mit einem Kunden, der das Projekt beauftragt hat.

Mit ein wenig Fantasie lässt sich allerdings auch eine solche Routine leicht aus dem Ärmel schütteln: Die beiden Felder *KundeID* und *ProjektleiterID* der Tabelle *tblProjekte* müssen natürlich mit gültigen Daten gefüllt werden – also mit Zahlenwerten, die auch in den verknüpften Tabellen enthalten sind. Dabei greift die folgende Routine auf die Datensätze zu, die die beiden vorherigen Prozeduren erstellt haben, und beruft sich auf dort verwendete Informationen. Auch die Felder *Startdatum* und *Enddatum* füllt die Routine nicht einfach mit konstanten Werten, sondern ermittelt Werte in Abhängigkeit der Laufvariablen der Schleife, innerhalb derer die Projektdaten angelegt werden.

Das Startdatum liegt beispielsweise immer *i* * 3 Tage vor dem aktuellen Datum, das Enddatum *i* Tage dahinter. Die Primärschlüsselwerte der verknüpften Tabellen ermittelt die Routine mit dem Wissen, dass die Werte der anderen Felder nach einem bestimmten Schema festgelegt sind – das Feld *Nachname* enthält dementsprechend immer die Zeichenkette *Nachname* gefolgt von einem Indexwert (»Nachname1«, »Nachname2« …).

Mit der *DLookup*-Anweisung ermittelt die Routine dann die Primärschlüsselwerte der entsprechenden Datensätze.

```
Public Sub ProjekteAnlegen()
    Dim db As DAO.Database
    Dim lngProjektleiterID As Long
    Dim lngKundeID As Long
    Dim datStartdatum As Date
    Dim datEnddatum As Date
    Set db = CurrentDb
    For i = 1 To 5
        Startdatum = Date - i * 3
        Enddatum = Startdatum + i
        lngKundeID = DLookup("KundeID", "tblKunden", _
            "Kunde = 'Kunde" & i & "'")
        lngProjektleiterID = DLookup("MitarbeiterID", "tblMitarbeiter", _
            "Nachname = 'Nachname" & i & "'")
        db.Execute "INSERT INTO tblProjekte(Projektbezeichnung, " _
            & "Beschreibung, KundeID, Startdatum, Enddatum, " _
            & "ProjektleiterID) VALUES('Projektbezeichnung" & i _
            & "','Beschreibung" & i & "', " & lngKundeID & ", " _
            & datStartdatum & ", " & datEnddatum & ", " _
            & lngProjektleiterID & ")"
    Next i
    Set db = Nothing
End Sub
```

11.4.2 Löschen von Testdaten

Bevor Sie neue Testdaten anlegen, müssen Sie natürlich die alten löschen. Dazu verwenden Sie je Tabelle eine ganz einfache Routine, die lediglich eine entsprechende *DELETE*-Anweisung aufruft. Für die Tabelle *tblKunden* sieht diese Routine wie folgt aus:

```
Public Sub KundenLoeschen()
    Dim db As DAO.Database
    Set db = CurrentDb
    db.Execute "DELETE FROM tblKunden", dbFailOnError
    Set db = Nothing
End Sub
```

Die Routinen zum Löschen der anderen Tabellen sind identisch aufgebaut; der einzige Unterschied sind der Prozedurname und der in der *DELETE*-Anweisung verwendete Tabellenname.

11.4.3 Aufruf der Methoden zum Löschen und Anlegen der Testdaten

Um einige Projekte mit Mitarbeitern und Kunden zu erstellen, benötigen Sie nun noch eine Prozedur zum Aufrufen der vorgestellten Routinen.

Diese deklariert und instanziert zunächst das Objekt *objTestdaten*. Anschließend ruft sie die Methoden der Klasse *clsTestdaten* auf. Wichtig ist hierbei die richtige Reihenfolge beim Löschen und Anlegen der Testdaten.

```
Public Sub TestdatenAnlegen()
    Dim objTestdaten As clsTestdaten
    Set objTestdaten = New clsTestdaten
    With objTestdaten
        .ProjekteLoeschen
        .KundenLoeschen
        .MitarbeiterLoeschen
        .KundenAnlegen
        .MitarbeiterAnlegen
        .ProjekteAnlegen
    End With
    Set objTestdaten = Nothing
End Sub
```

Auf diese Weise erzeugen Sie beliebige Daten für die folgenden Tests.

11.5 Lookup-Formular flexibel gestalten

Das Lookup-Formular sollte ja eigentlich der Anzeige verschiedener Lookup-Tabellen dienen, derzeit ist es aber nur für die Tabelle *tblAnreden* ausgelegt. Das ist kein Problem: Sowohl Tests wie auch den Formularcode können Sie genau wie bei der üblichen Vorgehensweise beim Programmieren ohne Probleme ändern.

Dabei integrieren Sie den Namen der aufzurufenden Tabelle als *OpenArgs*-Parameter in die *DoCmd.OpenForm*-Anweisung, passen dann die Tests und im Anschluss das Formular *frmLookup* an.

Normalerweise hätte man das Formular direkt von Anfang an so programmieren können, aber das wäre für Beispielzwecke wohl etwas komplizierter geworden. Daher finden Sie das komplette Formular mit dynamischer Datenherkunft in der zweiten Beispieldatenbank zu diesem Kapitel namens *TDD2.accdb*.

Das Formular rufen Sie nun wie folgt auf:

```
DoCmd.OpenForm "frmLookup", OpenArgs:="SELECT ID AS
LookupID, Anrede AS LookupValue FROM tblAnreden"
```

Der Clou dabei ist, dass Sie die eigentlichen Feldnamen (hier *ID* und *Anrede*) für die Eigenschaft ControlSource der zwei Steuerelemente des Unterformulars *sfmLookup* (*LookupID* und *LookupValue*) eintragen.

Übrigens: Das Umwandeln des Formulars in ein dynamisches Formular dauerte inklusive Anpassen des Testcodes, des Formularcodes und der zu ändernden Steuerelementeigenschaften nur wenige Minuten.

11.6 Testgetriebene Entwicklung und dmsBase

Dem Entwicklerteam waren die Sachverhalte rund um die testgetriebene Entwicklung sowie die damit einhergehenden möglichen Vorzüge natürlich bekannt. Weil Herr Willviel jedoch allenthalben mit der Frage nach dem Kostenrahmen des Projekts vorstellig wurde, fiel bei der Entwicklung von *dmsBase* die Entscheidung zu ungunsten der testgetriebenen Entwicklung aus, die einen deutlich höheren Zeitaufwand erfordert gehabt hätte. Es kam vielmehr eine Variante des extreme programming zum Einsatz, die das Testen der Anwendung und ihrer Teile weitgehend dem Kunden überlässt und der kostenlose Nachbesserung immanent ist …

12 Fehlerbehandlung

Wenn Sie eine Anwendung für einen Kunden entwickeln, wird diese mit hoher Wahrscheinlichkeit nicht fehlerfrei sein. Irgendeine Zeile Code sorgt sicher dafür, dass der Kunde Sie als Mensch und nicht als perfekte Programmiermaschine kennen lernen wird.

Allerdings gilt hier wie für viele andere Bereiche des Lebens: Der Ton macht die Musik. Sprich: Die Anwendung sollte den Kunden im Idealfall auf höfliche Weise auf den Fehler aufmerksam machen und ihm die weitere Vorgehensweise schildern, anstatt eine nichtssagende Meldung zu liefern, nach deren Schließen die Anwendung sich komplett verabschiedet oder zumindest nicht mehr wie gewohnt arbeitet.

Schauen wir uns an, wie so etwas aussehen kann – im positiven wie im negativen Sinne ...

ZWISCHENSPIEL, VERSION OHNE FEHLERBEHANDLUNG

Die Szene: Mossami sitzt am Rechner und checkt E-Mails, während der Virenscanner läuft. Amisoft ist auf dem Weg zum Kaffeeautomaten – in der Hoffnung, dass ein doppelter Expresso ihn auf Touren bringt – die Nacht war lang, weil ein Kunde einige Fehler gemeldet hat, die es nun zu reproduzieren gilt. Das Telefon klingelt.

M o s s a m i . Ja, hallo, Mossami am Apparat?
v o n   W i l l v i e l . Ja, von Willviel hier. Der Kram läuft nicht, ich kriege wirklich einen Hals!

Mossami. (*Beschwichtigend*) Nun, ja, langsam: Was ist denn genau passiert?

von Willviel. Die Anwendung funktioniert nicht! Hier ist schon wieder ein Fehler aufgetreten. Irgendwas mit einem Objekt.

Mossami. Wo ist denn der Fehler aufgetreten? Und was haben Sie denn getan, bevor er ausgelöst wurde? Können Sie den Fehler reproduzieren?

von Willviel. Nein, ja, wie – reproduzieren? Erst kam diese Fehlermeldung und dann habe ich auf OK geklickt und dann ging gar nichts mehr.

Mossami. Wir müssen den Fehler schon einkreisen, um etwas dagegen tun zu können. Welches Formular war denn geöffnet, als der Fehler aufgetreten ist?

von Willviel. Ich habe hier gerade diese Übersicht – also die, wo man Dateien hin- und herschieben kann.

Mossami. Ach so, das Formular Dokumentverwaltung. Und was haben Sie dort gemacht, als der Fehler auftrat?

von Willviel. Ich habe gar nichts gemacht. Also, ich wollte eigentlich nur ein paar Briefe von rechts nach links ziehen. Das kann doch nicht sein, dass das nicht funktioniert!

Mossami. Nun, das bekommen wir sicher hin. Können Sie das bitte nochmal wiederholen, was Sie dort genau gemacht haben?

von Willviel. Gut, Moment, ich muss mich noch mal neu einloggen. Hat ja nichts mehr funktioniert ... so, jetzt: Also ich ziehe jetzt eine Datei – ach, nein, gar nicht von links nach rechts, sondern umgekehrt. Und dann, mitten im Ziehen, kommt die Fehlermeldung.

Mossami. (*Hektisch*). Aber, halt: Nicht wieder auf OK klicken. Klicken Sie mal auf den Knopf Debuggen. Und dann sagen Sie mir, ...

von Willviel. Häh? Was ist das denn jetzt für ein Durcheinander? Na, egal ... Was wollten Sie wissen?

Mossami. Das ist der VBA-Editor. Sie sehen gerade den Code vor sich, der den Fehler ausgelöst hat. Wir finden jetzt zusammen heraus, was da genau passiert ...

So oder ähnlich verlaufen Gespräche zwischen Entwicklern und Kunden, wenn die Entwickler keine Fehlerbehandlung in ihre Anwendung eingebaut haben. Sie kennen das? Dann gehört dieses Kapitel für Sie sicher zur Pflichtlektüre.

Im Folgenden versucht der Entwickler mühevoll zu erfahren, welches Modul gerade angezeigt wird und welche Zeile in welcher Prozedur den Fehler ausgelöst hat.

Möglicherweise kommt es auch gar nicht so weit, weil der Benutzer nämlich auf einen zunächst nicht reproduzierbaren Fehler gestoßen ist ...

Das vorherige Gespräch hätte auch ganz anders verlaufen können, nämlich etwa so:

ZWISCHENSPIEL, VERSION MIT FEHLERBEHANDLUNG

Die Szene: Mossami sitzt am Rechner und checkt E-Mails, während der Virenscanner läuft. Amisoft ist auf dem Weg zum Tennis – er hat viel Zeit, weil er die zuletzt gemeldeten Fehler blitzschnell reproduzieren und beheben konnte.

M o s s a m i . Ja, hallo, Mossami am Apparat?

v o n   W i l l v i e l . Ja, von Willviel hier. Es gab vor einer halben Stunde eine Fehlermeldung. Kriegen Sie das genauso schnell wieder hin wie beim letzten Mal?

M o s s a m i . Kein Problem, der Fehlerbericht ist direkt hierhin geschickt worden. Mein Kollege hat ihn schon behoben und Ihnen das neue Frontend bereitgestellt. Wenn Sie das nächste Mal neu starten, funktioniert alles wie gewünscht.

v o n   W i l l v i e l . Na, wunderbar. Ich probiere das gleich mal aus.

Was ist hier geschehen? Nun: Die Software der zweiten Variante besitzt eine umfassende Fehlerbehandlung. »Umfassend« bedeutet hier vor allem, dass jede, aber auch wirklich jede Zeile Code durch eine Fehlerbehandlung abgesichert ist. Das wichtigste Schlüsselwort in diesem Zusammenhang heißt »Stabilität«. Eine Anwendung ohne Fehlerbehandlung ist nicht stabil – sie bricht eine Routine mit einem Fehler ab und führt diese nicht wie gewünscht zu Ende. Im schlimmsten Fall erleidet der Benutzer damit einen Datenverlust, bestenfalls ist er nur verunsichert und ungehalten.

Ein beliebter Grund für einen Entwickler, seiner Anwendung keine Rundum-Absicherung gegen vorhergesehene und unvorhergesehene Fehler zu verpassen, liegt in dem scheinbar sehr großen Aufwand. Immerhin muss man dazu jede einzelne Routine mit einer Fehlerbehandlung versehen, die zumindest aus der folgenden Zeile besteht:

```
On Error Resume Next
```

Dies sorgt dafür, dass zumindest keine Objekt- und sonstigen Variablen gelöscht werden, wenn ein Fehler auftritt. Eine stabile Anwendung erhalten Sie damit aber nicht – im Gegenteil: Es kann fatal sein, wenn der Code unbeirrt jede weitere Zeile einer Routine auszuführen versucht, obwohl möglicherweise die Voraussetzungen nicht mehr gegeben und Variablen nicht auf passende Werte gesetzt sind.

Für Stabilität brauchen Sie ein paar Zeilen mehr, und damit steigt auch wieder der Aufwand. Im Detail sollte das mindestens wie folgt aussehen:

```
Public Sub Fehlerbehandlung_Beispiel()
    On Error GoTo Fehler
    Msgbox 1 / 0
Ende:
    On Error Resume Next
```

```
        'Hier finale Anweisungen
        Exit Sub
    Fehler:
        ErrNotify Err, "Modul1", "Fehlerbehandlung_Beispiel", eNormalError
        Resume Ende
    End Sub
```

Die Fehlerbehandlung sorgt dafür, dass die Routine beim Auftreten eines Fehlers an der Sprungmarke *Fehler* fortgesetzt wird. Dort wird eine Prozedur namens *ErrNotify* aufgerufen, welche die eigentliche Behandlung des Fehlerobjekts *Err* vornimmt. Die Routine läuft dann bei der Sprungmarke *Ende* weiter. Hinter dieser Sprungmarke trägt man Anweisungen zum »Aufräumen« der Prozedur ein – etwa, um offene Recordsets zu schließen. Diese Fehlerbehandlung geht zunächst davon aus, dass kein Fehler einer speziellen Behandlung bedarf.

> **Sprungmarken**
>
> Die Fehlerbehandlung ist grundsätzlich der einzige Ort, an dem Sprungmarken und *Goto*-Anweisungen guten Gewissens eingebaut werden können. Der Grund ist, dass sie die Lesbarkeit des Codes sehr verschlechtern. Es gibt sicher Ausnahmen, die den Einsatz von Sprungmarken rechtfertigen, aber in den meisten Fällen hilft auch ein Schleifen-Konstrukt weiter, was wesentlich lesbarer ist.

12.1 Fehlerbehandlung hinzufügen

Das mit der Fehlerbehandlung ist ja ganz schön, mögen Sie sich jetzt denken, aber es ist doch ein Riesenaufwand, sie zu allen bestehenden Prozeduren einer Datenbank hinzuzufügen – selbst wenn diese nur aus einer Zeile besteht. Zudem man ja in den Parametern der Fehlerbehandlungsfunktion *ErrNotify* auch noch den Prozedurnamen und den Modulnamen eintragen muss, was bei einer großen Menge von auszustattenden Prozeduren und manueller Vorgehensweise natürlich wiederum Fehlerpotenzial beinhaltet.

Aber Sie können aufatmen: Die Rettung ist in Sicht, und zwar in Form des Add-Ins *MZ-Tools 3.0 for VB6 and VBA*, das Sie unter *http://www.mztools.com* finden. Diese Tools-Suite zeigt sich nach der Installation durch eine neue Symbolleiste im VBA-Editor beziehungsweise einige neue Einträge in der Menüleiste unter *Extras|MZ-Tools*.

Wenn Sie einer bestehenden Routine eine Fehlerbehandlung nach dem obigen Schema zuweisen möchten, wobei variable Werte wie der Prozedur- und der Modulname automatisch eingefügt werden, definieren Sie in den *MZ-Tools* eine Fehlerbehandlung wie in der folgenden Abbildung. Den passenden Dialog öffnen Sie über den Menüeintrag *Extras|MZ-Tools|Optionen*.

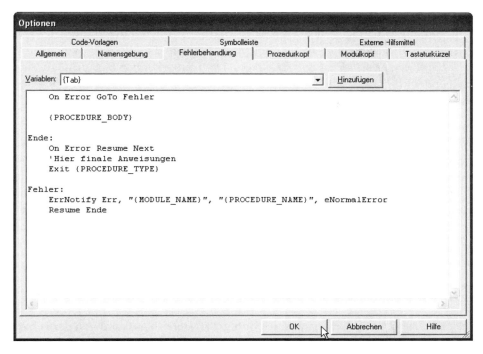

Abbildung 12.1: Hier tragen Sie das Schema der Fehlerbehandlung ein, die später den einzelnen Prozeduren zugewiesen werden soll.

Alles, was Sie hier eintragen, schreibt *MZ-Tools* zwischen die erste Zeile inklusive Deklarationsbereich (bis zur ersten Zeile, die nicht zur Deklaration gehört) und die letzte Zeile der Zielroutine.

Natürlich gibt es bereits vorhandene Zeilen, um die herum die Zeilen der Fehlerbehandlung angeordnet werden sollen – für diese verwenden Sie den Platzhalter *{PROCEDURE_BODY}*. Damit der Prozedurname und der Modulname direkt als Parameter von *ErrNotify* angelegt werden, kommen hier zwei weitere Platzhalter namens *{MODULE_NAME}* und *{PROCEDURE_NAME}* zum Zuge:

```
    On Error GoTo Fehler
    {PROCEDURE_BODY}
Ende:
    On Error Resume Next
    'Hier finale Anweisungen
    Exit {PROCEDURE_TYPE}
Fehler:
    ErrNotify Err, "{MODULE_NAME}", "{PROCEDURE_NAME}", eNormalError
    Resume Ende
```

MZ-Tools füllt die Platzhalter später automatisch mit den entsprechenden Namen. Nach dem Anlegen dieser Vorlage schließen Sie den Dialog, markieren die Routine, die um eine Fehlerbehandlung erweitert werden soll, und klicken in der *MZ-Tools*-Symbolleiste auf die Schaltfläche *Fehlerbehandlung hinzufügen*. Das Ganze können Sie auch über den Kontextmenüeintrag des Codefensters unter *MZ-Tools|Fehlerbehandlung hinzufügen* erledigen.

Einziger Wehmutstropfen: *MZ-Tools* kann nur eine einzige derartige Vorlage zur Fehlerbehandlung verwalten. Unter Umständen reicht das nicht aus. Die Prozeduren des Moduls *clsOGL2007* von *dmsBase* etwa, die fast nur mit API-Funktionen bestückt sind, erfordern eine etwas andere Vorlage. Sie können sich hier damit behelfen, dass Sie die einzelnen Vorlagen als kommentierten Text in ein Modul schreiben und nach Bedarf per Copy and Paste in die Vorlagenoption der *MZ-Tools* transferieren. Das Modul *mdlErrHandler* enthält im Kopf die beiden Vorlagen, die in *dmsBase* zum Einsatz kommen.

12.2 Fehlerbehandlungsroutine

Fehlt noch die *dmsBase*-Fehlerbehandlungsroutine *ErrNotify*. Diese wird von der Fehlerbehandlung aufgerufen und erledigt ... ja, was eigentlich? Die Entscheidung liegt ganz bei Ihnen: Sie können darin einfach nur eine Meldung anzeigen, dass ein Fehler aufgetreten ist, den Benutzer auffordern, dem Entwickler die in der Meldung angezeigten Informationen mitzuteilen, oder auch eine etwas komplexere Variante einsetzen, die automatisch eine E-Mail mit den Fehlerinformationen zum Entwickler schickt – natürlich nicht, ohne den Benutzer zuvor zu fragen, ob dies auch gewünscht ist, oder gegebenenfalls abzuchecken, ob eine entsprechende Option aktiviert ist. Zusätzlich speichert die nachfolgend beschriebene Routine auch noch die Informationen zu den aufgetretenen Fehlern in einer speziellen Tabelle namens *tbl_Errors*. Bevor es ans Eingemachte geht, noch zwei notwendige globale Variablen. Die erste ist eine Enumerationskonstante namens *eErrorLevel*, deren Bedeutung Sie später kennen lernen:

```
Public Enum eErrorLevel
    eNormalError = 1
    eHiddenError = 2
    eSevereError = 3
End Enum
```

Die zweite kennzeichnet, ob der Fehler gerade verarbeitet wird:

```
Public bErrorInProgress As Boolean
```

Die komplette Version der nachfolgend beschriebenen Routine finden Sie übrigens im Modul *mdlErrorHandler*.

Die Routine erwartet Pflicht- und einen optionalen Parameter. *AErr* entspricht dem VBA-*Err*-Objekt, das Eigenschaften wie *Number*, *Description* und mehr enthält – diese Informationen können direkt in einem Rutsch per Referenz auf das *Err*-Objekt an *Err-Notify* übergeben werden. *strModule* und *strProc* erwarten Modul- und Prozedurnamen, und *AErrorLevel* ein Element der *eErrorLevel*-Auflistung. Der optionale Parameter *LogToErrorTable* mit dem Standardwert *True* schließlich wertet aus, ob der aktuelle Fehler in die Log-Tabelle *tbl_Errors* geschrieben werden soll:

```
Sub ErrNotify(AErr As VBA.ErrObject, strModule As String, _
    strProc As String, AErrorLevel As eErrorLevel, _
    Optional LogToErrorTable As Boolean = True)
```

Die folgenden Zeilen schreiben die in den Elementen *Description* und *Number* des *Err*-Objekts gespeicherten Werte sowie den Inhalt der Variablen *Erl* in passende Variablen. *Erl* ist eine undokumentierte Funktion von VBA, die es bei Fehlern ermöglicht, die Zeilennummer der fehlerhaften Zeile auszulesen – vorausgesetzt, diese Zeile ist überhaupt mit einer Nummer versehen. Wenn keine Zeilennummern vorhanden sind, dann enthält *Erl* immer den Wert *0*.

```
strDescription = AErr.Description
lNumber = AErr.Number
lLine = Erl
```

Wozu werden die Eigenschaften des *Err*-Objektes hier überhaupt in Variablen zwischengespeichert? Ganz einfach aus dem Grund, weil das *Err*-Objekt diese Eigenschaften verlieren kann, wenn in der Fehlerbehandlungsprozedur irgendwo selbst ein Fehler auftritt – und diese Möglichkeit sollten Sie nicht ausschließen!

> **Zeilennummern auslesen mit Erl**
>
> Die *Erl*-Funktion liefert die Nummer der Zeile, in der ein Fehler aufgetreten ist. Damit dies funktioniert, müssen Sie die Zeilen der Anwendung natürlich zunächst mit Zeilennummern versehen. Die Regeln dafür sind einfach: Es darf keine zwei Zeilen innerhalb einer einzigen Prozedur mit der gleichen Zeilennummer geben. Alles andere ist egal – selbst die Reihenfolge der Zeilen spielt technisch keine Rolle, weil die Nummern im Grunde nur Sprungmarkenbezeichnungen sind. Eine feste Reihenfolge sollten Sie aber verwenden, wenn Sie die betroffene Zeile im Falle eines Fehlers schnell wiederfinden möchten ... Nun ist das Durchnummerieren von Zeilen eine noch stumpfsinnigere Arbeit als das Versehen einer großen Anzahl von Routinen mit einer Fehlerbehandlung, aber zum Glück bietet MZ-Tools auch hier eine Lösung: Sie müssen nur den Kontextmenüeintrag *MZ-Tools|Zeilennummern hinzufügen* auswählen, und MZ-Tools nummeriert die betroffene(n) Routine(n) durch – und zwar standardmäßig in Zehnerschritten. Welche Zeilen betroffen sind, hängt davon ab, wie Sie das Kontextmenü aufrufen: Möchten Sie nur eine Routine durchnummerieren, setzen Sie die Einfügemarke in diese Routine und verwenden das Kontextmenü des Codefensters. Wollen Sie das komplette Modul oder gar das ganze VBA-Projekt in einem Rutsch nummerieren, wählen Sie das Kontextmenü des passenden Eintrags im Projekt-Explorer (*Ansicht|Projekt-Explorer*).

Kapitel 12

In diesem Fall würde VBA das *Err*-Objekt neu initialisieren und mit anderen Werten versehen. Als Ergebnis würde in der Fehlertabelle dann statt des auslösenden Fehlers etwa der Fehler innerhalb des Error-Handlers selbst protokolliert.

Nun kommt die Variable *bErrorInProgress* ins Spiel. Die Variable gibt den Status der Fehlerbehandlung wieder: Wenn die Fehlerbehandlung läuft, hat diese Variable den Wert *True* – diesen Wert weist die übernächste Zeile zu. Die aktuelle Zeile prüft, ob die Fehlerbehandlungsroutine gerade läuft, was ein sicheres Zeichen dafür wäre, dass diese selbst den Fehler ausgelöst hat. Dies würde zu unerwünschten Verschachtelungen führen, weshalb jeweils nur eine Fehlerbehandlung abgearbeitet werden soll:

```
If bErrorInProgress Then Exit Sub
bErrorInProgress = True
```

Weiter unten, kurz vor dem Ende der Fehlerbehandlungsroutine, setzt diese den Wert der Variablen *bErrorInProgress* wieder auf *False*.

Warum kommt aber nun, obwohl ohnehin keine zweite Fehlerbehandlung gestartet werden soll, die folgende Zeile? Beziehungweise: Warum wird eine zweite Fehlerbehandlung unterbunden, wenn die folgende Zeile die Fehlerbehandlung sowieso ausschaltet?

```
On Error Resume Next
```

Der Grund ist: Die Routine *ErrNotify* ruft ihrerseits weitere Funktionen auf, um beispielsweise eine E-Mail mit den Fehlerinformationen an den Entwickler der Anwendung zu senden – und diese Funktionen enthalten ihrerseits Fehlerbehandlungen.

Fehler aufschreiben

Die Variable *LogToErrorTable* liefert den als Parameter übergebenen Boolean-Wert, der angibt, ob Fehlermeldungen in der Tabelle *tbl_Errors* gespeichert werden sollen. Diese Tabelle sieht wie in der folgenden Abbildung aus, wobei Felder zum Speichern der Fehlernummer, des Modul- und des Prozedurnamens sowie des Sendestatus hier nicht sichtbar sind.

LogToTableError weist standardmäßig den Wert *True* auf, sodass die folgenden Zeilen nur dann nicht ausgeführt werden, wenn der Aufruf von *ErrNotify* explizit mit dem Wert *False* für diesen Parameter erfolgt:

```
If LogToErrorTable Then
    Set rstErrors = OpenRS("tbl_Errors", dbOpenDynaset)
    With rstErrors
        .AddNew
        !Machine = fuComputername
```

Fehlerbehandlung

```
            !LoginUser = CurrentUserName
            !ErrNumber = lNumber
            !ErrDescription = strDescription
            !ErrLine = lLine
            !NameObject = strModule
            !NameProcedure = strProc
            !ErrLevel = AErrorLevel
            .Update
            .Close
        End With
        Set rstErrors = Nothing
    End If
```

ID	ErrDate	ErrLeve	Machine	LoginUser	ErrNumber	ErrDescription
867	03.12.2007 17:07:26	1	MOSS2005	Sascha Trowitzsch	-2147220404	E-Mail-Versand gescheitert. Technische Erläuterung: Ungültiger Prozeduraufruf oder ungültiges Argument
868	03.12.2007 17:19:19	1	MOSS2005	Sascha Trowitzsch	-2147220404	E-Mail-Versand gescheitert. Technische Erläuterung: Ungültiger Prozeduraufruf oder ungültiges Argument
869	03.12.2007 17:20:47	1	MOSS2005	Sascha Trowitzsch	-2147220404	E-Mail-Versand gescheitert. Technische Erläuterung:
870	03.12.2007 17:21:13	1	MOSS2005	Sascha Trowitzsch	-2147220404	E-Mail-Versand gescheitert. Technische Erläuterung:
871	03.12.2007 17:22:06	1	MOSS2005	Sascha Trowitzsch	-2147220404	E-Mail-Versand gescheitert. Technische Erläuterung:
872	03.12.2007 17:23:09	1	MOSS2005	Sascha Trowitzsch	-2147220404	E-Mail-Versand gescheitert. Technische Erläuterung:
873	03.12.2007 17:44:53	1	MOSS2005	Sascha Trowitzsch	11	Division durch Null
874	03.12.2007 17:45:00	1	MOSS2005	Sascha Trowitzsch	11	Division durch Null
875	03.12.2007 17:46:03	1	MOSS2005	Sascha Trowitzsch	11	Division durch Null
876	05.12.2007 15:08:01	1	IMAC	Sascha Trowitzsch	3315	Feld 'tblBenutzer.Kennwort' darf keine Zeichenfolge der Länge Null sein.
(Neu)	08.12.2007 11:36:11	1				

Abbildung 12.2: Die Tabelle tbl_Errors speichert Informationen über die im Laufe der Zeit anfallenden Fehler.

Die erste Zeile öffnet ein Recordset auf Basis der Tabelle *tbl_Errors* und verwendet dazu die in Abschnitt 9.1, »Vereinfachte Recordseterstellung«, näher beschriebene *OpenRS*-Funktion. Anschließend schreibt es die per Parameter übergebenen Informationen sowie zusätzliche Angaben, wie den in externen Routinen ermittelten Rechner- und *dmsBase*-Usernamen, in einen neuen Datensatz der Tabelle *tbl_Errors*.

Error-Level

Anschließend kommt der Parameter *AErrorLevel* zu seinem Recht. Dieser liefert einen der Werte der Enumeration *eErrorLevel*, der drei Werte annehmen kann:

▶ *eNormalError*: Erzeugt eine sichtbare Fehlermeldung und bewirkt – je nach den übrigen Einstellungen – beispielsweise das Versenden einer E-Mail mit den Fehlerinformationen an den Entwickler.

▶ *eHiddenError*: Für Fehler mit diesem Parameter soll keine Fehlermeldung erscheinen.

▶ *eSevereError*: Dieser Wert ist schweren Fehlern vorbehalten, die spezielle Maßnahmen erfordern. Der Parameter wird zwar angeboten, ist aber noch mit keiner Sonderfunktion verbunden. Beispiele wären die Anzeige auffälliger Fehlermeldungen oder das direkte Versenden von Fehlerinformations-Mails beim Auftreten eines solchen Fehlers – bislang wird dies etwas lockerer gehandhabt, wie die folgenden Abschnitte zeigen.

Die folgende Bedingung prüft, ob der übergebene Fehler kein »versteckter« Fehler ist, und sorgt gegebenenfalls für die Anzeige einer entsprechenden Fehlermeldung:

```
If AErrorLevel <> eHiddenError Then _
    Msgbox lNumber & vbCrLf & strDescription & vbCrLf & "in Zeile " _
    & lLine, vbCritical, strModule & "/" & strProc
```

Fehlerinformationen per E-Mail versenden

Nun folgt der interessante Teil: das Versenden der Fehlerinformationen per E-Mail. Sie kennen das sicher von Microsoft-Produkten: Wenn eine Anwendung abstürzt, fragt diese vor dem Exitus noch nach, ob sie Fehlerinformationen zu Microsoft schicken darf. Microsoft kann die Fehlerinformationen dann auswerten und bringt vielleicht irgendwann mit dem nächsten Service Pack einen Bugfix für diesen Fehler – sofern es sich dabei um einen Bug handelt.

Auch für eine Access-Anwendung ist dies eine sehr praktische Sache: Wenn Sie der oben geschilderten telefonischen Fehlersuche mit dem Kunden aus dem Weg gehen wollen, sorgen Sie einfach dafür, dass die Anwendung alles Nötige in eine Mail schreibt und diese – natürlich nur mit Einwilligung des Kunden – zurück nach Hause an das Entwicklerteam schickt.

Der folgende Abschnitt der Routine *ErrNotify* prüft zunächst, ob die Option zum Senden einer E-Mail beim Auftreten eines Fehlers aktiviert ist (mehr zur hier verwendeten Funktion *GetVar* erfahren Sie unter 9.7.1, »TempVars schreiben und lesen«, und zum *Optionen*-Dialog, in dem der Benutzer solche Informationen einträgt, in 8.8, »Optionen-Dialog«).

Soll eine Mail gesendet werden, prüft die folgende Anweisung, ob der Fehler in der Tabelle *tbl_Errors* gespeichert wurde (mehr zur Funktion *OpenRS* in 9.1, »Vereinfachte Recordset-Erstellung«). Falls sich dort einer oder mehrere Einträge finden (einer – der

Fehlerbehandlung

aktuelle Fehler – sollte zumindest dort gespeichert sein; gegebenenfalls auch mehr, wenn der Benutzer bei vorhergehenden Fehlern kein Fehlerprotokoll gesendet hat), erscheint ein Meldungsfenster, das den Benutzer auf die Möglichkeit hinweist, ein Fehlerprotokoll an die Entwickler zu senden.

Bestätigt der Benutzer diese Meldung, fragt die Routine noch die Option *SendAsHTML* ab, die festlegt, ob der Mailbody im Text- oder im HTML-Format gesendet werden soll. Je nach dem ausgewählten Wert setzt entweder die Funktion *ErrorTableHTML* oder *ErrorTableText* den Body der Mail zusammen – mehr zu diesen beiden Funktionen weiter unten.

Schließlich deklariert und instanziert die Routine die Klasse *clsSendmail*, die eine zusätzliche DLL namens *SendMailCS.dll* kapselt (mehr dazu unter Kapitel 13, »E-Mails versenden«), allerdings nicht, ohne zuvor die formale Gültigkeit der E-Mail-Adresse zu prüfen. Dies erledigt die Routine *IsValidEMailAddress* (siehe 9.9, »E-Mail-Adressen prüfen«). Die Methode *SendEmail* der Klasse *clsSendmail* verschickt schließlich die E-Mail mit dem Fehlerprotokoll. Dazu übergibt sie als Parameter den Betreff, den Body, die Zieladresse und die Absenderadresse sowie einen Parameter, der festlegt, ob der Body im HTML-Format versendet werden soll. Mit der Eigenschaft *LastStatus* fragt die Routine dann ab, ob die E-Mail erfolgreich versandt wurde; ist das der Fall, ändert sie den Feldwert *Sent* jener Datensätze der Tabelle *tbl_Errors*, die versandt wurden, auf *True*.

```
If Getvar("SendErrMail", True) Then     ← Auch wenn die Fehler-Mail-Option
    Dim strHTML As String                  aktiviert ist ...
    Dim strDate As String
    Dim bSendAsHTML As Boolean
    If OpenRS("SELECT COUNT(*) FROM tbl_Errors WHERE Sent = False", _
            eOpenDynaset).Fields(0) > 0 Then
        If Msgbox("Es ist ein technischer Fehler aufgetreten." & vbCrLf _
                & "Zur Behebung des Fehlers können Sie per E-Mail ein " _
                & "Fehlerprotokoll per Email an das Entwicklerteam " _
                & "senden." & vbCrLf _
                & "Klicken Sie auf OK, wenn dies nun automatisch " _
                & "geschehen soll.", _
                vbExclamation Or vbOKCancel, _
                "Fehlerprotokollierung") = vbOK Then
            bSendAsHTML = Getvar("SendAsHTML", True)
            If bSendAsHTML Then
                strHTML = "<HTML><BODY>Fehlerprotokoll dmsBase"
                strHTML = strHTML & ErrorTableHTML & "</BODY></HTML>"
            Else
                strHTML = ErrorTableTEXT
            End If
```

(fragt dmsBase zur Sicherheit noch mal nach.)

Kapitel 12

```
                Dim CMail As clsSendmail
                Dim strAddressTo As String
                Dim strAddressFrom As String
                strAddressTo = Getvar("eMailTo")
                strAddressFrom = Getvar("eMailFrom")
                If IsValidEmailAddress(strAddressTo) Then
                    Set CMail = New clsSendmail
                    CMail.SendEmail "Fehlerprotokoll dmsBase", strHTML, _
                        strAddressTo, strAddressFrom, bSendAsHTML
                    If CMail.LastStatus = emFinished Then
                        DBExecute "UPDATE tbl_Errors SET Sent = True", _
                            dbFailOnError
                    Else
                        DmsMsg 108, 5000
                    End If
                    Set CMail = Nothing
                Else
                    Msgbox "Die folgende Email-Adresse ist nicht korrekt:" _
                        & vbCrLf & "<" & strAddressTo & ">" & vbCrLf _
                        & "Korrigieren Sie sie bitte in den Einstellungen " _
                        & "zu dmsBase", vbExclamation, "Fehlerprotokollversand"
                End If
            End If
        End If
    End If
```

Wird die Mail versendet, streicht dmsBase die Fehler aus der Liste.

Die beiden Funktionen zum Zusammensetzen des HTML- oder Textbodys der E-Mail sehen wie folgt aus.

Die einfachere ist die zum Erzeugen einer durch das Pipe-Zeichen (|) getrennten Liste der Einträge der Tabelle *tbl_Errors,* da diese lediglich die praktische *GetString*-Methode eines ADODB-Recordsets benötigt:

```
Function ErrorTableTEXT() As String
    Dim rstError As ADODB.Recordset
    Dim strRes As String
    Set rstError = New ADODB.Recordset
    rstError.Open "SELECT * FROM tbl_Errors WHERE Sent = False", _
        CurrentProject.Connection, adOpenStatic, adLockOptimistic, _
        adCmdText
    strRes = rstError.GetString(adClipString, , vbTab & "| ", vbCrLf, _
        "null")
    rstError.Close
```

```
        ErrorTableTEXT = strRes
        Set rstError = Nothing
    End Function
```

Etwas aufwändiger ist das Zusammensetzen der HTML-Variante. Diese erzeugt ein DAO-Recordset und durchläuft zunächst alle Felder des Recordsets, um eine Zeile einer HTML-Tabelle mit den Feldnamen als Überschrift zu bestücken.

In einer zweiten, verschachtelten Schleife durchläuft die Funktion erst alle Datensätze und in dieser Schleife alle Felder, um für jeden Datensatz eine Zeile zur HTML-Tabelle hinzuzufügen.

Das Ergebnis wird schließlich mit dem Parameter *ErrorTableHTML* zurückgegeben.

```
    Function ErrorTableHTML() As String
        Dim rstError As DAO.Recordset
        Dim fld As DAO.Field
        Dim strRes As String
        On Error Resume Next
        Set rstError = OpenRS("SELECT * FROM tbl_Errors WHERE Sent = False", _
            dbOpenSnapshot)
        strRes = "<BR><TABLE BORDER=1 CELLPADDING=0><TR>"
        For Each fld In rstError.Fields
            strRes = strRes & "<TD><strong>" & fld.Name & "</strong></TD>"
        Next fld
        strRes = strRes & "</TR>"
        Do While Not rstError.EOF
            strRes = strRes & "<TR>"
            For Each fld In rstError.Fields
                strRes = strRes & "<TD>" & CStr(Nz(fld.Value, "null")) _
                    & "</TD>"
            Next fld
            strRes = strRes & "</TR>"
            rstError.MoveNext
        Loop
        strRes = strRes & "</TABLE><BR>"
        ErrorTableHTML = strRes
        rstError.Close
        Set rstError = Nothing
        Set fld = Nothing
    End Function
```

Die E-Mail für einen einfachen Fehler sieht dann etwa wie in der folgenden Abbildung aus:

Kapitel 12

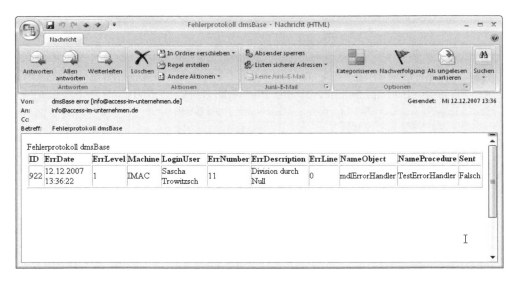

Abbildung 12.3: E-Mail mit Fehlerprotokoll

12.3 Fehlerbehandlung unter der Access-Runtime-Version

Wenn Sie Ihre Datenbank zusammen mit der kostenlosen Runtime-Version von Access 2007 verteilen möchten (siehe 16.1.3, »Die Runtime-Version von Access 2007«), dann kommt der Fehlerbehandlung eine besondere Bedeutung zu. Wenn eine Access-Anwendung unter der Runtime-Version nämlich einen unbehandelten Laufzeitfehler hervorruft, liefert diese noch eine kurze Meldung mit dem Inhalt »Diese Anwendung muss wegen eines unbearbeiteten Fehlers beendet werden« und verabschiedet sich anschließend, was einem Absturz gleichkommt. Dass Ihre Datenbank dabei in einem undefinierten Zustand zurückbleibt, können Sie sich ausmalen. Im Zusammenspiel mit der Runtime ist folglich in besonderem Maße darauf zu achten, dass Sie auch die kleinste Prozedur mit einer Fehlerbehandlung versehen. Gehen Sie die Module vor der Weitergabe der Datenbank lieber noch einmal durch, um etwaige Lücken zu finden. Wenn Sie einen dicken Geldbeutel besitzen, können Sie diese Arbeit auch von einem Tool des Herstellers *FMS* namens *Total Access Analyzer* erledigen lassen: Es kann Prozeduren ohne Fehlerbehandlung automatisch aufspüren.

13 E-Mails versenden

Die Möglichkeit zum Versenden von E-Mails wird in Access-Datenbanken an verschiedenen Stellen benötigt. Im Beispiel zu diesem Buch sind zwei Einsatzzwecke dargestellt: Man soll direkt aus der Datenbank heraus Dokumente versenden können, und außerdem sollen Fehler in der Anwendung mit den notwendigen Fehlerinformationen automatisch an das Entwicklerteam geschickt werden.

In beiden Fällen muss man überlegen, welcher E-Mail-Client zum Einsatz kommen soll. Prinzipiell bietet sich Outlook an, wenn es sich nicht standardmäßig – auch in der Version 2007 – aus sicherheitstechnischen Gründen vor der Fernsteuerung per VBA aus externen Anwendungen sträuben würde.

Neben Outlook gibt es natürlich noch andere E-Mail-Clients – eine gemeinsame Schnittstelle für die Fernsteuerung per VBA ist natürlich nicht vorhanden und könnte bestenfalls über das MAPI-API realisiert werden.

Da die Entwickler von *dmsBase* nichts dem Zufall überlassen möchten, bauen sie also eine eigene Klasse namens *clsSendmail* mit den nötigen E-Mail-Funktionen in die Datenbank ein. Die Funktionen dieser Klasse verwenden wiederum die Methoden der ActiveX-Bibliothek *SMTP SendMail CS*, die über den *Verweise*-Dialog eingebunden wurde (weitere Informationen darüber in Abschnitt 15.6.2, »SMTP SendMail CS«).

Die Klasse *clsSendmail* bietet zwei Möglichkeiten, eine E-Mail zu versenden: eine schnelle, die mit einer einzigen Methode und entsprechenden Parametern funktioniert, und eine weitere, die mehr Optionen zulässt und daher zuvor die Angabe spezieller Eigenschaften erfordert.

13.1 Mail senden, schnelle Variante

Die Steuerung der Kapselklasse *clsSendmail* ist einfach. Zunächst deklarieren und instanzieren Sie die Klasse:

```
Dim CMail As clsSendmail
Set CMail = New clsSendmail
```

Danach brauchen Sie nur noch die E-Mail mit der *SendEmail*-Methode der Klasse zu versenden. Diese hat die folgende Definition:

```
Sub SendEmail(Subject As String, Body As String, _
    Optional AddressTo As String, Optional AddressFrom As String, _
    Optional bHTML As Boolean = True)
```

Die Parameter haben die folgende Bedeutung:

▶ *Subject*: Betreff der E-Mail

▶ *Body*: Text der E-Mail, wahlweise im Text- oder HTML-Format (siehe auch Parameter *bHTML*)

▶ *AddressTo*: Zieladresse

▶ *AddressFrom*: Absenderadresse

▶ *bHTML*: Legt fest, ob der Body im HTML-Format gesendet wird

Der Aufruf der Funktion sieht beispielsweise wie folgt aus, wobei der erste Parameter das *Subject*, *strHTML* den *Body* und *strAddressTo* und *strAddressFrom* Empfänger- und Absenderadressen enthalten:

```
CMail.SendEmail "Fehlerprotokoll dmsBase", _
    strHTML, strAddressTo, strAddressFrom, True
```

13.2 Mail senden, ausführliche Variante

Die zweite Variante zum Versenden von E-Mails bietet mehr Möglichkeiten als die erste. Im Wesentlichen können Sie hier zusätzliche Informationen wie weitere Empfänger als *CC:* oder *BCC:* angeben oder *Attachments* hinzufügen. Die Klasse *clsSendmail* bietet einige Eigenschaften (*Properties*), über die Sie die gewünschten Informationen eintragen können:

- *Subject*: Betreff der E-Mail
- *Body*: Text der E-Mail
- *ShowMsgOnValidation*: Gibt an, ob bei Problemen mit ungültigen E-Mail-Adressen Meldungen angezeigt werden sollen
- *Sender*: Absender der E-Mail
- *BCC*: »Blinde« Kopie an ..., wird anderen Empfängern und auch dem Empfänger selbst nicht angezeigt
- *CC*: Kopie an ...
- *Recipients*: Empfänger
- *SendAsHTML*: Im HTML-Format senden
- *RequestReceipt*: Lesebestätigung anfordern

13.3 Attachments

Neben diesen Eigenschaften können Sie über die Methode *AadAttachments* noch Anhänge zu einer Mail hinzufügen. Dazu geben Sie die passenden Dateiangaben inklusive Pfad durch Semikola getrennt an. Ein Beispiel für das Versenden einer Mail mit der *clsSendmail*-Klasse sieht wie folgt aus:

```
Public Sub TestEMail()
    Dim objSendmail As clsSendmail
    Set objSendmail = New clsSendmail
    With objSendmail
        .Subject = "Test-E-Mail"
        .Body = "Dies ist eine Testnachricht."
        .Sender = "andre@minhorst.com"
        .Recipients = "info@access-im-unternehmen.de"
        .CC = "info@accessunit.de"
        .BCC = "andre@minhorst.com"
        .SendAsHTML = False
        .RequestReceipt = True
        .ShowMsgOnValidation = False
        .AddAttachments "c:\frmOptions.txt"
        .SendNow
    End With
    Set objSendmail = Nothing
End Sub
```

13.4 Wurde die Mail gesendet?

Mit der Eigenschaft *LastStatus* können Sie prüfen, ob die E-Mail erfolgreich versendet wurde. Entspricht dieser Status – nach dem Ausführen von *SendNow* abgefragt – dem Wert 11, bedeutet dies einen erfolgreichen Versand. Die verschiedenen Status werden in der Enumeration *eMailStatus* der Klasse *clsSendmail* festgelegt:

```
Public Enum eMailStatus
    emSleeping = 0
    emConnecting = 1
    emInitializing = 2
    emTimeOut = 3
    emLogin = 4
    emLoggedIn = 5
    emSentSender = 6
    emSentRecipient = 7
    emSendingMsg = 8
    emClosing = 9
    emTransComplete = 10
    emFinished = 11
    emUndefined = 12
    emSendAttachment = 13
End Enum
```

13.5 Das Innenleben der Klasse clsSendMail

Die Kapselklasse *clsSendmail* können Sie leicht auch in andere Anwendungen integrieren und sich so unabhängig von Mailclients wie Microsoft Outlook, Outlook Express & Co. machen.

13.5.1 Initialisierung

Zum Versenden von E-Mails benötigen Sie einige Informationen wie zum Beispiel die Adresse des SMTP-Servers sowie, falls erforderlich, die Zugangsdaten und die Authentifizierungsmethode.

Diese werden beim Initialisieren der Klasse *clsSendmail* voreingestellt, außerdem wird hier eine Instanz der gekapselten Klasse *SendMailCS.Sendmail* erzeugt.

Diese deklarieren Sie übrigens zuvor wie folgt:

```
Private WithEvents CMail As SendMailCS.Sendmail
```

Das Schlüsselwort *WithEvents* ist nötig, weil die Klasse auch die von *SendMailCS* bereitgestellten Ereignisse verarbeiten soll.

Das beim Instanzieren von *clsSendmail* ausgelöste Ereignis *Class_Initialize* sorgt für das Voreinstellen von Parametern, von denen einige später durch die aufrufenden Routinen überschrieben werden können:

```
Private Sub Class_Initialize()
    m_ShowMsg = True
    Set CMail = New vbSendMail.clsSendmail
    With CMail
        .ConnectRetry = 1
        .ConnectTimeout = 15      'Sekunden
        .SMTPHost = Getvar("eMailSMTP")
        .POP3Host = Getvar("eMailPOP")
        .UsePopAuthentication = Getvar("eMailAuthPOP3")
        .UseAuthentication = Getvar("eMailAuth")
        If .UseAuthentication Or .UsePopAuthentication Then
            .Username = ScrambleString(Getvar("eMailUser"))
            .Password = ScrambleString(Getvar("eMailPWD"))
        End If
        .AsHTML = False
        .Delimiter = ";"
        .EncodeType = MIME_ENCODE
        .Priority = NORMAL_PRIORITY
        .Receipt = False
        .PersistentSettings = False
        .EmailAddressValidation = VALIDATE_NONE
        .From = Getvar("eMailFrom")
        .FromDisplayName = "dmsBase error"
        .ReplyToAddress = Getvar("eMailFrom")
        .Recipient = Getvar("eMailTo")
    End With
End Sub
```

Wichtig ist dabei, dass die Routine einige Werte nicht fix zuweist, sondern diese aus der *TempVars*-Auflistung der Anwendung einliest. Im Falle dieser Anwendung bedeutet dies, dass es sich dabei um Werte aus der Tabelle *tbl_tempvars* handelt, die beim Anwendungsstart in die *TempVars*-Auflistung eingelesen werden. Dies ist vor allem interessant, wenn Sie die Klasse in eigenen Anwendungen einsetzen – entweder Sie verwenden dort ein ähnliches Konstrukt zum Speichern von Optionen wie die Tabelle *tbl_tempvars*, das Formular *frmOptions* und die *TempVars*-Auflistung als temporären Speicherort, oder Sie ändern die Zeilen dieser Routine, die ihre Informationen über die *GetVar*-Funktion beziehen, entsprechend ab. Mehr über die *TempVars*-Auflistung erfahren Sie in 9.7, »Temporäre Variablen«, der Optionen-Dialog wird in 8.8, »Optionen-Dialog«, beschrieben.

Die beim Löschen des Objekts ausgelöste Ereignisprozedur *Class_Terminate* sorgt für das Aufräumen und schließt beziehungsweise leert die verwendeten Objekte und Objektvariablen:

```
Private Sub Class_Terminate()
    On Error Resume Next
    CloseProgress
    CMail.Disconnect
    CMail.Shutdown
    Set CMail = Nothing
End Sub
```

13.5.2 E-Mail-Ereignisse

Die Klasse *clsSendmail* verarbeitet Ereignisse, die durch die gekapselte Bibliothek *SendMailCS* und deren Klasse *SendMail* ausgelöst werden. Voraussetzung für die Verarbeitung dieser Ereignisse ist – wie weiter oben angegeben – die Deklaration der Objektvariablen mit dem Schlüsselwort *WithEvents*.

Aktueller Fortschritt

Das *Progress*-Ereignis wird mehrere Male im Verlauf des Sendevorgangs ausgelöst und liefert den prozentualen Fortschritt, was gerade in Zusammenhang mit der Anzeige eines Fortschrittsbalkens interessant ist. Dieser wird in diesem Fall auch verwendet, und zwar durch den Aufruf der Routine *ProgressMeter* mit der Prozentzahl als Parameter:

```
Private Sub CMail_Progress(PercentComplete As Long)
    m_Log = m_Log & "Fortschritt: " & PercentComplete & "..."
    ProgressMeter CInt(PercentComplete)
End Sub
```

Sendung fehlgeschlagen

Manchmal schlägt der Versand einer E-Mail fehl. Dies kann beispielsweise passieren, wenn der SMTP-Server falsch angegeben wird oder die Authentifizierung misslingt. Dies löst das Ereignis *SendFailed* aus, das im einzigen Parameter eine Zeichenkette mit einer Erklärung liefert. Die folgende Ereignisprozedur wertet die Beschreibung aus und liefert eine entsprechende Meldung.

E-Mails versenden

```
Private Sub CMail_SendFailed(explanation As String)
    Dim strReason As String
    On Error GoTo Fehler
    strReason = explanation
    If Len(strReason) < 3 Then strReason = "- keine -"
    m_Log = m_Log & "vbSendMail-Fehler: " & explanation & vbCrLf
    Err.Raise vbObjectError + 401, "clsSendmail", _
        "vbSendMail-Fehler. Technische Erläuterung:" & vbCrLf & strReason
    Exit Sub
Fehler:
    ErrNotify Err, "clsSendmail", "CMail_SendFailed", eHiddenError
End Sub
```

Sendung erfolgreich

Wesentlich lieber sehen Sie natürlich den erfolgreichen Versand der E-Mail. Diesen bestätigt das Ereignis *SendSuccessful*, das gleichzeitig den aktuellen Status auf *emFinished* setzt.

```
Private Sub CMail_SendSuccesful()
    m_Status = emFinished
    m_Log = m_Log & "Email erfolgreich versandt" & vbCrLf
End Sub
```

Aktueller Status

Passend zum Fortschritt des Versendens gibt es noch weitere Ereignisse, die jeweils den aktuellen Status des Versandvorgangs liefern. Die verschiedenen Möglichkeiten haben Sie bereits weiter oben in der Enumeration *eMailStatus* kennen gelernt.

Die Ereignisprozedur *CMail_Status* wertet den als String-Parameter übergebenen Status der Komponente aus und stellt die Variable *m_Status* der Klasse auf das passende Element der Enumeration *eMailStatus* ein. Zusätzlich sorgt sie mit dem Aufruf von *ProgressText* dafür, dass im Formular mit dem Fortschrittsbalken ein entsprechender Text angezeigt wird.

```
Private Sub CMail_Status(Status As String)
    On Error Resume Next
    If Left(Status, 10) = "Connecting" Then m_Status = emConnecting
    If Left(Status, 18) = "Sending Attachment" Then
        m_Log = m_Log & vbCrLf
        m_Status = emSendAttachment
    End If
    m_Log = m_Log & Status & vbCrLf
    Select Case Status
```

Kapitel 13

```
            Case "Initializing Communications..."
                m_Status = emInitializing
            Case "Sending Login Authentication..."
                m_Status = emLogin
            Case "Host Login OK!"
                m_Status = emLoggedIn
            Case "Sending Sender Information..."
                m_Status = emSentSender
            Case "Sending Recipient Information..."
                m_Status = emSentRecipient
            Case "Sending Message..."
                m_Status = emSendingMsg
            Case "Closing Connection..."
                If m_Status <> emFinished Then m_Status = emClosing
            Case "Transmission Complete..."
                m_Status = emTransComplete
            Case "TimeOut occured..."
                m_Status = emTimeOut
            Case Else
                m_Status = emUndefined
        End Select
        ProgressText Status
        If Status = "Closing Connection..." Then _
            Progress "Emailversand beendet.", 100
    End Sub
```

13.6 Fortschrittsanzeige

Das Versenden von E-Mails ist ein gutes Beispiel für den Einsatz der Fortschrittsanzeige, die in 8.9, »Fortschrittsanzeige«, näher beschrieben wird. Die folgenden Abbildungen zeigen, wie diese beim Versenden von E-Mails zum Einsatz kommt:

Abbildung 13.1: Versand starten, ...

Abbildung 13.2: verbinden, ...

E-Mails versenden

Abbildung 13.3: diverse Informationen schicken, ...

Abbildung 13.4: Nachricht senden, ...

Abbildung 13.5: Sendung fortsetzen, ...

Abbildung 13.6: Übertragung beendet, ...

Abbildung 13.7: Verbindung schließen und ...

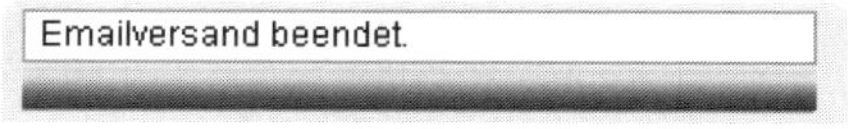

Abbildung 13.8: fertig!

Verantwortlich sind jeweils Aufrufe der Prozeduren *Progress*, *ProgressText* und *ProgressMeter*.

13.7 Log schreiben

Für Debugging-Zwecke schreiben die Ereignisprozeduren Informationen in eine Variable namens *m_Log*, die über die Eigenschaft *TechLog* der Klasse abgerufen werden können.

Die Ausgabe erreichen Sie etwa mit folgender Anweisung:

```
Debug.Print CMail.TechLog
```

13.8 Attachments hinzufügen

Für das Hinzufügen von Attachments zur aktuellen Mail ist die Funktion *AddAttachments* verantwortlich. Sie erwartet eine Zeichenkette, die alle anzuhängenden Dateien inklusive Pfad und durch Semikola getrennt enthält.

Die Routine schreibt erst alle Dateinamen über die VBA-Funktion *Split()* in ein Array namens *strAttach()* und durchläuft dieses Array anschließend, um die Existenz der jeweiligen Datei zu prüfen und die gültigen Elemente erneut zu einer durch Semikola getrennten Zeichenkette zusammenzusetzen.

```
Function AddAttachments(strAttachments As String) As Boolean
    Dim arrAttach() As String
    Dim strAttach As String
    Dim strValidAttach As String
    Dim i As Long
    Dim bNoError As Boolean
    bNoError = True
    If Len(strAttachments) = 0 Then Exit Function
    arrAttach = Split(strAttachments, ";")
    For i = 0 To UBound(arrAttach)
        If Not DirUNCExists(arrAttach(i)) Then
            bNoError = False
        Else
            strAttach = strAttach & arrAttach(i) & ";"
            strValidAttach = strValidAttach & "<" & arrAttach(i) & ">" _
                & vbCrLf
        End If
    Next i
    If bNoError Then strAttach = Left(strAttach, Len(strAttach) - 1)
    AddAttachments = bNoError
    m_Attachments = strAttach
    If m_ShowMsg And Not bNoError Then
        If Msgbox("Einige der angegebenen Emailanhänge waren ungültig." _
            & vbCrLf & "Es wurden nur folgende Anhänge berücksichtigt:" _
            & vbCrLf & strValidAttach, vbExclamation Or vbOKCancel, _
            "dmsBase Emailversand") = vbCancel Then
            m_Cancel = True
        End If
    End If
    Exit Function
End Function
```

13.9 Benutzeroberfläche zum Versenden von E-Mails

E-Mails soll der Benutzer zum Beispiel dazu verwenden, aktuell geöffnete Dokumente unkompliziert an einen oder mehrere Empfänger zu schicken. Dazu bedarf es einer kleinen Schnittstelle, mit der die Benutzer die Eingabe der benötigten Daten vornehmen können. Diese realisiert das Formular *frmSendmail*.

Es enthält alle Steuerelemente, die zum Eingeben der Daten einer neuen Mail notwendig sind – inklusive der Möglichkeit, direkt beim Aufruf ein Dokument zu übergeben.

Die Steuerung dieses Formulars lässt sich somit schnell zusammenfassen – die folgende Anweisung reicht aus, um ein Dokument auf den Weg zu bringen:

```
DoCmd.OpenForm "frmSendMail", OpenArgs:="c:\Test.txt"
```

Diese Anweisung öffnet das Formular *frmSendmail* und zeigt im oberen Teil direkt den Namen des zu versendenden Dokuments an.

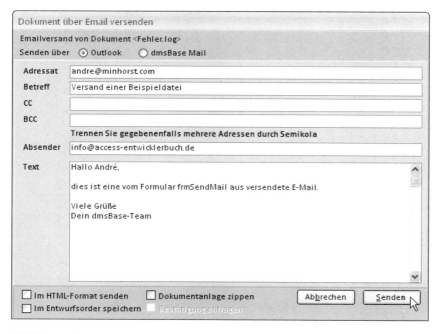

Abbildung 13.9: Dieses Formular dient der Eingabe von Daten für das Versenden von E-Mails.

Der Benutzer muss nun nur noch die übrigen Felder ausfüllen und einige Optionen einstellen:

Kapitel 13

- Soll die E-Mail per Outlook oder mit der eingebauten Mail-Klasse versendet werden?
- Soll das angehängte Dokument in einem Zip-Archiv verschickt werden?
- Soll der Inhalt im HTML-Format eingefügt werden?
- Soll die E-Mail im Entwurfsordner gespeichert werden (nur bei Versand mit Outlook)?
- Soll der Empfänger um eine Eingangsbestätigung gebeten werden (nur bei Versand mit der eingebauten Mail-Klasse)?

Die übrigen Felder entsprechen denen, die Sie in handelsüblichen Mail-Clients zum Versenden von E-Mails verwenden können.

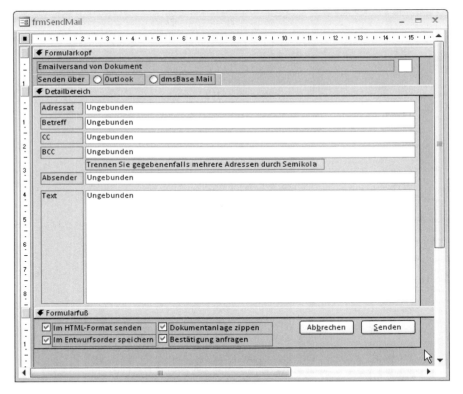

Abbildung 13.10: Das Formular zum Aufnehmen der Informationen für den E-Mail-Versand in der Entwurfsansicht

Ein besonderer Vorzug ist natürlich das wahlweise Versenden der E-Mails über Outlook oder die interne Mail-Klasse – beide haben nämlich ihre Vor- und Nachteile:

E-Mails versenden

- Outlook speichert die versendeten Mails im *Gesendete Objekte*-Ordner.
- Outlook bietet größeren Gestaltungsspielraum für E-Mails.
- Outlook lässt sich schlecht automatisieren, weil Sie standardmäßig immer die Sicherheitsmeldung bestätigen müssen (Abhilfe siehe hier: *http://www.microsoft.com/germany/msdn/library/office/outlook/CodesicherheitsaenderungenInOutlook2007.mspx?mfr=true*)
- SMTP Sendmail CS erfordert keine Sicherheitsbestätigung.
- Bei *SMTP Sendmail CS* müssen Sie sich selbst um das Archivieren der E-Mails kümmern (im einfachsten Fall fügt man seine eigene Adresse als BCC-Empfänger hinzu).
- Die Outlook-Variante erfordert das Vorhandensein von Outlook (welche Überraschung!).
- *SMTP Sendmail CS* kann als DLL ganz einfach mitinstalliert und registriert werden.

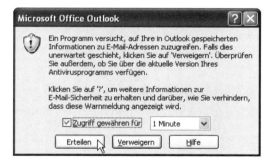

Abbildung 13.11: Diese Meldung müssen Sie jedesmal bestätigen, wenn Sie per VBA auf Outlook zugreifen, um E-Mails zu versenden.

13.10 Outlook und SMTP SendMail CS unter einem Hut

Mossami und Amisoft diskutieren auch gern mal – zum Beispiel über die richtige Programmiertechnik, über Namenskonventionen und mehr. Lesen Sie doch einfach mal rein:

ZWISCHENSPIEL

Die Szene: In Aschersleben bricht die Dämmerung herein. Die beiden Entwickler, die im Büro an ihren Rechnern sitzen, haben noch nicht viel geschafft an diesem

Kapitel 13

Tag – spät angefangen, schlecht reingekommen. Allmählich kehrt Produktivität ein. Mossami hat gerade ein Formular für dmsBase zum Verschicken von Mails wahlweise über Outlook oder den SMTP-Schnittstellen-Eigenbau programmiert.

M o s s a m i . Endlich fertig, das Ding – scheint alles zu funktionieren.

A m i s o f t . Was für'n Ding? Was ist fertig?

M o s s a m i . Na, das Formular, mit dem du E-Mails mit dem aktuell im Formular angezeigten Dokument verschicken kannst. Ich schicke dir die neue Version rüber, dann kannst du das gleich testen.

A m i s o f t . Gut, mache ich gleich.

M o s s a m i . Gut, ich setze mich dann mal wieder an die Bildbearbeitung.

A m i s o f t . *(Amisoft testet ein paar Minuten und sieht sich, nachdem alles funktioniert, den Code an)* Mossami?

M o s s a m i . Jo, klappt alles?

A m i s o f t . Ja, funktioniert soweit. Aber irgendwie gefällt mir der Code nicht ... warum brauchen wir überhaupt Outlook und gleichzeitig die SMTP-Geschichte?

M o s s a m i . Kunde is' König. Willviel sagt, Ede Pfau hat gesagt, er hat vielleicht Rechner ohne Outlook und braucht eine integrierte Lösung.

A m i s o f t . Gut. Ist ja auch nicht so wichtig. Der Code riecht trotzdem irgendwie.

Der Code, von dem Amisoft spricht und den er nun Mossami unter die Nase hält, besteht aus der Ereignisprozedur, die beim Anklicken der *Senden*-Schaltfläche des Formulars ausgelöst wird, und sieht ungefähr so aus:

```
Private Sub cmdSend_Click()
    Dim COL As New clsOutlook
    Dim CSendmail As New dmsBase_FE.clsSendmail
    ... Deklaration und Fehlerbehandlung
    If IsNull(Me!txtAddress) Then
        DmsMsg 104
        Me!txtAddress.SetFocus
        Exit Sub
    End If
    ... weitere Validierung der Feldinhalte
    DoCmd.Hourglass True
    ... Anhängen der Attachments
    If Me.framSendHow = 1 Then
        With COL    'Outlook
            .AsHTML = Me!chkHTML.Value
            .Subject = Nz(Me!txtSubject.Value, ...
            .Address = Nz(Me!txtAddress.Value)
```

Direkt zwei Objekte deklariert, obwohl nur eins nötig ist.

Ab hier müffelt's richtig!

```
                    .Sender = Nz(Me!txtSender.Value)
                    ... noch viel mehr Mail-Informationen
                    .BCC = Nz(Me!txtBCC.Value)
Das alles           .CC = Nz(Me!txtCC.Value)
 hier ...           If .SendMail(Me!chkDraft.Value, True) Then
                        DoCmd.Hourglass False
                        DmsMsg 103
                    Else
                        DoCmd.Hourglass False
                    End If
                End With
        Else    'vbSendMail
                With CSendmail
                    .ShowMsgOnValidation = True
                    .SendAsHTML = Me!chkHTML.Value
... sieht           .Subject = Nz(Me!txtSubject.Value, ...
   fast             .Recipients = Nz(Me!txtAddress.Value)
genau so            .Sender = Nz(Me!txtSender.Value)
 aus wie            .BCC = Nz(Me!txtBCC.Value)
   das              .CC = Nz(Me!txtCC.Value)
  hier!             ... und noch viel mehr Mail-Informationen
                    If Not (.SendNow) Then
                        Msgbox .TechLog, vbCritical, "Fehler. dmsBase Mail Log:"
                    End If
                End With
        End If
        ... Fehlerbehandlung
End Sub
```

ZWISCHENSPIEL (FORTSETZUNG)

M o s s a m i . Und? Läuft doch!

A m i s o f t . Ja, aber wenn wir da noch mal ran müssen ... und überhaupt: Erstens deklariert die Routine gleich zwei Objekte, von denen sicher nur eins verwendet wird. Und dann der Code für das Zusammensetzen und Versenden der E-Mail: Der ist doch bei Outlook und der SMTP-Klasse fast identisch!

M o s s a m i . Klar, aber auch nur fast? Hast du das hier gesehen? Und hier heißt die Eigenschaft auch ganz anders ...

A m i s o f t . Na, und? Die Eigenschaftsnamen können wir ja wohl angleichen. Und wenn das passiert ist, machen wir aus den beiden großen

Abschnitten in der *If*-Bedingung einen einzigen, der nur halb so groß ist! Wenn die Klassen für den Zugriff auf Outlook und SMTP erstmal die gleichen Methoden und Eigenschaften haben ... ach, du wirst schon sehen!

M o s s a m i . Schon gut ... dann mach mal. Und ich darf das Ganze nachher wieder fixen ...

A m i s o f t . Warte ab ...

Mail-Schnittstelle

Bis hierhin enthält die *Send*-Prozedur zwei große *If...Then*-Blöcke, von denen entweder der mit dem Zugriff auf die Outlook-Klasse *clsOutlook* oder der für die Klasse *clsSendmail* durchlaufen wird. Welcher das ist, hängt von der Auswahl des Benutzers für die Optionsgruppe *framSendHow* ab:

Abbildung 13.12: Auswahl der für den Mailversand zu verwendenden Anwendung per Optionsgruppe

Die beiden Klassen *clsOutlook* und *clsSendmail* haben zu diesem Zeitpunkt tatsächlich nur fast die gleichen Eigenschaften und Methoden. Jede hat ein paar Elemente, die der anderen Klasse fehlen, und außerdem haben Elemente mit quasi identischen Funktionen zuweilen unterschiedliche Namen. Was aber bezweckt Amisoft überhaupt mit dem Angleichen der beiden Klassen?

Es gibt in VBA eine Technik namens Schnittstellenvererbung. Dabei erstellt man zu zwei oder mehr Klassen, die gleiche Methoden und Eigenschaften aufweisen, eine weitere Klasse, die prinzipiell ebenfalls die gleichen Elemente enthält, die aber alle leer sind. Um diese zu erstellen, kann man also einfach eine der vorhandenen Klassen kopieren, unter einem Namen, der mit *I* beginnt, speichern und alle in den Properties, Subs und Functions steckenden Anweisungen löschen.

Diese Klasse – nennen wir sie *ISendMail* – spielt nun die Schnittstelle für die anderen zwei oder mehr Klassen. Was bedeutet das nun? Eine Schnittstelle hat die folgende wichtige Aufgabe: Sie legt fest, welche Elemente die anderen Klassen haben. Die anderen Klassen müssen nun noch ein wenig angepasst werden und nennen sich dann Schnittstellenimplementierung. Sie »erben« die leeren Elemente der Schnittstellenklasse und implementieren diese.

In den Schnittstellenimplementierungen müssen Sie nun noch zwei Schritte durchführen:

▶ Sie fügen die Zeile *Implements ISendMail* ein.

▶ Sie stellen den Namen aller Elemente (Properties, Functions und Subs) der Implementierungen den Namen der Schnittstellenklasse und einen Unterstrich voran, sodass eine Funktion namens *Send* nun *ISendMail_Send* heißt.

▶ Sie setzen anschließend alle Schnittstellen-Elemente auf den Gültigkeitsbereich *Private*.

Fertig! Wenn Sie wie Amisoft zwei bestehende Klassen in Implementierungen einer gemeinsamen Schnittstellenklasse umwandeln möchten, leistet das Kompilieren der Anwendung über den Eintrag *Debuggen|Kompilieren von <Anwendungsname>* des VBA-Editors ganze Arbeit: Er meckert so lange rum, bis jede der Schnittstellenimplementierungen alle in der Schnittstellenklasse enthaltenen Elemente aufweist. Noch einfacher erhalten Sie die Elemente, indem Sie die *Implements*-Klasse im VBA-Editor im linken oberen Kombinationsfeld und im rechten nacheinander die Schnittstellenelemente auswählen. Wie bei den Ereignissen von Klassen und Steuerelementen legt VBA dann automatisch die korrekten Prozedurrümpfe an.

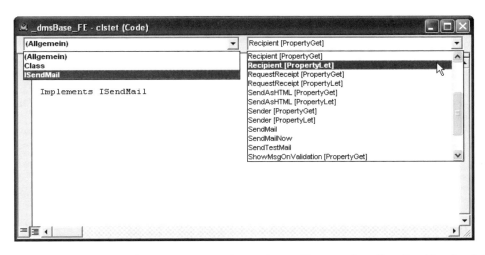

Abbildung 13.13: Die Elemente einer implementierten Klasse stellen diese Kombinationsfelder komfortabel bereit.

Zum besseren Verständnis einige Beispiele: Die folgende öffentliche Eigenschaft der Klasse *clsOutlook* erlaubt die Übergabe der E-Mail-Adresse des Empfängers der E-Mail:

```
Property Let Address(Address As String)
    m_Address = Address
End Property
```

In der Klasse *clsSendmail* sieht die *Property*-Prozedur ganz ähnlich aus, hat aber einen anderen Namen. Außerdem verwendet sie noch die Funktion *CheckAddressStrings*, um die Adresse(n) auf Gültigkeit zu prüfen:

```
Property Let Recipients(strRecipients As String)
    m_Recipients = CheckAddressStrings(strRecipients, m_ShowMsg, _
        "Emailadressat(en)")
End Property
```

Es gibt also zwei wesentliche Unterschiede zwischen gleichartigen Eigenschaften der beiden Klassen *clsOutlook* und *clsSendmail*. Wie gleichen wir diese an, um die passende Eigenschaft der Schnittstellenklasse implementieren zu können?

Das Wichtigste ist das Festlegen eines gemeinsamen Namens sowie eines einheitlichen Typs des Parameters (schön, aber kein Pflichtprogramm wäre auch ein identischer Parametername).

Behalten wir doch einfach den Namen und die Parameterbezeichnung der Klasse *clsSendmail* bei und schauen uns die passende Eigenschaft in der Schnittstellenklasse an:

```
Property Let Recipient(strRecipitient As String)
End Property
```

Das ist alles! Wie erwähnt, enthält die Schnittstellenklasse lediglich die Deklaration, aber keinerlei Implementierung der Funktionen.

Diese kommen in die nun anzupassenden Klassen *clsOutlook* und *clsSendmail*. Die Eigenschaft *Address* sieht in *clsOutlook* nun so aus:

```
Private Property Let ISendMail_Recipient(strRecipitient As String)
    m_Address = strRecipitient
End Property
```

Die Variante in *clsSendmail* lautet wie folgt:

```
Private Property Let ISendMail_Recipient(strRecipients As String)
    m_Recipients = CheckAddressStrings(strRecipients, m_ShowMsg, _
        "Emailadressat(en)")
End Property
```

Nun gibt es allerdings noch große Unterschiede zwischen den tatsächlichen Funktionen der *Property Let*-Prozeduren: Während die eine lediglich den empfangenen Wert in die passende Membervariable schreibt, prüft die andere den Wert auf gültige E-Mail-Adressen. Spielt das eine Rolle? Eigentlich nicht, denn in der Klasse *clsOutlook* wird diese Prüfung ebenfalls vorgenommen – allerdings nicht direkt beim Erhalt der Empfänger-Adressen, sondern erst beim Versenden, das durch die Funktion *ISendMail_SendMail* (früher nur *SendMail*) erfolgt.

Für unsere Zwecke reicht es zunächst einmal aus, dass beide Klassen – sowohl *clsOutlook* als auch *clsSendmail* – die Schnittstellenklasse *ISendMail* vollständig implementieren. Welche Vorteile Sie davon haben, erfahren Sie nun:

Wenn es mehrere Klassen gibt, die gleich aufgebaut sind und die gleichen Aufgaben erfüllen, sollten diese auch eine gleiche Schnittstelle aufweisen. Mit einer Schnittstellenklasse und dem Umwandeln der ursprünglichen Klassen in Implementationen der dadurch definierten Schnittstelle stellen Sie sicher, dass die Klassen gleich aufgebaut und somit austauschbar sind.

An jeder Stelle der Anwendung, die bisher eine der beiden Mail-Klassen deklariert, instanziert und verwendet hat, müssen Sie nun Hand anlegen. Sie ersetzen die Deklarationszeile durch die Deklaration einer Objektvariablen mit dem Namen der Schnittstellenklasse als Typ:

```
Dim objSendMail As ISendMail
```

Erst beim Instanzieren geben Sie den Typ der konkreten Implementierung an, also beispielsweise:

```
Set objSendMail = New clsSendMail
```

oder:

```
Set objSendMail = New clsOutlook
```

Danach folgt die Verwendung der Klasse, wobei Sie nicht die Namen der Elemente der Implementierung verwenden (also etwa *ISendMail_Recipitient*), weil diese inzwischen ja als *Private* deklariert sind, sondern die in der Schnittstellenklasse angegebenen:

```
objSendMail.Recipitient = "info@access-entwicklerbuch.de"
```

Einer der wesentlichen Vorteile ist nun, dass Sie durch das Ändern einer einzigen Zeile von einer zur anderen Implementierung wechseln können – nämlich indem Sie entweder *clsSendmail* durch *clsOutlook* ersetzen oder umgekehrt. Und noch besser ist, dass Sie sogar zur Laufzeit entscheiden können, welche der beiden Implementierungen – oder besser gesagt: welchen der beiden Clients zum Versenden von E-Mails – Sie verwenden.

Und damit wären wir wieder beim Ausgangspunkt: Amisoft hatte bemängelt, dass sein Kollege Mossami etwas lieblos einfach beide Klassen deklariert und dann den kompletten Satz an zu füllenden Eigenschaften und auszuführenden Funktionen in die beiden Zweige der *If...Then*-Bedingung gepackt hat, die prüfte, ob der Benutzer seine Mail nun per Outlook oder direkt per SMTP versenden wollte. In der aktuellen Fassung enthält die *If...Then*-Bedingung nur noch eine Zeile je Zweig – nämlich zum Instanzieren der einen oder der anderen Implementierung von *ISendMail*. Und damit kommen wir auch endlich zu der Routine, die das Formular *frmSendmail* ausliest und damit eine E-Mail versendet:

```
Private Sub cmdSend_Click()
    Dim objSendmail As ISendMail
    Dim strAttachment As String
    ...
    If IsNull(Me!txtAddress) Then
        DmsMsg 104
        Me!txtAddress.SetFocus
        Exit Sub
    End If
    DoCmd.Hourglass True
    If chkZip.Value Then
        strAttachment = ZipFile(CStr(strFile))
        If Len(strAttachment) = 0 Then
            DmsMsg 105
            Exit Sub
        End If
    Else
        strAttachment = strFile
    End If
    If Me.framSendHow = 1 Then
        Set objSendmail = New clsOutlook
    Else
        Set objSendmail = New clsSendmail
    End If
    With objSendmail
        .ShowMsgOnValidation = True
        .SendAsHTML = Me!chkHTML.Value
        .Subject = Nz(Me!txtSubject.Value, _
            "Hier kommt ein dmsBase-Dokument")
        .Recipient = Trim(Nz(Me!txtAddress.Value))
        .BCC = Nz(Me!txtBCC.Value)
        .CC = Nz(Me!txtCC.Value)
        .Sender = Nz(Me!txtSender.Value)
        .RequestReceipt = Me!chkReceipt
        If IsNull(Me!txtBody.Value) Then
            .Body = "Dies ist eine Nachricht aus dmsBase" & vbCrLf & _
                "Im Anhang finden Sie ein Dokument." & vbCrLf & vbCrLf & _
                "Mfg " & CurrentUserDMS
        Else
            .Body = Me!txtBody.Value
            If .SendAsHTML Then
```

```
            .Body = "<html>" & Me!txtBody.Value & "</html>"
         End If
      End If
      .AddAttachments strAttachment
      If .SendMail(Me!chkDraft.Value, True) Then
         DmsMsg 103
      Else
         DmsMsg 122
      End If
   End With
   DoCmd.Hourglass False
   ...
End Sub
```

> ZWISCHENSPIEL (FORTSETZUNG)
>
> A m i s o f t . So, Kollege, ich habe eine Schnittstelle programmiert, die nun von den beiden Mail-Klassen implementiert wird. Da brauchst du nur noch die Schnittstellenklasse zu deklarieren und kannst dann ganz nach Bedarf zur Laufzeit eine der beiden Implementierungen auswählen und die passende Klasse instanzieren.
>
> M o s s a m i . Häh? Wie war das? Also gut, ich schaue mir das mal an ... (*Lädt die neue Amisoft'sche Version von dmsBase ... und flucht!*) Na s-u-p-e-r ! Das Teil stürzt mir gleich ab! Wie hast du das nun hingekriegt?
>
> *Nach langem Suchen und Analysieren fällt Mossami auf, dass Amisoft alle Schnittstellenelemente der Mailklassen als Public deklariert hat. Das bringt wohl den Namespace der Type Library des VBA-Projekts ins Schleudern. Nach Änderung der Gültigkeitsbereiche auf Private gibt es keine Probleme mehr.*
>
> M o s s a m i . Das hättest du mir wirklich ersparen können! Übrigens: Mit wesentlich weniger Aufwand hätte man es auch bei der alten Lösung belassen können, wenn *Late Binding* zum Einsatz gekommen wäre. Statt *objSendMail* auf die Schnittstellenklasse *ISendMail* zu setzen, hätte es auch einfach *As Object* deklariert werden können, wenn beide Mailklassen namentlich die gleichen Methoden und Eigenschaften aufweisen ...
>
> A m i s o f t . Elender Klugscheißer!

Schnittstelle und Implementierung

Die Schnittstellenklasse *ISendMail* und die beiden Implementierungen *clsOutlook* und *clsSendmail* können wir aus Platzgründen an dieser Stelle leider nicht abdrucken. Sie finden diese jedoch komplett in der Beispieldatenbank zum Buch. Das Prinzip ist aber auch gut verständlich und sollte aus den vorangegangenen Abschnitten deutlich hervorgegangen sein.

14 Dokumentation und Onlinehilfe

Eines der Ziele der Benutzeroberfläche einer Anwendung ist, wie bereits erwähnt, ein intuitiver Zugang zu den enthaltenen Funktionen. Allein die Komplexität sorgt manchmal dafür, dass dies nicht möglich ist: Je mehr Funktionen eine Anwendung enthält, desto höher ist die Wahrscheinlichkeit, dass der Zugang zu einer bestimmten Funktion auf den ersten Blick nicht ersichtlich ist. Dementsprechend lassen sich auch die Fragen formulieren, die der Benutzer wohl an den Entwickler oder den Support richten würde, wenn er eine bestimmte Aufgabe mit der Software nicht ausführen kann.

Hat der Benutzer die gewünschte Funktion gefunden, weil diese entweder weniger verborgen ist oder er sich schon auskennt, können andere, detailliertere Probleme auftauchen: So fragt sich der Benutzer etwa angesichts eines Textfelds zur Eingabe eines Datums, in welchem Format die Anwendung dieses wohl erwartet.

Wenn Ihnen so etwas nicht unbekannt ist, kennen Sie bereits die (sehr unterschiedlichen) Gründe für die Erstellung einer Dokumentation und einer Onlinehilfe, wobei letztere durchaus die Dokumentation beherbergen kann und umgekehrt.

Die Dokumentation soll dem Benutzer beim Durchführen der mit der Software zu erledigenden Aufgaben helfen und ihm Antworten auf Fragen nach dem Tenor »Wie erledige ich dieses und jenes mit dieser Anwendung?« geben. Die Onlinehilfe dient eher dazu, kontextsensitive Hilfe zu bieten und beispielsweise die Vorgehensweise beim Ausfüllen eines bestimmten Formulars und seiner Steuerelemente zu erläutern. Diese Hilfe kann beliebig detailliert sein.

Warum kann die Dokumentation nun Elemente der Onlinehilfe enthalten und umgekehrt? Nun, »Dokumentation« bezieht sich auf die Beschreibung der Software im Allgemeinen und kommt bevorzugt in Form einer gedruckten Dokumentation oder als PDF-Dokument daher. »Onlinehilfe« meint die Einrichtung, die unter Office etwa beim Betätigen der *F1*-Taste erscheint und Informationen im aktuellen Kontext liefert.

Die Dokumentation kann natürlich auch detaillierte Informationen über die einzelnen Formulare und Steuerelemente enthalten, aber sollte sich eher auf einer höheren, den Zusammenhang betrachtenden Ebene aufhalten.

Wenn es dann im konkreten Fall zu einer detaillierten Frage kommt, lässt sich sicher schneller das passende Thema in der Onlinehilfe auffinden, als es in der gedruckten Fassung einer Dokumentation der Fall wäre.

Zusammenfassend unterscheiden sich Dokumentation und Onlinehilfe in der Darreichungsform, im Detaillierungsgrad sowie in der Fragestellung, wie folgende Tabelle zeigt:

	Dokumentation	Onlinehilfe
Darreichungsform	Papier oder PDF, gegebenenfalls zusätzlich in der Onlinehilfe	HTML-Onlinehilfe mit kontextsensitiver Anzeige oder Suchfunktion
Fragestellung (Beispiele)	Wozu dient die Anwendung überhaupt? Wie erledigt man bestimmte Aufgaben damit?	Wie lösche ich diesen Datensatz? In welchem Format gebe ich Datumsangaben ein?
Detaillierungsgrad	oberflächlich, aufgabenbezogen, zusammenhängend	detailliert, möglichst lose Informationen

Tabelle 14.1: Unterschiede zwischen Dokumentation und Onlinehilfe

Man könnte das auch mehr auf den Inhalt beziehen: Die Dokumentation – gerne auch Handbuch genannt – orientiert sich stärker an den Betriebsabläufen, welche die Software abbildet und zu deren Teil sie einmal werden soll. Sie ist also aufgabenorientiert. Die Onlinehilfe hingegen beschreibt die Software selbst, ist demnach eher technisch orientiert.

Das allerdings ist nur grob umrissen. Wie Dokumentation und Onlinehilfe im Einzelfall aussehen, hängt stark von den Wünschen des Auftraggebers ab. Schließlich ist die Erstellung solcher Hilfen aufwändig und damit ein gewichtiger Kostenfaktor.

Daher ist es durchaus üblich, die Dokumentation als Kompromiss nur in einer Version zu erstellen und mit dem Werkzeug der Wahl (siehe 14.2.1, »Das richtige Werkzeug«) sowohl als Druck, PDF oder auch Hilfedatei auszugeben.

14.1 Dokumentation

Die Dokumentation verfassen Sie wahrscheinlich mit Ihrer Lieblingstextverarbeitung oder einem Satzprogramm und erstellen anschließend eine PDF-Version davon für Ihren Kunden.

Bevor Sie mit dem Erstellen der Dokumentation beginnen, überlegen Sie, was Sie an den Dokumentationen, die Sie bisher gelesen haben, am meisten gestört hat. Richtig: Am schlimmsten sind Dokumentationen, die jeden Menüpunkt und jede Option einer Anwendung durchgehen und im Detail erläutern. Was denken sich die Autoren dabei? Vermutlich gar nichts, außer: »Mensch, jetzt nur noch diese blöde Dokumentation wegtippen und das Projekt ist erledigt.« So einfach sollten Sie es sich nicht machen, und das hat zwei Gründe:

- Sie haben hoffentlich in der Aufwandschätzung beziehungsweise im Angebot einen nicht unerheblichen Posten für die Erstellung einer Dokumentation und einer Onlinehilfe einkalkuliert. Dann sollten Sie – wie auch beim Rest der Anwendung – tunlichst alles geben, damit die Anwendung ihr Geld wert ist.

- Wenn Sie in der Dokumentation die verschiedenen Aufgaben auflisten, die sich mit der Anwendung erledigen lassen, und die dazu entsprechende Beschreibung verfassen, können Sie erstens selbst noch einmal durchgehen, ob die Abläufe innerhalb der Anwendung wirklich gut funktionieren (üblicherweise sollte dies aber längst erledigt sein). Sie stellen damit aber auch sicher, dass die Anwendung alle Funktionen erfüllt, die der Auftraggeber gewünscht hat.

14.1.1 Inhalt der Dokumentation

Die Dokumentation sollte zunächst einen groben Überblick geben, wozu die Anwendung dient und was der Benutzer alles damit erledigen kann. Diese Punkte greifen Sie dann im Folgenden auf und arbeiten sie aus, wobei stets die möglichen Fragestellungen des Benutzers im Vordergrund stehen:

- Wie melde ich mich an die Software an?
- Wie melde ich mich wieder ab?
- Wie suche ich nach bestimmten Dokumenten?
- Wie lege ich ein Dokument an?
- Wie lösche ich ein Dokument?
- Wie lege ich eine neue Kategorie an?
- Wie verschiebe ich ein Dokument von einer Kategorie in die andere?

Kapitel 14

▸ Wie erstelle ich einen Verweis auf ein Dokument, anstatt es zu duplizieren?

Diese Fragen bieten sich fast schon als Überschriften an, können aber auch die Tätigkeit selbst enthalten (»Ein neues Projekt anlegen«, »Dokumente suchen«, »Kategorie anlegen«).

Die Dokumentation der zum Durchführen einer Aufgabe notwendigen Schritte sollte so genau wie möglich und eher mit zu vielen als zu wenigen Screenshots versehen sein. Immerhin schreiben Sie kein Fachbuch oder Ähnliches, sodass sich niemand über den durch Screenshots vergeudeten Platz aufregen dürfe.

Der sprachliche Stil ist keinesfalls nebensächlich, aber Sie brauchen auch keine Prosa zu produzieren: Immerhin will der Leser schnell an die gewünschten Informationen kommen und nicht unterhalten werden. Trotzdem sollten Sie einen allzu sachlichen Tenor vermeiden, denn der Leser soll schließlich nicht nach der zweiten Seite einschlafen. Eine der wichtigsten Regeln dabei lautet: Vermeiden Sie den Passiv.

Auch wenn es Ihnen selbst nicht auffällt: Wenn ein Satz nach dem anderen das Word »werden« enthält, ist das zwar nicht falsch, klingt aber äußerst einfallslos. Statt »Nachdem das Dokument angelegt wurde, ...« schreiben Sie besser »Nachdem Sie das Dokument angelegt haben, ...«. Wenn Sie nach dem Reduzieren von Passiv-Konstruktionen noch Lust auf weitere Verbesserungen haben, werfen Sie unauffällige Verben wie »sein« und »haben« heraus: »Das Menü bietet drei Einträge an, ...« klingt wesentlich lebhafter als »Das Menü hat drei Einträge, ...«.

Auf eine Dokumentation verzichtete der Auftraggeber Hartmut von Willviel übrigens; daher finden Sie auch auf der Buch-CD keine solche.

14.1.2 Inhaltsverzeichnis und Index

Die Dokumentation sollte auf jeden Fall, wie jedes andere ordentliche Dokument auch, ein Inhaltsverzeichnis mitliefern. Ob die Leser einen Index brauchen, hängt von der Darreichungsform ab: Im Papierformat ist ein Index sicher Pflicht, bei der PDF-Version nicht zwingend – Sie sollten jedoch sicherstellen, dass die Benutzer auch ein PDF-Dokument durchsuchen können. Anwendungen wie Word liefern passende Funktionen zum Erstellen von Inhaltsverzeichnis und Index mit. Weiteres entnehmen Sie der jeweiligen Onlinehilfe ...

14.2 Onlinehilfe

Gerade Entwickler würden ohne Onlinehilfe oft auf dem Schlauch stehen. Unter Access beispielsweise ist es nur zu bequem, einen unbekannten VBA-Befehl zu markieren und per *F1* den passenden Hilfe-Eintrag anzuzeigen. Unbequemer wird es schon, wenn Sie zwar wissen, dass Access einen Befehl zum Durchführen einer bestimmten Aktion liefert, diesen aber nicht namentlich kennen. In dem Fall ist man mit der Onlinehilfe schlecht bedient und gibt lieber direkt die passenden Stichwörter unter *http://groups.google.de* ein.

Als Entwickler einer Access-Anwendung haben Sie es da leichter als die Microsoft-Entwickler: Immerhin brauchen Sie keine Programmiersprache zu dokumentieren und dem Leser auf der Suche nach entfallenen Schlüsselwörtern zu helfen. Ihre Onlinehilfe unterstützt den Anwender vielmehr beim Einsetzen der Elemente der Benutzeroberfläche, und zwar überwiegend kontextsensitiv. Das heißt, dass der Benutzer das fragliche Element mit der Maus oder, falls es sich um eine Schaltfläche handelt, die er gerade nicht auslösen möchte, mit der Tastatur markiert, und durch einen Klick auf die Taste *F1* wird der fragliche Eintrag anzeigt.

14.2.1 Das richtige Werkzeug

Eine Onlinehilfe kommt üblicherweise im HTML-Format. Microsoft bietet ein kostenloses Tool zum Erstellen der so genannten *.chm*-Dateien an, es gibt aber noch eine ganze Reihe weiterer kostenloser und kostenpflichtiger Programme zum Erstellen einer Onlinehilfe. Da sich niemand genötigt fühlen soll, tief ins Portemonnaie zu greifen, nur um alle Facetten dieses Buches nachvollziehen zu können, soll an dieser Stelle der *HTML Help Workshop* zum Erstellen der Onlinehilfe zum Einsatz kommen. Sie finden das Tool auf *http://download.microsoft.com* unter dem Suchbegriff *htmlhelp.exe*. Nach einer deutschen Version brauchen Sie nicht zu suchen: Es gibt keine.

Absolute Voraussetzung für den Einsatz dieses Tools sind HTML-Kenntnisse. Als Gestaltungsmöglichkeiten stehen die üblichen Formatierungen zur Verfügung, auch CSS wird akzeptiert – Sie können sogar eine bestehende *.css*-Datei verwenden und auf die übliche Weise in die HTML-Dateien einbinden. Die Hilfe-Dokumente können Abbildungen enthalten und untereinander verlinkt sein. Davon sollten Sie Gebrauch machen, wo es nur möglich ist: Nichts freut den Anwender mehr, als wenn er direkt auf verwandte Themen verwiesen wird und diese nicht suchen muss. Wenn Sie ein wenig für Action sorgen wollen, können Sie auch mit Javascript arbeiten.

Prinzipiell können Sie zunächst die Seiten der Onlinehilfe zusammenstellen und samt Abbildungen in einem Verzeichnis speichern. Ob Sie gegebenenfalls Unterverzeichnisse anlegen, hängt von der Komplexität der Dokumente und Ihren persönlichen Vorlieben ab. Wenn Sie die Dokumente nun ohnehin schon von Hand erstellen, wozu ist dann *HTML Help Workshop* gut? Nun: Damit erfassen Sie alle notwendigen Dateien und kompilieren diese zu einer einzigen Datei mit der Endung *.chm*. Noch wichtiger: *HTML Help Workshop* liefert nach Wunsch ein Inhaltsverzeichnis, einen Index sowie eine Volltextsuche. Außerdem ermöglicht es, Elemente der Benutzeroberfläche an einen bestimmten Hilfe-Eintrag zu binden und diesen bei aktivem Steuerelement und einem Klick auf die Taste *F1* anzuzeigen.

14.2.2 Alternative Werkzeuge

Der *HTML Help Workshop* ist brauchbar, um sich Grundlagen über den Aufbau der *CHM*-Hilfen von Microsoft anzueignen, weniger aber für den produktiven Einsatz, weil er sehr viel Handarbeit erfordert.

Einfacher und dennoch kostenlos lässt sich die Hilfeerstellung etwa mit dem Tool *Helpmaker* von *Vizacc* (http://www.vizacc.com) erledigen, das außerdem ein ganzes Set von grafischen Hilfsprogrammen mitbringt. Das Ganze erfordert nicht unbedingt HTML-Kenntnisse, weil eine visuelle Textverarbeitung im Tool integriert ist.

Wer Dokumentation und Onlinehilfe in einem Rutsch produzieren möchte, der sollte sich nach professionellen Systemen umschauen. Das Geld, das Sie für ein solches System ausgeben, holen Sie meist bereits bei einem Softwareprojekt wieder herein, weil Sie erheblich Zeit einsparen.

Solche Systeme gibt es mit unterschiedlichen Ansätzen: Einige klinken sich in Microsoft Word als Add-In ein, andere stellen Standalone-Anwendungen dar. Ein Beispiel für eine solche flexible Anwendung ist *Fasthelp* (http://www.fast-help.net/v2).

Eine Übersicht über verschiedene Help-Autorensysteme und Zusatzprogramme findet sich unter *http://helpmaster.info/index.htm*.

14.2.3 Help-Projekt erstellen

Wenn Sie die HTML-Seiten erstellt haben (das müssen noch nicht alle sein, aber ganz ohne Seiten brauchen Sie gar nicht anzufangen), öffnen Sie *HTML Help Workshop* und zeigen mit *File|New* den Dialog *New* an, wo Sie mit der Option *Project* ein neues Projekt anlegen. Nachfolgend fragt der Assistent, ob Sie eine bestehende Onlinehilfe im Winhelp-Format importieren möchten, was Sie verneinen. Legen Sie das Verzeichnis und den Namen der Projektdatei fest – im Beispiel heißt diese *dmsBaseHelp.hhp*.

Anschließend können Sie angeben, ob Sie bereits erstellte Projektdateien aufnehmen möchten. An dieser Stelle verzichten Sie darauf, um dies gleich im Anschluss auf die übliche Art von *HTML Help Workshop* aus zu erledigen.

Die folgende Abbildung zeigt das neue Projekt mit seinen Basiseinstellungen im *HTML Help Workshop*. Fügen Sie nun Ihre HMTL-Dokumente hinzu, indem Sie mit der Schaltfläche *Add/Remove Topic Files* den Dialog *Topic Files* öffnen und dort die passenden Dateien auswählen.

Im nächsten Schritt fügen Sie die gewünschten HTML-Dateien hinzu. Den entsprechenden Dialog öffnet die Schaltfläche *Add/Remove topic files*. Wenn die *Project*-Registerseite aktiviert ist, können Sie direkt unterhalb des *[OPTIONS]*-Bereichs einen weiteren Bereich namens *[FILES]* erkennen, der die angegebenen HTML-Dateien enthält.

Dokumentation und Onlinehilfe

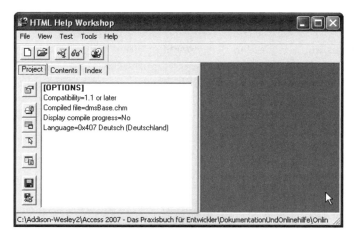

Abbildung 14.1: Ein frisch angelegtes Projekt im HTML Help Workshop

Prinzipiell reicht dies schon aus, um eine funktionierende Online-Dokumentation zu liefern: Diese kommt zwar ohne Inhaltsverzeichnis, Index oder Suchfunktion, aber wenn die HTML-Seiten untereinander ordentlich verlinkt sind, reicht dies aus.

Inhaltsverzeichnis

Üblicherweise bieten Onlinehilfen aber zumindest ein Inhaltsverzeichnis an. Dieses erstellen Sie im *HTML Help Workshop* auf der Registerseite *Contents*. Dort legen Sie zunächst eine neue Datei für das Inhaltsverzeichnis an und speichern es im gleichen Verzeichnis wie die Projektdatei.

Anschließend zeigt *HTML Help Workshop* auch die passende Registerseite an, wo Sie mit *Insert a heading* und *Insert a page* verschiedene Einträge hinzufügen können – jeweils unter Angabe eines Titels und, soweit gewünscht, der entsprechenden HTML-Datei. Der Unterschied zwischen Headings und Pages liegt erstens im verwendeten Symbol und zweitens darin, dass Sie Headings weitere Headings oder Pages unterordnen können, Pages aber keine Möglichkeit zum Unterordnen weiterer Elemente bieten. Im Prinzip entspricht das Verzeichnissen und Dateien im Window Explorer – mit dem Unterschied, dass Sie Headings auch eine HTML-Seite zuordnen können, die beim Doppelklick auf den Eintrag angezeigt wird. Dies ist beispielsweise für die detailliertere Anzeige der unter diesem Heading zu findenden Themen interessant. Sie können hier benutzerdefinierte Symbole einsetzen und das Design der Anzeige anpassen – probieren Sie es einfach einmal aus.

Beim Hinzufügen von Heading- und Page-Elementen brauchen Sie sich übrigens keine Gedanken zu machen, wie Sie diese platzieren – mit den Pfeiltasten können Sie die Anordnung später beliebig anpassen.

Index

Neben dem Inhaltsverzeichnis können Sie den Benutzer über einen Index zu den gewünschten Themen schicken. Zum Anlegen gibt es zwei Möglichkeiten: erstens durch das direkte Eingeben der Schlüsselwörter und der HTML-Dateien, in denen die Schlüsselwörter vorkommen, zweitens durch entsprechendes Hinzufügen der Schlüsselwörter zur HTML-Datei, auf dass sich *HTML Help Workshop* diese selbst heraussucht und in den Index aufnimmt.

Letztere Methode ist weniger aufwändig. Klicken Sie auf der Registerseite *Project* unter *[FILES]* auf die HTML-Datei, für die Sie Schlüsselwörter festlegen möchten. Diese erscheint nun im Quellcode in einem eigenen Fenster. Platzieren Sie die Einfügemarke vor den schließenden </*body*>-Tag – an dieser Stelle wird *HTML Help Workshop* gleich Einträge für die angegebenen Schlüsselwörter einfügen.

Wählen Sie dann aus der Menüleiste den Eintrag *Edit|Compiler information* aus. Im nun erscheinenden Dialog *Compiler informationen* klicken Sie auf die Schaltfläche *Add* und geben im nächsten Fenster die durch Semikola getrennten Schlüsselwörter ein.

Schließen Sie das Fenster mit *OK*, bewundern Sie kurz die neu angelegten Einträge im vorherigen Dialog und schließen Sie auch diesen. Wenn Sie sich dann den Quellcode der HTML-Dateien ansehen, finden Sie neue Elemente, die wie folgt aussehen können:

```
<Object type="application/x-oleobject" classid="clsid:1e2a7bd0-dab9-11d0-
b93a-00c04fc99f9e">
    <param name="Keyword" value="Schlüsselwort 1">
    <param name="Keyword" value="Schlüsselwort 2">
</OBJECT>
```

Damit HTML Help Workshop diese Schlüsselwörter beim Kompilieren berücksichtigt, stellen Sie noch die passende Option ein. Diese finden Sie, wenn Sie auf der Registerseite *Project* auf die Schaltfläche *Change project options* klicken und unter *Files* die Option *Include keywords from HTML files* aktivieren.

Auf der Registerseite *Index* finden Sie nun immer noch keine Einträge vor, aber das ist nicht schlimm: Nach dem Kompilieren über die Schaltfläche *Compile HTML file* und dem Öffnen der so erzeugten .chm-Datei finden Sie dort im Register *Index* die festgelegten Schlüsselwörter vor.

Der Grund, warum die in die HTML-Dateien eingebetteten Schlüsselwörter nicht im *HTML Help Workshop* angezeigt werden, ist folgender: Die Informationen über die Schlüsselwörter werden nur an einer Stelle gespeichert, in diesem Fall in den jeweiligen HTML-Dateien. Wenn Sie die Schlüsselwörter alternativ manuell eingeben, speichert *HTML Help Workshop* diese in einer eigens dafür angelegten Index-Datei und zeigt deren Inhalt auch im Register *Index* an.

Volltextsuche

Etwas willkürlicher, aber umfassender als eine Sammlung von Schlüsselwörtern arbeitet die Volltextsuche. Diese legen Sie wie folgt an:

- Klicken Sie auf der Registerseite *Project* auf die Schaltfläche *Change project options*.
- Aktivieren Sie im nun erscheinenden Dialog unter *Compiler* die Option *Compile fulltext search information*.
- Klicken Sie auf *Add/Modify window definitions* und geben Sie etwa den Namen *Volltextsuche* ein.
- Im folgenden Dialog *Window types* wechseln Sie zur Registerseite *Navigation pane* und stellen unter *Tabs* sicher, dass die Option *Search tab* aktiviert ist.
- Aktivieren Sie auch die Option *Advanced*, wenn Sie dem Benutzer den Einsatz logischer Operatoren und weiterer Extras erlauben möchten.

Favoriten

Im Dialog *Window types* können Sie – ebenfalls auf der Registerseite *Navigation Pane* – festlegen, dass die Onlinehilfe eine Registerseite zum Verwalten von Favoriten bereitstellt.

Kompilieren

Sie können die Onlinehilfe stets über die Schaltfläche *Compile HTML file* erzeugen. Stellen Sie sicher, dass in den HTML-Dateien referenzierte Dateien wie *.css*-Definitionen, *.js*-Skripte oder Bilddateien unter den angegebenen Pfaden zu finden sind.

HTML Help Workshop bindet diese automatisch in die *.chm*-Datei ein.

14.2.4 Hilfethemen festlegen

Sie können die einzelnen Seiten von *.chm*-Hilfedateien mit so genannten *TopicID*s versehen, über welche die Anwendung spezielle Themen in Abhängigkeit vom aktuellen Kontext anzeigen kann. Dies können Sie mit Tools wie etwa *Helpmaker*, aber auch von Hand erledigen. Damit Sie wissen, wie solche Tools vorgehen, finden Sie hier kurz die notwendigen Schritte. Sie benötigen zwei Dateien, mit denen Sie den *TopicID*s die passenden HTML-Dateien zuweisen. Die erste Datei heißt *map.h* und hat etwa folgenden Inhalt, den Sie schlicht mit Notepad oder einem anderen Texteditor anlegen:

```
#define Keyword1 1000
#define Keyword2 2000
```

Speichern Sie diese Datei ebenso wie die folgende Datei *alias.h* in dem Verzeichnis, in dem sich auch die *.hhp*-Datei befindet:

```
Keyword1=help1.html;
Keyword2=help2.html;
```

Nun machen Sie die Dateien noch im Projekt bekannt. Dazu klicken Sie auf der Registerseite *Project* auf die Schaltfläche *HtmlHelp API information*. Auf der Registerseite *Map* des nun erscheinenden Dialogs klicken Sie auf *Header file...* und wählen die Datei *map.h* aus. Die Datei *alias.h* binden Sie auf ähnliche Weise ein: Dazu klicken Sie auf der Registerseite *Alias* auf *Include...* und geben auch dort die gewünschte Datei an. Anschließend kompilieren Sie die Onlinehilfe nur noch neu und widmen sich dem Integrieren der Hilfe in die Anwendung. Für nachfolgende Änderungen brauchen Sie einfach nur die entsprechenden Dateien anzupassen und die Hilfe erneut zu kompilieren.

Wie viele Hilfedateien?

Die Tatsache, dass Formulare und Berichte jeweils eine eigene Eigenschaft namens *Helpfile* beziehungsweise *Hilfedatei* anbieten, legt den Schluss nahe, dass man für eine Anwendung mehrere Hilfedateien verwenden kann. Das ist richtig, allerdings sollten Sie davon absehen – es gibt schlicht keinen Grund dafür.

Hilfedatei festlegen

Wenn Sie sich, wie oben vorgeschlagen, auf die Verwendung einer einzigen Hilfedatei festlegen können, vereinfachen Sie das Vorgehen erheblich: Sie brauchen zum Beispiel die Eigenschaft *Helpfile* von Formularen und Berichten gar nicht erst in den Objekten selbst festzulegen, sondern können dies mit einer einfachen Konstanten in einem globalen Standardmodul erledigen:

```
Public Const cStrOnlinehilfe As String = "dmsBaseHelp.chm"
```

Sie brauchen also nur die jeweilige *TopicID* für die Eigenschaft *Hilfekontext-ID* einzutragen oder diese beim Öffnen per VBA zuzuweisen:

```
Me.HelpContextID = 1000
```

Bei Bedarf lesen die nachfolgend beschriebenen Routinen dann den Namen der Hilfedatei aus der Konstanten und die *TopicID* aus der *HelpContextID* des passenden Objekts ein. Speichern Sie die Hilfedatei im gleichen Verzeichnis wie die Anwendung, damit Sie per *CurrentProject.Path* in Kombination mit dem Dateinamen darauf zugreifen können.

Es gibt noch andere Möglichkeiten: Sie können einen Registry-Eintrag für die Onlinehilfe im Pfad *HKEY_Local_Machine/Software/Microsoft/Windows/HTML Help* vornehmen, indem Sie als neuen Schlüssel den Dateinamen und als Wert den Pfad eingeben. Sie können die Hilfedatei auch im Verzeichnis *c:\Windows\Help* speichern und etwa für die Formulareigenschaft *Helpfile* nur noch den Dateinamen angeben.

Sie können auch den kompletten Pfad und Dateinamen für diese Eigenschaft einsetzen Am einfachsten ist es aber wohl tatsächlich, die Hilfedatei im gleichen Verzeichnis wie die Datenbank oder zumindest in einem darunter liegenden Verzeichnis zu speichern und den Namen wie oben festzulegen.

14.2.5 Hilfe anzeigen

Das Erstellen der Onlinehilfe mit dem *HTML Help Workshop* nimmt bewusst wenig Platz in diesem Kapitel ein. Viel interessanter ist nämlich, an welcher Stelle und vor allem wie Sie dem Benutzer die in der Onlinehilfe verfügbaren Informationen zugänglich machen. Eine große Rolle spielt dabei die beispielsweise in Formularen angegebene Hilfekontext-ID. Dabei handelt es sich um eine Nummer, die Sie denjenigen Themen zuweisen, die der Benutzer direkt über die Benutzeroberfläche anzeigen können soll.

Die folgenden Abschnitte zeigen, wie Sie die Onlinehilfe an verschiedenen Stellen innerhalb der Datenbank verfügbar machen:

- Ein Klick auf ein spezielles Symbol (meist ein Fragezeichen) im Ribbon ruft die Onlinehilfe auf und zeigt die Übersichtsseite an. Hier sollte sich der Benutzer über die Funktionen der Anwendung informieren können.

- Jedes Formular und jeder Bericht haben nach Bedarf jeweils eine oder mehrere eigene Seiten innerhalb der Onlinehilfe. Mit der Eigenschaft *HelpFile* geben Sie den Namen der zu verwendenden Hilfedatei an, mit *HelpContextID* die Nummer des Hilfethemas. Die passende Hilfe kann der Benutzer per *F1* aufrufen, wenn das Formular oder der Bericht den Fokus haben. Die Hilfeseite(n) sollte(n) grundlegende Informationen zur Bedienung des Formulars sowie zu den einzelnen Steuerelementen enthalten.

- Manchmal sind Steuerelemente erklärungsbedürftig. Falls dies der Fall ist, sollten Sie den Benutzer deutlich darauf hinweisen, indem Sie beispielsweise eine entsprechende Schaltfläche beziehungsweise ein Symbol neben dem Steuerelement unterbringen. Dieses sollte beim Anklicken per Popup einen passenden Hilfetext anzeigen.

Hilfefunktionen

Die nachfolgend beschriebenen VBA-Funktionen befinden sich in zwei Modulen: Das Standardmodul *mdlHelpCHM* liefert eine ganze Reihe Wrapper-Funktionen, die in der Klasse *clsHelpCHM* enthaltene Methoden und Eigenschaften verwenden. Die wichtigsten Funktionen werden in den folgenden Abschnitten erläutert, für weitere Informationen schauen Sie sich die entsprechenden Module an.

Die Klasse *clsHelpCHM* kapselt den Zugriff auf API-Befehle von HTML Help.

14.2.6 Hilfe mit F1 aufrufen

Die Betätigung der Taste *F1* soll die Onlinehilfe anzeigen. Aber nicht immer auf die gleiche Art: Wenn gerade kein Objekt wie ein Formular oder ein Bericht geöffnet ist, soll die Onlinehilfe beispielsweise die Übersichtsseite anzeigen. Ist ein Formular oder ein Bericht geöffnet, kommt die in der Eigenschaft *HelpContextID* angegebene *TopicID* zum Zuge.

Das Betätigen von *F1* fangen Sie recht einfach ab: Dazu brauchen Sie lediglich ein Makro namens *AutoKeys*, mit dem Sie Tastenkombinationen und die dadurch ausgelösten Anweisungen festlegen können. Dies soll natürlich in den Aufruf einer VBA-Routine münden, das Makro dient nur als Einstiegspunkt nach dem Tastaturbefehl.

Das Aussehen dieses Makros entnehmen Sie der folgenden Abbildung. Dort erkennen Sie, dass Access nach einem Klick auf die Taste *F1* die VBA-Routine *CallHelp* ausführen soll.

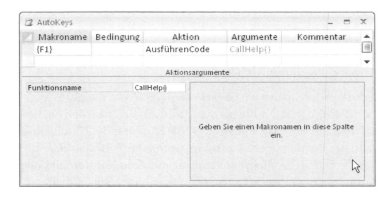

Abbildung 14.2: Das AutoKeys-Makro legt die Reaktion auf Tastaturanschläge fest.

Die im Makro aufgerufene Routine *CallHelp* sieht unscheinbar aus, zieht aber einen ganzen Rattenschwanz nach sich. *CallHelp* prüft zunächst, ob ein Formular oder Bericht geöffnet ist, dessen Eigenschaft *HelpContextID* einen Wert enthält. Ist das nicht der Fall, prüft die Routine den Parameter *TopicID* der *TempVars*-Auflistung (weitere Informationen zu *TempVars* siehe 9.7, »Temporäre Variablen«). Dieser wird zu bestimmten Zeitpunkten gesetzt – beispielsweise, wenn das im Mittelpunkt des Hilfethemas stehende Element der Benutzeroberfläche keine *HelpContextID* besitzt (dazu später mehr). Liefert auch diese Variante keinen anderen Wert als 0, setzt die Routine automatisch die *TopicID* 1000 fest – zumindest diese *TopicID* sollte dann aber auch in der *CHM*-Datei definiert worden sein – und ruft die Funktion *ShowHelpID* auf, die eine *TopicID* als Parameter erwartet.

```
Function CallHelp(Optional UseTempvar As Boolean)
    Dim lID As Long
    On Error Resume Next
    lID = Screen.ActiveForm.HelpContextId
    If lID = 0 Then lID = Screen.ActiveReport.HelpContextId
    If lID = 0 Then
        If UseTempvar Then lID = Nz(Getvar("TopicID"))
    End If
    If lID = 0 Then lID = 1000
    ShowHelpID lID
End Function
```

Die Funktion *ShopHelpID* ist eine Wrapperfunktion für die Anzeige eines Hilfefensters. Sie verarbeitet oder ermittelt die Übergabeparameter und ruft schließlich die Methode *HHDisplayTopicID* der Klasse *clsHelpCHM* auf. Die für den Aufruf notwendigen Parameter werden mit den Eigenschaften dieser Klasse festgelegt.

```
Function ShowHelpID(IDTopic As Long, Optional sCHMFile As String, _
        Optional ByVal frm As Object)
    Dim hwnd As Long
    On Error Resume Next
    If frm Is Nothing Then
        hwnd = Screen.ActiveForm.hwnd
        If hwnd = 0 Then hwnd = Application.hWndAccessApp
    Else
        hwnd = frm.hwnd
    End If
    If cHelp Is Nothing Then Set cHelp = New clsHelpCHM
    If Len(sCHMFile) = 0 Then sCHMFile = CurPath & cStrOnlinehilfe
    With cHelp
        .CHMFile = sCHMFile
        .HHPopupType = HH_CHM_POPUP
        .HHTopicID = IDTopic
        .HHDisplayTopicID hwnd
    End With
End Function
```

Das umfangreiche Klassenmodul *clsHelpCHM* verwendet nahezu ausschließlich API-Aufrufe auf die Windows-Komponente *hhctrl.ocx*. Eine Erläuterung der Methoden würde hier den Rahmen sprengen. Im Modul *mdlHelpCHM* finden sich aber noch einige weitere Funktionen, die zeigen, wie das Klassenmodul zu verwenden ist – etwa, um Hilfetexte in einem Popup-Fenster anzuzeigen.

F1 bei Formularen und Berichten

Um mit *F1* die Hilfeseite zu einem Formular oder Bericht aufzurufen, müssen Sie nur die Eigenschaft *HelpContextID* des entsprechenden Objekts festlegen. Alles Weitere erledigen die oben genannten Funktionen von selbst.

14.2.7 Hilfe mit der Hilfe-Schaltfläche des Ribbons aufrufen

Das Ribbon von Office-Anwendungen offeriert in der rechten oberen Ecke ein kleines blaues Symbol mit einem Fragezeichen, das üblicherweise die Access-Hilfe öffnet. Die wollen Sie den Benutzern Ihrer Anwendung natürlich auf gar keinen Fall zeigen.

Also müssen Sie die Schaltfläche entweder unsichtbar oder untauglich machen oder sie für Ihre eigenen Zwecke umfunktionieren. Um es kurz zu machen: Verschwinden lassen können Sie diese Schaltfläche nicht. Deaktivieren geht zwar, aber was soll der Benutzer von einer grauen, deaktivierten Hilfe-Schaltfläche halten? Also ab durch die Mitte: Die Schaltfläche soll Ihre eigene Hilfedatei öffnen, wenn der Benutzer darauf klickt.

Dazu sind zwei Schritte erforderlich:

▶ Angeben einer alternativen Callback-Funktion in der Ribbon-Definition für diese Schaltfläche

▶ Erstellen einer Callback-Funktion zum Aufrufen der benutzerdefinierten Onlinehilfe

Ribbon anpassen

Das Ribbon werden Sie ohnehin wie in Kapitel 4, »Ribbons und Kontextmenüs«, anpassen. Der dort verwendeten XML-Ribbon-Definition müssen Sie lediglich wenige Zeilen hinzufügen. Damit Sie die Funktion der Hilfe-Schaltfläche auch ohne diese verbiegen können, finden Sie nachfolgend dennoch eine komplette Ribbon-XML-Definition, die eine VBA-Funktion namens *cmdRibbonHelpOnAction* aufruft.

```xml
<customUI xmlns="http://schemas.microsoft.com/office/2006/01/customui">
    <commands>
        <command idMso="Help" onAction="cmdRibbonHelpOnAction" />
    </commands>
</customUI>
```

Die passende Callback-Routine sieht wie folgt aus:

```
Sub cmdRibbonHelpOnAction(control As IRibbonControl, ByRef Cancel As Boolean)
```

```
    SetHelpTopic 1000
    CallHelp
End Sub
```

14.2.8 Hilfe für Steuerelemente

Viele Steuerelemente kann der Benutzer intuitiv verwenden. So braucht er beispielsweise keine Onlinehilfe, wenn er seinen Vor- und seinen Nachnamen eintragen soll. In anderen Fällen können kleine Hinweise nicht schaden: Vielleicht kommt der Benutzer ja aus einer Kultur, die ein völlig anderes Datumsformat verwendet als hier zu Lande üblich? Damit dieser Benutzer erfährt, welches das richtige Datumsformat ist, bieten Sie ihm eine steuerelementabhängige Hilfe an. Dazu verwenden Sie ein spezielles Feature von HTML Help, nämlich Popup-Texte.

Diese Popup-Texte müssen Sie irgendwo speichern. Sie könnten zu jedem betroffenen Steuerelement einen Hilfetext etwa in der ansonsten nicht verwendeten Eigenschaft *Marke* (*Tag*) speichern und beim Anzeigen des Hilfetextes darauf zugreifen. Das wäre sinnvoll, wenn es nicht viele Steuerelemente gäbe, die identische Hilfetexte anzeigen sollen – das oben angesprochene Datumsfeld ist das beste Beispiel.

Also speichern Sie jeweils eine Meldung für eine ganze Gruppe von gleichartigen Steuerelementen, die auch auf verschiedene Formulare verteilt sein können. Nur wo? Ganz einfach: Sie arbeiten mit Access, also verwenden Sie eine Tabelle für das Speichern der Hilfetexte. Diese sieht im Entwurf wie in der folgenden Abbildung aus. Wie dort leicht zu erkennen ist, können Sie auch rudimentäre Formatierungen der Schriftart vornehmen und die Hintergrundfarbe variieren.

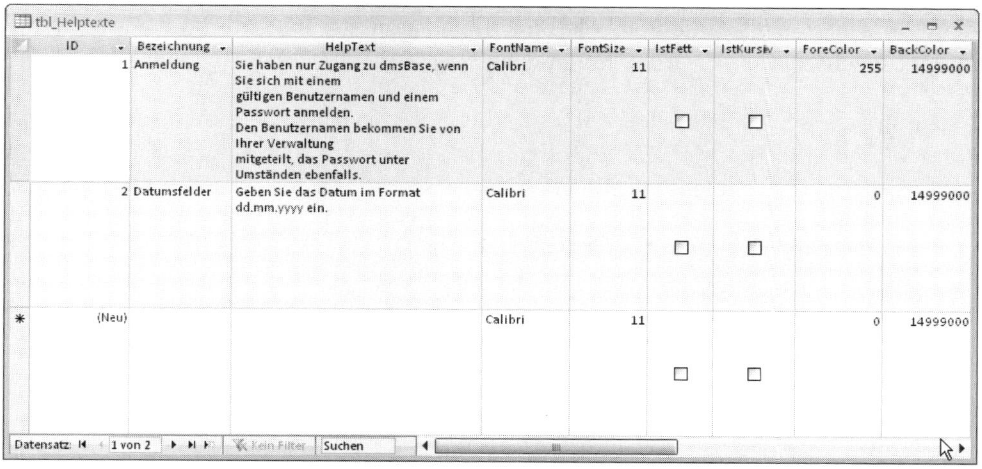

tbl_Helptexte

ID	Bezeichnung	HelpText	FontName	FontSize	IstFett	IstKursiv	ForeColor	BackColor
1	Anmeldung	Sie haben nur Zugang zu dmsBase, wenn Sie sich mit einem gültigen Benutzernamen und einem Passwort anmelden. Den Benutzernamen bekommen Sie von Ihrer Verwaltung mitgeteilt, das Passwort unter Umständen ebenfalls.	Calibri	11	☐	☐	255	14999000
2	Datumsfelder	Geben Sie das Datum im Format dd.mm.yyyy ein.	Calibri	11	☐	☐	0	14999000
(Neu)			Calibri	11	☐	☐	0	14999000

Datensatz: 1 von 2 | Kein Filter | Suchen

Abbildung 14.3: Diese Tabelle speichert Hilfetexte für Steuerelement-Hilfe-Popups.

Zum Eingeben und Testen der Meldungen finden Sie in der Beispieldatenbank außerdem ein Formular. Dieses zeigt die Felder der Tabelle an und stellt eine Schaltfläche zum Ausprobieren der aktuell angezeigten Meldung bereit:

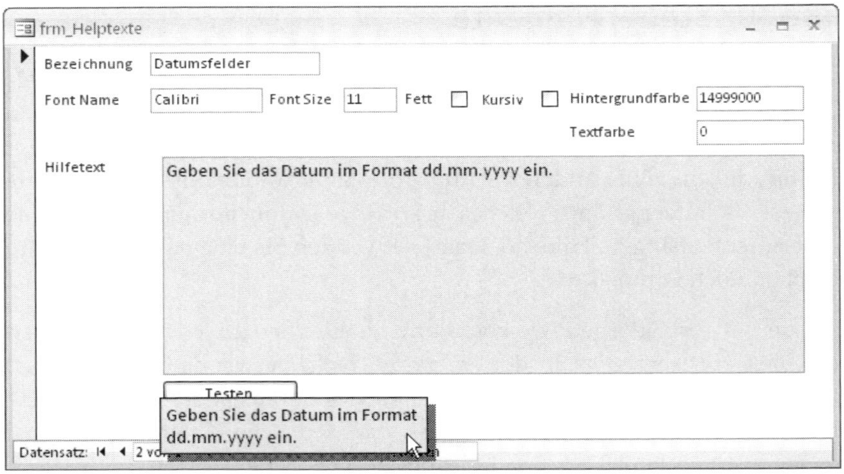

Abbildung 14.4: Eintragen und Testen von Hilfetexten

Wichtig ist hier die Bezeichnung: Die merken Sie sich und setzen sie überall dort ein, wo Sie eine solche Popup-Meldung benötigen.

Wie oben zu erkennen, sorgt das Stichwort »Datumsfelder« für die Anzeige eines Popups mit dem richtigen Datumsformat. Sie müssen also für erklärungsbedürftige Steuerelemente ein zusätzliches Steuerelement wie etwa eine Schaltfläche mit dem Aussehen eines Hilfe-Symbols hinzufügen und die folgende Prozedur für die Ereigniseigenschaft *Beim Klicken* hinterlegen:

```
Private Sub cmdHelp_Click()
    ShowHelpTipp "Datumsfelder"
End Sub
```

Abbildung 14.5: Entwurf eines Beispiels für den Einsatz von Popup-Hilfetexten

Dokumentation und Onlinehilfe

In Aktion sieht das Formular dann wie in der folgenden Abbildung aus. In älteren Access-Versionen wäre es übrigens nicht so einfach gewesen, eine Schaltfläche wie die hier eingesetzte Hilfe-Schaltfläche zu erzeugen: Hier müssen Sie nur noch eine passende Icon-Datei auswählen, was früher nur mit einigen eingebauten Exemplaren funktionierte, und die Eigenschaft *Hintergrundart* auf *Transparent* einstellen.

Abbildung 14.6: Eine Hilfe-Schaltfläche mit einem Popup-Hilfetext

14.2.9 Weitere Hilfe-Angebote

Dabei sollten Sie es nun auch bewenden lassen. Es gäbe auch noch die Möglichkeit, Hilfetexte etwa in *MsgBox*- oder *InputBox*-Fenstern anzubieten. Sie sind aber sicher in der Lage, die in diesen Fenstern angezeigten Texte so zu formulieren, dass der Anwender unfallfrei etwa zwischen »Ja« und »Nein« auswählen kann.

15 Bibliotheken und Komponenten in VBA

So manchem gestandenen Access-Entwickler wird das Grausen kommen, wenn er das VBA-Projekt von *dmsBase* öffnet und sich im *Verweise*-Dialog umschaut: Er strotzt vor Referenzen auf Fremdkomponenten.

Es gilt gemeinhin als unschick, eine Datenbank mit solch problematischem Ballast zu versehen. Neben der Ungewissheit, ob alle Komponenten wirklich so stabil zusammenarbeiten, wie es vorgesehen ist, werden Probleme bei der Weitergabe der Anwendung auf andere Rechner erwartet. Aber schauen wir einmal, ob sich Licht ins Dunkel bringen lässt – immerhin bringen diese externen Bibliotheken in den meisten Fällen eine ganze Menge wichtiger Funktionen mit, die in Access nicht enthalten sind.

ZWISCHENSPIEL

Büro. 14:33 Uhr. Amisoft am Telefon.

A m i s o f t . Herr ..., also wir nehmen einmal die Thunfisch-Pepperoni-Knoblauch mit doppelt Käse – groß! – und einmal Spinaci. Und eine große Flasche Cola.

M o s s a m i . Mann! Mann! Ich dachte, du wolltest abnehmen?

A m i s o f t . Hör du lieber auf zu rauchen! Außerdem jogge ich nachher noch eine Runde. Aber jetzt erklär mir mal, was du da dauernd von Type Libraries faselst?! Das mit den Verweisen ist mir ja klar, aber sind Type Libraries jetzt das Gleiche, oder wie? Muss man das überhaupt wissen?

Mossami. Nein, muss man nicht wissen. Du musst auch nicht wissen, wie die Einspritzpumpe von deinem Wagen funktioniert, um Autofahren zu können. Oder aus welcher Legierung das Material des Zylinderkopfs gegossen ist.

Amisoft. Ach nein, geht's auch etwas konkreter? Zum Beispiel vorhin, als VBA beim Kompilieren die eine Methode vom ShellExplorer nicht gefunden hat. Der Verweis war drin, es stand nichts von »Nicht gefunden« im Dialog. Ich hab die Komponente auch im Systemverzeichnis gespeichert!

Mossami. Ja, sorry, die hatte ich neu kompiliert, weil noch eine Eigenschaft dazukam. Ich hatte, glaube ich, vergessen, das VB-Projekt auf Binär-Kompatibilität zu setzen. Da hat dann das Interface nicht mehr gestimmt.

Amisoft. Interface? Und was und wo ist ein Interface? Ich finde in der VBA-Hilfe von Access nichts darüber.

Mossami. Das steht auch nichts. Gut, ich erklär es dir nachher. Das geht erst, nachdem ich was gegessen habe. Ich mache gerade noch das neue Ribbon fertig …

Auf einem Tisch im Büro stapeln sich Berge von Papier: Notizen, Fachzeitschriften, Rechnungen, Urlaubspostkarten aus der Karibik, leere CD-Hüllen. Mossami räumt einen Teil davon zur Seite, damit zwei Teller an einer Ecke des Tisches Platz finden. Die Espresso-Maschine wird vorsorglich eingeschaltet. Der Pizza-Service klingelt und das verspätete Mittagessen kann beginnen.

Amisoft. Da ist aber wenig Thunfisch drauf! Also wegen der Verweise habe ich einfach das Gefühl, meist im Nebel zu stochern, wenn ich es mir recht überlege. Du verwendest da dauernd Begriffe wie Interfaces, GUIDs, COM … Gibt es da irgendwo eine Dokumentation drüber?

Mossami. Schon, aber nicht für VBA. C++-Programmierer wissen hier genau, wovon die Rede ist. Um nochmal auf den Vergleich mit dem Auto zurückzukommen: Normal fährt das Ding, lässt sich mit ein paar Hebeln und Schaltern bedienen und du brauchst dich überhaupt nicht darum zu kümmern, welche Technik dahinter steckt oder welche Komponenten unter der Haube sitzen und wie die zusammenarbeiten. Aber spätestens, wenn es auf der A8 liegen bleibt und nicht mehr startet, wirst du mit all dem konfrontiert. Der Typ vom ADAC sagt was vom Anlasser, in der Werkstatt haben sie die Einspritzpumpe in Verdacht und präsentieren dir einen saftigen Kostenvoranschlag, und du stehst wie der Ochs vorm Berg, weil du mangels Wissen gar nicht einschätzen kannst, was Sache ist. Aber mit ein bisschen Know-how würdest du dich in einem solchen Fall sicherer fühlen. So ähnlich ist das vielleicht auch mit Visual Basic.

A m i s o f t. Aber als VBA-Entwickler bin ich doch quasi der Auto-Hersteller?

M o s s a m i. Sehe ich nicht so. Du fährst nur von A nach B, wählst die optimale Route. Wie die Fortbewegung technisch vonstatten geht, das ist Geheimnis der Opel-Leute.

A m i s o f t. Und weil du mal in Assembler programmiert hast, fährst du jetzt wahrscheinlich auch nur Fahrrad? Nee, komm, jetzt erklär wenigstens mal das mit den Type Libraries.

Mossami räuspert sich und hebt an zu dozieren. Ein Wirrwarr von Begriffen, wie Schnittstellenzeiger, Coclasses, OLE-Server, IDL-Beschreibung, Event-Sink, IUnknown, bricht über Amisoft herein. Erschlagen vom Vortrag ...

A m i s o f t. Ich hab' nicht die Hälfte verstanden! Das alles ist COM?

M o s s a m i. Ja, das ist eine ganze Welt für sich!

A m i s o f t. Wie wäre es, wenn du das einfach mal alles in Ruhe aufschreiben würdest? Damit könnte man vielleicht einen Beitrag online stellen.

M o s s a m i. Klar, hab' ja nichts Besseres zu tun ... Aber eigentlich hast du recht. Machst du gleich mal einen doppelten Espresso?

15.1 Fluch und Segen von VBA

Access-Entwickler werden von den Kollegen aus der C- oder Java-Fraktion meist nicht ernst genommen. Wer unter Visual Basic programmiert, hat keine Ahnung von den Untiefen und der Komplexität objektorientierter Ansätze. VB und VBA sind Kinderspielzeug. Der VB-Entwickler aber hält dem Wissenden entgegen, dass seine Applikation schon längst fertig ist, während dieser noch mit dem Schreiben von Header-Dateien beschäftigt ist und sich in Feinheiten der Klassenvererbung ergeht.

In der Tat kann man zuweilen den Eindruck gewinnen, dass C-Entwickler nur um des Programmierens willen programmieren und sie das eigentliche Ziel, eine Anwendung, die anderen Menschen den Arbeitsalltag erleichtern soll, aus den Augen verlieren. Umgekehrt ist aber auch richtig, dass Access-Entwickler dazu neigen, mit geringem Aufwand möglichst viel Effekt erreichen zu wollen, viel an ausgefeilten Oberflächen arbeiten und die Aneignung technischen Hintergrundwissens möglichst weit von sich schieben. Das kann gutgehen. Spätestens bei Problemen mit der Weitergabe von Access-Datenbanken aber wäre es sinnvoll, strukturiert vorzugehen, statt Trial-and-Error-Orgien zur Fehlerbehebung zu veranstalten. Den Problemen geht man jedoch nur auf den Grund, wenn ein Mindestmaß an Hintergrundwissen vorhanden ist. Gerade Verweisprobleme können recht komplex sein. Was sich hinter dem kleinen unscheinbaren *Verweise*-Dialog des VBA-Editors verbirgt, ja, des VBA-Systems überhaupt, das ist Teil des äußert umfangreichen *COM*-Systems von Windows.

15.2 Access und/oder Visual Basic For Applications

Wer unter Access arbeitet, sieht die gesamte Entwicklungsumgebung möglicherweise als eine kompakte Einheit, die verschiedene Facetten hat. Da gibt es Tabellen, Formulare, Berichte, Makros und Module und hinter all dem kann auch noch Code stehen.

Ein Klick auf die Schaltfläche mit den Pünktchen im Eigenschaftenfenster eines Steuerelements etwa öffnet sofort die zugehörige Ereignisprozedur im VBA-Editor. Also ist das alles doch eine integrierte Umgebung?

Was so schön zusammenpasst, ist in Wirklichkeit strikt in zwei Teilbereiche getrennt: Access ist das, was mit Tabellen, der Oberfläche und deren Entwurfsansichten zu tun hat. VBA dagegen ist allein für die Erstellung, Bearbeitung und Ausführung von Code verantwortlich. Beide Bereiche kommunizieren lediglich über eine definierte Schnittstelle, von der ein Entwickler nichts zu sehen bekommt.

Tatsächlich ist VBA nur ein Aufsatz zum eigentlichen Access. VBA wurde bei Microsoft als Ableger von Visual Basic 6 ganz unabhängig vom Einsatzgebiet entwickelt. VBA wurde sogar an andere Hersteller verkauft, damit diese die Entwicklungsumgebung in ihre Anwendungen integrieren können. Ein Beispiel dafür sind *CorelDraw* und *AutoCAD*. Beide Produkte enthalten eine Schnittstelle zu VBA, welche optional und separat installiert werden kann, um Automatisierungsaufgaben unter diesen Anwendungen möglich zu machen.

Microsoft bietet zu diesem Zweck ein *VBA SDK* (*Source Developer Kit*) an, das dokumentiert, wie man VBA mit eigenen Anwendungen weitergeben kann und wie die Schnittstelle aussehen muss. Jeder Entwickler konnte dieses SDK und die nicht gerade billige Lizenz dafür erwerben, um VBA mit der Eigenentwicklung zu vertreiben. (Selbst *mossami* hatte einst eine kleine Anwendung mit VBA-Unterstützung programmiert, die über den Demo-Status allerdings nie hinaus kam.)

Die letzte mit Office 2003 erschienene VBA-Version trug die Nummer 6.4. Seither wird VBA nicht mehr weiterentwickelt. Intern geschahen wohl noch einige Anpassungen an Office 2007, die in die Version 6.5 mündeten und etwa daran sichtbar werden, dass sich das Layout der Menüleisten des VBA-Editors farblich automatisch an für Office 2007 ausgewählte Themes wie *Aqua*, *Silver* und *Black* anlehnt. Funktionell gibt es aber keinen sichtbaren Fortschritt.

Dass VBA eine alleinstehende Entwicklungsumgebung darstellt, wurde jedem Access 2000-Entwickler deutlich, der die zugehörige Office-Developer-Version erwarb. Mit ihr war es möglich, ein VBA-Projekt auch ohne eine geladene Datenbank zu erstellen, darin etwa Klassenmodule zu programmieren und das Projekt als separate Datei mit der Endung *.vba* abzuspeichern. Genau auf diese Weise speichert etwa auch *CorelDraw* Automationsmodule. Und man konnte das komplette Projekt, das übrigens lediglich einen Verweis auf die VBA-Bibliothek benötigte, sogar in eine ActiveX-DLL kompilieren, die anschließend von beliebigen anderen Anwendungen verwendet werden konnte, wenn sie in die Verweise aufgenommen wurde.

Solche .vba-Dateien werden im Prinzip auch unter Access, Word oder Excel erzeugt, wenn ein VBA-Projekt gespeichert wird – dazu gibt es im Menü *Datei* des VBA-Editors ja auch den Eintrag *Speichern*. Es entsteht dabei jedoch keine externe .vba-Datei, sondern eine, die in das Speichersystem der jeweiligen Anwendung integriert wird. Für Excel und Word sind das die .doc- und .xls-Dokumentdateien, die selbst eine Art internes Dateisystem beherbergen. Sie liegen im Format für *Compound Documents* vor, was bedeutet, dass das Dokument aus verschiedenen Einzelteilen in einer Container-Datei zusammengesetzt ist. Ein Word-Dokument mit aufgezeichneten Makros etwa enthält eine Komponente für den eigentlichen Text inklusive Formatierungsauszeichnungen, eine VBA-Projekt-Datei und eine Datei, welche die Eigenschaften des Dokuments speichert. Zusammengehalten wird das alles über ein *COM*-System namens *Structured Storage*. Access-Datenbanken aber brauchen kein *Compound Document*-Format als Container, weil sie alles zur Speicherung Nötige bereits mitbringen: nämlich Tabellen. Und tatsächlich ist auch das VBA-Projekt in einer Tabelle untergebracht – in BLOBS der Systemtabelle *MSysAccessStorage* nämlich. Werden die Datensätze dieser rekursiven Tabelle in einer Baumansicht dargestellt, dann sieht das etwa wie in folgender Abbildung aus.

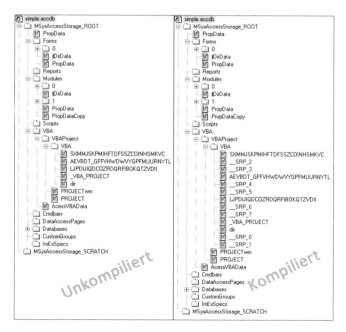

Abbildung 15.1: Gespeichertes VBA-Projekt in der Tabelle *MSysAccessStorage* einer einfachen Access-Datenbank

Man kann erkennen, dass die Datenbank zwei Module und ein Formular enthält. Im Zweig *VBAProject* findet man drei Datensätze (*Streams*) mit langen Buchstabenkombinationen. Das sind die VBA-Codes – zwei für die Module und eines für das Klassenmodul des Formulars. Der Aufbau des Formulars selbst wird also getrennt von seinem Klassencode verwaltet. Alles, was sich unter dem Zweig *VBA* befindet, ist übrigens das VBA-Projekt und ließ sich mit der Access 2000 Developer Version in einer separaten *vba-Storage*-Datei abspeichern. Interessant ist der Unterschied im VBA-Projekt vor und nach Kompilierung. Die Kompilierung erzeugt diverse nummerierte *_SRP-Streams*. Das sind die binär gespeicherten Kompilate, also das, was der Prozessor später zur Ausführung vorgesetzt bekommt. Wenn Sie eine Datenbank dekompilieren, dann werden einfach diese *_SRP*-Streams entfernt. Tatsächlich können Sie gefahrlos diese Datensätze auch mit folgender SQL-Anweisung löschen und die Datenbank damit dekompilieren:

```
CurrentDB.Execute "DELETE FROM MSysAccessStorage WHERE [Name] LIKE '__SRP*'
```

15.3 Fachchinesisch

Damit verständlich wird, wovon im Nachfolgenden die Rede ist, gibt es hier eine kleine FAQ zu Begriffen rund um das Thema *Verweise*.

15.3.1 Was ist ein Verweis und was zeigt der Verweise-Dialog?

Was Otto Normalverbraucher über Verweise weiß, ist, dass der Dialog zum Hinzufügen und Entfernen von Verweisen im VBA-Editor über das Menü *Extras|Verweise* zu erreichen ist. Ein Verweis ist, wie der Name schon sagt, nichts anderes als ein Verweis auf eine Komponente, die sich außerhalb des VBA-Projekts befindet. Unter Access gibt es hier grundsätzlich zwei unterschiedliche Arten von Komponenten: *COM*-Komponenten und Bibliotheksdatenbanken. Letztere sind schlicht Access-Datenbanken, die eine beliebige Dateiendung wie *.mdb*, *.mde*, *.mda*, *.adp*, *.ade*, *.accdb*, *.accde* und so weiter aufweisen können. Wenn Sie den *Verweise*-Dialog im VBA-Editor von Microsoft Word öffnen und auf die Schaltfläche *Durchsuchen* klicken, so werden Sie feststellen, dass dort andere Dateitypen zur Auswahl stehen, nämlich Dokumentdateien statt Datenbankdateien.

Was können Access-Datenbanken und Word-Dokumente gemeinsam haben? Ein VBA-Projekt! Wird eine solche Office-Datei also in die Verweise geladen, so interessiert ausschließlich das darin enthaltene VBA-Projekt. Es wird im VBA-Projektexplorer dann auch als separates Projekt im Baum angezeigt und auf darin enthaltene Module oder Klassen kann man über den Namen des Fremdprojekts zugreifen. Dass Access nicht auch Word-Dokumente in die Verweise laden kann, liegt einfach daran, dass es deren

Dateiaufbau nicht kennt und daher nicht weiß, wie es an das enthaltene VBA-Projekt herankommen kann. Für den Rest dieses Kapitels lassen wir Bibliotheksdatenbanken aber links liegen, weil sie mit den typischen Verweisproblemen nichts zu tun haben.

Woher nimmt nun der *Verweise*-Dialog seine angezeigten *Verfügbaren Verweise*? Die Liste ergibt sich aus einem Scan bestimmter Schlüssel der Registry unter *HKEY_CLASSES_ROOT*. Die Bezeichnung *Verfügbare Verweise* ist dabei allerdings irreführend, denn die Liste ist nicht vollständig und es gibt noch weit mehr Verweise als dort aufgeführt.

So berücksichtigt VBA beim Scannen der Schlüssel grundsätzlich keine ActiveX-Steuerelemente, was reichlich unlogisch ist. Auch werden immer nur die höchsten Versionen einer Verweisbibliothek ermittelt. Ist etwa Word in den Versionen 2003 und 2007 parallel installiert, so findet man lediglich den Verweis auf die Bibliothek von *Word 2007* – einen Verweis auf *Word 2003* muss man gegebenenfalls manuell über die *Durchsuchen*-Schaltfläche hinzufügen.

Hieraus ergibt sich bereits Folgendes: VBA interessiert weniger, welche Dateien sich auf dem Rechner befinden, als vielmehr das, was in der Registry eingetragen ist. Im Gegenteil: Es weiß gar nichts von den physischen Komponentendateien im System. Ein Verweis auf eine *COM*-Komponente ist also ein Verweis auf einen Registryeintrag. Und erst unter diesem Eintrag ist verzeichnet, wo die Datei sich eigentlich befindet.

15.3.2 Was macht VBA mit einem Verweis?

Findet VBA zu einem Verweis einen Registryeintrag im Zweig *Typelib* von *HKEY_CLASSES_ROOT*, dann hangelt es sich zum Unterschlüssel *win32* durch, unter dem steht, wo die Verweiskomponente sich im Dateisystem befindet. Daraufhin lädt es diese Datei in den für Access reservierten Speicher. Über die ins VBA-Projekt aufgenommene *Type Library* kann es nun indirekt Funktionen in der Datei ausführen. Genauere Ausführungen dazu folgen später.

Wenn Sie den Zweig *Typelib* im Registry-Editor öffnen, werden Sie feststellen, dass dort nur wirre Zeichenfolgen zu finden sind. Das sind so genannte GUIDs. Ein Verweis ist in VBA mit vier Informationen gespeichert: der Name der Bibliothek (etwa *Microsoft Access 12.0 Object Library*), der *COM*-Name der Bibliothek (etwa *Access*), Name und Ort der Datei (etwa *c:\programme\microsoft office\office12\msacc.olb*), unter dem sie sich beim Anlegen des VBA-Projekts befand, und die GUID (*{4AFFC9A0-5F99-101B-AF4E-00AA003F0F07}*). Und gerade die GUID ist die wichtigste Information: Über sie findet VBA den korrekten Registry-Eintrag im Zweig *Typelib*.

Was geschieht aber, wenn die Datei sich gar nicht an dem Ort befindet, der in der Registry unter *win32* angegeben ist? Darüber gibt es keine Aussagen von Microsoft. Es scheint sich dieses Szenario abzuspielen: Zunächst wird der im VBA-Projekt zum Verweis gespeicherte Pfad konsultiert. Befindet sich die Datei dort, lädt es diese und registriert sie möglichweise zusätzlich. Ist sie auch im gespeicherten Pfad nicht zu finden, dann wird der Systempfad bemüht. Das ist die Sammlung von Standardverzeichnissen, in denen sich Systemdateien befinden, etwa *c:*, *c:\windows*, *c:\windows\system32* und so weiter. Führt auch diese Suche nicht zum Ziel, dann scheint VBA die Registry abermals nach dem Namen der Bibliothek im Zweig *CLSID* zu durchkämmen.

Aber danach ist Schluss mit lustig, VBA verzeichnet den Verweis im Dialog als *NICHT GEFUNDEN* und meldet seit Access 2003 zusätzlich, dass sich ein nicht auflösbarer Verweis im Projekt befindet. Unter Office 2007 gibt es außerdem ein nicht dokumentiertes Feature: Bei ersten Laden einer Datenbank auf einem Rechner und bei defekten Verweisen sucht VBA in seiner Not einfach im Dateisystem nach der passenden Datei und zeigt dies in einem Fortschrittsdialog auf ähnliche Weise an wie bei Desktop-Verknüpfungen, die einen Verweis auf eine nicht mehr vorhandene Anwendung enthalten. Welche Verzeichnisse dabei genau berücksichtigt werden, ist unklar. Der Vorgang läuft auch nur ein einziges Mal ab. Bei erneutem Laden der Datenbank tritt dies nicht mehr auf.

15.3.3 Was ist eine Komponente?

Wenn hier und andernorts von Komponenten die Rede ist, so sind damit alle Dateien gemeint, die eine Datenbank zum Funktionieren benötigt und die nicht Teil einer Access-Installation sind. Das müssen nicht unbedingt Verweisdateien sein.

Normale DLLs etwa benötigen keinen Verweis-Eintrag, sondern API-Deklarationen in Modulen, denn sie besitzen keine *Type Library*. Zum Extrahieren von reinem Text aus PDF-Dokumenten verwendet *dmsBase* eine zusätzliche Kommandozeilenanwendung *pdftotext.exe*; auch das ist eine Komponente der Datenbank ohne Verweis. Eine genauere Definition gibt es nicht. Hier, im Zusammenhang mit Verweisen, sind aber meist ActiveX-Komponenten gemeint.

15.3.4 Was ist eine Type Library?

Man kann es auch auf Deutsch übersetzen: Eine *Type Library* ist eine Typbibliothek oder einfach kurz eine Bibliothek. Die Bibliotheken eines VBA-Projekts lassen sich im Objektkatalog der Entwicklungsumgebung einsehen. Die wichtigste Bibliothek eines VBA-Projekts ist die eigene: Eine Access-Datenbank, die Sie etwa unter dem Namen *Kunden.accdb* abspeichern, erhält automatisch auch den VBA-Projektnamen *Kunden*, sofern sie anschließend nicht im Eigenschaftenfenster von VBA umbenannt wird. Und die Bibliothek *Kunden* finden Sie dann folgerichtig auch im Objektkatalog.

Was kann man sich unter einer Typbibliothek vorstellen? Eigentlich wäre die Bezeichnung *Klassenkatalog* passender. Denn eine *Type Library* katalogisiert die Gesamtheit von Klassen, die eine Verweisdatei dem VBA-Projekt zur Verfügung stellt. *Inhaltsverzeichnis* wäre aber ein ebenso zutreffender Begriff.

Eine *Type Library* ist aber nicht nur ein abstrakter Begriff, sondern es gibt auch eine physische Entsprechung. In der einfachsten Form findet sie sich in einer *TLB*-Datei wieder. Ein Beispiel ist die Bibliothek *OLE Automation* mit der Datei *stdole2.tlb* Solche Dateien enthalten selbst keinerlei Funktionalität, sondern leiten Methodenaufrufe lediglich an die richtigen Komponenten weiter. Funktionen, die über die *stdole2.tlb* aufgerufen werden, werden etwa an die Systemdatei *olepro32.dll* von Windows delegiert. Eine andere Art von Typbibliothek sind *OLB*-Dateien. Der Access-Verweis selbst läuft etwa auf die *msacc.olb*, die nichts weiter ausführt, als Funktionen in der *msaccess.exe* zu vermitteln. Der Unterschied zwischen *TLB* und *OLB* besteht nur darin, dass bei Letzterer die Typbibliothek als Ressource in eine DLL integriert wird, welche die Endung *OLB* bekommt. Der einzige Vorteil einer *OLB* ist, dass diese wie alle DLLs zusätzlich Versionsinformationen enthalten kann.

Abbildung 15.2: Die Access-Bibliothek msacc.olb im Ressourcen-Editor

Alle anderen ActiveX-Komponenten haben die Type Library ebenfalls als Ressource in der Datei integriert. Das gilt für ActiveX-DLLs, wie etwa die *acedao.dll* (*Microsoft Office Access 2007 Data Engine*), für ActiveX-Controls (OCXe) und auch für ActiveX-Automationsanwendungen, wie die *excel.exe*. Wichtig bleibt hier festzuhalten: In die Liste der Verweise können mit Ausnahme der Bibliotheksdatenbanken nur Dateien aufgenommen werden, die *Type Libraries* enthalten.

Abbildung 15.3: Die ActiveX-DLL mdivwctl.dll im Ressourcen-Editor

15.3.5 Was ist OLE?

Es gibt ein Durcheinander bei Microsoft, was die genaue Definition von *OLE*, von *COM* und von *ActiveX* angeht. Eigentlich sollte OLE (*Object Linking and Embedding*), das bereits 1992 das Licht der Welt erblickte, als Begriff nur den Mechanismus zum Einbetten fremder Objekte in eine Anwendung beschreiben. Das war bereits unter *Windows 3.1* und *Word 6* möglich. In ein *Word*-Dokument konnte etwa ein Excel-Blatt eingebettet werden. Dabei ist eine Kommunikation zwischen dem eingebetteten Objekt, das ja im Hintergrund eine fremde Anwendung benötigt (*Excel*), um dargestellt und bearbeitet werden zu können, und der Container-Anwendung (*Word*) nötig, die sich aus dem DDE-System entwickelt hat. Und dieses Schnittstellensystem wurde OLE getauft.

Wenige Jahre später entwickelte sich OLE enorm weiter und hielt in *Windows 95* Einzug – nicht nur zur Einbettung von Objekten, sondern an vielen Stellen des Betriebssystems selbst. Es wurde der Versuch unternommen, fast alle Elemente der Shell als Objekt zu handhaben, um etwa Verknüpfungen und Drag and Drop zu realisieren, und sich dabei auf möglichst abstrakter Ebene zu bewegen. Das nannte man schließlich COM, *Component Object Model* – zu Deutsch: Komponentenmodell. Mit weiterem Ausbau wurde daraus letztlich der Begriff *ActiveX*, ein Vorgang, der im Wesentlichen auf das Marketing von Microsoft zurückgeht.

Richtiges OLE kommt unter Access eigentlich nur beim Einbetten von Objekten in den OLE-Feldern von Tabellen zum Einsatz. Mit den Verweisen oder der VBA-Programmierung hat es nichts zu tun. Dennoch sind auch heute noch Spuren aus alten Zeiten in Access zu finden: Wenn Sie etwa mit der Fehlermeldung *Der OLE-Server konnte nicht gefunden werden* in einem defekten Formular konfrontiert werden, dann gibt es tatsächlich gar keinen OLE-Server – gemeint ist ein COM-Server.

15.3.6 Was ist COM?

Wie im vorigen Absatz erwähnt, ist COM (*Component Object Model*) die Weiterentwicklung von OLE und stellt ein System objektorientierter Ansätze zur Kommunikation zwischen verschiedenen Komponenten dar. Es findet sich überall in Windows wieder. Obwohl es schon über zehn Jahre auf dem Buckel hat, ist es auch unter *Windows Vista* noch immer ein elementarer Bestandteil des Systems. Die Absicht, die hinter COM steht, ist die, dass verschiedene Anwendungen und DLLs sich gegenseitig benutzen können, ohne Genaueres übereinander wissen zu müssen. Es muss lediglich eine Schnittstelle definiert sein, damit sie aufeinander zugreifen können. Und die Komponenten müssen Klassen bereitstellen. Zu jeder Klasse gibt es eine Schnittstelle, die sich *Interface* nennt. Der Katalog der *Interfaces* und Klassen ist, wie bereits erwähnt, eine *Type Library*. Nur über diese wissen die Komponenten untereinander Bescheid. Ziel der ganzen Angelegenheit war auch Plattformunabhängigkeit. Über COM sollten, da die *Type Library* das einzig Wissenswerte einer Komponente ist, im Prinzip auch etwa Linux-Anwendungen zugreifen können. Dies hat sich genauso wenig durchgesetzt, wie aktuell die Plattformunabhängigkeit von .NET, dem Nachfolger von COM.

Wichtig ist festzuhalten: COM ist die Basis für alles, was sich unter Visual Basic abspielt. Das gilt natürlich ebenso für VBA. Sie als VBA-Entwickler bekommen allerdings von alledem nichts mit. Sie benutzen COM, ohne sich über dessen Implementation Gedanken machen zu müssen – im Gegensatz zu den Kollegen aus der C++-Fraktion.

15.3.7 Was ist ActiveX?

Aus COM wurde ActiveX. Es gibt wirklich wenig, was Anlass zu einer Neubenennung gegeben hätte. Selbst Microsoft-Mitarbeiter gaben auf die Frage, was denn ActiveX genau sei, die Antwort: *It's just COM!* ActiveX wurde modisch so genannt, weil Microsoft seinerzeit (1996) die Werbetrommel für die neuen ActiveX-Steuerelemente rühren wollte, die überall im aufkommenden Web als in HTML-Seiten einbettbare Elemente den Siegeszug antreten sollten. Sicherheitsprobleme und mangelnde Akzeptanz anderer Betriebssystemhersteller haben dem einen Riegel vorgeschoben.

Außerdem wurde COM noch so erweitert, dass Objekte auch auf entfernten Rechnern verwaltet und erstellt werden können (*DCOM – Distributed COM*), wofür ein neues Kommunikationsprotokoll eingesetzt wurde (*RPC – Remote Procedure Calls*).

Belassen wir es einfach bei der Feststellung, dass ActiveX ein Synonym für eine moderne COM-Version ist.

15.3.8 Was ist eine ActiveX-Bibliothek?

Aus der Kombination der Begriffe *ActiveX* (*COM*) und *Bibliothek* (*Type Library*) ergibt sich eigentlich schon die Bedeutung dessen, was eine ActiveX-Bibliothek ausmacht: Es ist eine Komponente, die eine *Type Library* enthält und über COM ansteuerbar ist. Eine *TLB* oder *OLB* ist aber damit noch keine ActiveX-Bibliothek, denn sie enthält selbst keine Funktionen und ist damit auch nicht selbst steuerbar. Die Bezeichnung bleibt damit aktiven Komponenten vorbehalten. Meist ist der Begriff gleichbedeutend mit einer ActiveX-DLL.

15.3.9 Was ist ein ActiveX-Steuerelement?

Wenn man eine ActiveX-Bibliothek mit einer visuellen Komponente ausstattet, die sich in einen anderen visuellen Container einbetten lässt und dabei gewissen Richtlinien für die Kommunikation über spezielle, genau definierte *Interfaces* genügt, dann hat man ein ActiveX-Steuerelement vor sich. Zur Abgrenzung von ActiveX-DLLs bekommen solche Controls meist die Dateiendung *.ocx* verpasst. Rein technisch gibt es aber keinen Unterschied zwischen einem OCX und einer ActiveX-DLL, die ebenfalls Controls enthalten kann. Es ist einfach eine Frage der Benennung.

Beispiel gefällig? Die Steuerelemente der *Microsoft Forms*-Bibliothek, von der in *dmsBase* etwa das *MSForms Image Control* zum Einsatz kommt, sind in der Datei *fm20.dll* enthalten. Umgekehrt lassen sich nichtvisuelle Klassen einer OCX-Datei meist auch verwenden, wenn sie lediglich in die Verweise aufgenommen wird, ohne in ein Formular eingefügt werden zu müssen. Tatsächlich können Sie etwa ein *Treeview* auch rein per Code erstellen, wenn die Datei *mscomctl.ocx* in die Verweise eingebunden wird – nur zu sehen sein, wird es nicht. Und um die Verwirrung komplett zu machen: Ein ActiveX-Steuerelement muss nicht sichtbar sein, jedenfalls nicht zur Laufzeit. Ein Beispiel ist das *ImageList*-Element, welches *TreeViews* mit Bildsymbolen speisen kann.

Ein wesentlicher Unterschied zu ActiveX-Bibliotheken besteht dennoch: Die *Type Library* eines ActiveX-Controls muss nicht zwingend in die Verweise eingebunden werden, um per Code steuerbar zu sein. Access setzt zwar automatisch einen Verweis auf die Bibliothek, wenn es in ein Formular eingebettet wird, bleibt den Nachweis jedoch schuldig, wozu das überhaupt gut ist. Da Sie über den Namen des Steuerelements im Formular und schließlich über dessen Eigenschaft *Object* implizit direkten Zugriff auf die Klasse haben, kann auf den zusätzlich Verweis auch gut verzichtet werden.

Erst wenn zusätzliche Klassen der Bibliothek ins Spiel kommen, ohne die das Steuerelement schlecht gehandhabt werden kann, ist ein Verweis sinnvoll. Im Verein mit dem *TreeView Control* etwa ist die zusätzliche Verwendung von *Node*-Objekten fast unumgänglich, wie Sie im Klassenmodul des Formulars *frmDocMain* von *dmsBase* sehen können. An das *Node*-Objekt kommen Sie aber nur über die Verweisbibliothek. Wenn solche zusätzlichen Klassen aber nicht erforderlich sind, dann entfernen Sie besser den Verweis aus dem VBA-Projekt. Das ist eine potenzielle Fehlerquelle weniger.

15.3.10 Was ist der Unterschied zwischen einer DLL und einer ActiveX-DLL?

Die Antwort auf diese Frage ergibt sich eigentlich bereits aus den vorhergehenden Antworten. Weil aber oft Verwirrung darüber herrscht, wann genau eine DLL in die Verweise aufzunehmen ist und wann nicht, hier nochmal die Unterscheidung: Eine normale DLL enthält keine *Type Library* und kann deshalb auch nicht über die Verweise ins VBA-Projekt eingebunden werden. Sie sprechen sie nur über API-Deklarationen in Modulen an. Von außen sieht man einer DLL-Datei indes nicht an, ob es sich um eine ActiveX-Bibliothek oder um eine normale DLL handelt. Hier hilft nur die Dokumentation zur Komponente weiter.

15.3.11 Was ist ein OLE-Server, was ein OLE-Client?

Unter 15.3.5, »Was ist OLE?«, wurde bereits erwähnt, dass der Begriff *OLE* im Zusammenhang mit Verweisen und ActiveX-Komponenten fehl am Platz ist. Ersetzen wir ihn also durch ActiveX und sprechen von *ActiveX-Servern* und *ActiveX-Clients*. Hier kommen bestimmte Regeln von COM zum Tragen. Die Komponente, die Klassen zur Verwendung bereitstellt, wird *Server* genannt. Die Komponente, die sie dann verwendet, ist der *Client*. Die benutzende Seite liest aus der *Type Library*, welche Funktionen zur Verfügung stehen, und spricht sie dann über das Klasseninterface des Servers an. Ein Beispiel, das Ihnen vielleicht merkwürdig vorkommen wird: In einer Access-Datenbank haben Sie immer einen Verweis auf die Microsoft Access Object Library und Access ist dabei der Server, VBA ist der Client. Wenn etwa die Methode *Application.Quit* angesprochen wird, dann führt nicht VBA das Schließen der Anwendung aus, sondern der Server Access, auf den über die Typbibliothek des Verweises zugegriffen wird.

Ob Server oder Client: Was ist daran so wichtig? Das Verfahren an sich nicht, wohl aber die Tatsache, dass es zwei Arten von ActiveX-Servern gibt: Einmal die so genannten *In-Process-Server* und dann die *Out-of-Process-Server*. Eine ActiveX-DLL etwa stellt einen *In-Process-Server* dar, weil sie in den Prozessraum, also den Speicher von Access geladen wird und damit gleichsam zu diesem gehört. Eine ActiveX-Exe hingegen gehört zu einem anderen, separaten Prozess. Wenn Sie die Excel-Bibliothek in die Verweise aufnehmen und ihre Funktionen ansprechen, dann wird Excel natürlich nicht in den Prozess von Access geladen, sondern als eigenständiger Prozess ausgeführt. Die Kommunikation zwischen *COM-Client* und *-Server* verändert sich dabei grundlegend. Während bei einem *In-Process-Server* die Funktionalität direkt so verwendet werden kann, wie Funktionen von Access selbst, muss zu einem anderen Prozess ein spezieller Kommunikationskanal aufgebaut werden. Der andere Prozess wird dabei lediglich ferngesteuert. Wir haben es dann mit OLE-Automation zu tun – in unserem Beispiel mit Excel-Automation.

15.3.12 Was ist Marshalling?

Ein OLE- oder ActiveX-Server wie Excel, der in einem anderen Prozess abläuft, wird über ein Verfahren ferngesteuert, das sich *Marshalling* nennt. Wenn Sie ein Flugmodell fernsteuern, dann könnten Sie das ganze System der Fernsteuerung als *Marshalling* betrachten. Der Funkkanal und die Daten, die übermittelt werden, sind dabei das Kommunikationsprotokoll, welches sich im Falle von COM-Marshalling *RPC* (*Remote Procedure Call*) nennt. Leider ist mit diesem Protokoll ein gehöriger Verwaltungs-Overhead verbunden, sodass die Fernsteuerung weit träger vonstatten geht als bei einer Funkfernsteuerung. Eher ist der Vorgang schon mit der Kommunikation zwischen einem Browser – dem Client – und dem Internet-Server über das TCP/IP-Protokoll vergleichbar. Deshalb ist auch die Automation von Office-Anwendungen aus Access heraus eine Angelegenheit, bei der man sich schnellere Abwicklung wünschen würde. Die gleichen Anweisungen, die Sie etwa unter Excel in einem eingebauten Makro ausführen lassen, nehmen bei der Fernsteuerung aus Access heraus wegen der *Marshalling*-Nebeneffekte ein Vielfaches der Zeit in Anspruch.

15.3.13 Was sind GUIDs, CLSIDs und ProgIDs?

Dass eine Typbibliothek in erster Linie durch eine GUID identifiziert wird, haben Sie bereits unter 15.3.2, »Was macht VBA mit einem Verweis?«, erfahren. Die GUID (*Global Unique Identifier*) ist eine Zahl mit 16 Byte oder 128 Bit und kann von Windows als uhrzeitgesteuerte Zufallszahl erzeugt werden. Ihr Wertebereich ist damit so hoch, dass es praktisch ausgeschlossen ist, dass eine so erzeugte ID mehr als einmal auf der Welt vorkommt. So hohe Werte lassen sich im Dezimalsystem schlecht darstellen, weshalb GUIDs immer als Hexadezimalzahlen daherkommen. Diese GUIDs sind für COM enorm wichtig. Durch sie werden alle Elemente, ob Bibliotheken, Schnittstellen, Methoden oder Eigenschaften eindeutig festgelegt. Sie können sich das wie die Schlüssel einer Datenbank-Tabelle vorstellen: Legen Sie etwa eine Tabelle namens *tblTypeLibrary* an und vergeben Sie zwei Felder. Das erste ist der Primärschlüssel GUID, das zweite ein Textfeld für den Namen der Bibliothek. Den Schlüssel stellen Sie auf Autowert ein, jedoch nicht mit dem Datentyp *Long*, sondern als *Replikations-ID*. Wenn Sie schließlich einen Datensatz eingeben – sagen wir *Excel* –, dann wird tatsächlich eine GUID im Schlüsselfeld erzeugt, die den Datensatz nicht nur in dieser Datenbank eindeutig identifiziert, sondern ihn weltweit einmalig macht. Deshalb eignen sich solche Schlüssel auch für das Replizieren unterschiedlicher Datenbanken mit den gleichen Tabellen.

Tatsächlich ist die Registry eine solche Datenbank, wenn auch die dahinter arbeitende Engine nichts mit *JET* oder *ACE* zu tun hat. Ihr gesamter Zweig HKEY_CLASSES_ROOT ist dabei mehr oder weniger dem COM-System von Windows vorbehalten. Neben dem Zweig *Typelib* sind noch zwei weitere Zweige von großer Bedeutung: *Interface* und *CLSID*. Das sind quasi Detailtabellen zu *tblTypelibrary*. Auch in ihnen sind die Datensätze durch GUIDs identifizierbar. Der Zweig *Interface* liefert uns alle registrierten Klassen im System. So finden Sie ein Interface mit der GUID {68CCE6C0-6129-101B-AF4E-00AA003F0F07}, das den Namen *_Application* trägt. Das Interface hat einen Unterschlüssel *TypeLib* und dort steht, auf welche Typbibliothek sich das Interface bezieht. In diesem Fall haben wir es mit der Access-Bibliothek zu tun. Die angeführte GUID gibt damit das *Application*-Objekt von Access an. Die *Interface*-Schlüssel der Klassenobjekte sind somit gleichsam die Detaildatensätze der Haupttabelle *tblTypeLibrary*. Was die Registry nicht auch noch verzeichnet, sind die Methoden und Eigenschaften der Klassen. Auch diese werden in COM nämlich mit GUIDs versehen, um identifizierbar zu bleiben.

Fehlen noch die CLSIDs (*Class Identifier*). Diese GUIDs bezeichnen Klassen und Objekte abermals. Allerdings nicht deren *Interfaces*, sondern die instanzierbaren Objektklassen, die so genannten *CoClasses*. Die zum Interface *Access.[_Application]* gehörende instanzierbare *Application*-Klasse ist mit dem *CLSID*-Schlüssel {73A4C9C1-D68D-11D0-98BF-00A0C90DC8D9} gegeben. In seinen Unterschlüsseln wiederum findet man, ähnlich wie in den Unterschlüsseln zu *TypeLib*-Einträgen, Angaben zum Ort der Datei, die diese Klasse bereitstellt. Und außerdem noch die so genannte *ProgID*, ein Textfeld, das den exakten Klassennamen enthält; für das Beispiel wäre das *Access.Application.12*.

Aus alledem wird deutlich, wie wichtig die Konsistenz der Registrierungsdatenbank und ihrer GUID-Schlüssel ist. Ihre Einträge müssen exakt zu den GUIDs passen, die in einer *Type Library* enthalten sind. Es reicht ein einziges falsches Byte, und schon lässt sich eine Kette von über GUIDs verknüpften Objekten nicht mehr auflösen. Auch in dieser Hinsicht ähnelt das COM-System einer Datenbank mit referentieller Integrität. Ein falscher Index in der Haupttabelle, und schon können Detaildatensätze nicht mehr zugeordnet werden. So, wie Tabellen und Indizes in einer Access-Datenbank bei Korruption defekt werden können, verhält es sich auch mit diesen GUID-Abhängigkeiten. Fehler in der GUID-Kette führen denn etwa auch zu Verweisproblemen. Leider gibt es für dieses System keine *Komprimieren & Reparieren*-Anweisung. Eine Typbibliothek kann maximal neu registriert werden, um wieder Konsistenz herzustellen. Dazu später mehr.

Es wurde gesagt, dass eine *CLSID* ein Objekt genau identifiziert. Nun machen Sie die Probe aufs Exempel und schauen Sie sich den Schlüssel für *Access.Application* auf einem System an, das Access 2003 installiert hat. Auch hier werden Sie die oben bereits angeführte GUID *{73A4C9C1-D68D-11D0-98BF-00A0C90DC8D9}* finden. Der Unterschied ist lediglich, dass der Unterschlüssel *ProgID* die Bezeichnung *Access-Application.11* enthält. Also gibt es nur einen Unterschied in der Versionsnummer der Klasse. Ist damit die eindeutige Zuordnung von Klassen zu GUIDs nicht aufgehoben? Nein, denn aus der Sicht von COM ist eine *Access.Application* nunmal eine *Access.Application*, ungeachtet der Versionsnummer der Bibliothek oder der Anwendung.

Alle *Access.Applications* tragen dieselbe GUID. Hier wird ein zweites potenzielles Problem mit *Type Libraries* deutlich. Eine GUID kann auf verschiedene Versionen einer Bibliothek verweisen, die möglicherweis auch unterschiedliche Methoden mitbringen. Um solchen Problemen aus dem Weg zu gehen und Stabilität zu gewährleisten, checkt Access auch bei jedem Start die Konsistenz der Registryschlüssel. Findet es dabei Fehler, dann stellt es die Einträge wieder her. Das ist auch der Grund, warum bei Parallelinstallation etwa von Access 2003 und Access 2007 jedesmal der Installer auf den Plan tritt. Access 2007 findet etwa beim Start vermeintlich falsche Registryeinträge vor, wenn zuvor Access 2003 aktiv gewesen ist, und repariert diese. Aus Unsicherheit darüber, ob nicht möglicherweise noch mehr kaputtgegangen ist, werden dann gleich auch noch einige Dateien ausgetauscht. Starten Sie anschließend Access 2003, dann wiederholt sich das Spiel von Neuem.

15.3.14 Warum muss eine ActiveX-Komponente registriert werden?

Aus den bisherigen Abschnitten geht hervor, dass COM nicht funktionieren kann, wenn es nicht über GUIDs Informationen über Typbibliotheken in der Registry findet. Das Ziel von COM ist ja möglichst große Flexibilität. Ein Verweis benötigt nicht eine Datei in einem vorbestimmten Verzeichnis, um zu funktionieren. Der Ort muss nicht fest im VBA-Projekt gespeichert sein, die Adressen von Funktionen der Bibliothek müssen nicht bekannt sein. Das alles wird entweder erst zur Laufzeit über Informationen aus der Registry aufgelöst oder auch beim Kompilieren in den Binärcode des VBA-Projekts geschrieben. (Deshalb führen bereits auch kleinste Änderungen am VBA-Code oder in den Verweisen dazu, dass das VBA-Projekt sich dekompiliert, das heißt, den bereits erstellten Binärcode ungültig macht.)

Damit zu einem Verweis Informationen aus der Registry geholt werden können, müssen sie dort auch vorhanden sein. Das geschieht beim Registrieren einer ActiveX-Komponente. Dabei werden alle nötigen Schlüssel zu GUIDs, Interfaces und *Type Library* in die Registry eingetragen.

Das Schicke ist, dass dazu nicht etwa eine *.reg*-Datei nötig ist, sondern eine ActiveX-Komponente das von sich aus erledigen kann. Wird etwa eine ActiveX-DLL mit der Hilfsanwendung *regsvr32.exe* geladen, dann wird in ihr lediglich die Funktion *DLLRegisterServer* aufgerufen.

Die DLL schreibt im Verlauf dieser Routine dann ihre eigenen Registryeinträge. Der umgekehrte Vorgang, das Löschen dieser Einträge, ereignet sich, wenn *regsvr32* mit dem Kommandozeilenparameter *-u* ausgeführt wird, was die Funktion *DLLUnregisterServer* in der DLL aufruft. Die DLL löscht dann ihre eigenen Registryeinträge.

Wenn Sie eine Anwendung mit ActiveX-Fremdkomponenten ausliefern, so müssen Sie Sorge dafür tragen, dass diese auf dem Zielsystem registriert werden, wenn es nicht zu Verweisproblemen kommen soll. Das kann über ein richtiges Installationssystem geschehen, oder, im einfachsten Fall, über eine Batch-Datei – mehr dazu in Kapitel 16, »Installation und Wartung«.

Auch mit dem Registrieren ist ein gewisses Problempotenzial verbunden. So kann etwa eine andere Anwendung die gleiche Komponente *mscomctl.ocx* mitbringen und registrieren, wie Sie sie mit Ihrer Datenbank für das *TreeView*-Steuerelement weitergeben – mit dem Unterschied, dass die Komponente der anderen Anwendung älter ist. Leider gibt es von dieser Datei unterschiedliche Versionen, die sich auch funktionell leicht unterscheiden. Wie unter 15.3.13, »Was sind GUIDs, CLSIDs und ein ProgIDs?«, erwähnt, haben die Typbibliotheken beider Versionen aber die gleiche GUID.

VBA findet folglich genau so die veraltete Version über den Verweis und versucht eventuell, Methoden daraus aufzurufen, die es früher noch gar nicht gab – und schon knallt es bei Ausführung des Codes. Lösen lässt sich dieses Problem nur, indem Sie erstens immer die aktuellste Version einer Komponente weitergeben und zweitens für Ihre Anwendung eine Option vorsehen, über die Ihre Komponenten erneut registriert werden können. Ein solches Feature enthalten Office-Anwendungen etwa über den Menübefehl *Erkennen und reparieren*.

15.3.15 Was ist ein Interface?

Wenn Sie mit Klassen unter VBA arbeiten, dann sprechen Sie diese über ihren Namen an. Und fast alles, was Sie unter VBA programmieren, steht mit Klassen in Zusammenhang, auch wenn Ihnen das gar nicht bewusst sein sollte. Wenn Sie etwa die Funktion *Left()* verwenden, dann ist das eine Funktion der Klasse *Strings* der Typbibliothek *VBA*, die in den Verweisen steht. Sie müssen aber weder die Bibliothek in der Funktion angeben, noch den Klassennamen, weil die Klasse als *Global Multiuse*-Objekt bereits automatisch vorinstanziert ist. Der VBA-Parser löst, soweit möglich, den Begriff *Left* selbst auf und ordnet ihn der passenden Klasse und der passenden Bibliothek zu. Die korrekte Syntax wäre eigentlich: VBA.Strings.Left()

Was Sie in VBA jedoch nicht sehen, ist, wie intern auf eine Klasse zugegriffen wird. Das geschieht über die Schnittstelle der Klasse: *Interface* ist nur ein anderes Wort für Schnittstelle. Die Schnittstelle ist ein Verzeichnis der Methoden und Eigenschaften einer Klasse. Zu jedem solchen Element enthält sie den Namen, die GUID und einen Zeiger auf eine Tabelle (*VTable*) mit den Einsprungsadressen der eigentlichen Funktionen, auf die der Prozessor letztendlich geleitet wird.

Häufig können Interfaces auch im Objektkatalog von VBA eingesehen werden. Sie sind in der zugehörigen Typbibliothek meist als *hidden* deklariert und kommen erst zum Vorschein, wenn Sie die Option *Verborgene Elemente anzeigen* im Kontextmenü des Objektkatalogs aktivieren. Sie zeigen sich dann ausgegraut in der Liste der Klassen und beginnen fast immer entweder mit einem großen I oder einem Unterstrich im Namen. Für die Klasse *Form* der Access-Bibliothek finden Sie so das Interface *_Form* – die Klasse *Form* ist die konkrete Implementation des Interfaces *[_Form]*.

15.4 Wozu überhaupt Verweise?

Bei allem, was bisher zum Thema Verweise und COM geäußert wurde, wird deutlich, dass es sich um ein recht komplexes System mit zahlreichen Abhängigkeiten handelt. Es muss alles genau zusammenpassen, damit es reibungslos funktioniert. Keine noch so kleine Lücke im System wird toleriert. Andererseits ist auch viel an externer Flexibilität vorgesehen, sodass sich leicht Fehler einschleichen können. Deshalb ist für jedes VBA-Projekt eine Richtlinie zu beherzigen, um den Risikofaktor zu minimieren: Nur so viele Fremdkomponenten, nur so viele Verweise, wie absolut notwendig!

Schön und gut, mögen Sie einwerfen, was aber ist nötig, und was nicht? In der Tat ist das nicht leicht zu definieren. Sie müssen hier abwägen: Wie komplex ist es, eine Funktion in VBA zu programmieren, die auch in einer Fremdkomponente implementiert ist? Nehmen wir ein viel diskutiertes Beispiel: Sie möchten in Ihrer Accesss 2000-Datenbank einen Dateiauswahldialog zur Verfügung stellen. Unter Access 2000 gab es noch keine eingebaute Funktion dafür. Sie stehen damit vor der Alternative, dafür eine Fremdkomponente wie das *comdlg32.ocx* einzusetzen oder unter Zuhilfenahme einiger API-Funktionen ein Modul im VBA-Projekt zu entwickeln. Wenn Sie es von Grund auf neu programmieren wollten, dann stünde Ihnen wahrscheinlich zunächst einiges an Recherche über die nötigen API-Deklarationen und deren genauer Funktionsweise bevor. Das kostet also Zeit, die Sie sich mit einer fertigen Zusatzkomponente sparen können.

Zum Glück finden Sie nun im Internet aber fertige Module, die Sie nur in Ihre Anwendung zu importieren brauchen. Können Sie aber sicher sein, dass ein Modul fehlerfrei und stabil arbeitet? Schließlich überblicken Sie gar nicht, wie der Autor die Routinen implementiert hat und ob etwa eine Fehlerbehandlung eingebaut ist, die alle Eventualitäten abdeckt. Sie können Glück haben oder auch nicht.

Vielleicht ist das Modul bereits längere Zeit bei verschiedenen Entwicklern im Einsatz und wurde weiterempfohlen. Dann sollten Sie sich keine Sorgen machen. Grundsätzlich können Sie aber davon ausgehen, dass eine Fremdkomponente, für die Sie Geld ausgegeben haben, eher stabiler arbeitet als ein eigenes Modul. Und diese Verlässlichkeit ist ein weiterer Punkt, der für Fremdkomponenten spricht.

Dabei gilt: Je aufwändiger sich die Umsetzung einer Aufgabe über reines VBA gestaltet, desto höher wird das Risiko, dass sich Fehler einschleichen oder die Implementation nicht alle Fälle abdeckt. Ein TreeView lässt sich etwa tatsächlich mit einem riesigen Strauß von API-Funktionen auch ohne ein ActiveX-Steuerelement realisieren.

Das erkaufen Sie sich dann aber damit, dass Sie zu einem schwer wartbaren VBA-Projekt gelangen, das zudem wegen seines Umfangs immer träger wird, und Sie verlieren wahrscheinlich viel Stabilität, weil das nötige *Subclassing* für ein Treeview unter VBA ein Handicap darstellt. Solche Aktionen sollten Sie also lieber unterlassen und dem Hersteller von Fremdkomponenten vertrauen.

Außerdem gibt es Dinge, die sich unter VBA überhaupt nicht realisieren lassen. Sie werden es etwa nicht schaffen, ein Webbrowser-Steuerelement in VBA zu realisieren – egal, welche API-Funktionen Sie dafür einzusetzen gedenken. Der Grund ist, dass für vieles Windows-API-Funktionen allein nicht ausreichen, dass es Datentypen gibt, mit denen VBA nicht umgehen kann, und dass Sie an den größten Teil der Interface-Deklarationen von Windows-Objekten nicht herankommen.

Ein weiterer Gesichtspunkt ist die Performance von Fremdkomponenten. Ein gutes Beispiel ist die in *dmsBase* eingesetzte Bibliothek *dbstrings*, die Texte auf Ähnlichkeit hin untersucht. Die Kernroutine dieser DLL ist in Assembler programmiert. Wenn Sie die identische Funktionalität mit einer VBA-Routine implementieren, dann dürfen Sie erwarten, dass sie etwa um den Faktor 40 langsamer sein wird.

Die Komponente muss aber nicht gleich in Assembler programmiert sein: Wenn Sie ein VBA-Modul in ein Visual Basic 6-Projekt kopieren und seine Funktionen über eine ActiveX-DLL veröffentlichen, dann dürften Sie ebenfalls einen Geschwindigkeitszuwachs in der Größenordnung vom durchschnittlich Zwei- bis Dreifachen erwarten – unter VB6 ist gleicher Code schneller als unter VBA.

Allerdings gibt es auch den umgekehrten Fall: Wer nur für eine kleine Statistik-Routine gleich Excel in die Verweise einbindet, um eine *Workbook*-Funktion daraus zu verwenden, der braucht sich über mangelhafte Performance nicht zu wundern. Immerhin muss für die Funktion Excel dann komplett geladen werden – falls es auf dem Zielrechner überhaupt verfügbar ist! In diesem Fall ist eine reine VBA-Lösung sicher vorzuziehen.

Und schließlich ist es auch einfacher, eine Datei in die Verweise einzubinden und deren Funktionen zu benutzen, als erst ein Modul – wo finde ich das gleich? – aus einer anderen Datenbank zu importieren oder aus dem Internet zu kopieren – dies zum Stichwort Wiederverwendbarkeit.

Das hört sich nach viel Werbung für ActiveX-Komponenten an? Wäre es auch, wenn nicht ActiveX-Komponenten und Verweise ebenfalls Probleme bereiten würden. Die Kernfragen, die Sie sich also jeweils stellen sollten, sind: Brauche ich diese Funktionalität wirklich? Lässt sie sich stabil auch in VBA programmieren? Gibt es eine andere Lösung für die Aufgabe, die ohne eine Fremdkomponente auskommt? Gibt es eine Fremdkomponente mit gleicher Funktionalität, etwa eine normale DLL, die einen Verweis überflüssig macht?

15.5 Verweisprobleme

Die meisten Probleme mit Verweisen lassen sich auf zwei Punkte reduzieren: Die Datei, auf die im VBA-Projekt verwiesen wird, ist auf dem Rechner nicht vorhanden oder sie ist nicht registriert. Das erste Problem lösen Sie, indem Sie die Datei mit Ihrer Datenbank weitergeben, das zweite, indem Sie im Setup Ihrer Anwendung eine Möglichkeit zur Registrierung der Komponente vorsehen. Mehr dazu in Kapitel 16, »Installation und Wartung«.

Schwierigkeiten bereiten zuweilen aber auch unterschiedliche Versionen einer Verweisdatei. Hier kommt eine Eigenschaft der *Type Libraries* zum Tragen: Sie sind üblicherweise abwärtskompatibel, jedenfalls innerhalb der Hauptversionsnummer, nicht aber aufwärtskompatibel. Haben Sie mit einer ActiveX-DLL der Version 6.1 entwickelt, auf dem Zielrechner befindet sich aber Version 6.2, so wirft das keine Probleme auf, weil die Version 6.1 als Teilmenge mindestens die Schnittstellen der Version 6.1 unterstützt. Umgekehrt jedoch sind Interface-Probleme nicht unwahrscheinlich.

Daraus folgen zwei Empfehlungen: Entwickeln Sie mit einer möglichst niedrigen Version, geben Sie aber eine möglichst aktuelle Version der Komponente mit der Datenbank weiter. Das gilt auch für Verweise, zu denen Sie keine Komponenten weitergeben müssen. Zwei Beispiele: Wenn Sie einen Verweis auf die ADO-Bibliothek im VBA-Projekt haben, dann nehmen Sie jene Version, die alle benötigten Methoden unterstützt.

Das dürfte wohl die Version 2.1 sein. Wenn Sie einen ADO 2.8-Verweis verwenden, obwohl sie die enthaltenen neuen Klassen wie *Stream* oder *Record* gar nicht brauchen, dann laufen Sie Gefahr, dass diese Version auf dem Zielrechner nicht unterstützt wird. (Für Office 2007 gilt das allerdings nicht; es installiert automatisch ADO in der Version 2.8.)

Oder ein Beispiel zum Verweis auf die Excel-Bibliothek: Wenn hier die Bibliotheksversion 12.0 von Excel 2007 verwendet wird, dann dürfte Ihre Anwendung nicht damit zurecht kommen, falls auf dem Zielrechner Excel 2003 installiert ist.

Soweit Ihre Möglichkeiten es zulassen, sollten Sie deshalb einen Verweis auf Excel 9 (Excel 2000) im Projekt stehen haben. Dann wird die Datenbank auf dem Zielrechner auch mit den Nachfolgeversionen zurecht kommen. Nun werden Sie wahrscheinlich auf Ihrem Entwicklungsrechner nicht über Excel 2000 verfügen, da Sie unter Office 2007 arbeiten.

Dann stehen zwei Lösungen parat: Sie verwenden gar keinen Verweis, sondern benutzen *late binding*, wie im nächsten Kapitel erläutert, oder Sie verweisen auf die *Excel 9-Type Library*. Dazu muss kein Excel 2000 installiert sein.

Es reicht, wenn Sie sich die Datei *excel9.olb* besorgen und manuell über *Durchsuchen* in die Verweisliste aufnehmen. Denn VBA ist es egal, wo sich die Dateien befinden, die tatsächlich für die Funktionalität verantwortlich sind. Es orientiert sich allein an den Typbibliotheken, ihren GUIDs und Interfaces. Und diese haben sich in der Excel-Bibliothek von Version 2000 zu Version 2007 nicht verändert.

Selten kann ein Verweisproblem auch durch ein fehlerhaft kompiliertes VBA-Projekt zustande kommen. Obwohl Typbibliotheken und Verweisdateien vorhanden und registriert sind und zueinander passen, wird möglicherweise eine Methode oder Klasse vom Parser nicht richtig aufgelöst.

Dann gibt es wahrscheinlich alte Reste von fertigem oder halb kompiliertem Code in Ihrem Projekt, die aus Zeiten stammen, als ein Verweis noch auf eine andere Version der Komponente zugriff. Die Lösung ist in diesem Fall das Dekompilieren des Datenbankprojekts, was wie in diesem Kommandozeilenbeispiel aussehen könnte:

```
"c:\programme\microsoft office\office12\msac-
   cess.exe" "c:\meine_datenbank.accdb" /DECOMPILE
```

Und hier noch eine letzte Quelle verdrießender Verweisprobleme: Wenn Sie wie *mossamisoft* ActiveX-Komponenten unter Visual Basic 6 selbst erstellen, dann sind Type Library-Schwierigkeiten an der Tagesordnung. Der Grund dafür ist, dass in Ihrem VB-Projekt beim Kompilieren nicht immer Binärkompatibilität eingestellt werden kann, wenn Sie etwa Methoden oder Klassen verändert haben. Dann erzeugt VB6 leider komplett neue GUIDs und neue Versionen der gleichen Komponente, die auch jedesmal in die Registry eingetragen werden. Das kann in Ihrem VBA-Projekt einen ziemlichen Schlamassel anrichten. Lösung ist auch hier das gelegentliche Dekompilieren Ihrer Datenbank.

Early Binding und Late Binding

Ein Verweis ist oft nicht nötig, weil Sie Klassen statt über eine Typbibliothek auch direkt instanzieren können. Dazu verwenden Sie die VBA-Funktion *CreateObject*. Für die

Bibliotheken und Komponenten in VBA

Automation anderer Office-Anwendungen aus Access heraus ist dies die empfohlene Vorgehensweise. Statt

```
'mit Excel-Verweis = early binding
Set objExcel = New Excel.Application
```

schreiben Sie:

```
'ohne Excel-Verweis = late binding
Set objExcel = CreateObject("Excel.Application")
```

Damit brauchen Sie sich um die Excel-Version auf dem Zielrechner nicht mehr zu kümmern – es sein denn, Sie verwendeten Klassen oder Methoden einer neuen Version, die es in der alten noch nicht gab.

Das funktioniert übrigens für eine Vielzahl von Klassen. In *dmsBase* gibt es etwa eine Routine, die den Ort eines Windows-Standardverzeichnisses zurückgibt, einen *special folder* (*clsOGL2007.GetSpecFolder*).

Dazu wird die *Shell*-Bibliothek herangezogen. Statt diese Bibliothek *Microsoft Shell Controls And Automation* in den Verweisen zu referenzieren, wird ein *Shell32*-Objekt einfach per *late binding* so erzeugt:

```
CreateObject("Shell.Application.1")
```

Allerdings gibt es keinen Katalog, der alle möglichen *ProgIDs*, die *CreateObjekt* erwartet, verzeichnen würde. Hier bleibt Ihnen nur, die Registry nach der Bezeichnung zu durchforsten. Dabei gehen Sie so vor:

- Durchsuchen Sie den Zweig *HKEY_CLASSES_ROOT/Typelib* nach dem Namen der Bibliothek. Für *Shell Controls And Automation* finden Sie so die GUID *{50A7E9B0-70EF-11D1-B75A-00A0C90564FE}*.

- Nach dieser GUID suchen Sie wiederum im Zweig *HKEY_CLASSES_ROOT/ CLSID*. Einen Treffer landen Sie dabei beim Objekt *Shell Automation Service* und dessen Unterschlüssel *Typelib*. Nun schauen Sie nur noch im parallelen Unterschlüssel *ProgID* nach. Dort steht *Shell.Application.1*. Das ist die Bezeichnung, die *CreateObject* erwartet, um ein *Shell*-Objekt zu erzeugen.

- Sollte hier kein Unterschlüssel *ProgID* vorhanden sein, dann ist leider eine weitere Suche angesagt. Nehmen Sie dazu die GUID des *Shell Automation Service* (*{13709620-C279-11CE-A49E-444553540000}*) und suchen Sie nach ihr direkt im Zweig *HKEY_CLASSES_ROOT*, aber im Alphabet nach dem Zweig *CLSID*. Sie gelangen so direkt zum Schlüssel *Shell.Application*, der die *ProgID* darstellt. Die wird allerdings ausnahmsweise mit *CreateObject* nicht funktionieren. Nehmen Sie also – Versuch und Irrtum – die nächste zur GUID passende *ProgID* namens *Shell.Application.1*.

Nicht unerwähnt bleiben sollte, dass Sie bei *late binding* auf Intellisense im VBA-Editor verzichten müssen.

VBA weiß ja mangels Typbibliothek nicht, welche Methoden das Objekt vorsieht. Da dies etwa auch Konstanten betrifft, sieht das Vorgehen bestenfalls so aus:

▶ Sie programmieren zunächst mit Verweis auf die Komponente.

▶ Nach Fertigstellung und Test des Codes wandeln Sie zuerst alle namentlich verwendeten Konstanten in Zahlen oder Strings um (einfach etwa ? *dbOpenDynaset* im VBA-Direktfenster eingeben).

▶ Sie stellen anschließend alle Deklarationen von Objektvariablen der Bibliothek auf *As Object* um.

▶ Sie instanzieren Objekte dort, wo dies bisher per *New* geschieht, nun mit *CreateObject* plus entsprechender *ProgID*.

▶ Nun können Sie den Verweis entfernen und haben eine Routine von *early* auf *late binding* umgestellt.

Wenn VBA komplett auf COM beruht und ohne Schnittstellenbeschreibungen der Typbibliotheken nicht auskommt, wie geht das dann mit Objekten, zu denen bei *late binding* überhaupt nichts bekannt ist? Ganz einfach: VBA liest in diesem Fall die *Type Library* oder Teile davon zur Laufzeit indirekt ein. Dazu haben COM-Objekte eine Methode *QueryInterface* eingebaut, die Referenzen auf die Schnittstellen zurückgibt.

Während der VBA-Compiler die Adressen von Funktionen bereits in den erzeugten Binärcode integrieren kann, wenn ein Verweis auf eine *Type Library* vorhanden ist, muss bei *late binding* andauernd erst zur Laufzeit ermittelt werden, wo sich welche Methode in der Komponente befindet. Das kostet Zeit, weshalb *late binding*-Code etwas langsamer abläuft als *early binding*-Code.

Ein weiterer Vorteil von *late binding* ist, dass die Instanzierung von Objekten mit einer Fehlerbehandlung versehen werden kann. Das geht mit Verweisen nicht. Ist die von einem Verweis referenzierte Datei nicht vorhanden, dann streikt oft einfach das gesamte VBA-Projekt. Ist hingegen eine Datei, die von *CreateObjekt* benötigt wird, nicht vorhanden, dann ereignet sich einfach der Fehler Nummer 429 *Objekterstellung durch ActiveX-Komponente nicht möglich*, den Sie abfangen und den Benutzer per Meldung darauf aufmerksam machen können, dass ein Installationsproblem vorliegt.

15.6 dmsBase-Fremdkomponenten

Nachfolgend finden Sie eine Aufstellung aller in den 22 Verweisen referenzierten Fremdkomponenten, die in *dmsBase* zum Einsatz kommen.

15.6.1 mossSOFT dbstrings Library

Die *mossSOFT dbstrings Library* (*dbstrings.dll*) enthält nur eine einzige Funktion: *Ratcliff-Similar*. Sie kann, wenn auf die Bibliothek verwiesen wird, jederzeit aus dem VBA-Projekt aufgerufen werden, ohne dass die zugehörige Klasse *dbstrings* erst instanziert werden müsste. Sie dient dem Vergleich zweier Strings auf Ähnlichkeit, wobei ein so genannter *Ratcliff-Obershelp*-Algorithmus verwendet wird.

Sie kommt in der Volltextsuche von *dmsBase* zum Einsatz.

Entwickelt wurde die DLL unter *Borland Delphi*, wobei die Hauptroutine in Assembler programmiert ist. Dadurch ist der String-Vergleich außerordentlich schnell und eignet sich auch für den Einsatz in Abfragen. Eine analog unter VBA programmierte Routine würde nach Tests etwa 30-mal langsamer ablaufen.

Die Komponente ist Freeware und ohne Einschränkungen verwendbar.

▶ Dateiname: *dbstrings.dll*

▶ Verweisname: *mossSOFT dbstrings Library*

▶ Bibliotheksname: *dbstrings*

▶ Art der Komponente: ActiveX-Bibliothek

▶ Autor/Quelle: *mossSOFT*

▶ Funktion: Vergleich zweier Strings auf Ähnlichkeit

▶ Lizenzbestimmungen/-art: Freeware

15.6.2 SMTP SendMail CS

Die Komponente *SMTP SendMail CS* (*SendMailCS.dll*) ist für den internen E-Mail-Versand von *dmsBase* zuständig. Sie bietet alle wesentlich Merkmale, die von einer SMTP-Komponente verlangt werden können, wie gängige Authentifizierungsmethoden, mehrfache Anhänge, Empfänger und Fortschrittsereignisse neben ausführlichen Statusmeldungen.

Sie ist in Visual Basic 6 erstellt und verwendet intern ausschließlich Windows-API-Funktionen ohne weitere Abhängigkeiten. Basis für die Komponente ist das offene Projekt *vbSendMail* von Dean Dusenberg, das allerdings zusätzlich ein Winsock-OCX von Microsoft erfordert, welches nicht lizenzfrei weitergegeben werden darf. Daher wurde in die DLL von *mossami* eine Winsock-Klasse *CSocketMaster* von Emiliano Scavuzzo integriert, die identische Funktionalität bietet, und es wurden einige Modifikationen zur höheren Stabilität vorgenommen. Die DLL darf weitergegeben werden, wenn ein Hinweis, etwa als *readme.txt*, auf die drei Autoren beigefügt ist.

Kapitel 15

▶ Dateiname: *SendMailCS.dll*

▶ Verweisname: *SMTP SendMail CS*

▶ Bibliotheksname: *SendMailCS*

▶ Art der Komponente: ActiveX-Bibliothek

▶ Autor/Quelle: *mossSOFT* auf Basis der Bibliotheken *vbSendMail* (*Dean Dusenberg, http://www.freevbcode.com/ShowCode.Asp?ID=109*) und *CsocketMaster* (*Emiliano Scavuzzo, http://www.Planet-Source-Code.com/vb/scripts/ShowCode.asp?txtCodeId=54681&lngWId=1*)

▶ Funktion: Versenden von E-Mails ohne einen zusätzlichen Mail-Client wie Outlook oder Lotus

▶ Lizenzbestimmungen/-art: Open Source (VB6)

15.6.3 mossSOFT ShellExplorer V1.0b

Das ActiveX-Steuerelement *mossSOFT ShellExplorer V1.0b* (*ShellExplorerCtl.ocx*) ist eines der zentralen Elemente im Dokumentenmanagement von *dmsBase* und findet im Formular *frmDocMain* seinen Platz. Es stellt prinzipiell einen kompletten Windows-Explorer und dessen Funktionalität nach. Es gibt nur einige Einschränkungen im Zusammenhang mit Netzressourcen, die in Sicherheitsstrategien (Zonentechnik) von Microsoft für *Shell Embedding* begründet sind. Anweisungen zum Umgehen dieser Beschränkungen finden Sie in 16.1, »Installation«. Daneben wurde absichtlich noch die Drag-and-Drop-Funktionalität im Verzeichnisbaum deaktiviert. Die entscheidende Komponente dieses unter Visual Basic 6 entwickelten Steuerelements stellt das geniale *ShellTreeView* von Orlando Curioso dar, einem Autor, der bislang offenbar inkognito bleiben wollte. Für die rechte Seite des Explorers, die Dateiliste, kommt ein übliches Webbrowser-Steuerelement zum Einsatz. Die Komponente kann frei weitergegeben werden.

▶ Dateiname: *ShellExplorerCtl.ocx*

▶ Verweisname: *mossSOFT ShellExplorer V1.0b*

▶ Bibliotheksname: *ShellExplorerCtl*

▶ Art der Komponente: ActiveX-Steuerelement

▶ Autor/Quelle: *mossSOFT* unter Verwendung des VB6-Projekts von Orlando Curioso: *http://www.Planet-Source-Code.com/vb/scripts/ShowCode.asp?txtCodeId=61324&lngWId=1*

▶ Funktion: Nachbildungen eines Explorers in einem Steuerelementfenster

▶ Lizenzbestimmungen/-art: Freeware

15.6.4 DSO ActiveX Document Framer Control

Das *DSO ActiveX Document Framer Control* (*dsoframer_moss.ocx*) wurde von Microsoft als Technologiebeispiel zum Einbetten von OLE-fähigen Anwendungen samt Source Code in C++ veröffentlicht. Es ermöglicht, ganze Office-Anwendungen wie Word oder Excel inklusive Menüleisten oder Ribbons in einem Steuerelement unterzubringen und zu steuern. Damit entfällt das Umschalten zwischen mehreren Anwendungen. *dmsBase* integriert quasi Word, Excel, PowerPoint und die übrigen Office-Anwendungen.

Das originale Microsoft-Beispiel leidet allerdings unter einigen Unzulänglichkeiten und arbeitet wenig stabil. Der Source Code wurde von Mossami unter Zuhilfename einiger Quellen im Internet, die leider in erster Linie auf chinesischen Seiten zu finden sind, modifiziert und ins Deutsche lokalisiert. Kompiliert wurde unter Microsoft Visual C++ 6.

Das OCX kann frei weitergegeben werden. Der Quellcode von Mossami steht allerdings nicht frei zur Verfügung.

- Dateiname: *Dsoframer_moss.ocx*
- Verweisname: *DSO ActiveX Document Framer Control*
- Bibliotheksname: *DSOFramer*
- Art der Komponente: ActiveX-Steuerelement
- Autor/Quelle: Microsoft, *http://www.microsoft.com/downloads/details.aspx?FamilyID=CE2CA4FD-2169-4FAC-82AF-770AA9B60D77&displaylang=en*, Modifikationen durch *mossSOFT* (Quellen unter anderem *dsoframer.com* und *dsoframer.cn*)
- Funktion: Anzeige von kompletten Office-Applikationen in einem Steuerelementfenster
- Lizenzbestimmungen/-art: Open Source (C++) (siehe EULA)

15.6.5 KeyHelp 1.0

Ralph Walden hat sich mit verschiedenen Veröffentlichungen rund um das CHM-Hilfeformat verdient gemacht und ist Spezialist auf diesem Gebiet. Seine Bibliothek *KeyHelp 1.0* (*KeyHelp.ocx*) enthält verschiedene Klassen, mit denen CHM-Dateien ausgelesen, bearbeitet und sogar erstellt werden können. In *dmsBase* kommt davon allerdings in erster Linie das enthaltene ActiveX-Steuerelement *KeyHelp Embedded Window* im Formular *frmDocsWeb* zum Einsatz, welches HTML-Seiten ähnlich wie das *Webbrowser*-Steuerelement von Microsoft anzeigen kann. Es hat gegenüber diesem aber den Vorteil, sich in Access-Formularen frei in der Größe anpassen zu lassen – etwa über das *Verankern*-Feature von Access 2007 –, was mit dem Microsoft Steuerelement nicht möglich ist.

Das OCX darf frei weitergegeben werden.

▶ Dateiname: *KeyHelp.ocx*

▶ Verweisname: *KeyHelp 1.0*

▶ Bibliotheksname: *KEYHELPLib*

▶ Art der Komponente: ActiveX-Steuerelement

▶ Autor/Quelle: Ralph Walden/Cheryl Lockett Zubak, *http://www.keyworks.net/keyhelp.htm*

▶ Funktion: Steuerelement zum Anzeigen von HTML-Dateien und Hilfsfunktionen für CMH-Hilfedateien

▶ Lizenzbestimmungen/-art: Freeware (siehe *keyhelp.chm* nach Installation)

15.6.6 Microsoft Windows Common Controls 6.0 (SP6)

Die Bibliothek Microsoft Windows Common Controls 6.0 (SP6) (mscomctl.ocx) stellt bekannte ActiveX-Steuerelemente wie TreeView, ListView und ImageList zur Verfügung, von denen in *dmsBase* rege Gebrauch gemacht wird. Hierarchische Daten lassen sich im Grunde nur über eine Baumdarstellung zeigen. Seit Office 2003 ist diese Bibliothek Bestandteil jeder Installation, während früher noch teure Developer-Lizenzen oder Visual Studio 6 benötigt wurden, um in den Genuss dieser Steuerelemente zu gelangen. Auch die Runtime-Version von Access 2007 installiert die Bibliothek automatisch, sodass man sich um eine Weitergabe im Setup von *dmsBase* an sich nicht zu kümmern brauchte. Leider installiert Office 2007 nicht die neueste Dateiversion 6.1.97.82, sondern eine ältere 6.1.95.45, weshalb die aktuellere Version dennoch in das Setup integriert wurde.

▶ Dateiname: *mscomctl.ocx*

▶ Verweisname: *Microsoft Windows Common Controls 6.0 (SP6)*

▶ Bibliotheksname: *MSComctlLib*

▶ Art der Komponente: Sammlung von ActiveX-Steuerelementen

▶ Autor/Quelle: *Microsoft*

▶ Funktion: Visuelle Steuerelemente (in *dmsBase* verwendet: Treeview, ListView, ImageList, Slider)

▶ Lizenzbestimmungen/-art: Bestandteil von Office 2007 oder Office 2003

15.6.7 Microsoft Windows Image Acquisition Library v2.0

Mit der Microsoft Windows Image Acquisition Library v2.0 (wiaaut.dll) stellt Microsoft kostenlos eine Komponente als Download zur Verfügung, die als Schnittstelle zu WIA-fähigen Bild-Scannern dient.

Ob ein Scanner diese Schnittstelle unterstützt, ist allein eine Treiberfrage. Fast alle Hersteller stellen sie jedoch mittlerweile bereit.

Neben dieser möglichen Einschränkung ist die DLL außerdem nur unter Windows XP und höher funktionsfähig. Das ist für *dmsBase* indessen kein Hindernis, weil Access 2007 sich ohnehin nur auf diesen Plattformen installieren lässt.

▶ Dateiname: *wiaaut.dll*

▶ Verweisname: *Microsoft Windows Image Acquisition Library v2.0*

▶ Bibliotheksname: *WIAAUT*

▶ Art der Komponente: ActiveX-Bibliothek

▶ Autor/Quelle: *Microsoft, http://www.microsoft.com/downloads/details.aspx?FamilyID=a3 32a77a-01b8-4de6-91c2-b7ea32537e29&DisplayLang=en*

▶ Funktion: Schnittstelle zu WIA-unterstützten Scannern

▶ Lizenzbestimmungen/-art: Freeware (siehe EULA)

15.6.8 SAWZipNG 1.0 Type Library

Für den Umgang mit Zip-Archiven gibt es die ActiveX-Bibliothek *SAWZipNG 1.0 Type Library* (*SAWZipNG.dll*). Sie ermöglicht sowohl das Extrahieren von Dateien aus Zip-Archiven, wie auch das Erstellen dieser Dateien.

Sie läuft stabil und hält zahlreiche Methoden vor, die so nach unserer Einschätzung in Freeware-Komponenten üblicherweise nicht gefunden werden.

Diese Komponente des Autors Franky Braem wird seit einiger Zeit nicht mehr weiterentwickelt und war zwischenzeitlich auch nicht mehr erhältlich.

Wer möchte, kann jedoch den in C++ vorliegenden Quellcode (siehe angegebene Quelle) selbst erweitern und kompilieren.

Die Komponente darf frei weitergegeben werden, wenn ein Hinweis auf den Urheber beigefügt ist.

▶ Dateiname: *SAWZipNG.dll*

▶ Verweisname: *SAWZipNG 1.0 Type Library*

▶ Bibliotheksname: *SAWZipNG*

▶ Art der Komponente: ActiveX-Bibliothek

▶ Autor/Quelle: *Franky Braem, http://home.scarlet.be/~tsc08989/sawzip.htm*

▶ Funktion: ZIP-kompatibles Komprimieren und Dekomprimieren von Dateien und Archiven

▶ Lizenzbestimmungen/-art: Freeware, »For commercial programs: please add the following copyright somewhere in your documentation, manual or about-box: (c) SAWZip Control created by S.A.W. – Franky Braem www.braem17.yucom.be (franky-sprog@yucom.be)«

15.6.9 Zlib

Das Komprimieren und Extrahieren von Dateien in und aus Zip-Archive(n) ist das eine, das Komprimieren und Dekomprimieren von Variableninhalten nach ähnlichen Algorithmen etwas anderes. Dafür kann die Win32-Bibliothek *Zlib* (*zlibwapi.dll*) verwendet werden. Sie ist ein Derivat des *Gzip Open Source Projektes* und der originalen *zlib.dll*, deren API-Schnittstelle nicht unter Visual Basic ansprechbar ist. Als Win32-Bibliothek erfordert die DLL API-Deklarationen in Modulen. In *dmsBase* finden Sie diese im Modul *mdlZLib*.

Das Komprimieren von Speicherinhalten ist ein wichtiges Feature von *dmsBase*. Ohne das Komprimieren von Dokumentdateien in BLOBs der Tabelle *tblDokumenteBinaerdateien* würde das Backend wesentlich weniger Dokumente aufnehmen können und zudem wegen größeren Traffics das Netzwerk höher belasten. Der Kompressionsfaktor dürfte beim durchschnittlichen Dokumenten-Mix von *dmsBase* etwa um 2,5 liegen. Speziell PDF- und Word-Dokumente lassen sich aber noch wesentlich stärker komprimieren.

Die DLL kann ohne Einschränkung frei weitergegeben werden.

▶ Dateiname: *zlibwapi.dll*

▶ Verweisname: –

▶ Bibliotheksname: –

▶ Art der Komponente: Win32-DLL

▶ Autor/Quelle: *ZLIB-Group, http://www.zlib.net/, Gilles Volant, http://www.winimage.com/zLibDll/minizip.html*

▶ Funktion: Komprimieren von Binärdaten und Strings nach dem PKZIP-Verfahren

▶ Lizenzbestimmungen/-art: Open Source

15.6.10 pdftotext

Das Plus einer Dokumentenverwaltung sind unter anderem ausgefeilte Suchmechanismen. Die Volltextsuche nimmt dabei eine exponierte Stellung ein. Sie hat zur Voraussetzung, dass ein Wortindex auf Basis der reinen Textinhalte möglichst aller Dokumente erfasst wird. Für Bilder ist das mit Ausnahme eingescannter Dokumente wenig sinnvoll, für PDF-Dokumente aber umso wichtiger. Leider scheint es keine einfachen Komponenten in Form von Win32-DLLs oder ActiveX zu geben, die das Auslesen von Text aus einer PDF-Datei zum Nulltarif böten. Alle freien Tools basieren hier auf Ghost Script, welches eine zusätzliche umfangreiche Installationsroutine erfordert. Aus dem Grund, *dmsBase* möglichst schlank zu halten, fiel die Entscheidung auf das kleine Tool *pdftotext.exe* als Teil des Open Source Projektes *Xpdf*. Die Kommandozeilenanwendung nimmt eine PDF-Datei entgegen und erzeugt daraus eine Textdatei, wobei die recht zuverlässige Extraktion mit diversen Parametern gesteuert werden kann.

pdftotext darf frei weitergegeben werden, unterliegt allerdings einigen Einschränkungen. Für kommerzielle Verwertung ist eine Lizenz der *Glyph & Cog, LLC* einzuholen. Ansonsten ist es notwendig, die Weitergabe mit der kompletten Dokumentation zu versehen, die im Unterordner \doc des Download-Archivs *Xpdf* zu finden ist.

- Dateiname: *pdftotext.exe*
- Verweisname: –
- Bibliotheksname: –
- Art der Komponente: Kommandozeilen-Anwendung
- Autor/Quelle: *Glyph & Cog, LLC* Glyph & Cog, LLC, http://www.foolabs.com/xpdf/about.html, http://www.glyphandcog.com
- Funktion: Extrahieren von reinem Text aus PDF-Dateien
- Lizenzbestimmungen/-art: Open Source/GPL (C++); siehe Website für kommerziellen Einsatz

15.6.11 Snapshot Viewer Control

Mit dem ActiveX-Steuerelement *Snapshot Viewer Control* (*Snapview.ocx*) von Microsoft kann man Berichte in Formularen anzeigen, die im Snapshot-Format (.snp) ausgegeben wurden.

Das Format hat es bislang leider nicht zu größerer Verbreitung gebracht, obwohl es für den Austausch von Access-Berichtsdokumenten nicht weniger geeignet ist als PDFs. Immerhin ist es möglich, aus Snapshots ohne Zusätze den reinen Text zu extrahieren, wie die Routinen des Moduls *mdlExtractTextSNP* von *dmsBase* zeigen.

Das OCX wird zusammen mit der Standalone-Anwendung Snapshot-Viewer installiert und ist im Gegensatz zu Vorgängerversionen weder in Office 2007 noch in der Access Runtime 2007 enthalten, sondern muss separat bei Microsoft heruntergeladen werden.

Die Verwendung ist nicht an Bedingungen geknüpft, die Datei *license.txt* ist jedoch bei Weitergabe einzufügen.

▶ Dateiname: *Snapview.ocx*

▶ Verweisname: *Snapshot Viewer Control*

▶ Bibliotheksname: *SnapshotViewer-Control*

▶ Art der Komponente: ActiveX-Steuerelement

▶ Autor/Quelle: *Microsoft, http://www.microsoft.com/downloads/details.aspx?FamilyID=b73df33f-6d74-423d-8274-8b7e6313edfb&displaylang=en*

▶ Funktion: Anzeige von Access-Berichts-Snapshots

▶ Lizenzbestimmungen/-art: Freeware (siehe *license.txt*)

15.6.12 Microsoft Forms 2.0 Object Library

Eine ganze Sammlung von ActiveX-Steuerelementen ist in der *Microsoft Forms 2.0 Object Library* (*fm20.dll*) enthalten. Sie ist Bestandteil jeder Office-Installation, wie auch der Access-Runtime, und wird von Access selbst etwa in den Assistenten verwendet. Vor allem auch in Excel- und Word-AddIns findet sich die Bibliothek häufig in Gestalt von Userforms wieder. Access-Anwendungen brauchen die Bibliothek normalerweise nicht, da sie keinen Mehrwert gegenüber Access-Formularen und deren Steuerelementen bietet, wenn man mal von der Möglichkeit absieht, zur Laufzeit beliebige Controls auf Userforms erzeugen zu können. *dmsBase* verwendet nur ein Steuerelement der Sammlung: das *MSForms Image*. »Wozu ein weiteres ActiveX-Bildsteuerelement?«, werden Sie fragen, »wenn doch Access 2007 schon derer zwei, nämlich das Access-Bildsteuerelement und das Anlagesteuerelement mitbringt?« Nun, das Access-Bildsteuerelement wurde zwar verbessert und hat jetzt nicht mehr die Farbpalettenprobleme älterer Versionen, nimmt aber noch immer nur entweder eine Datei als Quelle entgegen oder das proprietäre *PictureData*-Format (Variant/Array).

Mit dem in der VB-Programmierung üblichen OLE-Picture kann es nichts anfangen. Das Anlagesteuerelement wiederum hat den Nachteil, dass es nicht mit einem Bild aus einer Variablen bestückt werden kann und sich außerdem die Popup-Leiste zur Navigation nicht abschalten lässt, die erscheint, wenn das Steuerelement mit der Maus aktiviert wird. Das *MSForms Image* hingegen kann mit OLE-Pictures (*StdPicture*-Objekt) umgehen und eignet sich daher vorzüglich für die Zusammenarbeit mit dem Bildverarbeitungsmodul *OGL2007* von *dmsBase*. Es besitzt im Gegensatz zu den Access-Controls außerdem ein eigenes Fenster-Handle, was gegebenenfalls den Zugriff über API-Funktionen auf das Bild eröffnet. Die Möglichkeit etwa, einen Markierungsrahmen in einem in das Formular *frmDocsPix* geladenen Bilds mit der Maus aufzuziehen, macht hiervon Gebrauch.

▸ Dateiname: *fm20.dll*

▸ Verweisname: *Microsoft Forms 2.0 Object Library*

▸ Bibliotheksname: *MSForms*

▸ Art der Komponente: Sammlung von ActiveX-Steuerelementen

▸ Autor/Quelle: *Microsoft*

▸ Funktion: Visuelle Steuerelemente (in *dmsBase* verwendet: *MS Forms Image*)

▸ Lizenzbestimmungen/-art: Bestandteil von Office 2007

15.6.13 Microsoft Office Document Imaging 12.0 Type Library

In *dmsBase* können Dokumente eingescannt und als Bilddateien abgelegt werden. Der Informationsgehalt solcher Scans ist aber weniger die Grafik selbst als vielmehr der enthaltene Text, welcher nach Möglichkeit in den Volltextsuchindex aufgenommen werden können sollte. Das geht nur über eine Texterkennung (OCR) in Bilddateien. Microsoft bietet dazu erfreulicherweise eine Komponente an, die Bestandteil des *Office Document Imaging* (*MODI*) von Office 2007 ist. Fremdkomponenten, die das ebenfalls können, sind generell nicht kostenlos erhältlich. Über die *Microsoft Office Document Imaging 12.0 Type Library* kann also der Text aus einem Bilddokument ermittelt und anschließend abgespeichert werden.

Problem bei der Sache: Das *Document Imaging* ist nur in den Vollversionen von Office 2007 enthalten und wird auch nur optional mitinstalliert. *dmsBase* kann also nicht davon ausgehen, dass es auf einem Zielrechner bereits vorhanden ist. Mit einem Einsatz via *late binding* ließe sich das Problem umgehen, doch dies verbietet sich, da das VBA-Projekt einen direkten Verweis auf die Bibliothek (Datei *MDIVWCTL.DLL*) benötigt, um Objekte *WithEvents* deklarieren und etwa Ereignisse zum Fortschritt der OCR-Operation auswerten zu können. Das *Document Imaging* kann andererseits nicht mit *dmsBase* weitergegeben werden, weil dies gegen Lizenzbestimmungen verstieße. Was tun? Mossami hat sich einen Trick einfallen lassen: Die Type Library, die sich als Ressource in der ActiveX-Bibliothek der *MDIVWCTL.DLL* befindet, wurde mit einem Ressourcen-Editor als separate Datei *MDIVWCTL.tlb* extrahiert und der Verweis auf diese Typbibliothek gesetzt. Allein diese Datei wird mit *dmsBase* weitergegeben. Sie ist ohne ein installiertes *Microsoft Office Document Imaging* völlig funktionslos, weil sie lediglich dazu dient, Methodenaufrufe an andere installierte Komponenten weiterzuleiten. Ist *MODI* auf dem Zielrechner nicht installiert, dann funktioniert *dmsBase* dennoch, weil die Verweisdatei *MDIVWCTL.TLB* existiert, erzeugt aber einen Fehler beim ersten Aufruf einer Funktion der Bibliothek, der dann abgefangen und ausgewertet werden kann. Dieses Verfahren ist somit vergleichbar mit *late bindig*, bei dem ein *CreateObject* ebenfalls zu der Fehlermeldung Nummer 429 (»ActiveX-Komponente kann nicht erstellt werden«) führen kann.

▹ Dateiname: *MDIVWCTL.tlb*

▹ Verweisname: *Microsoft Office Document Imaging 12.0 Type Library*

▹ Bibliotheksname: *MODI*

▹ Art der Komponente: COM-Bibliothek

▹ Autor/Quelle: *Microsoft* (Bibliothek extrahiert aus *MDIVWCTL.DLL* durch *mossSOFT*)

▹ Funktion: OCR-Schnittstelle zu *MODI* (*Microsoft Document Imaging*) zur Texterkennung in Bilddateien

▹ Lizenzbestimmungen/-art: Bestandteil der Vollinstallation von Office 2007 oder Office 2003

15.6.14 Win32 Type Library

Man kann in VBA viel programmieren, stößt aber früher oder später schnell an Grenzen wegen des beschränkten Sprachumfangs. Der Funktionsumfang kann, wie dieses Kapitel zeigt, durch externe Komponenten erweitert werden. Nicht immer stehen jedoch zu einer Zielsetzung passende Komponenten zur Verfügung. Ausweg ist dann die direkte Verwendung von Windows-Funktionen über API. Die Schnittstelle verlangt allerdings unter VB(A) nach Deklarationen in den Modulen, die zu ermitteln und aufzuschreiben meist eine mühselige Angelegenheit ist, und dies ist sicherlich auch mit der Grund, warum API-Funktionen von Access-Entwicklern gemieden werden.

Dabei gibt es eine einfache und komfortable Lösung: In die Verweise wird einfach eine Bibliothek eingebunden, die alle relevanten Deklarationen bereits enthält. Man könnte das etwa über eine Bibliotheks-MDE realisieren, die Klassenmodule mit Hunderten von API-Funktionen enthielte, wie sie die Assistent-Datenbanken von Access selbst auch stellenweise vorweisen (Beispiel *acwzlib.accde*). Es gibt aber bereits fertige API-Typbibliotheken, wie die in *dmsBase* verwendete *Win32 Type Library v 0.6 – © Patrice Scribe 1998* (*win32.tlb*), die Abertausende von Deklarationen zu allen wichtigen API-Bereichen enthalten.

Die *win32.tlb* kann frei weitergegeben werden. Sie hat bereits einige Jahre auf dem Buckel und ist auf der Homepage des Autors offensichtlich nicht mehr downloadbar. Man findet sie jedoch an verschiedenen etwas versteckten Stellen über eine Google-Suche.

▸ Dateiname: *win32.tlb*

▸ Verweisname: *Win32 Type Library v 0.6 – © Patrice Scribe 1998*

▸ Bibliotheksname: *Win32*

▸ Art der Komponente: COM-Bibliothek

▸ Autor/Quelle: *Patrice Scribe, http://scribe.nom.fr*

▸ Funktion: Schnittstelle zu zahlreichen WIN32-API-Funktionen

▸ Lizenzbestimmungen/-art: Freeware

15.6.15 Edanmo's OLE interfaces & functions

Ähnlich verhält es sich mit der COM-Bibliothek *Edanmo's OLE interfaces & functions v1.81* (*olelib.tlb*) des ehemaligen Visual Basic MVPs Eduardo A. Morcillo. Diese geniale und umfangreiche Bibliothek eröffnet dem VB(A)-Programmierer völlig neue Welten, die auch das Win-API nicht abdecken kann. Unter Windows sind COM-Objekte allgegenwärtig. Die gesamte Shell basiert auf ihnen und ihren Interfaces. Ohne die Deklaration dieser Interfaces kann man aber in VBA nicht auf sie zugreifen. Hier kommt der kleine, aber feine Unterschied zwischen Interfaces und CoClasses zum Tragen. Können Letztere in VB(A) noch per *CreateObject* erhalten werden, lassen sich Windows-Interfaces selbst auf keine Weise deklararien oder erzeugen – es sind ja auch keine Objekte, sondern nur Schnittstellen. Morcillos Bibliothek ist die einzige Möglichkeit, solche Interfaces zu deklarieren. Es gibt vereinzelt zwar auch noch andere COM-Bibliotheken mit Interface-Deklarationen, die jedoch alle weit entfernt vom Umfang der *olelib*-Bibliothek sind.

dmsBase braucht einige Interfaces dieser Bibliothek, um etwa auf die Storage von Dokumenten im Speicher zugreifen zu können. Ein Paradebeispiel dafür ist das Modul *mdlOLEDoc*, welches Office-Dokument-Objekte direkt aus binären BLOBS der Tabelle *tblDokumenteBinaerdateien* erzeugen kann, ohne einen Umweg über physische Dateien nehmen zu müssen.

Die *olelib.tlb* kann frei weitergegeben werden.

▸ Dateiname: *olelib.tlb*

▸ Verweisname: *Edanmo's OLE interfaces & functions v1.81*

▸ Bibliotheksname: *olelib*

▸ Art der Komponente: COM-Bibliothek

▸ Autor/Quelle: *Eduardo A. Morcillo, http://www.mvps.org/emorcillo/en/code/vb6/index.shtml*

▸ Funktion: Schnittstellen zu zahlreichen Windows-COM-Objekten und -funktionen

▸ Lizenzbestimmungen/-art: Freeware

15.6.16 Windows Media Player

Eingecheckte oder externe Multimedia-Dateien lassen sich in *dmsBase* über das Formular *frmDocsMultimedia* abspielen. Der einfachste Weg, dies zu realisieren, war der *Windows Media Player*, der sich als ActiveX-Control (Datei *wmp.dll*) in ein Formular eingebettet genau so verhält wie auch die alleinstehende gleichnamige Anwendung. Um den eingebetteten Player per VBA steuern und seine Eigenschaften einstellen zu können, benötigt *dmsBase* einen Verweis auf diese Datei *wmp.dll*. Weitergegeben werden muss sie nicht, weil der Media Player Bestandteil jedes Windows Betriebssystems ist.

▸ Dateiname: *wmp.dll*

▸ Verweisname: *Windows Media Player*

▸ Bibliotheksname: *WMPLib*

▸ Art der Komponente: ActiveX-Steuerelement

▸ Autor/Quelle: *Microsoft*

▸ Funktion: Abspielen von Mediendateien (Audio, Video)

▸ Lizenzbestimmungen/-art: Bestandteil von Windows/MediaPlayer

15.6.17 ActiveMovie control type library

Wenn Sie *dmsBase* starten und die Lautsprecher aufdrehen, dann werden Sie mit einem Jingle, einem Audio-Intro, beglückt, das als MP3-Datei in der Tabelle *tblAnlagen* gespeichert ist. Man könnte dieses Abspielen ebenfalls dem Media Player überlassen, der indessen ziemlich viel Ressourcen beim Laden verschlingt und somit träge reagiert. Dabei bedient er sich ohnehin nur des Direct-Show-Systems von Windows-Multimedia, auf das in Gestalt der ActiveX-Bibliothek *ActiveMovie control type library* (*quartz.dll*) auch gleich direkt von VBA aus zugegriffen werden kann.

Die Bibliothek wird in *dmsBase* lediglich dazu verwendet, um MP3-Dateien abzuspielen. Man kann mit ihr übrigens bei entsprechender Programmierung auch Video-Dateien ausgeben, wenn ein Fenster-Handle als Ausgabefläche zur Verfügung gestellt wird – *dmsBase* sollte aber eine Dokumentenverwaltung bleiben und nicht in ein Multimedia-Center ausarten. (Sicher, Mossami hätte es schon in den Fingern gejuckt …) Die Bibliothek ist als Bestandteil von DirectX auf jedem Rechner vorhanden und muss nicht weitergeben werden.

▶ Dateiname: *quartz.dll*

▶ Verweisname: *ActiveMovie control type library*

▶ Bibliotheksname: *QuartzTypeLib*

▶ Art der Komponente: ActiveX-Bibliothek

▶ Autor/Quelle: *Microsoft*

▶ Funktion: Funktionen von Direct Show für Handling von Mediendateien

▶ Lizenzbestimmungen/-art: Bestandteil von Windows/Direct Show

15.6.18 Adobe Acrobat 8.0 Browser Control Type Library 1.0

PDF-Dokumente werden in *dmsBase* mit dem ActiveX-Steuerelement *Adobe PDF Reader* im Formular *frmDocsPDF* angezeigt. Aktuell ist dieses Steuerelement für die Anzeige von PDF-Dokumenten leider konkurrenzlos. Die zugehörige Bibliothek nennt sich *Adobe Acrobat 8.0 Browser Control Type Library 1.0* (*AcroPDF.dll*). Ein Verweis auf diese Bibliothek ist für die Funktion des Steuerelements selbst nicht notwendig, solange es nicht über VBA und Klassenvariablen gesteuert wird. In *dmsBase* wurde daher der Verweis, der automatisch angelegt wird, wenn ein ActiveX-Steuerelement in ein Formular oder einen Bericht eingefügt wird, entfernt.

Das ist auch besser so, denn Adobe hat mit jeder Version des Readers, mit dem das Steuerelement automatisch installiert wird, auch eine neue Version des Steuerelements veröffentlicht, wobei diese nicht wirklich kompatibel zueinander waren. *dmsBase* setzt daher mindestens einen installierten Reader der Version 7 voraus. Unter dieser Version wurde das Steuerelement ins Formular *frmDocsPDF* integriert.

Sollte es bei installiertem Reader Version 8 Probleme geben, so ersetzen Sie das Steuerelement im Formular durch ein aktuelles. Dazu ist es im Formular zu löschen und anschließend unter gleichem Namen neu einzusetzen, wobei darauf zu achten ist, dessen Eigenschaft *Verankern* wieder auf den Wert *Quer dehnen* zu stellen.

Sollte das Control in der Liste verfügbarer ActiveX-Steuerelemente nicht auftauchen, so mag das daran liegen, dass der Reader es noch nicht im System registriert hat. Sie können das nachholen, indem Sie im Reader im Menü *Grundeinstellungen | Internet | PDF in Browser anzeigen* die Checkbox mit einem Häkchen versehen.

▶ Dateiname: *AcroPDF.dll*

▶ Verweisname: *Adobe Acrobat 8.0 Browser Control Type Library 1.0*

▶ Bibliotheksname: *AcroPDFLib*

- Art der Komponente: ActiveX-Steuerelement
- Autor/Quelle: *Adobe Systems Inc.*
- Funktion: Anzeige von PDF-Dateien
- Lizenzbestimmungen/-art: Bestandteil des Adobe PDF-Readers

15.6.19 Microsoft Internet Controls

Die ActiveX-Bibliothek *Microsoft Internet Controls* (*shdocvw.dll*) enthält Klassen und Enumerationskonstanten, die *dmsBase* an verschiedenen Stellen benötigt. Sie ist unter Windows eine entscheidende Komponente für Zugriffe auf den Internet Explorer, das *Shell Embedding* (*Webbrowser Control*), aber auch für andere *Shell*-Funktionen. Sie wird etwa von *dmsBase* ebenso im Zusammenhang mit dem *DSOFramer* eingesetzt.

In der Liste der Verweise wird Ihnen unter dem Namen der Bibliothek möglicherweise nicht die Datei *shdocvw.dl* angeboten, sondern eine *ieframe.tlb*. Das kommt bei installiertem Internet Explorer Version 7 vor. Sie sollten aus Kompatibilitätsgründen nicht diesen Verweis verwenden, sondern manuell die *shdocvw.dll* im Systemverzeichnis von Windows auswählen. Denn sonst bekommt *dmsBase* auf einem Zielsystem, das noch Version 6 des Internet Explorers installiert hat, Probleme.

Die Datei ist also Bestandteil von Windows und muss nicht weitergegeben werden.

- Dateiname: *shdocvw.dll* oder *ieframe.tlb*
- Verweisname: *Microsoft Internet Controls*
- Bibliotheksname: *SHDocVw*
- Art der Komponente: ActiveX-Bibliothek/ActiveX-Steuerelement
- Autor/Quelle: *Microsoft*
- Funktion: Schnittstelle zum Internet Explorer/Shell-Unterstützung
- Lizenzbestimmungen/-art: Bestandteil von Windows/Internet Explorer

15.6.20 Microsoft Scripting Runtime

Die ActiveX-Bibliothek *Microsoft Scripting Runtime* (*scrrun.dll*) enthält in erster Linie Funktionen im Zusammenhang mit dem Dateisystem von Windows und hat durch das *FileSystemObject* in Access-Entwicklerkreisen Berühmtheit erlangt. Diese Funktionen kommen jedoch in *dmsBase* nicht zum Einsatz, sondern allein die Klasse *Dictionary*.

Es handelt sich dabei um ein Objekt, das fast identisch mit dem *Collection*-Objekt von VBA ist. Dem *Dictionary*, eingesetzt als Container für die in den *OnLoad*-Callbacks zurückgegebenen *RibbonUI*-Objekte (Modul *mdlNaviRibbon*), wurde der Vorzug gegeben, weil es erstens schneller als eine VBA-Collection ist und zweitens jedem *Item* der Auflistung über den zugehörigen *Key* später wieder ein neuer Wert oder ein neues Objekt zugewiesen werden kann. Das geht mit *Collections* nicht – ist dort ein Wert einmal festgelegt, so lässt er sich nur ändern, indem das Element gelöscht und neu angefügt wird.

Die Scripting-Runtime ist als Bestandteil von Windows auf jedem aktuellen Rechner vorhanden und muss nicht weitergegeben werden

▶ Dateiname: *scrrun.dll*

▶ Verweisname: *Microsoft Scripting Runtime*

▶ Bibliotheksname: *Scripting*

▶ Art der Komponente: ActiveX-Bibliothek

▶ Autor/Quelle: *Microsoft*

▶ Funktion: Systemfunktionen

▶ Lizenzbestimmungen/-art: Bestandteil von Windows

15.6.21 OGL

Die *Office Graphics Library* (*ogl.dll*) müsste an dieser Stelle eigentlich gar nicht erwähnt werden, weil sie weder eine COM-Bibliothek darstellt, noch mit *dm₃Base* weitergegeben werden muss. Da sie aber für zahllose Grafikfunktionen im Modul *clsOGL2007* herhält, ist eine kurze Erläuterung angebracht.

Die DLL ist eine reine Win32-Bibliothek und erfordert daher entsprechende API-Deklarationen im VBA-Projekt. Sie wird mit Office 2007 installiert, weil sie entscheidend am Rendern der Oberflächen der Office-Anwendungen beteiligt ist. Sie befindet sich im Verzeichnis *Programme**Gemeinsame Dateien**Microsoft Shared**Office12*. Eine Analyse der DLL hat ergeben, dass sie identisch mit der *GDIPlus*-Bibliothek Version 1.1 (*gdiplus.dll*) ist, die unter anderem in Vista verwendet wird.

Konnte unter Office 2003, das ebenfalls diese Version im Office-Verzeichnis installiert, die Bibliothek aber noch nicht ohne Probleme eingesetzt werden, da sie namentlich gleich lautet, wie die DLL im System-Verzeichnis von Windows XP, ist sie wegen des geänderten Dateinamens *ogl.dll* unter Office 2007 in vollem Umfang nutzbar.

Im Unterschied zum Standard-GDIPlus von Windows XP kennt sie zahlreiche zusätzliche Funktionen, wie bessere Formatkonvertierungen und Effekte.

▶ Dateiname: *ogl.dll*

▶ Verweisname: –

- Bibliotheksname: –
- Art der Komponente: Win32-DLL
- Autor/Quelle: *Microsoft*
- Funktion: Grafikfunktionen auf API-Ebene
- Lizenzbestimmungen/-art: Bestandteil von Office 2007

16 Installation, Wartung und mehr

Sie können es kaum glauben: Nach Monaten harter Arbeit haben Sie es tatsächlich geschafft! Die Datenbankanwendung ist fertig gestellt, wurde sorgsam durchgetestet und Sie haben den geplanten Abgabetermin nur um drei Wochen überschritten.

Nun müssen Sie die Anwendung nur noch beim Kunden installieren und schon kann es an das Schreiben der Endabrechnung gehen, damit der durch die Durststrecke mittlerweile ausgeschöpfte Dispo-Kredit Ihres Kontos wieder ausgeglichen werden kann.

Der Transfer der Anwendung von der Entwicklermaschine auf die Kundenrechner ist allerdings mit zahlreichen Fallstricken versehen.

Und so ging es auch unserem Aschersleber Entwickler-Team: Für das Ausarbeiten einer soliden Installation und für das Einrichten von Gegebenheiten, die für die nächsten Jahre eine effektive Wartung der Datenbank bei *Willviel-Media* ermöglichen sollten, mussten doch noch ein paar zusätzliche Tage investiert werden.

Schließlich besteht eine Anwendung wie *dmsBase* nicht einfach nur aus einer einzigen Datenbankdatei, sondern aus vielen Komponenten, die auf unterschiedlichen Rechnern mit verschiedenster Software ohne Probleme zusammenarbeiten müssen.

Damit Sie ohne Improvisationen auskommen, sollten Sie mit Bedacht und strukturiert an die Sache herangehen.

16.1 Installation

Die Installation ist der finale Schritt bei einem Softwareentwicklungsprojekt – zumindest in technischer Hinsicht.

16.1.1 Der falsche Weg

Wenn Sie Ihre Anwendung parallel auch auf Ihrem Laptop installieren möchten, dann kopieren Sie wahrscheinlich das ganze Anwendungsverzeichnis über WLAN vom Entwicklungsrechner auf diesen. Rasch eben noch ein paar Verweisdateien über den *Ausführen...*-Dialog von Windows registriert und schon läuft die Datenbank auch hier. Aber unmittelbar beim Öffnen meldet sich VBA mit der Meldung, dass eine Verweisdatei *SawZipNG* nicht gefunden werden könne.

Genau, die war nicht im Anwendungsverzeichnis untergebracht, sondern im Systemverzeichnis von Windows. Also wird auch die vom Entwicklungsrechner kopiert und registriert. Nun scheint die Datenbank tatsächlich zu laufen. Ach nein, das Formular zur Anzeige der PDF-Dokumente gibt die Fehlermeldung aus, dass kein Steuerelement enthalten sei. Stimmt ja, es ist auf dem neuen Laptop noch gar kein Adobe Reader installiert! Den holen Sie sich schnell noch über das Internet und nach dessen Installation läuft alles glatt. War doch gar nicht so schwer und dauerte auch nur 20 Minuten!

Was Sie im Privaten so handhaben können, hinterlässt beim Auftraggeber keinen professionellen Eindruck. Dort sind zudem eher noch mehr Probleme zu erwarten, weil Sie die Systemgegebenheiten der Rechner weniger kennen als Ihre eigenen. Auch sind 20 Minuten plötzlich ganz schön viel, wenn sich das Spiel auf 15 Rechnern wiederholen sollte, zumal Sie der Einzige sind, der diese Art von Installation vornehmen kann – die Mitarbeiter der Firma und auch der Systemadministrator wären damit restlos überfordert.

16.1.2 Voraussetzungen

Mit Ede Pfau, dem EDV-Leiter von *Willviel-Media*, wurden bereits in einer frühen Phase der Entwicklung die Voraussetzungen für die Einführung der neuen Software abgeklärt. Dazu gehörten neben der Hardwareausstattung, wie Monitore mit einer Mindestauflösung von 1024 x 786 Pixel und ein Netzwerk, das nicht nur auf dem Papier, sondern auch in der Realität etwa 100 Mbit/s transferieren kann, auch die Softwareausstattung aller Rechner.

Für *dmsBase* etwa sind folgende Voraussetzungen zu erfüllen:

▶ Als Betriebssysteme kommen nur Windows XP SP2, Windows Server 2003 SP1 oder Windows Vista infrage. Das ist schlicht die Voraussetzung, damit Access 2007 oder Office 2007 installiert werden kann.

▶ Falls Office oder Access 2007 bereits auf Rechnern vorhanden sein sollte, dann muss auch das Service Pack 1 eingespielt worden sein. *Mossamisoft* möchte es nicht auf die eigene Kappe nehmen und keine Bugs, die von Microsoft verursacht wurden, später angelastet bekommen.

▶ Um Office-Dokumente in der Anwendung anzeigen zu können, muss auf den Rechnern auch ein Office-Paket installiert sein. Das braucht nicht zwangsläufig Office 2007 zu sein. Es hat sich aber gezeigt, dass der *DSOFramer* (die Komponente für die Dokumentanzeige) nicht sehr stabil mit Office 2000 zusammenarbeitet. Deshalb ist als Mindestanforderung Office 2003 festgelegt worden. In diesem Fall sollte auch dessen Service Pack 3 installiert worden sein.

▶ *dmsBase* setzt für das Abspielen von Mediendateien einen installierten Windows Media Player ab Version 10 voraus.

▶ Ähnliches gilt für die Anzeige von PDF-Dokumenten. *dmsBase* braucht mindestens Version 7 des Adobe Readers, um fehlerfrei zu arbeiten.

▶ Wenn die Texterkennung in Bildern funktionieren soll, dann muss Office mit dem Feature *Microsoft Office Dokument Imaging* im Setup installiert sein. Es muss zudem mindestens das *Imaging* von Office 2003 sein, damit die Anwender von Fehlermeldungen verschont bleiben.

Solche Voraussetzungen sollten also im Interesse beider Seiten genau und möglichst früh mit dem Auftraggeber abgesprochen werden.

16.1.3 Die Runtime-Version von Access 2007

Diese Voraussetzung für die Entwicklung der Beispielanwendung dieses Buchs war, dass der Auftraggeber nicht für jeden Arbeitsplatz gleich eine Access 2007-Lizenz anschaffen muss – die meisten Rechner hatte dieser nämlich erst vor kurzem mit Office 2003 ausgestattet.

Das sollte aber kein Problem sein, schließlich gab es von Access 2007 eine kostenlose Runtime-Version: Diese entspricht prinzipiell der Vollversion, nur dass sie keine Werkzeuge zum Entwickeln von Datenbanken anzeigt und dementsprechend keine Entwurfsansichten von Datenbankobjekten sowie kein VBA-Code damit editiert werden konnte.

Die Runtime ist also eine Art abgespecktes Access, mit dem man aber sehr wohl auf Basis von Access entwickelte Anwendungen betreiben kann. Voraussetzung dafür ist, dass die Anwendung ihre Funktionen über eine eigene Benutzerschnittstelle präsentiert. Das heißt im besten Fall, dass die Anwendung ein Ribbon anzeigt, über das der Benutzer die Funktionen der Anwendung wie etwa Formulare und Berichte aufrufen kann – also genau so, wie Sie es etwa in Kapitel 4, »Ribbons und Kontextmenüs«, lesen konnten.

Wenn Sie testen wollen, wie die Anwendung unter der Runtime aussieht – und das ist unbedingt erforderlich –, dann brauchen Sie noch nicht einmal extra einen Rechner oder eine virtuelle Maschine aufzusetzen und die Runtime-Version darauf zu installieren. Es gibt eine viel einfachere Lösung: Sie ändern einfach die Endung des Dateinamens von *.accdb* auf *.accdr*, und schon präsentiert sich die Anwendung in dem Look, den sie auch unter der »echten« Runtime hätte.

Die Runtime-Version installieren Sie wie Access. Sie liefert alle Bestandteile mit, die Access/Office auch sonst in das System eingebracht hätte: Elemente wie die Bibliothek *Microsoft Office 12.0 Object Library* sind also auch in der Runtime enthalten.

Noch zum Zeitpunkt der Drucklegung dieses Buches gab es aber ein kleines Problem mit der Runtime, das den Start der Arbeit mit *dmsBase* bei der Firma *Willviel-Media* zu verzögern drohte – aber lesen Sie doch einfach weiter ...

VIERTER AUFZUG

ERSTER AUFTRITT

Die Szene: Das Büro von Mossami und Amisoft. Amisoft ist ungehalten. Er ruft Ede Pfau an, um unangenehme Neuigkeiten mitzuteilen.

P f a u . Willviel-Media, Pfau?

A m i s o f t . Hallo Herr Pfau, hier Amisoft.

P f a u . Herr Amisoft! Und, wie kommen Sie mit der Anwendung voran? Klappt es mit dem Abgabetermin?

A m i s o f t . Nun ... ja, eigentlich schon.

P f a u . Eigentlich schon? Also wenn meine Mitarbeiter so auf eine Frage nach dem aktuellen Projektstand antworten, mache ich mir immer Sorgen ...

A m i s o f t . Na gut, dann will ich mal: Wir wären wohl fertig mit unserem Teil der Arbeit.

P f a u . Ja, das hört sich doch schon besser an! Liegt es dann an uns? Fehlt noch irgendwas?

A m i s o f t . Nein, nicht an Ihnen. Wir haben doch über dieses Service Pack für Office 2007 gesprochen, oder?

P f a u . Ja genau. Sie haben gesagt, dass keiner empfiehlt, produktiv mit Access 2007 zu arbeiten, bevor Microsoft nicht nachgebessert hat?

A m i s o f t . Stimmt. Das Service Pack ist nun auch erschienen. Und es behebt auch tatsächlich einige Probleme!

P f a u . Na, dann können wir ja loslegen!

A m i s o f t . Leider nicht. Das Service Pack arbeitet nicht mit der Runtime zusammen. Wir müssten also prinzipiell mit der ungepatchten Version arbeiten.

Pfau. Uiii! Das hört sich mal wieder typisch an. Und was jetzt?

Amisoft. Wir haben alle Quellen durchgeforstet. Es war kein Hinweis auf den Patch für die Runtime zu finden – und auch die deutsche Version der Runtime lässt wohl noch auf sich warten.

Pfau. Ich habe mir ja gleich so etwas gedacht, als Sie erwähnten, dass die Runtime kostenlos zu haben wäre ...

Amisoft. Tja, aber leider können wir im Moment nichts an der Situation ändern – auch wenn wir alles dafür tun würden. Es ist einfach sehr unbefriedigend.

Pfau. Ich sage Ihnen was: Wir haben zwei Office 2007-Lizenzen, und die nutzen wir erstmal für die beiden Mitarbeiter, die viel mit *dmsBase* arbeiten werden.

Amisoft. Das hört sich doch sehr gut an. Wir kommen dann zum vereinbarten Termin vorbei – also übermorgen!

Pfau. Okay, bis dann also!

Und nun?

Die Entwickler werden die Runtime natürlich nachliefern, wenn diese mit dem Service Pack 1 gepatcht werden kann und in der deutschen Version vorliegt.

Auch die Autoren halten Sie auf dem laufenden, was dieses Thema angeht: Wir werden dieses Kapitel anpassen und zum Download bereitstellen, wenn das Service Pack 1 für die Runtime erschienen ist und für gut befunden wurde. Mehr dazu erfahren Sie unter *http://www.access-entwicklerbuch.de/praxis*.

16.1.4 Setup

Ein Beispiel für ein manuelles Setup der Anwendung haben Sie in 16.1.1, »Der falsche Weg« kennen gelernt. Dort wurde von einem ähnlichen Verfahren abgeraten. Allerdings kann es keine generelle Empfehlung für die Art der Installation geben. Es hängt stark von Ihrer Anwendung und anderen Gegebenheiten ab, welche Methoden zum Einsatz kommen.

Bei einem Auftraggeber etwa, bei dem nur drei Maschinen mit der Anwendung bedacht werden sollen, kann auch die manuelle Variante die einfachste sein. Wollen Sie Ihre Anwendung aber über Datenträger oder per Download anbieten und rechnen mit Dutzenden oder Hunderten von Lizenznehmern, dann kommt ausschließlich ein vollautomatisches und wasserdichtes Setup infrage, wenn Sie nicht jeden Tag mit Supportanfragen überhäuft werden möchten.

Zwischen diesen Polen gibt es zahlreiche Varianten, und für eine der folgenden sollten Sie sich nach Analyse der Umstände entscheiden.

Kapitel 16

Halbautomatische Installation

Dabei kommt kein Installationssystem zum Einsatz, sondern die benötigten Dateien und Verzeichnisse werden manuell auf die Rechner kopiert. Die Registrierung von Komponenten und das Erstellen von Desktopverknüpfungen werden aber automatisch von einer Routine vorgenommen, die in einer Batch-Datei oder als VBSript-Datei kommt. Damit sparen Sie schon viel Zeit. Der ganze Vorgang wird von Ihnen selbst vor Ort durchgeführt oder nach Ihrer Anleitung vom Systemadministrator. Vorteil der Methode ist, dass Sie die Kontrolle über das Geschehen haben und auf die örtlichen Gegebenheiten eingehen können, ohne diese antizipieren zu müssen.

Automatische Installation mit Kontrolle

Sie packen hier alle benötigten Komponenten über ein Installationssystem in eine Setup-Datei, die auf den Zielrechnern ausgeführt wird. Dazu reichen einfache Systeme aus. Als kostenlose sind etwa der *Visual Studio 6 Installer* zu nennen, der als AddIn bei Microsoft heruntergeladen werden kann, aber *Visual Studio 6* voraussetzt, das verbreitete *Inno Setup* oder, wenn Sie genug Zeit für die Einarbeitung mitbringen, das *Nullsoft Installation System*. Daneben existieren noch einige ebenfalls kostenlose Tools, wie der *Installer2Go* oder der *Advanced Installer*, die in der Freeware-Version allerdings Werbung einblenden. Schauen Sie sich einfach an, was die informative Seite *http://www.installsite.de* zu bieten hat. Nachteil dieser einfachen Systeme ist, dass sie zwar das Verpacken und Installieren der Komponenten gut beherrschen, aber nicht oder nur eingeschränkt auf die Systemgegebenheiten reagieren können und meist auch nur eine Installationsoption unterstützen. Deshalb müssen Sie normalerweise auch hier den Ablauf des Setups auf jeder Maschine kontrollieren.

Vollautomatische Installation

Das ist eine ausgesprochen große Herausforderung. Eine Installation, die auf Doppelklick mit unterschiedlichsten Systemgegebenheiten zurecht kommt und keinerlei manuelle Eingriffe verlangt, ist eigentlich eine Angelegenheit für Setup-Profis. Das benötigte Werkzeug gibt es ebenfalls nicht kostenlos – unter EUR 200,- ist hier nichts zu haben, die Mittelklasse bewegt sich bereits in deutlich höheren Regionen und für Profi-Systeme, wie dem *Wise Installer* oder *InstallShield*, müssen Sie richtig tief in die Tasche greifen. Bei den letztgenannten Systemen dürfen Sie dann auch noch getrost mit einer Einarbeitungszeit von mehreren Monaten rechnen.

Eine vollautomatische Lösung kommt wirklich nur dann in Betracht, wenn Sie eine Vielzahl von Kunden an verschiedenen Orten zu bedienen haben. Für die Erstellung eines perfekten Setups dürfen Sie ohne Weiteres zehn Arbeitstage veranschlagen. Das lohnt sich nur dann, wenn es keine andere Lösung gibt.

Aber auch andere einfachere Installations-Tools verlangen, dass man sich mit ihnen eingehend auseinandersetzt. So ein MSI-Setup sieht zwar schick aus, aber wenn Sie nicht genau wissen, was dabei abläuft, dann kann die Geschichte unter Umständen auch zum Bumerang werden und Sie sind mehr mit der Analyse des wackligen Setups befasst als mit der Fehlerbehebung in Ihrer Datenbank. Ob MSI-Setup oder ein proprietäres System wie *Inno Setup*: Die Zeit, die Sie mit dem Werkzeug verbringen, lohnt sich selten. Die Zielgruppe für Access-Datenbanken dürften meist kleine und mittlere Unternehmen sein, die zwischen fünf und 20 Rechner bestückt sehen wollen. Hier mit professionellen Setups aufzuwarten, heißt unserer Meinung nach, mit Kanonen auf Spatzen schießen.

16.1.5 dmsBase-Setup

Für *dmsBase* haben sich die Entwickler daher für eine halbautomatische Installation entschieden. Sie spart einerseits Zeit und lässt sich auch von versierten Computerbenutzern oder dem Systemadministrator durchführen, andererseits ist der Aufwand für die Erstellung des Setups nicht allzu hoch.

Dateien kopieren

Schauen wir uns zunächst an, welche Dateien das *dmsBase*-Anwendungsverzeichnis und seine Unterverzeichnisse mitbringen:

```
dmsBase
|       dmsBase.chm
|       dmsbase.ico
|       dmsBase_FE.accdb
|       dmsBase_FE.bmp
+---bin
|       dbstrings.dll
|       dmsbase.ico
|       dsoframer_moss.ocx
|       install.bat
|       installhelp.exe
|       KeyHelp.ocx
|       MDIVWCTL.tlb
|       mscomctl.ocx
|       olelib.tlb
|       pdftotext.exe
|       pdftotext.txt
|       SAWZipNG.dll
|       SendMailCS.dll
|       ShellExplorerCtl.ocx
```

```
|       snapview.ocx
|       wiaaut.dll
|       win32.tlb
|       zlibwapi.dll
|       zones.reg
+---images
|       logo_alpha.png
|       logo_m_alpha.png
|       logo_s_alpha.png
+---server
|       dmsBasebin_be.accdb
|       dmsBase_be.accdb
\---Temp
```

Mit dem Kopieren dieser Verzeichnisstruktur auf den Zielrechner ist es nicht getan. Zusätzlich sollen folgende Aufgaben erfüllt werden:

▶ Einige Komponenten sind in das Systemverzeichnis von Windows zu kopieren.

▶ ActiveX-Komponenten und Bibliotheken müssen registriert werden.

▶ Das *dmsBase*-Hauptverzeichnis und darunter liegende Verzeichnisse müssen Access 2007 als *Vertrauenswürdiger Ort* bekannt gemacht werden, damit VBA-Code und Makros nicht aus Sicherheitsgründen unterbunden werden.

▶ Das *ShellExplorer*-Steuerelement setzt einige Voreinstellungen in der Registrierungsdatenbank voraus.

▶ Auf dem Desktop und im Startmenü der Anwender soll eine Verknüpfung zu *dmsBase* mit dem entsprechenden Icon erscheinen.

Komponenten registrieren

Mit dem Kopieren von Komponenten in das Systemverzeichnis macht man sich eventuell bei Systemadministratoren unbeliebt. Ihnen wäre es meist lieber, wenn die Zusatzkomponenten im *bin*-Verzeichnis verblieben. Es gibt dennoch gute Gründe, die für das Verschieben sprechen. Zwar ist es für ActiveX-Komponenten im Prinzip unerheblich, an welchem Ort sie sich befinden, die vermeintliche Unabhängigkeit von COM, das einstmals eigentlich auch die gefürchtete *DLL-Hell* vermeiden sollte, ist aber mit neuen Problemen verbunden. Stellen Sie sich vor, der Anwender kommt auf die Idee, das *dmsBase*-Verzeichnis, auf das er prinzipbedingt Vollzugriffsberechtigung haben muss, wegen des Start-Jingles in *djoetziBase* umzutaufen.

Damit würden die Dateinamen der Verweise, die auf das *bin*-Verzeichnis von *dmsBase* zeigen, ins Leere weisen: *dmsBase\bin* gibt es nicht mehr. Das wäre weiter noch nicht

Installation, Wartung und mehr

schlimm: Wie Sie unter 15.3.13, »Was sind GUIDs, CLSIDs und ProgIDs?«, erfahren haben, ist für den Verweis der Registrierungsschlüssel wichtiger als der Dateipfad. Leider findet nun VBA aber auch über diesen Schlüssel die zugehörige Komponentendatei nicht, weil sie sich in der Registry im Zweig *TYPELIB* mit dem Pfad verewigt hat, der bei Installation gültig war. Damit ist der Verweis gebrochen und kann nur durch Neuregistrieren der Komponente im *djoetzi\bin*-Verzeichnis wieder repariert werden.

Sie sind also auf der sicheren Seite, wenn Sie ActiveX-Komponenten in den Systempfad kopieren und damit die Umbenennungs- und Verschiebeproblematik von Verzeichnissen umgehen. Sie sollten allerdings den Systemverwalter beruhigen können, indem Sie glaubhaft machen, dass Sie damit andere Teile des Systems nicht beeinträchtigen. Ein gutes Beispiel ist die viel verwendete und für TreeView und ListView verantwortliche Komponente *mscomctl.ocx*. Sie wird von vielen unter VB6 entwickelten Programmen benötigt, aber leider oft in veralteter Version mitinstalliert.

Für den Verweis in der Datenbank oder eines VB6-Projekts ist es egal, um welche Version es sich handelt, solange sich die Typbibliohek nicht unterscheidet. Für die korrekte Funktion der Komponente ist es aber selten egal, welche binäre Version vorliegt. Deshalb sollten Sie diese und andere Komponenten immer in der aktuellsten Version weitergeben. Sie wissen nicht, welches die aktuellste Version ist? Dann befragen Sie die *DLL Help Database* von Microsoft, die Sie unter *http://support.microsoft.com/dllhelp* aufrufen können. Wählen Sie dort *Suche nach Datei* aus, stellen *English* als Sprache ein und geben Sie den Namen der fraglichen Datei in das Textfeld ein.

Nach aktivierter Suche erscheint eine Liste mit allen Versionen der Datei, aus der dann auch die aktuellste ersichtlich wird. Aber Vorsicht: Manche Versionen beziehen sich dezidiert auf ein bestimmtes Betriebssystem. Um das zu ermitteln, bleibt Ihnen nichts anderes übrig, als für jede Version auf *Weitere Informationen* zu klicken. Für die erwähnte Komponente *mscomctl.ocx* werden Sie Version 6.1.97.82 als aktuellste finden.

Machen Sie die Probe auf's Exempel und schauen Sie sich die Version im Paket von *dmsBase* an: Es handelt sich um genau diese Version. Für Dateien, die nicht von Microsoft stammen, müssen Sie andere Wege gehen, um die neueste Version zu ermitteln.

Nach dem Kopieren in das Systemverzeichnis müssen ActiveX-Komponenten registriert werden. Für DLLs und OCXe ist das unproblematisch. Die Hilfsanwendung *regsvr32.exe* unterstützt Sie dabei. Wenn Sie eine Batch-Datei verwenden, dann schreiben Sie etwa folgende Zeilen in das Skript:

```
COPY MSCOMCTL.OCX %WINDIR%\SYSTEM32
regsvr32 /s %WINDIR%\SYSTEM32\MSCOMCTL.OCX
```

Die erste Zeile kopiert die Datei aus dem aktuellen in das Windows-Systemverzeichnis, die zweite registriert sie dort. /s steht für *silent* und bedeutet, dass bei diesem Vorgang keine Meldung über den Erfolg des Registrierens erscheint.

Anders sieht es bei ActiveX-Servern, also *.exe*-Dateien aus, wie *excel.exe* eine darstellt. *dmsBase* bringt so eine Komponente nicht mit.

Der Vollständigkeit halber sei aber das Vorgehen beschrieben. Diese Komponenten brauchen keine Hilfsanwendung, um registriert zu werden, denn sie sind schließlich selbst ausführbare Dateien. Sie kennen grundsätzlich den Befehlszeilenparameter */regserver*.

Die Excel-Bibliothek könnten Sie also wie folgt registrieren:

```
c:\programme\office\office12\excel.exe /REGSERVER
```

Der Haken an der Sache: Damit öffnet sich auch Excel. Mit der Hilfsanwendung *taskkill* von Windows können Sie es aber unmittelbar nach dem Aufruf der Zeile auch gleich wieder schließen:

```
taskkill /f /im excel.exe
```

Blieben noch die alleinstehenden Typbibliotheken mit der Dateiendung *.tlb* oder *.olb*. Für diese gibt es unter Windows keine Möglichkeit der Registrierung – man ist auf Hilfsanwendungen wie die *regtlib.exe* angewiesen, die zum Umfang von Visual Studio gehört. Oder man nimmt gleich die *installhelp.exe*, die *mossamisoft* programmiert hat, um sich das Leben zu erleichtern.

Diese Konsolenhilfsanwendung beschreiben wir ausführlicher im Folgeabschnitt. Sie ist ebenfalls im Unterverzeichnis *bin* von *dmsBase* enthalten.

Sie unterstützt nämlich nicht nur diesen Vorgang, sondern erledigt gleich noch zwei weitere ausstehende Aufgaben: Das Hinzufügen des Anwendungsverzeichnisses zur Liste der *Vertrauenswürdigen Orte* von Access 2007 und das Anlegen von Desktop-Verknüpfungen.

Die Hilfsanwendung installhelp.exe

Diese Konsolenanwendung starten Sie einfach aus der Batch-Datei heraus mit verschiedenen Parametern, die diese einige nützliche Aktionen erledigen lässt.

Die Registrierung von ActiveX-Dateien übernimmt sie mit der Syntax:

```
installhelp -register "<Dateipfad>"
```

Der Parameter *-register* ist dafür entscheidend, gefolgt vom vollständigen Pfad der Datei in einfachen oder doppelten Anführungszeichen. Beispiele:

```
installhelp -register "c:\windows\system32\shellexplorer.ocx"
installhelp -register 'c:\windows\system32\olelib.tlb'
```

Um das Anwendungsverzeichnis zu den *Vertrauenswürdigen Orten* hinzuzufügen, verwenden Sie diese Syntax (in einer Zeile):

Installation, Wartung und mehr

```
installhelp -trustedloc [includesubdirs]
["thisdir" | "upperdir1" | "upperdir2" | "<Pfad>"]
```

Die Anweisung ist also *-trustedloc*, gefolgt von einem oder zwei variablen Parametern. Die vier zur Verfügung stehenden Möglichkeiten sehen so aus: '*thisdir*' stellt dasjenige Verzeichnis als *Vertrauenswürdigen Ort* ein, in dem sich die *installhelp.exe* selbst befindet. Für *dmsBase* wäre dies das *bin*-Unterverzeichnis.

Wir benötigen für unseren Zweck aber das darüberliegende Hauptverzeichnis. Das erreichen Sie mit dem Parameter '*upperdir1*'. Sollten Sie einmal ein in der Hierarchie nochmals höher liegendes Verzeichnis einstellen wollen, so geben Sie stattdessen '*upperdir2*' an.

Und schließlich kann auch ein absoluter Pfad angegeben werden, den Sie in einfache oder doppelte Anführungszeichen setzen. Damit auch untergeordnete Verzeichnisse als vertrauenswürdig akzeptiert werden, fügen Sie außerdem noch optional den Ausdruck *includesubdirs* ein. Die für *dmsBase* gültige Kommandozeile sieht nun so aus:

```
installhelp -trustedloc includesubdirs "upperdir1"
```

Etwas komplizierter wird es mit der Syntax für das Anlegen von Dateiverknüpfungen. Die benötigte Anweisung lautet hier *-link*, gefolgt von mehreren variablen Parametern für die Verknüpfung (in einer Zeile):

```
installhelp -link
    [desktop | desktopall |menu | menuall]
    "<Name der Verknüpfung>"
    "<Dateiname der Datenbank"
    directory:"thisdir | upperdir1 | upperdir2 | <Arbeitsverzeichnis>"
    accessver:["access2003" | "access2007" | "<msaccess.exe-Pfad>"]
    icon:"Name der.ico-Datei"
    arguments:"<Kommandozeilenparameter für Access>"
    description:"Beschreibung zur Verknüpfung"
    showcmd:"normal | maximize"
```

Im Einzelnen bedeuten die Parameter dies: Pflicht sind neben der Anweisung selbst nur die drei folgenden Parameter für den Ort, an dem die Verknüpfung angelegt werden soll, für den Namen, unter dem sie erscheint, und für die Datei, die Access ausführen soll. Möchten Sie etwa eine Desktopverknüpfung anlegen, die *Bring Your Documents In Line* lautet und die die *dmsBase_FE.accdb* öffnen soll, dann schreiben Sie in die Kommandozeile:

```
installhelp -link desktop "Bring Your Documents In Line" "dmsbase_fe.accdb"
```

Die Verknüpfung wird aber nicht funktionieren, weil sie auf die ACCDB im gleichen Verzeichnis verweist, in dem sich die *installhelp.exe* befindet, also das *bin*-Verzeichnis.

Um die im Elternverzeichnis liegende ACCDB zu referenzieren, braucht es einen zusätzlichen Parameter für das Verzeichnis, das mit der Direktive *directory:* plus 'upperdir1' eingestellt wird. Dieses Verzeichnis wird dann auch zum Arbeitsverzeichnis für den ausgeführten Prozess (in einer Zeile):

```
installhelp -link desktop "dmsBase Dokumente" "dmsbase_fe.accdb"
directory:"upperdir1"
```

Ohne die Angabe der Access-Version, mit der die referenzierte Datenbankdatei geöffnet werden soll, zeigt die Verknüpfung dann direkt auf die ACCDB. Soll die Datenbank jedoch mit einem zusätzlichen Befehlszeilenparameter gestartet werden, dann muss die Verknüpfung stattdessen auf die *msaccess.exe* zeigen. Das sieht dann etwa wie folgt aus:

```
"c:\programme\microsoft office\office12\msaccess.exe",
"c:\dmsbase\dmsbase_fe.accdb" /user klaus
```

Damit das von *installhelp* so in die Verknüpfung eingetragen wird, muss als weitere Direktive *accessver:*, gefolgt von der Access-Version angegeben werden. Als Versionsangabe ist neben Access 2007 auch Access 2003 möglich, weil die Hilfsanwendung auch mit dieser Version funktioniert.

```
installhelp -link desktop "dmsBase Dokumente" "dmsbase_fe.accdb"
directory:"upperdir1" accessver:"access2007"
```

Angaben zu den verbleibenden optionalen Direktiven, die das Icon der Verknüpfung, eine Beschreibung, die Befehlszeilenoptionen und den Startmodus festlegen, entnehmen Sie der *readme*-Datei zu *installhelp*.

Registrierungsinformationen speichern

Gelegentlich wird es nötig, bei Installationen auch Einträge in der Registry vorzunehmen. Das ist auch bei *dmsBase* der Fall. Am Einfachsten geschieht dies dadurch, dass eine *.reg*-Datei mit den entsprechenden Angaben mit der Windows-Hilfsanwendung *regedit.exe* in die Registrierungsdatenbank aufgenommen wird:

```
regedit /s zones.reg
```

Das */s* bewirkt hier wieder, dass dabei kein Meldungsfenster erscheint. Eine *.reg*-Datei erzeugen Sie, indem Sie den fraglichen Zweig der Registry im Editor *regedit* öffnen, auf *Datei | Exportieren...* gehen und ihn als Datei mit der Endung *.reg* abspeichern.

Danach kann diese Datei nach Ihren Bedürfnissen in einem Texteditor modifiziert werden. Seien Sie aber vorsichtig und stellen Sie in der Registry nichts ein, von dem Sie nicht genau wissen, was es bewirkt. Was hat es nun mit der *zones.reg* von *dmsBase* auf sich, was stellen die darin enthaltenen Informationen auf dem Zielsystem ein?

Im Abschnitt 2.8, »Projektstart«, unter der Zwischenüberschrift »Feedback«, hatte ein Mitarbeiter der *Willviel-Media* festgestellt, dass das *Drag and Drop* von Dateien aus dem *ShellExplorer*-Steuerelement in ein *dmsBase*-Verzeichnis dann nicht funktioniert, wenn ein Netzlaufwerk oder ein Netzwerkverzeichnis geöffnet ist.

Mossami stellte schließlich fest, dass dieses Verhalten von Windows gemäß den Einstellungen für Sicherheitszonen korrekt ist. Diese wirken sich nicht nur im Internet Explorer aus, sondern in allen eingebetteten Explorer-Fenstern.

Wenn nun die Sicherheitseinstellungen für die Intranet-Zone modifiziert werden, funktioniert auch das Drag and Drop aus der Netzwerkumgebung des *ShellExplorers*.

Das Ändern dieser Einstellungen kann, wie nachfolgend beschrieben, auch manuell über die Optionen des Internet Explorers oder über das Applet *Internetoptionen* der Systemsteuerung vorgenommen werden.

Einfacher aber ist es, diese Einstellungen, die in der Registry gespeichert sind, über eine *reg*-Datei herzustellen und das Ganze in den Ablauf des Setups zu integrieren.

Da dies allerdings Modifikationen an der Systemsicherheit der Zielrechner bedeutet, musste vom EDV-Leiter Ede Pfau erst das O.k. eingeholt werden, nachdem ausführlich dargelegt wurde, welche Änderungen hier stattfinden. Mossami demonstrierte das an einem Rechner manuell:

Im geöffneten Internet Explorer wird über das Menü *Extras|Internetoptionen* die Dialogseite *Sicherheit* bearbeitet. Für die Zone *Lokales Intranet* wird, Schaltfläche *Sites*, das Kontrollkästchen *Intranetnetzwerk automatisch ermitteln* deaktiviert und die verbleibenden Kontrollkästchen im Dialogfenster werden alle aktiviert. Wichtig ist hier vor allem die Option *Alle Netzwerkpfade (UNCs) einbeziehen*.

Zusätzlich wurden über die Schaltfläche *Erweitert* zwei vertrauenswürdige Server-Verzeichnisse zur Zone hinzugefügt (in der *zones.reg* des *dmsBase*-Setups finden Sie für diese Server stellvertretend die Einträge \domain\rechnername1 und \domain\rechnername2). Herr Pfau konnte trotz einiger gemurmelter Unmutsbekundungen mit diesen Einstellungen leben.

Installations-Batch-Datei

Die in den vorigen Absätzen wiedergegebenen Kommandozeilen können jetzt komplett in eine Batch-Datei *install.bat* oder *install.cmd* geschrieben werden, die dann alle benötigten Vorgänge ablaufen lässt.

Konkret sieht ein *dmsBase*-Setup also so aus:

- Die Verzeichnisstruktur, die zuvor am besten auf einem von allen Rechnern erreichbaren Netzwerk-Share gespeichert wurde, wird auf den Zielrechner kopiert. Danach

Kapitel 16

müssen unter Umständen noch Verzeichnisberechtigungen eingestellt werden, weil die Benutzer Vollzugriff auf das *dmsBase*-Anwendungsverzeichnis benötigen.

▶ Im *bin*-Unterverzeichnis wird die Batch-Datei *install.bat* doppelt angeklickt. Dafür sind Administratorrechte nötig. Nachdem sie alle Zeilen abgearbeitet hat, sollte eine funktionsfähige *dmsBase*-Anwendung auf dem Rechner vorliegen

Bliebe noch zu erwähnen, dass auf den Rechnern von *Willviel-Media* ausschließlich Windows XP als Betriebssystem zum Einsatz kommt. Unter Windows Vista hätte das Setup wegen der anderen und verschärften Sicherheitsregeln modifiziert werden müssen. Nachfolgend ein Ausschnitt aus der kompletten *dmsBase*-Batch-Datei mit den relevantesten Anweisungen:

```
COPY zlibwapi.dll %WINDIR%\SYSTEM32

COPY dbstrings.dll %WINDIR%\SYSTEM32
regsvr32 /s %WINDIR%\SYSTEM32\dbstrings.dll

COPY MSCOMCTL.OCX %WINDIR%\SYSTEM32
regsvr32 /s %WINDIR%\SYSTEM32\MSCOMCTL.OCX
...
COPY olelib.tlb %WINDIR%\SYSTEM32
installhelp -register '%WINDIR%\SYSTEM32\olelib.tlb'
...
installhelp -trustedloc includesubdirs "upperdir1"
installhelp -link desktopall "dmsBase Dokumentenverwaltung"
     "dmsbase_fe.accdb" directory:"upperdir1" accessver:"access2007"
     icon:"dmsbase.ico" showcmd:"maximize"
installhelp -link menuall "dmsBase Dokumentenverwaltung"
     "dmsbase_fe.accdb" directory:"upperdir1" accessver:"access2007"
     icon:"dmsbase.ico" showcmd:"normal"

regedit /s zones.reg

PAUSE
EXIT
```

16.1.6 Die Developer Extensions

Microsoft stellt für Access 2007 ein kostenloses Tool zum Download bereit, das sich *Access Developer Extensions* nennt. Neben der Möglichkeit, damit eigene Datenbankvorlagen (*Templates*) zu erstellen, enthält das Tool auch einen Assistenten, mit dem eine Datenbank in ein Windows Installer-Setup (MSI) verpackt werden kann. Dabei werden auch

Zusatzkomponenten berücksichtigt, die manuell einer Komponentenliste hinzuzufügen sind.

Tatsächlich hätten wir an dieser Stelle gerne auch den Setup-Generator dieser *Extensions* besprochen, weil er ebenfalls in der Lage ist, bei Installationen ein *Vertrauenswürdiges Verzeichnis* einzustellen und außerdem wahlweise die Access Runtime 2007 mit in das Setup packt.

Die Runtime kann zudem – auch nicht schlecht – optional auf dem Zielrechner ermitteln, ob Access 2007 bereits installiert ist, und bei negativem Bescheid vorschlagen, die Runtime bei Microsoft automatisch herunterzuladen und anschließend zu installieren.

Leider kann das erzeugte Installer-Paket aber weder ActiveX-Komponenten registrieren, noch Dateiverknüpfungen an unterschiedlichen Orten anlegen, noch eine Datei der Wahl innerhalb des Setup-Vorgangs ausführen.

Deshalb scheidet der Verpackungsassistent der *Extensions* für eine flexible Installationsroutine aus. Er eignet sich nur für einfachere Access-Anwendungen ohne Zusatzkomponenten.

16.1.7 Installation testen

Bevor Sie sich mit dem erstellten Installationspaket zum Auftraggeber wagen, sollten Sie es erst auf Herz und Nieren prüfen. Dazu brauchen Sie weder einen Park von Testrechnern, noch mehrere parallel installierte Betriebssysteme. Richten Sie sich einfach *Virtuelle Maschinen* auf Ihrem Entwicklungsrechner ein. Die dafür benötigte Software bekommen Sie bei Microsoft in Form des Virtual PC 2007 kostenlos (aktuell http://www.microsoft.com/windows/products/winfamily/virtualpc/default.mspx).

Auf diesen virtuellen Maschinen installieren Sie dann zum Beispiel Windows XP und machen mehrere Kopien einer Maschine, die Sie anschließend einzeln unterschiedlich konfigurieren, um die Umgebung Ihrer Kunden möglichst authentisch abbilden zu können.

Denkbar ist etwa, solche Systeme wahlweise mit der Vollversion von Access 2007 auszustatten, andere mit der Access Runtime und dann eventuell versehen mit Office 2003, um zu prüfen, wie sich Ihr Setup mit einem parallelen Access 2003 verträgt.

Aber nicht nur das Setup sollten Sie auf virtuellen Maschinen testen, sondern auch die Anwendung selbst. Erst beim Starten einer Datenbank fällt dann auf, wenn Komponenten fehlen und im Setup unberücksichtigt blieben.

16.1.8 Der Ernstfall

Nachdem Mossami und Amisoft dies getestet haben, fahren Sie zum vereinbarten Termin zu *Willviel-Media*.

VIERTER AUFZUG

ZWEITER AUFTRITT

Die Szene: Das Büro von Klaus Müller bei Willviel-Media. Die Vorigen. Mossami. Klaus Müller.

Pfau. Hallo, die Herren! Nun, dann können wir ja endlich mal das fertige Produkt sehen.

Mossami. Genau! Wir sind auch schon gespannt. (*Grinst*) Wir haben aber alles gut getestet, eigentlich sollte nichts schiefgehen.

Amisoft. Auf welchem Rechner sollen wir installieren?

Müller. Hier, auf meiner Kiste. Machen Sie mir nichts kaputt! Der läuft schon seit zwei Jahren ohne Probleme.

Amisoft. Na, dann wird es auch bald Zeit, dass Sie das System mal wieder neu aufsetzen. (*Lacht*)

Müller. Machen Sie keinen Quatsch! Obwohl ... Vista fänd' ich ja schon schick!

Pfau. Nichts da, Klaus. Damit warten wir mal schön noch ... mindestens bis Service Pack 2!

Amisoft. Also: Wir kopieren erstmal den ganzen Kram auf die Festplatte. Das Paket, das wir Herrn Pfau per E-Mail geschickt haben, liegt schon auf Ihrem Rechner, Herr Müller?

Pfau. Ach, ich Dussel! Das habe ich ihm gar nicht weitergeleitet ...

Mossami. Kein Problem, wir haben es vorsichtshalber noch auf CD gebrannt. Dann mal rein mit dem Ding!

Müller. Okay, wollen Sie sich vielleicht einfach an meinen Rechner setzen?

Mossami. Klar, mache ich. So, erstmal die Dateien in ein neues Verzeichnis auf Laufwerk C kopieren, dann ... (*Mossami führt die einzelnen Schritte der Installation aus und erläutert Ede Pfau und Klaus Müller die Vorgehensweise. Nach ein paar Minuten ist alles erledigt*)

Pfau. Wow, das ging ja schnell. Haben Sie ein paar Mal geübt, was?

Mossami. Ja, ja ... So, mal sehen ... keine Fehler ... scheint zu funktionieren! (*Mossami führt die einzelnen Funktionen beispielhaft vor*)

Pfau. So, nun muss nur noch Microsoft in die Pötte kommen und schnell die Runtime liefern!

Amisoft. Naja, immerhin gibt es schon Neuigkeiten: In zwei Monaten soll das Service Pack endlich auch für die Runtime fertig sein, und kurz danach wird wohl auch die deutsche Version kommen.

Mossami. Und da die schon bei der Runtime mehrere Terminverschiebungen hatten, haben die diesmal hoffentlich realistischer kalkuliert ... vielleicht kommt die Software ja dann auch wirklich bald.

P f a u . Nun gut: Es scheint ja erstmal alles zu funktionieren. Wir probieren dann mal alles durch, und ich werde auch mit dem Chef sprechen, dass wir die Abrechnung bald erledigen – Sie können ja nichts dafür, wenn die Runtime noch buggy ist.

A m i s o f t . Das wäre natürlich prima. Wir melden uns dann, wenn wir mehr wissen! Und wenn irgendwas nicht läuft, rufen Sie ruhig an. Wir kommen dann direkt rum.

P f a u . Okay. Also – bis dann! (*Die Herren verabschieden sich*)

16.2 Wartung

Zur Wartung gehört nicht nur, dass Sie regelmäßig die Datenbanken komprimieren und Sicherungen durchführen – im Laufe eines Anwendungslebens fallen früher oder später Fehler auf oder der Auftraggeber wünscht sich zusätzliche Funktionen.

Was in diesem Fall geschieht, lesen Sie in den folgenden Abschnitten.

16.2.1 Updates verteilen

Die Vorstellung, dass Sie nur einmal Ihre Anwendung beim Auftraggeber zu installieren brauchen und sich dann neuen Projekten zuwenden können, ist ganz und gar realitätsfremd. Selbst wenn sie sorgfältig getestet wurde, alle vereinbarten Aufgaben erfüllt und die Rechnung beglichen wurde, wird es zu Problemen kommen, die vorher nicht absehbar waren.

Das müssen noch nicht mal Fehlfunktionen der Anwendung sein. Es kommt häufig vor, dass sich erst bei intensiver Nutzung einer Anwendung herausstellt, welche Features nützlich sind und welche nicht, oder wo Vorgänge sich nicht effektiv durchführen lassen. Auch Performanceprobleme sind an der Tagesordnung und müssen gelöst werden – besonders, wenn auf ein Access-Backend von vielen Usern zugegriffen wird und kein SQL-Server-Backend vorgesehen ist.

Aber auch, wenn alles zur Zufriedenheit läuft, wird sich der Auftraggeber, der sich langsam zum Stammkunden entwickelt, mit großer Wahrscheinlichkeit nach einiger Zeit zusätzliche Module wünschen. Schließlich ist ein Unternehmen kein statisches Gebilde und Weiterentwicklungen oder geänderte Umstände sowie andere äußere Faktoren werden sich auch in Ihrer Datenbank abbilden müssen.

Damit stellt sich die Frage, wie Sie Updates Ihrer Anwendung im Unternehmen einspielen. Die Problematik lässt sich auf zwei Bereiche aufteilen:

Das Frontend ist variabel und muss nur auf die einzelnen Arbeitsstationen verteilt werden. Das Backend hingegen können Sie nicht so einfach bearbeiten.

Kapitel 16

Backend modifizieren

Wenn das Backend tagsüber in Betrieb ist, verbieten sich Eingriffe in das Datenmodell. Was dagegen jederzeit möglich ist, ist das Editieren von Datensätzen, falls etwa Eingaben schiefgegangen waren oder Lookup-Tabellen zu erweitern sind. Für Änderungen am Datenmodell – es seien etwa zusätzliche Felder in Tabellen einzufügen – bleibt Ihnen wohl oder übel nichts anderes übrig, als Spät- oder Wochenendschichten einzulegen. Sie könnten zwar auch die Anwender bitten, alle das Frontend zu beenden, oder gar einen Mechanismus einbauen, der dieses Herunterfahren der Anwendungen fernsteuert, aber erfreut werden die Mitarbeiter Ihres Kunden über solche Aktionen nicht sein.

Wie auch immer: Sie brauchen zuallererst Zugriff auf das Backend. Sie könnten natürlich zum Kunden fahren und Modifikationen erledigen. Für größere Umbrüche kann das ein Weg sein, bei kleineren Änderungen werden Sie es aber schnell leid sein. Deshalb sollte Ihnen der Kunde direkten Zugriff auf das auf dem Firmenserver gehostete Backend gewähren – egal, ob es sich um ein Access-Backend oder einen SQL-Server handelt. Dafür gibt es zwei Möglichkeiten

- Über einen *Remote Desktop* oder über eine VNC-Verbindung haben Sie Zugriff auf die Oberfläche des Servers. Das ist zwar eine praktische Angelegenheit, weil damit Datentransfers entfallen und Sie die benötigten Modifikationen direkt auf jenem Rechner vornehmen können. Das setzt aber voraus, dass der Systemadministrator Ihres Geschäftspartners großes Vertrauen zu Ihnen hat. Schließlich könnten Sie auf dem Firmenserver auch allerlei Unfug treiben. Diese Option wird daher eher die Ausnahme bleiben.

- Sie bekommen einen VPN-Zugang zum Server, genauer: zum Verzeichnis, in dem sich das Backend befindet. Und nach Möglichkeit sollten sich in dessen Unterverzeichnissen auch gleich die Setup-Dateien befinden, damit Sie Updates für die Frontends hier ablegen können. Sie arbeiten über diesen VPN-Zugang wie auf einem lokalen Netzlaufwerk, können Dateien austauschen oder, im Falle von SQL-Backends, auch direkt mit dem Administrations-Tool Ihrer Wahl auf den SQL-Server zugreifen. Da Sie auf diese Weise nur einen geschützten Teilbereich des Servers ansprechen, sollte dem Systemadministrator die Entscheidung nicht schwer fallen, Ihnen die entsprechenden Berechtigungen zu erteilen. Immerhin muss er selbst sich nach Einrichtung des Zugangs nicht mehr weiter um die Datenbank kümmern und sieht sich damit eines Teils der Verantwortung entledigt.

Frontend updaten

Gehen wir vom im vorigen Absatz geschilderten Umstand aus, dass Sie einen VPN-Zugang zum Firmenserver hätten. Dann können Sie bequem Updates Ihrer Anwendung dort ablegen. Fragt sich nun allerdings, wie ein abgelegtes neues Frontend auf die einzelnen Arbeitsstationen kommt. Dafür können Sie eines der Update-Tools einsetzen, die sich im Internet finden lassen und die auf den Arbeitsstationen installiert werden. Diese prüfen, ob eine neue Version Ihrer Anwendung vorliegt, und kopieren diese dann gegebenfalls von Netzwerk-Share. Aber warum so kompliziert, wenn es auch einfacher geht? Statt auf neue Versionen zu prüfen, lassen Sie das Frontend einfach täglich beim Hochfahren vom Server ziehen, gleichgültig, ob dort eine neue Version vorliegt oder nicht.

Dazu muss lediglich eine einfache Kopieranweisung in den *Startmenu/Autostart*-Ordner oder in das servergestützte Profil der Benutzer eingebaut werden. Sie schlagen hier mehrere Fliegen mit einer Klappe: Korrupte Frontend-Dateien können so einfach ersetzt werden, indem der Benutzer sich neu am Rechner anmeldet, wodurch eine saubere Kopie auf den Rechner gelangt. Und außerdem brauchen Sie sich fortan nicht mehr um das *Komprimieren und Reparieren* ihrer Frontend-Datenbanken zu kümmern, weil im Netzwerk immer eine optimierte Version vorrätig ist.

In den Autostart-Ordner der Benutzer legen Sie also einfach eine Verknüpfung zu einer Batch-Datei, die lediglich aus einer Zeile besteht:

```
COPY \\server_willviel\datenbanken\dmsbase\dmsbase_fe.accdb c:\dmsbase
```

Und wenn Sie schon dabei sind, weiten Sie diese Batch-Datei so aus, dass Ihr wie in Abschnitt 16.1.5, »dmsBase-Setup«, beschriebenes Setup gleich auch automatisch ausgeführt wird, falls die Anwendung noch nicht vorhanden ist. Der Vorteil liegt auf der Hand: Sollte in der Firma ein neuer Rechner ans Netz gehen, dann muss der Systemadministrator lediglich eine Verknüpfung auf diese Batch-Datei einrichten, damit die Anwendung installiert wird. Selbstverständlich kann es im Rahmen der Installation zu Problemen kommen, aber ihre Behebung wird im Zweifelsfall weniger Zeit in Anspruch nehmen als das grundsätzlich manuelle Installieren der Anwendung.

Eine solche erweiterte Batchdatei könnte diesen Inhalt haben:

```
IF EXIST c:\dmsbase\dmsbase_fe.accdb GOTO UPDATE
MKDIR c:\dmsbase
XCOPY /s /y \\server_willviel\apps\dmsbase\*.* c:\dmsbase\
c:\dmsbase\bin\install.bat
EXIT
:UPDATE
COPY \\server_willviel\apps\dmsbase\dmsbase_fe.accdb
EXIT
```

In der ersten Zeile wird ermittelt, ob das Anwendungsverzeichnis bereits existiert, was ein Indikator dafür ist, dass die Anwendung bereits installiert wurde. In diesem Fall fährt die Routine beim Label *UPDATE* fort und kopiert lediglich eine frische Version der Frontend-Datei. Existiert das Verzeichnis noch nicht, dann läuft das Setup ab. Mit der

Anweisung *MKDIR* wird das Verzeichnis zunächst erzeugt und mit *XCOPY* anschließend der gesamte Verzeichniszweig vom Server kopiert. Danach wird die nun lokal vorhandene Batch-Datei *install.bat* ausgeführt, die ihrerseits alle notwendigen Schritte für die Installation, das Registrieren der Komponenten und so weiter unternimmt. Diese Schritte setzen allerdings voraus, dass das Skript unter Administratorrechten abläuft. Im Normalfall wird deshalb die Installation scheitern, wenn die Benutzer nur eingeschränkte Berechtigungen haben. Deshalb sollte der Start dieser Batch-Datei auch in das Profil des Administrators eingebaut sein. Im Zweifelsfall muss er sich dann, etwa über Fernwartung, lediglich kurz unter seinem Account am Rechner anmelden und kann anschließend den Rechner wieder für den Benutzer freigeben.

Sie ersparen sich also mit solchen Automatisierungen viel Zeit und Ärger. Ein Punkt muss aber noch berücksichtigt werden: Auf Ihrem Entwicklungsrechner haben Sie ja das Frontend mit Tabellen des Backends verknüpft, das bei Ihnen an einem anderen Ort liegt als beim Kunden. Folglich wird der Anwender, nachdem er das neueste Frontend erhalten hat, wohl mit einer Reihe von Fehlermeldungen konfrontiert werden, die so ähnlich lauten wie: *Datenquelle xyz nicht gefunden*, oder: *xyz ist kein zulässiger Pfad*. Die Tabellen des Backends müssen also neu mit dem Frontend verknüpft werden.

Backend neu verknüpfen

Das ist auch die erste Aktion, die beim Start Ihrer Anwendung über ein *AutoExec*-Makro ausgeführt werden sollte. Das *AutoExec*-Makro ruft eine Routine zur Neuverknüpfung der Tabellen auf. In der Beispieldatenbank *dmsBase* geschieht dies im Modul *mdlMain* und der Routine *StartDB()*, die ihrerseits die Klasse *clsRelink* instanziert, die alles Notwendige zum Neuverknüpfen erledigt.

Woher weiß das Frontend aber denn, wo sich das korrekte Backend befindet? In *dmsBase* sind dafür zwei Möglichkeiten vorgesehen. Einmal kann der Datenbank über die Befehlszeilenoption */CMD* mitgeteilt werden, wo das Backend liegt:

```
"c:\programme\microsoft office\office12\msaccess.exe"
"c:\dmsbase\dmsbase_fe.accdb" /CMD \\server_willviel\apps\dmsbase
```

Dieser Befehlszeilenparameter wird dann über die VBA-Funktion *Command()* ausgelesen und die *Relink*-Funktion damit gefüttert. Die Desktop-Verknüpfung zu *dmsBase* muss für diese Methode als Argument also den korrekten Pfad enthalten.

Findet *dmsBase* die *Command*-Funktion leer vor, dann kommt die alternative Methode zum Einsatz: Aus der im Anwendungsverzeichnis versteckten Konfigurationsdatei *tempvars.dat* liest sie die Variable *LinkPath* aus, in die zuvor natürlich irgendwann der korrekte Pfad geschrieben wurde. Da diese Datei unverändert auf dem Rechner bleibt, sollte sich ihr Inhalt nicht ändern – zumindest, was diese spezielle Variable angeht. Setzen kann man den Pfad entweder manuell durch Editieren der Datei in einem

Texteditor oder über das Formular *frmOptionen* in *dmsBase*. Anschließend wird dieser durch Zurückspeichern in der Datei *tempvars.dat* verewigt.

Schlägt auch diese Methode fehl, weil die Konfigurationsdatei keinen passenden Eintrag aufweist, dann verknüpft *dmsBase* sich einfach mit dem lokalen Backend. Und das ist auch der Grund, warum das Unterverzeichnis *Server* mitsamt zwei rudimentären Backend-Dateien bei Installation angelegt wurde: Es stellt sicher, dass der Anwender in jedem Fall eine funktionierende Anwendung bekommt, auch wenn er die Dokumenten-Ordner anschließend leer vorfinden wird.

Eine Meldung weist ihn in diesem Fall allerdings darauf hin, dass er nur mit der lokalen Version arbeitet und den korrekten Pfad zum Server-Backend im Formular *Optionen* einstellen sollte. Dieses öffnet sich anschließend auch dann, wenn er eigentlich gar keine Zugriffsberechtigungen für das Öffnen hat; alle Eingabefelder im Formular sind dann jedoch deaktiviert, bis auf eines: das zum Angeben des Backend-Pfads.

16.3 Tipps und Tricks

Da Tipps und Tricks nur wenige Zeilen beanspruchen, lohnt es zunächst nicht, dieser Materie einen eigenen Artikel oder gar ein Buch-Kapitel zu widmen. So bleiben sie ein Thema für Magazine oder Webseiten. Das Tipps-und-Tricks-Kapitel dieses Buchs lag während der Arbeit in verschiedensten Versionen mit unterschiedlichen Namen vor.

Letzten Endes kam aber eine Sammlung mit Hinweisen dabei heraus, wie Sie sich das Access-Programmierer-Leben im Allgemeinen, als interessierter Betrachter oder gar als Benutzer unserer Beispieldatenbank erleichtern können.

Viele der folgenden kleinen Abschnitte könnte man in passende Kapitel packen, wenn es sie denn gäbe – das gilt zum Beispiel für den Abschnitt »Reverse Debugging«. Dieser Abschnitt würde in einem anderen Buch locker im Kapitel zum Thema Fehlersuche oder Debugging landen, aber in diesem Buch war dafür einfach kein Platz eingeplant.

Da wir mit der dort beschriebenen Funktion aber oft viel Zeit gespart haben, wollten wir Ihnen diesen Trick nicht vorbehalten. Gleiches gilt für viele andere nachfolgend behandelte Themen. Wir hoffen, Sie profitieren ebenso wie wir von dieser Zusammenstellung.

16.3.1 Datenbank korrupt

Viele Access-Entwickler geraten in Panik, wenn dies passiert: Sie öffnen die Datenbank, möchten den Code ansehen oder bearbeiten, und beim Öffnen des VBA-Editors – egal, ob über eine Tastenkombination wie *Strg + G* oder *Alt + F11* oder über das Öffnen eines konkreten Moduls aus dem Navigationsbereich – erscheint die folgende Meldung:

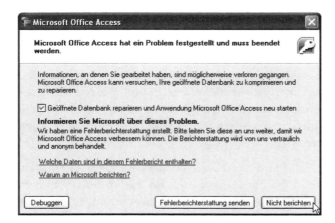

Abbildung 16.1: Diese Meldung erscheint, wenn das VBA-Projekt der Datenbank korrupt ist.

Bei den Entwicklern der Beispielanwendung zu diesem Buch hat sich folgende Vorgehensweise zur Rettung von Anwendungen, die auf das Öffnen des VBA-Editors derart allergisch reagieren, etabliert: Öffnen der Anwendung bei gedrückter Umschalt-Taste, Komprimieren und Reparieren der Anwendung mit dem Office-Menü-Eintrag *Verwalten|Datenbank komprimieren und reparieren*. Dekompilieren des VBA-Projekts mit der Befehlszeilenoption */decompile*. Dies erreichen Sie, indem Sie beispielsweise über das Startmenü von Windows den Befehl *Ausführen* auswählen und dort eine Anweisung nach dem folgenden Schema eingeben (jeweils in einer Zeile):

```
"<Pfad zur MSAccess.exe>\MSAccess.exe"
"<Pfad zur Access-Datenbank>\<Datenbankname.accdb> /decompile
```

Beispiel für den Aufruf:

```
"C:\Programme\Microsoft Office\Office12\MSACCESS.EXE"
"C:\dmsBase_FE.accdb" /decompile
```

Dabei halten Sie ebenfalls die Umschalt-Taste gedrückt. Anschließend führen Sie den ersten Schritt, also das Komprimieren und Reparieren bei gedrückter Umschalt-Taste, nochmals durch und schließen die Datenbank.

Wenn Sie nun die Anwendung öffnen und der Aufruf des VBA-Editors immer noch die obige Meldung hervorruft, sieht es schlecht aus: Ihre Datenbank muss dann zum Arzt, am besten zu Dr. Trowitzsch (E-Mail: info@access-entwicklerbuch.de).

16.3.2 Datenbank einfach sichern

Sollte das obige Szenario zum Totalverlust der Datenbank führen, sollten Sie beten, dass seit der letzten Sicherung der Datenbank nicht allzu viel Zeit vergangen ist beziehungsweise Sie nicht allzu viele Änderungen an der Datenbank vorgenommen haben. Anderenfalls kann es sein, dass Sie sämtliche Änderungen seit der letzten Sicherungskopie erneut durchführen müssen (wenn es überhaupt eine Sicherungskopie gibt). Das muss nicht schlecht sein: Oft kann man dabei von den beim ersten Mal gemachten Erfahrungen profitieren und programmiert die notwendigen Elemente besser oder eleganter als vorher. In der Regel fehlt aber die Zeit, um einmal programmierte Elemente nochmals zu bauen, nur weil man ein wenig zu leichtsinnig und nachlässig war.

Um möglichst wenig Arbeit doppelt erledigen zu müssen, nutzen Sie einfach das eingebaute Feature von Access 2007: Wählen Sie im Office-Menü der Anwendung den Eintrag *Verwalten | Datenbank sichern* aus, und Access schließt die Anwendung, sichert sie und öffnet die Anwendung wieder. Beim Speichern öffnet dies einer *Speichern*-Dialog, der einen Dateinamen vorschlägt, der aus dem alten Dateinamen zuzüglich Datum besteht. Dieser lautet dann etwa *dmsBase_FE_2008-01-11.accdb*.

Aber Achtung: Wenn Ihre Datenbank beim Öffnen ein *AutoExec*-Makro ausführt oder ein Startformular anzeigt und Sie dies beim Entwickeln nicht benötigen, halten Sie beim Sichern die Umschalt-Taste gedrückt, bis die Anwendung wieder vollständig geladen ist.

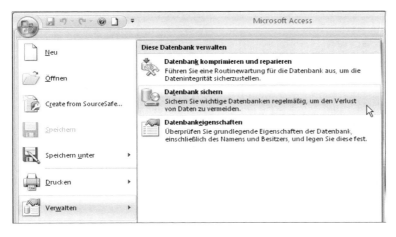

Abbildung 16.2: Dieser Befehl ist seit Access 2003 verfügbar und sicher sehr praktisch.

Genauso wichtig wie das regelmäßige Sichern der Anwendung ist das Speichern von Elementen wie Formularen, Berichten oder Modulen, wenn Sie Änderungen vorgenommen haben. Manchmal vergisst man dies und die Anwendung stürzt ab, weil man gerade komplizierte Subclassing-Geschichten ausprobiert, oder man klickt im Affekt die *Speichern*-Abfrage vor dem Schließen eines Objekts oder von Access mit einem Klick auf *Abbrechen* weg – ganz schnell verliert man so die letzten Änderungen.

16.3.3 Entwicklungs- und Laufzeitmodus

Wenn Sie Ihre Anwendung mit Elementen ausstatten, die im richtigen Betrieb zum Einsatz kommen sollen – wie etwa ein benutzerdefiniertes Ribbon, ein Startformular et cetera –, kennen Sie sicher schon Folgendes:

Sie öffnen die Datenbankdatei, wollen an einer bestimmten Stelle weiterentwickeln und stellen fest, dass Sie keinen Zugriff auf den Navigationsbereich haben, weil dieser im richtigen Betrieb, also im Laufzeit-Modus, nicht verfügbar ist. In dem Fall verhindern Sie üblicherweise durch Drücken der Umschalt-Taste beim Starten, dass die Laufzeit-Features zum Einsatz kommen. Damit bleiben Sie im Entwicklungsmodus.

Dummerweise gibt es Mischformen, bei denen Sie während der Entwicklung Verschiedenes so testen wollen, als ob sich die Anwendung im Laufzeitmodus befände, es aber unpraktisch ist, immer wieder die Datenbank zu schließen und zu öffnen, um zwischen den beiden Modi zu wechseln.

Es führt aber kein Weg daran vorbei, denn im Laufzeitmodus sind beispielsweise die zum Entwickeln notwendigen Ribbon-Einträge ausgeblendet. Im Entwicklungsmodus wiederum sind die Ribbons nicht eingeblendet, die man gerade dringend debuggen möchte, da diese beispielsweise nur beim Starten der Anwendung ohne Drücken der Umschalt-Taste erscheinen.

Ribbons gefügig machen

Gerade für die Ribbon-Problematik gibt es eine Lösung: Es stimmt nicht, dass Sie das Haupt-Ribbon einer Anwendung, das Sie in den Access-Optionen unter *Aktuelle Datenbank|Multifunktionsleisten- und Symbolleistenoptionen|Name der Multifunktionsleiste* einstellen, nur beim Aufruf ohne Drücken der Umschalt-Taste anzeigen können.

Sie können auch ganz einfach ein neues, leeres Formular erstellen und seiner Eigenschaft *Name der Multifunktionsleiste* den Namen des gewünschten Ribbons zuweisen. Im Falle der Beispieldatenbank ist dies das Formular *frm_RibbonXML*, das Sie zur Anzeige der in der Anwendung verwendeten Ribbon-Definitionen verwenden können.

Berechtigungen zur Entwicklungszeit

Ein weiteres Problem ist die Eigenschaft fast aller Formulare in *dmsBase*, beim Öffnen zu prüfen, ob der aktuelle Benutzer die Berechtigung hat, schreibend auf die Inhalte des Formulars zuzugreifen.

Dies wirkt sich so aus, dass Sie, wenn Sie die Datenbank ohne sich überhaupt anzumelden öffnen, beim Anzeigen eines beliebigen Formulars das folgende Meldungsfenster vorgesetzt bekommen:

Installation, Wartung und mehr

Abbildung 16.3: Diese Meldung erscheint, wenn Sie unangemeldet Formulare öffnen.

Andererseits erscheint der Dialog zum Anmelden, also das Formular *frmIntro*, nur dann, wenn man die Datenbank ohne Drücken der Umschalt-Taste öffnet; und schließlich möchte man sich auch nicht bei jedem Öffnen der Datenbank im Entwicklungsmodus erst noch anmelden. Wir haben das Problem auf einfache Weise gelöst und ein kleines Makro geschrieben, das einen vorhandenen und mit allen Rechten ausgestatteten Benutzer anmeldet, indem es den Wert 2 (die ID des Benutzers) in das Element *CurrentID* der *TempVars*-Auflistung schreibt. Außerdem liest das Makro auch noch die in einer speziellen Datei gespeicherten Optionen für die Datenbankanwendung aus und schreibt diese in die *TempVars*-Auflistung.

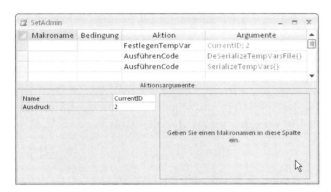

Abbildung 16.4: Dieses Makro meldet einen Benutzer mit passenden Zugriffrechten an und liest die in einer Tabelle gespeicherten Optionen in die TempVars-Auflistung ein.

Auf diese Weise kommt das gute alte, aber in Entwicklerkreisen eher verpönte Makro doch noch zum Einsatz, abseits von *AutoExec* und *AutoKeys*. Und ein Makro sollte es eben sein, um die notwendigen Prozeduren mit einem einfachen Mausklick ausführen zu können.

16.3.4 Reverse Debugging

Debuggen funktioniert ja normalerweise wie folgt: Sie setzen an einer bestimmten Stelle einen Haltepunkt, rufen die betroffene Funktion auf, warten, bis der Haltepunkt erreicht wird, und durchlaufen dann den Code in einzelnen Schritten durch wiederholtes Betätigen der Taste *F8*. Vielleicht haben Sie auch mehrere Haltepunkte, die Sie schnell per

F5 anspringen. Bei kleinen Funktionen, die beispielsweise direkt durch eine Schaltfläche ausgelöst werden, sollte das Finden der Ursache für den Fehler kein Problem sein.

Wenn aber vom Anklicken der Schaltfläche bis zur fehlerauslösenden Funktion einige weitere Routinen durchlaufen werden müssen, wird es schon schwieriger. Die Entwicklungsumgebung hat aber ein nützliches Werkzeug parat, um sich schnell den Verlauf von Routinen anzusehen: Dazu klicken Sie einfach mit der rechten Maustaste auf einen Routinennamen innerhalb der Ausgangsroutine und wählen den Kontextmenüeintrag *Definition* aus. Schon landen Sie in der von der aktuellen Zeile aufgerufenen Funktion, die sowohl in Ihrem VBA-Projekt, wie auch im Objektkatalog definiert sein kann. So können Sie die aufeinander folgenden Funktionen durchlaufen und dabei unter die Lupe nehmen – auf diese Weise oder durch das schrittweise Durchlaufen des Codes werden Sie den Fehler schon finden.

Problematisch wird das Ganze, wenn ein Fehler in einer Routine entsteht und erst in einer davon aufgerufenen oder einer weiteren Routine zum Fehler führt. In *dmsBase* beispielsweise gibt es eine ganze Reihe von Funktionen, die von verschiedenen Stellen aufgerufen werden. All diese Aufrufe müssten Sie in dem eben beschriebenen Szenario ebenfalls dahingehend untersuchen, ob von dort ein fehlerhafter Parameter kommen könnte, der in der Zielroutine einen Fehler auslöst. Aber wie finden Sie alle Routinen, die eine Funktion aufrufen? Klar: Sie könnten alle Module mit der Suchfunktion durchforsten. Das ist aber müßig, zumindest im Vergleich zu der Möglichkeit, die die Sammlung von Entwicklerwerkzeugen namens *MZ-Tools* liefert: Damit können Sie nämlich den Routinennamen im Kopf der Routine anklicken und über den Kontextmenüeintrag *MZ-Tools|Prozeduraufrufe* einen Dialog anzeigen lassen, der alle Aufrufe der aktuellen Routine anzeigt.

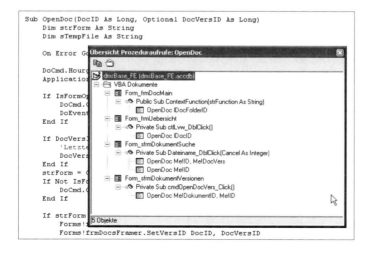

Abbildung 16.5: MZ-Tools bieten die Möglichkeit, alle VBA-Aufrufe einer Routine anzuzeigen.

Sie sollten jedoch beachten, dass Aufrufe aus Abfragen oder den Eigenschaften von Formularen, Berichten und Steuerelementen nicht berücksichtigt werden.

EPILOG

Die Szene: Das Büro von Mossami und Amisoft. Eine offene Flasche Sekt steht auf dem Tisch. Mossami und Amisoft stoßen auf das erfolgreiche Projekt an.

A m i s o f t . Prost, Junge!

M o s s a m i . Joo, auch Prost! Mann, das ist ja super gelaufen.

A m i s o f t . Tja, eine gute Vorbereitung zahlt sich halt aus. Wir haben ja auch einige Stunden investiert, um die Software auf allen möglichen Systemen zu testen.

M o s s a m i . Stimmt. Super auch, dass Pfau ein gutes Wort für uns bei Willviel einlegen will. Wenn wir auf die Kohle warten müssten, bis Microsoft endlich die Runtime gefixt hat ...

A m i s o f t . Was machen wir denn jetzt? Der nächste Termin ist erst nächste Woche.

M o s s a m i . Ach, ich könnte direkt an *dmsBase* weiterbasteln. Bei dem, was uns noch alles eingefallen ist ... und wenn wir das Teil auch noch als Produkt verkaufen wollen ...

A m i s o f t . Du hast eigentlich Recht. Also, was nehmen wir zuerst in Angriff?

16.4 Ausblick

Die Autoren wünschen sich, dass dieses Buch lebt – es soll Ihnen, lieber Leser, mehr als ein normales Access-Buch bieten. Aber das haben Sie ja vielleicht schon während des Lesens gemerkt. Wir möchten Ihnen daher noch zwei Angebote machen:

- Wir bieten Ihnen ein Forum, in dem Sie Fragen zum Inhalt des Buchs und zur Beispielanwendung *dmsBase* stellen und über die Anwendung mit den Autoren und anderen Lesern und Benutzern diskutieren können.

- Wir entwickeln *dmsBase* weiter – und Sie erhalten jeweils die aktuelle Version, wenn Sie möchten.

Beides soll exklusiv den Lesern dieses Buchs vorbehalten sein. Daher finden Sie ganz vorne in diesem Buch einen Code, mit der Sie sich unter *http://www.access-entwicklerbuch.de/praxis* zusammen mit Ihrer E-Mail-Adresse registrieren können – Sie erfahren dann dort alles Weitere.

Index

Symbole

1:1-Beziehung 111
1:n-Beziehung 106, 110

A

Ablagestruktur 40
Access 612
  Optionen 148
Access 2007 - Das Grundlagenbuch
  für Entwickler 104, 137
accessUnit 522
  installieren 523
accessVBATools 522
ACE 39, 126
acedao.dll 617
Acrobat-Steuerelement 62
AcroPDF.dll 643
ActiveMovie control type
  library 642
ActiveX 619
  Bibliothek 619
  Steuerelement 619
Additive Rechte 124
Administratoren 83
ADO
  ActiveConnection 108, 110
Adobe Acrobat 8.0 Browser
  Control Type Library 1.0 643
Adobe PDF Reader 63
Advanced Installer 652
Ähnlichkeitssuche 489
  im Volltextindex 506
Aktueller Anwendungspfad 434
Akzeptanz 48
  der Benutzer 74
AllowAdditions 206
AllowDeletions 206

AllowEdits 206
Anbahnungsphase 69
Änderungen am
  Datenmodell 51
Änderungswünsche 73, 92
Angebot 89
Anlage-Feld 107, 110, 195, 196
Anlage in Byte-Array
  umwandeln 451
Anlagen-Dialog 195
Anmeldedialog 226
Anmeldename 187, 191
Anmeldung 226
Ansprechpartner 32
Anwendungsfarbe 133
  abfragen 398
Anwendungslogik 126
Anwendungsspezifische
  Tabellen 129
AppendChunk 264
Arbeitsabläufe 81
Arbeitsgruppendatei 197
Arbeitszeit 88
Attachment 51, 571, 578
  Steuerelement 187, 190, 194
Aufnahme der
  Anforderungen 103
Aufstellung der Kosten 88
Auftrag auf Basis des Angebots 94
Auftraggeber 27
Auftragsvolumen 73
Aufwand für Kommunikation 89
Aufwandschätzung 30
Auschecken 40, 44, 97, 100, 238, 262
Ausführen...-Dialog 648
Auslastung 87
AutoExec-Makro 227, 669
Automatische Installation
  mit Kontrolle 652
Autoren eines Dokuments 471

B

Backend
  modifizieren 664
  neu verknüpfen 666
Balzert, Helmut 72, 75
Baumstruktur 231
Beauftragung 69
BeginTrans (Transaktion) 279
Beim Anzeigen 190
Bei Maustaste Ab 182
Beim Laden 188, 227
Beim Öffnen 188
Benennung
  von Feldern 105
  von Tabellen 105
Benutzer 56, 122, 185, 197
Benutzerdaten 186
Benutzerdefinierte
  Meldungen 381
Benutzerdefinierte
  Meldungsfenster 374
Benutzerdefinierte
  Navigationsschaltflächen 385
Benutzerführung 137
Benutzergruppen 31, 83,
  122, 185, 193, 198, 201, 208, 221
Benutzerhandbuch 33
Benutzername 227, 229
Benutzeroberfläche 43, 59, 137
Benutzersicherheitssystem 126
Benutzertabelle 121
Benutzerverwaltung 121, 185, 197
Berechtigungen 55, 123, 185, 198, 201
  zur Entwicklungszeit 670
Berechtigungsstufen 55, 57, 199
Berechtigungssystem 34, 42,
  85, 121, 127
Bezahlung nach Aufwand 86
Bibliotheken 609
Bild
  beschneiden 453
  einlesen 451
  in Byte-Array umwandeln 453
  rotieren 453

Bild (Fortsetzung)
  skalieren 453
  spiegeln 453
Bildbearbeitung 134, 165
Bildbearbeitungsmodul 134
Bilddatei 63, 348
  einlesen 453
  speichern 453
Bildeffekt 134
Bildschirmauflösung ermitteln 443
Bildsteuerelement 203
Binärstrom 107
BLOB2Binary2007 451
Budget des Auftraggebers 86
Bundesdatenschutzgesetz 84
button-Element (XML) 165
buttonGroup-Element (XML) 165, 166
Byte-Array 263, 264
  in Bild umwandeln 453
  komprimieren 443

C

Callback-Funktion 139, 149, 153, 167
CallHelp 602
checkBox-Element (XML) 150
Checkliste 27, 28, 34, 37
CloseVars 109
clsHelpCHM 602
CLSID 621
clsOGL2007 453, 645
clsOutlook 589
clsSendMail 569, 572, 589
clsTimer 446
clsWIAScan 353
Collection-Objekt 156
ColorDlg 432
COM 618
CommandBarButton 177
CommandBar-Objekt 177
CommandBars-Auflistung 139,
  172, 174, 182
commands-Element (XML) 146, 147
CommitTrans (Transaktion) 281

Index

Component Object Model 618
Compound Documents 613
COM-Server 618
Container-Datei 613
ConvertGraphUnit 440
CreateObject 628
CurPath 434
CurrentDB 422
CurTempDir 435
customUI-Element (XML) 146

D

Database 421
DataObject 285
Datei
   abspielen 307
   aus Anlagefeld
      wiederherstellen 450
   einchecken 285
   in Anlagefeld speichern 448
   in den Papierkorb
      verschieben 436
   mit passender Anwendung
      öffnen 437
Dateiablage 35
Dateiendung ermitteln 434
Dateien von Netzlaufwerken 100
Dateiname extrahieren 433
Datei öffnen-Dialog 435
Datei speichern-Dialog 436
Dateitypen 106
Dateiverknüpfungen anlegen 657
Datenanzeige testen 540
Datenausgabe 32
Datenbankobjekte 127
Datenbank sichern 668
Dateneingabe testen 537
Datenentwurf 41
Datenimport 31
Datenmodell 41, 49, 50, 103
Datenschutz 83, 84
Datenschutzbeauftragter 33, 83
Datenschutzbestimmungen 33, 34

Datenstruktur 29, 42
Datenvolumen 31
Datum für SQL-Abfragen
   ermitteln 426
DBExecute 424
dbFailOnError 424
dbstrings.dll 631
Deadline 30
DecryptString 444
DeSerializeTempVars 428
DeSerializeTempVarsFile 430
Detailtabelle 130, 279
Developer Extensions 660
Dictionary-Objekt 156, 157, 162
Diktiergerät 37
DirUNCExists 445
DLL Help Database 655
DLookup 425
DLookup-Ersatz FLookup 263
dmsBase-Fremdkomponenten 630
dmsBase-Setup 653
DMS-Systeme 38
Dokument
   aktualisieren 237
   als E-Mail versenden 315
   anzeigen 291
   auf der Festplatte speichern 314
   auschecken 237, 265
   ausschneiden 277
   einchecken 234, 236, 257
   einfügen 277
   im DSOFramer öffnen 337
   im ListView-Steuerelement
      anzeigen 363
   in ActiveX-Steuerelement
      öffnen 294
   in den Volltextindex
      überführen 480
   in externer Anwendung
      öffnen 297
   in integrierter Anwendung
      öffnen 298
   in sonstigen Steuerelementen
      öffnen 294
   kopieren 275, 279

677

Dokument (Fortsetzung)
  löschen 236
  mit bestimmter Wertung
    suchen 491
  nach Dateiname suchen 486
  öffnen 236
  umbenennen 238, 265
  wiederherstellen 267
Dokumentanzeige für
  Office-Dokumente 64
Dokumentation 33, 591
Dokumentbaum 232, 242, 253
Dokumentberechtigungen 55,
  125, 126, 207, 223, 249
Dokumenteigenschaften 43,
  62, 239, 463
Dokumenteninhalte 112
Dokumentenmanagement-
  Systeme 40
Dokumentenverwaltung 96, 231
Dokumenthierarchie 42
Dokumentinformationen 241
Dokumentkategorien 117
Dokumenttypen 111
Dokumenttyp ermitteln 445
Drag and Drop 234, 239, 283
Drucken
  eines Office-Dokuments 348
  eines PDF-Dokuments 318
DSO ActiveX Document
  Framer Control 633
DSOFramer 62, 63, 334
  Dokument speichern 342
Dsoframer_moss.ocx 633
dynamicMenu-Element (XML) 150,
  165, 167, 168
Dynamische Menüs 167

E

Early Binding 628
Edanmo's OLE interfaces &
  functions 641
EDV-Qualifikation 31

Eigenschaften eines Dokuments
  im Ribbon 312
Einchecken 40, 52, 59, 64, 97,
  100, 232, 234, 235
Einheiten konvertieren 440
Einsparungen 94
Einstellen der Steuerelementgröße 311
E-Mail 569
  Adressen prüfen 438
  Ereignisse 574
  Formular 579
  senden 569, 570
E-Mail-Schnittstelle 584
enabled-Attribut (XML) 160, 164
Enabled-Eigenschaft 129
EncryptString 444
Endsumme 88
Entrauschen 454
Entwicklung mit Access 38
Entwicklungsaufwand 25
Entwicklungsprozess 33, 73
Entwurf
  der Benutzeroberfläche 69
  des Datenmodells 47
Erl 561
ErrDate 131
ErrDescription 131
ErrLevel 131
ErrLine 131
ErrNotify 560
ErrNumber 131
Err-Objekt 561
Error-Level 563
Erstellung des Konzepts 77
Erster Entwurf 75
Execute 424
Existenz von Dateien prüfen 445
Exklusive Rechte 124
Externes Dokument im DSOFramer
  öffnen 339
Externe Textdatei laden 327
ExtractExt 434
ExtractFileName 433
ExtractPath 433
ExtractTextFromSNP 324

Index

F

Fachpersonal 32
Fahrtkosten 86
Farbauswahldialog aufrufen 432
Farbdialog 395
Farbräume 454
Farbreduzierung 454
Favoriten 599
Feedback (der Mitarbeiter) 77, 98
Fehlerbehandlung 100, 131, 158, 555
   hinzufügen 558
   Runtime 568
Fehlerbehandlungsroutine 560
Fehlerinformationen per
   E-Mail versenden 564
Fehler mitschreiben 562
Felder 105
Fenster in den Vordergrund 441
Fernwartung 34
Filialen 31
Filter aktivieren 366
Finetuning 93
FLookup 263
Flussdiagramm 268, 269
fm20.dll 619, 639
Folgeaufträge 86
Form_Load-Ereignis 188, 189, 252
Form_Open-Ereignis 188, 189
FormTransparency 447
Formular
   mit Transparenz 447
   testgetrieben entwickeln 529
Formularlayout zur Laufzeit
   anpassen 413
Formular-Splitter 411
Formulartechniken 367
Fortschrittsanzeige 287, 407, 576
Freiberufler 88
Fremdkomponenten 609, 630
Fremdschlüsselfeld 105, 108, 112
frmDocMain 232, 253, 283, 463
frmDocProperties 463, 466
frmDocsFramer 334
frmDocsMain 295

frmDocsMultimedia 294, 301
frmDocsPDF 294, 316
frmDocsPix 351
frmDocsSnapshot 294
frmDocsText 326
frmDocsWeb 294
frmDokumentsuche 295
frmOCRText 358
frm_RibbonXML 141
frmScanControl 353
frmUebersicht 295
Frontenddatenbank 107
Frontend updaten 664
Funktion zum Öffnen eines
   Dokuments 295

G

gallery-Element (XML) 150
Geschäftsabläufe 29
Geschäftsbereich 28
Geschäftsleitung 29
Geschäftsprozesse 28, 81, 82
Geschäftsstruktur 29
Gespeicherte Volltexte
   indizieren 322
getEnabled-Attribut (XML) 146
GetFileExecutable 297
GetFileTypeStr 445
getImage-Attribut (XML) 149, 152
GetLastDocPath 296
GetOpenFile 195, 435
getPressed-Attribut (XML) 159
GetScreenRes 443
GetSysBLOB 451
GetSysPicture 153, 178, 218, 251, 467
Getvar 427
getVisible-Attribut (XML) 142, 159
GIFs abspielen 454
GPL 95
Grafikfunktionen 454
group-Element (XML) 166
Gruppenberechtigungen 201, 211
GUID 615, 621

679

H

Halbautomatische Installation 652
Hard- und Software 30
Helligkeit 454
HelpContextID 600
Helpmaker 596
Help Projekt 596
Hierarchische Darstellung 43
Hierarchische Struktur 119
Hilfe
   anzeigen 601
   für Berichte 604
   für Steuerelemente 605
   in Formularen 604
   mit F1 602
   vom Ribbon aus 604
Hilfedatei festlegen 600
Hilfefunktionen 601
Hilfetexte 131
Hilfethemen 599
HKEY_CLASSES_ROOT 615
Honorar 87
htmlhelp.exe 595
HTML Help Workshop 595

I

idMso-Attribut, XML 148
ieframe.tlb 644
ImageList-Steuerelement
   215, 216, 243, 250, 252
Image-Steuerelement 63
Implementierung 589
Importieren von Menüleisten 180
Index 594, 598
Indizierung 112
Inhaltsverzeichnis 594, 597
Inhouse-Schulung 33
Inno Setup 652
In-Process-Server 621
InputBox-Fenster
   automatisch ausfüllen 547
   automatisch schließen 547

Installation 647, 648
   testen 661
Installations-Batch-Datei 659
Installer2Go 652
installhelp.exe 656
Interaktion Ribbon 155
Interaktive Papier-Prototypen 80
Interface 624
Internes Dokument im
   DSOFramer öffnen 340
InvalidateControl-Methode,
   Ribbon 155, 156, 158, 161
Invalidate-Methode,
   Ribbon 155, 156, 157
Invertieren 454
IRibbonControl-Objekt 143, 150
IRibbonUI-Objekt 155, 163
ISendMail 589
IsIDEOpen 442
IsValidEmailAddress 439
Iterationen (beim Prototyping) 93
Iterativer Prozess 77
Iteratives Design 76

K

Kalkulation des Aufwands 85
Kennwort 227, 229
KeyHelp 1.0 633
Keyhelp Embedded Window 64
KeyHelp.ocx 634
KeyHelp-Steuerelement 63
KillFile 437
Kombinationsfeldeinträge
   bearbeiten 367
Kommunikation mit dem
   Auftraggeber 32
Kompilieren 599
Komponente 609, 616
   registrieren 654
Komprimieren und
   reparieren 141
Komprimierung 107, 109, 267
Konfigurationsdatei 132

Index

Kontextmenü 129, 137, 174, 233, 236, 253, 275
  importieren 179
Kontextmenüleiste-Eigenschaft 180
Kontextsensitive Hilfe 153
Kontrast 454
Konzept 69
Korrupte Datenbank 667
Kostenrahmen 25, 30, 65
Kostenschätzung 85, 86, 88, 89, 91
  in Excel 89
Kostenvoranschlag 88

L

Lastenheft 72
Late Binding 628
Leseberechtigung 123
Lesende Zugriffe 128
Lesen-Schreiben-Löschen 124, 225
Library 639
LinkMasterFields 202
ListVars 431
ListView-Steuerelement 215
LockWindowUpdate (API) 246
Lookup-Felder 121
Löschberechtigung 123
Löschweitergabe 109

M

MakeQryDate 426
MAPI-API 569
Marshalling 621
Maximieren- und Wiederherstellen-Schaltflächen 146
Maximiertes Ribbon 171
MayAccessObj 466
MDIVWCTL.tlb 640
mdlErrorHandler 560
mdlSecurity 444
mdlSendkeys 443

MediaPlayer 62
Mehrbenutzerbetrieb 31
Mehrsprachigkeit 32
Meilensteine 73, 95
Memofeld 112
menu-Element (XML) 149, 168
Menüleiste 137
Metadaten 40, 83, 463
Metainformationen 109
Microsoft Forms 2.0 Object Library 638
Microsoft Internet Controls 644
Microsoft Office 12.0 Object Library 175, 650
Microsoft Office Access 2007 Data Engine 617
Microsoft Office Document Imaging 12.0 Type 639
Microsoft Scripting Runtime 156, 644
Microsoft Shell Controls And Automation 629
Microsoft Visio 41, 49, 80, 268
Microsoft Windows Common Controls 6.0 634
Microsoft Windows Image Acquisition Library 635
Minimiertes Ribbon 171
Mitarbeiter einbeziehen 61
MKDIR 666
m:n-Beziehung 57, 104, 105, 109, 113, 116, 124
Modale Formulare automatisch schließen 547
mossSOFT dbstrings Library 631
mossSOFT ShellExplorer V1.0b 632
MouseDown-Ereignis 181
msacc.olb 617
mscomctl.ocx 619, 634
MSForms-Bibliothek 63
MSForms Image Control 619
MsgBox 133, 374
MSI-Setup 653
msoBarPopup 177

Index

msoButtonIconAndCaption 178
MS SQL Server 39
MSysAccessStorage 613
Multifunktionsleiste 137
  minimieren 171
Multifunktionsleisten- und
  Symbolleistenoptionen 139
Multimedia-Dateien 63, 301
MZ-Tools 223, 514, 558

N

Nachbesserung 94
Nach Dokumentart suchen 495
Nach Kategorien suchen 497
Nachschlagetabelle 122, 199
Nach Status suchen 492
Name der Multifunktionsleiste
  139, 141, 144
Namenskonvention 105
Navigationsbereich 126
Nebenkosten 89
Netzlaufwerke 289
Neues Office-Dokument
  erstellen 347
Neue Textdatei erstellen 328
Node 215, 222
Node.BackColor 283
NodeCheck 222
Node.Child 222
Node.EnsureVisible 254
Node.Key 249, 254, 255
Nodes 213, 214
Nodes.Add 249, 253
Nodes.Remove 256
Nomenklatur (im
  Datenmodell) 106

O

Oberflächen-Ergonomie 31
Object Linking and
  Embedding 617

Objektberechtigungen 197,
  198, 203
Objektkatalog 616
OCR 64
Office-Dokumente 63, 334
  per E-Mail versenden 347
Office Graphics Library 645
Office-Menü 141, 147, 153
Öffnungsvorgang
  dokumentieren 298
Öffnungsvorgänge 262, 272
OGL 645
OLB-Datei 617
OLE 617
OLE-Automation 455
OLE-Client 620
OLE-DataObjekt 285
OLEDragDrop 284
OLEDragMode 243
OLEDragOver 283
OLEDropMode 243
OLE-Feld 51, 107, 109, 264
olelib.tlb 641
OLE-Server 618, 620
OLEStartDrag 284
onAction-Attribut (XML) 146, 150
OnCurrent-Eigenschaft 190
On Error Resume Next 557
Onlinehilfe 33, 591, 594
onLoad-Attribut (XML) 146,
  155, 156
OpenParameterQuery 425
OpenRecordset 421
OpenRS 423
Open Source 95
Optimierungen und
  Anpassungen 70, 74
Optionen
  ändern 406
  einlesen 406
Optionen-Dialog 403
Oracle 39
Outer Join-Verknüpfung 120
Outlook 569
Out-of-Process-Server 621

P

Papier-Prototyping 78
Papier und Bleistift 36
Parameterabfragen 260
Passwort 187, 191
Passwortbestätigung 192
Pauschale Bezahlung 86
PDF-Dokumente 63, 316
pdftotext 637
Personalrat 32
Personelle Ressourcen 74
Personendaten 34
Persönliche Daten 84
Pfad extrahieren 433
Pflichtenheft 30, 65, 72, 92
Picture-Eigenschaft 178
Picture-Objekt 219
Pizza 94
Planungsphase 72
Präfix 105, 142
pressed-Attribut (XML) 160
Pressed-Eigenschaft 129
Primärschlüsselfeld 105
ProgID 621
Projekt 23
Projektverzeichnisse 119
Protokollierung (der Zugriffe) 128
Prototyp 72, 77
Prototyping 30, 66, 72, 92
Prototyping-Projekte 75
Prozeduraufrufe 223

Q

quartz.dll 643
Querverweise 113

R

Rapid Application Development 76
Recordset2 421
Refactoring 521
von Tests 535
Refaktorieren 521
Reflexive Beziehung 212, 213, 243
Reflexive m:n-Beziehung 120
regedit 658
Register im alternativen Style 404
Registrierungsinformationen speichern 658
regsvr32.exe 624
Rekursion 222, 246, 247
Rekursive Funktion 213, 244, 246
Relationale Datenmodellierung 106
Relief 454
Relink 666
Remote Desktop 664
Replikation 31
Resize-Ereignis 190
RestoreBLOB2007 450
Reverse Debugging 671
Ribbon 61, 126, 129, 137
  der Host-Anwendung ein- und ausblenden 348
  maximieren 172
  minimieren 172
RibbonCreator, 140
Ribbon-Definition 139, 140, 146, 160
ribbon-Element, XML 146
Ribbon-Menüs 149
Ribbon-Schaltfläche 148, 154
Ribbon-XML 129, 138, 168
Risikofaktor 86
Rollback (Transaktion) 281
Runtime 649
Runtime-Version testen 650

S

Sättigung 454
SAWZipNG 1.0 Type Library 287, 635

SAWZipNG.dll 635
Scan-Dialog 351
Scan-Funktion 64, 97
Scannen 349
Schaltfläche testen 538
Schärfen 454
Schattenwurf 454
Schließen aller Formulare
  außer dem aktuellen 399
Schließen-Schaltfläche,
  Ribbon 146
Schnelle DLookup-Variante 425
Schnellzugriffsleiste 141
Schnittstellen 582
Schnittstellenklasse 589
Schreibberechtigung 123
Schreibende Zugriffe 128
Schreiben und Löschen 124
Schriftliches Angebot 88
Schulung 33, 94
Screenshot-Funktion 454
Scripting.Dictionary 160
scrrun.dll 645
Selbstständige 88
SendKeys 172, 536
SendKeysAPI 173
SendMailCS.dll 632
Separates Backend 109
separator-Element (XML) 166
SerializeTempVars 428
Service Pack 1 650
SetOeffnungsvorgang 298
Setup 651
SetVar 427
SetVersID 306
SetWindowOnTop 441
shdocvw.dll 644
ShellExecFile 274, 437
ShellExecute 321
ShellExplorer 282, 632
ShellExplorerCtl.ocx 632
ShopHelpID 603
ShowPopup-Methode 182
Sichern einer Datenbank 668
SMTP SendMail CS 569, 631

Snapshot-Dateien 63, 323
SnapshotViewer 63
Snapshot Viewer Control 637
Snapview.ocx 638
Softwarekonzept 29
Software-Prototyping 81
Sonderwünsche 93
SourceObject-Eigenschaft
  200, 201, 210
Speichern eines
  Textdokuments 329
splitButton-Element, (XML)
  150, 165, 166
Splitter 411
Sprungmarke 558
SQL Server 112, 126
Startformular 227
startFromScratch 139, 140, 147
StdPicture 152, 178, 251, 455
Steuerelemente im
  Formular zentrieren 399
StoreBLOB2007 448
StoreDocText 322
Strings komprimieren 443
Structured Storage 613
Stundensatz 88, 89
Suche
  mit LIKE 490
  nach Dokumenten 82
Suchfunktion 45, 64, 132, 463, 481
Suchkriterien
  speichern 509
  zurücksetzen 507
SwitchFile 306
Symbole in ImageList laden 363
Symbolleiste 137, 139

T

tab-Element (XML) 166, 171
Tabellen 105, 118, 125, 131
taskkill 656
tbl_Anlagen 110, 152, 177, 217
tblAttribute 114

Index

tblAutoren 116
tblBenutzer 122, 186, 199, 229
tblBenutzerBenutzergruppen 123, 199
tblBenutzergruppen 123
tblBerechtigungen 124
tblBerechtigungenBenutzerDokumente 124, 221
tblBerechtigungenBenutzergruppenDokumente 125, 221
tblBerechtigungenBenutzergruppenObjekte 127, 200, 201
tblBerechtigungenBenutzerObjekte 128, 199, 201
tbl_CommandbarControlIDs 131
tbl_CommandbarControls 130, 176, 177, 178, 183
tbl_Commandbars 130, 176
tbl_Controller 134, 168
tbl_ControllerParams 134
tblDatenbankobjekte 127, 199
tblDokumentarten 110, 135, 217, 218, 251
tblDokumentBinaerdateien 108, 109, 267
tblDokumente 107, 124, 243, 245
tblDokumenteAutoren 116
tblDokumenteKategorien 117
tblDokumenteQuerverweise 114
tblDokumenteStichwoerter 118
tblDokumentVersionen 108, 111
tbl_Errors 131, 561, 563
tbl_Filetypes 135, 164, 217, 259
tbl_Helptexte 131
tblInhalte 111
tblKategorien 117
tblOeffnungsvorgaenge 128, 272
tbl_RibbonCommands 129, 162
tbl_SearchResult 132
tblStatus 111
tblStichwoerter 118
tbl_SuchKriterien 133
tbl_SysColors 133
tbl_SysMessages 133
tbl_tempvars 132

tblVerweisarten 114
tblVerzeichnisse 119, 120, 243, 244
tblVerzeichnisseDokumente 119, 120
tblVerzeichnisseUnterverzeichnisse 120, 244, 255
tblWoerter 112, 113
tblWortindex 113
tblZugriffsartenDokumente 125, 218
tblZugriffsartenObjekte 128, 199
Technische Voraussetzungen 26
Temporäres Verzeichnis 268
   der Anwendung 435
Temporäre Variablen 228, 426
TempVars 132
   Auflistung 229
   aus einer Datei lesen 430
   ausgeben 431
   aus Tabelle auslesen 428
   dauerhaft speichern 427
   in eine Datei schreiben 429
   in Tabelle speichern 427
   schreiben und lesen 427
Terminalserver 31
Testdaten 549
   löschen 551
Testfälle 530
Testfixture 527
Testframework 522
Testgetriebene Entwicklung 513
Testinstallation 30
Testnamen 529
Testsuite 527
Text
   als Mail versenden 332
   anzeigen 326
Textdatei
   drucken 331
   erstellen 328
Textdokumente 325
Thema Kosten 65
Thumbnails 454
Timer ohne Formular 446

685

Index

TLB-Datei 617
toggleButton-Element (XML) 150, 165
TopicID 600
Transaktion 279, 281
TreeView 251
Treeview.AfterLabelEdit 255
Treeview.HitTest 284
Treeview.SelectedItem 256
Treeview.StartLabelEdit 254, 265
TreeView-Steuerelement 43, 120, 208, 212, 222, 242, 244, 284
Typbibliothek 616
Type Library 615, 616

U

Überlagern von zwei Bildern 454
Übernachtungskosten 86
Überredungskunst 75
Übersichtsformular 359
UBound2 442
Unit-Test 520, 522
Updates verteilen 663
USysRibbons 129, 138, 140, 144, 169

V

VBA 612
  SDK 612
.vba-Dateien 613
VBA-Editor geöffnet? 442
VBA-Projektexplorer 614
Verbesserungsvorschläge 99
Vereinbarung zur Vertraulichkeit 34
Vereinfachte Recordset-Erstellung 421
Vereinfachtes Ausführen von Aktionsabfragen 424
Vereinfachtes Ausführen von Parameterabfragen 424

Verknüpfte Datensätze 107
Verknüpfungstabelle 105, 113, 115, 199, 245
Verschwiegenheitserklärung 101
Versionen
  eines Dokuments 42, 473
  ein- und ausblenden 469
Versionierung 45
Versionseigenschaften 239
Versionsverwaltung 238
Versuchskaninchen 77
Verwaltung der Dokumente 96
Verweis 614
Verweise-Dialog 614
Verweisprobleme 627
Verzeichnisbaum füllen 363
visible-Attribut (XML) 160
Visible-Eigenschaft 129
Visio 80
Vista-feste SendKeys-Anweisung 443
Visual Basic For Applications 612
Visual Studio 6 Installer 652
VNC 664
Vollautomatische Installation 652
Volltext 475
  aus Excel-Dokumenten 344
  aus Office-Dokumenten 342
  aus PDF-Dokumenten 320
  aus PowerPoint-Dokumenten 346
  aus Snapshot-Dateien 323
  aus Visio-Dokumenten 345
  aus Word-Dokumenten 344
  durchsuchen 501
  erfassen 475
  erfassen und indizieren 475
  extrahieren 319
  indizieren 477
  über OCR aus Bild-Dokumenten 357
Volltexte und indizierte Wörter speichern 476

Volltextindex 111, 463
Volltextsuche 64, 111, 599
   mit Ähnlichkeitssuche 504
   ohne Ähnlichkeitssuche 502
Voraussetzungen 648
Vorbereitungsphase 87
Vor-Ort-Termine 32
Vorschauansicht
   Dokumente 242
VPN 31, 664

W

Wartung 34, 647, 663
Wartungsvertrag 34
Webbasierte Dokumente 63
WebBrowser-Steuerelement 44
Weichzeichnen 454
wiaaut.dll 635
win32 615
win32.tlb 641
Win32 Type Library 640
Windows Installer-Setup 660
Windows Media Player 63, 642
Windows Vista 172
wmp.dll 642
Wollmilchsau 29
Workflow 28

X

XCOPY 666
XML 137, 138
XML-Definition 138, 170
XML-Dokument 133
XML-Editor 140
XSD-Datei 140

Z

Zeichenketten ver- und
   entschlüsseln 444
Zeilennummern
   auslesen 561
   entfernen 561
   hinzufügen 561
Zeitrahmen 30
   für die Entwicklung 66
Zip-Dateien (bearbeiten) 287, 288
Zlib 636
zlibwapi.dll 636
Zugriffsart 127
Zugriffsrechte 55, 123, 189, 199, 206
Zugriffsverwaltung 57
Zuletzt hinzugefügte ID 425
Zusammenhalt 513
Zusammenstellung der Abläufe 69